Um diário no tempo

Um diário no tempo

Um diário no tempo

psicografia de
Eliana Machado Coelho

pelo espírito
Schellida

LÚMEN
EDITORIAL

Um Diário no Tempo
pelo espírito *Schellida*
psicografia de *Eliana Machado Coelho*

Copyright © 2006-2022 by
Lúmen Editorial Ltda.

11ª edição – setembro de 2022
11-9-22-2.000-80.150

Coordenação editorial: *Ronaldo A. Sperdutti*
Preparação de originais: *Eliana Machado Coelho*
Revisão: *Profª Valquíria Rofrano*
Correção digitalizada da revisão: *Eliana Machado Coelho*
Diagramação: *Casa de Ideias*
Arte da Capa: *Casa de Ideias*
Impressão e acabamento: Lis *Gráfica*

Dados Internacionais de Catalogação na Publicação (CIP)
(Câmara Brasileira do Livro, SP, Brasil)

Schellida (Espírito).
Um diário no tempo / pelo Espírito Schellida ; psicografia de
Eliana Machado Coelho. — São Paulo : Lúmen, 2006.

1. Espiritismo 2. Psicografia 3. Romance espírita
I. Coelho, Eliana Machado. II. Título.

06-6448   CDD-133.93

Índices para catálogo sistemático:
1. Romances espíritas psicografados : Espiritismo   133.93

Av. Porto Ferreira, 1031 - Parque Iracema
CEP 15809-020 - Catanduva-SP
17 3531.4444

www.lumeneditorial.com.br | atendimento@lumeneditorial.com.br
www.boanova.net | boanova@boanova.net

2022
Proibida a reprodução total ou parcial desta
obra sem prévia autorização da editora

Impresso no Brasil – *Printed in Brazil*

Índice

1 – A ditadura e seus favorecidos......................7
2 – Domínio militar e ações de terror.....................25
3 – Gravidez inesperada 44
4 – O poder vil dos oportunistas.....................60
5 – Exércitos das sombras.....................74
6 – O nascimento de Rogério e Renata.....................97
7 – Propriedades e razões das curas.....................111
8 – A mediunidade da benzedeira 127
9 – A verdade sobre Douglas.....................143
10 – Enfrentando as ameaças 161
11 – Fuga desesperada.....................180
12 – Despedidas e medos 195
13 – A chegada à Itália.....................210
14 – A fúria do senhor Angello 225
15 – Doenças e duras provas 239
16 – Época da colheita.....................257
17 – Amor e desgraça 269
18 – Enigmas nos sonhos 288
19 – A nova vida de Marcello.....................305
20 – O chamado do destino.....................323

Eliana Machado Coelho/Schellida

21 – A força da paixão 341
22 – O amor nasce entre Marcello e Flávia 352
23 – As dúvidas sobre Flávia 363
24 – Tudo por amor 383
25 – Entregando-se de corpo e alma 409
26 – Momentos de verdade e ternura 428
27 – Amor entre irmãos 449
28 – Sob o olhar dos anjos 460
29 – O direito de amar 473
30 – A casa de Deus 490
31 – O sofrimento de Marcello e a alegria inesperada 504
32 – Nicolle revela as duras verdades 523
33 – Nicolle encontra seus filhos 542
34 – Amor e remorso por serem irmãos 563
35 – Nicolle repudia o incesto 585
36 – Compromisso moral 610
37 – Amor impossível 623
38 – Um diário no tempo 637

1

A ditadura e seus favorecidos

O que é o tempo senão um espaço dividido em horas, dias, semanas, meses, anos, séculos?...

Nesse período, tudo, exatamente tudo o que fazemos e deixamos de fazer, é registrado. Os efeitos do que experimentamos ou ainda vivenciaremos são o retorno dos nossos atos para com os outros e para com nós mesmos.

Por essa razão devemos pensar e repensar sobre as próprias atitudes, idéias e palavras, tendo em vista que tudo se registra na Consciência Divina. Nada se perde, nada se apaga... pois o tempo se apresenta como um autêntico diário inalterável, regido por Leis imutáveis do Pai da Vida as quais não se podem corromper. Na colheita, saboreamos os frutos doces ou amargos que plantamos, a fim de analisarmos as conseqüências de nossas atitudes.

Todo o enredo notável ocorrido na vida dos envolvidos nesta história iniciou-se na República Militar que imperou no Brasil por vinte e um anos. O conjunto de acontecimentos governamentais interferiu, irremediavelmente, na vivência do povo brasileiro e da humanidade em geral. Toda a trama, a aventura, a intriga, a maquinação, a mentira, a amargura sentida, o romance desesperador e as decepções vividas que demoraram tanto para terem um desfecho, deixando traumas e profundas cicatrizes, foram decorrentes do método governamental do país, por causa das reações de extremistas e oportunistas, encarnados e desencarnados os quais desencadearam atos e criações vis, ardilosas, malévolas. Mas o tempo... O tempo a tudo corrige.

Eliana Machado Coelho/Schellida

E foi sem oferecer atenção ao que semeava que, tempos atrás, Douglas estava bem acomodado em um confortável sofá da elegante e clássica sala de estar de sua rica residência. Conversando com seu pai sobre os negócios da família, eles não podiam imaginar o tipo de espiritualidade perversa e malfeitora que os rodeava, alimentados por uma conversa de caráter fraco, típica dos oportunistas ou aproveitadores que cedem às sugestões hipócritas, de sórdido apego ao dinheiro e às mesquinharias. Os maiores flagelos da humanidade começaram a ser insuflados por espíritos impuros, como aqueles, que tiveram grande ajuda de encarnados do mesmo nível e que aceitaram suas sugestões por afinidade. Naquele instante, uma grande e tenebrosa névoa instalava-se ali, como em outros lugares, onde o mesmo tipo de assunto e opinião a respeito do rumo político-social sobre o país, igualava-se. E o patriarca dizia categoricamente:

— ...no atual governo somos um aparatoso monopólio! Você não pode negar! — Afirmava, ostentando na voz orgulho e vaidade, sem qualquer modéstia, o senhor Guilherme, pai de Douglas.

— Sim, meu pai, eu sei. Todavia não nos esqueçamos de que esse regime autoritarista poderá acabar a qualquer momento. É possível calcularmos o tempo de duração do império desta ditadura militar tendo em vista as grandes manifestações de protestos. Verdadeiras massas humanas são movidas por forças irascíveis! Não temem o governo! Impressiono-me ao vê-las enfrentar destemidamente, de peito aberto e sem recuarem, os militares fortemente armados — manifestou-se Douglas, preocupado, relembrando os atos de protestos freqüentes na ocasião.

— Ora! Ora! Mesmo com a queda do militarismo do poder, dia que estamos longe de ver, lembre-se de que imperamos na área dos produtos de nossas indústrias. Jamais teremos concorrentes a altura!

— Mas a mudança de regime governamental, se houver, pode dar aos operários direitos que irão nos comprometer. A começar pelas horas de jornada de serviço, salários determinados, outras remunerações obrigatórias, impostos... A proibição das greves nos protege em demasia, esqueceu-se? Aliás, os *Atos Institucionais* nos favorecem! Podemos demitir quem quisermos sem a obrigação de cumprirmos avisos ou pagamentos, pois para quem esses assalariados vão reclamar? Reivindicando, quem vai nos forçar ao cumprimento dos acertos devidos? — Questionou Douglas sem aguardar por uma resposta.

Demonstrando um ar de deboche, continuou: — O regime de governo ditatorial nos protege e, por medo, quase ninguém ousa se rebelar. Nós não temos funcionários ou operários, temos quase escravos a nos servir desde quando o Marechal Costa e Silva decretou a lei proibindo comícios, passeatas, reuniões públicas e declarações. Os trabalhadores não têm condições de exigir nada!

— Porém o Marechal Costa e Silva, quando ainda estava na presidência, deu apoio ao *Ato Institucional Número 5*, que oferecia total poder ao núcleo militar de alta patente, fechou o Congresso Nacional, as câmaras e assembléias, cassou parlamentares, efetuou prisões, instalou a censura, torturou os opositores e dizem que até assassinatos... Bem, o mesmo Costa e Silva se arrependeu da sustentação ao *Ato Institucional Número 5 e*, quando procurou um retorno de conciliação para a volta da Constituição, coitado... — zombou o senhor Guilherme — o homem ficou doente! Por que será, hein?! Ainda bem que o vice-presidente, Pedro Aleixo, um reles civil que era contra o AI-5, foi impedido de assumir a presidência do país por decisão dos ministros militares que, sem demora, encerraram o mandato de Costa e Silva, indicando para a Presidência da República o General Emílio Garrastazu Médici, ex-chefe do SNI. Garrastazu Médici foi e é o melhor presidente que tivemos! Você teve oportunidade de observar seu grande perfil de liderança absoluta, com rigorosa repressão, repudiando a gentalha de parlamentares, o povo e artistas que se manifestavam pela intelectualidade e liberdade de imprensa. Você se lembra do Médici, não lembra?

— Sim, eu o conheço das nossas reuniões — admitiu Douglas sem empolgação. — Mas e se o novo presidente não der ao empresariado o mesmo apoio de sempre? Segundo as conversas que ouvimos, provavelmente será o General Ernesto Geisel o novo presidente da República Militar. Não sei se tudo continuará como antes... Tenho dúvidas se seremos tão favorecidos... Ouvi alguns discursos em que o General Geisel prometeu uma transição lenta para a volta da democracia, isso implica o retorno da Constituição, a garantia dos direitos dos cidadãos e, conseqüentemente, a revogação dos *Atos Institucionais*, principalmente do AI-5. O pior é que o povo está otimista.

— Ora, Douglas, não se iluda com a aparente mansuetude de Geisel — falava o pai com intimidade e bem mais inteirado da política do país. — Nas reuniões das quais participei, já fiquei ciente de que ele tomará algumas decisões as quais condenarão, aparentemente, as violências inúteis, os militares

Eliana Machado Coelho/Schellida

da linha dura. Depois, criará planos econômicos prometendo milagres ao país, estimulando o povo ignorante com os *slogans* "Ninguém segura este país!", "Brasil, ame-o ou deixe-o!", como fez Médici. — Após zombar e rir, falou orgulhoso por estar bem informado: — Eu soube de antemão que Geisel vai fazer uso do AI-5 e pretende estender o mandato de seu reinado na Presidência da República por seis anos e não cinco como os militares anteriores. Geisel pretende acabar com os direitos políticos de muitos outros parlamentares, e os militares de alta patente que se cuidem! Ele chamará a isso de "repressão controlada!" — Rindo ao desdenhar da situação do país, o senhor Guilherme ainda contou: — As ações terroristas de esquerda e atentados vão acontecer contra jornais, revistas, bancos, além de ocorrerem "certos" seqüestros, atentados à bombas... por trás, haverá o apoio dos guerrilheiros "encomendados" que insuflarão esses grupos para essas ações terroristas, a fim de que o povo tenha uma aversão aos atos violentos contra gente comum e atribuindo a autoria aos grupos extremistas. E Cuba perderá a chance de dominar esse país! É só "um dedinho" dos nossos patrícios americanos e os esquerdistas não serão apoiados pelas massas populares tendo em vista as brutalidades e violências injustificáveis que atingirão gente comum, o povão mesmo! Que grupo partidário mais burro! Os americanos, por sua vez, jogam nos dois times! Eles provêem o governo e os oposicionistas. Você sabe que isso já foi feito no passado. É só mandar os ignorantes terroristas extremistas fazerem... que eles fazem! Enquanto Os Estados Unidos forem provedores de tudo, a fim de quererem as instalações de suas empresas e indústrias, teremos muito tempo antes de vermos o término dessa repressão, dessa República Militar! Acho que o Brasil continuará sendo o "quintal" dos americanos! — E fazendo pouco caso, gargalhou com muita ironia.

— Como sabe que o Geisel será o indicado? Está tão confiante! — O senhor Guilherme só riu e olhou-o de lado sem dar-lhe uma resposta. Douglas lembrou dos meios que o pai conseguia informações e só comentou: — Às vezes vejo os nossos empregados insatisfeitos com o salário e submissos... — tentou dizer parecendo incomodado com a situação.

Mas, sem deixar o filho terminar, o senhor enervou-se e o atalhou:

— Não me venha com essa, moço! Nós pagamos o que eles merecem! Se não estão satisfeitos, que se demitam! O regime militar colocou ordem na bagunça deste país!

Espíritos, partidários a causas de afrontas, compraziam-se com quaisquer contrariedades, intrigas, fazendo verdadeiro alvoroço. Agitavam-se com as opiniões do dono da casa.

O senhor Guilherme prosseguiu com longo discurso, enquanto o filho Douglas apreciava o charuto com algumas tragadas, observando a fumaça se espalhando pelo ar. Agora Douglas deixava seus pensamentos vagarem sobre outros planos, não dando atenção ao que seu pai falava.

Diante do comportamento desinteressado do filho, o senhor Guilherme calou-se. Baforou algumas pitadas, fitou Douglas seriamente e comentou em seguida:

— Não há razão de alienar-se aos assuntos de maior interesse por conta de seu casamento. Afinal, não se trata de uma novidade para você... É viúvo e...

— Se o casamento não é uma novidade para mim, meu pai, minha noiva me faz sonhar! — expressou-se sorrindo com o canto da boca.

— Douglas, Douglas... Você nunca foi homem de uma só mulher... — comentou o senhor Guilherme com riso irônico. — Sei de tudo o que faz por aí. Pensa que não o conheço?!

— Ora, meu pai!... — correspondeu Douglas. — Tive a quem puxar!...

Gargalharam juntos, mas em seguida, um pouco mais sério, o senhor lembrou:

— O lamentável é não termos herdeiros "Gregori"! Se não tiver filhos homens, Douglas, como aconteceu em seu primeiro matrimônio, nosso nome morrerá junto com nossa herança. Não sei qual maldição assolou essa família, mas só restou você como único homem detentor de todos os nossos bens aqui e no exterior. Suas primas, além de perderem o nome da família ao se casarem, arranjaram péssimos maridos. Todos pobretões! Por essa razão, bem fez o seu avô em deserdá-las. Agora, só restamos eu e você. Agiu certo em ter escolhido uma moça jovem, de família abastada... — Rindo, completou: — ...família abastada de filhos homens e dinheiro. Afinal de contas, o pai de Gorete lida com gado de corte e, fazendeiro esperto como é, provavelmente tem muito a oferecer.

— Sem mencionarmos sua influência política! — lembrou o filho.

— É verdade! Isso é importante para nós. Só espero que essa moça não morra no parto, como a falecida Telma, e nos dê logo um homem como

Eliana Machado Coelho/Schellida

herdeiro! Além do que, Gorete não pode ser teimosa, como a Telma, e deve se submeter à disciplina imposta por sua mãe. Você sabe...

* * *

Dias passaram e, bastante animada, a jovem Gorete exalava felicidade ao adentrar na exuberante mansão da família Gregori.

Empregados bem treinados, mas com comportamentos temerosos, recolheram as bagagens para o quarto do casal enquanto a moça, tirando o chapéu gracioso e delicadamente adornado, rodopiava, sorria alegre exclamando ao marido que a acompanhava com o olhar:

— Estou com a alma saciada!!! Que viagem maravilhosa! Nunca esquecerei Veneza, Milão na Itália... Sem comentar de Madri, La Coruña, Santiago de Compostela na Espanha!...

— Poderá se cansar da Europa, meu bem. Voltaremos lá quando quiser — afirmou com voz agradável, abraçando e beijando-a rapidamente.

A senhora Vitória, mãe de Douglas, percebendo a movimentação em sua sala, foi recebê-los sem demora. Após os tradicionais cumprimentos, agora mais recatada e menos eufórica, Gorete comentou animada:

— A viagem foi ótima! Encantadora! O navio singrava nas águas gélidas, enquanto formosos golfinhos seguiam-no adiante parecendo bailarem sincronizados e com delicadeza primorosa! Ah!!! Que lindo!!!

— Para que exibir tanta poesia, Gorete? — indagou friamente a sogra com desprezo ao entusiasmo da nora. Em seguida, rudemente, dona Vitória justificou-se sem rodeios: — Não continue vivendo nas nuvens, minha querida. Coloque os pés no chão! Chega de ser moça sonhadora e poetisa. Precisará assumir uma postura de mulher casada com as responsabilidades e atribuições que lhe cabem por conta de nossa posição social e das ostentações que nos são próprias.

Um frio percorreu o corpo de Gorete por causa das duras palavras e imposição no tom de voz da sogra. A recepção era decepcionante. Tremulando a fala a princípio, desculpou-se, mas ainda impressionada a jovem relatou:

— Perdoe-me, dona Vitória. Vou me vigiar. Fiquei empolgada devido ao fato de nunca ter saído do Brasil. Uma viagem para o exterior, principalmente com a política vigente no país, é muito difícil. É necessário se ter muita influência. Estou admirada ainda. Nossa viagem de navio foi magnífica e eu adorei! Conhecer a Itália e a Espanha, então!... Sabe, ainda ecoa em minha mente a voz forte do tenor que cantava, enquanto nos conduzia na gôndola, em Veneza e...

— Começou com devaneios novamente?!!! — atalhou-a com veemência, reclamando insatisfeita com a peculiar maneira poética de Gorete descrever situações, locais e acontecimentos. Franzindo o semblante, dona Vitória ainda resmungou: — Não necessito de tantos enfeites para as minúcias que cansei de ver! A gôndola não passa de uma canoa velha navegando num rio poluído como outro qualquer!

— Não sou uma indigente intelectual, dona Vitória. Eu... — tentou defender-se. Em vão.

— O que é isso, mocinha?! — interrompeu-a veemente. — Quer me enfrentar logo no primeiro dia que chega aqui? Lembre-se de que esta é minha casa e é nela que vai morar! Portanto, submeta-se aos meus gostos! Entendeu?!

Naturalmente e com estranha serenidade, Douglas interferiu, sorrindo, ao perceber a aversiva e incisiva intolerância de sua mãe e, com simplicidade, pediu:

— Calma, minha mãe. Gorete só está feliz e entusiasmada. Isso passa...

— Douglas, eu... — tentou dizer Gorete.

Interrompendo-a, ele solicitou cortês:

— Querida, vamos procurar nos harmonizar, certo? Tenhamos classe. Somos nobres, não pertencemos a uma sociedade mundana.

— É melhor subirem e se prepararem para o jantar, que logo será servido! — imediatamente exigiu dona Vitória, mal-humorada como sempre, retirando-se com postura arrogante.

Sobrepondo o braço no ombro da esposa, Douglas dizia com polida e dissimulada educação na voz generosa enquanto subiam as escadas:

— Venha, meu bem. Esqueça o ocorrido. Vai se acostumar com minha mãe. Ela é um pouco exigente, mas... será fácil lidar com ela.

Gorete, enervada, corroia-se mordendo os lábios com a sensação de indignação e desapontamento, além de inconformada com a postura do marido que não a defendeu. A recém-casada começou a se preocupar pelo fato de aquela ser a sua nova residência, uma nobre mansão onde dona

Eliana Machado Coelho/Schellida

Vitória empreendia verdadeiro domínio. Acreditava que, depois daquela recepção, o autoritarismo dela só poderia aumentar e talvez ela não tolerasse a hostilidade de sua sogra. Nunca imaginou que seria assim.

Calada e séria, Gorete deteve os amargos sentimentos, quando o marido parou frente à porta de um dos quartos e, sorridente, tomou-a em seus braços sem que ela esperasse.

Surpresa, a jovem sonhadora abandonou a tristeza esquecendo-se das torturas íntimas e agarrou-se no pescoço do marido, beijando-o ao entrarem no luxuoso aposento.

De forma afetuosa e gentil, foi delicadamente posta por seu marido sobre a cama de casal, fazendo com que a moça se esquecesse de todas as preocupações. Em seguida, alegrou-se, rindo gostosamente.

Era ali, porém, que se iniciava uma nova e bem diferente etapa na vida de Gorete.

* * *

Após o jantar, como era de costume, Douglas e o senhor Guilherme acomodaram-se confortavelmente na sala de estar, apreciando charutos e licor.

Gorete, bem reprimida e sem saber o que fazer, ficou em silêncio. O assunto sobre negócios não lhe interessava. Inquieta, mas disfarçando com aparente tranqüilidade, circunvagava o olhar pelo recinto arrojado reparando em cada detalhe.

Desassossegada após minutos, a jovem esposa de Douglas se levantou sorrateira, caminhou vagarosamente até uma outra sala contemplando a decoração, admirando os belos e finos jarros e âncoras de porcelana perfilados e sobrepostos nas estantes de ébano cujos altos valores se davam pela origem e antiguidade.

A maioria dos móveis da casa, com detalhes esculpidos na nobre madeira escura, junto com as cortinas pesadas ofereciam um ambiente sombrio. Algo que a jovem desejava, em pensamento, mudar.

Poucos passos e Gorete se deteve com olhos extasiados diante de um lindo objeto que o tomou cuidadosamente nas mãos para admirá-lo melhor.

— Não toque neste jarro, menina!!! — ordenou a sogra, num grito, ao surpreendê-la com a peça nas mãos.

— Ai! Que susto, dona Vitória!!! Desse jeito eu poderia até quebrar o jarro sem querer — falou educada, colocando a peça no lugar.

Aproximando-se mais da nora, dona Vitória avisou com modos exigentes, irritadiços e franzindo ainda mais o semblante já sisudo:

— Olhe aqui, moça!... Não pense que está em sua fazenda onde vivem entre bichos e comem como porcos sem preservar nada. Tudo, nesta casa, tem muito valor. Entendeu?!

— Se a senhora pensa que eu vivi no meio do mato como uma selvagem, engana-se, dona Vitória! — disse firme, encarando-a. Completando, desfechou: — Isso a senhora mesma pode comprovar porque não sou, não me comporto nem falo como a senhora.

Inquiridora e intolerante, a mulher revidou de imediato e, sem que Gorete esperasse, deu um tapa firme e grosseiro no rosto da jovem, falando em seguida:

— Atrevida! Insolente! Quem você pensa que é?!!

A agressão abrupta foi ouvida por Douglas e seu pai que correram para saber o que havia acontecido. Indo ao encontro do marido, abraçou-o e desatou a chorar.

A seu modo, dona Vitória contou sobre o acontecido exigindo ser respeitada pela nora.

— Acalme-se, Vitória — pediu o senhor Guilherme sem se exaltar. — Não é algo tão grave. Sei que a Gorete ainda não está acostumada aos seus caprichos. Tudo é novo para ela, mas em breve vai entender e aceitar — disse isso com uma feição e olhar que passavam alguma outra intenção.

Irritada, ainda resmungou certas exigências, mas o marido novamente interferiu calmo:

— Já é tarde. O melhor é irmos dormir. Amanhã teremos um dia cheio.

Douglas, ainda abraçando à esposa que chorava, oferecia meio sorriso no semblante e não disse absolutamente nada, apenas desejou boa noite aos pais e conduziu-a para o quarto do casal.

Vendo-se a sós com o marido, certa da privacidade diante da porta do quarto fechada, a jovem reclamou, chorando, deixando que a voz embargada soasse com revolta:

— Eu me recuso a morar nesta casa! Não vou tolerar ser tratada assim! Nem minha mãe me esbofeteou o rosto, nunca!

— Antes de nos casarmos eu avisei que moraríamos aqui com os meus pais. Não pode alegar ignorância. Você sabia — afirmou Douglas sem se alterar, somente observando-a.

— Não! Eu não sabia nada sobre a boçalidade de sua mãe! Mulher exigente, de crueldade implacável!... Sabia que moraríamos com seus pais, mas ignorava que teria de me comportar como uma prisioneira, uma serviçal submissa, sem sequer ter o direito de ficar à vontade para mexer nas coisas!... Nem posso sentir alegria... Não! Não sabia que seria privada de toda e qualquer liberdade e, ainda por cima, ser agredida e ofendida!

Encarando-a com olhar sério e voz branda, porém firme, foi categórico:

— Serei bem claro, Gorete. Nós não deixaremos esta casa. Sou filho único e não vou abandonar meus pais. Além disso, já está determinado que sou eu quem cuido dos negócios da família e não vou me separar de meu pai. Ele precisa de minha presença e, logicamente, como herdeiro eu vou acompanhá-lo em todas as decisões. Nosso futuro depende disso.

Experimentando o coração apertado pela súbita decepção, engoliu seco e, mesmo chorosa, determinou:

— Se é assim, eu me recuso terminantemente a deixar este quarto e não quero sua mãe perto desta porta — disse apontando nervosa. — Será assim até você tomar alguma decisão. Não vou me submeter a tanta hostilidade e agressão!

Respirando profundamente, como se assumisse uma outra personalidade, caminhou alguns passos negligentes, colocou-se frente à esposa e afirmou convicto:

— Creio que fui bem claro em minhas explicações. Nós moraremos aqui. Não deixaremos esta casa!

— Não posso aceitar isso! — reclamou incrédula, enquanto lágrimas desciam-lhe pela face. — Você bem viu como sua mãe me tratou desde que chegamos, e o pior... viu-a me agredindo!... Agora age como se nada tivesse acontecido. É como se a dona Vitória o enfeitiçasse! Você nem é capaz de chamá-la à realidade, dizer-lhe que suas atitudes e palavras são grosseiras, desprazíveis, ordinárias, covardes...

— Respeite minha mãe!!! — interrompeu-a num grito. Sisudo, ele desfechou friamente: — Não tolero mulher irritada nem mandona!

Sem trégua nem pensar, Gorete gritou na mesma altura:

— Se não tolera mulher irritada nem mandona, como é que convive com a animalidade de sua mãe?!

Douglas já estava de costas para a esposa, talvez pretendesse sair do quarto, mas voltou-se e a encarou com um brilho feroz no olhar. Quando se aproximou, segurou-a firme pelos braços, agitou-a com um chocalhar bem forte e estapeou-lhe a face. Empurrando-a sobre a cama num movimento brusco, ordenando ao impostar na voz muita rigorosidade:

— A partir de agora aprenda a calcular qualquer palavra quando for se referir à senhora minha mãe. Dona Vitória é quem dita as normas aqui. E você, que não é nada, só tem que aprender a obedecer-lhe. Nunca mais se oponha a alguma coisa nesta casa ou enquanto estiver conosco. — Olhando-a, notou-a aturdida, os olhos estatelados, ele ainda falou: — Não gostaria que nossa primeira noite, em casa, fosse dessa forma. Pensei que era uma mulher digna e mais dócil. Mude sua maneira de agir, ou mudaremos você!

Gorete, caída sobre a cama, lançava-lhe um olhar surpreso e assustado que o acompanhou até a porta viu-o, com gestos mansos, sair do quarto sem dizer mais nada.

A jovem sonhadora e recém-casada cobriu o rosto com as mãos e, num choro compulsivo, enterrou-se entre os travesseiros acreditando ser tudo aquilo um pesadelo. Mesmo com os pensamentos congestionados, começava a descobrir e refletir sobre a verdadeira vida rude, angustiante e asfixiante, que se estenderia sem poder fazer nada. Fatalmente a tristeza consumiria o seu coração amável, sonhador e alegre o qual nunca precisou disfarçar os verdadeiros sentimentos.

Quanta dor! Quanta decepção invadia sua alma que pressentia uma vida subjugada, repleta de pesadelos e temores. Foi enganada pela aparente cortesia de seu marido e não tinha como mudar isso agora. Seus pais eram amorosos e compreensivos até certo ponto. Jamais cederiam a idéia de acolhê-la novamente após um casamento ao qual ela mesma tanto insistiu e desejou.

Os tempos eram outros, havia muito pudor. Ninguém via com bons olhos uma mulher separada ou desquitada, seria uma vergonha para a família.

Seus pensamentos corriam céleres. Começava a desesperar-se ao imaginar o que a vida lhe reservaria a partir daquele dia. Uma onda de arrependimento, revolta e tristeza irremediável a envolvia dolorosamente.

Eliana Machado Coelho/Schellida

Logo em sua primeira noite em casa, após retornarem da viagem de lua-de-mel, o marido, antes gentil, amoroso e atencioso revelava-se rude, agressivo e impiedoso.

Sob a luz bruxulenta do quarto pelos efeitos das cortinas tremulantes, Gorete perdia a viveza. Suas forças pareciam esvair-se. Prendeu o olhar no teto e, mesmo não chorando, seus olhos espelhavam rancor, ódio, tristeza e solidão, sentimentos que ignorava poder experimentar com tanta intensidade. Descobriu-se num labirinto hostil e ofensivo do qual seria difícil sair e viver.

Era uma moça de fino trato. Instruída, educada. Trazia sempre um delicado sorriso na face rosada de generosa beleza. Seus cabelos compridos e bem tratados pareciam uma moldura graciosamente ondulada que contornava o seu rosto ofertando-lhe uma expressão quase angelical.

Filha caçula. Sempre foi a mais mimada pelos pais, irmãos, parentes e empregados os quais exibiam um carinho todo especial à jovem constantemente alegre, educada e poetisa sonhadora, o que agradava a todos.

Agora casada e longe de sua família, seria difícil desvencilhar-se de tantos acontecimentos ruins que pressentia. Tempos antes, quando conheceu Douglas, ficou encantada com sua elegante figura.

Homem de posses e bem trajado que procurava adquirir uma das terras de seu pai, portava-se como um cavalheiro irrepreensível, conquistando o coração da jovem.

Sonhadora e impulsiva, apaixonou-se por ele de imediato, apesar da diferença de idade, pois era bem mais nova.

Pedida em namoro, seu pai, a princípio, vacilou ao consentimento do compromisso, mas a delicada filha implorou em favor da aprovação a qual se deu praticamente a contragosto do senhor experiente que sentia algo errado exalando no caráter de seu futuro genro. Sem saber explicar, o pai dela acreditava não gostar da idéia do compromisso pelo fato da filha ter somente dezesseis anos e ele ser viúvo.

Por morar na capital, Douglas viajava quinzenalmente para ver a namorada sob vigilância acirrada da família da jovem.

Só por ocasião do noivado Gorete e seus pais foram, pela primeira vez, à nobre mansão de Douglas e sua família, oportunidade em que já marcaram a data do casamento para dali a poucos meses pelo fato de não haver qualquer empecilho para adiarem aquela união. O noivo decidiu que iriam morar naquela casa bem espaçosa e junto com dona Vitória e senhor Guilherme. E a mãe da jovem, interessada no bem-estar financeiro e no futuro da filha, ao ver a ostentação de riqueza da família do noivo, passou a apoiar esse matrimônio.

Durante as núpcias, viagem maravilhosa que durou mais de um mês na Europa, Gorete teve ao lado um homem afetuoso com quem sempre sonhou, mas que agora se mostrava violento e o terror de seu pesadelo.

* * *

Nas primeiras horas daquela manhã nublada e fria de outono, bem diferente da graciosa primavera européia, deitada em sua cama, Gorete estava entre o sono e a vigília, quando percebeu leve carícia em seus cabelos. O toque delicado fazia-lhe lembrar o afeto de sua mãe. Não abriu os olhos, sentiu-se aquecida e bem aconchegada sob a manta que lhe cobria o corpo. Não sabia se sonhava ou se estava alerta, ao ouvir uma voz delicada:

— Sei o que sente, meu bem. Comigo foi assim. Não entre em atrito. Ela está longe de compreender o significado verdadeiro do amor e nem se lembra da justiça de Deus. Não se irmane às atitudes hostis nem se junte ao que fazem ou você será tão impiedosa quanto eles.

"Meu coração está apertado. Estou desesperada...", respondia Gorete em pensamento. "Não sei o que fazer..."

— Não deixe o ódio nem o rancor tomarem conta de seu coração. O tempo pode parecer longo demais, porém, aguarde. Não pense em vingança, perdoe e não se exaspere. Você...

A voz cessou quando abriu os olhos ávidos e surpreendeu-se com um vulto que desapareceu de imediato, enquanto um delicado perfume de flores espargia no recinto.

Assustada, a jovem sentou-se e olhou ao redor em busca de alguém. Seu coração bateu acelerado ao confirmar que ninguém estava lá. Mas tinha a certeza de ter conversado com alguém.

Trocando-se rapidamente, ela saiu do quarto à procura de uma pessoa. Os empregados passavam cabisbaixos, cumprimentando-a com tímida rapidez, sem encará-la. Detendo uma arrumadeira, perguntou com voz educada:

— Por favor, sabe me dizer se todos já se levantaram?

Eliana Machado Coelho/Schellida

— Em quinze minutos a senhora Vitória e o senhor Guilherme estarão à mesa para o desjejum — respondeu rápida após consultar o grande relógio afixado na sala.

— E o Douglas? Você o viu? — perguntou um tanto encabulada.

— Não. Não sei lhe dizer nada, senhora — tornou a moça abaixando a cabeça.

— Obrigada — agradeceu, constrangida.

Andando pela sala, Gorete chegou até a larga vidraça de onde via o arrojado jardim da mansão constatando o céu cor de chumbo. O dia estava tão triste e ressentido quanto ela.

Parada frente àquela vista, lembrava de tudo o que havia ocorrido no dia anterior e experimentava grande mágoa. A recordação da estranha experiência tida pela manhã era viva e intrigante.

"Eu senti as carícias em meus cabelos, o toque em meu rosto...!", pensava intrigada. "Por um instante parecia deitada ao meu lado... como uma mãe que aconchega um filho... Não estou ficando louca. Eu não estava sonhando..."

Tirando-a daqueles pensamentos, dona Vitória, parada a poucos metros da nora, interrogou com sua voz enérgica:

— Aprecia o tempo feio?

— Oh, dona Vitória... Nem a vi se aproximar... Bom dia! — surpreendeu-se, porém tentou disfarçar o susto e ser gentil.

— Bom dia! — retribuiu a sogra. — Mas não respondeu a minha pergunta!

— Ah... sim... Desculpe-me... Distraí-me... Ontem o dia estava lindo! E hoje... quem diria...? Prefiro os dias com sol.

Olhando-a de cima a baixo, a senhora não disse nada sobre a observação da jovem, avisando-a sempre com rigorosidade:

— Ainda bem que não é preguiçosa e levanta cedo. Quero todos à mesa para o café da manhã pontualmente às seis horas. Temos horários para tudo nesta casa. Entendeu?

— Sim, senhora — acatou com expressão tímida, entretanto remoia-se encolerizada.

— Depois conversaremos e vou explicar exatamente como tudo funciona aqui.

Nesse instante a porta principal da sala se abriu. Era Douglas que acabava de chegar.

— Bom dia, minha mãe! — cumprimentou sorridente. Em seguida, aproximou-se da esposa e, como se nada tivesse acontecido entre eles na noite anterior, abraçou-a, beijou-lhe a testa, cumprimentou-a e perguntou:
— Bom dia, minha querida! Dormiu bem?

Gorete ficou estática. Incrédula, perdeu as palavras e só o encarou. Até que o marido insistiu cinicamente:
— Meu amor, você está bem?
— Sim.. eu... eu estou... — balbuciou ela.
— Então vamos ao desjejum! — disse ao envolvê-la com o braço sobre o ombro, conduzindo-a até o outro cômodo onde o senhor Guilherme e dona Vitória já estavam se acomodando.

Enquanto eram servidos pelos empregados, o senhor Guilherme comentava com o filho:
— Hoje, ao chegarmos à empresa, quero que se atualize quanto às novidades que implantei. Sua contribuição, mesmo que teórica, em me apoiar nas decisões tomadas, impõem respeito a nossa autonomia.
— O que meu pai mudou na empresa em tão pouco tempo que é de tanta ressalta assim? — quis saber Douglas com atenção.
— Desde alguns cargos remanejados, demissões por eu estar insatisfeito com o funcionário, até a entrada em área ainda não explorada como lançamento de produtos inovadores e revolucionários. Quando queremos e decidimos dominar o mercado, meu filho, não podemos nos limitar a simples vendas e propagar resultados de nossas produções. Temos de ampliar de forma estratégica, contra-atacando qualquer competidor, derrotando-o como em um jogo de xadrez. Mesmo se, para isso, for o caso de usarmos nossas influências para, gradualmente, aumentarmos o nosso domínio sobre mercado e engrandecermos o capital financeiro.
— Percebo, em sua empolgação, um gostinho de vitória! — argumentou Douglas com leve sorriso após degustar um gole de café. — Acredito que tomou decisões de imensa importância e cruciais para os nossos negócios.
— Você terá uma surpresa! Uma grande surpresa, Douglas!
— Acredito! Aliás, estou ansioso para ver essas mudanças. Mas tenho a afirmar que o poder do fundador de um negócio é muito importante. Os melhores resultados financeiros mostram-se nos empreendimentos comandados por seu criador. Sem dúvida, irei apoiá-lo e não será só na teoria!

Eliana Machado Coelho/Schellida

Dona Vitória e Gorete mantinham-se em absoluto silêncio.

A jovem esposa enchia-se de raiva em pensamento, sem levantar suspeita alguma com qualquer expressão. Queria ver seus pais, falar com sua mãe sobre a imposição cruel e veemente de sua sogra, dos maus-tratos recebidos do marido e tantas outras coisas, mas não podia. Teria de pedir permissão para fazer isso, de certo haveria companhia e não ficaria à vontade para conversar. Além disso, se seu pai e seus irmãos soubessem que foi tão agredida seriam capazes de matar Douglas e dona Vitória. Gorete não queria vê-los sujar as mãos.

Quando percebeu que o desjejum do marido e do filho terminava, dona Vitória argumentou antes deles se levantarem:

— Guilherme, precisa avisar o Douglas sobre a recepção que ofertaremos aqui em nossa casa.

— Ah! Como pude...! — lamentou o homem pelo esquecimento. — Receberemos ilustres convidados. Sua mãe está cuidando de tudo como sempre — avisou sorridente.

— Isso é por conta de sua influência para facilitar nossos negócios? — indagou o filho, sorrindo maliciosamente com o canto da boca.

— Ora! Ora! Ora! No mundo das negociações, quem ajuda não o faz em troca de nada. Todos saem lucrando, meu filho! Essa recepção é só mais uma confraternização. Você sabe... — riu com gosto, levantando-se.

— Não se preocupem com Gorete — avisou dona Vitória encarando a nora, que arregalou imediatamente os olhos. — Em poucos dias farei dessa menina uma dama digna da ostentação de nosso nome — riu como raramente acontecia. — Aproveitaremos a sua beleza, a sua postura leve e sorridente, além de seu rico vocabulário, pensamento rápido e seu carisma, conforme eu já percebi, além de outros atributos... Sua esposa, meu filho, será apresentada com todas as pompas como a nobre senhora Gorete das Neves Pereira Gregori! Certamente Gorete impressionará e influenciará a todos como esperamos. Não é mesmo, Gorete?! — desfechou sorrindo largamente ao olhar para a nora.

A moça ficou apreensiva e silenciosa como nunca. Não imaginava nem de longe quais os planos da sogra para ensiná-la qualquer tipo de comportamento que não soubesse.

Gorete ignorava que dona Vitória já havia percebido suas características peculiares e qualidades especiais, atributos mediúnicos ou anímicos os quais algumas pessoas têm em maior ou menor grau, mas, quando educadas e treinadas, podem ser postas em atividades manipulando energias mentais através de determinados tipos de frases de efeito, gestos, posturas corporais etc. Todo um conjunto de atitudes somado ao magnetismo ou energia mental – espiritual – de uma pessoa é capaz de dominar com vigor, influenciando intencionalmente o subconsciente de outro individuo invigilante, descuidado com os próprios pensamentos. É o "poder" de imprimir a alguém opiniões que este não tinha ou até mudá-las, propositadamente.

A ciência da Psicologia moderna prova existirem meios de introduzir pensamentos ou idéias no subconsciente de outra pessoa – *heterossugestão*. Isso só acontece quando a mente consciente aceita a proposta de quem quer influenciá-la para o bem ou para o mal.

Porém mesmo aquele que possui uma opinião formada e não admite mudá-la, a sugestão proposital ou a influência deliberada de alguém com aptidões e energias são capazes de interferir e estimular de diversos modos para a mudança de pensamento, sentimento e comportamento. Isso é possível de ser feito quando a mente subconsciente é colocada num estado receptivo ao que lhe é sugerido intencionalmente, às vezes, até repetitivamente.

Para que o subconsciente seja colocado nesse estado receptivo sem que a pessoa perceba, é preciso que a coloque em uma condição ou estado de devaneio, algum tipo de capricho de sua imaginação, sonho de ostentações, fantasias ou distrações.

Entretanto o indivíduo equilibrado, de boa índole, vigilante e religado a Deus pelos pensamentos amorosos, não é influenciado pelo fato de sua mente consciente estar sempre em alerta e, assim sendo, seu subconsciente também rejeita qualquer sugestão intencional de idéia ou sentimento alheio – de encarnado ou desencarnado.

Normalmente o encarnado que deseja persuadir um outro ser humano, usa tipos de frases de efeito, gestos e posturas corporais, oferecendo um conjunto de condições a fim de distraí-lo, pois é isso que deixa o subconsciente de uma pessoa invigilante, receptivo à mudança de opiniões, de pensamentos, de sentimentos e de comportamentos pelas fortes impressões que esta pessoa recebe da mente consciente de quem a quer influenciar.

De acordo com as expressões, verbalizações, tonalidades de voz e circunstâncias apropriadas como: o desejo e necessidade psicológica de ressal-

Eliana Machado Coelho/Schellida

tar a própria sensualidade, a dispersão de energias pela atenção excessiva a algo ou alguém admirável, a falta ou o excesso de ânimo, o desgaste de energias para narrar suas façanhas para se auto-afirmar, a apreciação de elogios à sua pessoa, orgulhar-se da admiração de sua prepotência, a inclinação ao desejo sexual devido às posturas corporais e argumentações sensuais de outro indivíduo mesmo que este aparentemente tenha um "comportamento de classe", tudo isso somado à bebida alcoólica, algum tipo de entorpecente, determinadas músicas e ambientes contribuem para o resultado da mudança de pensamento, opinião, sentimento e comportamento de alguém que esteja sob a mira de sugestões intencionais. Conseqüentemente, este estará com o subconsciente nutrido de impressões recebidas da mente consciente de quem o queria sugestionar e, como que se fosse por vontade própria, muda completamente seus conceitos, tomadas de decisões e atitudes posteriores.

E era exatamente isso o que Gorete aprenderia a fazer, sob orientação de sua sogra, pois a jovem possuía cultura, inteligência, conhecimento, atributos peculiares a sua alma, juntamente com um forte magnetismo carismático. Entretanto sempre colhemos o tipo de fruto da semente plantada. Lembrando que o plantio é livre, mas a colheita é obrigatória.

2

Domínio militar e ações de terror

Incansável, o tempo segue seu curso.

Festas, reuniões sociais e jantares com diversos tipos de amigos da alta sociedade, militares influentes de altas patentes das Forças Armadas eram uma constante na mansão dos Gregoris.

A esposa de Douglas trazia um brilho peculiar por sua mocidade e beleza natural. Sempre generosa e educada, foi treinada incessantemente por dona Vitória para o convívio em um meio social bem seletivo, exigente e imponente da época. Além de orientada a rigor para o tratamento especial de certas pessoas, Gorete precisava ter argumentações delicadas e expressivas com o intuito de atrair a atenção e como que de forma inconscientemente influenciar na opinião de alguns, impressionando e induzindo-os a tomar decisões favoráveis aos próprios interesses dos Gregoris.

Apesar do constante sorriso cordial, angariando a simpatia de todos, de seu jeito de falar que atraía a atenção pelo seu carismático tom na voz bela e flexível, além da admiração por sua serenidade, doçura nos gestos, palavras e ações, Gorete calava no peito uma profunda dor, uma angústia covarde e deprimente.

Se não fosse por tantos compromissos sociais, ela quase não saía do quarto do casal e, quando o fazia, era por determinação da sogra ou do marido.

Eliana Machado Coelho/Schellida

Em reuniões sociais e demais compromissos públicos, Douglas desfilava ao lado de sua formosa mulher, cuja aura emanava um mormaço de nobreza, um encanto de generosidade e elegância que distraiam as mentes invigilantes. Ele a abraçava com respeitável orgulho, dissimulando o olhar atento a qualquer coisa que ela pudesse fazer e macular a posição da família Gregori e de seus negócios.

Em razão da força de qualidades especiais, conferidas e inatas à Gorete, do conjunto de atributos excepcionais e atrativos, Douglas alcançava os seus objetivos. Mas quando isso não acontecia, o peso da culpa era atribuído à esposa por se negar a usar de suas especiais qualidades de liderança mágica, divina ou diabólica, conforme a crença daquela família para alcançarem a meta desejada. As agressões físicas e verbais contra ela, nesses casos, eram comuns.

A jovem poetisa e sonhadora vivia como prisioneira. Seu riso descontraído e gostoso, silenciou. Sua face alegre ganhava um semblante triste e perdia o viço. Todo o sorriso, a alegria e a beleza aparente agora não passavam de uma maquiagem para o seu meio social. Estava entregue ao lado sombrio das alianças espirituais, as quais turvavam os seus pensamentos e sua personalidade. Cada dia que passava ficava mais difícil se encontrar e reconhecer-se dentro de si mesma, perdendo sua verdadeira identidade.

Gorete jamais questionava, deixava-se manipular. Abandonava o seu coração aos sentimentos vis e encolerizados, colocando-o à disposição de um envoltório de fel, de ódio, de amargura, e não lutava. Não se libertava daquela submissão, asfixiando a felicidade, o júbilo e o sonho que alimentou um dia.

Essa atitude não passava de puro comodismo vitimado pelos mimos recebidos na sua juventude dos quais ela não queria se privar. Gostava de ser cultuada. Sentia-se uma princesa enclausurada em um belo castelo cercado por monstros tenebrosos, aguardando um nobre e corajoso cavaleiro para salvá-la ou uma fada madrinha que lhe concedesse todos os desejos, como sempre leu em contos infantis. Mas sua vida era uma realidade e não uma fábula, algo que deveria mudar. Ela não entendia isso. Preferia sentir pena de si mesma, ver-se igual a uma pobre desamparada. Era incapaz de superar suas frustrações. Além disso, alimentava os piores pensamentos e desejos contra seus malfeitores. Esquecendo-se de que não experimentamos o que não suportamos ou merecemos.

Matar o sonho, a alegria e a esperança da criança brincalhona existente em cada um de nós, é morrer em vida. No entanto demonstrar-se satisfeito e feliz não significa alegrar-se de forma irresponsável ou impensada. Viver sorrindo, com esperança, e trabalhando pelos seus ideais consiste um dos meios de se atingir a felicidade! E esta, por sua vez, não se alcança sem que a consciência esteja harmonizada com as práticas voluntárias do passado, tendo o objetivo e a obrigação de reparar o que causou.

Acompanhando o ritmo das circunstâncias, Gorete era conivente com as práticas de burlar e defraudar situações em nome dos negócios que garantiam o incrível patrimônio da família.

Com o tempo, foi afastando-se cada vez mais de seus parentes. Não os visitava e sempre era orientada para dar uma desculpa, a fim de não recepcioná-los. Isso a angustiava, principalmente, pelo fato de seu marido passar longo tempo fora de casa, chegando a ficar dias longe dali.

Certa vez, procurando por Douglas, a esposa disse sobre a desconfiança de estar grávida.

O contentamento do marido foi imensurável! A consulta médica e os exames confirmaram a gravidez. Foi a partir de então que passou a ser tratada por todos de uma maneira nunca imaginada. Até dona Vitória se curvava para mimá-la com caprichos e delicadezas para a satisfação e bem-estar da nora grávida de seu primeiro neto. Gorete agora se sentia como sempre desejou: uma princesa com seus servos a sua disposição. Mas essa princesa guardava um grande e tenebroso sentimento em seu coração endurecido, conseguindo disfarçar do marido, da sogra e do sogro, a sua real inclinação afetiva: negativa.

* * *

Os acontecimentos políticos e históricos interferiram demasiadamente na vida das pessoas de todas as classes sociais naquela época, trazendo conseqüências que repercutem até hoje.

Algumas não se envolveram em nada, mesmo assim tiveram suas vidas transformadas e marcadas tragicamente; outras se dispunham a requerer direitos justos. Entretanto havia quem deliberadamente fazia reivindicações agressivas sob o idealismo de líderes estrangeiros os quais queriam destruir

Eliana Machado Coelho/Schellida

a ordem e o crescimento deste país, e alguns desses, como que fanáticos, lutaram até a morte deixando dolorosas feridas em suas famílias. Existiam homens e mulheres opressores, brutos e dominadores em ambos os lados.

É difícil falarmos sobre a quem pertence a responsabilidade. Se ela é de uma ou da outra parte. Mas sabemos que as exigências e as reclamações violentas geravam repressões violentas principalmente, pelos subterfúgios criminosos contra a sociedade frágil, exposta e indefesa às matanças, aos atentados, às guerrilhas urbanas e rurais. Não se pode fundamentar que os militares agiram erradamente, porque a esquerda não assume as brutalidades e abusos praticados, as matanças, os atentados à bombas, torturas, seqüestros e muito mais contra o povo inocente. Os militantes civis pressionaram e usaram a sociedade como massa de manobra, veiculando-a para uma pressão contra o governo, crime contra os cidadãos pacíficos e contra a Pátria.

Todos, porém, foram criaturas humanas dotadas de livre-arbítrio para se colocarem em posição de autoritarismo, de liderança ou favoráveis a isso de alguma forma. Entre tudo o que acontecia, logicamente existia a presença dos oportunistas os quais monopolizavam a produtividade, a industrialização e a comercialização, se juntavam àqueles que estavam no poder a fim de tirarem o maior proveito possível, como os empresários da família Gregori. Além de tudo isso, um manto negro da espiritualidade não esclarecida e perversa se aproximava. Esses desencarnados eram atraídos pelas práticas ilícitas em busca do poder e da influência tirana a que todos se propunham realizar, fazendo alianças com espíritos sombrios e desejosos de sentimentos inferiores, as quais todos os envolvidos cediam energias alimentando-os de ódio e ampliando o vínculo mental com esses espíritos ignorantes.

* * *

Muitas vidas tomaram rumos diferentes e difíceis por conta do governo opressor do país. Existiam homens frios e cruéis, homens ou mulheres opositores, formando muitas vezes um exército de matadores nas guerrilhas urbanas ou rurais em que os mais lesados eram os neutros e inocentes.

E foi em uma cidadezinha próxima à capital, onde a zona rural ainda era bem ampla na época, muitos discutiam temerosos a situação e o rumo que as coisas tomavam.

UM DIÁRIO NO TEMPO

Em reunião feita por humildes trabalhadores, alguns eram pequenos produtores e outros viviam de puro favor cultivando em terras alheias que os abrigavam. Cidadãos simples, preocupados com as condições políticas as quais certamente mudariam suas vidas. Alguns com falta de conhecimento; outros mais entendidos. Falavam sob a visão inocente e uma versão diferente dos magnatas e oportunistas urbanos. Argumentavam sobre o medo, a esperança e o futuro inseguro do país:

— Antes do governo do João Goulart, ouvimos promessas de estrutura para a reforma agrária. E o que tivemos? Só repressão! — reclamava Tomás, um homem de firmeza, mas ponderado e pacífico, com certo grau de estudo e conhecimento e que era atentamente observado pelos demais. Tratava-se de um encontro realizado às escondidas em um sítio onde companheiros e amigos decidiam o que fazer. Tomás, meticuloso para que todos entendessem, continuou: — Até o início da década dos anos sessenta era possível uma luta sindical apoiada pelo Comando Geral dos Trabalhadores que, na cidade grande, organizavam greves exigindo acordos salariais e outros benefícios. Até nós aqui no mato tínhamos direitos pelo apoio dos Sindicatos Rurais que cresceu pelo Estatuto do Trabalhador Rural. Todos os brasileiros ou não que fossem trabalhadores podiam lutar por seus direitos. Só que tudo foi mal organizado, houve abuso... as greves foram protestos pelas taxas que tínhamos de pagar. Tudo virou uma bagunça! As solicitações não foram aceitas, não respeitaram as leis nem as normas, nada foi digno.

— Não concordo! — protestou um outro. — Todos nós temos direitos a reclamações. João Goulart tolerou até as organizações dos militares de baixa patente: os soldados, cabos e sargentos de todas as armas que reivindicavam seus direitos! Eles fizeram exigências por melhores salários e até se insubordinaram aos superiores. Lembro, quando servi o exército, que o ministro da Marinha, naquele tempo, foi trocado por exigência dos militares de baixa patente.

— É... mas isso foi o que ajudou a colocar no chão a presidência de Goulart e destituir o governo constitucional, ou seja, acabaram com a Constituição Brasileira que assegurava os nossos direitos — reclamou um outro.
— Daí que as Forças Armadas colocaram seus grandes Marechais e Generais no poder da presidência, a começar pelo Marechal Castello Branco, aquele baixinho desgraçado que em 1964, depois do golpe militar, fez um

29

Eliana Machado Coelho/Schellida

monte de *Ato Institucional*. Ele, o Marechal Costa e Silva e outros fizeram um total de dezessete *Atos Institucionais*, uns cento e trinta *Atos Complementares* e cerca de mil leis impostas como desculpas para os objetivos do fortalecimento do poder dos militares, que impuseram extremas restrições absurdas ao povo todo. Tive que voltar pro campo e trabalhar debaixo do sol novamente, porque não dava pra ficar na cidade. Perdi o emprego e não tinha mais nada. Isso dá revolta!

— Sabemos de toda essa repressão cruel, indigna e humilhante — atalhou Tomás. — Perdemos a liberdade sindical e a grande maioria dos líderes sindicalistas foi presa ou desapareceu. A liberdade aos meios de comunicação também foi caçada com o vigor rigoroso de censura aos jornais, revistas, emissoras de televisão e rádio. Perdemos o direito ao voto para eleger nossos próprios governantes... O *Ato Institucional Número 5*, feito em 1968, garante prisões arbitrárias, torturas que não se podem descrever e alguns já foram condenados à pena de morte. Nossa liberdade de manifestação política, social ou religiosa, o nosso direito de ir e vir ficou limitado e anularam toda e qualquer manifestação pelos direitos humanos.

Nós, aqui no campo, somos talvez os mais injustiçados, pois os massacres rurais são pouco comentados. Lembro de diversos casos que vi com meus próprios olhos... Os patrões, fazendeiros ricos e cheio de posses, mataram ou mandavam os capatazes matar um ou mais trabalhadores agrícolas ou pecuaristas, na frente de todos os outros empregados que solicitavam, humildes, os pagamentos de seus salários porque os filhos, em casa, estavam com fome. Num dos casos... — titubeou. — Lembro muito bem... Era uma tardinha... — a voz de Tomás tremia, quase gaguejava. — De modo covarde um fazendeiro atirou várias vezes no peito do homem queimado de sol, suado e que falou em nome do pequeno grupo de trabalhadores... Ele pedia algum pagamento ou alimento... Esse homem falava calmo... ele caiu ali aos pés da escadaria da casa grande. Quando o restante do grupo tentou fugir, imediatamente ao ver o colega caído, foram fuzilados covardemente pelas costas.

Seus corpos ficaram todos deitados ali no chão. Deram ordens de que atirassem em quem tentasse removê-los. Deveriam ficar lá para que servissem de exemplo... para que ninguém mais ousasse reivindicar nada. Nem a família pôde tirá-los dali!... — contava Tomás agora com os olhos marejados. — Somente uma das viúvas... com as mãos calejadas, lenço na cabeça, rosto enrugado e queimado de sol teimou e ajoelhou, chorou em silêncio a noite toda debruçada sobre o cadáver do marido, depois de ordenar aos cinco filhos que ficassem olhando de longe. — Após breve e comovente silêncio, confessou: — Eu era um deles... o filho mais velho... um rapazinho que trabalhava e, até então, sonhava... — Todos estagnaram silenciosos, incrédulos. Após alguns minutos, Tomás continuou: — Aqueles pobres trabalhadores rurais, inclusive meu pai, estavam desarmados. Não houve punição nem sequer denúncia, pois esse tipo de massacre tornou-se muito, mas muito comum mesmo... Pior... isso acontecia e acontece por todo o país. As autoridades militares, quando tomam conhecimento de casos assim, nem dão importância. Os patrões e os capatazes criminosos estão ajudando o governo a manter a lei e a ordem quando cometem assassinatos com esse fim. Os governantes dizem que eles contribuem não permitindo a rebeldia e assegurando, de certa forma, a preservação da lei e da segurança nacional garantida por todos os *Atos Institucionais*. Uma onda de massacres contra trabalhadores rurais tornou-se rotina. Viramos verdadeiros escravos. Passamos fome, frio, não temos salário ou direitos e somos agredidos duramente sem ter para quem reclamar.

— Mas eu soube que alguns grupos de camponeses revidaram contra os patrões para pararem com aquela atitude sanguinária! Botaram fogo nas casas dos donos da fazenda e dos capatazes! — contou um outro que ouvia atento. — Porém foram considerados terroristas e tiveram punições severas. Ao serem presos eram torturados até a morte e seus corpos desapareceram, sumiram mesmo! Principalmente os que eram considerados líderes da revolta. Alguns ficaram aleijados, retardados e abestalhados para tudo.

— Nas cidades grandes não tá sendo diferente! Num tá não! — comentou outro companheiro que falava demonstrando pouca instrução na alfabetização. — Só que tudo é visto pelos home dos jornal... Os estudante e o povo é muito, muita gente reclama porque é entendido e luta feito touro bravo! Nóis, aqui nesse matão, nesse fim de mundo, somo pouco, ninguém lembra que somos gente, que também somo judiado, que passamo fome e nossas criança chora e grita cum fome e dor... e não tem doutô pra atendê. O povo da cidade nem lembra de nóis quando come e nem sabe que arguém plantô e colheu aquele grão.

Eliana Machado Coelho/Schellida

— Sem dúvida que o número de pessoas nas cidades grandes é bem maior do que o conjunto de camponeses para reivindicar seus direitos — disse Tomás por sua vez. — Não é fácil lutar contra a opressão do governo militar, mas os extremistas hoje em dia, na minha opinião, têm grande parcela de culpa para tanta repressão sobre o povo. Eles provocam excessiva e agressivamente, e os militares revidam com a mesma intensidade. O problema, atualmente, tanto para nós aqui do campo quanto para os estudantes e o povo das cidades grandes, é que sofremos juntos, somos massacrados e não temos direito a nada, nem a reclamar por conta dos *Atos Institucionais*.

Sabe, tenho a opinião que tudo isso que acontece foi pela pressão da própria sociedade civil em 1964, da agressividade dos manifestantes promovendo inúmeras greves de operários nos anos anteriores, parando a cidade com passeatas gerando caos e bagunça, oferecendo até um nome que dá a impressão de atos destrutivos como: *luta sindical, marcha da família pela liberdade...* – movimento convocado por grupos conservadores da Igreja Católica e empresariados – *movimento por grupos de militares, lutas rurais exigindo estrutura latifundiária e reforma agrária...*

— Mas o presidente João Goulart prometeu a reforma agrária! — exclamou o outro interessado somente no que dizia respeito a zona rural.

— Sim, ele prometeu. Porém se você tivesse uma propriedade rural, você gostaria que ela fosse dividida e doada aos outros? — O homem se calou diante da opinião de Tomás que prosseguiu: — Por que não doam as terras do governo?! João Goulart prometeu muita coisa. Coisas que não planejou como iria realizar. Ele só queria ser apoiado e usou palavras que o povo queria ouvir. Mas quando não pôde cumprir tudo o que prometeu, não controlou a economia nacional, monopolizou a importação, deixou os setores empresariais descontentes com a política econômica pelo fato de se não importarem, não vendem tanto; não vendendo, muitos funcionários são demitidos. Os movimentos da população começaram a pressionar o governo pelas promessas e medidas que Goulart não cumpria. Aconteceram várias manifestações e greves por todo o país. Só em 1963 mais de setecentos mil trabalhadores entraram em greve! Sabem o que é isso?! Na zona rural não foi diferente e o governo do presidente João Goulart não tinha mais o controle sobre nada, isso acabou com o país! Não foram rea-

UM DIÁRIO NO TEMPO

lizadas reformas estruturais, nem ampliado o consumo interno porque não houve redistribuição de renda para as camadas populares nem a reforma agrária. Com as greves fora de controle, o Brasil parou! Após o movimento feito por grupos de soldados, cabos e sargentos, incluindo até alguns oficiais das Forças Armadas, a revolta e a insubordinação dos Fuzileiros Navais e Marinheiros do Brasil foi a gota d'água! Então o poder militar depôs João Goulart no dia 1º. de abril de 1964. Ele ficou totalmente abandonado por aqueles que ainda o apoiavam... A greve geral decretada pelo Comando Geral dos Trabalhadores – CGT – fracassou... Sei que no dia dois de abril o João Goulart fugiu para o Uruguai e iniciou-se a República Militar com o presidente Marechal Castello Branco.

— Baixinho imbecil que tirou todos os nossos direitos!

— Mas o fez por culpa, como eu já disse, dos atos terroristas, dos esquerdistas que agrediam militares e civis inocentes — considerou Tomás.

— Vamos lembrar que somos massacrados, vivemos com medo, nos caçam como bichos, passamos necessidades e muito mais... por culpa dos homens, militares ou não. Homens sem escrúpulos, sem moral, índole... que fazem atentados com bombas contra pessoas do povo e matam pelo prazer de torturar... Toda a repressão que sofremos do governo militar é por conta de ações dessa gente que também não é inocente não!

No entanto a crueldade da repressão militar está indo longe demais! — reclamou Tomás. — Não concordo com terroristas, com esquerdistas, mas estou do lado daqueles cidadãos que se reúnem secretamente como nós em busca de soluções para termos de volta nossos direitos, nossa Constituição. Esses lutam pelos direitos deles e nossos quando se colocam como oposicionistas e não como terroristas.

Militares ou esquerdistas são homens ambiciosos que prometem milagres econômicos com expansão da economia. Mas na verdade, quando assumem o poder, só sabem pôr a culpa no governo anterior e em princípio os mais favorecidos são seus próprios bolsos e as classe com renda já elevada, banqueiros e grandes empresas que têm "nas mãos" diversos bens e um extraordinário número de funcionários. As pequenas e médias empresas nacionais faliram, assim como alguns dos pequenos produtores que abandonaram seus pedaços de terra... Se não fosse a bondade do senhor Angello, nós estaríamos perdidos... — desfechou Tomás, batendo no ombro do referido senhor.

Eliana Machado Coelho/Schellida

— *Io non me* conformo! — disse de modo indignado o senhor italiano, sogro de Tomás, que misturava os idiomas ao se expressar. — *Per* causa de *quisquilia* de terra, de *autorità, non é possibile* tanta *scelleratezza, crudeltà!*

— O que ele disse, Tomás? — interessou-se um companheiro.

— Ele não se conforma. Por causa de uma mixaria de terra e autoridade, é... seu Angello quis dizer... — titubeou procurando explicar melhor — pela aquisição de poder governamental, não é possível tanta malvadeza e selvageria — traduziu o genro. Em seguida, explicou: — Creio que alguns de vocês não sabem, mas o senhor Angello fugiu da Itália abandonando tudo: terras, produções vinícolas, negócios e casa por causa da Segunda Grande Guerra Mundial e chegou ao Brasil com a mulher e duas filhas. Na clandestinidade, tornou-se trabalhador rural, pois ele e a mulher já possuíam grande conhecimento agrícola pelo cultivo das videiras para a fabricação de bons vinhos. Aqui, tiveram mais uma filha, o que lhes assegurou a permanência legal no país. Depois de muito trabalho, eles adquiriram este grande sítio que está sendo difícil de manter no atual governo por conta dos altos impostos e outras coisas...

Na época em que eu me casei com sua filha mais velha, a Rossiani, tornei-me seu braço direito e tocamos o sítio para produzir mais. Porém, com o arrocho do governo militar, tudo atravancou, principalmente, com a chegada do *Ato Institucional Número 5,* que deu total poder ao Executivo e ao presidente, acabou com o direito do Congresso Nacional, Assembléia Legislativa, Câmara de Deputados, cassou direitos políticos e parlamentares.

O AI-5 considera e trata os cidadãos como criminosos em potencial, quando há qualquer manifestação. Até reuniões como a que estamos fazendo hoje é motivo suficiente para sermos presos e torturados, se não mortos! Isso é crime e seremos considerados oposicionistas. Não vão querer saber se o senhor Angello, dono destas terras, abrigou vocês e suas famílias para que não continuassem em regime de escravidão nos sítios e fazendas vizinhas. Não vão querer saber que o senhor Angello nos deixa trabalhar em suas terras e dividimos a produção de cada colheita para a nossa própria sobrevivência e vendemos o que sobra a um preço irrisório. A ditadura militar considera esse tipo de reunião um ato de rebeldia contra o governo e, se nos pegarem aqui, vão nos punir com crueldade e rigor por causa do *Ato*

Institucional Número 5. Quando o Marechal Costa e Silva, que assumiu a presidência após o Castello Branco, começou a questionar sobre o AI-5 e desejar o retorno da Constituição, ele ficou doente... — Tomás riu com malícia e continuou: — O vice-presidente, Pedro Aleixo, era civil e contra o AI-5, foi impedido de assumir a presidência. Então, rapidamente os ministros militares se reuniram, terminaram com o mandato de Costa e Silva e elegeram, como presidente, o General Emílio Garrastazu Médici, ex-chefe do Serviço Nacional de Informações – SNI.

— Foi depois desse safado do Médici assumir que passamos o período mais rigoroso de toda a República Militar, que controlou todo o poder! — comentou um dos homens resumindo toda a história vista agora por um outro ângulo, por gente de uma outra classe. — A revolta ressaltou os "instintos animais" do povo e foi então que os assaltos a bancos, seqüestro de pessoas – principalmente de estrangeiros para chamar a atenção de outros países – e até aviões aconteceram com freqüência, pois os Estados Unidos ofereciam considerável ajuda econômica ao governo que, em troca, cortou relações com Cuba, que ajudava os opositores do governo. Eram através de contatos assim que os esquerdistas arrumaram armas pesadas, bombas, granadas e tudo mais para fazerem terrorismo contra o povo, contra gente inocente... Organizaram até guerrilhas para derrubarem o governo à força e a principal foi na região do rio Araguaia. Os esquerdistas roubavam ou faziam roupas das Forças Armadas e se vestiam com elas para ganharem a confiança do povo, só que era um disfarce para cometerem os atentados terroristas.

— Como pode garantir tudo isso, Silva? — perguntou Tomás.

— Falei agora mesmo que servi as Forças Armadas. Fui convocado, mas desapareci. Não sou louco! Vi coisas demais, quando o regime militar se preparava para dar o golpe. O Douglas Lacerda, o Ademar de Barros e o Magalhães Pinto foram os três civis que ajudaram o governo militar. O Lacerda, depois, quis voltar atrás, mas... não sei não... A militarização do poder não queria cair, então criaram um departamento "criminoso" que já matou os que são considerados guerrilheiros e desertores como eu. É um terror pensar nesse setor de julgamento chamado DOI-CODI – *Destacamento de Operações e Informações e Centro de Operações de Defesa Interna* – que fez com que muitos políticos, intelectuais, músicos, cantores e artistas fugissem do país. Muitos foram torturados; outros desapareceram.

Eliana Machado Coelho/Schellida

É um clima de terrorismo dentro do militarismo, quando somos obrigados a torturar, agredir sem a menor vontade para isso... somos obrigados ou seremos considerados terroristas, insubordinados e teremos os mesmos tratamentos dessas pessoas... O alto escalão nos obrigava... — com olhos marejados o homem silenciou.

— Não sou defensor do militarismo no poder, mas eles foram e são agressivos para não haver tantos crimes. O terrorismo esquerdista agride o povo inocente que estão em bancos, jornais que não colaboravam com eles, metralham a esmo gente do povo que fazem protestos por nossa Constituição! Os esquerdistas também fizeram torturas, mataram vigilantes, policiais de baixa patente que cumpriam ordens e esses últimos eram terrivelmente torturados. Você sabe... eles fazem verdadeiras guerras nas cidades e no campo. Se o partido de esquerda, desse mesmo jeito que se revela, assumisse o governo seria pior ou não-diferente da repressão militar — acrescentou Tomás de forma pacifista. E logo disse: — Bem... não estamos aqui para tomar partido algum! Nós nos reunimos para o senhor Angello dar uma notícia.

Todos silenciaram até que o senhor desabafou, indignado, misturando os idiomas:

— *Io no ne* posso *più* esse regime! *Credere, per vigliaccheria, io me mandei* embora de *mia* pátria e pensei em *non ritornare più*. O nazismo, o fascismo *rivoluzionare tutto! Uno* tormento!!! *Confusione do diavolo!!!* — contava gesticulando. — Tive que fugir, ãh! Agora *no ne* posso *più permanere qui*. É *vero* que esta pátria me deu *ausilio, eccomi!!! Tuttavia non avere da fare. Qui*, hoje, é... é... *il peggiore* que *la Seconda Guerra*. Estou me indo...

Imediatamente todo o grupo olhou para Tomás esperando uma tradução mais precisa daquela fala forte e angustiada, carregada de emoção, mas que mal puderam compreender o ítalo-brasileiro dos vocábulos.

— Meu sogro, há tempos, diz que não agüenta mais a militarização deste país. Talvez por falta de coragem ele deixou a sua pátria, a Itália — explicava Tomás mais detalhista. — Ele pensou que não precisasse retornar mais para lá. O nazismo, o fascismo transformou tudo em tormento e confusão lá na Itália. Era um inferno dos diabos! Por isso teve que fugir para cá, só que não agüenta mais ficar aqui. É verdade que este país o ajudou, por isso ainda está aqui, mas para ele não há mais o que fazer. Acredita que aqui, hoje, está pior que a Segunda Guerra na Itália. Ele está indo embora.

Um murmurinho agitou o ambiente. Todos se surpreenderam e se amedrontaram com a decisão do senhor Angello. Sensato, Tomás explicou bem calmo:

— Há dias o senhor Angello vem dizendo que está velho para ficar lutando como pequeno produtor, para negociar a produção vendendo o que nos sobra por preço irrisório e não passarmos fome. Cada vez fica mais difícil. As mercadorias chegam às cidades com um valor altíssimo porque existem diversos intermediários. Muitos pequenos produtores estão ameaçados pelas estatizações governamentais.

— O que é estatizações governamentais, Tomás? — perguntou um companheiro de forma simplória.

— São as transformações destas terras, do que produzimos e dos nossos serviços passarem a ser propriedade do governo, do país. No caso, nós e as terras passamos a ser explorados pelo governo militar. Fora isso, podemos ser pressionados por fazendeiros magnatas da região para vendermos a um preço baixo, ou por fazendeiros militares do alto escalão que sabemos estão se apropriando de muitas terras por aí afora, sem dizer dos civis que são apoiados pelo regime de ditadura militar e têm certas influências. De um jeito ou de outro nós estamos ameaçados. O senhor Angello não quis ficar na Itália e abandonou suas terras durante a Segunda Guerra e nessa época ele era bem mais jovem. Agora não é difícil tomar a mesma decisão, abandonar tudo isso aqui e ir embora, principalmente, porque aconteceu o seguinte: o irmão do senhor Angello, ao longo desses anos, vem lhe escrevendo e dando notícias. Com processos legais, ele conseguiu de volta a região onde a família originou o cultivo das videiras e produziam vinhos consideráveis. Alegando que só abandonaram as terras devido a guerra. Ele tinha os documentos e comprovantes dos pagamentos dos impostos. Sabendo da situação do governo aqui no Brasil, o irmão do senhor Angello pede que ele volte. E ele decidiu que vai retornar para a Itália.

— E quanto a este sítio?! E nós?! — perguntaram alguns ao mesmo tempo.

— Eu e minha esposa ficaremos aqui. Estas terras pertencem ao senhor Angello Vittore Toscannini e às suas filhas. Conseqüentemente, pertencem

Eliana Machado Coelho/Schellida

aos meus herdeiros, quando vierem — sorriu Tomás. — Nunca tive nada na vida e o sonho daquele rapaz que viu o pai ser morto de modo cruel e covarde, transformou-se em força para lutar pelo que me pertence ou pertence à minha família. Ninguém vai tirar o que é meu ou dos meus herdeiros. O senhor Angello ocupa o lugar de meu pai, hoje. Minha mãe, tão acabada pelos anos de trabalho duro, vive neste sítio entrevada em uma cama. Meus irmãos, eu e alguns companheiros que nem posso chamar de empregados por não ter como pagar-lhes, dividimos tudo o que produzimos. Nós já decidimos que não vamos sair daqui. Agora é o seguinte...

Tomás fez longa explanação sobre as dificuldades que enfrentariam, mas que não serviriam a nenhum partido, somente trabalhariam e preservariam suas terras.

* * *

Rossiani, esposa de Tomás, recebeu recomendações rigorosas para cuidar atentamente da irmã Nicolle, pois seu pai, o senhor Angello, retornou para a Itália com a esposa, dona Sofia, e a filha caçula, Danielle, que nascera no Brasil.

Após a viagem do senhor Angello a situação no Brasil não se estabilizou, apesar das promessas políticas.

Tomás tornava-se, sem perceber, um líder dos pequenos produtores e trabalhadores rurais desejosos, tão somente, de seus direitos e de preservar suas terras. Assim, em pouco tempo, ele e alguns trabalhadores passaram a ser considerados uma ameaça ao governo militar que, através do serviço de informações, localizou o lugarejo onde moravam e começaram uma rigorosa busca, caçando-os como animais.

Rossiani, junto com sua irmã Nicolle, a sogra enferma, suas cunhadas e uma senhora, chamada dona Josefina, que foi empregada da família do senhor Angello por muitos anos, ficaram no sítio vasculhado pelos militares. Praticamente presas em casa pelo fato de não poderem andar com liberdade pelas terras, amedrontaram-se unidas em rogativas desesperadoras, preces intermináveis para não serem molestadas, algo bem comum, naquela época, durante semelhantes diligências militares, e também oravam para Tomás, seus dois irmãos e os demais trabalhadores rurais não serem encontrados.

Como os homens conseguiram fugir, algumas mulheres, esposas dos foragidos, e trabalhadoras rurais, ao perceberem que os militares tinham se retirado, ousaram voltar para suas pequenas casas no interior do sítio.

A surpresa macabra surgiu quando encontraram outras mulheres, crianças, menininhas e menininhos, adolescentes, garotos e garotas, mortos em valas nos canaviais. A maioria deles foi covardemente violentada sexualmente antes de serem mortos com crueldade. Essas mulheres e crianças nem mesmo tinham as ferramentas de trabalho que poderiam ser consideradas como armas. Nada justificava tamanha brutalidade.

Foram dias difíceis. A insegurança e a dificuldade em lidar com a tensão vivida, com o trabalho rural, que exigia por demais das mulheres e crianças, geravam apreensão e desespero. Era um verdadeiro pavor. A essa altura dos acontecimentos já passavam muita fome. E como se não bastasse tudo isso, ainda ignoravam onde e qual a situação de seus maridos ou trabalhadores dali.

Nicolle, a bela jovem italiana, filha do meio do senhor Angello, muito firme e enérgica se revoltava com a situação. Indignada com a humilhação experimentada através de tantas dificuldades que surgiram e de tanta miséria, inconformava-se com a injustiça.

Quando a mãe de Tomás faleceu, Nicolle, usando o restante de sua força, enquanto as outras choravam e oravam ao lado do corpo da senhora, passou a parte de trás de sua longa saia por entre as pernas, prendendo a barra na parte da frente da cintura e formando uma espécie de bermudão, mal prendeu os cabelos deixando alguns fios escaparem. Apanhou algumas ferramentas e foi para perto de uma árvore, quase próxima a cerca, e começou a cavar uma cova para enterrar a senhora.

A cada picaretada na terra vermelha, Nicolle chorava de raiva e impunha, sem perceber, cada vez mais força para cavar o chão. Na troca de ferramentas, vez e outra ela se apoiava no cabo como se descansasse por alguns segundos. Secava o rosto suado na manga enrolada da blusa fina e larga que lhe ressaltavam o colo exuberante.

A cova já estava demarcada e com certa profundidade, quando um carro parou próximo da cerca. Um homem bem alinhado desceu, parecendo bem surpreso com a cena. Não suportou observá-la por longo tempo e praticamente gritou ao questionar:

Eliana Machado Coelho/Schellida

— Moça!!! Ei, Moça!!! — Nicolle parou, olhou-o e ele completou: — Posso ultrapassar a cerca e ir até aí?

— Para quê?!!! — gritou nervosa, quase chorando.

— Para ajudar! Isso não é serviço para uma jovem como você.

— Nem pra um almofadinha como você!!! — retrucou ofensiva com seu forte sotaque italiano.

Mesmo sem autorização o homem passou por entre os arames, aproximou-se de Nicolle e sorriu educado ao dizer com voz amável:

— Bom dia, jovem. Desculpe-me pela intromissão, mas o que vejo não é comum! Como cavalheiro não posso permitir que uma moça, principalmente uma bela jovem como você, realize um serviço tão difícil que deveria ser feito por um homem.

Nicolle estava séria, ofegante, cansada, suada e com fome. Ainda não havia pensado no que responder. Apoiava-se na ferramenta enquanto descansava e o ouvia, aguardando uma oportunidade para desabafar.

— Você trabalha aqui? — tornou ele gentil.

— Não! Este sítio é de *mio papa* que voltou para a Itália. O *maledetto* do exército chegou, matou algumas trabalhadoras e seus *bambinos*... foi uma chacina! Tivemos que enterrar todo mundo nas valas dos canaviais mesmos, ãh! Os corpos estavam desmanchando, não dava pra carregar. Os homens daqui tiveram que fugir... foram acusados de serem contra esse governo desgraçado, *maledetto*!!! Mas é *vero* que os donos das fazendas desta região querem mais terras do que já têm. Eles já tomaram vários sítios com pequenas produções. O nosso sítio é bem grande, fica num lugar... como se diz.... — em segundos, lembrou-se: — lugar estratégico, *perché*..., ou melhor, porque tem muita água, o açude é grande, tem cachoeiras e lagoas aqui dentro. Meu cunhado, o Tomás, que fez até o impossível para este sítio não ser vendido ou tomado, teve que fugir junto com os irmãos e os trabalhadores daqui quando os militares chegaram atirando. As mulheres, filhos e filhas, pequenininhos e os grandinhos, que não fugiram foram molestados por vários militares calhordas, nojentos!!! Ãh!!! O que me diz disso?!!! — Nicolle começou a chorar, mas continuou falando com força na voz e sotaque que exibia sua revolta. — Não havia ninguém pra nos defender! Só restava rezar e rezar! Cheguei a perguntar onde é que estava *Dio*?!!! — gritou. Suspirando, falou mais branda: — Acho que não fizeram nada com a gente que estava rezando e morrendo de medo na casa de grande, por causa dos homens cheios de estrelas que tavam lá também! Eles ficaram na casa toda e nós: eu, minha irmã, a sogra e as duas cunhadas dela e a velha Josefina ficamos só num dos quartos com a sogra da minha irmã que tava doente. Depois que esses malditos militares se foram, vimos que a plantação mirrou, encruou, secou toda por falta de trato e adubo. O gado que não mataram para comer, soltaram. Destruíram tudo o que puderam durante os dias em que acamparam aqui!

Agora que aqueles desgraçados partiram, nós estamos em várias mulheres e crianças sem ter o que pôr no fogo ou pra comer cru. As que fugiram e conseguiram voltar também tão lá na casa grande passando fome há dias! E agora, a sogra da minha irmã morreu. As mulheres tão chorando, orando e se encostando pelos cantos junto com seus filhos sem força para levantarem de tanta fome. Nunca vi tanta miséria!!! E alguém tem que abrir essa cova ou a mulher vai começar a feder!!! — explicou revoltada. — E eu não vou ficar esperando homem algum aparecer ou iremos trazer a morta aos pedaços! Se é que não terei que abrir mais covas para enterrar mais alguém que morrer de fome!

Nicolle parou de falar. O relato comoveu verdadeiramente o elegante homem, assustado com aquela realidade que, pela primeira vez, presenciava.

Após respirar fundo, passou a mão pela testa suada devido ao sol escaldante e se apresentou:

— Meu nome é Douglas. Douglas Gregori. Qual é o seu? — questionou estendendo-lhe a mão.

— Nicolle Provatti... — respondeu desconfiada e sem dizer o nome completo, mas firme apesar de seu cansaço expresso na face suada.

— Nicolle!... Belo nome! Nicolle Provatti! Bem... veja Nicolle... — argumentou depois de alguns segundos, pensativo: — Eu acabo de comprar a fazenda do outro lado da estrada... — disse Douglas, apontando na direção. — Nem sei direito quem é o capataz e não conheço os trabalhadores...

Nicolle deu uma gargalhada e exclamou:

— Quer dizer que aquele *maledetto* do *diavolo* Cintra Junqueira das Neves Pereira vendeu essas terras?! Desgraçado!!! Infernizou nossas vidas para tirar o nosso chão...

Eliana Machado Coelho/Schellida

— O senhor Cintra Junqueira morreu. O seu filho, um político influente, foi quem negociou a fazenda... — titubeou Douglas ao falar com certa timidez. Mas Nicolle nem percebeu.

— *Che và all´inferno!!! E caricato dal diavolo!!!* — gargalhou em seguida a jovem.

— O que você disse? — ele indagou, sorrindo com generosidade.

— Quero que o Cintra Junqueira vá para o inferno!!! E carregado pelo diabo!!! — traduziu com seu jeito debochado e menos sorridente. Séria, perguntou: — Mas como um filho dele te vendeu esta fazenda? E cadê os outros? Eles não herdaram nada do desgraçado?

— Na partilha dos bens, a fazenda ficou para um filho só. Os demais herdaram as outras terras em outros estados. Não sei explicar ao certo. — Douglas sorriu, tornou a argumentar, mas com determinados interesses escondidos nas boas intenções apresentadas e, aproximando-se mais da moça, disse com tom comovente ao impostar a voz: — Nicolle, eu pedirei para alguns funcionários virem até aqui a fim de ajudá-las. Esse trabalho não é para você nem para as demais. — Tirando-lhe a grosseira ferramenta das alvas mãos machucadas e calejadas, ofereceu gentil: — Permita-me ajudá-las, por favor... Mandarei trazer alimentos, vestimentas e remédios. Que consertem o que estiver danificado na sua propriedade e... e providenciarei para que recebam provisões até poderem retomar a vida de antes. Está bem?

— Em troca do quê?! — interrogou arisca.

— De vê-la sorrir! Você é muito bonita, Nicolle para esta vida sofrida. Não merece isso. — Antes que a moça dissesse algo, pois a viu tomar o fôlego para argumentar, ele prosseguiu: — Além disso, não admito ver qualquer mulher ou criança sofrendo maus-tratos. Somos vizinhos agora! Se os outros não foram, eu serei um bom vizinho para vocês! — Sorrindo, comentou tentando brincar: — Não quero ser amaldiçoado com tanto rancor como o senhor Cintra Junqueira acabou de ser!

A partir desse dia Douglas começou a ajudar Nicolle, sua irmã Rossiani, as cunhadas e todas que passavam por iminentes dificuldades naquele sítio. Ele ficou verdadeiramente chocado com o que presenciou. Seu caráter, entretanto, não o deixaria perder qualquer oportunidade.

Homem de postura firme, bem instruído, com voz generosa e cordial, favorecido por sua desfaçatez, capaz de enganar até as pessoas mais experientes. Sua falta de dignidade o fez esconder que era casado e, sem demora, começou a conquistar o coração solitário da bela italiana Nicolle.

Quando a visitava, com a desculpa de ver a situação do sítio, fazia questão de tecer constantes relatos comoventes sobre ter uma mãe muito doente. Ressaltava ser a senhora extremamente apegada a ele, filho único, a ponto de ter a saúde abalada por ciúme. Não queria contrariá-la e carregar o peso de um grande remorso, caso alguma fatalidade ocorresse. Sabia que o coração de sua mãe não agüentaria por muito tempo, provavelmente, ela não viveria tanto. Por essa razão estava solitário até aquela idade.

Nicolle impressionava-se comovida com os relatos e entendia o motivo de Douglas não apresentá-la a sua família, deixando-se envolver e enganar.

Quem quer que o ouvisse, com seus pretextos astuciosos, jamais desconfiaria de suas mentiras. Era um conquistador vil e inescrupuloso, além de casado.

Envolta pelos sonhos nascidos das promessas de Douglas, consolidou compromisso com ele em poucos dias, mesmo sem as devidas apresentações e permissões de seus pais, ignorando um costume da época. A distância também dificultava. Somente Rossiani sabia, mas o gênio forte de Nicolle não aceitaria qualquer intromissão em sua decisão e Rossiani simplesmente ficou ciente do compromisso.

A cada dia a adorável jovem via-se intensamente apaixonada por aquele homem surgido inesperadamente em sua vida e que tanto a ajudou.

3

Gravidez inesperada

Com o pretexto de cuidar da mais recente aquisição da família Gregori, a herança de Gorete por causa da morte de seus pais, Douglas encontrou motivos suficientes para ficar vários dias longe de casa, sem que a esposa pudesse reclamar. Devido à recente gravidez, não queria que Gorete o acompanhasse. Afinal, ir à fazenda seria muito cansativo para sua esposa e para o bebê, pois parte da estrada não estava pavimentada e o carro balançaria muito no chão de terra. Além disso, aquela fazenda traria à Gorete recordações de seus pais, e isso não lhe faria bem naquele estado. Ela deveria ser poupada.

Infeliz e amarga sensação envolvia Gorete, a qual asfixiava sua dor recolhendo-se deprimida no quarto do casal, pensando na falta que sua mãe e seu pai lhe faziam em um momento tão importante como aquele, sua primeira gravidez. Agora, definitivamente, sentia-se só.

Não queria a companhia da sogra, mas disfarçava muito bem e dona Vitória, sabendo ser esse comportamento relacionado à perda de seus pais, não se incomodava.

Gorete se calava. Desconfiada das excessivas viagens de seu marido, tinha certeza de que estava sendo traída, mas nada dizia. Fustigando os pensamentos em grande repulsa por tudo o que vivia, embebendo os sentimentos em um luto que a arrastava a um arrependimento imensurável pela decisão tomada em se casar com Douglas. Iludiu-se pelos gestos gentis, pela

UM DIÁRIO NO TEMPO

generosidade passada por ele, fazendo-a experimentar emoções e paixões tão fortes que acreditava sentir um louco e incontrolável amor.

Seus irmãos, depois da partilha da herança, esqueceram-se dela. Não tinha sequer uma irmã para compreendê-la. As cunhadas reclamavam de sua vaidade e orgulho pelo simples fato de Gorete ter estudo, ser inteligente e esnobar com suas prosas e versos nas falas. Não a queriam por perto. Estava sozinha, amargurada e sem esperanças. Sentia o coração oprimido. Somente lágrimas intermináveis corriam por seu belo rosto.

* * *

Pouco tempo passou. Quando percebeu a mulher mais recomposta, Douglas decidiu que uma viagem seria de grande valor para recuperar seu ânimo. A esposa aceitou, mas algo havia mudado em Gorete e ninguém entendia o motivo.

Certo dia Gorete havia escutado, parcialmente, uma conversa entre os sogros falando do pagamento a alguém pelo acidente sofrido por seus pais e entendeu que o mesmo foi tramado, provavelmente, pelo senhor Guilherme que tanto queria aquelas terras. Douglas ligeiramente administrou a partilha da herança com os cunhados e aquela fazenda foi a primeira coisa que sugeriu ficar para Gorete. Agora entendia o motivo de Douglas querer casar-se com ela tão rapidamente.

Era no sombrio quarto do casal onde ela se isolava das recordações inquiridoras da sogra, da elegante postura social a qual deveria simular a pretexto de astuciosos interesses nas reuniões sociais, das mentiras intoleráveis do marido que a traía e tantas outras coisas faziam Gorete ter a mente fervilhada de idéias tenebrosas, principalmente, sobre a morte planejada de seus pais em um acidente. Ela queria vingar-se.

Decidida, encarregou-se de ser tão dissimulada e evasiva quanto todos daquela casa, uma vez que não haveria mais quem a apoiasse. Não choraria nem reclamaria de qualquer situação. Julgava-se inteligente e saberia esperar o momento certo para uma desforra bem apropriada.

Iria apresentar-se como uma mulher meticulosa, fala mansa, parecendo sempre afável para contento de todos. Não seria mais poetisa ou sonhadora. Mas no íntimo de sua alma, tramava audaciosamente atraiçoar, castigan-

Eliana Machado Coelho/Schellida

do-os quando tivesse oportunidade, mesmo demorando o tempo que fosse preciso, mesmo custando sua própria vida.

* * *

O tempo foi passando, Nicolle e Rossiani trabalharam duro a fim do sítio voltar produzir de novo ao menos para a subsistência de todas. Os trabalhadores da fazenda de Douglas foram orientados a prestarem toda ajuda possível. O capataz, de total confiança, cuidava pessoalmente das necessidades de que elas poderiam ter, emprestando inclusive máquinas agrícolas e empregados para os serviços pesados. Vagarosamente tudo começava a voltar quase ao normal.

Rossiani se controlava, mas em seu íntimo havia um desespero pela ausência de notícias de Tomás, seu marido. Desde a invasão de militares naquelas terras, todos os homens desapareceram sem dar qualquer notícia. Com exceção de um dos dois irmãos de Tomás, que foi encontrado morto, com tiros nas costas, quando passava pela divisa do sítio.

Tempos depois, o outro cunhado de Rossiani retornou. Era madrugada e, sem ser visto, ele foi direto para a casa do sítio onde morava com a esposa e os filhos. O homem apresentava graves ferimentos, debilitado e fraco.

Aos prantos Rossiani quase exigia do cunhado notícias de Tomás. Entretanto ele estava confuso, mal conversava e, quando fazia, era pausadamente. Traumatizado com a experiência macabra, sempre sem ação, de modo estático e com as palavras na mesma ordem, ele repetia:

— Alguns homens foram presos, espancados, torturados com os piores métodos... amarrados por dias... Tivemos fome... frio... Um dia amarraram alguns que ficaram de joelho na frente de um pelotão de militares do exército... e foram fuzilados...

— Mas e o Tomás?!!! — intimava Rossiani.

— Não sei. Não vi mais o meu irmão. Ele foi levado pra outro lugar... Eu fugi.

O homem encontrava-se nitidamente perturbado.

Dois outros irmãos de Tomás retornaram, mas eles não foram presos e se esconderam por vários dias na mata. Também não sabiam dizer nada sobre Tomás, pois na fuga se separaram.

Com o tempo alguns poucos trabalhadores, os quais não haviam sido presos, voltaram. Não tinham, porém, notícias dele.

Rossiani entrava em um desespero silencioso, doloroso. Contudo, tinha que superar a dor e transformar a angústia em trabalho árduo, restando-lhe somente aguardar.

* * *

Em plena época de estiagem, Douglas verificou em sua grande fazenda o abaixamento das fontes e os rios no limite extremo de escassez, não tendo água suficiente para a criação.

Rossiani e Nicolle, muito gratas pela ajuda do vizinho em tempos bem difíceis, permitiram que o gado atravessasse a demarcação do sítio para beber e comer naquelas pastagens ainda verdes pelo privilégio da localização. Por reconhecimento ao favor prestado e com o consentimento das irmãs, Douglas providenciou a construção de longas cercas a fim de seu gado não invadir a área agrícola do sítio, uma vez que, também por agradecimento, ele providenciou diversas prestações de serviços com modernas máquinas agrícolas e a mão-de-obra de seus trabalhadores rurais para os cuidados devidos dos canaviais, laranjais e outras produções.

Fora isso, Nicolle e Douglas se envolviam cada vez mais. Dissimulado, Douglas explicou à jovem e à sua irmã que sua viagem ao exterior foi devido à procura de médicos e hospitais capazes de curar sua mãe, mas tudo fora em vão. Ele afirmava que o problema cardíaco de dona Vitória era incurável e se agravava dia a dia.

Rossiani sentia algo errado, contudo não dizia nada. Nicolle, apaixonada, acreditou piamente e só sofreu pela saudade.

Comovia-se cada vez mais com a condição doentia da mãe de seu namorado. Entendia e aceitava os maiores e escabrosos subterfúgios, desculpas astuciosas usadas por ele a pretexto de não apresentá-la a sua família e assumir o compromisso.

Por outro lado, mesmo chocada com a falta de notícias do marido e de alguns trabalhadores que desapareceram, Rossiani orientava a irmã, avisando-a para não confiar em Douglas.

Eliana Machado Coelho/Schellida

— Ora! Ora! Rossiani! É um absurdo duvidar da integridade do Douglas. Ele só não pede permissão para *nostro papa* para firmarmos compromisso *per* que *papa* e *mamma* estão *in* Itália. É *compreensibile* esta *situazione*, certo?!! — expressou-se Nicolle, nervosa, introduzindo palavras italianas na fala pela irritação que sentia e devido ao fato de sua irmã insistir em alertá--la tanto.

— Eu sei. Entendo a situação. Nossos pais estão longe e não é possível obter as bênçãos e a permissão deles. Mas veja bem, Nicolle — explicava Rossiani com amabilidade na voz e sempre prudente —, se a mãe do Douglas é doente e praticamente está com os dias contados como fala, por que ele não traz o pai aqui para te conhecer, ãh?! O pai dele não é doente certo? Eu soube que o homem já visitou a fazenda aí do lado e o mais estranho foi saber que os empregados têm ordens expressas de Douglas para não falarem nada sobre o compromisso de vocês. Sabia?

— Claro! Lógico que estou ciente. Mas Douglas me disse que o pai contaria para a mulher, ãh! Ele não é *molto* sensato. Tanto que o *signore* Guilherme *non* lida com os *negozio* da *famiglia*... — Em outras palavras, Nicolle disse: "Ele não é muito prudente. Tanto que o senhor Guilherme não cuida dos negócios da família...", mas foi interrompida por um grito da irmã.

— Fale direito, Nicolle!!! Por que insiste em falar como papai?!! — enervou-se Rossiani. — Que coisa!!! Já vivemos no Brasil tempo suficiente para não termos sotaque! E você, inutilmente, vem insistindo mais ainda em falar assim!!! Por que não se alfabetiza? Seria mais útil!!!

— Eu gosto de falar assim e Douglas gosta de me ver falando assim!!! Deve ser aquela dona Josefina, velha benzedeira e intrometida, que tá enfiando essas coisas na tua cabeça!!! — gritou Nicolle, virando as costas para a irmã e deixando-a sozinha.

Sem pensar, Nicolle caminhou sem rumo. Quando se deu conta, estava a caminho da fazenda de Douglas. Em seu íntimo queria notícias dele, pois era final de semana e havia mais de vinte dias que seu namorado não aparecia.

Depois de boa caminhada, apreciou a nítida transformação das terras do sítio e sem parar continuou pensativa. Apesar dessa mudança, ela pareceu não dar muito valor às palavras de sua irmã e, sorridente, andava passos largos, meneando o corpo ao belo balançar do vestido comprido que se

UM DIÁRIO NO TEMPO

arrastava ao chão e acompanhava o movimento dos longos cabelos ondulados, lindamente desalinhados e soltos.

Ao chegar à fazenda, com seu jeito fogoso e sensual usando uma blusa que salientava seu colo exuberante, sorrindo pretensiosa e arrogante,
perguntou ao empregado, exibindo-se divertidamente com seu belo e forte
sotaque italiano na voz firme:

— E *tuo patrone, signore* Douglas, é *qui*?!

Olhando-a, medindo-a de cima a baixo e disfarçando a intenção malicio-
sa, o capataz respondeu ponderado e em tom baixo na voz rouca:

— A senhorita me perdoa, mas não entendo muito bem sua língua.

— Quero saber se o teu patrão, o senhor Douglas, está aqui.

— Não. Ele não vem aqui já tem dias... Tem algo que eu possa ajudar ou
mandar os pião fazer pra senhorita? Porque seu Douglas deu ordem pra ajudar a senhorita em qualquer coisa. Qualquer coisa mesmo... — desfechou
sussurrando rouco.

O sorriso desfez-se de imediato na face alva de Nicolle que, disfarçada-
mente, não demonstrou sua decepção pelo imprevisto. Austera, por perceber no moço um sorriso cínico, transmitindo má intenção ao olhá-la de
modo diferente e desejoso, ela respondeu séria e com palavras firmes:

— Não! — disse sisuda, com voz cortante e com seu sotaque forte, to-
lhendo imediatamente a ironia que notou no rapaz. — Não há nada que
me possa servir! Eu direi, quando ver o Douglas, sobre as prestatividades
oferecidas por você. Entendeu, ãh?! E quando ele chegar, diga que eu quero
que me procure imediatamente, certo?!

— Sim, senhorita — murmurou ainda com ironia. — Pode deixar.

Altiva, Nicolle não olhou para trás, alçou a cabeça, agora, fervilhando
com pensamentos preocupantes. Mas considerava-se forte, não ficaria angustiada e saberia aguardar.

* * *

Douglas, por conta de reuniões e algumas comemorações em companhia de seu grupo de amigos da alta sociedade e militares influentes que
assumiam o poder, ainda mais por preocupações corriqueiras com seu filho
de poucos meses, ficou por dias sem ir até a fazenda.

49

Eliana Machado Coelho/Schellida

Gorete parecia mais serena do que nunca. Certa noite em que Douglas ainda não havia chegado, estava entre o sono e a vigília, quando sentiu uma leve carícia no rosto, escutou uma voz suave murmurar com ternura:

— Precisamos de uma criança... o seu Igor. E o seu bebê?

Sobressaltando, sentou-se na cama circunvagando o olhar assustado por todo o quarto onde só havia as mobílias. A voz parecia uma tentação para que acordasse.

— Tenho certeza! — murmurou assombrada. — Alguém falou comigo! — Olhando para o berço, perguntou: — Onde está meu filho?!

Levantando-se rapidamente, vestiu seu roupão e, enquanto o amarrava, saiu do quarto quase em desespero.

Percorrendo corredores sob pouca iluminação, ela caminhou apressada até perto da escada. Parou no patamar, olhou a sua volta e decidiu não procurar pela sogra acreditando que estivesse dormindo. Este andar da casa era exclusivo para os dormitórios e não viu luz alguma clareando sob qualquer porta indicando alguém acordado. Nenhum som, nenhum resmungo de seu filho. Guiada quase que mecanicamente por uma força estranha, Gorete desceu rapidamente as escadas, olhou em todo o andar de baixo e não encontrou ninguém.

Aprofundando-se pelo interior da casa, dirigiu-se até a cozinha e saiu para o quintal sem encontrar qualquer empregado. A noite estava bem escura. Garoava. Uma agonia travava em seu peito. Dirigiu-se até uma edícula desocupada bem ao fundo do quintal. Percebendo que certa luminosidade parecia vir de lá, ela foi até a porta, sempre fechada e cujo interior jamais tinha visto.

Um tremor dominou seu corpo, mas encorajada Gorete moveu vagarosamente a maçaneta, e para sua surpresa, não estava trancada como de costume. Empurrando a porta lentamente, superando o medo, viu várias pessoas com vestes estranhas, encapuzadas de tal forma que não podia ver os seus rostos caso elas não erguessem bem a cabeça.

A maioria eram mulheres, todos sonorizavam com a garganta o mesmo ritmo vocálico harmônico, algo musical nunca ouvido antes, como que um mantra. Colocavam-se em formações geométricas diferentes, sendo que a última formação era a de um círculo em torno de uma mesa coberta por tecido púrpuro, semelhante a um altar e tendo sobre ele velas, adagas de estranhos formatos e tamanhos, apetrechos desconhecidos por ela. Um mal-estar dominou a jovem ao ver uma pequena pia de rituais ocultos para sacrifícios, onde sangue fresco ainda escorria. O que parece tenebroso no plano físico, na espiritualidade é quase indescritível de narrar por ser hediondo, excessivamente pavoroso, terrífico!

Gorete quase gritou. Aterrorizada recuou, mas foi vista por alguém que a chamou. Para sua surpresa a porta foi fechada por uma pessoa que parecia aguardar sua entrada naquele recinto, mas também esperava sua tentativa de fuga.

"O que é isso?!!", gritava em pensamento, apavorada. "É algum ritual satânico?!! Demoníaco?!!"

Dona Vitória, trajada com o mesmo tipo de vestimenta dos demais, aproximou-se e tentou tranqüilizá-la. Conduzindo a nora para junto do círculo de pessoas. Vendo seus olhos arregalados no rosto pálido, disse-lhe com voz amena:

— Não tenha medo, minha querida. O que está vendo são só atividades ritualísticas para a ação de forças místicas, transcendentais de divindades.

— Onde está meu filho? — perguntou Gorete com firmeza e um misto de temor.

— Dormindo! — afirmou a senhora em tom generoso e cativante. — Quando entrei no seu quarto, você dormia profundamente. Não queria que fosse perturbada e pedi para a governanta cuidar do meu netinho. Aliás, Igor também dormia feito um anjo...

— O que está acontecendo aqui?! Que sangue é aquele?!

— Aguardávamos você a fim de fazer parte deste culto esotérico, restrito a um pequeno grupo bem exclusivo. É o momento de progressivamente você tomar conhecimento do conjunto de nossas práticas e rituais, para que entre em sincronia com uma mudança de consciência, comportamento e opiniões. Nada absurdo, Gorete.

— Como sabiam que eu viria até aqui?! — Antes de ouvir qualquer resposta, sentiu-se dominada pelo sentimento de ganância e de algum tipo de poder que a atraía. Apesar de certo receio, demonstrou interesse: — O que ganho se ficar?!

— Oh... meu bem... — disse dona Vitória com voz afável. — Você é uma criatura especial. Tem muitos dons que até desconhece. Como sabe, o dom somado ao conhecimento é algo supremo para o nosso grupo. Nossa frater-

Eliana Machado Coelho/Schellida

nidade é secreta pelo fundamento esotérico, todo o saber é secreto, oculto. Você só tem de participar e aí, gradativamente, deterá todo o conhecimento necessário. Nossos trabalhos aqui, quando praticamos esses ritos, são para invocarmos entidades com seriedade a fim de adorá-las, sermos gratos, fazermos oferendas... Também temos um caráter ativo com certas divindades que podem intervir na natureza para conceder-nos graças, bens e o controle do que quisermos! — disse empolgada. — Como também nós podemos direcionar uma espécie de castigos ou punições aos nossos inimigos, mas isso somente através dessas divindades. Esses seres, os quais nem podemos chamar de espíritos uma vez que estão acima disso, têm métodos próprios de proporcionar até as curas, revelar-nos o futuro! É algo com processos sobrenaturais, forças ocultas que governam o universo, a natureza!... Não se assuste com os objetos que temos aqui, são oferendas ou utilizados para tais fins, alguns também representam as próprias divindades, são utilizados para o que queremos obter.

A jovem não disse nada. Uma outra mulher se aproximou tendo nas mãos uma vestimenta igual a dos demais e com sorriso largo ofereceu à Gorete que a recebeu.

— Hoje é um dia especial mesmo! — dona Vitória falou de modo feliz. — Temos aqui uma iniciante, uma neófita às práticas de nossa fraternidade que se dispõe ao contato de adoração e outras obediências e gratificações às divindades que nos amparam.

Na espiritualidade criaturas sombrias enchiam o recinto de modo impressionante! Eram espíritos sem elevação. Alguns instruídos, mas inferiores na escala evolutiva pela determinação em fazer o que não é correto. Todos eles, apesar de apreciarem aqueles ritos de modo solene, tinham as feições rajadas de risos disformes. Expressões de terror os desfiguravam pelo estado de exaltação ao delírio de pensamentos violentos conforme sucedia no plano físico. Cada encarnado possuía incontáveis espíritos a vampirizá-los durante e depois daquelas reuniões feitas em consideração às entidades, as quais eram chamadas de divindades assumindo tarefas demoníacas em diversos setores da vida de cada um. Esses desencarnados consumiam-lhes as forças físicas sem que percebessem, pois repunham outras energias de constituição inferior para substituir o que foi sugado. Os encarnados, porém, não se davam conta, tornava-se um ciclo vicioso cada vez mais forte. E, como um entorpecente, bebida alcoólica ou qualquer outra droga material que escraviza, a troca de energia entre encarnados e desencarnados alcançam imenso grau de viciação.

A partir desse dia, Gorete assumiu uma relação com outras formas de conjunto de representações ou atividades rituais supostamente capazes de interferir em tudo, até nos desígnios de Deus.

* * *

O tempo foi passando. Longe da capital, Nicolle pensava e se apresentava bem diferente de antes. Estava impaciente, isso a fazia agir de modo bem estranho ao habitual. Sem ter notícias de Douglas, a bela italiana expressava-se com palavras ásperas. Parecia sempre nervosa e aflita em tudo o que fazia.

Não suportando vê-la daquela forma, Rossiani decidiu:

— Nicolle, venha até aqui! — praticamente intimou a irmã mais velha, sem gritar. Após Nicolle aceitar e entrar em casa, Rossiani somente apontou para um dos quartos indicando onde ela deveria ir. Fechando a porta, falou inabalável e determinada: — Quando nossos pais foram embora e queriam levá-la, você implorou para ficar no Brasil e eu garanti que cuidaria de você como se fosse minha filha.

— Mas acontece... — tentou dizer Nicolle, porém foi interrompida abruptamente de modo como nunca viu antes.

— Cale-se! Estou falando! — exigiu Rossiani com voz forte. — Sente-se e me escuta! Está certo que não temos muitos recursos nem luxo neste sítio. Chove dentro da casa de todos, faltam roupas, mas ninguém aqui morre de fome! Sei que passamos dificuldades desde quanto Tomás e os outros se foram...

— Não estamos melhores por você não aceitar mais ajuda que o Douglas quer nos oferecer! Ele poderia...

— Não! Não aceito, mesmo! E acho que está na hora de recusarmos o que ele vem nos prestando há tempos!

— Ora, Rossiani! Não entenda os trabalhos que os empregados e as maquinarias do Douglas vêm fazendo aqui em nossas terras como uma esmola, ãh! *Indipendente di nostro compromesso, Douglas offerta a noi beneficenza per vostro cuore buono, amichevole...*

Eliana Machado Coelho/Schellida

— "Independente de nosso compromisso, Douglas oferece a nós assistência por seu coração bondoso, amigável..." — Rossiani interrompeu arremedando-a ao traduzir o que Nicolle falou no idioma italiano. Insatisfeita e ofegante, ela percebeu a reação trêmula da irmã tentando disfarçar. Sem que a outra esperasse, Rossiani impôs-se, intimando ao perguntar: — Nicolle, por que está tão nervosa?! Só fala desta forma, miscigenando os idiomas, para se exibir ou quando bem aflita, não é?! Exijo uma explicação! O que acontece?!

— Eu não estou nervosa! — reagiu. — Você não enxerga o que Douglas contribui neste sítio como uma forma de pagamento por seu gado vir beber aqui nos últimos tempos. Antes ele nos beneficiava por ser um bom homem e... e... é isso! Pronto!

Andando em volta da irmã, que torcia as mãos num gesto afligente, Rossiani a observou atentamente e ao parar a sua frente, olhando-a bem nos olhos, com postura autoritária, segurança na fala e estabilidade na fisionomia serena, disse convicta:

— Como eu ia dizendo, Nicolle, nós passamos por grandes dificuldades quando Tomás e os outros se foram, fugindo feito criminosos e acusados de guerrilheiros quando só queriam defender essas terras valiosas pela abundancia em água, e os caçaram como bichos! Os militares atearam fogo nos canaviais, na pequena plantação destruída até parte do laranjal já florescendo. Os animais que não comeram, soltaram ou mataram por maldade... Por sorte não nos molestaram como fizeram com as outras... Talvez por respeito a mãe do Tomás que estava moribunda e por tanta reza que fizemos. Mas muitas casas dentro desta propriedade foram invadidas, algumas queimadas... eles buliram as mulheres e as crianças, mataram as que reagiram ou tentaram fugir... sei lá... e acamparam por toda parte.

— Eu já sei de tudo isso! — interrompeu Nicolle insatisfeita.

— Não. Acho que não sabe de tudo. Existem detalhes ocultos em toda essa história, em toda essa tragédia que vivemos. Eu faço questão, de relembrá-la de cada um desses detalhes para você saber aonde quero chegar e entender em que me baseio para afirmar, ou melhor, para acusar como vou fazer, sem você me contradizer. — Nicolle ficou calada e atenta. Rossiani continuou: — Então... quando os militares foram embora... não vou me esquecer da imagem de destruição que vi ao sair desta casa. Era só miséria e dor...

Sabe por que isso aconteceu, Nicolle? Porque tinha gente de olho nessas terras. E gente influente, certo?!! — gritou ao perguntar. — Ou o exército não viria até aqui afugentar os trabalhadores, matá-los e fazer o que fizeram para nos pôr medo. Tudo, exatamente tudo o que cultivávamos era para nos sustentarmos e o resto vendido para pagarmos os impostos, comprarmos material para produzirmos novamente. Não tínhamos mais empregados, eles se tornaram nossos amigos porque viviam aqui e comiam o que a gente comia. Trabalhavam em troca de sobrevivência e não tinham para onde ir por medo da repressão do governo maldito que temos. Nosso pai teve dó deles, todos com família... criancinhas... Eles sabiam das nossas dificuldades e simplesmente aceitavam. Sabiam que lá fora os patrões castigavam e matavam os que simplesmente pediam algum pagamento ou comida pelo trabalho rural. Mas eles não reclamavam de nada aqui e sabe por quê? Porque sabiam que muitos pequenos produtores tiveram de vender suas terrinhas junto com os empregados e por bagatela aos grandes e ricos fazendeiros. Nesta região creio que restamos só nós.

Quando vi esta terra vermelha... seca... queimada... Até os riachos estavam encarniçados... — falou com voz embargada, quase chorando — ...e minha sogra morta... as mulheres lastimando tanta crueldade, elas estavam sem estímulo, sem forças e com fome... Todos nós tínhamos muita fome... as crianças... mocinhas... meninos... — lágrimas correram em sua face pálida e Rossiani quase não conseguia falar — ...infelizes, atordoados pelos estupros que algumas sofreram... Não tínhamos comida, era muita fome... Sabe... fiquei desesperada, desorientada. Perguntei a Deus, por que tudo aquilo... Até em você, a mais pertinaz, a mais teimosa de nós, eu via as forças minguarem e pensei que era o fim...

Nessas alturas aparece o Douglas, amável e solidário, dizendo ter comprado a fazenda do Cintra Junqueira, o homem que nos infernizou a ponto de nosso pai desanimar e ir embora. Douglas a conquistou a cada dia. Eu ainda estava desesperada com o sumiço de Tomás, principalmente, quando meu cunhado apareceu e... você sabe... Eu não conseguia pensar, Nicolle.

Por ver o desespero de todas as mulheres, pela fome que passávamos, pela falta de mão-de-obra aceitei a ajuda oferecida pelo Douglas e, para que não parecesse esmola, deixei o gado vir beber e até pastar aqui, afinal, o esterco nos serviu bem como adubo. Mas um dia eu entendi tudo quando

Eliana Machado Coelho/Schellida

comecei a relembrar os fatos... Foi quando... quando comecei ver a manada ir e vir... — falava com forte emoção. — Eu... eu parei, e as idéias começaram a ficar bem claras! Era isso!!! O Douglas também quer nossa terra!!!

— Não diga um absurdo desse!!!

— Não é absurdo, Nicolle, é raciocínio!!! É só deduzir como tudo aconteceu!!! Diferente do velho Cintra Junqueira, rico e dono de várias fazendas espalhadas por esse Brasil afora, o Douglas não nos infernizou, mas conquistou você!!!

— Não é verdade!!! — gritou Nicolle levantando-se irritada. — Douglas não me usaria para conseguir esta porcaria de sítio!!!

— Porcaria, mas tem água! Sem água, sem gado bem tratado! Gado maltratado é prejuízo!

— Ele gosta de mim!!! Você está com inveja, Rossiani, por eu ter um homem e você nem saber por onde anda o seu marido! — manifestou-se rude, tentando agredir a irmã. — Talvez Tomás se cansou de você, desta vida e aproveitou que *papa* foi embora e a oportunidade da invasão para sumir! O Douglas é diferente! É simpático, bondoso, educado e não mede esforços para me ajudar. Ele vai se casar comigo! Ele prometeu isso!

— Impossível, minha irmã — afirmou Rossiani com um tom piedoso na voz.

— Invejosa!!! Vou te mostrar esse "impossível" acontecer quando estiver na igreja!...

— O Douglas já é casado — interrompeu Rossiani abruptamente a fim de trazer Nicolle do mundo de promessas e ilusões para a realidade. Em seguida, explicou: — Um homem casado não se casa novamente, quando a mulher está viva. Ela é jovem, bonita e me disseram que eles têm um filho. Isso é sinal de que vivem bem.

Nicolle sentiu um torpor que a estonteou a ponto de cerrar os olhos, segurar a cabeça com uma das mãos e tentar encontrar algo em que se apoiar com a outra, acreditando que a tontura a faria cair.

Amparada por Rossiani, a jovem empalidecia a cada segundo enquanto seu corpo transpirava um suor gélido. Não conseguia falar. A irmã a levou para que se sentasse em uma cama. Estapeando-lhe levemente o rosto, pediu piedosa:

— Nicolle, abra os olhos... abra... Respire fundo. Olhe para mim...

Nicolle ensurdeceu e demorou algum tempo para reagir à súbita notícia.

— Não... — balbuciou segurando trêmula a mão de Rossiani. — Não é verdade... *No pode ser vero... Ele non me ia...* — fixando olhar lacrimoso na irmã, perguntou: — Quem inventou isso?...

— Perdoe-me, Nicolle, mas depois que tomei a frente dos cuidados com o sítio, apesar da dor pelo sumiço de Tomás, decidi lutar para conservar o que nos pertence ainda. Pensando muito, comecei achar estranho o esforço do Douglas para nos ajudar com o empréstimo de mão-de-obra, máquinas, compras de sementes e tudo mais... Considerei o fato do romance de vocês, mas sentia que tinha algo errado por não conhecermos ninguém da família dele.

— Essa história de que ele é casado foi invenção, não foi? — tornou Nicolle.

— Não — respondeu firme, mas piedosa. — Mandei investigar. Lembra-se da Gorete, a única filha mulher do seu Cintra Junqueira? Ela quase não vinha para cá só estudando na capital.

— O que tem a Gorete?

— Douglas se casou com a Gorete há mais de um ano. Depois do acidente, que matou o seu Cintra e a mulher, os filhos se reuniram, fizeram a partilha dos bens e a Gorete herdou essa fazenda. Como seu marido, vem aqui para cuidar de tudo. Ela não apareceu mais, não quer vir aqui para não lembrar dos pais que morreram. Douglas é filho único, realmente. Conheceu Gorete quando quis comprar essas terras, assumindo compromisso com ela. É viúvo do primeiro casamento e a Gorete é a sua segunda mulher. Disseram que a primeira morreu no parto. Dizem que o interesse dele nas terras dessa fazenda foi para investirem o dinheiro de sua família. Ele e o pai acreditam que terra é dinheiro guardado e aqui não é tão longe da capital. Isso tudo pode valorizar muito, um dia. Falam que eles têm muito dinheiro que não é tão... honesto, vamos dizer assim, pois eles têm muita influência com políticos e militares. Daí eu deduzi que só poderiam ter feito o que fizeram aqui por quererem muito esse chão e quem fez foi gente influente.

— Não deve ser verdade — chorava Nicolle sem acreditar. — Por que inventaram isso?!

— Não é invenção! Devido à Gorete viver estudando, quase não a víamos aqui. Ela era mimada demais, você lembra. O seu Cintra Junqueira

Eliana Machado Coelho/Schellida

e a mulher viajavam muito de um lado para outro. Os filhos eram quem cuidavam de tudo numa fazenda e na outra. Quase nenhum empregado ficou sabendo do casamento. O velho Cintra gastou uma fortuna na festa. O Douglas não quis deixar os pais morando sozinhos e decidiu viver na mansão que eles têm. O seu Cintra e a mulher morreram num acidente lá em Goiás, quando rodavam pelas estradas dentro de uma das suas fazendas — detalhava Rossiani com voz terna e paciente. — Foi para não assustarem os empregados daqui e de outras bandas que os filhos não falaram nada sobre a morte do patrão, ficando os herdeiros à vontade para venderem as terras. Tinham medo de que, se os empregados soubessem, iriam embora por causa da tirania do governo pela falta de direitos trabalhistas rurais. Eles poderiam virar escravos em vez de trabalhadores. Somente agora, e muito devagar a notícia se espalhou. Só agora, com as coisas se ajeitando por aqui, foi que tive tempo ou capacidade de pensar no motivo de não contarem que o seu Cintra morreu. Fiquei pensando: Por que a notícia demorou tanto para se espalhar? De onde o Douglas apareceu? Então eu fui atrás de informações e me deparei com toda essa verdade imunda que ele vem escondendo.

Nicolle, dominada por um choro compulsivo, jogou-se sobre a cama cobrindo o rosto com as mãos enquanto chorava.

— Não fique assim... Eu sei o quanto seu coração dói por ter sido enganada por um infeliz dessa laia. Nicolle, mesmo que seus sentimentos digam que você o ama, pense que foi bom ter descoberto tudo a tempo. Chega de ser enganada! Eu prometi ao nosso pai que cuidaria de você e vou cuidar! Sei que vai sofrer, mas isso passará rápido!

— Não!!! — gritou abafando a voz no travesseiro. — Nunca passará!!!

— Vai, sim! — dizia Rossiani sorrindo e tentando animá-la. — Você é uma bela *ragazza*! Bela moça! Como diz *papa*. Encontrará outro moço mais jovem, belo e que não a enganará. Você...

— Não!!! Você não entende, Rossiani!

— O que eu não entendo?

— Estou perdida! Ãh!!! Eu sou uma perdida, agora! Espero um filho do Douglas!!!

Rossiani emudeceu. Sentiu-se entorpecer. Sentando-se ao lado da irmã e levando a mão à testa, disse quase sem fôlego:

58

— *Santo Dio! Santo Dio! Non è possibile!!! Nostro papa morire di disgusto...* — "Santo Deus! Santo Deus! Não é possível!!! Nosso pai morre de desgosto...", sussurrou arrebatada pela notícia, sem perceber que falava tal qual a irmã quando nervosa.

— É possível, sim!... — tornou Nicolle em lágrimas. — Nosso *papa* morrerá de desgosto, mas antes me mata! Morrerá de desgosto por ter uma filha... — um pranto compulsivo a dominou.

Desalentadas, as irmãs se abraçaram e choraram quase aos gritos, desesperadas com a situação.

4

O poder vil dos oportunistas

Apesar de extenuada pela inesperada gravidez de Nicolle, Rossiani, tomada de súbita atitude enérgica, decidiu retirar daquele sítio todos os empregados, máquinas e animais pertencentes a Douglas.

Resoluta, reuniu os poucos trabalhadores, na maioria agora mulheres, crianças e adolescentes, avisando-os de que não aceitariam mais a ajuda do vizinho, pois o descobriram disposto a tomar aquela propriedade vagarosamente. Explicou que, apesar dele se apresentar com gentil solidariedade, os objetivos de Douglas não eram diferentes dos do senhor Cintra Junqueira também firme nesse propósito antes de falecer.

Sem mencionar sobre a decepção de sua irmã, Rossiani foi convincente e todos acataram sua proposta de, como no início, trabalharem duro, dividirem a produção para a alimentação de todos e venderem o quanto pudessem a fim de pagarem os impostos e comprarem o que lhes faltasse.

Quando foi avisado que Rossiani recusou seus trabalhadores, qualquer ajuda vinda dele e da proibição do gado no sítio, Douglas não demorou em chegar à fazenda para saber de mais detalhes. Intrigado, venceu a indignação decidindo tirar satisfações, afinal de contas ele foi o único a ajudá-las quando mais precisaram.

Sem se intimidar, adentrou ao sítio com seu carro e o parou frente à porta da casa principal. Mas mal desceu do veículo, ouviu a voz firme de Rossiani:

— Não quero que se aproxime de minha casa, senhor Douglas! — determinou inabalável, porém, serena. — Peço gentilmente que se retire. Pode retornar de onde está. Não temos o que conversar.

— O que é isso, Rossiani? Estranho sua hostilidade. Podemos conversar como gente civilizada para esclarecermos qualquer situação que ignoro e desfazermos um possível mal entendido — propôs Douglas educadamente.

Rossiani fez um gesto enfadado ao bater com as mãos nas pernas antes de dar alguns passos para descer os poucos degraus da varanda. Suspirando fundo, aproximou-se de Douglas e falou com baixo volume na voz amargurada:

— Senhor Douglas, não se faça de desentendido. O fato de meu marido e meu pai não estarem aqui não significa que eu me amedronte e não vá enfrentá-lo. Não gosto de ser enganada, principalmente, por pessoas ordinárias, desprezíveis e miseráveis que mentem descaradamente e são capazes de atos escabrosos para conseguirem o que desejam.

— Não estou entendendo, Rossiani! E pare de me chamar de senhor.

— Eu estou falando o seu idioma! Não há como não me entender uma vez que sabe do que se trata! — Fez breve pausa encarando-o com olhar fulminante, depois continuou: — Enganou a todos nós com sua educação no modo de falar, com seus trajes e comportamentos elegantes, com seu cavalheirismo. Mas quanta mesquinharia e baixeza podem existir em um homem que é capaz de mentir sobre ter a mãe enferma, de não dizer que é casado e já tem um filho... e ainda enganar uma moça inexperiente?! — Engolindo seco, revelou com a voz embargada: — Apesar de toda sua riqueza, não teve moral e provou ser medíocre por via de regra, quando fez minha irmã Nicolle se perder e até pegar barriga de um filho seu. Isso foi insuportável! Um pecado sem perdão e pelo qual vai pagar muito caro! Ah... vai! Nicolle era pura, ingênua... — Lágrimas correram no rosto cansado de Rossiani, ainda assim, ela falou: — Preferíamos morrer no flagelo que nos castigou, mesmo vendo morrer uma após a outra, a dar essas terras para uma pessoa tão baixa como o senhor. Eu preferiria ter morrido com minha irmã a contar essa notícia vergonhosa ao nosso pai. — Nervosa acusou-o: — Usou a pobre da Nicolle para conquistar esse pedaço de chão!!! Não tem vergonha do que fez?!! Mentiu o tempo todo, mesmo sendo casado desonrou minha irmã. Suma daqui!!! Nunca fracassei e não será por falta de sua miserável ajuda que o farei agora!!! Vá embora!!! Desapareça!!!

Eliana Machado Coelho/Schellida

Douglas estava perplexo. Paralisado, fixando os olhos arregalados em Rossiani não sabia o que dizer. Não tinha argumento de defesa, mesmo assim, gaguejou:

— Um... um filho... meu?... A Nicolle... Eu não sabia... Não esperava por isso! Por favor... compreenda... Vou cuidar de Nicolle! Vou ampará-la em tudo o que for possível...

— Como?!!! Onde?!!! — inquiriu Rossiani. — Acaso pensa em levá-la para conhecer sua família e apresentá-la a sua esposa Gorete dizendo que Nicolle espera um filho seu?!!!

— Você está dificultando as coisas... Veja... não é assim... Não tenho filho algum! Isso é mentira! Eu sou rico... posso dar de tudo para a Nicolle... para o nosso filho...

— Minha irmã não está a venda!!! Fora de minhas terras, senhor Douglas! Eu exijo que desapareça ou vou tomar alguma providência! Não me subestime por eu ser mulher!

— Mas...

— Nenhuma palavra a mais. Vá embora ou mando soltar os cães!!!

Atordoado diante dos fatos, Douglas se retirou cabisbaixo sem tentar qualquer outra argumentação. Caminhou vagarosamente e percebeu que sua postura de superioridade, aparentemente inatingível, foi desmoralizada, subjugada pela posição e palavras de uma mulher simples, porém sábia, que com tão pouco o humilhou e o expulsou como se ele fosse um animal peçonhento.

Um suor frio enchia suas mãos contraídas. Não esperava passar tanta vergonha pelas mentiras a que estava acostumado.

Mas algo mexeu com seus sentimentos. A notícia da gravidez de Nicolle o deixou alegre, feliz em seu íntimo. Aliás, sentiu-se mais satisfeito do que quando soube da gravidez de Gorete. Nicolle era especial, naturalmente alegre, enérgica, espontânea.

No caminho que seguiu até a fazenda, Douglas teve a certeza de ter um sentimento puro, verdadeiro e diferente por Nicolle. Experimentava uma atração irresistível pela bela jovem italiana, algo que jamais sentiu por mulher alguma.

Chegando à casa grande de sua fazenda, não quis conversar com os empregados que o procuravam. Avisou que iria se recolher e não gostaria de ser incomodado.

Acreditava que, se conseguisse conversar com Nicolle, ela o compreenderia. Declararia ter se apaixonado por ela quando a olhou pela primeira vez. Explicaria que ficou encantado ao ver tão bela e vigorosa italiana e, por medo de perdê-la, não falou sobre o seu casamento com Gorete. Afinal, Nicolle saberia entender que ele não se casou por amor, mas sim por conveniência. Prometeria cuidar daquele filho e amá-la muito.

Envolto em pensamentos repletos de dúvidas, Douglas saiu de seu refúgio. Deu algumas ordens aos empregados e retornou à capital.

Legitimamente reprimido e envergonhado, por ser desmascarado diante de tanta surpresa, ele procurou por seu pai e, depois de horas trancado no escritório, o senhor Guilherme soube detalhadamente de tudo.

Com aparente tranqüilidade, fala mansa e palavras meticulosas, o experiente senhor Guilherme, acostumado a indizíveis práticas e ações de má fé, lançou um olhar examinador sobre Douglas e perguntou bem direto:

— Você quer o filho que essa Nicolle espera ou a deseja de verdade junto com a criança?

— Quero os dois! — afirmou ele sempre ambicioso e sem caráter ou senso moral.

— E Gorete? — tornou o senhor calmamente.

— Ora, meu pai, o senhor bem entende que fiquei encantado pela Gorete, mas sabe... meu casamento se deu por outros interesses que não os sentimentais — respondeu friamente, enquanto seu pai o ouvia participativo. Breve pausa. Douglas esfregou o rosto e as mãos e, em seguida, prosseguiu: — Sabe como é... Nicolle é muito... muito diferente. Ela tem vida! É uma moça linda, mas não é um enfeite frágil que precisa de uma redoma e ser provida de tudo. A Nicolle tem garra, personalidade e opiniões próprias. Não é como a Gorete que precisamos prover o tempo todo, pois fica esperando que tudo lhe caia do céu, que só sabe desfilar seus trajes caros e jóias para a sociedade de *status* a fim de exibir sua beleza e seus conhecimentos para o nosso benefício e por obrigação. É tudo o que ela sabe fazer. A Gorete não usa seu intelecto para nada! A não ser, é claro, para convencer e mudar as opiniões de algumas pessoas moldando a face e seus gestos com jeito nobre, fala angelical, delicadamente falsa. É o que ela adora fazer! Mas isso não me engana. Minha esposa é uma criatura totalmente improdutiva e dependente. Eu sei que só reclama às escondidas, chorando sobre os travesseiros o que lhe falta.

Eliana Machado Coelho/Schellida

— E se você desse mais liberdade à Gorete, ela não seria diferente?

— Com certeza não — afirmou Douglas categórico. — Pai, ela é excessivamente sonhadora, não vive com os pés no chão e certamente essa liberdade só seria usada para seus mimos, seus caprichos inúteis, fúteis. Sempre foi mimada! Nunca encarou a realidade da vida, nunca usou o que aprendeu a não ser para satisfazer seus íntimos prazeres de declamar, poetizar... Oh!!! Isso é o que influencia muito bem os que se interessam por sua angelical sensualidade, repleta de falso pudor. Isso enjoa! Ela quer viver no mundo de contos de fadas, pai! Jamais assume uma posição, uma decisão, só obedece... Pensei que, com o tempo, minha esposa fosse ter a postura de mamãe. Mas não, prefere tombar a cabeça para o lado, fazer um olhar piedoso e aceitar a subjugação, para que fiquemos penalizados por sua frágil condição... — falou em tom melancolicamente irônico. Depois se alterou quase enfurecido: — Resumindo: a Gorete é uma boneca de porcelana que só me serve de belo enfeite bem verbalizado nas reuniões sociais e até para isso tem que ser treinada. Nem sei como engravidou... Posso afirmar que ela praticamente não participou da concepção do nosso filho.

— Não estou entendendo, Douglas. Pretende abandonar a sua esposa e viver com essa Nicolle?

— Não. Isso seria uma ruína para os negócios devido ao escândalo em nosso meio. Perderíamos o respeito, certamente. Quero a Gorete preenchendo os requisitos de nossas relações sociais e Nicolle ocupando o vazio dos meus sentimentos frustrados por esse casamento de brincadeira que eu vivo. Acho que tenho o direito de ter uma mulher de verdade! Entende?! — falava empolgado. — Não me satisfaço com uma parasita que só tem conhecimento, um belo sorriso treinado, educação fina e ausência de atividade, de atitude. Ela não passa de uma parasita. Quando a beijo, sinto como se beijasse um soldado alemão.

Sabe... a Nicolle é muito diferente... — relatava, parecendo sonhar. — Desde o primeiro instante em que a vi, com uma picareta e um enxadão, abrindo uma cova para enterrar aquela senhora, senti sua imensa força interior. Ela nunca perdeu a garra e a graça. Não é mulher submissa, é lutadora! Tanto que, enquanto as outras choravam e se sentiam fracas, a Nicolle, tão sofrida como elas, usava o que seriam suas últimas forças para cavar uma cova e nem queria minha ajuda.

Pai, agora não sei o que fazer. Como contei, a Rossiani me expulsou do sítio como um cão sarnento, nem me deixou falar com ela ou vê-la. Estou desesperado! Fico imaginando como a Nicolle sofre neste momento... Como deve estar angustiada por saber que sou casado e amedrontada por ter de falar ao seu pai que ela se perdeu e está grávida!... Dizem que o senhor Angello é muito bom, mas também muito puritano.

— Quem se importa com esse seu Angello?! — debochou o senhor Guilherme. — O primordial é você ter o que quer, meu filho. Poderá viver com a tal Nicolle, a bela italiana, lá na fazenda, e com Gorete aqui na cidade.

— Nicolle nunca vai me aceitar! Eu menti! Não terei qualquer chance...

— Não seja ingênuo, Douglas! Há vários meios de fazer com que Rossiani o deixe falar com Nicolle, reconhecer o filho e até tê-lo para você. Além de viver com a bela! — O homem riu, acomodou-se relaxado na poltrona confortável, baforou o charuto e completou: — Eu sempre tenho planos infalíveis... Somos influentes e Rossiani vai ceder! Ela será forçada a isso, eu garanto!

* * *

Alguns dias depois Rossiani escutou o ruído de um carro se aproximar da casa. Olhando pela janela, franzindo a testa por estranhar a visita, rapidamente foi até a porta para saber de quem se tratava.

O automóvel, bem polido e com leve camada de poeira, parou bem próximo da varanda. Dele desceu um homem uniformizado, que contornou o veículo, e abriu a porta do lado do passageiro para um distinto senhor de cabelos grisalhos e finamente trajado descer.

Empunhando uma bengala, a qual usava por elegância e não para apoio, o senhor ajeitou o chapéu na cabeça, caminhou até os degraus da varanda onde Rossiani, desconfiada, permanecia com semblante sisudo e a cumprimentou apresentando-se:

— Bom dia, senhora! — disse tirando o chapéu por cortesia e curvando-se levemente.

— Bom dia — respondeu ela menos defensiva pelo gesto de cavalheirismo.

— Eu procuro pela senhora Rossiani. Tenho notícias e assuntos para tratar com ela. Por favor, sabe onde posso encontrá-la? — perguntou com

Eliana Machado Coelho/Schellida

sutil perspicácia a fim de aguçar os interesses, pois, devido às descrições dadas por seu filho, o senhor sabia que aquela se tratava de Rossiani. Douglas não deixou de oferecer detalhes sobre a angústia da irmã de Nicolle de ter qualquer notícia de seu marido desaparecido.

Rossiani sobressaltou-se e se apresentou:

— Sou eu mesma! Por favor, vamos! Entre!

O senhor Guilherme subiu os poucos degraus, estendeu a mão para ela a fim de cumprimentá-la e, rapidamente, o conduziu para o interior da casa.

— Desculpe-me pela simplicidade... Por favor, sente-se — disse a anfitriã.

— Não se incomode, senhora — argumentou enquanto se sentava.

— Mas me diga... que notícias são essas?! — perguntou sem demora, ansiosa e com o coração aos saltos.

— Por favor, primeiro gostaria de apresentar-me.

— Ah... Sim... claro... Como sou estúpida! — recriminou-se.

— Ora, claro que não é! É uma bela senhora, se me permite dizer isso sem ofensa. É gentil e educada, jamais estúpida — afirmou sorrindo, o que encabulou Rossiani. — Pois bem... pode me chamar de Gregori, ou senhor Gregori, como muitos...

— Acaso é o dono da fazenda ao lado?! — quase inquiriu Rossiani, fechando o sorriso.

— Ora, não! Admiro a vida rural, entretanto sou um empresário na capital e não saberia lidar com essas belezas, que são terras e animais.

— Ah, bom... — suspirou aliviada. — Perdoe-me, mas não é um nome comum, e o dono daí tem esse sobrenome e...

— A propósito... — interrompeu-a, mudando de assunto — que belo sotaque italiano, hein?! Lindo! Aliás, não só o seu sotaque, mas sua voz é belíssima!

— Oh... — constrangeu-se, perdendo as palavras.

— E ainda mais — prosseguiu o senhor —, admiro as mulheres que se vestem assim: saias longas, bem rodadas, acinturadas e com essas blusas... Perdoe-me, não sei descrever... Acho-as tão femininas, tão mais elegantes! Sabe que, na cidade, as mulheres, além de encurtarem a saia quase um palmo acima dos joelhos, perdendo completamente a compostura e o respeito, vestem calças de tecido de brim grosseiro! — disse referindo-se as roupas de jeans. — Elas parecem homens! Dona Rossiani, as moças perderam todo o encanto. Cortam o cabelo como soldados, não são mais educadas e, acredite, namoram até sem a permissão dos pais e algumas fumam cigarros nas ruas!

— *Dio Santo*! Se meu pai me visse ou visse minhas irmãs assim, antes de morrer, ele nos mataria! Ele nos fariam engolir os cigarros acesos!!!

— Então vosso pai deve ser homem honesto e conservador como eu. A senhora sabe que é por isso que nem gosto de assistir à televisão? Aqueles festivais de musicas com os jovens tresloucados, apresentando-se sujos, rasgados, tatuados e até homens com os cabelos compridos ou armados parecendo gigantescas colméias!

Nesse instante, Rossiani gargalhou com gosto e confessou ainda rindo:

— Eu nunca vi uma televisão funcionando. Nem imagino coisas assim.

— Mas é verdade. Acredite! Por isso admiro moças e senhoras que se dão ao respeito, vestindo-se como damas.

— Então não me incluo. Essas minhas roupas são típicas da Itália, da região em que nasci, onde vindimávamos. Eu era pequena, mas lembro bem de como eram bons aqueles tempos. Nem sei se minha irmã Nicolle se lembra... ela era bem pequena. Nós vivíamos em festa desde a seleção das melhores uvas maduras nos vinhedos até o esmagamento para a produção do mosto.

— O que é mosto? — quis saber o senhor.

— É o sumo, o suco da uva antes da fermentação começar. O mosto é armazenado de forma especial para cada tipo de vinho. Na vinificação do branco, o mosto tem que ser bem limpinho, entende? Para termos o vinho tinto, é preciso que ele seja fermentado em contato direto com as cascas das uvas, pois só assim fica com a cor acentuada do tipo de uva escolhida. O amadurecimento do vinho só acontece depois de muitas fases para que ganhe o aroma e o sabor da nobreza da melhor uva. Se ela for nobre, mas não fizerem corretamente todo o processo para se ter um vinho amadurecido no tempo adequado, isolado de barulho, com temperatura certa e pouca luz; o envelhecimento não fica bom e, no máximo, teremos um vinagre — riu novamente.

— Sou um apreciador de vinho, não sou um enólogo, mas considero e admiro essa bebida — enólogo é alguém entendido em vinhos.

Rossiani simpatizou com o senhor, porém não se conteve:

Eliana Machado Coelho/Schellida

— Nossa conversa está bem animada, mas... Desculpe-me... estou ansiosa para mais detalhes sobre o que disse assim que chegou. O senhor falou que tinha notícias e assunto importante para tratar comigo. Bem... na verdade estou com o coração disparando!

Acomodando-se melhor na cadeira de madeira rústica, o senhor fixou o olhar enternecido em Rossiani, depois esclareceu em tom piedoso:

— Já passamos por momentos de muita repressão pelo tipo de governo que ainda está no poder. — Simulando certo nervosismo ao amassar a pequena aba do chapéu, enquanto o rodava entre as mãos, prosseguiu:

— Ainda vivemos tempos difíceis. Não importa a nossa posição social, a ditadura militar nos destrói e... Sabe... filha — falou comovente, piedoso —, sou um homem velho, não devo ter muito tempo pela frente...

— Ora, meu senhor, não diga isso!

— Mas é verdade. Estou mais perto do fim do que você, por exemplo. Apesar de não me conhecer, eu soube que sofreu um golpe rude com o desaparecimento de seu esposo. Homem trabalhador e que só queria um cantinho para viver em paz. Mas os desgraçados dos militares... Oh! Perdoe-me a blasfêmia — corrigiu-se intencionalmente. — Quero dizer, os impiedosos militares estiveram por essas bandas e, com base em acusações que não sabemos a origem, invadiram tudo. Não temos direitos humanos e podemos ser presos, torturados, assassinados e até ficar desaparecidos. É um poder absurdo!

— Aonde o senhor quer chegar?

— Ainda ama seu marido?

— Sim! Mas claro!!! — respondeu imediata.

— Então entende o que é amor e que somos capazes de fazer tudo, exatamente tudo por aqueles que amamos. Por isso venho aqui, humildemente, oferecer meus préstimos para tentar encontrar o seu marido, Rossiani.

— Como assim?! Não entendo o seu interesse.

— Faço isso por arrependimento... — afirmou abaixando os olhos que marejavam tal qual um ator em cena. — Por arrependimento com o que fiz ao meu filho e por amor a ele. Além disso, sou um homem conservador e que deseja, de alguma forma, corrigir meu próprio erro e conseqüentemente o de meu filho, que o cometeu por minha culpa.

Rossiani estava petrificada. Inteligente, de raciocínio rápido, começou a entender a razão daquela visita. Receosa, ficou atenta e nada comentou aguardando que o homem continuasse.

— Filha, eu gostaria que entendesse esse velho errante. Tenho posses, sou privilegiado, mas... não faz muito tempo fui ambicioso demais. Praticamente obriguei meu único filho a realizar um casamento de interesses com a filha de um rico fazendeiro. Ele não queria... Mas... sabe... eu fiz chantagem... disse que ele sentiria remorso quando eu morresse por não ter atendido o meu pedido. Eu gostaria de vê-lo casado e com filhos, de conhecer meus netos antes de morrer e deixar tudo de bom e do melhor para eles...

Pois bem... Para me agradar, meu único filho, Douglas, casou-se pela segunda vez. Ele já era viúvo. Sua esposa é a Gorete, filha do finado Cintra Junqueira. — Breve pausa se fez. Com a voz embargada, secando vez e outra a testa suada com o lenço que trazia nas mãos, ele prosseguiu: — Parece que meu filho morreu em vida. Ele perdeu a alegria e a vontade para tudo. Víamos nitidamente que o Douglas não gostava da moça, apesar de tratá-la muito bem. Por causa da morte do coitado do Cintra Junqueira, o Douglas veio para cá com intenção de vender as terras que sua esposa herdou, pois ela não gosta nem de ouvir falar em fazenda ou gado, e nós temos uma empresa na capital, não temos como cuidar disso aqui.

Foi então que o meu filho pareceu ter nascido de novo! Depois de conhecer a fazenda, Douglas virou outro homem. Eu não sabia qual a razão e não entendia por que ele não vendia logo essas terras. Mas acontece que, uns tempos atrás, o Douglas novamente pareceu perder a vontade pela vida... — contava com entonação emotiva na voz triste. — Deixou de ir ao serviço e de me ajudar nos negócios... Encontrei meu filho tentando o suicídio... quase morrendo enforcado!...

— *Dio del cielo* !!! — "Deus do céu!", exclamou Rossiani assustada e acreditando na dramaturgia do homem, prosseguindo aterrorizada: — Que pecado mortal! E o que o senhor fez?!

— Conversei... — respondeu de modo comovido e olhos lacrimosos. — Nós conversamos muito e o Douglas me contou tudo o que fez, tudo o que aconteceu... e até sobre o meu neto que sua irmã espera... — chorou impressionantemente.

Eliana Machado Coelho/Schellida

— Oh! Não chore... não chore... — solicitou piedosa, aproximando-se enquanto acariciava-lhe o ombro.

— Como não chorar?! Se a Nicolle fosse minha filha, eu não gostaria que fosse enganada por um cafajeste mentiroso... Mas... veja... esse cafajeste é meu filho!... E, conhecendo o Douglas como conheço, ele só mentiu por amor. Mentiu, porque eu o forcei e o condenei a uma vida sem amor ao insistir em seu casamento com a Gorete. Quando realmente encontrou o amor verdadeiro, ficou sem saber como agir e, no desespero, para não perder a Nicolle, mentiu. Não me corrija, filha, eu sei que o Douglas errou e ele sabe disso também. Meu filho se arrepende tanto, tanto que preferiu deixar de viver, assim que compreendeu que perdeu a Nicolle para sempre!

— Mas ele é casado, *no*?! Não poderá ficar com as duas!

— Mas sua irmã não pode ficar abandonada com um filho nos braços! Que, aliás, é meu neto...! Se alguém disse que o Douglas tem outro filho, é mentira. A situação não é fácil, mas temos de encontrar um jeito de reparar isso! Meu filho disse que não viverá sem ela! E a Nicolle não poderá se manter sem amparo e sem o Douglas, porque... Sejamos inteligentes, minha filha, se tudo aconteceu entre eles, é porque se amam. Lembre-se de você mesma concordar que, por amor, somos capazes de tudo!

Sentindo-se desconfortada com aquele assunto, Rossiani respondeu titubeando:

— Senhor... não vejo saída para esse caso. Ainda nem tivemos coragem de escrever para nosso pai... avisando, entende? Ele vai morrer quando souber!

— Não. Ele não precisa saber.

— Como assim?

— Veja bem... temos uma vida estabilizada financeiramente. O Douglas pode dar todo o amor e conforto para a Nicolle e o pequenino que está para chegar. Ela e o filho ficarão morando aqui na fazenda ao lado.

— A propósito! Enganou-me, quando perguntei se era o dono da fazenda ao lado!

— Não! Não a enganei! Essa fazenda não é minha. Ela pertence ao Douglas, sua esposa a herdou. Falando nisso e pensando no bem-estar de Nicolle e do bebê, assim que ele ou ela nascer, meu filho assumirá a paternidade e passará a fazenda para o nome da criança, garantindo o seu futuro a fim de tentar corrigir seu erro.

— Não... Não sei se posso concordar com isso, senhor... — disse preocupada e bem pensativa. — Eu estaria ajudando minha irmã a se corromper. Estaria vendendo a honra de minha irmã. Não posso admitir isso! É imoral! Não é digno!

— ...e deixá-la aqui com todas as dificuldades que enfrentam é moral? É digno? Nicolle arrastará a criança, enquanto estiver trabalhando na enxada, cortando cana, colhendo laranjas de sol a sol? Isso é dignidade, filha? Deixar o filho adoecer, viver sem calçado, sem escola, sem roupas decentes... é dignidade? Apesar do erro cometido pelo Douglas, se vocês insistirem em deixar essa criança sem o que ela tem direito, será um crime tão grande quanto tirar-lhe o direito de vida, abortar!

— Deus nos livre!!!

— Sim! Deus as livre de abortar a vida dessa criança deixando-a nascer na miséria, viver doente, desnutrida! Isso é o mesmo que abortá-la agora! — falava com eloqüência. — Digno e moral é deixar que o pai assuma o filho e lhe dê assistência, e à mãe também! Não acha? — Depois de breve pausa, propositadamente para a reflexão de Rossiani, ele tornou em tom brando, comovedor a fim de sugestioná-la intencionalmente: — Minha filha... eu sei que todos desta região passam por dificuldades. Os pequenos e médios produtores não conseguem compradores para suas safras, seja do que for, e aqui, neste sítio, não está sendo diferente. Devem estar com as mesmas dificuldades dos outros também, não é?

Andando alguns passos, Rossiani exibia-se nervosa e pensativa. Minutos depois, suspirou fundo e respondeu:

— É sim... é verdade. Não temos para quem vender e já passamos por muitos apertos. A situação é crítica. A lavoura está se perdendo e nossa única esperança eram as laranjas que já se encontravam reservadas, praticamente vendidas. Mas, na semana passada, o comprador desfez o negócio com a desculpa do preço e... bem... não temos para quem vender. Estamos com dívidas no armazém da cidade... — Ela quase chorou. Entretanto, a custa de muita força, ergueu-se e comentou: — Estamos tentando outro tipo de produção... nem se for para matar só a nossa fome...

Eliana Machado Coelho/Schellida

— E os impostos, Rossiani? — perguntou o senhor Guilherme com algo generoso na voz. — Vão perder essas terras e nem terão para aonde ir. O que vão fazer? Tornarem-se trabalhadoras em outras fazendas? Voltarem para a Itália com uma criança sem pai? E com que dinheiro, minha filha?

Com lágrimas quase a rolar em seu rosto, encarava-o firme sem ter uma resposta, pois aquelas perguntas já lhe fervilhavam os pensamentos havia dias.

— Filha... sei o quanto te dói não ter qualquer notícia de seu marido e a falta que faz um homem em casa. Eu posso tomar algumas providências para tentar achar o tio do meu neto, ou melhor, o seu marido para cuidar de tudo aqui até que o meu neto se torne herdeiro do que é de seu pai e de sua mãe. Mas para isso é necessário que essa criança tenha o conforto e as provisões que merece. Vou usar toda minha influência para encontrá-lo, para que ele volte e assuma o comando por aqui novamente.

Um sorriso melancólico e bondoso se fez no rosto de Rossiani, enquanto ela analisava a proposta. Logo, perguntou:

— Se a Gorete é a herdeira da fazenda, como vai passá-la para o filho de Nicolle?

— É o Douglas quem cuida de tudo. Ele dirá que a fazenda foi vendida, e o dinheiro empregado nos negócios da família. A Gorete não fará perguntas. Ela nem quer ver essa região. É uma moça cheia de caprichos, orgulhosa, vaidosa, só se permite aos centros das grandes cidades e requintadas reuniões da alta sociedade. Vamos, filha, é um pecado condenar tanta gente a passar fome. Não seja orgulhosa e aceite nossa ajuda. Se negar essa oportunidade a toda essa gente que mora e trabalha aqui, você não está sendo diferente dos militares que invadiram e acamparam nestas terras deixando imperar a miséria, o flagelo, a dor, a fome... — Breve silêncio. Depois pediu com modos humildes: — Vamos, filha... Deixe-me ao menos conhecer a Nicolle, enquanto você decide.

— A Nicolle está na casa da minha cunhada. É aqui perto. Eu tinha alguns afazeres no campo e mandei que ficasse lá, porque não se sentia bem.

— Como assim?! O que ela tem?!

— Não sabemos. Não temos médico à disposição aqui perto. Ela se achava com febre, mas já foi tratada com algumas ervas medicinais. Tem uma senhora aqui que é muito boa nisso. Como ela estava tratando da Nicolle, eu não me preocupei, pois confio muito nela.

O senhor exibiu-se inquieto e insistiu para ver Nicolle o quanto antes.

Levado até a casa da cunhada de Rossiani, o senhor Guilherme Gregori ficou aparentemente preocupado, mesmo vendo a jovem Nicolle dormindo.

Astucioso, demonstrando-se apreensivo, o pai de Douglas pensou rápido. Pedindo ligeira permissão para Rossiani, deu ordens ao seu motorista para pegar cuidadosamente Nicolle nos braços levá-la para o carro. Sem que Rossiani tivesse tempo para pensar ou argumentar, levaram-nas para a casa grande da fazenda dos Gregoris, onde a bela Nicolle foi bem acomodada em uma cama grande e macia, de lençóis alvejados e cobertas confortáveis.

Rossiani sentiu-se insegura, mas o senhor Guilherme a convenceu:

— Pode ficar com ela o tempo que quiser e até morar aqui nesta casa junto com sua irmã. Garanto que Nicolle terá um médico que cuide dela e da criança. Passarei na cidade e tomarei providências a respeito disso agora mesmo. Não podemos deixar sua saúde em risco com tratamentos duvidosos. Não vai querer se sentir culpada, se algo acontecer com sua irmã ou com seu sobrinho?! É questão de vida ou morte!!! — exclamou de modo a impressioná-la. — Você tem de pensar que vidas dependem de seu orgulho! Nicolle e o filho não terão conforto naquele sítio! Quando vínhamos para cá, você mesma disse que ela deve ter ficado resfriada por causa da chuva que caiu por esses dias e as goteiras no telhado não deixaram ninguém seco.

Tudo acontecia muito rápido. Diante das circunstâncias, Rossiani viu-se obrigada a concordar com aquela situação, mesmo a contra gosto. Não tinham alternativas.

O senhor Guilherme, bem disposto, deu ordens para que fossem tomadas as providências a fim de reparar todos os estragos causados na casa do sítio por causa das chuvas. Além disso, pediu ao capataz todo empenho para qualquer tipo de ajuda com a lavoura. Em seguida, prometeu a Rossiani usar sua influência para obter alguma notícia de Tomás. Isso a animou e encheu seu coração de esperanças.

5

Exércitos das sombras

Gorete percebia o marido cada vez mais distante. Chegava a ficar dias seguidos sem voltar para casa e, ao retornar, suas desculpas eram evasivas. Sempre dizia cuidar dos negócios da família. Rancorosa, envolta espiritualmente por sombras hostis, espíritos perversos, experimentava uma revolução de sentimentos que duelavam em seu ser com profunda amargura. O ciúme pelo desdém que experimentava por parte do esposo se somava a sua revolta e ao desejo de vingança, por isso arrumaria um jeito de fazer Douglas se ligar mais a ela. Não admitiria ser desprezada por causa de outra, provavelmente, tratava-se de uma aventura. Gorete sentia-se como um objeto de uso específico para a vida de casada que optou naquela sociedade. Capaz de disfarçar, com muita classe e sorriso aparentemente amável, o sentimento de ódio e os planos de vingança. Isso acontecia principalmente pelas influências espirituais de desencarnados com terríveis desejos mórbidos de alimentarem-se com tais energias através das práticas que a inspiravam. Tudo poderia ser bem diferente se a jovem mudasse seus pensamentos, sentimentos e ações.

A capacidade mediúnica[1] de Gorete, utilizada de modo reles, não evangelizada, sem educação mediúnica[2], era capaz de trazer-lhes informações das mais diversas, no entanto, às vezes, distorcidas por serem provenientes de espíritos inferiores, malévolos. Isso originava energias mentais que faiscavam em seus pensamentos com diabólicos planos.

Quando o padrão de consciência humana **individual** – do encarnado – utiliza-se de atitudes, conhecimentos e habilidades volta-se para a mágoa, o rancor, o plano de vingança, o ódio, a falsidade, a inveja etc. Essa consciência, por sua vez, torna-se apta a receber influências dos espíritos pertencentes à "Décima Classe – da Escala Espírita"[3].

Embora jovem, Gorete possuía conhecimentos Cristãos suficientes, ensinados desde a infância, para decidir e selecionar o certo do errado. Ela, porém, continuava a participar ativamente das reuniões sinistras, fúnebres junto com um grupo de pessoas as quais passou a praticamente liderar por conta de seus dons mediúnicos natos. Pessoas que, apesar do considerável nível social, eram donas de má índole pelas intenções e atos cometidos, executados em nome do que denominavam "fraternidade com forças ocultas de divindades".

Esses grupos de encarnados não são raros, pois existem diversas seitas ou "religiões" com diferentes tipos de nomes nas quais eles se reúnem. Possuem adorações e intenções mórbidas, conforme as mencionadas, e têm, assim como tinham naquela época, participantes ou seguidores parlamen-

---

[1] (N.A.E. - A mediunidade não é uma exclusividade do Espiritismo, mas sim uma capacidade ou atributo do ser, independente da filosofia ou religião pessoal. A mediunidade é mencionada e ressaltada, às vezes com outro nome, nas mais diversas e remotas filosofias, seitas e religiões no mundo. O nome pouco importa. O importante é nos entendermos, é ganharmos conhecimento, libertando-nos através da busca da verdade que os ensinamentos e a fé raciocinada são capazes de nos trazer, conforme nos ensinou o Mestre Jesus: "Conhecereis a verdade e a verdade vos libertará", que o Espiritismo nos explica tão bem).

[2] (N.A.E. - A educação mediúnica se caracteriza pelo aperfeiçoamento do médium através da aquisição de instrução relativa aos processos de comunicação, bem como a identificação da qualidade, os conhecimentos e as intenções dos espíritos que se manifestam, aliadas ao uso do bom senso do médium e de sua elevação moral e espiritual).

[3] (N.A.E. - Espíritos pertencentes à "Décima Classe – da Escala Espírita", são desencarnados com objetivos vis, fornecendo conselhos pérfidos, com incríveis disposições para enganar. Usam a inteligência junto com a maldade e a leviandade que possuem pela própria inferioridade evolutiva a fim de se unirem aos encarnados de convicções fracas, pessoas a quem podem inspirar sugestões bizarras, desumanas que, quando praticadas, alimentam seus desejos mais funestos, obscuros, sanguinários e hediondos dos quais se comprazem e adquirem energias, pelos métodos cruéis e derramamento de sangue em nome de algumas causas, pois, quando encarnados, os espíritos dessa classe se inclinam a todos os tipos de vícios degradantes de crueldade, falsidade, sensualidade, sordidez e, na maioria das vezes, sem razão ou sem motivo. Fazem uso de métodos considerados bestiais, bárbaros, insensíveis, dolorosamente maldosos, praticados exclusivamente por prazer ou por ambição).

Eliana Machado Coelho/Schellida

tares, militares, empresários oportunistas, aproveitadores de toda espécie e inclusive líderes oposicionistas do governo que conquistaram suas aquisições através do auxílio desses espíritos impuros, terríveis e tenebrosos, causadores de imensuráveis prejuízos morais e espirituais em larga escala para o falso e temporário progresso e sucesso pessoal dos praticantes desses tipos de seitas.

Como nos é ensinado em *O Livro dos Espíritos*, a partir da questão de número 100 – *Escala Espírita* – os espíritos dessa classe "... *apegam-se às pessoas de caráter fraco que cedem às suas sugestões a fim de as levarem a perdição... ...tem aversão ao bem, quase sempre escolhem suas vítimas entre pessoas honestas. Constituem verdadeiros flagelos para a Humanidade, seja qual for a posição social que ocupem, e o verniz da civilização não os livra da desonra, da infâmia".*

E eram através desses encarnados oportunistas influentes pelas relações sociais, políticos, civis ou militares, líderes sindicalistas ou outros manifestantes – mesmo os que não seguiam algum tipo de seita macabra, mas se afinavam pelo idêntico modelo de caráter e desejos – que esses espíritos com repugnância à paz, à harmonia e à decência conseguiam atuar com ferocidade naquela época do Regime Militar vivido no Brasil, travando verdadeira luta na espiritualidade e até com mais intensidade das que aconteciam entre os encarnados opositores.

Os tipos de cultos e crenças, iguais aos realizados por Gorete, sua sogra e outros companheiros são muito mais comuns do que se pode imaginar e existem em diversos lugares do mundo. Tais seitas serviam e servem de grande fonte de energia para a atuação desses espíritos inclinados ao mal.

Eles envolviam os governantes desorientados e seus assessores, atuavam através dos militares rigorosos e repressores, assim como também inspiravam os parlamentares civis. Por encontrarem atividade mental receptiva, exerciam influências ostensivas sobre os líderes trabalhistas das entidades sindicais ou estudantis, seduzindo as idéias e ações dos participantes de grandes movimentos, cedendo-lhes forças descomunais para os confrontos. Ofereciam disposições espirituais de níveis assustadores aos esquerdistas e aos outros que agiam com hipocrisia, com violências injustificáveis, com terror contra pessoas comuns e inocentes, amedrontando-as por meio de atentados à bombas, seqüestros e brutalidades das mais

Um diário no tempo

diversas. Independente do posto ou da graduação, os militares que abusaram hediondamente de seus poderes não se comportaram diferentemente dos terroristas, dos oposicionistas à paz. Personalizavam também a atitude desses desencarnados através das expressões e realizações dos seus atos degradantes, desumanos.

Muito antes do início do regime militar, esses espíritos malfeitores, com suas influências demoníacas, começaram vagarosamente a aplicar suas forças e faculdades mentais no envolvimento, em primeiro lugar, com membros da potência capitalista com seus grupos de empresas estrangeiras que passaram a controlar e se apropriar das principais indústrias e da economia do Brasil. Tais empresas enviavam ao exterior os lucros e as importâncias cobradas pelo uso das marcas de seus produtos, apesar das propriedades essenciais para a fabricação dos mesmos serem encontradas na natureza local, ou seja, pertencerem a este território, os preços e os impostos geraram uma inflação imensa e uma grave crise financeira se instalou neste país.

O Brasil passou a ser dominado por essas empresas estrangeiras controladoras do mercado em torno de setenta a noventa por cento, desde as indústrias automobilísticas, de eletricidade, entre outras, até a indústria mecânica e farmacêutica. Essa potência capitalista era dominada pelos Estados Unidos da América do Norte, que instalaram empresas industriais em diversos países, as chamadas multinacionais. Pelo fato da mão-de-obra ser numerosa e com baixo custo, e as matérias-primas serem abundantes no próprio país, essas indústrias estadunidenses produziam e obtinham lucros abusivos enviados para o Estados Unidos da América do Norte. Em resumo: pelo envolvimento e tendências espirituais inferiores que possuem, eles queriam o domínio e a falência desta Pátria.

Havia tempo que os ministros militares visualizavam as intenções mórbidas e vis desse crescimento industrial estrangeiro estendendo-se pelo Brasil e, temendo esse domínio, tentaram assumir o poder, mesmo antes dos anos sessenta, por várias vezes.

Em certa época, pela "distração" do governante do país — Juscelino Kubitschek —, que, apesar de grandes feitos, voltou sua atenção prioritariamente às ambiciosas construções de obras públicas quase desnecessárias naquele momento. O povo foi esmagado pelo resultado gigantesco de excessivas despesas sobre as receitas no final daquele governo, ou seja,

Eliana Machado Coelho/Schellida

gastaram-se mais verbas públicas do que se recebia através dos impostos pagos pelo povo.

Devido a essa razão o início dos anos sessenta foi marcado por grave crise financeira, crescimento da inflação, crescimento da dívida externa e falta de verbas pelo fato dos novos assessores da nova presidência buscarem uma independência dos excessivos, abusivos e injustos lucros impostos pelos Estados Unidos da América do Norte, cujos planos de domínio aos países nos quais se instalavam – como nuvens de gafanhotos devoradores sobre lavouras fartas – eram amparados e insuflados pelos líderes espirituais de tenebrosas falanges malévolas ligadas por afinidade espiritual, pois os semelhantes se atraem. Orgulhosos e vaidosos, estabelecem como verdadeiro serem a maior potência do mundo, os melhores. Ostentam a falsidade até por conta da religião professada com equivocados conceitos e simulações como que uma máscara para esconder as reais intenções. Com fé cega acreditam serem os únicos abençoados e que serão perdoados por Deus. A prova de tanto orgulho e vaidade é de ousarem usar o Seu Santo Nome até em suas notas de dinheiro esquecendo-se de "não usar o Santo Nome em vão" e "dar a César o que é de César e a Deus o que é de Deus".

Atordoados, os governantes brasileiros buscaram apoio de países socialistas como a União Soviética e Cuba. Algo preocupante passou a ser visto pela população, pela classe dominante brasileira. Alguns parlamentares e ministros militares demonstraram descontentamento e estimularam as linhas de oposição ao novo governo. O presidente da República, Jânio Quadros, não suportando a pressão das acusações, acabou renunciando alguns meses depois de assumir seu mandato, dizendo renunciar por sentir-se pressionado por "forças terríveis".

O céu do país não parava de sofrer forte e tenebroso ataque espiritual revolvido nas sombras de muitas mentes a fim de dominar esta Nação.

Nesse período conturbado, o vice-presidente do Brasil, João Goulart, assumiu o lugar de Jânio Quadros que havia renunciado.

Sem bases concretas para a realização e cumprimento de suas promessas, pelo envolvimento espiritual que o fazia vislumbrar possibilidades rápidas, porém impossíveis, o Presidente da República João Goulart elaborou leis e programas de reformas. Tais planejamentos, ridículos e aparentemente pomposos, foram aclamados, mas não tinham sustentação devido à crise financeira e à falta de verbas da Federação. O povo, entretanto, não conseguia entender isso e protestava violentamente.

Grandes interferências estrangeiras opinavam secretamente no governo, atordoando-o propositadamente. Enquanto isso, grandes influências espirituais da mais baixa ordem reuniam-se em conjuntos, cada qual com seu grupo de encarnados afins. Esses exércitos das sombras dificultavam a compreensão de todos os encarnados, divididos em diversas "classes", ou melhor, partidos.

É provável que alguns leitores não concordem com tais relatos, pois, provavelmente, estes leitores possuem um padrão de comportamento ajustado à sociedade onde vive e assim se enquadra aos seus moldes e a respeita. Quando o leitor se vê diante desses fatos, não os aceitando, reprime no seu inconsciente. E se esses acontecimentos o incomodam, quando abordados, é porque conseguem observar as suas próprias tendências inconscientes nesses atos através das pessoas que praticam tais atrocidades. Esse fenômeno em Psicologia Analítica é chamado de *projeção da sombra*.

O problema da *"sombra"* é muitas vezes identificado em conflitos políticos, que por sua vez, obscurece a visão que se tem das outras pessoas, inibindo a possibilidade de um relacionamento saudável. Esclarecendo, os motivos de tantos desentendimentos entre os partidos políticos e suas conseqüentes agitações.

Entretanto, espiritualmente, a verdade é:

Os movimentos de várias organizações começaram a acontecer em todos os setores trabalhistas, inclusive nas forças armadas, que tinham por obrigação a defesa deste país.

Os espíritos atuantes eram demasiadamente violentos, cruéis!

Grupos de trabalhadores e parte da população faziam reivindicações sem bom senso ou equilíbrio civil, moral e social, pois esses promoviam confusões e desordens em nome de uma *luta* das classes trabalhadoras, gerando situações difíceis aos que nada tinham a ver com suas causas. Esses grupos de manifestantes revoltados se encontravam agora sob excessivo domínio de espíritos malfeitores e, envolvidos, manifestaram inabalável disposição para impor diversas exigências ao governo através de atos públicos.

Os líderes trabalhistas, aproveitando as oportunidades surgidas, aprovaram e incentivaram desmedidamente a anarquia em vez de conduzir as

Eliana Machado Coelho/Schellida

solicitações e reivindicações através de meios legais e pacíficos. Decidiam pelas paralisações grevistas causadoras não só de irreparáveis danos ao país, mas também aos cidadãos lesados pelos famosos "quebra-quebras", em que estabelecimentos comerciais foram destruídos, depredados e seus proprietários ficaram com incontáveis prejuízos em todos os sentidos. Crianças ficaram sem aula e à disposição de tudo nas ruas, enquanto os pais precisavam trabalhar ou tentar chegar ao trabalho. Escolas de Ensino Superior não funcionavam. Havia falta de transporte público, acarretando deficiência das assistências em prontos-socorros, postos de saúde e hospitais pelo fato dos que ali trabalhavam não terem meios de locomoção, ou serem grevistas manifestantes. Além dos medos e traumas que as pessoas de bem sofriam mediante os confrontos armados entre policiais e grevistas que, na exata concepção da palavra, eram terroristas, por promoverem o terror, por bloquearem os principais acessos às ruas e praças, coagindo cidadãos inocentes. Gente simples era ameaçada pela vontade alheia e uso sistemático da imposição dos confrontos armados em que muitos isentos de culpa foram mortos, feridos e muito mais...

Como será mostrado nas experiências dos personagens, muitas vidas foram tragicamente marcadas com prejuízos irreparáveis!

Uma névoa espiritual medonhamente trevosa, composta de diversas multidões de desencarnados perversos, invisível para os encarnados, pairava sombria no céu e na terra deste país à espera de oportunidades que haveriam de surgir bem antes do chamado golpe militar.

Trabalhadores de diversas categorias, honestamente, requeriam seus direitos justos de forma humilde e racional. Mas a grande maioria, influenciada por membros de terríveis falanges espirituais, atuavam com modos desprezíveis por serem envolvidos por um bando de desencarnados sediciosos na prática do mal que os seduziam através de pensamentos que se mesclavam e os confundiam como se fossem próprios, atordoando-os para não enterderem a grave crise financeira do país nem a possessão das empresas estrangeiras que os escravizavam e queriam dominar o Brasil, endividando-o.

Assim, na espiritualidade, como tropas gigantescas, as legiões se uniram com o intuito do flagelo dos encarnados. Digladiavam entre si como exércitos inimigos na disputa pelo domínio desta Pátria que deveria ser bem Amada. Mas os atos inconseqüentes de muitas pessoas deram oportunidades a essas falanges espirituais trevosas agirem de forma a estimular os encarnados que se permitiam influenciar para o atraso do progresso deste país em diversos sentidos.

Sob a visão espiritual, para que nenhum grupo estrangeiro dominasse este país apropriando-se de tudo e reprimindo todos por longo tempo, talvez fosse necessário um mal menor: o chamado golpe militar.

Apesar de vinte e um anos em vigor, deixando amargas lembranças, não só pelos militares, mas também pelos oposicionistas civis e políticos aproveitadores que lesaram o povo inocente. Esse período foi menos cruel do que a subjugação, a opressão, o domínio moral e a dependência a qual o Brasil estava para se submeter a um dos países estrangeiros que tanto desejavam escravizar esta Pátria.

Diversos políticos com intenções nobres e até civis de bom senso deram apoio ao movimento político-militar, chamado de golpe militar, iniciado em 31 de março de 1964, quando, no dia seguinte, o Presidente da República João Goulart foi deposto e exilou-se no Uruguai. Essas pessoas de boa índole acreditaram ser necessária uma razoável dose de repressão para deter as barbaridades e o caos que diversos movimentos estavam provocando no país, prejudicando-o em todos os sentidos. Mas, depois de observarem a desmedida repressão e o abuso do poder, arrependeram-se.

Neste instante, terminava a democracia no Brasil, que passou a ter uma República Militar.

Muitos, do "céu e da terra", oraram pelo destino deste país.

A atuação de espíritos dessa classe tão inferior, sórdida, que fazem o mal por mero prazer, exerceram influência quase que vigorosamente no Brasil. Naquela época. Isso não foi uma raridade, uma exceção. Isso já aconteceu em muitas partes do mundo, acontece e, infelizmente, ainda acontecerá. É uma ação mútua de desencarnados com encarnados afins com um único objetivo: retardar o adiantamento moral e a elevação espiritual de quem quer que seja.

Haja vista o que podemos ter como exemplo: o povo elegendo Jesus para ser crucificado em troca da liberdade de Barrabás, As cruzadas, a Santa Inquisição, diversas guerras que devastaram países em nome de uma "religião", a Revolução Francesa, a Primeira e a Segunda Grandes Guerras Mundiais e, principalmente, os ataques terroristas, a Invasão no Iraque...

Eliana Machado Coelho/Schellida

Lamentavelmente a lista é imensa!

Certamente é a falta de "orai e vigiai", "de amai ao próximo como a si mesmo", de identificar se os espíritos são realmente tarefeiros de Deus ou se querem somente promover flagelos para a humanidade.

Se observarmos bem, todos os acontecimentos políticos degradantes daquele tempo se deram em um momento em que "Alguém" divulgava mensagens de amor, paz e caridade, mostrava que o plano espiritual estava atento, pois a morte não existe. Tudo isso ocorreu para o Brasil não ser o "Coração do Mundo e Pátria do Evangelho", para que a divulgação da Filosofia Espírita se atrasasse e não se propagasse. Mesmo assim, o Espiritismo foi timidamente divulgado e até colocado à prova, porque um excepcional "Missionário da Luz" não parou seu Trabalho árduo para protestar contra o regime do país e só se empenhou com exemplo de amor, paz. Levou o consolo, a Luz da Doutrina Espírita aos incontáveis corações necessitados e aflitos, pois o Espiritismo é apolítico, ou seja, não tem qualquer partido nem líder encarnado ou nomenclaturas hierárquicas para os seus participantes. Seu represente são os cinco Livros da Codificação Espírita voltados totalmente para os ensinamentos do querido Mestre Jesus. Livros que ficarão eternamente conosco falando de tudo o que o Mestre Jesus disse e muito mais. Eis aí o Consolador Prometido. E, apesar do acontecido, esta terra ainda será o Celeiro do Mundo, porque "nem só de pão vive o homem".

Com a instalação da República Militar, vagarosamente, a liberdade democrática dos cidadãos ficou limitada. Os *Atos Institucionais* sustentavam a presidência no regime militar. Muitos aproveitadores de todos os tipos, empresários oportunistas e donos de terras sacrificaram a mão-de-obra e a população em nome de "tentar equilibrar e modernizar a economia nacional" sem admitir suas particularidades ambiciosas.

Foram momentos terríveis para o país. Mas poderiam ter sido bem piores.

Todos os líderes rigorosos, insufladores ou repressores, fossem eles militares, civis trabalhistas ou terroristas eram fortemente cercados por chefes exclusivos ou cruéis comandantes espirituais. Unidos, esses encarnados e desencarnados, tinham a intenção de destruir a ordem e o crescimento econômico, intelectual, moral e espiritual deste país.

E como que fanáticos causavam impressões de impacto em seus discursos através de frases de efeito, suas palavras e atitudes movimentavam grande massa para as ações das mais enérgicas, previamente planejada e organizada, sob a influência desses espíritos trevosos e hipócritas.

Os movimentos sempre eram denominados com o termo *Luta*. Tal palavra utilizada como complemento para infindáveis causas, repetida com insistente e ardente firmeza, imprimia na inconsciência pessoal dos envolvidos a necessidade de estabelecer conflitos, lutas reais, combates e discórdias. Isso desencadeou tantas agressões irascíveis, gerou violência de todas as partes envolvidas, deixando dolorosas impressões e hostilidades, pois, espiritualmente falando, os encarnados envolvidos ligavam-se imensamente aos desencarnados integrantes das facções inimigas, que duelavam no plano espiritual "pelo domínio do solo brasileiro".

Esses líderes encarnados se utilizavam de argumentações padrões primordiais enraizadas na inconsciência coletiva dos liderados, comandados ou manifestantes a fim de lhes tornarem pessoais certos princípios de atitudes ou padrões de comportamentos que os fizeram acatar ordens absurdas, abraçarem uma causa de maneira rude, ou a prática de atos sórdidos sem respeitar a integridade de gente comum.

Também apegados a esses espíritos impuros havia encarnados, como que enlouquecidos e alimentados por uma energia sobre-humana, colocando em risco a vida de outros e a própria vida, suicidando-se consciente ou inconscientemente ao se exporem em risco para chamar a atenção, para protestar com desejo de se transformar em um mártir a fim de ser aclamado pelos sofrimentos, tormentos, torturas ou morte por defender opiniões.

Os poucos políticos, parlamentares, militares e civis que não se deixaram envolver por desencarnados tão levianos, hipócritas e sórdidos foram, de algum modo, reprimidos ou presos quando propuseram soluções pacíficas, dignas e civilizadas.

Vamos lembrar, mais uma vez, que isso ocorreu porque na espiritualidade verdadeiros exércitos de desencarnados atuavam sobre os encarnados, cada qual com os seus grupos afins, e, como inimigos de longos séculos, digladiavam verdadeiramente.

A prática da crueldade deveria imperar. Os encarnados sucumbiriam no adiantamento moral e espiritual. O país ficaria à disposição e presidência do "vencedor espiritual" através do governante, dos parlamentares e demais dirigentes desta pátria.

Eliana Machado Coelho/Schellida

Muito antes do chamado golpe militar e da instalação de um regime ditatorial, os espíritos trevosos planejaram na espiritualidade o atraso da divulgação de uma verdade filosófica e científica que haveria de libertar espiritual e moralmente todos que tivessem acesso a ela com os "olhos de ver".

O poderio militar e os ataques dos oposicionistas tomavam conta do país com excessivo derramamento de sangue, sacrificando os cidadãos de bem sem muitas alternativas. Suas vidas foram assinaladas e condenadas às imposições que mudaram seus destinos irremediavelmente, interferindo no futuro.

Mas como toda história tem a verdade não pertencente a nenhuma das partes envolvidas, essa fase não foi diferente. As denúncias, as responsabilidades pelos erros e crimes cometidos são fáceis de serem feitas até hoje, pois cada um verbaliza a seu jeito uma sistemática de acusações e atribuições terríveis ao outro lado, colocando-se na falsa condição de vítima como se, na posição de acusador, pudesse dizer que jamais cometeu um único erro no enredo violento que ajudou a promover.

A revolução, o golpe político de 1964 estendeu-se até 1985, ou seja, vinte e um anos, a atuação dos militares das Forças Armadas, os estrangeiros com interesses escusos, vis, mesquinhos e inescrupulosos com o intuito de abalar a política deste país a fim de dominá-lo, usando como instrumento a própria sociedade civil brasileira como arma contra o governo; os revolucionários de extrema que deturpavam informações a fim de abalarem a paz...

...Todos são seres humanos passíveis de erros. Contudo, espiritualmente falando, pobres dos homens e mulheres, civis ou militares, comandantes repressivos, manifestantes ou militantes que procederam com atos arbitrários. Lembrando também dos revolucionários justiceiros, ignorantes da verdade e manipulados, inspiraram-se e espelharam-se em chefes governamentais ou líderes – se é que podemos chamá-los assim – pertencentes a partidos políticos de outros países, que eram ou são homens que não passaram de assassinos impiedosos, matando sob torturas cruéis e atentados dos mais diversos.

Aqueles que reivindicavam de forma agressiva, fossem com palavras, discursos ou músicas, com a finalidade de provocar os governantes e instigar o povo, se colocavam na posição ilusória de vítimas passivas, porém não se diferenciavam daqueles que lutavam armados. Todos os oposicionistas agressivos faziam parte da grande organização que conspirava contra uma Pátria espiritualmente preparada por uma Comissão do Plano Superior, muito exclusiva, e liderada pelo Mestre Jesus.

Enquanto isso "Alguém", isolado e sozinho, só deixava chegar a este solo as reivindicações de amor e ensinamentos da paz sob a Luz da Doutrina, sob a Luz do Evangelho. É lamentável não terem seguido o exemplo desse solitário apóstolo de Jesus, o querido Chico Xavier, o qual hoje é Luz, é o Cisco de Deus em caminho, vida e exemplo que deveriam ser seguidos naquela época e nos dias de hoje também.

A paz não se consegue com sangue, guerras ou guerrilhas.

Lembremos do grande e querido líder Mohandas Gandhi, mais conhecido como *Mahatma*. Líder da independência de seu país, a Índia, defensor da não-violência. Foi um político e pacifista que viveu de forma simples. Seus princípios morais eram os de pregar e praticar a não-violência e a crença na santidade de todos os seres vivos. *Mahatma* significa *Alma Grande!* Esse homem conquistou o respeito e a veneração que ultrapassaram os limites da política e da religião, não só entre os indianos, mas no mundo inteiro.

É lamentável ninguém vestir uma camiseta estampada com sua foto, fazendo lembrar seus magníficos ensinamentos, práticas, sabedoria, inteligência e muito mais. Conseguiu libertar a Índia do domínio da Inglaterra sem dar um único tiro. Fez com que indianos e muçulmanos convivessem pacificamente juntos, uns respeitando os outros.

Exigências e reclamações violentas geram repressões violentas.

O envolvimento de centenas ou milhares de pessoas com espíritos impuros tão hipócritas e sórdidos, que ajudam aqueles afinados com eles, é perigoso e muito comprometedor.

No diário do tempo tudo fica registrado e qualquer falta de caridade não é de menos importância aos olhos de Deus, pois a morte não existe e o desencarne não nos liberta das culpas pelos erros cometidos, mas nos detêm na evolução. Faz-nos experimentar sofrimentos inenarráveis e os mais terríveis tormentos íntimos, agravando às nossas torturas, quando não praticamos as boas obras confiadas a nós e criamos elos quase inquebrantáveis com criaturas desencarnadas vis, degradantes, cruéis, desumanas, sensuais e sórdidas por cedermos à tamanha inferioridade moral, à baixeza de inclinações para termos, temporariamente como encarnados, o poder, a riqueza e a influên-

Eliana Machado Coelho/Schellida

cia quer seja por ganância ou por prazer. Nada levaremos conosco para a vida real, que não é neste mundo, a não ser as nossas práticas boas ou más, e seremos responsáveis por elas.

Por isso a acomodação, o rancor, o desejo de vingança transformou Gorete de uma jovem sonhadora e poetisa em uma pessoa inconseqüente, perversa, bem perigosa, malfazeja.

Nossa vida depende de nossos atos e todos eles, inclusive os pensamentos, registram-se no diário da consciência, no diário de Deus. Mesmo que nos esqueçamos das nossas práticas ou inferioridades, sem dúvida, um dia iremos nos deparar com as provas de harmonização ou com as expiações e sofreremos o que merecemos pelas nossas imperfeições, pois "nenhum jota ou um til se omitirá da Lei sem que tudo seja cumprido" como nos disse o Senhor Jesus.

* * *

Por esse motivo algo apreensivo pairava denso na atmosfera da casa da família Gregori tendo em vista a ambição, a ganância e a interferência proposital nos assuntos políticos, devido às amizades cultivadas, a fim de tirarem qualquer proveito da situação governamental conturbada que o país vivia. Isso atraía incríveis espíritos obcecados pela influência, como as já explicadas, além das práticas obscuras ali ocorridas.

Certo dia dona Vitória chegou à sala de sua suntuosa casa e permaneceu longo tempo parada, observando que seu filho Douglas estava excessivamente pensativo. Algo preocupante figurava em seu rosto pálido.

Dona Vitória, impecavelmente altiva, acercou-se do filho sem ser percebida e, com voz notável, perguntou-lhe:

— Você tem idéia de quanto tempo falta para Nicolle ter a criança?

— Que susto, mãe! — exclamou Douglas. Ainda acomodado em uma cadeira da sala de jantar que estava sob um débil feixe de luz. Menos reflexivo, suspirou forte e respondeu: — Dois meses ou um mês e meio... talvez. Estou preocupado com essa situação. Agora, com a Gorete grávida... quase com o mesmo tempo de gestação...

Acomodando-se em lugar a sua frente, dona Vitória sentou-se e fitou-o longamente ao dizer:

— Eu digo que a Nicolle vai te dar um filho homem. Acredite.

— Sabe... fico incomodado com suas previsões. Como a senhora disse, tanto ela quanto a irmã aceitaram brandamente a situação e acreditaram que meu filho com a Nicolle é o primeiro.

— Será um menino e vai trazê-lo para esta casa — tornou a senhora sorrindo com ironia.

— Impossível, mãe! Nicolle jamais permitirá. Além do mais, como explicarei isso para a Gorete? Ela nunca aprovará eu ter uma outra em minha vida. Tudo isso vem me preocupando demais. Já estou insone de tanto pensar nisso. Não quero deixar meu filho vivendo naquele meio de mato sem recursos decentes, sem escola, educação... Mas me deparo com a intolerância de Nicolle que, apesar de aceitar essa vida incomum, jamais irá se separar da criança. Não posso trazê-los para a cidade e pô-los para morar em uma casa só para que não falte nada ao meu filho.

— Escute-me, Douglas, quando é que vai deixar de se prender às impressões dos fatos, baseando suas opiniões sob a análise da realidade caótica, que te chegam somente através dos limitados cinco sentidos humanos, hein?

Endireitando-se na cadeira, Douglas olhou-a firme antes de argumentar:

— Mãe, eu encaro a realidade dos acontecimentos. Não vivo de ilusões. Sabe... às vezes experimento um sentimento confuso, algo inquieto... Tenho tudo o que quero, tenho tudo o que o meu dinheiro pode comprar... Mas meus bens, essa luxuosa casa, as viagens que posso fazer... nada disso preenche o vazio que sinto. Vivemos sempre nos inclinando aos sorrisos falsos de algumas pessoas... buscamos meios nada lícitos para mantermo-nos no poder. Tudo piorou com a minha aceitação para entrar na política...

— Douglas — interrompeu dona Vitória —, não posso acreditar que depois de tudo o que já viu, depois de tanto!... ainda duvida de mim e da fraternidade que nos ajuda?! — Sem aguardar por uma resposta, afirmou: — Tenho certeza de que mais uma vez ficará extraordinariamente abismado quando tudo, exatamente tudo, der certo conforme os nossos desejos.

— Como pode ter tanta certeza?! — questionou intrigado.

— Tranqüilize-se, meu filho!

— Como?!

Depois de gargalhar a senhora anunciou:

Eliana Machado Coelho/Schellida

— Todo o objetivo almejado será alcançado. As entidades espirituais da nossa fraternidade nos apóiam e nunca falharam conosco.

— Mãe, a senhora sabe que eu não tenho interesse em me aprofundar em conhecer o seu tipo de religiosidade, mas... Essas reuniões...

— Não se detenha, Douglas! Vamos, pergunte!

— É algo excêntrico? — perguntou cauteloso.

— Seja mais claro, meu filho! Na verdade você quer saber se temos algum tipo de seita satânica, não é? Andou nos espionando nas reuniões? — riu moderadamente.

— Não tem como não perceber algo estranho acontecendo. Principalmente depois que a Gorete passou a fazer parte desse grupo... Ela não me disse nada nem quando lhe perguntei e... Não gosto de pensar que existem espíritos nos ajudando, influenciando nos acontecimentos.

— Douglas... as pessoas têm por regra um temor supersticioso por aquilo que não conhecem. Essa forma humana de carne é o revestimento de nossa alma imortal, sem esse revestimento, ou melhor, depois de morto o corpo, nós nos unimos em grupos exclusivos de espíritos que se assemelham aos nossos gostos, prazeres e objetivos, resultando em afinidades. É por isso que nos ajudam. Acreditamos que vamos e voltamos do mundo dos mortos, mas de alguma forma mantemos ligações com os amigos ou nosso grupo afim. Mesmo que não os vejamos, essas entidades existem e nos rodeiam a todo tempo. Acreditando na superioridade das entidades amigas que nos auxiliam, pois já tivemos incontáveis provas a respeito da existência dessas criaturas tão superiores. Precisamos de concentração, lugar e momentos especiais, energias naturais que podem advir das velas que ardem, das flores que possuem ações de potenciais energéticos, assim como ervas que queimam ou energias mais fortes que conseguimos com o magnetismo animal e outras coisas que usamos. Isso tudo principia uma aproximação psíquica com os afetuosos do outro mundo que nos auxiliam. Porém não é algo assim tão fácil, precisamos de seriedade, discernimento e disciplina. Temos regras.

— Regras?!

— Exatamente. Não é qualquer um que pode fazer parte de nossa fraternidade e só os participantes podem ter o conhecimento de nossos rituais.

— Como tudo isso se iniciou? Trata-se de uma seita já existente?

— Tudo começou com a avó de sua avó. Normalmente uma filha ou outro parente é atraído e, pelos seus dons, passa a freqüentar as reuniões fazendo parte de rituais, práticas e com isso leva adiante esse trabalho de nos ajudarmos mutuamente como encarnados e desencarnados que têm os mesmos objetivos, ou seja, os de viver melhor. Isso é uma verdadeira fraternidade. Unidos, nós recebemos orientações, notícias, alertas além de muita ajuda para diversas finalidades.

— Vocês fazem pedidos a esses mortos?!

— Não são mortos! São seres especiais que nos auxiliam nos negócios, nas decisões políticas.

— Então, é por essa razão que existem diversos empresários influentes ou suas esposas, políticos e militares do mais alto escalão participando dessas reuniões?! — ele perguntou assustado.

— Como poderia ser diferente?! É costumeiro nós nos socorrermos com esses amigos poderosos para a nossa estabilidade em diversos sentidos. Não é só o grupo de desencarnados munidos de esplêndida força misteriosa que habitualmente nos ajudam, mas pessoas influentes também. Somos irmãos da mesma fraternidade.

— Como foi que a Gorete aderiu tão facilmente a esse grupo?

— Por ser inteligente, por ser especial. Ao contrário de Telma, sua primeira mulher, a Gorete é bem preparada, muito fiel ao grupo. Surpreendi-me com ela. Pensei que fosse me dar trabalho. Mas não. Agora só afastou-se um pouco por causa da gravidez.

— O fato de Telma morrer no parto tem algo a ver com...? A senhora sabe...

— Telma era um empecilho! Ela só foi tirada de nosso caminho. Acaso acha que algumas pessoas tão poderosas e influentes continuariam a fazer parte de nosso grupo se Telma ainda estivesse aqui?! Não importa que tipo de ritual praticamos para nos mostrarmos fiéis aos seres que nos sustentam. Ao perceber, como você, que algo diferente acontecia em nossas reuniões, Telma passou a implicar comigo. Todos nós corríamos o risco de sermos mal compreendidos se ela revelasse que não éramos fiéis católicos apostólicos romanos.

— Eu já faço parte de um grupo filosófico, mas nunca me interessei em obter mais conhecimento do que a senhora fazia com essas reuniões. Acho que sempre tive medo de reconhecer...

Eliana Machado Coelho/Schellida

— ...que podemos obter tudo o que quisermos pela influência e afinidade que temos com esses seres supremos, divindades adoradas e que intervêm a nosso favor dando-nos o controle do que quisermos, desde a mudança de consciência, comportamento e opinião de algumas pessoas a fim de que essas nos favoreçam, até... ...até tirar alguém de nosso caminho para... — a mulher suspirou fundo e não terminou a frase.

Douglas ficou estremecido com o que se conscientizava. Ficou aterrorizado com a insinuação a respeito de Telma, sua primeira esposa, provavelmente não ter falecido por complicações no parto, mas sim por outros métodos.

— Creio que entendeu o motivo de apreciarmos tantas festas, reuniões e jantares sociais! Eles são tão importantes para nós nos confraternizarmos! Você e seu pai nunca quiseram saber o que é realizado em nossa fraternidade, e eu não insisti, pois sei que talvez não aprovassem algumas práticas ritualísticas. Porém, aguarde, meu filho. Quando as previsões que te fiz se confirmarem, acreditará mais. Ainda criará nesta casa o filho de Nicolle, a mulher que você ama. Alguma coisa vai acontecer. Idéias e oportunidades vão te surgir. E mais, a Gorete terá uma menina e aceitará o filho da outra como se fosse dela mesma. Não haverá tanto tempo de diferença.

Um grande enigma frenético tomou conta dos pensamentos de Douglas. Ele nem viu sua mãe levantar-se e deixá-lo novamente sozinho refletindo sobre o assunto.

Após longos minutos, mergulhado em inúmeras questões de difícil resposta, sobressaltou-se, num pulo, com o tilintar agudo do telefone. Enervado pelo susto, Douglas levantou-se e foi atender. Surpreso, ouviu atentamente a importante notícia de um funcionário de sua fazenda e depois desfechou com a determinação:

— Agiu corretamente! Fique aí na cidade. Não comente com ninguém! Estou indo agora mesmo para aí! — desligou em seguida.

Indo rapidamente até a sala, sem subir as escadas, gritou nervoso:

— Mãe! Mãe! — ao vê-la no parapeito do corredor superior, ele avisou: — Estou indo para a fazenda! Não sei quando volto! — rápido, virou as costa e saiu sem aguardar qualquer pergunta.

* * *

O pouco tempo de viagem pareceu uma eternidade. Já era início de noite, quando Douglas chegou à pequena cidadezinha e dirigiu-se, o mais rápido possível, até o modesto Posto de Saúde à procura de seu funcionário. Ao encontrá-lo, percebeu no homem certa inquietude na ação aflita de torcer levemente com as mãos o chapéu de abas largas, logo soube que Nicolle não se sentiu bem no começo da tarde, entretanto, ela não acreditava que fosse algo significativo. Mas por insistência da empregada, encarregada de cuidar de Nicolle, acabou cedendo ao apelo de ser levada ao médico mais próximo. A jovem italiana não queria ir até a cidade vizinha, onde havia um hospital e preferiu o Posto de Saúde.

Chegando ao Posto souberam que não havia médico de plantão e a única enfermeira, atendente de primeiros socorros, já estava fechando o local, quando Nicolle chegou já em trabalho de parto, dando à luz, prematuramente, a um menino saudável, apesar de pequeno.

Douglas ficou radiante! Não cabia em si, tamanho era seu contentamento. Abraçou o empregado estapeando-lhe as costas com força e em seguida adentrou, sorridente e às pressas, à procura de Nicolle.

Escravo da ambição e do orgulho, de imediato decidiu por uma idéia audaciosa, sem temer qualquer conseqüência.

Frente à enfermeira que assistiu Nicolle durante o parto, ele apresentou-se e, bem direto, ofereceu-lhe considerável valor em dinheiro, uma verdadeira fortuna para a pobre mulher, em troca de ele pegar o seu filho e levá-lo consigo para a capital onde o menino seria bem atendido em um hospital totalmente preparado.

Mascarando-se com gentileza e humildade perspicaz a fim de se justificar, Douglas explicou ser viúvo e sem filhos, que tinha grandes posses e apaixonou-se por Nicolle, mas, apesar de viverem algum tempo juntos, ela disse que o abandonaria, assim que a criança nascesse. Disse que Nicolle não queria um compromisso mais sério, pois desejava voltar a ter a liberdade de antes. Quanto a ter um filho e um marido não estavam em seus planos. Comovido, admitiu temer que ela levasse seu filho quando fosse embora e não lhe oferecesse uma vida digna.

Pelo valor em dinheiro oferecido, a enfermeira já estava inclinada a aceitar a proposta. Apenas preocupava-se com o que dizer àquela mãe no momento em que ela acordasse.

Eliana Machado Coelho/Schellida

Audacioso, argumentou a idéia de que, quando Nicolle acordasse a enfermeira falaria que a criança, por ser prematura, havia morrido horas depois de nascer.

Douglas prometeu levar seu filho para a capital e em seguida retornaria para retirá-la dali e levá-la para sua fazenda antes do amanhecer. Afirmou que ele próprio se encarregaria de dizer a Nicolle sobre as providências que tomou para o enterro e não queria que ela assistisse para não sofrer, pois ela não queria o filho desde o princípio. Acrescentou ainda com voz afável:

— Ninguém precisa saber que ela passou a noite neste Posto. Meu empregado, aquele homem que a trouxe, permanecerá aqui para qualquer emergência. O quanto antes eu retornarei e a levarei embora. Depois, se por acaso Nicolle tiver qualquer complicação, eu vou socorrê-la no hospital da cidade vizinha e direi que ela teve um aborto espontâneo, que tudo foi prematuro. De forma alguma você será envolvida, se não me comprometer. Você nunca nos viu, certo?

Sem questionar, a enfermeira aceitou. E assim foi feito.

Douglas deu ordens ao fiel capataz exigindo que não avisasse a ninguém da fazenda nem a irmã de Nicolle sobre o acontecido. Disse para esconder a caminhonete e aguardá-lo dentro do Posto de Saúde junto com a enfermeira.

Algum tempo depois, no meio da madrugada, Douglas adentra praticamente correndo em sua mansão, trazendo o pequeno e prematuro recém-nascido envolto em panos e num pequeno cobertor. Estava dentro de um cesto de vime rodeado de garrafas com água quente que a enfermeira colocou para mantê-lo aquecido durante a viagem.

Num grito eufórico, Douglas chamou seus pais que correram e, após descerem as escadarias às pressas, olharam assustados para o miúdo bebezinho que quase não tinha fôlego para chorar. Sem conseguir minimizar o largo sorriso no rosto e com os olhos brilhantes e marejados, anunciou:

— É um homem! Nicolle deu à luz! É um menino!

Reconhecendo as necessidades urgentes do bebê, dona Vitória anuviou o sorriso e ordenou com rapidez:

— Depressa, Guilherme! Esse menino é pequeno demais e precisa de atendimento. Ligue para o nosso amigo médico. — Olhando para Douglas, encarou-o e disse: — Eu avisei que Nicolle lhe daria um filho e que conseguiria trazê-lo para cá.

UM DIÁRIO NO TEMPO

— Como conseguiu trazer a criança? Onde está a Nicolle? — quis saber seu pai.

Douglas contou tudo em rápidas palavras, ressaltando haver sido generoso com a enfermeira, mas teria de voltar o quanto antes. Avisando sem qualquer remorso:

— Preciso estar com a Nicolle, quando ela acordar para consolá-la da morte de nosso filho. Além disso, tenho de retirá-la daquele lugar antes que façam perguntas. Preciso ainda tomar providências para o suposto enterro da criança. — Voltando-se para dona Vitória, pediu: — Cuide dele, mãe. A senhora sabe o quanto esse menino é importante para mim.

— E como fará um enterro sem corpo?! — perguntou o senhor Guilherme.

— Pedirei um calmante forte para a enfermeira a fim de dá-lo à Nicolle. Direi que nosso filho tinha alterações físicas, por essa razão o caixão precisa ser lacrado. Não se preocupe, sou ágil com as palavras.

Terminando as breves explicações e confiando os cuidados de seu filho a sua mãe, Douglas saiu às pressas, sem perceber que Gorete observava-os esgueirando-se atrás de uma coluna no andar superior.

* * *

As horas pareciam passar mais rápidas. O sol já emitia seus primeiros raios, quando Nicolle, na estreita cama de ferro que rangia com os seus movimentos agitados, gritava exigindo seu filho.

— Calma, meu bem... — pedia a enfermeira aflita. — Fique tranqüila...

— Ele era para estar aqui!!! — exclamava com seu forte sotaque. — Bem aqui! Oh!!! Em meus braços!!! Onde está *mio bambino*?!!!

Entusiasmado, Douglas entrou no pequeno e humilde quarto onde Nicolle gritava banhada em lágrimas. Ao vê-lo, desesperada, estendeu-lhe os braços como que pedindo socorro ao mesmo tempo que implorava pelo filho.

Abraçando-a e afagando-lhe os cabelos, enquanto recostava-a em seu peito abafando seu choro, Douglas, impiedosamente, ouviu-a com frieza e depois, com imensa hipocrisia ao exibir piedade nos gestos e na voz embargada, pediu generoso:

— Acalme-se, querida. Você não deve se abalar.

93

Eliana Machado Coelho/Schellida

— *Io* quero *mio bambino*!!!

— Minha Nicolle, você tem que entender... — explicava cinicamente cruel. — Foi um parto antes do tempo... Ele era muito pequenino... prematuro demais...

— *No*!!! — gritou em meio ao choro. — Eu escutei o choro! A mulher que estava aqui disse que era um menino.

— Sim. É verdade — falou afável, enquanto acariciava-a. — Eu sei disso. Sei que você não estava bem e que ficou exausta...

— Mas eu vi o meu filho!!!

— Mas não o viu direito, Nicolle — dizia com voz piedosa e induzindo-lhe a ter uma falsa lembrança. — Ele era muito pequeno, prematuro e com probleminhas difíceis... Você adormeceu... estava exausta com o trabalho difícil do parto. Nosso filho teve dificuldades sérias de respiração e não resistiu.

Nicolle entrou em grave crise de choro e revolta.

— Não fique assim, meu amor. Deus sabe o que faz. É provável que o quisesse pertinho Dele e deseja que tenhamos outros filhos com mais saúde. Não acha?

Acenando para a enfermeira, que se aproximou parecendo bem aflita, sinalizou para dar algum calmante à Nicolle, o que a mulher providenciou imediatamente a fim de saírem logo dali.

Entorpecida, foi levada por Douglas e seu empregado para a fazenda. Em seguida, Rossiani e alguns conhecidos ficaram surpresos com a notícia.

Nicolle, sonolenta pelo medicamento, parecia desalentada e bem abatida exibindo fadiga. Ela quase não conversava.

As mulheres prepararam-lhe um leito aquecido e cuidados especiais, enquanto Douglas explicava tudo com mais detalhes.

Rossiani, por sua vez, não se conformava.

— Eu estive aqui antes de ontem, à tardinha! Minha irmã parecia bem, estava muito animada! Até pediu para eu dormir aqui. Mas... Como fui estúpida!... — reclamou de si mesma. — Não quis ficar porque pensei que você ou seus pais pudessem chegar.

— Não se culpe, Rossiani — pediu Douglas com voz extenuada. — O meu empregado, o Donizete, disse que sua mulher o avisou que sua irmã reclamou de umas dores bem leves. Mas, você sabe como sua irmã é teimosa e se recusava a ir ao hospital. Até brigou com a mulher do Donizete. Porém

UM DIÁRIO NO TEMPO

ela tanto insistiu que a Nicolle acabou indo ao Posto de Saúde da cidade, mas nem quis a companhia da outra. Ao chegarem e saberem que ela estava em trabalho de parto, ele não quis deixá-la sozinha e me telefonou. Vim o mais rápido possível. Não teve como avisar vocês antes.

— Você viu o bebê? — perguntou Rossiani chorosa.

— Por poucos minutos... — respondeu Douglas chegando às lágrimas. — Ele estava parando de respirar e... não tive coragem... — Decorridos segundos, explicou: — Nicolle não estava bem... perdeu muito sangue, não falava coisa com coisa. Depois de um remédio, ela melhorou. Por ter sido parto normal, após vê-la reagir bem, a enfermeira disse que em casa se recuperaria melhor por estar perto da família, sem mencionar as condições precárias daquele Posto... Caso se sinta mal novamente, deverei levá-la ao hospital da cidade vizinha.

— Ela está tonta, perturbada com a morte do filho... Oh, Deus! Quem não ficaria?! — argumentou Rossiani que em seguida lembrou: — Você tomou as providências para o menino e... Como foi que conseguiu trazê-lo para ser enterrado aqui? Ouvi dizer que isso não pode mais...

Douglas viu-se acuado. Não se preparou para aquela questão. Exprimindo-se angustiado, praticamente nervoso, admitiu convicto e chorando para impressionar ao contar:

— Paguei! Subornei para conseguir trazer meu filhinho para cá. Eu não poderia deixá-lo longe... abandonado num cemitério qualquer...

Rossiani, comovida, abraçou-o chorando junto.

Parecendo recomposto, Douglas ainda explicou:

— Pedi que lacrassem o caixãozinho porque... ...porque não será bom a Nicolle vê-lo. Nem os outros precisam ver o meu filhinho.

— Por que, Douglas? Isso seria importante para minha irmã.

— Não... Meu filho nasceu antes do tempo, prematuro demais e... ...e não estava bem formadinho... Você entende? — Olhando-a firme nos olhos, pediu quase implorando: — Não quero que mais ninguém saiba disso, Rossiani. Por favor, para quem perguntar diga que o caixão está lacrado para a mãe não se impressionar com seu bebezinho morto. Ela sofrerá ainda mais.

Chorando copiosamente Rossiani concordou com a decisão, pois acreditou na piedade e na prudência de Douglas.

Eliana Machado Coelho/Schellida

Mas ele possuía um caráter baixo, mesquinho. Valia-se do dom de saber mentir com astúcia e desonestidade.

Sórdido e vil, assim como seus pais, era capaz de enganar com representações fiéis de lágrimas, palavras comoventes, relatos falsos e enternecedores para os meios mais mórbidos.

Na vida política tais atributos lhes seriam convenientes para destruir o equilíbrio e a tarefa de harmonia, massacrando toda possibilidade de crescimento de quem quer que fosse a fim de sustentar suas luxúrias, pouco se importando com as conseqüências de seus atos repulsivos, quase insanos de hipocrisia imensurável.

6

O nascimento de Rogério e Renata

O duro golpe pela perda do filho abateu consideravelmente Nicolle.

No interior da fazenda, num lugar especialmente preparado por solicitação de Douglas, fizeram o enterro de um caixãozinho vazio. No velório, rezaram o terço por várias vezes a pedido de Rossiani. Até o vigário da paróquia foi chamado para dar as bênçãos ao caixão vazio. Antecipadamente explicaram o motivo do lacre de forma sigilosa ao pároco. Além disso, Douglas foi novamente bem generoso, financeiramente falando, pela prestatividade do religioso em atendê-lo.

Procurando por Rossiani após vê-la dar tanto sustento a sua irmã, Douglas pediu-lhe na primeira oportunidade:

— Rossiani, preciso de sua ajuda — falou com jeito humilde. — Confio totalmente em você ou não solicitaria isso. Sei que me entende, mais do que nunca, gostaria de ficar aqui ao lado de Nicolle nesse momento, mas sou um homem que...

Tirando-o do embaraço, Rossiani afirmou:

— Vá Douglas. Retorne à capital e fique tranqüilo. Eu sei que precisa cuidar de seus negócios e também... Vá. Eu cuido da minha irmã.

— Eu amo a Nicolle, Rossiani! Não pense mal de mim.

Eliana Machado Coelho/Schellida

— Quem sou eu para julgá-lo? Não podemos reclamar qualquer falta de assistência e entendo que você não pode ficar vários dias fora de casa... Tranqüilize-se.

— Eu voltarei o quanto antes. Fique aqui com ela, por favor, Rossiani. Terão mais conforto e empregados à disposição. Além disso, o Donizete terá a caminhonete para prestar-lhes qualquer ajuda ou me avisar de algo, indo até a cidade para telefonar.

Rossiani concordou sem titubear e Douglas retornou para a capital.

* * *

Poucas semanas depois...

Na sombria mansão dos Gregoris um pequeno grupo de amigos e familiares estavam reunidos, quando Douglas chegou e agiu com deliberada surpresa aos cumprimentos.

— São gêmeos?! Um casal?! Que bênção! Não esperávamos por isso... — reprimiu-se emocionado, enquanto abraçava um e outro. Aparentando certa preocupação, quis saber: — E a Gorete?

— Agora está bem, meu sobrinho — avisou sua tia, irmã de sua mãe, com flexível voz generosa. — Não foi um parto fácil. Afinal, foram gêmeos e nascidos em casa! Lá no hospital disseram que tanto ela como os bebês estão ótimos!

— Mas por que não a levaram para o hospital de imediato? — ele perguntou querendo ouvir os falsos detalhes próximo dos conhecidos.

— Ah, meu querido — prosseguiu amavelmente a tia que fazia parte da encenação —, essas coisas são assim mesmo. Às vezes não dá tempo. A Vitória nos contou que tudo foi muito rápido. Por causa de sua viagem até a fazenda para resolver alguns assuntos, ela resolveu ir dormir com a Gorete e, no meio da madrugada, acordou com ela sentindo as dores. Então a Vitória levantou correndo e tentou telefonar para o doutor Moacir, mas havia algum problema e a ligação não completava. Foi aí que ela se lembrou da Lucélia, aquela senhora que mora aqui perto e é parteira. A Gorete, coitada, sentia tantas dores que nem poderia ser removida, já estava em trabalho de parto bem adiantado!

— Então o parto foi aqui mesmo?!

— Assim que a Lucélia chegou cuidou de tudo direitinho! O menino nasceu primeiro, forte e bem grande! A menina nasceu muito tempo depois. Já era dia quando o doutor Moacir foi avisado, e ao chegar, levou-os em seguida ao hospital. O doutor Moacir pediu para evitarmos visitas, para não perturbar Gorete e ter em consideração que os bebês precisam de atenção.

Esperto e já combinado com seus pais, Douglas avisou de imediato:

— Perdoem-me deixá-los aqui, mas preciso ver minha esposa e meus filhos. Não podem negar ao pai e marido o direito de visita! Falarei com o doutor Moacir.

Aquela desculpa foi inventada para evitar a ida de conhecidos e até de alguns parentes ao hospital a fim de visitar Gorete e os filhos. Era bem provável que alguém pudesse estranhar que o menino, apesar de ser o filho prematuro de Nicolle, nascido há algumas semanas, não parecia ser um recém-nascido.

Já no quarto do hospital, Douglas lançava um olhar com um ar de temor e curiosidade para sua mãe cujos contornos da face eram serenos e quase sorridentes. Em voz baixa, chamou-a para fora e perguntou:

— Como ela está?

— Gorete está muito bem. O doutor Moacir a examinou e a medicou. Talvez por ser jovem está um tanto confusa. Teve febre, mas já passou. — Sussurrando admitiu sorridente: — Ela nem imagina que teve o parto induzido pela Lucélia, a parteira. Tudo saiu conforme planejamos.

— A menina corre algum risco por nascer prematuramente devido à indução ao parto?

— O menino foi prematuro e agora, com quase um mês, está robusto como um touro! Ela nasceu maior e pesando mais do que ele, quando eu o trouxe para este hospital a fim do doutor Moacir dar-lhe todos os cuidados. Sete meses de gestação é o suficiente! Se o filho de Nicolle, naquelas condições tão precárias, suportou uma viagem aquecido com garrafas d'água morna, está com a saúde perfeita...

A aproximação do doutor Moacir interrompeu o assunto.

— Olá, Douglas! Parabéns!!! — expressou-se o médico com largo sorriso.

— Obrigado, doutor! Obrigado, mesmo!!! — agradeceu Douglas com olhar firme.

Eliana Machado Coelho/Schellida

— Seus filhos estão ótimos! Já examinei sua esposa assim que chegamos e, depois dos procedimentos rotineiros que fazemos aqui no hospital, posso dizer que ela está muito bem! Sua pressão, pulsação e todas as outras funções estão normais. Sua mulher é jovem, tem boa saúde. Só que, talvez pela pouca idade, não sei... — dizia o médico com incrível hipocrisia — Gorete está assustada e às vezes fala coisas que não condizem com a realidade. Mas não se importe. Estudos científicos mostram que algumas mulheres depois do parto podem ter alterações no humor, na personalidade e até reações estranhas. Isso passará.

— Como assim, doutor?

— Algumas atitudes ou reações incomuns podem ocorrer no período puerperal, ou seja, depois do parto. Talvez por ser jovem ou pelo fato de dar à luz prematuramente em casa ou por ter experimentado um parto difícil, a Gorete diz que só lembra que sentiu dores após a chegada da mulher que ajudou no parto. Afirma que teve um filho ao dar à luz e não gêmeos. Mas fique tranqüilo, isso a ciência explica. Tomaremos conta dela e das crianças — garantiu o médico com incrível falsidade.

Após os cumprimentos de despedida, trocas de elogios e agradecimentos Douglas foi para o quarto ver como estava Gorete. Antes de entrar no quarto, dona Vitória ainda lembrou:

— Viu o que é ter um amigo pertencente a nossa fraternidade?

Douglas não disse nada e adentrou no quarto. Viu a jovem Gorete com olhar perdido no teto, parecendo largada sobre a cama.

Ao seu lado, Douglas pegou a mão de sua esposa colocando-a entre as suas e inclinou-se para beijar-lhe a testa, depois os lábios, sussurrando em seu ouvido:

— Sou tão grato a você, minha querida. Nossa vida terá mais alegria, mais cor...

Movendo os olhos empoçados em lágrimas, com semblante pálido sem qualquer alegria, Gorete o encarou e com voz branda, um pouco vacilante, contou resistente:

— Eu estava estonteada... Mas tenho certeza de que vi a Lucélia e sua mãe. Usaram alguma coisa... um instrumento... que me machucou. Só então senti dores... dores... — Um choro se fez. Breve pausa e logo prosseguiu: — A Lucélia empurrou muito, muito minha barriga para que a menina

UM DIÁRIO NO TEMPO

nascesse... doía demais... Gritei. Pensei que fosse morrer. Eu não escutava nem enxergava direito. Mas eu sei... vi a minha filha nascer... Depois me mostraram duas crianças. Disseram que tive gêmeos. É mentira! — reagiu. — Aquele menino não é meu filho!

Beijando-lhe as mãos frias, Douglas disse amavelmente:

— Oh, minha querida... Eu soube que perdeu os sentidos algumas vezes durante o parto. O doutor Moacir acabou de dizer que essa confusão na mente de algumas mães é comum.

— Não... — murmurou. — A Lucélia forçou o parto. Ela deve ter rompido a bolsa...

— Como é que temos dois lindos filhos recém-nascidos, meu amor? — perguntou ele com tom afetuoso. Mas antes que ela respondesse, argumentou: — Estou tão orgulhoso de você! Sinto-me tão realizado!

— Temos dois filhos porque você trouxe o filho de sua amante para nossa casa... Foi por isso que a Lucélia induziu meu parto... Querem me confundir...

Douglas sentiu-se estremecer. Mesmo assim, manteve-se aparentemente tranqüilo ao afirmar:

— Não me importo se neste momento você está confusa. O doutor Moacir me avisou que isso vai passar. Estou comovido com o seu sofrimento.

Gorete estava bem mais lúcida e guardou um rancor indescritível naquele instante. Sabia que Douglas e dona Vitória, com a ajuda do doutor Moacir, queriam induzi-la a uma falsa memória, e Gorete não podia provar o contrário. Entretanto, lembrava-se muito bem da madrugada em que viu Douglas chegando a casa trazendo o menino em um cesto, contando tudo o que havia acontecido e o que precisou fazer para roubar o filho de Nicolle. Isso a fez temer por sua vida e pela vida da filha recém-nascida. Não diria mais nada para não correrem riscos, pois conhecia a sordidez de sua sogra.

— Gorete, minha filha — interferiu dona Vitória —, eu vi o quanto você sofreu durante o parto. Chegou a perder os sentidos!... Acho que foi por isso que não viu o seu menino nascer. Ele é forte e robusto! O doutor Moacir nos avisou que pode estar com uma perturbação psicológica momentânea. Isso vai passar logo, minha querida.

101

Eliana Machado Coelho/Schellida

Toda aquela situação deixou-a ainda mais rancorosa, repleta de planos de vingança. Teria de aceitar como filho gêmeo uma criança que não era sua, mas o fruto de uma aventura de seu marido infiel.

— Que nome vocês darão a eles?! — tornou dona Vitória.

Douglas sorriu pensativo, depois sugeriu:

— Dois nomes me vieram à mente... Mas, por favor, meu amor, se não gostar diga. — A esposa concordou com um aceno de cabeça e ele anunciou: — Rogério e Renata! O que acha?!

— São lindos! — exclamou demonstrando-se alegre, escondendo sua revolta com incrível amargura em seus sentimentos.

* * *

Nos dias que se seguiram, extrema e delicada atenção eram inclinadas à Gorete e às crianças.

Dona Vitória, mulher que sustentava inflexível rigor, exigia toda a prestatividade dos empregados, enquanto oferecia companhia constante à nora e aos netos. Gorete dificilmente ficava sozinha.

Não demorou muito e algo passou a deixar o coração de Douglas apertado.

Ele não conseguia se concentrar no que fazia nem nas decisões a serem tomadas. Em seus pensamentos estavam vivas as imagens de Nicolle.

Seus modos naturais, cuja beleza castiça era inigualável, mostravam uma personalidade forte, audaciosa ao mesmo tempo que exibia uma alegria sempre espontânea.

Em alguns instantes, Douglas sentia como se ouvisse aquele riso cristalino, a gargalhada gostosa e a voz firme de Nicolle que nunca se acanhava.

Ela realmente possuía fibra. Não foi fácil convencê-la, conquistá-la, amá-la...

Jamais esqueceria aquele semblante de alvura radiosa que distribuía uma luz especial no largo e belo sorriso divertido, ou na fala meticulosa, provocativa, quando estavam a sós.

Ele experimentava algo muito forte por Nicolle, algo que nunca aconteceu antes. Douglas reconhecia que esse sentimento o afetava, pois a desejava como jamais desejou outra mulher.

Com tantas lembranças, percebia que uma amargura impiedosa o invadia. Um arrependimento sem igual o castigava. Sua atitude ambiciosa, as mentiras frias usadas para enganá-la o puniam como nunca. Recordar a cena de desespero, a expressão de tristeza e dor pela perda do filho o feria muito. Era como se ele tivesse matado sua linda Nicolle.

Começava admitir que tinha sido cruel e ganancioso demais.

Preocupava-se com Nicolle, desejava vê-la, mas não podia sair da cidade naquele momento. Por essa razão, Douglas passou por nítida mudança de comportamento. Seu desânimo era observado por todos e, quando questionado a respeito, ele usava como desculpa o fato de os seus filhos serem exigentes durante a madrugada e que precisava ajudar a esposa a cuidar dos pequeninos.

Pura mentira! Douglas passou a dormir em outro quarto da casa devido às necessidades noturnas das crianças, argumentando com a esposa que as noites em claro poderiam afetá-lo no trabalho.

Em certa ocasião o senhor Guilherme já estava há alguns minutos falando com o filho, quando percebeu que Douglas parecia não ouvi-lo.

— Douglas?! Estou falando com você!

— Desculpe-me, pai — pediu após profundo suspiro. — Eu estava pensativo... Mas o senhor estava dizendo algo sobre o governo e...

— Sim! Temos decisões importantes a tomar. O povo miserável quer seus direitos à força! Sabemos que o presidente desta República Militar disse que continuará repressivo e não admitirá o liberalismo que destruiria sua autoridade. No entanto ele diminuiu a censura da imprensa! — exclamou escandalosamente abismado. — Ainda bem que continua vigorando o AI-5. Várias prisões de militantes do Partido Comunista Brasileiro foram feitas. Apesar da chamada "repressão controlada", isso fez com que os terroristas de extrema passassem a atuar de modo independente. Se esses imbecis tomarem o poder, teremos um regime governamental pior do que todos os governos militares de "linha dura" anteriores.

— Concordo — admitiu Douglas. — Será terrível para nós e para o país. O povo se deixa enganar muito.

— Será que é o povo que se deixa enganar? — Sem aguardar por uma resposta, o senhor Guilherme opinou: — Eu penso que os pretensiosos políticos e líderes partidários usam um poder de persuasão com frases fortes,

Eliana Machado Coelho/Schellida

convincentes, expressões corporais que causam impacto. Induzem os pensamentos e as idéias na mente do povo que não procura ter conhecimento ou cultura. Eles não raciocinam e aceitam as sugestões e as influências propostas pela vontade de uma mudança radical que pode ser bem perigosa. Essa gentalha devaneia e são fáceis de serem impressionados por aqueles mais hábeis com as palavras. — Após concluir, sem esperar qualquer manifestação do filho, o homem mudou rapidamente de assunto ao perguntar:

— Ah! Você sabia que o comandante do Serviço Nacional de Informações, o João Batista Figueiredo é apaixonado por cavalos?

— Ouvi dizer — respondeu Douglas sem ânimo.

— Estou pensando em convidá-lo para passar um dia em nosso haras. Creio que ele ficará admirado!

Douglas não disse nada. Parecia alheio a qualquer assunto.

— Douglas!!! — chamou o pai com rigor.

— Sim! — assustou-se.

— O que está acontecendo?! Nos últimos dias você não fica atento a nada!

— Bem... é que... — decidiu confessar, mas titubeava. — A verdade é que eu não consigo parar de pensar em Nicolle.

— Ah! Eu sabia! — exclamou o pai.

— Tento evitar, mas não consigo. É impossível esquecê-la. Não me arrependo de ter trazido meu filho, afinal é meu direito tê-lo ao meu lado a fim de dar-lhe melhor condição de vida, algo que seria impossível Nicolle fazer. Mas, francamente, desejo estar ao lado dela. Ela é muito especial para mim. Foi a única mulher por quem tive atração e afinidade.

— O que o prende aqui? Vá ver como ela está! Eu cuido da empresa.

— O que direi à Gorete?

— Eu direi que você precisou fechar alguns negócios e viajará por uns três dias! Diremos que os clientes são exigentes e não queriam intermediários. Sempre o apoiei em tudo, Douglas, por que não o faria agora?

— A Gorete nem pode sonhar que estou saturado de ficar ao lado dela. Às vezes nem acredito que todo o plano de mamãe deu certo! — argumentou Douglas num desabafo.

— Sua esposa é inteligente, mas você é esperto. Só não entendo porque já não voltou para ver como está a bela italiana! — disse irônico.

UM DIÁRIO NO TEMPO

— Pensei em me afastar um pouco... mas...

— Viva a vida com todo o prazer e intensidade, meu filho!!! O tempo passa ligeiro! Lembre-se de que, enquanto tiver dinheiro, terá soluções para os problemas. Podemos comprar tudo! Tudo o que quisermos! E o que não podemos comprar, podemos mandar trazer ou ir aproveitar!!! — Estimulava com modos reles, sem qualquer pudor.

* * *

O expressivo incentivo de seu pai fez com que Douglas fosse imediatamente para a fazenda ver como Nicolle estava. Havia mais de um mês que só tinha notícias dela e mandava algum recado através dos telefonemas de seu empregado de confiança.

Douglas pretendia se afastar de Nicolle a fim de romper o relacionamento, pois, apesar de não admitir, algo o fazia sentir-se culpado pelo desespero e sofrimento que a viu passar por causa de seus atos egoístas, cruéis e inescrupulosos, carregados de mentiras e encenações. Não conseguia, porém, deixar de pensar na jovem e desejar vê-la. Seus sentimentos eram fortes. Ele gostava realmente de Nicolle. Nem acreditava que já estava chegando à fazenda.

Ao entrar na casa, mal cumprimentou os empregados que encontrou e foi direto para o quarto onde disseram que Nicolle estava.

Adentrando, sem se anunciar, foi ao encontro dela abraçando-a com firmeza, apertando-a em seu peito, enquanto beijava-lhe os cabelos.

Chorosa, abafando a voz no peito de Douglas, perguntou chorosa:

— Onde estava? Por que sumiu?

Conduzindo-a com delicadeza, abraçou-a e a fez sentar-se ao responder:

— Tive tantos problemas que nem quero lembrar ou falar sobre esses assuntos que me deixaram tão tenso e distante de você. — Beijando-lhe com verdadeiro carinho, afagou-lhe o rosto tristonho e, com ternura no olhar, perguntou: — As notícias que o Donizete me deu não são suficientes. Quero saber de você, meu amor. Como está?

— Meu coração está em pedaços... Com você longe tudo ficou pior... — chorou. — Ainda não acredito em tudo o que aconteceu.

— Perdoe-me por não ter vindo antes — disse ele abraçando-a.

105

Eliana Machado Coelho/Schellida

Nicolle estava sem seu brilho habitual e sua graciosa desenvoltura. Parecia bem amargurada pela perda do filho transmitindo uma expressão de desalento, de temor e isso sensibilizou Douglas que a acariciava continuamente.

— Minha irmã achou que você estava demorando demais para aparecer. Ela queria que eu voltasse para o sítio... Mas eu decidi ficar e te esperar.

— Fez muito bem. Não quero que saia daqui. Veja, Nicolle, apesar de nós não termos o nosso filhinho hoje aqui, não significa que precisemos nos separar. Você soube através do meu próprio pai que eu me casei forçado. Cometi um grande erro — confessou balançando a cabeça, inconformado. — Não sei o que faço agora para corrigir isso. Só sei que quero ficar com você.

— Minha irmã talvez não concorde e... Não existe mais o nosso filho e nada que nos prenda...

— Nicolle, penso em pedir o desquite. Sei que não poderemos nos casar como você e a Rossiani desejam. Ainda não existe o divórcio no Brasil, mas... Bem... poderíamos viver com a consciência mais tranqüila, ou talvez até conseguiríamos ir para um país vizinho e nos casaríamos lá.

— Mas... e sua mulher? Como vai abandonar a Gorete? Como vai dizer que quer se separar?

— Assim que ela tiver condições, na primeira oportunidade eu...

Nicolle foi bem direta e quis saber:

— Vocês têm um filho? Como vai fazer com a criança?

Douglas abaixou a cabeça para esconder sua surpresa por aquela pergunta. Demonstrando-se constrangido, silenciou por alguns segundos. Segurou as mãos de Nicolle e respondeu afirmando hipocritamente:

— Tivemos uma menina, mas ela não viveu muito. A Gorete ainda está em choque e se recuperando. É por isso que não quero dizer nada agora. Preciso ter piedade e aguardar algum tempo. — Olhando nos olhos negros e bem delineados da bela moça, garantiu convicto: — Sabe... nós não estamos dormindo no mesmo quarto. Eu juro por Deus! Apesar de vivermos na mesma casa, o nosso casamento acabou e já estamos separados. Mal nos cumprimentamos. Sei que é difícil de entender... ela não tem mais os pais e os irmãos são casados, não se importam muito com ela. A Gorete é totalmente dependente de mim. Não posso ser cruel e pedir que vá embora e...

— Não! — sensibilizou-se Nicolle acreditando em mais uma mentira de Douglas. — Não se joga nem um cão na rua, que dirá uma pessoa! Ela deve estar sofrendo como eu pela perda da criança... — a voz de Nicolle embargou e lágrimas correram em seu rosto pálido. — Como é difícil perder um filho...

— Não fique assim... Não sofra mais... — pediu com voz piedosa. — Seremos felizes. É questão de tempo. Sei agora que me entende e... por favor, Nicolle, não se importe com minha ausência, eu não vivo mais sem você. Eu te amo muito! Teremos toda a alegria do mundo juntos, mas você tem de me esperar, pois preciso resolver esse assunto sobre o desquite e isso será bem delicado.

A porta do quarto estava aberta e Rossiani, que chegou repentinamente, parou após alguns passos leves e ouviu sem querer a argumentação de Douglas. Preocupada, cumprimentou-o para ser vista por eles, mas não resistiu e inquiriu rapidamente:

— Esse seu pedido é bem exigente, não acha, Douglas?! Querer que minha irmã o espere é um absurdo!

Redobrando a amabilidade com Rossiani, ele respondeu:

— Eu adoro a Nicolle! Tenho o direito de ser feliz ao lado dela. Só preciso de um tempo para acertar minha situação e...

— Como?! Acredita que se desquitando vai resolver tudo? Você está enganando a minha irmã e...

— Você está sendo injusta, Rossiani — reclamou Nicolle, interrompendo-a. — Tenho o direito de escolher o que quero na vida. O que eu tenho a perder mais?

— A sua juventude! — tornou a irmã bem firme. — Quando você perder o viço, o Douglas encontrará outra mais jovem para te substituir, Nicolle! Não vê que ele só a enganou com graves mentiras?!

— Está me ofendendo, Rossiani — protestou Douglas. — Eu sempre a respeitei!

— Vamos, Nicolle. Eu vim aqui decidida a levá-la para nossa casa. Nem sabia que depois de mais de um mês ele teria a coragem de aparecer aqui com propostas tão indecentes. Deixe de se iludir e venha comigo — determinou Rossiani sem qualquer temor. — Da primeira vez você foi ingênua, mas agora, se ficar aqui, perderá à moral e a dignidade.

Eliana Machado Coelho/Schellida

— Você não manda em mim! — reagiu Nicolle. — Eu tenho o direito de decidir o que fazer da minha vida e escolho ficar com o Douglas!

Uma discussão iniciou-se entre as irmãs e durou considerável tempo até que Rossiani, mais ponderada, avisou:

— Chega, Nicolle! Não tenho mais nada para te dizer. Nunca mais porei meus pés nesta casa. Quando precisar, sabe onde me encontrar. A hora que o Douglas desaparecer de vez, trocá-la por outra ou magoá-la por algum motivo, não diga que não te avisei. Sabe que pode me procurar. Sou sua irmã e não vou desampará-la, pois prometi aos nossos pais que cuidaria de você — dizendo isso, Rossiani virou-se e saiu sem aguardar qualquer resposta.

Nicolle sentiu grande aperto no peito, uma amargura indizível. Nunca havia discutido com sua irmã como naquele momento.

Com os olhos rasos de lágrimas, um misto de raiva e arrependimento a fez virar-se para Douglas, abraçando-o com força.

A jovem e inexperiente Nicolle, apesar de fragilizada pela decisão de Rossiani, aceitou o proposto por Douglas, sentenciando-se a esperá-lo pelo tempo que fosse preciso, até que resolvesse sua situação com a esposa.

* * *

Com o tempo Douglas foi se dividindo entre sua esposa Gorete e Nicolle, sempre oferecendo à amante, incontáveis e longas explicações sobre o fato de não se desquitar.

Gorete, por sua vez, ganhava toda a confiança da sogra agradando-lhe nos mínimos detalhes. Aparentemente ela fingia não se incomodar com as ausências do marido, mas no fundo de seus sentimentos, guardava incrível ódio e grande rancor pelo que era obrigada a se submeter. Os filhos toma-vam-lhe a maior parte do tempo. Ela não se conformava em ser obrigada a olhar o pequeno Rogério e aceitá-lo como se fosse seu filho, sabendo que era filho de Douglas com a amante. Ter de fingir essa aceitação causava-lhe imensurável indignação e agressão moral. Porém tinha planos e deveria disfarçar.

Olhando para as crianças que dormiam profundamente, Gorete cultivava imenso e amargo ressentimento pelo garotinho.

Idéias tenebrosas surgiam em sua mente.

"Não vou aceitar esse bastardo!", pensava friamente. "Raramente estou sozinha e talvez agora... ...esta seja a minha oportunidade".

Fortalecida por energias terrivelmente impiedosas que lhe chegavam, ela foi até a porta, espiou no corredor e, ao ver que não havia ninguém, pois já era bem tarde, retornou fechando a porta do quarto. Em seguida virou-se para pegar um travesseiro a fim de ferir mortalmente o indefeso e pequenino Rogério, sufocando-o. Foi quando um vulto chamou-lhe a atenção.

Com o travesseiro nas mãos tremulantes, Gorete ficou olhando, intrigada, para a silhueta transparente da imagem de uma mulher rodeada de magnânima cintilação, de luminosidade impressionante.

Experimentou um frio percorrer-lhe todo o corpo. Algo que lhe causou grande impacto. Espantada, aterrorizou-se com o padrão vibratório elevado que parecia encher o quarto, e que era incompatível com o seu.

De repente uma voz em tom suave ecoava em seus pensamentos. Era como se ouvisse aquela imagem de claridade desconhecida, alertá-la:

— Não compactue com os sentimentos que desconhece a origem. Seja integra. Examine seus verdadeiros desejos e verá que a crueldade, a ofensa, a vingança não valem de nada. Chegou o momento de ser piedosa e ter compaixão. Ele é uma criaturinha tão indefesa... Se você prosseguir, jamais terá paz, equilíbrio e tranqüilidade. Será muito difícil você mesma se perdoar por ato tão medonho.

— Quem é você? — perguntou Gorete sussurrando.

— Uma amiga. Não vou abandoná-la. Ao contrário, estarei mais perto de você. Porém, mude as atitudes, procure conhecimento sobre o que realiza espiritualmente e verá o quanto já se envolveu com tenebrosas fontes de energias destruidoras.

— Mas...

A entidade sumiu vagarosamente, enquanto Gorete sentia-se apavorada.

Nesse instante, Douglas entrou no quarto e ficou surpreso ao ver Gorege pálida e atordoada.

— O que foi, Gorete? Parece que viu um fantasma! — A esposa não respondeu e ele ainda perguntou: — O que vai fazer com esse travesseiro?

— Por quê?! — questionou assustada e desconfiada.

Eliana Machado Coelho/Schellida

— Eu gosto desse travesseiro. Não queria que o tirasse de uso. Se quiser, troque somente o seu. — Diante da palidez da mulher e de seu comportamento perturbado, Douglas insistiu: — O que aconteceu para você estar assim?

Após alguns segundos ela dissimulou:

— Nada... É que... Bem... eu estava cochilando e tive um sonho estranho. Acordei pensando que uma das crianças estava chorando e... Não sei, levantei com o travesseiro nas mãos e fiquei parada, sem saber o que fazer, quando vi que estavam quietos. Fiquei confusa e pensando no sonho.

— Quer contar?

— Não. Não tenho como contar. Foi muito confuso e... Deixa pra lá.

Douglas não disse nada. Caminhou até onde seus filhos dormiam e contemplou-os por algum tempo sem qualquer comentário.

7

Propriedades e razões das curas

Após algum tempo, uma profunda saudade invadia a alma de Nicolle que desde a discussão com sua irmã Rossiani, nunca mais a viu. As notícias sempre lhe chegavam pelos empregados, mas não eram suficientes para aplacarem o desejo de ver, abraçar e ouvir a voz da própria irmã.

"Talvez Rossiani esteja certa", pensava Nicolle. "O Douglas não me deixa faltar nada, tem empregados pra tudo, mas... vivo sozinha nesta casa enorme. É... minha irmã tinha razão... eu *non* passo de uma qualquer, sou a outra na vida do Douglas. Não passo de uma destruidora de lar... Como pude ser tão imbecil?! Mas como dizer não ao meu coração estúpido?!", questionava-se rigorosa e chorando. "*Io* vivo das migalhas dos sentimentos do Douglas... das sobras de seu tempo... Mas... *Dio Santo*! E agora? Gostaria de ter coragem e procurar minha irmã, mas não tenho moral para isso. Como vou me explicar?!"

Pela primeira vez Nicolle ficava face a face com uma fragilidade desconhecida. Era difícil resistir àqueles sentimentos de culpa e arrependimento, misto a uma esperança débil de, um dia, viver bem ao lado de Douglas. Ele não cumpria suas promessas, sempre tinha uma desculpa para adiar a separação com Gorete.

Eliana Machado Coelho/Schellida

Quando estava perto dele, não conseguia reagir às suas desculpas mascaradas por um cinismo impressionante, por suas articulações e expressões faciais capazes de enganar com facilidade. Nicolle simplesmente acreditava parecendo enfeitiçada.

Mas, nas longas ausências, um assomo de questões aflitivas e sem respostas remoíam os pensamentos da jovem que recordava os pais e sofria ao imaginar o que eles sentiriam ao saber de seu comportamento imoral, totalmente diferente de sua criação.

Naquele mesmo instante, inesperadamente como sempre, Nicolle reconheceu o barulho do carro de Douglas que acabava de chegar.

Como por encanto, as preocupações e a opressão em seu coração sonhador desapareceram. Num gesto mecânico, impensado, a bela italiana suspendeu a longa saia, segurando-a com as mãos para não tropeçar e correu em direção de Douglas.

Seus lindos cabelos negros e ondulados esvoaçavam com o elegante menear de seus passos rápidos.

Estendendo os braços, atirou-se ao abraço apertado. Douglas a levantou com entusiasmo e a rodopiou algumas vezes. Em seguida, parados frente a frente, ele a olhou de cima a baixo, segurou-lhe o belo rosto risonho entre suas mãos e a beijou como desejava, sem se importar com os empregados.

Abraçados, caminharam passos lentos e Nicolle, parecendo uma menina animada, exibia uma alegria jovial até no andar quase saltitante. Ela possuía o dom de expressar o prazer de viver de um modo espirituoso devido ao gesticular contente ao falar, enquanto contava alguma novidade divertida e corriqueira.

Horas já haviam se passado desde a chegada de Douglas. Ele observava pela janela do quarto a beleza do céu estrelado e luar brilhante naquela noite quente. Sentia-se tranqüilo. Ali, perto de Nicolle, experimentava uma sensação indescritível de paz.

O silêncio reinava por longos minutos. Deitada na cama, enquanto o observava a certa distância, a bela Nicolle sentia o coração apertado.

Apreensiva, temendo alguma reação de Douglas que estava muito descontraído, com jeito acanhado o chamou trazendo-o de volta à realidade.

Atendendo ao chamado, ele sorriu e sentou-se ao lado de Nicolle, pegando-lhe a mão com carinho. Beijando-a, considerou:

— Desculpe-me por ficar longe, mesmo estando tão perto agora. É que você e este lugar me trazem muita tranqüilidade. — Observando nos olhos brilhantes de Nicolle algo indefinível, perguntou amável: — O que foi, meu amor?

Insegura e muito apreensiva, Nicolle desfechou como um golpe:

— Estou grávida! — Douglas ficou paralisado. Não esperava pela surpresa. Sem suportar os longos segundos de perplexidade, Nicolle praticamente o sacudiu, perguntando aflita: — Diga alguma coisa!!!

Ele suspirou fundo, sorriu e a abraçou com força, sussurrando-lhe ao ouvido:

— Eu a amo tanto, Nicolle. Tanto!!!

Mais uma vez Douglas angariava a confiança de Nicolle, comentando seus supostos planos animadores para o futuro de ambos.

* * *

Contando a seus pais o acontecido, Douglas temia que sua esposa soubesse de tudo, mas como sempre, o senhor Guilherme e dona Vitória o acobertavam.

As visitas de dona Vitória à fazenda tornaram-se mais freqüentes. Muito generosa com Nicolle, ela mentiu ao dizer que Gorete estava com uma doença incurável e por piedade ele não queria discutir com a esposa o assunto da separação. A senhora afirmou categórica terem ido até o exterior, porém a cura era impossível. O destino de Gorete já estava traçado. Astuciosa, dona Vitória ainda pediu à jovem italiana que perdoasse Douglas por faltar com a verdade ao contar que era ela, e não Gorete, quem estava doente, pois se ele lhe contasse a verdade Nicolle não o aceitaria. Avisou que aquela mentira foi por amor.

Comovida com o fato, Nicolle sentiu compaixão de Gorete e acreditou que Douglas era bem nobre para suportar tudo aquilo. Agora entendia suas atitudes e pensava que ele não lhe contou para não incomodá-la ou entristecê-la com um assunto tão grave.

* * *

Eliana Machado Coelho/Schellida

Meses depois, Nicolle deu à luz uma linda menina e Douglas sugeriu chamá-la de Renata.

Sim, o nome da filha de Nicolle seria Renata, o mesmo dado à outra filha que tinha com Gorete, menina que já estava com mais de um ano e foi registrada como gêmea de Rogério, o filho nascido de seu romance com Nicolle e declarado morto.

Aproveitando-se do fato de Nicolle não ser alfabetizada, Douglas mostrou-lhe a certidão de nascimento da filha mais velha, afirmando que assumiu a paternidade da menina, registrando-a.

Sem olhar muito para o documento, pelo fato de não saber ler, Nicolle ficou extremamente feliz ao reconhecer o Brasão da República na certidão, acreditando que a menina havia sido devidamente registrada.

* * *

Tempos depois, Nicolle vivia grandes alegrias com sua linda filha que já estava com seis meses e era muito esperta, delicada e graciosa.

Desde a discussão, Nicolle e Rossiani nunca mais se viram, mas os empregados sempre faziam alguns comentários de uma para a outra.

Com dificuldades e muita luta, Rossiani administrava o sítio que lhe rendia bem pouco, mas era o meio de sustento de todos. Ela jamais teve qualquer notícia de seu marido Tomás, que fugiu para não ser preso pelos militares que o consideravam um líder oposicionista ao governo.

Quando podia, Rossiani escrevia aos seus pais, entretanto nunca relatou nada sobre as decisões e a vida incomum de Nicolle. Seus pais jamais aceitariam e sofreriam demais com aquela situação. Por saber que a irmã não mandaria qualquer correspondência, Rossiani estava tranqüila, tinha esperanças de que algo diferente mudasse a vida de Nicolle, por isso seus pais não precisariam saber de tudo.

Rossiani, com seu coração generoso, amava muito sua irmã e experimentava uma grande saudade por não vê-la há tanto tempo. Ela ficou sabendo do nascimento da filha de Nicolle e desejava muito conhecer a sobrinha, mas esperava que a irmã tomasse a iniciativa de visitá-la.

Certa noite uma dor indefinível apertava o peito de Rossiani, a qual escrevia sob a luz de tocos de velas e um lampião de baixa luminosidade. Era uma sensação angustiante que não sabia explicar, mas repentinamente ouviu o ronco do motor de um carro fazendo-a parar e ficar atenta. Ela fechou o grosso caderno de brochura e capa dura, que mais parecia um livro, e o guardou no lugar de sempre. Em seguida, foi rapidamente aumentar o pavio do lampião a fim de ter mais claridade e, tomando-o na mão, saiu para ver quem estava chegando.

De imediato ela reconheceu o carro que era utilizado na fazenda de Douglas.

Quando o veículo parou em frente da modesta varanda da casa, Nicolle desceu às pressas trazendo a pequena filha nos braços.

Subindo os poucos degraus da escada de madeira, provocando forte barulho pelos passos fortes e rápidos, Nicolle ajoelhou-se frente à irmã, que ficou estática e sem entender o que acontecia. Banhada em lágrimas, com a cabeça pendida, voz embargada pelo desespero, implorou enquanto segurava a filhinha:

— *Perdono!!! Perdono per tutto!!! Ti prego per Dio!!!* — "Perdão!!! Perdão por tudo!!! Te suplico por Deus!!!", gritou com extrema aflição. Ainda de joelhos, implorou: — *Chissà se tu soccorreremi!* — "Quem sabe se você me socorre!", completou.

— Levante-se! — pediu, curvando-se ao pegá-la pelo braço para ajudá-la a se erguer. — Venha! Vamos entrar — convidou rapidamente. E olhando para Donizete, o empregado que dirigiu o carro até ali, Rossiani chamou-o também: — Venha, Donizete, entre!

— Não. Muito grato, dona. É melhor eu ficar por aqui.

Observando o jeito desconfiado do empregado, ela não insistiu e abraçou Nicolle para que entrassem. Acomodando-a numa cadeira frente à mesa rústica, serviu-lhe água para acalmá-la e ao mesmo tempo perguntava:

— O que está acontecendo?!

— Veja minha menina! — Nicolle falava rápido e em desespero. Abriu as cobertas que envolviam a garotinha que parecia dormir. — Minha filha está toda molinha! Já corri pra todo lado desde ontem bem cedo, porque tudo começou de madrugada. Levei primeiro no Posto, depois no hospital da outra cidade. Deram injeção nela e ela melhorou. Voltei pra casa e o febrão começou de novo! Tornei ao hospital. Deram outras injeções! Ela melhorou um pouco hoje de tarde e depois pediram pra eu comprar esses

Eliana Machado Coelho/Schellida

remédios. Disseram para eu dar que ela ficaria boa. Mas veja!!! Não acredito mais naquele médico!!! Ele deveria ter deixado minha filha lá para ele cuidar! Quando vou, ela melhora, e quando volto pra casa, ela fica cada vez pior!!!

— O que ela tem? Disseram alguma coisa?

— Disseram um nome complicado. Mas só sei que minha filhinha tosse, chora sem forças e, quando a febre aumenta, ela fica molinha assim, oh!!! Depois das duas injeções — contou Nicolle bem aflita —, eu comecei dar os remédios. Ai! *Dio* Santo!!! Não sei se me confundi! Se fiz coisa errada — chorou em desespero e gritou: — Ela não se mexe!!! Respira fraquinho e de boca aberta!!! Não sei mais o que fazer!!!

Rossiani pegou a sobrinha nos braços, ajeitou-a com carinho ao peito. Beijou-lhe a face ao mesmo tempo que procurava sentir a temperatura com o roçar dos lábios em sua testa, pensando qual a melhor providência a tomar. Nicolle, em lágrimas, pediu com grande preocupação:

— Por Deus, minha irmã!!! Leia isso aqui e veja se eu fiz coisa errada!!! Se não troquei os remédios!!!

Procurando não se demonstrar assustada, pacientemente Rossiani embalava a sobrinha ao mesmo tempo que pegou a receita e leu. Em seguida, perguntou:

— Como você deu esses remédios para ela?

— Este aqui — explicou mostrando as caixas com os medicamentos —, que não marquei nada na caixa, o homem da farmácia disse que era pra ser de oito em oito horas. Este, que eu rabisquei com a caneta dele na caixa, era pra ser de doze em doze horas. Este outro, que eu rabisquei com uma bolinha, é pra pingar no nariz — detalhou um tanto atrapalhada e nervosa.

— Calma, Nicolle. Se você deu os remédios nesses horários, como me explicou, fez o certo. Mas quem marcou a hora para você saber qual era o tempo certo de cada remédio?

— O Donizete, a mulher dele e a outra empregada. Eles ficaram de olho na hora pra eu não errar. Mas ela não melhora!!! Está pior! Daí eu senti que, antes de ir pro hospital de novo, deveria passar aqui.

Rossiani pensou rápido e decidiu quase ordenando:

— Vá depressa chamar a dona Josefina lá na casa dela! Sei que é tarde, mas ela socorre todo mundo quando precisamos. Diga a ela que a nenê está com muita febre, que está molinha, com o peito chiando e respirando mal.

Assim ela já trará as ervas de que precisará. Enquanto isso, eu vou ferver a água que ela pode precisar.

Sem pensar Nicolle obedeceu automaticamente, mas, quando ia abrindo a porta para sair, Rossiani lembrou:

— Está o maior breu! Leve o lampião! — Nicolle já partia, quando Rossiani ainda perguntou: — O nominho dela é Renata, não é?

— Oh, Rossiani, me desculpa? É sim. Ela se chama Renata — respondeu em tom melancólico.

Dizendo isso, saiu sem olhar para trás. O empregado decidiu acompanhá-la. Não era possível usarem o carro, embora a casa da senhora Josefina não ficasse perto. O caminho era campesino, bem rural e teriam de percorrer trilhas estreitas por onde o veículo não passaria.

Apesar do corpo frágil e da coluna curva pela rudeza do trabalho, dona Josefina atendeu aos chamados de Nicolle e a ouviu com muita atenção. A senhora de poucas palavras foi ágil. Quando soube do que se tratava, caminhou até um canteiro e sob a iluminação do lampião que Nicolle segurava, apanhou algumas ervas. Logo, apoderou-se de dois potes pegos em seu casebre e seguiu, a passos ligeiros, até a casa de Rossiani, deixando até Donizete ofegante pelo rápido ritmo da caminhada. Alguns cães que pertenciam à senhora também os acompanharam.

O ranger da porta se abrindo anunciou a chegada de dona Josefina que entrou e colocou sobre a mesa tudo o que segurava.

Espremendo os olhos, a senhora de pele negra, bem enrugada pela vida sofrida, mas firme nas expressões, examinou a menininha no colo de Rossiani, só observando-a sem tocá-la e, balançando a cabeça negativamente, resmungou desaprovando alguma coisa:

— Hum!... hum!... hum!...

— O que foi?! — perguntou Nicolle.

— Vamo falá dispois — avisou a senhora.

Rápida, caminhou meio manca até a mesa. Apanhou algumas ervas amassando-as em um pilão que encontrou com facilidade. Indo até o fogão a lenha, segurou a chaleira fumegante e colocou um pouco da água fervendo na caneca onde já havia colocado algumas das folhinhas bem verdes que levou, abafando logo em seguida.

Eliana Machado Coelho/Schellida

De um dos potes trazidos, pegou com os dedos finos um pouco da pasta e socou-a no pilão junto com as ervas. O aroma forte fazia lembrar cânfora e eucalipto.

— Priciso di pano pra fazê umas tira, minha fia. Arruma argum — pediu com fala simples, voz rouca, mas em tom doce e amável.

Nicolle pegou uma das fraldas que havia levado para a troca da filha e primeiro a rasgou nos dentes, para depois repartir o tecido com puxões.

— Essas servem ou precisa de mais? — perguntou a mãe aflita.

— Oh, mia fia... isso dá, sim.

Molhando as tiras na água quente, após apertá-las para tirar o excesso, colocou a mistura feita no pilão, e tomando a pequena menina nos braços, sentou-se na cama e aplicou-lhe a cataplasma no peito e nas costas trocando-as assim que começavam a esfriar. Enquanto segurava o medicamento, a mulher permanecia de olhos fechados ao mesmo tempo que murmurava algo, sem exibicionismo, parecendo estar em prece. Embalava a garotinha com expressiva delicadeza.

Como que a seu chamado, de esferas superiores chegavam-lhe energias salutares que, como claridade celestial aureolada de fulgurações, não se tem meios de descrever. A doce senhora avultava, sob a visão espiritual, sua verdadeira beleza rutilante como espírito prudente, bondoso e qualidades morais de ordem das mais elevadas.

Após algum tempo, dona Josefina pediu:

— Óia, mia fia, pega aquele otro tacho qui eu truxe. Traiz aqui pra mim.

Depois de trocar várias vezes a cataplasma, sob a atenção aflitiva e silenciosa da mãe e da tia, a senhora retirou a última compressa e esfregou no peito e nas costas da menininha a pasta que havia no outro pote.

A filha de Nicolle já estava sem febre. Respirava melhor e resmungava um chorinho dolorido quando dona Josefina a agasalhou com cuidado e, em uma mamadeira, deu para a menina o chá de ervas que ficou abafado por todo aquele tempo.

A pedido da senhora, os remédios receitados deveriam ser dados à criança conforme orientação médica. Depois de entregar a filha nos braços de Nicolle, que estava sentada na cama, a bondosa senhora foi até a mesa, pegou alguns raminhos com a mão quase trêmula e voltou para perto da menininha. Cerrou os olhos. Fez o sinal da cruz e, sem que ninguém pudesse entender as palavras, murmurou uma prece ao seu modo simples, mas puro de coração. Enquanto isso, ela passava os raminhos em torno da pequenina e rezava, fazendo, às vezes, o sinal da cruz.

Sem que alguém pudesse ver, novas energias magnânimas de cintilação sublime, contornavam a garotinha durante o benzimento[4].

Ao terminar a oração, dona Josefina voltou-se para Nicolle com os olhos lacrimosos, avisando:

— Deus cuida dela agora, mas essa criancinha tá muito ruim. Tenho medo di ser mal do peito ou água nos purmãozinho.

— Do que ela está falando? — perguntou Nicolle procurando Rossiani com o olhar.

— Mal do peito é tuberculose e água no pulmão é pneumonia — explicou a irmã.

— *Dio Santo*!!! — quase gritou a mãe.

— Os médico da cidade grande cuida disso facinho, facinho — argumentou dona Josefina com sua fala típica e mansa, tentando animar Nicolle. — Num disispera, fia. Essa menininha tem uma estrela qui cuida dela! Tem um anjo di guarda muito bão qui vai protegê ela. Agora tá di

---

[4] (N.A.E. - Na Codificação Espírita em: *O Livro dos Médiuns* – Das Evocações – aprendemos que objetos, talismãs ou qualquer matéria do mundo dos encarnados não exerce nenhuma ação sobre os Espíritos Evoluídos; que: "nunca um bom Espírito aconselhará semelhantes absurdidades. A virtude dos talismãs, de qualquer natureza que sejam, jamais existiu, senão na imaginação das pessoas crédulas".

Então vamos analisar com a fé raciocinada: Sendo os espíritos a alma dos seres humanos, após o desencarne é sensato admitir que os apetrechos tenham, para alguns, grande significado e poder para estimular sua crença ou confiança em Algo Superior ou Deus, pois quando encarnados, têm-se credulidades através das tradições ou mitos que nos foram passados, apego em símbolos que nos traduz algum significado – como a cruz para os cristãos católicos, a menorah ou candelabro de sete braços símbolo da religião judaica, entre outros símbolos, por exemplo – ou ainda a fé na água fluidificada e os passes utilizado por espíritas, a fé na água benta por um padre ou pastor de igrejas, no aroma do incensório utilizados nas igrejas e alguns outros templos para fins de cultos religiosos. Tudo isso não deixa de ser uma forma de tentar mudar os fluidos magnéticos do ambiente, de transformar os fluidos orgânicos e magnetismo espiritual, não é diferente do que uma benzedeira faz. Isso não se trata de um absurdo, pelo fato de no próprio *O Livro dos Médiuns* – Laboratório do Mundo Invisível – do item 126 ao 131, explicar-nos claramente que o espírito atua sobre a matéria, formando, e não criando, o que precisa. O item 131 do Capítulo VIII – Laboratório do Mundo Invisível – de *O Livro dos Médiuns*, diz: "Esta teoria nos dá a solução de um problema do magnetismo, bem conhecido, mas até hoje inexplicado, que é o fato da modificação das propriedades da água pela vontade. O Espírito agente (o encarnado) é o do magnetizador, na maioria das vezes assistido por um Espírito desencarnado. Ele opera uma transmutação por meio do fluido magnético que, como já dissemos, é a substância que mais se aproxima da matéria cósmica ou elemento universal. E se ele pode produzir uma modificação nas propriedades da água, pode igualmente fazê-lo no tocante aos fluidos orgânicos, do que resulta o efeito curativo da ação magnética convenientemente dirigida." Uma vez que o corpo humano é formado por cerca de 80% de água é forçoso admitir que a matéria corpórea tem condições de sofrer modificações e efeitos quando experimenta ou se submete a magnetização. Mas isso tudo só é possível através de um único sentimento: Fé. Tudo o que no passado era considerado inexplicável, provavelmente por falta de embasamento científico, hoje é provado pela Psicologia entre outras ciências também, pois "a cura nem sempre está do lado de fora" do corpo.

Eliana Machado Coelho/Schellida

madrugada e frio. Dá o remédim cértim pra ela, inté isquentá quando amanhecê, dispois cê vorta pro médico. Eu garanto qui ela vai ficá boazinha. Mas, óia fia, num dexa sua fiinha sozinha di jeito argum, entendeu? Num bandona ela não.

— Lógico que não! Eu mesma cuidarei dela o tempo todo! — afirmou Nicolle enquanto acariciava a filha que dormia bem mais tranqüila.

— Dê um leitim du peito quando ela acordá, viu? — orientou a senhora.

— Sim. Pode deixar — respondeu a mãe apreensiva.

Nicolle, sentada na cama, e Rossiani, de joelhos ao seu lado, olhavam atentas para a garotinha. Após um instante, ao se virarem para agradecer, dona Josefina havia praticamente desaparecido. Nem a porta rangeu quando a mulher se foi sem levar o lampião para iluminar o caminho de volta.

Mesmo vendo sua filha melhor, Nicolle estava nervosa. Preocupada, ela decidiu:

— Vou pedir pro Donizete que vá até a cidade e telefone para o Douglas. Quando ele chegar, levaremos a Renatinha para um bom hospital lá na capital.

Feito isso, após retornar Nicolle não saiu de perto da filha.

Rossiani a cobriu com um xale quando lhe entregou uma caneca de chá bem quente.

— Obrigada — agradeceu. Depois comentou: — Como a dona Josefina é bondosa! Eu nem agradeci!

A prece e a fé ocupam atualmente importantíssima função de respeito na medicina! Os mais corajosos dessa área concordam e confirmam diversas experiências pessoais onde a cura jamais poderia ser alcançada se não pelo meio de uma atuação de um fluido magnético, matéria cósmica ou elemento universal – o nome pouco importa – que é capaz de produzir modificações no organismo. E ainda, existem médicos que admitem rezar, orar, pedir a Deus que os ajudem antes ou durante alguma cirurgia ou diagnóstico difícil. Os profissionais da área de saúde que admitem tal fé são, normalmente, os mais requisitados.

Nos ensinamentos dos Espíritos na Codificação Espírita, feita por Allan Kardec, podemos entender que existe a necessidade da reencarnação de Espíritos Bons – em O Livro dos Espíritos – Escala Espírita, pois quando eles encarnam na Terra é para cumprir uma missão de progresso pelo fato de precisarem passar por provas até atingirem a perfeição absoluta. Portanto, naquela oportuna encarnação e de acordo com o local, podem se apresentar com qualquer forma física como um xamã indígena ou pajé, um curandeiro africano, uma benzedeira, um monge budista, uma freira, um padre, um rabino – sacerdote de culto judaico, um médium passista ou de cura, uma pessoa comum que trabalha pelo bem de outras, um médico, mas há de ser apto e habilidoso, benévolo, sábio, prudente e humilde, portador de fé e amor que é capaz de fazer o bem somente pelo bem. Porém, é próprio da natureza íntima dessa pessoa a não ostentação de luxo, vaidade, orgulho, exibicionismo, egoísmo, ambição, charlatanismo etc. Assim como não experimentam o rancor, o ciúme, a inveja, muito menos o ódio, remorso ou qualquer uma má paixão. Quando encarnado a fim de cumprir provas para sua elevação, esse espírito tem bondade e compreensão suficiente para entender e respeitar o fundamento da fé, as tradições para a religiosidade de um povo e sempre são benevolentes. Em nome do bem e ponderadamente, sem a utilização de cortes, matança de animais e outros absurdos. Essas criaturas bondosas podem empregar-se do atributo de ser um agente magnetizador e produzir a modificação nas propriedades da matéria orgânica de pessoas receptivas, o que resulta na cura através da ação magnética, mesmo que para

UM DIÁRIO NO TEMPO

— Ela nunca espera os agradecimentos — lembrou Rossiani. — Às vezes fico pensando: O que seria de nós e de muita gente aqui, nesse fim de mundo, se não fosse a dona Josefina?! Ela é sábia, tem grande conhecimento sobre o uso das ervas medicinais, é boa conselheira... Tem uma fé que... remove montanhas! Pois quando reza ou benze, é capaz de trazer o alívio ou a cura. — O silêncio se fez por algum tempo para reflexão. Depois Rossiani aconselhou: — Deite-se direito ao lado de sua filha, Nicolle. Olha só como você está abatida! Precisa descansar.

— Daqui a pouco o Douglas deve chegar.

— Enquanto isso, deite-se e descanse.

Nicolle obedeceu. Rossiani a cobriu e ficou contemplando-as. Sentia-se feliz por conhecer sua sobrinha e ter Nicolle ali.

* * *

Os primeiros raios de sol iluminavam aquela manhã fria, dissipando o denso nevoeiro quando o barulho do motor de um carro acordou Rossiani que levantou da desconfortável cadeira de madeira onde passou a noite.

Nicolle e a filha dormiam quando Douglas chegou com seus pais.

---

isso, em alguns casos, seja preciso estimular a mente do necessitado com os símbolos ou objetos que essa pessoa acredite ter poder ou represente "Algo". No entanto cabe ressaltar que nem o Mestre Jesus curou a todos, mas disse: "Quando tiveres fé do tamanho de um grão de mostarda... ...nada vos será impossível."

É fato que os talismãs, símbolos ou qualquer matéria do mundo não exercem nenhuma ação sobre os Espíritos Evoluídos. Assim sendo, os Espíritos Menos Evoluídos – encarnados ou desencarnados – podem sofrer efeitos com o magnetismo de alguma matéria ou símbolos que para ele represente algo. Quem de nós se pode considerar evoluído ou um espírito puro? Quem de nós já se despojou de todos os apegos materiais e das más tendências sentimentais como o egoísmo, do rancor, vaidade etc?... "Atire a primeira pedra!" Libertar-se de crenças vulgares já é um bom começo.

Para evoluirmos a fim de atingirmos a perfeição absoluta e nos tornarmos espíritos puros, precisamos não sofrer nenhuma influência da matéria, mas principalmente necessitamos ter superioridade moral absoluta e amplitude intelectual, sermos honestos e bondosos ao ponto de compreender a etapa da evolução alheia e, entre outras coisas, estimular as criaturas humanas ao bem com nossas práticas servindo de exemplo.

Nosso cuidado deve ser extremo a fim de não sermos vítimas de embusteiros e charlatões que querem se passar por criaturas dessa ordem, mas na verdade são impuros, levianos, pseudo-sábios que se expressam como se tivessem atributos evoluídos e na verdade possuem baixeza de inclinações e tentam sempre enganar ao falarem de modo parecendo sensato "Porque muitos virão em meu nome, dizendo: Eu sou o Cristo; e enganarão a muitos" – Mateus Cap. 24 vv. 5 "Porque surgirão falsos cristos e falsos profetas, e farão tão grandes sinais e prodígios que, se possível fosse, enganariam até o escolhido." – Mateus Cap. 24 vv. 24.

Lembremos o Mestre Jesus, uma estrela celeste, que se envergou a nós tomando a forma simples e humana, realizou curas e deixou ensinamentos imortais, mas sempre avisou: "A tua fé te curou").

Eliana Machado Coelho/Schellida

Dona Vitória, entrando às pressas, tentava controlar no semblante sério a feição de repugnância pela simplicidade da casa. Ao entrar, olhou em direção da cama em que Nicolle dormia. Reparou o telhado escurecido pela fumaça onde algumas telhas mal encaixadas deixavam a claridade passar e reclamou sem se conter:

— Vai matar nossa Renata por deixá-la dormir quase ao relento! Veja essas condições, Douglas!

— Desculpe-me, dona Vitória — interrompeu Rossiani em tom educado. — Primeiro, desejo-lhe um bom dia! — sorriu. — Segundo, minha casa já foi bem grande, muito mais acolhedora e em ótimas condições. Mas isso foi na época em que meus pais e meu marido moravam aqui e tínhamos muitos empregados. Os tempos eram outros. Porém, com o retorno de meus pais para a Europa, com a invasão dos militares nesta propriedade, aconteceu que a maioria das casas dos empregados foram queimadas, mataram e soltaram nossos animais. Meu marido desapareceu junto com alguns trabalhadores. Mulheres e crianças foram violentadas, mortas e poucos homens voltaram. Houve muita miséria e dor. Sei que a senhora nem consegue imaginar tudo isso devido ao seu alto nível social. Perdemos grandes colheitas e parte da lavoura. Tivemos dificuldades para vender o que produzimos, pois os fazendeiros vizinhos, interessados nestas terras abastadas em água, provavelmente tomaram providências para atrapalharem a venda da pequena produção que tivemos. Mas eu e os trabalhadores daqui não desistimos. Vendemos por baixo preço o que podemos, pagamos os impostos, damos um duro danado para superar as dificuldades e as dolorosas recordações. Isso não nos deixa tempo para cuidarmos das nossas casas como elas precisam. Entretanto não passamos fome e temos amigos verdadeiros mesmo nas situações mais árduas e tristes. Somos um grande sítio produtivo e vivemos como uma comunidade, não como empregados e patrões, pois temos dignidade e nos respeitamos. A melhora disso tudo depende só das reformas do governo. Não nos curvamos aos vizinhos que nos infernizam querendo estas terras. — Rossiani ofereceu um suave sorriso e avisou: — Isso me basta. No frio eu acendo o fogão a lenha e no calor eu armo o grande véu que me serve como cortinado ao redor de minha cama, para não ser perturbada pelos mosquitos, e assim tenho uma gostosa brisa a noite toda. Durmo sempre com a consciência tranqüila.

Dona Vitória suspirou profundamente e acreditou que todo o relato vagaroso, calmo e explicativo de Rossiani foi uma afronta. Inquieta, caminhou até Nicolle, já acordada, e disse com postura arrogante:

— Donizete nos contou que a nossa neta está com problemas respiratórios, febre e nada bem. Ela não poderia ficar aqui à disposição desse vento frio da noite.

— A casa se aquece muito bem com o fogão a lenha. Ela não passou frio — tornou Rossiani calma, porém firme. — Se o quarto daquele casarão lá de sua fazenda fosse bem aquecido, minha sobrinha não ficaria doente. Além do mais, depois que a Nicolle a trouxe para cá, foram feitas compressas quentes no peito e nas costas, ela tomou os remédios que o médico receitou, tomou chá, mamou, não teve mais febre e dormiu. Não seria prudente tirá-la daqui no meio da madrugada fria só para que ela não ficasse sob esse teto.

— É verdade, dona Vitória — justificou-se Nicolle. — Nós chamamos a dona Josefina, que cuidou muito bem dela. Coisa que nem os médicos conseguiram, a dona Josefina deu jeito! Minha filha melhorou muito! Principalmente após ela benzer a menina.

— O quê?! Benzeu a menina?!!!

— É! A dona Josefina é uma excelente benzedeira — explicou Nicolle não percebendo o olhar de recriminação de sua irmã. — Todo mundo aqui se socorre com ela. No Posto da cidade não temos médico sempre. Ela é uma mulher muito boa! Tem que ver!

Dona Vitória ficou pasma. Aproximando-se de Douglas, que estava sentado ao lado da filha, ela propôs:

— A Renatinha não pode ficar sem socorro médico. Precisamos levá-la agora, entendeu?

— Isso! Isso mesmo! — tornou Nicolle concordando. — A própria dona Josefina disse que ela ficaria bem por esta noite, mas precisa de tratamento médico. Foi por isso que eu pedi pra chamar o Douglas.

Nicolle, bem ingênua, não raciocinava cuidadosamente e acreditava estar sendo bem assistida por Douglas e sua família.

Sorrindo com desfaçatez para não levantar suspeita sobre suas idéias e intenções, dona Vitória tomou a iniciativa:

Eliana Machado Coelho/Schellida

— Então não vamos perder tempo, meu bem. A Renatinha precisa de cuidados sérios e terá o melhor! Acredite! — Dizendo isso de modo bondoso, dona Vitória curvou-se, pegou a pequena no colo e pediu: — Vamos depressa, não podemos perder tempo.

Uma dor forte apertou o coração de Rossiani que impulsivamente aproximou-se de dona Vitória e tomou-lhe a menina de seus braços. Arrumou-lhe as roupinhas, enrolou-a corretamente num xale, beijou e a abraçou com carinho, entregando-a em seguida aos braços da mãe e dizendo firme:

— Lembre-se, Nicolle, não se afaste de sua menina!

— Lógico que não! — afirmou.

Quando iam embora, antes de entrar no carro com sua filha nos braços, Nicolle percebeu que alguém caminhava vagarosamente em sua direção e, ao olhar, reconheceu dona Josefina.

Aguardou a bondosa mulher se aproximar e, mesmo com a filha presa ao peito, abraçou-a com gratidão.

— Obrigada, dona Josefina!

— Ora fia... num gradece não... — encabulou-se a senhora. — Vim só traze esse remédim pra menininha... — falou mostrando pequeno embrulho entre as mãos. — Era prá passá no peitinho dela... mas...

— Estou indo pro médico agora mesmo, como a senhora mandou! — avisou Nicolle empolgada. — Deixe comigo. Levarei o remédio que a senhora preparou, assim que eu puder pego e passo nela.

A mulher olhava piedosamente para Nicolle e acariciava suavemente a cabeça da garotinha cedendo-lhe energias revigorantes, quando dona Vitória interveio sem conter sua arrogância:

— É essa a benzedeira?! — perguntou olhando a humilde senhora de cima a baixo, demonstrando desdém.

Dona Josefina, bondosa e gentil, parou de afagar a pequenina e endereçou um olhar firme à dona Vitória.

O silêncio reinou. Algo, além dos limites compreensíveis a todos, acontecia inexplicavelmente.

Dona Vitória também a encarou firme por longo tempo. Ninguém entendia, mas sentia. Parecia uma comunicação sem palavras.

Uma disposição especial sustentava e auxiliava aquela alma dócil, aparentemente frágil de dona Josefina, resistindo com fisionomia segura e firme diante de algo como que um choque magnético pelas ocupações e missões opostas que desempenhavam com o uso da mediunidade.

Uma delas era uma alma generosa que se curvava ao pouco entendimento dos necessitados e os socorria de modo que recebessem e acreditassem no amparo Divino conforme a própria fé. Qualidade íntima de um espírito bondoso, evoluído e educado que sabiamente amava ao próximo pela capacidade de compreender a pequenez humana.

A outra era uma alma arrogante, que se envaidecia destemidamente, não considerando as Leis de Deus. Explorava os atributos mediúnicos levada por interesses vis, abusando e especulando como se a mediunidade fosse uma indústria produtora de manifestações físicas e espetaculosas para tão somente satisfazer o seu bem-estar terreno e ostentação material. Qualidade específica de um espírito impuro, pseudo-sábio, de caráter moral muito baixo, estimulador de flagelo, hipocrisia, ganância, explorações de todas as espécies e muito mais.

Todos que exploram materialmente um atributo, uma oportunidade de tarefa, uma seita, filosofia ou religião, um alerta Cristão: Jesus, o Mestre Nazareno, foi tolerante, sábio e humilde, mas não conivente com os mercadores, expulsou-os do templo com firmeza e moral para não profanarem o nome de Deus. E Jesus é respeitado por todas as religiões do mundo.

Longo tempo se fez até que dona Vitória, não resistindo à chama ardente daquela energia que lhe cegava pelo choque do pensamento superior, abaixou o olhar e balançou rapidamente a cabeça, chamando com nítida irritação:

— Vamos embora logo! Venha, Nicolle!

Com sua elevada moral e superioridade peculiar, mesmo abstendo das vestimentas físicas qualquer beleza aos olhos humanos, dona Josefina olhou para Nicolle e falou com jeito bondoso e simples:

— Rezarei procês! Reza também, fia. Num si isquéci disso, não. Cuide di sua fiinha bem di perto. E cuida di ocê também. Ocê precisa reposá.

— Obrigada, dona Josefina — agradeceu Nicolle em lágrimas. Em seguida entrou no carro e partiu com os outros.

Rossiani colocou o braço sobre o ombro da generosa senhora e agradeceu:

— Que Deus a abençoe por sua bondade, dona Josefina. A senhora sempre nos socorreu quando mais precisamos.

Eliana Machado Coelho/Schellida

— Deus já me abençoa, fia. E abençoa ocê também — disse sorrindo.

— Então venha, vamos entrar que vou passar um café fresquinho. Venha me fazer companhia, pois também preciso conversar um pouco e não tenho com quem.

Com modos simples e olhar perdido como se experimentasse um sentimento de premunições tristes, dona Josefina não disse nada e aceitou o convite de Rossiani.

8

A mediunidade da benzedeira

Antes de ir ao hospital, Nicolle decidiu passar na fazenda para banhar rapidamente a filha e trocá-la. Assim que chegaram, ela correu até a cozinha com a menininha nos braços e pediu para a empregada aquecer o medicamento fitoterápico – o emplasto feito com ervas – preparado por dona Josefina, a fim de aplicá-lo na garotinha. Nesse momento dona Vitória interferiu:

— Não vai usar essa coisa em minha neta! Aquela velha negra não tem juízo e pelo jeito nem você!

Antes que a mãe de Douglas tirasse o remédio caseiro das mãos da empregada, Nicolle reagiu num grito, falando firme e com seu sotaque forte:

— *Ma ché*?! Pode parar onde está!!! Considero e estimo mais a dona Josefina do que a senhora! É *Vero*!!! Foi ela quem socorreu minha *bambina* quando médico nenhum deu jeito! *Mia bambina* tá fraquinha, mas não teve febre até agora e até mamou! Não despreze chamando ela de "velha negra" porque muitos dessa região toda têm se socorrido com ela! *Capisci*?! E antes de ir pro hospital vou fazer o que ela mandou!!!

Nesse instante a menininha começou a chorar e Nicolle, bem firme, orientou a empregada para aquecer a medicação. Em seguida decidiu cuidar da filha e dar-lhe de mamar antes de levá-la ao médico.

Eliana Machado Coelho/Schellida

Dona Vitória levou um susto. Ninguém nunca a tinha enfrentado daquela forma. Quando pensou em dizer algo, Douglas sinalizou para que fosse até a sala. Sozinha com o filho, a mulher protestou:

— Você vai deixar que ela mande e desmande dessa forma?!

— Calma, mãe... Não reaja. Sua idéia não vai dar certo se a senhora brigar com a Nicolle. Lembre-se, ela tem que confiar em nós, por isso não podemos contrariá-la.

Dona Vitória respirou fundo e fez um gesto enfadado. Com impressionante hipocrisia, decidiu ir ver Nicolle que, com agilidade, já estava vestindo a garotinha.

— *Dio! Mia bambina* melhorou tanto! Parece que nem tem mais nada.

— Mas nós precisamos levá-la ao médico — orientou dona Vitória com amável tom na voz.

— *Ma* é lógico! Dona Josefina disse que ela precisava retornar no médico e *io* vou levar, sim!

Dona Vitória sorriu e ficou verdadeiramente admirada com a bela garotinha. Amavelmente ela começou a ajudar Nicolle a fim de se apressarem.

* * *

Já no hospital o médico avisava, após a consulta e outros exames:

— As radiografias indicam que ela está com pneumonia. Espero que não se assustem. Vejam... a menina está resistindo bem, mas tem pouca idade... é pequena e nosso hospital não tem tantos recursos — explicava o médico titubeando ao falar. — Observando que vocês têm condições, eu aconselho que a Renata seja levada à capital onde há inúmeros recursos para que se recupere com facilidade, pois ficando aqui... bem... a menininha não terá muitas chances.

Nicolle chorava, enquanto ouvia o parecer médico, e dona Vitória, mostrando-se piedosa e solidária, abraçou-se à Nicolle e chorou junto.

— Vamos levá-la agora mesmo para o melhor hospital da capital — decidiu Douglas.

— *Io* vou com ela! — afirmou Nicolle chorosa.

— Nicolle, veja bem, minha filha — interferiu dona Vitória envolvendo-a com brandura na voz que induzia a jovem mãe —, a pequena Renatinha será bem atendida no melhor hospital, eu garanto! Faremos tudo por minha neta, minha herdeira! Mas temos um inconveniente, querida... Nós, infelizmente, não podemos levar você para a nossa casa para acompanhar a Renatinha no hospital. A Gorete não está bem e... Ela não entenderia.

— Eu fico no hospital! Quem disse que preciso de uma casa?!

— Não poderá ficar no hospital. Lá na capital é diferente daqui. A Renatinha receberá todos os cuidados dos melhores médicos, mas eles não deixam ninguém entrar em contato com a criança para não contaminá-la. Eu sei que você é inteligente e que entende. Se quer o melhor para sua filhinha, o correto é ficar aqui — disse dona Vitória representando ter imensa amabilidade.

Nicolle confusa, estava nervosa e não conseguia pensar. Douglas ainda disse:

— Estamos perdendo tempo, Nicolle. Nossa filha precisa de atendimento especial. Por favor, meu amor, não dificulte o socorro de que ela necessita! — falou em tom piedoso deixando Nicolle mais desorientada. — Assim que tudo estiver bem, eu venho e a levo para visitar nossa filha. Confie em mim! Agora você deve retornar com o Donizete e nós seguiremos para a capital, ou... nossa filhinha pode não resistir...

Nicolle, em extrema aflição, nem questionou o motivo de Donizete tê-los acompanhado até o hospital com o carro usado na fazenda, uma vez que todos chegaram até ali no carro de Douglas.

Para não se sentir culpada pela falta de socorro de sua filha, em desespero, Nicolle concordou, abraçando e beijando a menininha que entregou nos braços de dona Vitória.

* * *

De volta à fazenda Nicolle não quis entrar e pediu para que Donizete a levasse até o sítio. Ela precisava do conforto de sua irmã.

Já era início de noite e Rossiani escrevia sob as luzes de velas e um lampião, quando ouviu a chegada do carro trazendo sua irmã. Guardando rapidamente o velho caderno, correu ansiosa para receber Nicolle que dispensava o motorista e pedia para voltar no dia seguinte a fim de buscá-la.

Eliana Machado Coelho/Schellida

Melancólica, sentada na cadeira com uma caneca de chá entre as mãos, Nicolle contou à Rossiani tudo o que aconteceu no hospital em seus mínimos detalhes.

Mesmo depois de ouvir todas as explicações, Rossiani esbravejou:

— Mas como...?!!! Você deixou levar a sua filha para a capital e ficou aqui?!!! Onde está com a cabeça, Nicolle?!!!

— *Ma io non* podia ir! Lá não deixam a gente ficar no hospital! A mulher do Douglas não está bem e nem tem cabimento eu ir pra casa deles!

— Ficasse hospedada em um hotel!!! — gritou a irmã inconformada.

— *Dio Santo*!!! *Io* nem pensei nisso!... — lamentou Nicolle arrependida.

Rossiani ficou verdadeiramente nervosa e andando de um lado para outro, demonstrava-se bem preocupada. Em determinado instante parou e perguntou:

— Se vocês foram todos para o hospital da cidade vizinha no carro do Douglas, o que o Donizete foi fazer atrás de vocês com o carro que usam na fazenda?! — Antes que a outra respondesse, Rossiani interrompeu: — Espere aí, Nicolle! Quando vocês levaram a Renatinha para o hospital não sabiam que ela precisaria ser encaminhada para tratamento lá na capital, não é?!

Nicolle arregalou os grandes olhos negros e, parecendo assombrada, não tinha o que explicar à irmã. Pálida, ela começou a ter incontáveis e terríveis idéias a respeito de tudo.

Após alguns segundos de silêncio tenebroso, Rossiani se manifestou de modo mais calmo:

— Nicolle, eles planejaram tudo!

— O que você quer dizer?!

— Que o Donizete foi com o outro carro para trazer você de volta. Entendeu?

— Fale direito! — desesperou-se Nicolle sentindo suas forças acabarem, à medida que um torpor a ensurdecia. — Explique melhor, *per amore di Dio*!

— Calma... Vamos pensar direito e... por ora é melhor se alimentar — propôs Rossiani vendo-a empalidecer a cada segundo. Rapidamente preparou um leite quente e bem adoçado forçando Nicolle a bebê-lo, enquanto concatenava as idéias a fim de não deixar a irmã mais desesperada. Só então perguntou, procurando manter a calma: — Você sabe onde o Douglas mora lá na capital?

— Não. — Após pequena pausa, Nicolle revelou: — Eu não te contei... A Gorete, esposa do Douglas, está com uma doença ruim, incurável!

— A Gorete?! Não!... Isso é mentira! — disse Rossiani.

— É verdade sim! Desde que a filha deles morreu a Gorete não está nada bem.

— Mas eles tinham um filho, um menino! — exclamou Rossiani.

— Não. Eles só tinham uma menina. Quem disse para você que era um menino, mentiu. A menininha morreu por causa de problemas respiratórios. O Douglas ficou arrasado! E a Gorete não tá nada bem desde que isso aconteceu. O Douglas ia até pedir o desquite e a gente ia se casar fora do Brasil, mas, quando soube que a doença da mulher não tinha cura... achamos melhor esperar o tempo dar uma solução para as nossas vidas.

Rossiani começou a ficar atordoada com as conclusões silenciosas que passou a ter. Abalada, lembrou-se da conversa com dona Josefina e sua orientação para Nicolle não deixar a filha sozinha.

— Meu Deus... — murmurou Rossiani.

— Fale! Não me deixe assim agoniada! Estou até passando mal!

— Por que o Donizete foi junto com vocês? — tornou aparentemente tranqüila.

— Não sei! — respondeu a irmã rapidamente.

— Nicolle, calma. Pense... raciocine junto comigo. Existe uma grande mentira nessa história toda. Se o Douglas mora na capital, em um bairro chique de São Paulo, que você nem imagina onde é, não terá jeito de encontrá-lo, certo?

— Mas o Donizete tem o telefone da casa dele!

— Mas o Donizete não vai fornecer para você o número desse telefone, certo?!

— O que você quer dizer com isso, Rossiani?!

— Tomara que eu esteja errada, meu Deus. Veja bem... Como você vai fazer para tentar trazer sua filha de volta?

— Eu... — Nicolle não completou. Sentia-se mal. Não acreditava nas próprias conclusões.

— Não gosto daquela dona Vitória. É uma mulher dominadora, arrogante... Perdoe-me dizer a verdade, mas acho que ela manda no filho e não aprova o envolvimento de vocês dois, de jeito nenhum! Seja bem realista,

Nicolle. Como um homem da alta sociedade, como o Douglas, vai apresentar você aos amigos da família? Como poderá levá-la aos encontros sociais? Festas e jantares? Você é muito bonita, minha irmã, mas é simples... Não fala como eles nem se veste como eles gostam...

— Eu já pensei nisso... — admitiu Nicolle. — Mas onde você quer chegar?

— Acho que eles fizeram tudo de caso pensado. A Gorete não está com uma doença grave. Além disso, a dona Vitória, como eu já falei, manda no filho. Por essa razão acho muito difícil ela deixar você se tornar esposa do Douglas. Suponhamos que a Gorete não tenha uma doença tão grave, mas sim algum problema e não possa ter mais filhos. Suponha que o casamento seja de aparências e um ou dois filhos não satisfaça a todos. Então, quem é próxima herdeira filha do Douglas?

— A minha filha?!

— Claro! Nicolle, o Douglas pode pegar essa menina e registrar como filha dele e da Gorete. Como você vai poder provar que ela é sua filha?

— Ele não faria isso comigo! Eu morro se ficar sem minha filha!

— A mãe dele é quem dita as normas, Nicolle. Acorda, ãh!!! Por que, nesses meses todos, a dona Vitória deu-se ao trabalho de vir até a fazenda para visitar você e a Renatinha só agora? Ela tem algum interesse ou jamais poria os pés nesse fim de mundo! Você viu a cara de nojo que ela fez ao entrar nesta casa? Ela só quer a menina! Pense! Vocês foram para o hospital em um só carro. De repente o médico diz que a menina precisa ir para um hospital melhor. Amavelmente, a dona Vitória te convence que não tem condições de você acompanhar sua própria filha, diz que cuidará bem da menina e que o melhor é você ficar! Daí que, por sorte — falou com ironia —, o Donizete havia acompanhado vocês com o outro carro que serve a fazenda e pôde trazer você de volta!!! Enquanto isso, como ela planejou, foram todos embora para a capital levando a menina!

Nicolle levantou-se enfurecida e esmurrou a mesa com violência, gritando:

— Não!!! Aquela mulher não seria louca pra fazer isso!!! Vou até o inferno para encontrar todo mundo, se não trouxerem minha filha de volta!!!

Nesse momento Nicolle cambaleou e apoiou-se à mesa. Rossiani, rápida, acercou-se da irmã, abraçou-a para que se sentasse e ficasse mais tranqüila, aconselhando:

— Acalme-se, ãh! Não fique nervosa assim ou fará mal ao... — Rossiani deteve as palavras. Delicada, pediu com generosidade: — Fique calma, Nicolle. Vamos conversar.

A irmã obedeceu, sentindo-se estonteada, dominada por um grande mal estar e idéias aflitivas. Piedosa, Rossiani explicou:

— Nicolle, tenho muita coisa para te falar. Fique calma e preste atenção.

— Diante do olhar expectativo e ansioso de Nicolle, Rossiani revelou: — Nós ficamos muito distantes e não conversamos por um bom tempo, mas eu tinha notícias suas através dos empregados que sempre vinham com novidades. Você sabe que a dona Josefina não tem mais condições de trabalhar como sempre fez. Sua saúde é frágil e a idade... Mas ela cuida da horta, das plantas que sempre servem de remédio para todos... Não tem jeito, a senhorinha não pára! — sorriu. — Outro dia, eu estava com uma dor de cabeça horrível! Então fui até lá pedir a ela me dar alguma erva para fazer um chá. Sempre prestativa, a dona Josefina me fez o chá, passou uma pomada na minha testa e até amarrou um pano com algumas folhas na minha testa. Fiquei um pouco lá esperando que a dor passasse. Acabei dormindo na cadeira lá na varandinha mesmo. Mais tarde, acordei assustada e a dona Josefina estava me olhando e sorrindo. De alguma forma sabia que eu havia melhorado. E como melhorei! Na verdade, não era só a minha cabeça que doía. Tinha mais coisa errada com meu corpo...

Sem sentir mais aquela dor horrível, decidi voltar para cuidar de algumas coisas, porque não havia feito nada naquele dia. Agradeci a dona Josefina e de repente fiquei surpresa quando ela perguntou se você já havia me procurado. Respondi que não. Então, bondosa como sempre, falou para eu esperar, pois isso aconteceria. E disse que, quando eu a visse, antes de te falar qualquer coisa, que ouvisse o seu desabafo. E ainda avisou para chamá-la, não importasse a hora que fosse, pois seria preciso. Nicolle — continuou Rossiani emocionada —, não se passaram duas semanas e...

— ...eu apareci aqui desesperada, e com a minha filha no colo, te pedindo perdão e ajuda — completou chorando.

— Exatamente — confirmou Rossiani com tranqüilidade e compaixão. — Eu acredito muito na dona Josefina. Sou fiel a Deus! Creio em Jesus Cristo! Vou à igreja todos os domingos, comungo e me confesso. Creio na santa igreja e no Papa! — afirmou convicta. Então, mais tímida, contou:

Eliana Machado Coelho/Schellida

— Mas eu não consigo deixar de crer nos benzimentos e nos tratamentos dessa senhora. Ela faz e fala tudo em nome de Deus, de Jesus e dos Santos Católicos. Nunca a ouvi dizendo ou fazendo algo errado. Ela tem um grande conhecimento sobre as ervas... Sei que o Santo Papa iria dizer que dona Josefina é bruxa! Mas... Que Deus me perdoe! Veja, ela não faz diferente dos padres que benzem as pessoas e as nossas coisas com água benta e incenso, que rezam pra gente em nome de Deus, de Jesus, de Santa Maria e dos outros santos. — Fez breve pausa e depois continuou: — Está certo que os padres estudam muito, mas... sabe... eu sempre penso: Por que eles podem benzer e ela, a dona Josefina, não? Deus não amaria mais aos padres do que a ela só pelo fato dos padres usarem roupas boas, batinas de tecido bom, cálice de ouro, incensórios e asperge[5], enquanto ela, coitada, é uma pobre mulher negra, feia e se veste com as sobras que os outros lhe dão...

— Está me contando tudo isso, Rossiani, por quê?

— Para justificar que não é pecado acreditar em alguém que reza pela gente em nome de Deus. A dona Josefina sabe quais as plantas boas que nos curam, pois trouxe esse conhecimento de família e tudo isso não tem nada a ver com bruxaria. Ainda acho que ela é mais bondosa que muitos padres, pois não importa a hora, ela sempre está à nossa disposição. Ela não é uma pecadora...

— Como eu posso considerar a dona Josefina uma pecadora se pequei e peco muito mais? De certo modo vivo com um homem casado! Esqueceu?! Eu só aceitei isso porque eu o amo demais! Você não imagina! — disse Nicolle interrompendo-a. — Mas ainda não entendi aonde você quer chegar. Fale logo seja o que for!

— Antes de dizer o que preciso, é necessário você acreditar na dona Josefina, que não fez votos de pobreza nem de caridade, porém é mais valorosa porque sempre faz o bem, vive na miséria, não reclama de nada e ainda socorre seja lá quem for.

— Mas eu creio nela!!! Hoje eu creio!!! — esbravejou Nicolle. — Sei que, quando era menina, eu ria e caçoava por ela ser manca, ria quando a

---

[5] (N.A.E. - Asperge – trata-se de um pequeno bastão de metal para borrifar água de um recipiente nos fiéis. Ele pode ter também um formato que o faz como o próprio recipiente de água. É conhecido com o nome de aspersório ou hissopo.)

mamma queria que ela me benzesse. Mas eu era uma menina! Ãh?! Cresci! Não deu pra perceber?!

— Não. Seu corpo mudou, Nicolle, mas a cabeça ainda é a mesma.

— Rossiani — reclamou a irmã com firmeza —, não fique catucando onça com vara curta! Eu estou nervosa!

— Pois bem, vou contar tudo, acredite ou não. Depois que vocês saíram daqui para levar a sua filhinha ao hospital, a dona Josefina entrou pra tomar um cafezinho. Conversa vai conversa vem, ela me disse que você não ia resistir e cairia na armação da dona Vitória. Eu nunca ouvi a dona Josefina falar mal de alguém! Fiquei surpresa ao vê-la se expressar dessa forma.

— E o que ela disse?!

— Ela estava sentada aí mesmo onde você está e disse assim — explicou Rossiani de modo a imitar o jeito da fala simples da senhora: — "Oh mulhé ruim que nem o cão!" Então, depois de fazer o sinal da cruz, a dona Josefina se levantou dessa cadeira, ajoelhou-se bem aí — apontou —, e disse: "Qui Deus mi perdoe e Nosso Sinhô Jesus Cristo tenha misericórdia da minha pobre arma — alma, quis dizer —, mas nunca qui vi criatura de Deus, viva, cum isprírito qui nem aquele. Essa mulhé tem pacto com o bicho cão. Sei qui eu num pudia tá dizendo isso, mas é que de novo essa dona tá cum a idéia de tira a fia di sua irmã. Assim como deu a idéia e a força pro pai robá o outro qui a Nicol já teve. E óia lá se não quisé robá o que vem aí..."

— Como assim?!!!

— Foi o que eu perguntei — respondeu Rossiani. — Mas nesse momento a dona Josefina parou, fechou os olhos e só me explicou de forma impressionada que a dona Vitória é interesseira. Ela faz questão de agradá-la, Nicolle, porque você é boa parideira e pode lhe dar outros netos. A dona Josefina disse que o Douglas não vive bem com a esposa e acreditam que não terão muitos filhos como desejam, apesar de terem um casal, deles e... um que... — Rossiani deteve as palavras, mas depois continuou: — Ela não sabe explicar o motivo, mas acha que aquela família é muito gananciosa e que desejam ter herdeiros. Eu acredito que talvez não queiram que o patrimônio alcançado até hoje se disperse... sei lá!

— Espere um pouco. Não estou entendendo ainda! — interrompeu Nicolle, confusa. — O Douglas e a Gorete não têm filhos! A menina que nasceu, morreu!

Eliana Machado Coelho/Schellida

Rossiani a encarou com olhos meigos e entoou bondade na voz ao afirmar:

— Nicolle, eu disse que acredito em dona Josefina. Ela é categórica e nunca foi de brincar ou se enganar. Foi assim... Ela disse que olhou para o Douglas e o viu como uma pessoa que mente muito e é capaz de coisas absurdas, quando tem um objetivo, quando quer algo. É lógico que dona Josefina não falou com essas palavras, mas foi isso o que eu entendi.

— O Douglas não mente pra mim! Ele me ama de verdade!

— Nicolle, pense e não se engane novamente. Não se deixe levar pelo sentimento de amor que tem por ele. A dona Josefina afirmou que o maior pecado do Douglas contra você foi uma mentira que ele inventou, algo imperdoável! Disse que ele foi capaz de preparar... arranjar uma situação absurda por puro egoísmo e, apesar de ver todo o seu sofrimento, não teve um pingo de compaixão por você, não respeitou os seus direitos, seus sentimentos...

— O que ele fez?! Que mentira pecaminosa foi essa?!

— A dona Josefina não foi bem direta, mas... Eu creio que comecei a entender — afirmou Rossiani preocupada. — Meu Deus, tomara que eu esteja errada! Mas... É que... Não gostei nada quando te vi chegar aqui dizendo que não a deixaram acompanhar sua filha. Conforme dona Josefina previu, você não resistiu e caiu na armação da dona Vitória, quando se afastou de sua garotinha. A verdade é que a Gorete não está à beira da morte e eles têm filhos, parece que são três. A dona Josefina disse que um não é deles, é seu e do Douglas.

— Que mulher louca!!! — levantou-se Nicolle gritando, empurrando a cadeira e caminhando sem olhar para a irmã.

— Espere, Nicolle! — pediu Rossiani. — Não aja assim. As coisas começaram a fazer sentido agora, pelo menos para mim.

— Nada está fazendo sentido! — reagiu Nicolle abalada. — Vou agora mesmo falar com a dona Josefina! Ela não pode levantar calúnias ou falar absurdos desse tipo! Eu amo o Douglas e não teria como ele me enganar! Como é que a Gorete poderia cuidar de um filho meu?! Ela não aceitaria! Além disso, você acha que eu tive mais filho e não sei?!

— Não! Não é isso...

Descontrolada, sem que Rossiani esperasse, Nicolle pegou o lampião num gesto brusco, segurou o vestido longo com a mão apertada pela tensão

Um diário no tempo

e o ergueu para não enroscar em nada, saindo porta afora a fim de ir até a casa da senhora tirar satisfações.

Atrás de Nicolle, Rossiani quase corria para acompanhá-la.

Aproximando-se do humilde casebre, as irmãs ouviram os cachorros latindo por percebê-las, porém, imediatamente foram acalmados com uma única palavra da dona que parecia esperá-las, parada à porta de sua simples casa.

Nicolle estava ofegante e com a garganta tão ressequida que quase não conseguia falar.

Soltando a saia, tentou erguer o dedo em riste para a senhora de feição tranqüila no rosto sofrido, mas pareceu perder as forças.

— Venha, mia fia. Entra — convidou dona Josefina. — Senta aqui — propôs arrastando um banco de madeira, indicando-o para Nicolle que perdera a cor.

Sob uma claridade melhor que vinha com a ajuda da luz mais intensa do lampião da casa da senhora, Rossiani reparou assustada:

— Nicolle! Você está branca feito vela! Seus lábios!... O que está sentindo?

A irmã não conseguia responder e debruçou a cabeça no braço que apoiou sobre a mesa. A bondosa senhora falou por sua vez:

— É a Natureza tá chamandu a atenção dela e dando bronca nela. — Aproximando-se de Nicolle, dona Josefina segurou no queixo da moça e a fez erguer a cabeça entregando-lhe em seguida uma caneca de chá bem doce que parecia já estar preparado propositadamente. Enquanto Nicolle ingeria vagarosamente a bebida fumegante, a senhora alertou: — Toma tudo, fia. Cê vai ficá boa. — Em seguida desfechou: — Ocê tá di barriga e num sabe, né?

Novo torpor estonteou a bela italiana que olhou para sua irmã e recostou-se nela. Rapidamente Rossiani tirou-lhe a caneca das mãos.

Sem trégua, dona Josefina sorriu e continuou com seu modo simples, mas firme de falar:

— Mulhé qui dá di mamá pega barriga e demora percebê. Mas ocê tava disconfiada, num é? E essa barriga já tá até adiantada! Cê sentiu a bolinha no ventre quando deitô di barriga, mas num creditô. Foi atrás da cunversa qui quem mamenta num fica grávida, num é?! E óia, menina, cê precisa cuidá desse aí melhó qui dos otro! Tá entendendo?

Nenhuma palavra. Só se ouviam os grilos e o coaxar dos sapos.

Eliana Machado Coelho/Schellida

Dona Josefina aproveitou o momento para pegar gravetos e toras a fim alimentar o fogo, pois estava bem frio. Nicolle esfregou o rosto com as mãos, apoiou os cotovelos à pequena mesa e segurou a cabeça ao perguntar:

— Como a senhora pode saber?!

— Sô mulhé véia, vivida e madura — Rindo, disse brincando: — Madura, não! Já tô murcha e seca! Passei du ponto!

Rossiani não conseguia falar absolutamente nada. Dona Josefina já havia lhe dito tudo aquilo.

Nicolle parecia um pouco mais recomposta da surpresa e do mal-estar. Mais calma, perguntou com brandura e um misto de vergonha:

— Como a senhora pode afirmar isso? Eu não entendo... Vim aqui para ofendê-la pelas... pelas coisas que falou sobre a vida do Douglas, mas...

— É difici dá di cara com a verdade, fia. Dói! E como dói! Mas ocê mi fez uma prigunta qui mi faço a vida toda: "Cumé qui eu sei das coisa?" — Sentando-se em frente à Nicolle, tomou-lhe as mãos geladas e aquecendo--as entre as suas, olhou-a nos olhos como se pudesse invadir-lhe a alma e explicou com generosa bondade: — Sabe... fia, eu creio em Deus Pai, em Nosso Sinhô Jesus Cristo, Santa Maria, creio qui existi argo Sagrado qui vai inté Deus. Se nasci é porque tenho o qui fazê de bom, se não Deus já tinha mi chamado. Sempre rezei muito. Sempre fui na igreja, mas quando cunfecei pro padre qui eu via coisa, ele me mandou cumpri uma penitência enooooorme!... Daí fiquei com medo de dizê que num diantô nada de peni-tência. Descobri dispois qui quando eu rezava pras pessoa, elas milhorava. Sô neta de escravo, mas quem disse qui a escravidão cabô quando disseram? Vivi cum minha mãe trabaiando feito escrava, sem ganhá nadinha e mar — mal, quis dizer — tinha o di comê. Mesmo sendo proibido, venderam minha mãezinha, quando eu era uma mocinha.

Minha mãezinha foi quem mi ensino tudo qui sei di pranta — planta. — Sofri muito... Só dispois di muito tempo mi deram pro seu pai, o sinhô Angello. Sabe pro que mi deram? Proque eu tive uma filha e fiquei rebelde, num ficava quieta nem apanhando. Mi espancaram tanto qui me quebraram toda e eu fiquei manca pra sempre. Eu num quiria qui minha fiinha sofresse quiném eu sofri. Então eu gritava todo dia qui a minha fia, Irene, era fia do meu antigo dono. Esse home me violô, abusô e me judiô de tudo quanto é jeitu. Inté qui fiquei de barriga. Dispois que Irene nasceu eu gritava todo dia qui ela era filha dele e a mulhé dele mandô me batê várias vezes, mas eu continuei... Mas ela num guentô e mandô mi dá pra arguém cum minha fia e tudo. Intão mi deram pro seu pai.

Seu Angello nunca abusô di mim nem di minha fia. Sabe, menina, minha mãezinha mi ensinô muita coisa, mas o principar foi qui eu divia ser boa, mesmo qui a vida fosse ruim. Qui eu divia agradecê as perna e os braço doído de tanto trabaiá porque Deus mi deu eles. Pra eu lembra qui tem tanta gente travado na cama qui quiria tá trabaindo.

Quando eu estendu a mão pra ajudá arguém é proque num preciso ser ajudada, Deus é qui mi ampara. Servi os outro é bão pra gente, nunca tem o coração triste, vazio e chora por solidão. Reclamação é vivê na sombra, é pra quem tem o coração escuru. Cara amarrada, cheia de amargura e irrita-ção num resorve pobrema e ofende Deus. Quando a gente sorri, agradece e ajuda sem querê elogio, recebe as bênção di Deus Pai e só vê coisa boa. O sorriso verdadeiro chama uma luz boniiiiita em torno di ocê...! Sei qui sorriso num resorve pobrema, mais ocê será doce e feliz proque terá paz e com paz a solução vem.

— Por que a senhora está me dizendo tudo isso? — perguntou Nicolle.

— Proque ocê pode enfrentá a tempestade qui tá por vir com fé e no abrigo qui Deus te der. Ou então pode enfrentá a tempestade feito louca desvairada, cheia de ódio e amargura sem quarqué solução. Num perde a fé, mia fia — disse bondosa, afagando-lhe os cabelos. — Pede pra Deus Pai te ampará qui, conforme a vontade Dele, ocê terá amparo no tempo certo.

— Pelo amor de Deus, dona Josefina, explique melhor! — pediu Nicolle chorando.

— O seu Doglas mente. Ocê num cridita, mas ele mente di dá dó! Qui pecado! A mãe dele, pobre mulhé... Ela é quem anima ele pra fazê coisa errada, mas ele é curpado proque obedece e faiz.

— A senhora disse para minha irmã que a Gorete, esposa dele, tem saúde e filhos com ele?

— Vixi!!! E que saúde ela tem! Eles vive junto. Num vive tão bem, mas num separam não. Ela num é gente boa e tem um isprírito ruim... lida com coisa ruim quiném a mãe dele. E eles têm os fio, sim. E um desses fio é teu, Nicol.

— Impossível!!! — reagiu Nicolle. — A senhora acha que eu tive outro filho e não sei?

Eliana Machado Coelho/Schellida

A mulher apiedou-se de Nicolle e explicou com a ternura de uma mãe:

— Oh, fia... Deus te conforte! Ocê teve outro fio antes da menininha, num foi?

— Sim, tive. Todo mundo sabe disso e sabe também que meu filhinho morreu logo depois que nasceu!

— Ocê viu ele, fia? — perguntou calma e bem direta.

— Vi! Era um menino! Mas ele nasceu antes da hora.

— Ele nasceu vivo e berrandu? — tornou a senhora para fazê-la pensar.

— Sim! Eu vi e ouvi ele chorando, sim!

— Espere! — interferiu Rossiani interrompendo-as. — Você viu o seu filho, ainda vivo e chorando, Nicolle?!

— Mas é claro!!! A enfermeira me mostrou!!! Ele ainda estava todo sujo quando eu peguei no colo. Aí ela o enrolou nos panos, limpou a carinha e me devolveu para eu segurar. Ele chorava muito, mas era miudinho... Lembro bem! Eu coloquei o peito na boquinha dele como a enfermeira mandou, mas o leite não tinha chegado. Mesmo assim, com aquela boquinha miudinha ele chupou o bico e ficou quietinho no meu colo, enquanto ela tirava os panos e limpava tudo. Só depois ela disse que ia preparar as garrafas com água morna pra esquentar melhor. Mas nisso, por causa do cansaço depois do parto, eu dormi. Quando acordei, ela não dizia nada com nada sobre o meu filho... Fiquei desesperada!... Foi quando o Douglas chegou...

— O Douglas me disse que... — Rossiani sentiu-se mal. Não acreditava no que já havia concluído. Sentando-se, contou a outra versão: — Nunca conversamos sobre esse assunto por achar que traria péssimas recordações, mas o Douglas disse que mandou lacrar o caixão porque a criança nasceu incompleta... defeituosa... e não queira que a Nicolle ficasse impressionada.

— Isso não é verdade!!! Não é não!!! — revoltou-se Nicolle que esbravejou muito, tanto que até se sentiu mal novamente.

Dona Josefina deixou que desabafasse, depois explicou:

— Aquela mãe do Doglas é um pirigo, fia! Num sei explicá, mas acabei de ver e ter certeza qui o seu fiinho tá vivendo lá cum eles. Isso foi coisa dela. Ela tem a ajuda do cão! Essa mulhé viu que ocê é boa parideira, qui pariu um menino qui nasceu antes do tempo e conseguiu vivê... Pariu dispois uma menininha linda e sabe qui pegô barriga di novo...

— Como ela sabe?! — exclamou Nicolle assustada.

— Ela é bruxa feito eu! Só qui é uma mulhé pirigosa, qui só vendo! Tem aviso do coisa ruim.

— Não é possível!!!

— É sim, fia. Ocê num sabe como tem gente ruim nesse mundão.

— E a Gorete? Como ela pôde aceitar um filho que não é dela?!

— Tô vendo, mais num sei expricá direito. Primeiro deixaram essa moça ruinzinha, ruinzinha... mas foi di popósito... Foi quando ela pariu e quiseram confundi tudinho nas idéias dela. Mas ela num creditô... acho qui tem dúvida e quer vingar da sogra. Essa moça tem muito ódio no coração. Isso vai fazê muito mar pra ela.

— Eu quero o meu filho!!! Quero minha filha!!!

— Carma, fia! — disse dona Josefina de modo firme, chamando-a a razão. — É a hora da tempestade qui ti falei! Ou ocê cridita em Deus e procura resorvê tudo com carma e sem prijudicá o fio qui tá aí dentro, ou ocê sai desvairada na ventania, caindo no lamaçal, quando o vento batê forte, ocê num vai consegui levantá.

— O que eu faço?!

— Num sô di fala mentira. Óia, mia fia, vai se difíci. — A senhora silenciou, fechou os olhos e ficou pensativa. Depois respondeu: — Agora sei proque eu senti que tinha de ficá aqui, qui eu tinha uma missão aqui e recusei i morá com minha fia Irene depois de tantas veiz qui ela e o marido mi chamo. Eu tenho qui ti ajudá. Si qué minha ajuda faiz o qui eu dissé.

— Certo! Eu concordo! Farei tudo! — afirmou Nicolle.

— Então começa do cumeço. Ocê pega sua irmã e vai vê essa enfermera que ti cuidô. Si incontrá ela cunversa divagar pra entender tudo e num assustá ninguém. Dispois ocê vai dá um jeito de confirmá si o Dougas tem outros fio e onde eles tudo mora. Só daí ocê vai falá com ele e exigí sua menina e seu menino. Num troqui os pé pelas mão. Entendeu?

Nicolle concordou e voltou para casa com sua irmã e dona Josefina a fim de que descansassem, pois o dia seguinte seria exigente. Aquela foi uma noite muito longa. Nem ela ou Rossiani se conformavam com o que ocorria.

Só então muitas coisas fizeram sentido para Nicolle. Ela começou a relembrar de detalhes importantes. Entretanto às vezes não acreditava no que estava acontecendo. Queria acordar daquele pesadelo. Abraçada à Rossiani, ela gritava ao contar algumas recordações e se descontrolava pelos sentimentos feridos, pelo ultraje, pela crueldade injusta que vivenciava.

Eliana Machado Coelho/Schellida

Com leal generosidade, dona Josefina conversou longamente com a bela e amargurada italiana que se sentia indefesa, assustada pelo futuro incerto, pelo medo de Douglas não devolver seus filhos.

9

A verdade sobre Douglas

Nas primeiras horas do amanhecer, mais cautelosa após tantas orientações, Nicolle retornou à fazenda onde morava. Rossiani a acompanhou dando-lhe apoio e segurança.

Sem rodeios, porém calma, Nicolle determinou ao empregado Donizete que as levasse até a cidade.

Quando o homem quis especular a razão, ela o repreendeu com firmeza, pois sabia de sua fidelidade ao patrão.

Na cidade, dispensou-o por um tempo, exigindo que Donizete as esperasse em frente da igreja a fim de não saber aonde iriam exatamente.

Sentindo-se seguras, Nicolle e Rossiani foram ao Posto de Saúde onde a jovem deu à luz o menino.

Atendidas por outra funcionária que as recebeu educadamente, a moça revirou um pequeno e enferrujado armário de arquivos a fim de encontrar o registro do acontecido na data mencionada.

— Por favor, desculpem-me, mas não consigo encontrar o nome da senhora em nenhum prontuário. Não há qualquer registro de parto no dia mencionado nem outros dias daquela semana — informou a moça com simplicidade. — Como podem ver não temos muitas fichas e... A senhora tem certeza de que foi aqui, mesmo?

Eliana Machado Coelho/Schellida

— Claro! Dei à luz aqui nesse dia. Era tardinha quando cheguei, e meu filho nasceu logo em seguida. Ele nasceu prematuro! Era pequenininho!

— Calma, Nicolle — repreendeu Rossiani bem cautelosa.

— Sabe... quem trabalhou aqui antes de mim foi a enfermeira Madalena. Ela era tão organizada... — explicava a moça procurando ainda nos arquivos. — Mas não encontro nenhum registro sobre o atendimento feito à senhora, muito menos o óbito de um recém-nascido. Algo bem importante que precisaria da assinatura do médico.

— Óbito?! — questionou Nicolle.

— Sim — tornou a jovem bem amável. — É um documento que informa a morte de alguém. No caso, se a senhora afirma que o seu filho nasceu vivo e só depois faleceu, tem que existir um registro do nascimento e depois expedir um outro documento explicando a causa da morte. O pai ou responsável, antes de tirar o corpinho daqui para enterrá-lo, tem que pegar com o médico esses documentos. Então é feito em cartório a certidão de nascimento e depois expedida a certidão de óbito.

— Deixe-me ver se entendi — interferiu Rossiani —, se a minha irmã deu à luz aqui ou em outro lugar, tem que existir uma certidão de nascimento registrada em cartório, mesmo se o filhinho morreu horas depois?

— Sim, claro. Mas... — disse a moça ainda olhando em vários papéis. — Não consigo encontrar nada que comprove que a dona Nicolle foi atendida neste Posto em nenhum dia próximo dessa data.

Nicolle estava agitada, muito nervosa e contorcendo as mãos, andava de um lado para outro.

A atendente deu-se por vencida, pois não encontrou nenhum registro a respeito do caso. Foi quando Rossiani perguntou:

— E a enfermeira que trabalhou nesse dia? Sabe me dizer onde posso encontrá-la?

— Ah, infelizmente a Madalena não trabalha mais aqui. Ela entrou com o pedido de aposentadoria. Nunca mais a vi... Mas acho que ainda mora lá com a mãe...

— Onde?! — perguntaram as irmãs simultaneamente.

— Sabe a rua ao lado do armazém do seu Natanael?

— Sim, eu sei — afirmou Rossiani.

UM DIÁRIO NO TEMPO

— Desçam aquela rua e, antes da esquininha, encontrarão uma casa amarela de murinho branco, com várias plantas na frente. É lá que mora a dona Glória, mãe da Madalena. É uma senhora muito simpática, vai recebê--las bem.

Apreensivas, as irmãs agradeceram e se despediram, indo imediatamente para o local indicado.

No caminho Nicolle chorava à medida que desabafava algumas coisas com sua irmã:

— Eu amo o Douglas... Como é possível alguém ter a coragem de fazer o que estou imaginando?!

— Não se torture ainda mais, Nicolle — aconselhou Rossiani.

— É que eu estou voltando no tempo e procurando lembrar dos detalhes daquele dia ou dos dias seguintes... Não tenho dúvida! Eu vi o meu menino vivo! Ele nasceu berrando! Era pequenininho, mas estava inteirinho, perfeito! Lembro de cada detalhe: de quando o peguei e o encostei no peito... Até que dormi. Nunca vou me esquecer da cara de espanto daquela mulher que não dizia nada com nada!... Ela não sabia explicar onde estava meu filho nem o que ele teve. Daí o Douglas chegou...

— Foi no início da noite que você veio para cá e o bebê nasceu, certo?

— Certo! — confirmou Nicolle.

— É bem provável que o Donizete ligou para o Douglas, que em menos de duas horas, chegou aqui. Se o Douglas pegou o menino e o levou imediatamente para a capital, teve tempo de voltar chegando de manhazinha, na hora em que você diz que acordou e começou a exigir o seu filho. Por isso você diz que a enfermeira estava assustada — deduziu Rossiani.

— A enfermeira não registrou o seu atendimento aqui e não queria que alguém a visse no Posto. Foi por isso que ele conseguiu tirar você tão rápido de lá depois de dar à luz. Isso sempre me intrigou. O médico passaria lá no Posto no dia em que você recebeu alta dada pela enfermeira. Nunca entendi porque o Douglas não a deixou internada para que o médico a examinasse melhor.

Nicolle se sentia frustrada, decepcionada. Apesar de ter desconfiado do comportamento de Douglas, deixou-se enganar, quando ignorou as próprias suspeitas. Afinal, amava-o. Entretanto seria bem difícil aceitar a idéia de Douglas roubar-lhe o filho, mentindo cruelmente ao dizer que o menino

Eliana Machado Coelho/Schellida

havia morrido logo após nascer e até preparou um falso enterro para a criancinha, chorando por causa de tudo. Isso seria imperdoável!

Chegando à frente da casa indicada, Rossiani tomou a iniciativa batendo palmas com firmeza e, em poucos segundos, uma senhora as atendeu:

— Bom dia! — cumprimentou educada. Depois perguntou: — É aqui que mora a Madalena?

— É... — respondeu a senhora ao se aproximar do portão, mas podia-se notar um titubeio em sua voz. — Eu sou a mãe dela. Posso ajudar?

— Sim. É um prazer conhecê-la. O meu nome é Rossiani e esta é minha irmã Nicolle. Sabe... nós precisamos falar com a Madalena só para termos uma informaçãozinha. Foi ela quem fez o parto de minha irmã e...

— Olha, bem... — interrompeu a senhora educada, mas com certo medo. — A Madalena não trabalha mais no Posto e não está na cidade.

— Nós sabemos que ela está se aposentando...

— Sim, é verdade — tornou imediata —, mas, apesar de morar aqui, ela não está. Viajou para a casa de minhas irmãs que fica no interior do Paraná.

— Eu preciso encontrá-la! — precipitou-se Nicolle, enervada. — Ela roubou o meu filho!!! — gritou.

— Acho que vocês cometeram algum engano... Não sei do que estão falando e... — A senhora ficou tensa e recuou. — Não sei dizer mais nada. Procure informações no Posto.

— A senhora não entende! Viemos de lá agora mesmo! — exclamou Nicolle. — Se a senhora não sabe, a sua filha estava sozinha, quando eu dei á luz e vi o meu menino nascer... e ela entregou ele nos meus braços!... — contava chorando. — Depois ela sumiu com o meu filho e me disseram que ele morreu. Mas ninguém viu o corpo!!!

— Essa história é absurda, moça! Sinto muito. Não posso ajudar e preciso entrar. Tenho uma panela no fogo.

Sem esperar por outras acusações, a senhora entrou às pressas.

Desesperada, Nicolle perdeu o controle e passou a gritar com toda força de seus pulmões:

— A Madalena vai pagar por isso!!! Deus é justo!!! Ela roubou meu filho!!! Se eu não posso fazer nada, Deus fará por mim!!! A senhora não sabe quanto dói uma mãe ficar sem o seu filho e imaginando como ele está!!! A senhora está acobertando o que essa desgraçada fez!!!

— Calma, Nicolle! — repreendeu Rossiani segurando-a pelo braço. — Você vai piorar as coisas!

Chorando e abraçada à irmã, Nicolle deixou-se levar, e foram embora.

A passos lentos, elas caminharam até a igreja entrando pela portinha lateral. Permaneceram ali por longo tempo até que Nicolle se recompusesse do choro.

Tomada de reação inesperada, a jovem italiana ergueu-se e falou veemente:

— O Douglas terá de se explicar é com o que eu vou fazer agora! Vou tirar todas as dúvidas!

Levantando-se, saiu às pressas e Rossiani, bem surpresa, acompanhou-a pelo corredor da igreja, perguntando assustada:

— Mas o que você vai fazer, Nicolle?!

— Ah!... Você verá! Verá e será testemunha!

Donizete assustou-se ao vê-las sair daquele jeito da igreja e, assim que todos entraram no carro, ele obedeceu às ordens de seguir para a fazenda.

Passado alguns minutos, com modos que exibiam nervosismo e rigorosidade, Nicolle exigiu a presença de dois funcionários da fazenda. Depois de determinar que Donizete ficasse na casa, ela levou os dois homens consigo.

Rossiani, em grande aflição, seguiu a irmã. Estava apreensiva para saber o que faria e suplicava-lhe cautela. Mas Nicolle parecia não ouvi-la.

Por ordem, os homens carregavam picareta, enxadão e enxadas até o lugar indicado. Ficando assombrados ao ouvir a exigência de Nicolle:

— Quebrem esse túmulo!!!

— Creio em Deus Pai... dona Nicolle! Podemo fazê isso, não! — suplicou um deles.

— Acontece que este túmulo é uma mentira! O meu filho não está aqui! Meu filho está vivo! E foi o Douglas, o seu patrão, que me roubou ele!!!

— A senhora não tem certeza disso, tem?

— Se vocês não cavarem, cavo eu!!! Tenho o direito de saber se existe uma criança enterrada aqui! Nem eu nem ninguém viu o meu filho depois de morto e dentro de um caixão!

Os pedidos de Rossiani, para que a irmã se acalmasse e não tomasse uma atitude tão drástica, eram em vão.

Irritada, Nicolle tomou uma das ferramentas nas mãos, quebrou a lápide e começou a cavar.

Quando perceberam o seu cansaço, em meio a uma determinação inflexível, os empregados se entreolharam e tiraram a ferramenta das mãos de Nicolle, completando o serviço. Porém, quando tocaram no caixãozinho, os homens pararam e fizeram o sinal da cruz.

A movimentação chamou a atenção de outras pessoas que se aproximaram para assistir.

Tomada por uma força interior fora do normal, Nicolle exigiu:

— Tirem esse caixão daí!!!

Com extrema tensão e medo, os homens obedeceram e cautelosamente tiraram o caixãozinho do buraco colocando-o sobre o monte de terra ao lado da cova.

Rossiani não sabia mais o que fazer para impedi-la e ficou petrificada quase incrédula com a imposição da irmã e com o que presenciava.

Nicolle, tomada de uma energia sobrenatural e parecendo não ter qualquer sentimento, pegou uma ferramenta para abrir o caixão que todos velaram e oraram pelo seu filho, mas ela não conseguia quebrar os lacres.

Alguns empregados já estavam ali, e outros chegavam, apavorados com o que viam, afastaram-se horrorizados, quando Nicolle apoderou-se de uma picareta, levantou-a com a toda força que lhe restava e desceu-a sobre a tampa do caixão rachado-a com facilidade.

— Nosso Senhor Jesus Cristo!!! — gritou um dos homens. — Essa mulher tá endemoniada!!!

Nicolle retirou a ferramenta que se encaixou na tampa e com as mãos começou a arrancar as lascas de madeira rachada. Em segundos todos, bem curiosos, aproximaram-se e puderam olhar no interior do caixãozinho.

— Nada!!! — gritou o empregado. — Não tem nada aqui dentro! A dona Nicolle tem razão! Deus do céu!!!

Um outro ainda concluiu:

— O seu Douglas fez um velório, um enterro e um túmulo para um caixão vazio! E até chorou sobre ele por causa do filho morto que tava dentro!

Um murmurinho começou e Nicolle, estarrecida, afastou-se e sentou-se sobre a grama. Com olhar perdido e lágrimas silenciosas correndo por sua face pálida, parecia muito fraca, sem ânimo e sem saber o que fazer.

Chorando, Rossiani ajoelhou-se ao seu lado. Abraçou-a com piedade, mas a irmã não reagia.

Os que rodeavam o local não paravam de comentar sobre a violação do túmulo, enquanto examinavam o caixãozinho vazio e olhavam para Nicolle, porém não faziam nada.

Comovida, Rossiani forçou a irmã a se levantar e, passando em meio a multidão boquiaberta, conduziu-a num abraço ajudando-a caminhar de volta o longo trajeto até o sítio. Nicolle agia maquinalmente. Não parecia perceber o que se passava a sua volta. Não respondia nada diante das argumentações da irmã.

Preocupada, Rossiani não suportou e, quando estavam próximo da casa da fazenda, pediu para que Donizete as levasse de carro até o sítio, pois Nicolle não estava bem. Ela não disse, mas temia pela gravidez de sua irmã.

Depois, sob o teto de Rossiani, Nicolle desesperou-se, chorou muito e chegou ao ponto de gritar enfurecida e decepcionada.

Somente após a chegada de dona Josefina, sob efeito de um chá, a bela e jovem italiana se recompôs, acalmando-se. A senhora prestou-lhe todos os cuidados a noite inteira.

* * *

Nas primeiras horas da manhã, Nicolle parecia melhor. Havia se alimentado um pouco, mas ainda estava ressentida. Não conseguia esquecer qualquer detalhe do dia anterior, revivendo todas as minúcias daquela descoberta tenebrosa.

Dona Josefina, com seu jeito simples, mas com amizade verdadeira, tentava aconselhar:

— Oh, fia... num fica assim não. Ocê meteu os pé pelas mão.

— Quando eu me encontrar com o Douglas!... — disse Nicolle, irritada.

— Ocê vai encontrá cum ele daqui um bocadinho di tempo. Si prepara qui ele vai chegá aqui pra falá cum ocê. Ti peço, minha fia, tenha paciência e num briga, num fala cum raiva não.

— A senhora não sabe o que eu estou sentindo, dona Josefina. Nem imagina o que passei...

— Imagino sim.

Eliana Machado Coelho/Schellida

— Nunca pensei que todo o amor que eu sentia por ele se transformaria em tanto ódio! Tanto ódio que sou capaz de matá-lo com as minhas próprias mãos!!!

— Num pode falá assim não! — alertou a senhora de modo firme.

Séria, invadindo-lhe a alma com o olhar, Nicolle perguntou:

— Gente como ele, capaz de chorar sobre um caixão vazio afirmando que o filho está lá dentro, não tem piedade de ninguém! É capaz de tudo! Então me diga, dona Josefina, o Douglas vai devolver meus filhos? — Após alguma demora, Nicolle insistiu: — Seja honesta com os dons que Deus lhe deu. Se a senhora vê, se souber, me diga se ele vai ou não devolver meus filhos!

— Deus é quem vai devorvê seus fiinhos. Tô vendo qui muita coisa vai acuntecê antes, mas num sei dizê... Confie no Pai do Céu. Ocê pricisa tentá, cum paciência, pedi pra essi home di vorta os seu fiinhos, pra num se curpá mais tarde di num ter tentado.

— Então o Douglas não vai deixar que eu os veja nunca mais?! — perguntou chorando.

— Num diga nunca, fia.

Antes que prosseguissem com a conversa, Rossiani, que só era ouvinte, alertou-se com o barulho produzido pelo motor de um carro se aproximando.

Logo viram Douglas descendo do veículo em companhia de sua mãe, e, antes que subissem pra a varanda, Rossiani deu alguns passos a frente, inquirindo com firmeza na voz:

— O que desejam?!

— Falar com Nicolle, claro! — respondeu ele tranqüilo e dissimulado. Como se não soubesse de nada, argumentou: — Chegamos à fazenda e nos disseram que ela estava aqui.

— Entre, Douglas. Você tem muito que nos explicar — determinou Rossiani inflexível.

Douglas colocou a mão sobre o ombro de sua mãe, e quando ia conduzindo-a, Rossiani falou firme:

— Eu acredito que a presença de dona Vitória não seja necessária. É você quem nos deve explicações por tudo o que fez, não ela.

— Não posso deixar minha mãe aqui fora, Rossiani. Sei que é uma pessoa educada e incapaz de negar um lugar para o descanso de uma senhora dessa idade, depois de uma viagem de carro, não é?

UM DIÁRIO NO TEMPO

Insatisfeita, Rossiani não disse nada e saiu da frente para que Douglas entrasse acompanhado de sua mãe.

No interior da casa, diante da presença de dona Josefina, dona Vitória pareceu abalar-se. Havia qualquer coisa que lhe provocava grande insatisfação ao ver aquela senhora.

Algo estremecia silenciosamente através de energias que se chocavam com uma força indescritível.

Um longo silêncio se estendeu, enquanto Nicolle repousava os olhos chorosos e vermelhos, porém fuzilantes, sobre Douglas o qual aguardava astuciosamente que ela se manifestasse primeiro.

Rossiani, tomando a iniciativa para dar início a alguma comunicação, convidou secamente:

— Sentem-se aqui — disse indicando os lugares à mesa onde Douglas e Nicolle ficariam frente a frente.

Acomodados, dona Vitória sentia-se inquieta, mas Rossiani, com o intuito de terminar o quanto antes aquele silêncio insuportável, foi bem direta:

— Pois bem, Douglas, quando a minha irmã retornou do hospital de Jundiaí sem a filha que foi socorrer, eu estranhei o fato de você não tê-la levado para a capital a fim de acompanhar a Renatinha. Se a menina precisava de uma assistência melhor, nada como ter a mãe ao lado.

— Mas nós explicamos à Nicolle — defendeu-se Douglas sem se exaltar. — Não é segredo que sou casado e...

— Eu sei — interrompeu Rossiani. — Não precisa repetir. Nicolle me contou tudo o que vocês explicaram e argumentaram para convencê-la a ficar e deixar a filha ser levada por vocês. Sei que ela não poderia pernoitar em um hospital e seria incabível que fosse para a sua casa. Mas então eu pergunto: Por que não deixaram a Nicolle acompanhar a filha até o hospital? E, como vocês têm posses, depois poderiam hospedá-la em um hotel para que acompanhasse, lá na capital, o tratamento da menina. Não seria o mais correto?

Aquela pergunta o pegou de surpresa, mas rapidamente as criações mentais hipócritas o ajudaram:

— Veja... Nicolle estava com a roupa do corpo. Perderíamos muito tempo se voltássemos por esse motivo. O mais importante era socorrer nossa filha.

Eliana Machado Coelho/Schellida

— Vocês foram todos em um único carro. Porém o Donizete os acompanhou com outro carro vazio. Isso não lhe parece muito estranho? É como se ele aguardasse para trazer a Nicolle de volta, como se tudo já tivesse sido planejado — replicou Rossiani sem trégua.

— Suspeitávamos que aquele hospital não tivesse recursos e... Bem... eu só quis garantir que meu empregado nos desse apoio — Douglas titubeou e não conseguiu ser convincente, demonstrando-se nervoso.

Incomodada com o seguimento da conversa e com a presença de dona Josefina, dona Vitória interferiu muito educada:

— Essa conversa tão íntima, não deveria acontecer só entre os interessados?

Rossiani impondo-se, afirmou:

— Se a senhora, dona Vitória, está dizendo isso pela presença de dona Josefina, saiba que esta senhora é mais íntima, confiável e nossa parente do que vocês. Ela cuidou de nós desde que viemos para cá. É conselheira e prestativa tanto quanto nossa própria mãe. Se alguém tem que se retirar, não é ela. Eu garanto!

— Desculpe-me — pediu dona Vitória disfarçando seu rancor.

— Vamos resolver primeiro o caso da Renatinha — tornou Rossiani firme, enquanto Nicolle silenciava com o coração apertado, repleto de ódio.

— A Renatinha está bem! — enfatizou Douglas. — Estava com pneumonia dupla! Se não fosse socorrida em um bom hospital, o problema se agravaria. Mas, apesar do susto, ela está bem melhor e precisa ficar internada por causa das medicações e cuidados específicos.

Esperta, Rossiani perguntou aproveitando-se da empolgação de Douglas:

— A Nicolle me disse que você a registrou, assumindo a paternidade. Foi isso mesmo?

— Claro! — respondeu sorridente. Pensando que a enganaria com facilidade, Douglas tirou do bolso uma certidão de nascimento que estava no meio de seus documentos. Estendeu-a para Rossiani acreditando que ela não fosse alfabetizada e, assim como Nicolle, não saberia o que tinha naquele papel. — Olhe, está aqui! Assumi a paternidade da Renata. Ela é minha filha!

Rossiani pegou o papel na mão e ao examiná-lo, enquanto Douglas se levantou e acercou-se dela dizendo ao apontar:

UM DIÁRIO NO TEMPO

— Aqui está o meu nome, aqui o nome da Renata e...

— O nome da mãe é Gorete das Neves Pereira Gregori?!!! Mas o que é isso, Douglas?!!

Ele puxou imediatamente a certidão das mãos de Rossiani, irritando-se:

— O que está dizendo, Rossiani?! Você não sabe ler!!! É tão analfabeta quanto sua irmã. Não queira envenenar Nicolle contra mim!

Nicolle arregalou os olhos sem saber como reagir, mas Rossiani se impôs:

— Engana-se, Douglas! Eu terminei o Normal! Se você não sabe, é um curso de nível médio que me deu formação para ser professora primária! Acha que não sei ler?! Só não prossegui nos estudos por falta de condições! Adoro ler e escrever e posso garantir que li, não só o nome da Gorete como mãe, mas o nome de Renata Pereira Gregori! Deixe-me ver esse documento de novo! — exigiu Rossiani.

— Você está ficando louca! — disse Douglas nervoso, guardando a certidão novamente. — Se eu entregar esse papel nas suas mãos é capaz de rasgá-lo só para me complicar.

Sem suportar mais, Nicolle gritou:

— Eu já descobri tudo!!! Seu desgraçado! Onde estão os meus filhos?!!!

Douglas ficou estagnado e tentou dizer:

— Espere um pouco, Nicolle. Eu posso explicar...

— *Io* quero os *mios bambinos*!!! — interrompeu Nicolle aos berros. Levantando-se, ela foi em direção a Douglas e o segurou pelo paletó, sacudindo-o ao gritar: — Não vai me enganar mais!!! Eu fui atrás daquela enfermeira *maleditta* — "maldita", disse — que fez meu parto. Ela sumiu e não existe no Posto qualquer papel que prove que estive lá!!! Que meu filho nasceu ali!!!

— Calma, Nicolle!

— *Ma che!* Calma o quê!!! Eu vi meu filhinho inteirinho! Peguei ele no colo! Dormi e, quando acordei, ele tinha sumido!!! — explicava sem trégua e com seu forte sotaque italiano. — Você apareceu e disse que nosso filho tinha morrido e arranjou um caixão lacrado! Todo mundo viu e assistiu o enterro. Me chamaram de louca, de endemoniada, quando eu desenterrei o maldito caixão e o abri! Ah!!! Mas todo mundo viu, todo mundo é testemunha que o caixão estava vazio!!! Sem nada!!! Que criatura é você capaz de

153

Eliana Machado Coelho/Schellida

ver meu desespero e não se importar?!!! Você não deve ser gente pra mentir que o filho morreu e chorar em cima de um caixãozinho vazio!!!

Rossiani se aproximou, separou a irmã que agarrava Douglas pelas vestes, levou-a para perto da cadeira e pediu:

— Pare de gritar assim, Nicolle. Vamos conversar feito gente, certo? — Virando-se para Douglas, Rossiani pediu calmamente: — Por favor, eu não terminei de ler a certidão, empreste-me novamente para que eu possa ver a data.

— Eu posso explicar, Rossiani — afirmou Douglas sem atender ao pedido. — O meu filho com a Nicolle nasceu prematuro. Ele estava muito fraquinho, quando eu cheguei aqui. Por isso acreditei que precisava de um excelente hospital, para ser atendido o quanto antes. Foi então que o levei. Ao fazer a internação, os médicos não deram esperanças. Voltei e disse para Nicolle que ele não tinha resistido. Eu não poderia levar a Nicolle para um enterro lá na capital. — Fez breve pausa, depois continuou: — O enterro que fiz aqui foi algo simbólico... Mas, quando retornei, tomei um susto por ele resistir a cada dia. Eu não sabia o que falar para Nicolle e... Bem... a verdade é que a minha esposa deu à luz pouco depois e passou muito mal. O menino, meu filho com a Nicolle, se recuperava e precisava do leite materno. Então não tive alternativa e... bem... nós falamos para a Gorete que ela deu à luz os gêmeos, um casal. Assim ela amamentaria o menino, que era meu filho com a Nicolle, como se fosse filho dela. A Gorete cuidou e cuida do menino com todo amor e carinho... Como eu poderia desfazer tudo aquilo? Fiquei desesperado! Mas não havia conserto. Com o tempo a Nicolle ficou grávida e a Renatinha nasceu. — Procurando ser convincente, Douglas entoava a voz de modo melancólico, piedoso e prosseguiu: — Eu não gostaria que meus filhos ficassem sem o meu nome... Se algo me acontecesse, eles não seriam meus herdeiros, não teriam nada! Eu sabia que a Gorete não estava nada bem, sua doença se complicou e ela não teria muito tempo. Surgiu um grande problema, eu não poderia registrar as crianças em meu nome junto com o de Nicolle, pois sou legitimamente casado — mentiu imaginando que Rossiani não conhecia os procedimentos e as Leis. — Fiquei desesperado com o fato da Renata não ter um nome, não ter um pai e... muito aflito, peguei a certidão de casamento, fui ao cartório e a registrei. — Virando-se para Nicolle, pediu: — Perdoe-me, Nicolle, meu crime foi por amor aos nossos filhos.

Nicolle estava incrédula, perplexa, não dizia nada.

— Foi capaz de mentir sobre a morte da sua filha com a Gorete! Foi capaz de dizer que seu filho com a Nicolle havia morrido! Eu sei que pode registrar um filho sem a certidão de casamento! Pensa que sou ignorante?! E o que pretende fazer agora, Douglas?! — interrogou Rossiani. — Por acaso pretende entregar a Renata nos braços de Gorete também?!

— Lógico que não! Assim que ela estiver bem, voltará para a fazenda. Prometo! Mas, no momento, quero o perdão da Nicolle. Estou preocupado com ela.

— Por quê?! — tornou Rossiani friamente.

— Eu conversei com a empregada da fazenda e... — explicou Douglas com modos meigos. — Bem... a empregada que se dedica especialmente a cuidar de sua irmã é uma mulher experiente e acredita que, apesar de amamentar, ela possa estar grávida pelos sintomas que vem sentindo e outras coisas... Eu não quero que ela se abale mais. Minha esposa está praticamente aguardando a morte e Nicolle já é minha esposa em meu coração. Criaremos nossos filhos e tudo será diferente!

Dona Josefina, com seu jeito calmo e sábio, interferiu:

— Oh, meu fio, num mente não! Sua mulhé tá melhó di saúde qui ocê. Ela tá até di barriga di novo e ocês nem sabe. E óia, ela ainda vai enterra ocê! Seu coração é tão mau qui vai é explodi.

— Cale-se, velha bruxa!!! — berrou dona Vitória.

— Posso inté sê bruxa, mas num dividu meu cardeirão limpo cum ocê, bruxa má! Eu conheço bem ocê! Num sei como, mas cunheço. Só num si esqueça qui existe Deus Pai Todo Poderoso e os Seus Anjos trabaiando pro bem, no céu e na Terra! Tudo o qui feiz e tá fazendo vai virá contra ocê. Ninguém podi mais qui Deus!

— Rossiani — chamou dona Vitória com modos nervosos —, eu exijo que faça essa senhora se calar. Não viemos aqui para ouvir desaforos! Queremos esclarecer essa situação.

Dona Josefina riu de um modo engraçado com o canto da boca e ainda preveniu:

— Num pensi em matá essa nora qui cê tem hoje quiném ocê feiz cum a otra. Essa aí já tá ti preparando um neto incomendadu! Cê nem imagina e

Eliana Machado Coelho/Schellida

nem ela o que ele vai faze c'ocêis! Essa Goreti... Rum!... Êta moça ruim du cão! Num sei quem é pió, ela, ocê ou seu neto.

Rossiani não interferiu, mas Nicolle perguntou bem enérgica:

— Quando vai trazer meus filhos de volta?!!!

Dona Josefina, num gesto amável, esfregou as costas de Nicolle cedendo-lhe expressivas energias calmantes por perceber que a moça não estava muito bem. Enquanto isso, Douglas respondeu:

— Nicolle, não acredite nesta senhora. Ela nunca viu minha mulher por isso não pode dizer nada sobre minha vida. Agora me escute: trarei a Renatinha de volta assim que ela receber alta. Quanto ao Rogério, ele está muito bem. Posso trazê-lo para que o conheça... Vamos fazer o seguinte: no dia em que nossa filha receber alta, trarei o Rogério junto, certo?

Nicolle permaneceu completamente muda, sem expressão e com o olhar perdido. Douglas ainda propôs:

— Gostaria que voltasse para a fazenda junto comigo. A Rossiani pode vir com você e...

Nicolle continuou como que entorpecida, mas Rossiani, num lampejo de idéia, decidiu, interrompendo-o:

— Não. Minha irmã está abalada demais. Foi uma descoberta nojenta, imperdoável! Há de convir comigo, não é? — Douglas não disse nada, e ela prosseguiu: — Nicolle ficará aqui sob os meus cuidados até o retorno da Renatinha. Vamos ver se você cumpre com a sua palavra! Veremos se tem honra ou não!

Douglas e sua mãe se entreolharam e sem alternativas, ele concordou:

— Certo. Será como você quiser.

Levantando-se rapidamente, dona Vitória se despediu a distância, assim como seu filho, e ambos saíram da casa o quanto antes.

Minutos depois, Nicolle pareceu despertar de uma inércia, reagindo:

— Não sei o que me deu para eu não socar esses dois!

— Acalme-se, Nicolle — aconselhou a irmã. — Acredito que foram as bênçãos de Deus que a fizeram calar a boca. Se brigasse ou falasse mais do que fez, poderia ser pior. Eles ficariam revoltados e você não veria mais os seus filhos. Além disso, tem que pensar em sua gravidez. Uma vida depende de você e todo esse nervoso já foi muito prejudicial para esse bebê. Acho que ele vai cumprir com a palavra.

Dona Josefina não contestou, mas abaixou a cabeça, permanecendo com o olhar perdido ao chão.

— O que a senhora acha, dona Josefina? — perguntou Nicolle apreensiva.

— Vamos rezá e entregá nas mão de Deus, né fia. — Depois decidiu: — Preciso ir. Tenho qui dá di comê pros bicho. Já é tarde.

A senhora se retirou sem alongar qualquer comentário.

Rossiani ficou intrigada com aquela atitude, porém silenciou.

* * *

Semanas se passaram. Nicolle estava desesperada, chorando cada vez mais pelos filhos que queria ao seu lado.

Certo dia, quando já perdia as esperanças de Douglas cumprir com sua palavra, ele apareceu e trouxe consigo o pequeno Rogério, que já falava algumas palavras e frases com clareza, pois o menino era bem esperto.

Uma força inexplicável fez com que Nicolle reconhecesse o filho e o abraçasse forte contra o peito, dando-lhe vários beijos.

Rogério ainda não tinha dois anos de idade e não a estranhou. Aceitou os carinhos e ficou entretido com os belos e longos cabelos de Nicolle, sua verdadeira mãe.

— E a Renata?! — perguntou Nicolle olhando com firmeza para Douglas.

— Tá boa... — respondeu o garotinho, com voz gostosamente infantil, sem que esperassem. Falando um pouco enrolado, mas o suficiente para que o entendesse, completou: — Tá láaaaa em casa!...

Nicolle beijou o filho e olhou em seguida para Douglas, que justificou:

— Você não vai dar atenção ao que uma criança dessa idade diz.

Ela não disse nada. Já havia sido muito orientada pela irmã e por dona Josefina para não discutir nem brigar com Douglas a fim de conseguir os filhos de volta, além de não questionar sua vida particular com Gorete. O mais importante eram as suas crianças.

Rossiani chegou correndo e feliz. Pegando o garoto do colo de sua irmã, aconselhou em voz baixa, sem que Douglas a ouvisse:

— Não carregue peso. Aproveite o tempo e conversem. — Virando-se para o sobrinho, olhou-o de cima a baixo com admiração. Beijou-o e avisou:

— Vamos ali com a titia ver uns bichinhos! Têm patinhos, pintinhos, cabra...

Eliana Machado Coelho/Schellida

Nicolle, com olhar lacrimoso, ficou observando o filho que argumentava, com um jeito peculiar de uma criança daquela idade, algumas coisas com Rossiani. Era um belo garoto de pele alva, bochechas rosadas, cabelos pretos e lisos. Ele tinha uma voz gostosa e uma risada cativante. Aparentava ótima saúde e era bem desenvolvido para sua idade. Nicolle reparou em cada detalhe de suas roupas finas e bem alinhadas.

— Viu como ele está bem? — afirmou Douglas orgulhoso e sorridente.

— Estaria melhor se estivesse comigo. Eu sou a mãe dele! Mas, me diga, e a minha filha?!

— Foi por isso que eu não vim antes. A Renatinha ainda está internada.

— Mas como?! Você disse que ela estava se recuperando bem!

— Teve uma recaída. Lembre-se, Nicolle, ela só tem seis meses.

— Sete! Já fez sete meses!

— Certo. Mas ainda é pequena, sensível... O médico disse que é um milagre ter sobrevivido. Não imagina como chegou ruim ao hospital! Ela melhorou, mas teve uma recaída e precisou ficar internada. Eu estou acompanhando-a de perto. Foi por isso que não vim antes. E para provar que não faltei com a minha palavra, aqui estou com o nosso filho.

Nicolle estava sensibilizada. Era muita emoção. Mesmo a certa distância, não tirava os olhos do filho que estava em companhia de Rossiani.

Tentando aproveitar-se disso, Douglas perguntou:

— Está bem. Está tudo normal.

— Estou tão feliz por ver o meu menino!

Eles conversaram muito. Rogério passou o dia ao lado da mãe verdadeira sem saber. Foram momentos alegres e divertidos até que, no início da noite, Douglas se foi com o filho, deixando promessas de que retornaria.

Enquanto jantavam, Rossiani, muito insatisfeita, repreendia:

— E você acreditou que a Renata ainda está internada?!

— Por que ele mentiria?!

— Porque Douglas já mentiu incontáveis vezes!!! Você já se esqueceu?!!

— Mas ele está mudado! Veja, Rossiani, hoje ele trouxe meu filho para me conhecer!

— Mas o menino nem tem condições de entender isso. Acredito que, a essa hora, o Rogério está dizendo para a mãe, que para ele é a Gorete, que foi à fazenda do pai, conheceu os bichos, as empregadas brincaram com ele...

158

UM DIÁRIO NO TEMPO

— Chega! Ãh! Você está sendo muito cruel!

— Acorde, Nicolle! Seja realista!

— O Douglas está feliz por eu estar grávida. Ele reparou...

— Como não iria reparar?! — interrompeu-a irritada. — Até um cego esbarrando em você perceberia sua barriga! Sabe, Nicolle, você não fez o que deveria. É com isso que não me conformo.

— O que eu deveria?...

— Exigir que o Douglas a levasse à capital para você ver sua filha! Se ele trouxe o menino aqui de manhã e voltou no mesmo dia, pode fazer o mesmo para que você veja a Renata! Lembrou?! Não foi isso que eu te aconselhei?!

Apesar de todas as barbaridades de Douglas, Nicolle ainda parecia inclinada a lhe oferecer votos de confiança. Talvez ela nutrisse um sentimento mais forte, uma paixão que não admitia ter.

Rossiani, inconformada com o silêncio da irmã, comentou:

— Na verdade eu não acredito que a Renata esteja internada. Tenho certeza de que o Douglas quer conquistar sua confiança novamente e, boba do jeito que você é, vai cair na conversa dele. E digo mais! Ele vai te tapear para deixá-la confusa, em relação às crianças que ele levou embora daqui. Além disso, é bem capaz de esperar o outro filho nascer para roubá-lo também!

— Não é verdade!!! — reagiu Nicolle.

— Admita a realidade, Nicolle! Chega de ilusão! O Douglas não contou sobre os filhos que tem com a Gorete! Mentiu dizendo que ela estava à beira da morte, quando na verdade a mulher está grávida! O que mais esse homem precisa fazer contra você para que não confie mais nele?!!!

Nervosa, Nicolle levantou-se sem se alimentar e, chorando, correu para a cama.

Rossiani esfregou o rosto num gesto irritado com um misto de arrependimento pelo que falou, entretanto precisava impedir que sua irmã fosse novamente enganada.

Levantando-se, foi para perto da cama. Sentou-se ao lado de Nicolle, afagou-lhe os cabelos e falou com um tom mais suave na voz:

— Eu não desejo magoá-la, mas não quero que se machuque mais. Entende? Você só foi enganada e ferida desde que esse homem apareceu. — Breve pausa e admitiu enternecida: — Às vezes penso que deveríamos ter

Eliana Machado Coelho/Schellida

ido para a Itália com nossos pais. Depois que *nostro papa* se foi, só experimentei dor e tristeza infinita... Nessas terras, só vi miséria. — Brandamente, procurou explicar à Nicolle: — Veja... até agora tudo o que o Douglas prometeu, não cumpriu. Ele mente para você e para a esposa. Leva uma vida dupla... e os pais aceitam e encobertam! Pessoas com dignidade não fazem isso! O senhor Guilherme prometeu, mas não fez absolutamente nada para encontrar o meu marido. Quando nós duas brigamos e você decidiu que ficaria lá na fazenda dele, eu acho que ele ou o pai foi o responsável pelas relutâncias dos compradores para adquirirem o que produzimos aqui no sítio. Todos passamos o maior apuro! E até hoje a situação é crítica.

— Mas o Douglas me disse que estava te prestando ajuda com as máquinas e empregados — contou Nicolle com voz entrecortada pelo choro.

— Nicolle, você olhou bem para esta casa? Após a ventania que levou mais da metade, restou só isso aqui! Sobrou só a cozinha e esse pedaço da sala que virou quarto, depois que o pessoal daqui me ajudou a pegar as tábuas e fechar essa parede. Todos tivemos prejuízo com as casas e nos unimos para nos ajudarmos, não veio ninguém de fora para nos dar assistência. Isso foi assim que você resolveu ficar lá. Pergunte a quem você quiser. Agora que está aqui, diga, você viu algum empregado da fazenda do Douglas? Ele mentiu como sempre fez e continuará fazendo.

— Quando o Douglas voltar, vou exigir que me leve para ver a Renata, se ela não vier. Eu quero os meus filhos comigo!

— Quando ele voltará, Nicolle? Onde ele mora? — Nicolle sufocou o choro no travesseiro e Rossiani ainda desfechou: — Por mais que seja dolorosa, admita a verdade. Não confie mais nele.

10

Enfrentando as ameaças

A lgumas semanas passaram e Nicolle precisava de muita força interior para não perder o controle por de não ter notícias de Douglas ou de seus filhos. Amargurada, volta e meia, ela chorava às escondidas procurando disfarçar o que estampava, sem querer, na fisionomia abatida.

Seu coração apertava e suas esperanças se esvaíam a cada dia de espera. Não só a angústia, mas um outro sentimento forte e vingativo crescia em seu âmago, algo que Nicolle jamais havia experimentado: o ódio.

Nos pensamentos enervados, planejava como exigir os filhos, imaginava o que faria se não os visse mais e onde poderia procurá-los. Douglas realmente era indigno, nunca cumpriu o prometido e sua ausência de notícias era porque tinha a intenção de ficar com as crianças.

Naquela manhã, uma forte premonição apertava o peito de Nicolle. Ela passou a ter uma idéia fixa para encontrar uma maneira de descobrir onde Douglas morava a fim de vingar-se dele cruelmente. Mas o barulho do motor de um carro fez com que ela se sobressaltasse.

Rossiani não se encontrava em casa. Estava na lavoura conversando com os trabalhadores que eram verdadeiros amigos, pois viviam em comunidade ajudando-se mutuamente, compartilhando os frutos do trabalho e prestando auxílio nas dificuldades.

Eliana Machado Coelho/Schellida

Levantando-se rapidamente, Nicolle envolveu-se em um xale e foi até a varanda ver quem se aproximava. Mesmo a certa distância pode reconhecer o carro de Douglas e, aflita, aguardou.

Ao ver o veículo parado em frente da casa, sem receio, mas com nítido nervosismo expresso no olhar e nos modos desassossegados, Nicolle desceu rapidamente os poucos degraus e contornou o carro olhando através dos vidros para ver se seus filhos estavam ali.

Donizete dirigia e ficou sentado ao volante. Douglas desceu e foi na direção de Nicolle que nem esperou qualquer cumprimento e logo perguntou, exaltada, com seu forte sotaque:

— Onde estão as crianças?!!! Por que não trouxe os meus filhos?!!!

— Por que tanta impaciência, Nicolle? Podemos conversar como pessoas educadas — propôs Douglas com polidez nas argumentações.

— Você quer me enganar mais uma vez! Mas isso não vai acontecer mais, não!!! Eu quero os meus filhos!!! Tenho testemunhas de que eles são meus e você os roubou de mim!!!

Encarando-a, exibindo o caráter vil que nunca apresentou, Douglas disse com sarcasmo:

— Ah; é?! Então prove, minha querida! As crianças estão registradas em meu nome e em nome da Gorete. Vamos, Nicolle, tente provar agora. Encontre alguém que vá testemunhar contra mim — desafiou espremendo os olhos.

Nicolle ficou incrédula. Enojava-se com a sordidez daquele homem que não parecia o que ela conheceu.

Tomada de uma força insana, Nicolle foi em direção a Douglas e começou a esmurrá-lo no peito ao mesmo tempo que berrava desesperada:

— Desgraçado! *Figlio di un diavolo!!! Suo maledetto!!!* — "Filho do diabo!!! Seu Maldito!!!", vociferava enfurecida. — *Io* quero meus filhos de volta!!!

Após a gargalhada irônica pelos socos que não o feriam, Douglas segurou os punhos de Nicolle, envolveu-a em abraço forçado e apertando-a anunciou sério e friamente:

— Você vai comigo para a fazenda e ficará lá até nosso filho nascer!

— Tire suas mãos imundas de mim! Eu não vou pra lugar nenhum!!!

Usando força moderada para não machucá-la, Douglas tentava arrastar Nicolle para que entrasse no veículo.

A moça gritava em desespero, desalinhava-se procurando livrar-se de Douglas.

Donizete, a fim de ajudar o patrão, foi abrir a porta do carro e experimentou segurar Nicolle que esperneava, dificultando a ação.

Sem que esperassem, dona Josefina surgiu com uma pá de agricultura nas mãos. Levantando a ferramenta, apesar de sua aparente fragilidade física, ela ameaçou com voz rouca e firme:

— Larga ela ou eu desço isso n'ocês dois!

Donizete se afastou sorrateiramente para o lado, com o intuído de atacar a frágil senhora. Porém um cachorro de estimação de dona Josefina, que apareceu do nada, investiu sobre ele.

A senhora pouco se importou e aproximou-se de Douglas ameaçando-o com um movimento e olhar que o impressionaram.

Percebendo que Douglas afrouxou os braços, Nicolle se soltou e correu para o lado de dona Josefina que só então ordenou:

— Sorta o home, Rex!

O cachorro obedeceu imediatamente, mas ficou rosnando e em posição para um novo ataque. Donizete tinha vários machucados nas mãos e nos braços. Ainda tonto, levantou-se vagarosamente do chão ao mesmo tempo que olhava enfurecido para o animal que parecia prever suas intenções.

— Num tenta atirá no meu cão não, seu moço. Num pensa im pegá esse revorve. Os otros cão tão ali atráis só isperando eu mandá ti atacá. E ocê num vai tê bala pra todos eles não.

Assustada e ofegante, Nicolle abraçou-se à dona Josefina em busca de proteção.

Ainda com a pá em punho, erguida ao alto para se defender se fosse preciso, a senhora falou enérgica:

— Agora ocês entra nesse carro e corre daqui! Vamo!!!

Pelo brilho expressivo nos olhos de Douglas podia-se sentir sua revolta. Ele sempre ordenou e foi obedecido. Naquele momento, por uma senhora frágil a qual ele açoitaria se pudesse, tinha de se acovardar e obedecer.

— Negra desgraçada! — exclamou para ofendê-la quando não suportou a raiva e a humilhação. — Hoje não é o dia, mas voltarei para linchá-la e acabar com sua laia! Tirarei sua pele, sua infeliz! — Virando-se para Nicolle, intimou: — Não vai conseguir fugir de mim para sempre. Eu aconselho que volte para a fazenda ou vai se arrepender amargamente. Se não voltar, jamais verá seus filhos novamente.

— Já disse pra ocê i si imbora! Chega de trê-lê-lê!!! Vai! Xô! Xô! — E dando um curto assobio, dona Josefina chamou os cachorros que não estavam à vista. A matilha lhe obedeceu imediatamente. Aproximando-se do local, bem perto deles, os animais rosnavam em posição de investida.

Engolindo a indignação, contrariado por ter de obedecer àquela senhora, desprezível para ele, Douglas fez um sinal para Donizete e ambos entraram no carro e foram embora com forte sentimento de fracasso e planos de voltarem para se vingarem daquele ultraje.

Dona Josefina jogou ao chão a pá que segurava e acolheu a bela italiana com ternura entre seus braços fracos, franzinos.

Nicolle chorava compulsivamente e foi conduzida pela senhora para dentro da casa.

Dona Josefina servia uma água adoçada para a moça, quando Rossiani chegou com expressão preocupada, pois viu os cachorros deitados na frente de sua casa e deduziu que algo anormal tinha ocorrido.

— O que aconteceu?! — perguntou Rossiani aflita.

Entre os soluços e o choro Nicolle contou-lhe tudo. Ao vê-la terminar, dona Josefina aconselhou:

— Considero ocês como minhas fias. Cuidei d'ocês desde qui conheci... Devo muito pra seus pais e pra ocês. Eu num divia me metê, mas acho qui priciso. Esse home é muito ruim, vingativo qui nem o cão. Ele num aceita afronta e vai vortá pra fazê coisa pió. Num fique aqui não. O milhó é juntá o que dé e i si imbora.

— Sair daqui e ir para onde?! — perguntou Nicolle em desespero. — E os meus filhos?! Ele tem que devolver meus filhos?!

Piedosa, com olhar meigo, a senhora a encarou da forma mais generosa que conseguiu e aconselhou:

— Deus, um dia, vai devorvê seus fiinhos. Esse home num vai ti dá eles não. Num fique aqui isperando isso. E seus fio pode corrê risco se ocê aparecê, porque a mulhé desse home é vingativa, ela pode fazê mar pras criancinha proque ocê é rival dela. Intendeu?

Petrificada, Nicolle mantinha os olhos fixos na mulher, enquanto lágrimas compulsivas corriam em sua face num choro silencioso.

Rossiani, que acreditava piamente em dona Josefina, estava tensa, inquieta e andava de um lado para o outro pensando no que fazer. Sem perceber, murmurou:

— Santo Deus! Socorra-nos! O Douglas é poderoso, já sabemos do que é capaz, dos contatos políticos e do dinheiro que o favorece... E o que nós temos, Deus?! O que podemos fazer?

— Ocês precisa saí daqui pra tê sussego — respondeu dona Josefina.

Rossiani não esperava que a senhora tivesse escutado. Virou-se para ela e perguntou desalentada:

— Sair daqui e ir para onde, dona Josefina?

— Vamo imbora hoje memo — informou a senhora que pediu em seguida: — Só qui ninguém pode sabê! Abandone tudo isso aqui pela vida d'ocês! Pense qui ninhum pedaço de chão vale uma vida. Quando uma coisa é pra ser sua, Deus vai dá sem precisá brigá.

— Iremos para onde? — insistiu Rossiani.

— Oh, fia... Credita neu! Sei de um lugarzinho, mai num vo fala. Agora tem qui sê dipressa. Atrele os cavalo na carroça e, se pudé, um otro pra carregá "os trem" no lombo e se pudé arruma mais um pra trocá pro descanso do outro na viagem. Pegue só o qui vamo precisá, qui nem, água, comida, pão, carne-di-sol, ovo e o qui mais dé pra levá e fazê.

— Mas...

— Nóis vamo pelo mato — interrompeu dona Josefina adivinhando-lhe os pensamentos. Depois explicou: — Vão nos caçá feito bicho! Mas eu cunheço todas essa banda. Leve cuberta proque vamu drumi no mato. Leve lampião. Vão si arrumando qui eu vou em casa garanti umas coisa.

Rossiani estava em choque. Não esperava uma mudança tão rápida, uma decisão tão extrema. Por outro lado, sentia que Nicolle, ela e os demais correriam grande risco, se elas ficassem ali.

Olhando para Nicolle, observou que a irmã, petrificada, não dizia nada.

Rossiani começou a arrumar as coisas, até lembrar que a situação produtiva e financeira do sítio não estava fácil. Não tinham muito a perder, já viviam praticamente na miséria. Mas abandonar todos os que moravam e trabalhavam ali sem satisfações, seria injusto. Ela não sabia o que fazer.

Mecanicamente, Nicolle obedecia aos pedidos da irmã, ajudando a fazer as trouxas do que poderiam carregar.

Eliana Machado Coelho/Schellida

Após ver quase tudo preparado para a viagem, Rossiani emparelhou os melhores cavalos que tinham, atrelando-os entre os varais da carroça que começou a carregar com o que iam precisar. O outro cavalo estava sendo amarrado, quando dona Josefina chegou com uma pequena trouxa e algumas galinhas suspensas pelos pés e de ponta-cabeça arrumou-as num engradado que colocou sobre a carroça.

— Acho que pegamos tudo o que vamos precisar, inclusive as cobertas para a noite. O que eu faço agora? — perguntou Rossiani com tremor na voz.

— Num se aperreie, fia. Cada quar tem seu destino neste mundo, mas cada um tem qui prucurá o que fazê e como sobrevivê. Agora vá correndo inté a casa de sua cunhada e diga pra ela e pro marido qui ocê e sua irmã tão precisando i si imbora correndo. Qui as coisa num tão nada boa e eles pode fazê o que quisé aqui ou i si imbora pra prucurá um lugá pra trabalhá. Diz que ocês tão sem rumo e num sabe pra onde vai.

— O que eles vão fazer?! — afligiu-se Rossiani.

— Ocê sabe o qui vai fazê di sua vida depois que saí daqui, fia? — perguntou a sábia senhora.

— Não.

— Então num quera sabê o qui o otro tem qui fazê da dele. Se ocê num tá bem, num pode ajudá ninguém. Agora vai e vê se vorta ligeirinha!

Com o coração em pedaços, Rossiani correu até a casa de seus cunhados e falou conforme a orientação da senhora amiga. Os parentes ficaram espantados e uma onda de revolta reinou durante as explicações. Estavam indignados por Rossiani abandoná-los.

Um pequeno motim se formou, quando outros foram chamados com incrível rapidez e agrediram-na com palavras ingratas até que, tomada por forte emoção, Rossiani desabafou veemente:

— Chega!!! — ordenou num grito. — O que vocês fizeram de suas vidas?! O que fizeram para melhorar vocês mesmos ou esse lugar? Vocês só sabem obedecer! Só sabem correr para a barra da minha saia quando tudo está difícil! Estou cansada de carregar em minhas costas os problemas que levam para eu resolver! Se vocês estão chocados, traumatizados pela opressão que sofremos, eu também estou. Mas veja — mostrou-lhes as palmas das mãos calejadas ao estendê-las —, estão ásperas e grossas por causa da enxada, da picareta, do arado...! E vocês?! — O silêncio foi absoluto. Em seguida, virou-se para um irmão de Tomás, apontando e dizendo: — Você! Você fica acuado, amedrontado e enfiado nesta casa o dia inteiro, usando como desculpa o que passou nas mãos dos militares. Entretanto para comer e fazer filho você não tem trauma não! Não tem vergonha de ser sustentado pela sua mulher que mal trabalha na roça porque sempre está grávida?! Se tivesse uma ocupação com a enxada, não teria trauma algum! — Voltando-se para as cunhadas, desabafou: — E vocês?! Só sabem reclamar e por filho no mundo! Não fazem nada nem pra melhorar suas casas. Essa aí — indicou — nem respeitou a viuvez e se embaraçou com o pião que, quando soube que ela estava de barriga, sumiu! Agora está aí criando o filho sozinha, não ajuda em nada e só sabe reclamar no meu ouvido todas as suas necessidades!

Eu tenho pena dos que não são nossos parentes, mas são os verdadeiros trabalhadores nestas terras e que são gratos pela oportunidade, compreendem a situação difícil que vivemos por conta desse governo miserável! Esses companheiros fazem daqui uma comunidade, dividem tudo o que é produzido até com vocês, seus vagabundos! O que estão fazendo em casa a essa hora do dia?!

Vocês não vão mais sugar o meu sangue não! Vão ter que trabalhar! Vão ter que resolver os seus problemas sozinhos, pois para aonde quer que eu vá, vou continuar na labuta por vocês!

Rossiani não disse mais nada e sem se despedir, virou as costas e foi embora deixando todos boquiabertos, sem terem condições de qualquer defesa.

Ao chegar perto da casa, Rossiani viu sua irmã e dona Josefina aguardando sua chegada. Aproximando-se, ela pegou o cavalo que carregava alguns volumes com pertences e alimentos distribuídos em cada lado do dorso e o atrelou atrás da carroça.

Suspirando fundo, Rossiani olhou para a casa por longos segundos como se quisesse guardar na lembrança aquela imagem e, com os olhos marejados, virou-se rápido e subiu na carroça. Trocou olhares com dona Josefina que ofereceu generoso sorriso, e repleta de coragem, Rossiani empunhou as rédeas indicando aos animais para andarem.

Nicolle não dizia nada, somente deixava as lágrimas compridas correrem em seu rosto triste. Alguns metros e ela também olhou para trás, como se estivesse se despedindo do lugar onde cresceu.

Eliana Machado Coelho/Schellida

* * *

Horas depois, quando o sol estava alto, dona Josefina decidiu:

— Ali tem um ribeirão. Vamo pará na sombra, dá de bebe pros bicho e apanhá mais água pra gente antes di segui viage. — Sorrindo para quebrar a energia pesarosa de medo e insegurança, ela brincou: — Já qui ninguém reclama di fome, vô cumê um bucadinho e dá um pouco pros cão.

Rossiani riu e, após descer da carroça, ajudou Nicolle vagarosamente.

— Minhas costas estão me matando — sussurrou Nicolle após apoiar as mãos na altura dos rins e curvar-se para trás, esticando-se.

— Está sentindo alguma coisa? O bebê está bem? — perguntou Rossiani.

— Está tudo bem.

— É o balanço duro da carroça, fia — explicou dona Josefina, enquanto acendia o fogo entre pedras para esquentar o almoço.

Rossiani pegou algumas cobertas e arrumou um lugar para Nicolle descansar. Quando olharam em volta, dona Josefina havia desaparecido. Passado certo tempo, Rossiani decidiu que a irmã deveria se alimentar, pois a comida já estava aquecida. Serviu-a e serviu-se em seguida, pelo fato de a senhora estar demorando. Nicolle, bem preocupada, perguntou:

— Para onde estamos indo?

— Não faço a mínima idéia, Nicolle.

— Nunca senti tanto medo — confessou. — Só aceitei essa aventura por desespero. Porque vi nos olhos do Douglas uma frieza, algo mesquinho, miserável... Não dá pra descrever. Ele se transformou em um monstro! Seria capaz de me matar! Nunca senti tanto medo!

— Ele ainda é capaz de matá-la — afirmou Rossiani em tom piedoso. — Pode fazer isso por pura vingança de ter sido tão humilhado. Parece que Douglas nunca fracassou na vida e não quer perder o domínio de qualquer situação. — Breve pausa e comentou: — Não sei explicar, mas sempre senti algo muito ruim perto dele. No início achei que fosse implicância minha, mas com o tempo isso ficou mais forte.

— Se eu tivesse te ouvido em vez de brigar... Quando quis me tirar daquela fazenda... Como fui estúpida! Sabe... eu o amava, era capaz de qualquer coisa por ele. Acreditava em tudo o que me dizia. Eu estava cega! *Dio Santo!* Como pode ser isso?!

UM DIÁRIO NO TEMPO

— Destino. Não se pode mudar o destino, minha irmã.

— E os meus filhos, Rossiani? — perguntou chorando. — O que será de mim?!

— É Deus quem determina, Nicolle. Não fique aflita — disse afetuosa e acariciando-a. — Esse choro pode fazer mal para o filhinho que está esperando.

— Quem eu nunca acreditei que pudesse me ajudar na vida, hoje é o nosso único amparo — admitiu chorosa. — Nunca valorizei a dona Josefina, agora... Que Deus me perdoe por isso. — Minutos se passaram e indagou, olhando os animais a rodeá-la: — Rossiani, e esses cachorros? Trouxemos comida suficiente? E se demorarmos para chegar a... ...sei lá aonde?!

— Num se preocupa com eles, fia — avisou a senhora que retornava. — Esses cachorro é nossa segurança, dispois da ajuda de Deus nosso Pai! Mulhé seguindo viagem sem home, qui nem nóis tamo fazendo, pricisa de proteção. Esses cão pode comê o resto que dé pra eles e si tiver fome ainda, eles vão caçá. Num si preocupe — Enquanto explicava, dona Josefina tirava de dentro de um cesto alguns peixes frescos.

— Onde a senhora arrumou isso? — surpreendeu-se Nicolle.

— Ora! No ribeirão tá cheio deles, ué! — falou com graça. — Só qui eu tive qui i lá pra cima, proque ocês duas num param de fala! Era o maió trê-lê-lê! E isso espanta os peixe — riu a senhora com jeito maroto.

— Mas conversamos tão baixinho! — admirou-se Nicolle. Em seguida comentou: — Dona Josefina, nós já comemos. Esses peixes vão estragar e cheirar mal se guardarmos até a noite.

— Ocê nem parece qui foi criada na roça, menina! — riu a senhora com gosto.

— Vamos limpá-los e salgá-los, Nicolle — explicou Rossiani que também riu. Nicolle sorriu com jeito encabulado e foi ajudar.

Sem demora, tudo estava novamente preparado e elas continuaram a viagem. Passaram por caminhos desconhecidos, totalmente, pelas italianas. Lugares de difíceis acessos para a carroça que, mesmo com a ajuda dos outros cavalos, precisou ser descarregada para os cavalos poderem tracioná-la, sendo carregada novamente depois de passar pelos trechos escarpados.

Elas, além da caminhada a pé, tiveram muito trabalho antes do cair da noite.

Às margens de um rio, em um lugar onde formava uma pequena lagoa de água corrente, acamparam.

— Num acende o lampião pra ninguém vê a gente. Vamo fazê tudo rápido proque vai escurecê loguinho! — aconselhou dona Josefina.

Apesar do corpo raquítico, a senhora era bem ágil, arrumando tudo com muita destreza. Rossiani, também eficiente, tirou os cavalos dos varais da carroça a fim de eles descansarem e pastarem amarrados com longas cordas e livres dos pesos.

Em determinado momento, dona Josefina parou à beira da água e ficou com o olhar perdido, parecendo muito sensitiva. Algo a incomodava.

Virando-se, improvisou as camas bem próximas, decidindo que deveriam fazer o máximo de silêncio, comer rapidamente a farofa com carne-seca que restou e se deitarem sem acender qualquer tipo de iluminação como fogueira ou lampião.

Bem quietos, os cachorros se acomodaram ao redor delas, tão próximos que Nicolle acariciou um deles por boa parte da noite.

Mal havia clareado e dona Josefina estava cozinhando uma galinha em um caldeirão posto ao fogo, quando Rossiani surpreendeu-se e um tanto assonorentada comentou:

— Não vi a senhora se levantar. Nossa! Que cheiro bom!

— Tô preparando nossa cumida, fia — avisou sorrindo.

— Comeremos galinha com farofa agora cedo? — tornou com simplicidade.

— Não. Isso aqui é pro armoço. Pra agora tem café di onte qui guardei no litro, mas já tá quenti, tem pão meio duro e peixe frito. Ah! E tem quejo, também! É uma fartura, sabia? — falou bem-humorada.

— Sim... — sorriu generosa. — Eu sei.

A viagem enveredada entre montanhas, vales e rios, vegetação abundante e caminho de terra hostil, não foi nada fácil. O terreno repleto de obstáculos, lamaçais e atoleiros pelas chuvas, impedindo-as, muitas vezes, de prosseguir, tornou demasiadamente desgastante, principalmente para Nicolle que, mesmo grávida, não se isentava de ajudar a puxar os animais ou empurrar a carroça.

As irmãs não sabiam onde estavam, mas dona Josefina parecia conhecer muito bem toda aquela região, pois avisava antecipadamente onde encontrariam um rio ou lugar seguro para descansarem ou passarem a noite. Apesar das dificuldades, o caminho era seguro.

Quase num fim de tarde, do alto de um morro, ainda na trilha íngreme, dona Josefina parou, alargou o sorriso no rosto de aparência sofrida e disse:

— Chegamo, meninas! Óia lá embaixo aquela casinha branca.

— Quem mora ali? Onde estamos? — perguntou Rossiani, ofegante por seguir a pé e ao lado dos animais para não cansá-los, como dona Josefina também fazia.

— Tamo em Mogi das Cruzes[6] aquela é a casa da minha fia! — falou satisfeita.

Nicolle sorriu e mal podia acreditar. Apesar de sentada na carroça, as condições pelas quais passaram foi extremamente desgastante.

A notícia animou-as, dando-lhes forças para acelerarem os passos.

Aproximando-se do terreno bem cercado, cujas madeiras da varanda e das cercas caiadas de branco, davam um toque especial destacando a relva bem verde, enchiam de alegria aqueles corações tão sofridos.

A casa, de tamanho moderado, era simples. Entretanto rica de cuidados caprichosos que transmitiam harmonia e felicidade.

Na distância em que estavam, elas já podiam ver as redes de balanço estendidas na larga varanda como se representassem um convite para o descanso. A chaminé fumegante denunciava alguém preparando o jantar.

Parecendo adivinhar que haviam chegado ao destino, os cães dispararam na frente, latindo alto, anunciando a aproximação das visitantes.

Atraída pelo barulho dos animais, uma mulher morena saiu à porta secando as mãos em um pano bem alvo e, com modos curiosos, posicionou-se para reconhecer quem chegava.

Sem demora, ela jogou o pano para o lado e correu de braços abertos, sorrindo, chorando e gritando incrédula:

— Mãe!!! É a senhora mamãe?!!!

---

[6] (N.A.E. - Há uma controvérsia sobre a grafia da palavra de origem indígena que faz parte do nome desta cidade. Na ortografia da língua portuguesa, prescreve-se o uso da letra "j" para palavras de origem tupi-guarani. Assim, tanto o dicionário *Houaiss* como o IBGE usam a grafia *Moji*. No entanto, historicamente, o uso mais comum, apoiado pela administração pública – que tem tradição histórica de desrespeito à ortografia correta dos topônimos, ou seja, nome próprio de lugar – é Mogi para o nome da cidade. A palavra Mogi/Moji vem do original Tupi *M'Boiji* ou *M'Boîj* – Rio das Cobras, referindo-se ao rio Tietê que cruza o município. Através dos anos a grafia foi alterada para *M'Boiy*, para *Boigy*, depois para *Mogy*, *Moji* e finalmente para Mogi.)

Eliana Machado Coelho/Schellida

Dona Josefina apressou-se mesmo com os passos mancos, vacilantes e cansados. Estendendo os braços frágeis, dominada por intensa emoção envolveu-se num caloroso abraço com sua filha.

Abraçadas, choraram de felicidade, amor e alegria ao mesmo tempo que sorriam e se tocavam como se quisessem ter a certeza daquele encontro, valor e sentimentos que não se podem aquilatar ou comparar.

Secando as lágrimas, dona Josefina perguntou:

— Ocê viu? Eu trusse a Nicol e a Rossiani, comigo.

Irene correu alegremente para cumprimentá-las e ajudou Nicolle a descer da carroça.

— Quanto tempo!!! — disse Rossiani.

— Que saudade!!! — expressou-se Irene emocionada.

— Como vai, Irene? — perguntou Nicolle mais animada.

— Bem! Graças a Deus! Mas... Nossa! Que surpresa mais agradável! — admitiu Irene.

— É fia, faiz tanto tempo qui a gente num si vê! — Voltando-se para as irmãs, dona Josefina comentou: — A minha Irene era mocinha e ajudou a tomá conta di ocês duas quando a dona Sofia teve nenê.

— Nossa irmã Danielle! — lembrou Nicolle.

— Ela nasceu por essas mão! — disse a senhora com emoção, olhando as mãos calejadas. — Ocê lembra, né, Irene?

— É lógico que lembro!

— Eu recordo sempre o dia em que um senhor foi tratar de negócios com o meu pai e levou o filho junto. Era um moço jovem que se encantou por você, Irene — contou Rossiani. — Você cuidava das coisas lá em casa e foi servir um café para eles. O rapaz a seguia com os olhos... Não consigo me esquecer daquela cena! Foi tão romântico!

Depois de rir gostoso, Irene comentou:

— Ah!!! Você ainda se lembra disso?! — Espirituosa, riu ao detalhar: — Depois, enquanto o meu futuro sogro e seu pai conversavam, ele me procurou, perguntou meu nome, apresentou-se como Dirceu e queria saber se eu era compromissada! — Irreverente, com jeito maroto, completou gesticulando de modo engraçado ao apontar para si mesma: — Logo de início, eu vi que ele gostou da mulatona aqui! Mas como eu poderia acreditar que aquele branquelo falava sério?! — gargalhou. — Então, o Dirceu, pediu que eu o esperasse. Disse que iria falar com o seu pai e voltaria para nos compromissarmos! — gargalhou prazerosamente.

— Oh, fia... — interrompeu dona Josefina. — Num dá pra nos recebê primeiro, dispois ocê conta. Tamo tão cansada, qui só! A Nicol tá di barriga... Se sabe como é...

— Gente do céu!!! Perdão!!! — assustou-se Irene pela distração. — Venha! Vamos lá pra dentro comer algo, descansar...

No interior da casa, onde tudo era bem limpo e organizado, Irene chamou:

— Olga, Dulce e Sofia! — Ao dizer o último nome, olhou para Rossiani e Nicolle, explicando: — Uma de minhas filhas se chama Sofia em homenagem à mãe de vocês! Dona Sofia foi tão boa e generosa para mim e minha mãe que eu queria me lembrar sempre dela.

As meninas apareceram com fisionomia de surpresa e curiosidade, só contemplavam as italianas. A mais velha era Olga, com doze anos, Dulce tinha dez anos e Sofia somente seis aninhos.

Encabuladas, as lindas meninas de cor dourada, olhos verdes e belos cabelos ondulados e com cachos nas pontas, ficaram na expectativa e Irene anunciou com euforia:

— A vovó Josefina está aqui!!!

Ao olharem para o canto, gritaram alegres e correram em direção da avó para abraçá-la. Olga e Dulce, as mais velhas, eram pequenas quando viram a avó pela última vez, mas se lembravam dela. Sofia, no entanto, não se recordava.

Não havia como descrever a felicidade de dona Josefina que chorou ao abraçar as duas netas mais velhas e beijá-las o quanto pode, enquanto as acariciava. Até que, olhando a doce Sofia parada, sorrindo e aguardando um espaço para se aproximar, a avó estendeu-lhe a mão e a colocou no colo.

— Oh, Deus! Qui bênção o Sinhô ter mi dado netinhas tão lindas!!!

Após duradoura troca de carinho entre avó e netas, Irene apresentou as filhas para Nicolle e Rossiani, pedindo gentilmente em seguida:

— Olga e Dulce, façam um favor pra mamãe. Preparem o banheiro que elas precisam de um banho. Estão cansadas da viagem. Peguem toalhas limpas e coloquem perto o pano no chão perto da banheira que eu já vou encher com água bem quentinha. A Nicolle está esperando bebê e precisa de boa acomodação e descanso.

Eliana Machado Coelho/Schellida

— Não quero dar trabalho, Irene — disse Nicolle com voz fraca. — Podemos tomar banho com água fria mesmo. Só queremos tirar essa sujeira do corpo.

— Imagine! Que trabalho, o quê?! O Dirceu colocou uma engenhoca que chamam de serpentina. É um tubo cheio de curvas que fica aqui por dentro do fogão de lenha. Dentro do tubo passa a água que vai pra pia da cozinha e para aquela banheira velha. A água esquenta tanto a ponto de ferver! Tenho que misturar com água fria que vem de outro cano ou a gente se queima. — Sempre risonha, avisou: — Vou lá temperar a água primeiro para a Nicolle, ela precisa de sossego.

Acomodada na banheira e submersa na água quente, Nicolle fechou os olhos e por pouco não adormeceu pela exaustão. Num sobressalto, respirou fundo recordando-se de que sua irmã e dona Josefina também precisavam se banhar. Procurando ser rápida, Nicolle passou a se esfregar com repulsa como se quisesse arrancar de sua pele os carinhos de Douglas, pois não conseguia deixar de pensar em tudo o que aconteceu entre os dois.

Com o coração transbordando de arrependimento, angústia e mágoa, Nicolle chorava à beira do desespero. Sentia vontade de gritar. A lembrança dos seus dois filhos que precisou abandonar quase a enlouquecia. Ela não ouviu os conselhos de sua irmã, se o tivesse feito desde o começo de seu romance com Douglas, talvez nada daquilo acontecesse. Houve uma mudança brusca em sua vida e outras ainda estariam por vir.

Enquanto acariciava o ventre imerso na água morna, às vezes, chegava a pensar se tudo aquilo foi mesmo preciso.

* * *

Ao mesmo tempo que Nicolle tomava um banho, dona Josefina e Rossiani colocavam Irene a par de todos os acontecimentos desencadeados de maneira tão rápida e necessária das três que, sem alternativa, chegaram até ali.

Irene, indignada com a situação, protestou enervada:

— Que crápula! Nojento!

— É um pobre coitado, fia — argumentou dona Josefina. — Ele pensa qui tem todo podê du mundo. Mas é mais pobre qui nóis. Só qui quando discobri será tarde. O Coitado vai arrependê tanto!...

174

UM DIÁRIO NO TEMPO

— O Douglas se favorece pela influência e pelas amizades que tem — lembrou Rossiani lamentosa. — Com o atual governo nós não temos direitos nem podemos fazer nada contra ele! Para ter condições e ser capaz de registrar os filhos em seu nome e no nome da esposa, é porque tem muita influência! — Rossiani fez breve pausa e concluiu entristecida: — Sempre achei que ele exercia uma influência muito grande sobre Nicolle, um domínio... Ele era bem possessivo com ela, mas disfarçava enganando a ela e a todos com facilidade.

— Foi pur'isso qui aconselhei pra gente sumi dali, mia fia — tornou dona Josefina. — Esse home é tão doido por sua irmã qui tá caçando a gente feito bicho. Ele prefere vê sua irmã morta do qui ficá sem ela. Foi moço criado tendo tudo o qui qué! A mãe dominô ele. E tudo, tudinho qui ela manda, ele faiz. A mulhé é sangue ruim, Virge Maria!!! — disse fazendo o sinal da cruz. — É traiçoeira e tem pacto cum o que num presta! Ela tá tentando sabê onde é qui é qui nóis tamo.

— E ela pode descobrir?! — assustou-se Rossiani, questionando rápido.

— Ora...! Vim rezando pra Virge Maria, pra Nosso Sinhô Jesus Cristo, pra Deus Pai Todo Poderoso por esse caminho afora! Pra cubrirem a gente cum um manto invisíver e ninguém nos achá, pra protegê a Nicol que tá com nenê na barriga e ninguém passá mar. O caminho foi difíci, mas chegamo intera! — Poucos segundos de silêncio reflexivo e desfechou: — Num dianta ficá fazendo coisa ruim em pensamento ou pedindo pra espírito. Ninguém pode mais qui Deus. E Deus é bom, é justo e ama a todos os Seus fio.

Um barulho anunciou a aproximação de Nicolle e o assunto se encerrou.

— Desculpem a minha demora no banho.

— Não se preocupe, Nicolle! — animou-se Irene. — Vou preparar outra água para a Rossiani...

— Não! É a vez da sua mãe — afirmou Rossiani.

— Eu sempre fico pur úrtimo, fia. Demoro dimais. Vixi!

Irene se retirou, e Rossiani, olhando melhor para sua irmã, perguntou cautelosa:

— Você chorou, Nicolle? Seus olhos estão vermelhos.

Fugindo-lhe do olhar, Nicolle respondeu titubeando:

— Acho que... ...foi o sabão. Deve ter caído nos olhos, quando enxagüei o cabelo...

Eliana Machado Coelho/Schellida

Animada, uma das filhas de Irene, Dulce, pediu com jeitinho à Nicolle:

— Tia, seu cabelo é tão bonito! Deixa eu pentear, deixa?

— Sim! É Claro! — concordou Nicolle.

— Então sente aqui — tornou Dulce gentil e colocando uma cadeira de costas para o fogão a lenha, com o intuito do calor do fogo ajudar na secagem, imitando o que sua mãe fazia com elas.

As meninas duelavam sutilmente para pentear os longos e bonitos cabelos de Nicolle, quando Irene surgiu e avisou:

— Vá, Rossiani! Seu banho está pronto! — Olhando para suas filhas, repreendeu-as: — Mas o que é isso?!

— Mas, mãe! Eu pedi primeiro! — reclamou Dulce.

— Então a Dulce penteia os cabelos da Nicolle e, depois que eu sair do banho, a Olga penteia os meus, certo? — falou Rossiani acalmando a situação.

— E eu, mãe? — reclamou a pequena Sofia.

— ...os da vovó! Sim! Claro! — resolveu Irene rapidamente. — A vovó precisa de muito carinho!

— Pra esse pixaim aqui num tem pente!... — gargalhou dona Josefina com gosto.

— Mas eu penteio com carinho, vovó! — animou-se Sofia com meiguice.

* * *

Depois de servida uma saborosa refeição, elas se reuniram na varanda da casa esperando a chegada do marido de Irene.

Rossiani e Nicolle silenciosamente reparavam todos os detalhes e caprichos existentes naquela casa que parecia tão humilde. As toalhas feitas com tecido grosseiro típico para ensacamento de farinha, eram extremamente brancas, com contorno de crochê e bordados nas laterais. Os alumínios bem areados espelhavam nas prateleiras delicadamente enfeitadas com bordas de crochê feito com linha branca. Apesar do fogão a lenha, não havia poeiras ou cinzas sobre os móveis nem picumãs — substância preta produzida normalmente pela fumaça — incrustadas nas paredes, telhas ou cano da chaminé.

Educadamente Rossiani perguntou à anfitriã:

— Irene, não estamos aqui para reparar, mas é impossível não perceber a limpeza desta casa! O capricho em cada detalhe! Só me lembro de uma casa assim antes de meus pais irem para a Itália. Minha mãe trazia a casa desse jeito.

Como sempre, primeiro Irene riu gostoso. Daquelas risadas cristalinas e contagiantes que poucos sabem ofertar com vibrações repletas de alegria. Depois explicou:

— Aprendi a ser caprichosa com sua mãe, a dona Sofia. Trabalhei para ela tempo suficiente para saber que, quando queremos algo temos de ser firmes, enérgicos com a gente mesma para termos o que queremos. Cuidar de uma casa e deixá-la como queremos e gostamos se torna fácil. Uma vassoura feita de mato limpa as telhas tirando os picumãs e as teias de aranha, gosto de caiar as paredes sempre porque, além de bonito, não criamos bichinhos nos cantos e buraquinhos. Arear os alumínios que usamos é um gosto! E, como você pode ver, as toalhas de banho, de mesa, os lençóis e muitas de nossas roupas são feitos de pano de sacos de farinha, apenas bordamos e fazemos uns biquinhos de crochê que sua mãe me ensinou. A dona Sofia sempre dizia que "fazendo um pouco por dia, a gente não se cansa e o serviço não acumula". Aprendi muito com sua mãe! Tudo o que eu a vi fazendo em sua casa, faço na minha.

— Nem todos são assim como você. Muitos se acomodam e só reclamam da vida — ressaltou Rossiani como um elogio e lembrando-se das cunhadas que não se esforçavam.

— Sabe, Rossiani, pra mim, muitas vezes, a reclamação é sinal de inveja. E a inveja e a preguiça são atrasos de vida! Tenho muita gratidão pelos seus pais por tudo o que eu e minha mãe aprendemos com eles. Seus pais nos acolheram. Nunca nos sobrecarregaram com serviços nem nos trataram como escravas, como muitos fazem até hoje por causa da nossa cor. Eles nos deram serviços honestos, nos ensinou a trabalhar corretamente e nos ofereceram moradia e comida. Nunca abusaram de nós...

Hoje tenho seis filhos, daqui a pouco os meninos chegarão junto com o Dirceu, mas eu e o meu marido ensinamos a todos que é a dignidade e o bom caráter que nos fazem melhores.

— Nem sempre encontramos pessoas que reconhecem nossa dignidade e bom caráter — lamentou Rossiani.

Eliana Machado Coelho/Schellida

— Ah! Mas Deus registra tudo, Rossiani. Acredite! Devemos agir com bom senso e moral, não reclamando nem em pensamento sobre o que nos acontece. Às vezes são males necessários. A vingança ou mesmo só as idéias de vinganças são um grande atraso de vida, atrai doenças, mostra a falta de fé em Deus e afasta as coisas boas de nossos caminhos. Só enxergamos os espinheiros e a sujeira. — Rindo, lembrou brincando: — Se não tirarmos os picumãs das telhas, não caiarmos as paredes depois de tapar todos os buraquinhos, não limparmos a casa, seremos vítimas de várias doenças e até do bicho barbeiro. Então a culpa por tantos males será nossa, pelo desleixo, pela preguiça... não será pela vontade de Deus.

A essa altura dona Josefina cochilava profundamente em uma rede na varanda, enquanto Nicolle revolvia os pensamentos sem prestar atenção na conversa.

Não demorou muito tempo e Dirceu, o marido de Irene, chegou junto com os três filhos mais velhos: Murilo, Odair e Adalton.

Uma alegre surpresa foi demonstrada pelo dono da casa e pelos três jovens altos, esbeltos, olhos claros e cabelos cacheados que iluminavam os lindos rostos com belo sorriso cujos dentes perfeitos pareciam com os da mãe.

Após os demorados cumprimentos e alguns comentários sobre a aparência dos filhos, Irene gargalhou ao dizer:

— Esses três traidores só quiseram copiar os meus dentes, o resto é tudo do pai. Ninguém acredita que essa mulatona aqui é mãe desses três branquelos! Pode isso?!

Os jovens ficaram encabulados pela presença de Rossiani e Nicolle, achegando-se à avó que os abraçava.

— Eu não imaginava que esses meninos já estivessem desse tamanho! — surpreendeu-se Nicolle mais atenta. — Como cresceram rápido!

— Não, Nicolle, eles cresceram normalmente. Nós é que envelhecemos rápido e não vimos o tempo que passou — disse Irene sempre rindo. — Esses marmanjões já deveriam estar casados! Eu já deveria ser avó! — reclamou brincando. — Mas vivem socados lá na olaria do pai, dizendo que estão trabalhando e não saem para conhecer alguma moça prendada, bonita...

— Ora! Não exagere — disse Dirceu com tranqüilidade. — Meus meninos trabalham sim. Eles dão um duro danado. Aliás, eu já estive pensando no caso deles trabalharem só metade do dia para retomarem os estudos.

— Os rapazes, que estavam agachados perto da avó, entreolharam-se parecendo não aprovar a idéia. Com simplicidade, Dirceu continuou: — Aquela olaria é nosso ganha-pão. Mas acho importante eles estudarem para serem gente na vida... Virarem doutores! Não acham?

— Sem dúvida! — incentivou Rossiani. — Não percam a oportunidade de estudar.

— Isso mesmo! — acrescentou Nicolle com seu forte sotaque. — Eu não quis saber de escola e achei que mulher não precisava disso. Hoje sei o quanto isso me fez falta. Mal aprendi a escrever meu nome e só por insistência da Rossiani. Só sei isso. Nem o nome de um remédio eu sei ler, nem anotar a hora para tomar o dito remédio eu sei.

— Já pensou eu ter três doutores em casa?! — alegrou-se Dirceu.

— Toma jeito, homem! Porque esse machismo todo? Primeiro, os filhos não são só seu, são nossos! Segundo, podemos ter três doutores e três doutoras, não é?! — alertou Irene sempre com seu jeito espirituoso.

— Mas é que eles são bem mais velhos que as meninas, meu amor... — encabulou-se Dirceu justificando.

— Vai tomar banho, vai Dirceu! E vocês três também! — disse Irene com seu jeito engraçado. — Vou é arrumar as camas para elas descansarem — desfechou animada ao se levantar e ir para outro cômodo junto com o marido, abraçando-o.

11

Fuga desesperada

A harmonia entre Irene e Dirceu era notável. Assim como a disciplina espontânea e a alegria saudável dos filhos obedientes que se favoreciam do exemplo dos pais, aprendendo a transformar a vida simples em valor significativo e incalculável.

Uma aura de felicidade envolvia toda aquela casa.

Na primeira oportunidade, em particular com o seu marido, Irene explicou-lhe o motivo de sua mãe, Nicolle e Rossiani estarem ali. Contou-lhe que elas fugiram não só pela falta de caráter de Douglas, mas, principalmente, por sua tirania e ligação com muitos amigos influentes ou pessoas que faziam parte do alto poder daquele governo. Douglas e seus pais poderiam experimentar de tudo para prejudicá-las, tentar contra a vida de Nicolle ou até conseguirem, através de suas ligações, tomarem as terras com um novo acampamento militar e atos bárbaros.

Enervante sensação de indignação dominou Dirceu por instantes. Preocupado e reflexivo comentou ao final das explicações da esposa:

— Irene, devo confessar, que quando conheci sua mãe, eu não estava acostumado a algumas crendices, mas... Nossa! Depois que vi, com meus próprios olhos, tantas coisas boas que ela fez para várias pessoas!... Ela conhece muitas ervas medicinais que ajudam nos tratamentos de várias doenças. Qual o problema nisso? Principalmente em lugares interioranos onde não se têm médico com facilidade. As pessoas não têm alternativas e se cuidam como podem, com a sabedoria popular. — Irene não disse nada. Breve pausa e Dirceu continuou: — Parei, pensei e entendi que a dona Josefina não faz nada de errado. Ela é chamada de benzedeira, quando na verdade ela só reza pela pessoa e isso é a mesma coisa que os padres fazem, não é? Isso me faz lembrar um ensinamento de Nosso Senhor Jesus Cristo, quando Ele disse que, se nós tivéssemos a fé do tamanho de um grão de mostarda, moveríamos uma montanha. Nosso Senhor não disse que só os chefes e líderes religiosos poderiam ter essa fé tão forte capaz de usá-la para o bem.

— É, mas alguns a consideram uma bruxa — lembrou Irene.

— Jesus disse que poderíamos fazer o que Ele fazia e muito mais, porém existem muitas pessoas pobres de fé ou orgulhosas o suficiente para não admitirem o que uma outra é capaz.

— Mas a minha mãe sente... ou... vê as coisas antes de acontecerem, entende?

— Sim. Mas na Bíblia Jesus Cristo fez previsões! Os profetas fizeram previsões! E isso não é o mesmo que ver as coisas antes delas acontecerem?

— É verdade, mas muitos não entendem isso — tornou a esposa.

— Agora eu entendo! Já convidamos tantas vezes a sua mãe para vir morar aqui com a gente e ela nunca aceitou. Sabe... cheguei a ficar um pouco chateado por causa disso, mas hoje eu compreendo muito bem! A dona Josefina sabia que teriam muitas dificuldades naquele sítio e, por ser tão bondosa e justa, queria retribuir ao seu Angello e à dona Sofia tudo o que eles fizeram por vocês.

Nunca vou me esquecer, Irene, o quanto eu e meu finado pai devemos ao seu Angello, quando a nossa olaria passava pela maior dificuldade. Além de arrematar nossas telhas e tijolos, pagando em dinheiro vivo, fez propaganda do nosso material por toda a região de Jundiaí, foi onde tivemos vários pedidos. Nós já íamos fechar por falência! Mas trabalhamos com determinação, fizemos as encomendas e o seu Angello, para nos ajudar, fez o transporte do material daqui de Mogi das Cruzes até lá pros lados de Juquitiba. Nós já tínhamos vendido o caminhão por tantas dificuldades e um caminhão de aluguel ficaria bem caro. E sabe quanto cobrou por isso? — Sem aguardar, o próprio Dirceu respondeu: — Ele disse que depois descontaríamos em algum material que precisasse. O pagamento dessa dívida ficou só na palavra.

Eliana Machado Coelho/Schellida

Mas nesses anos todos nunca pediu qualquer material, mesmo sabendo que eu e meu pai nos "levantamos" e a olaria tinha crescido.

— Minha mãe me contou que o seu Angello comprou tudo aquilo para construir a casa dos empregados e fazer os poços — disse Irene.

— É... Eu sei. Mas arrumar mais clientes, transportar o material sem cobrar e sem nem ao menos nos conhecer direito... Se nós não perdemos tudo, foi graças a ele. Não tem como pagar esse homem. — Com voz embargada e meio sorriso, talvez por saudade, Dirceu confessou: — E eu ainda ria dele porque quase não entendia nada do que falava.

— E então? — perguntou Irene mais séria: — O que vamos fazer?

— Ora, mulher! Nem precisa perguntar! A casa tem espaço pra todo mundo. Nossa família aumentou sem que esperássemos, mas, apesar da simplicidade, temos como acomodar todo mundo. Sempre quis a sua mãe aqui. — Rindo, avisou: — Sempre quis tias para as crianças e as filhas do seu Angello são ótimas para dar conselhos e atenção. Você viu como elas incentivaram os meninos a estudar para "virarem gente"? — Sem esperar uma resposta, continuou: — Faço questão que fiquem! Quero que o filho de Nicolle, o neto do seu Angello, nasça aqui! Vamos ajudá-las em tudo, assim como nos ajudaram, e olha que ficaremos devendo. — Um pouco preocupado, revelou sem que Irene percebesse seu tom de brincadeira: — Só tem um sério problema...

— Qual?! — surpreendeu-se Irene.

— Veja se me socorre, quando a Nicolle estiver falando. Não quero parecer mal-educado, mas, às vezes, não consigo entender direito o que ela fala. Nicolle conversa igual ao seu Angello, com um sotaque "puxado"...!

— Ah! Isso não será mais problema. Eu estou acostumada porque vivi com eles por muitos anos! Pode deixar! — disse Irene rindo com gosto, abraçando-o com carinho e verdadeira felicidade.

* * *

Não foi difícil a adaptação de Nicolle e Rossiani com aquela família que as recebeu tão bem, como se fossem parentes consangüíneos.

Como não poderia deixar de ser, Rossiani ajudava Irene em todos os trabalhos. Coisas que antes já estava acostumada a fazer em seu sítio, principalmente o tratamento dos animais, o cultivo da horta e até a manutenção e a limpeza do terreno onde usavam ferramentas pesadas e rústicas como enxadas, rastelos, enxadões e outras.

Nicolle, devido à gravidez, limitava-se as tarefas da casa. As meninas a ajudavam, quando não estavam na escola, e a ensinavam sobre a rotina dos deveres domésticos.

Mesmo parecendo entretida com os afazeres, Nicolle escondia um travo de amargura no coração inquieto, arrependido e revoltado por causa de tudo o que aconteceu com ela e por Douglas ter levado seus filhos.

Mas havia momentos em que se distraía principalmente com a pequena Sofia. A menina, bem esperta e muito à vontade com Nicolle, certo dia perguntou:

— Tia, por que a senhora fala assim tão engraçado?

— É que eu sou italiana. Vim para o Brasil ainda pequena, mas gostava do modo de meus pais falarem. Só conversávamos em italiano lá em casa e, como isso durou muito tempo, hoje fica difícil eu aprender a falar diferente. Não sei ler e mal escrevo meu nome. Sei que falo errado, mas...

— Tia — tornou a pequenina sorridente pela idéia brilhante —, e se a senhora aprender a ler e a escrever?! Vai saber falar direito! Minha mãe diz que quem lê muito fala sempre melhor. Daí a senhora não vai continuar falando assim tão errado e desse jeito engraçado que, algumas vezes, não dá nem pra entender.

— Sofia! — chamou-lhe a irmã Olga com o intuito de corrigi-la. — É feio corrigir as pessoas assim! Que falta de educação! Vou contar para a mamãe.

— Eu gosto da tia Nicolle e não quero que ela sinta vergonha por não falar direito. É mais feio mentir, tá! A mamãe disse que, quando a gente gosta de alguém, temos que avisar o que essa pessoa tá fazendo de errado e ensinar o que é certo. E é isso o que estou fazendo. Acabei de fazer sete anos e estou na escola! — gabou-se a garotinha com inocência. — Já sei ler e escrever algumas coisas!

— Ela tem razão, Olga — interferiu Nicolle sorridente, ao perceber que a outra iria replicar. — Eu deveria ter ido para a escola junto com a minha irmã. Assim como a mãe de vocês fez. Mas, não!... Fui idiota, tive preguiça e perdi a oportunidade. Agora não tenho jeito. A Sofia tem razão, vou passar vergonha por falar errado e porque quase ninguém me entende direito, quando falo rápido.

Eliana Machado Coelho/Schellida

— Nunca é tarde, tia — considerou Olga com olhos brilhando. — Quer que eu ensine a senhora a ler e a escrever?!

Nicolle gargalhou gostoso comentando sob o efeito do riso:

— Mas eu estou velha pra aprender! Só criança aprende rápido! Eu daria muito trabalho!

— Ah, tia! Eu posso tentar! Já estou no ginásio! Na sexta série! — envaideceu-se Olga. Explicando: — Quero ser professora e a senhora pode ser minha primeira aluna!

A princípio Nicolle encabulou-se, mas depois acabou concordando, talvez para satisfazer a adorável menina repleta de sonhos e planos para o futuro.

Isso contribuía para o aprendizado de Nicolle ao mesmo tempo que a distraía, uma vez que, enquanto se ocupava com essa atividade, ficava menos deprimida com as recordações de seu recente passado pesaroso.

* * *

Apesar de todos os esforços para encontrar Nicolle, mesmo com todos os meios possíveis utilizados por conta de sua influência, Douglas não a encontrou nem tinha qualquer noção do lugar onde ela poderia estar. Enfurecido, não desistiria. Seria uma questão de honra achar Nicolle, Rossiani e a senhora Josefina que o afrontou envergonhando-o e empreendendo a fuga daquela forma tão ousada, não deixando qualquer rastro. Além disso, não permitiria que a bela italiana fosse embora esperando um filho seu. Apesar do tempo que passava, Douglas fazia tudo para prosseguir com as buscas.

Enquanto isso, em sua magnífica mansão, Douglas e Gorete viviam momentos infernais pelas constantes brigas do casal.

De acordo com as afirmações de dona Josefina, havia dias Gorete confirmou que estava grávida. Naquele momento, ela exigia satisfações de Douglas e dona Vitória sobre a pequena menina de sete meses levada, repentinamente, para aquela casa após receber alta do hospital. Gorete sabia da traição do marido, porém jamais poderia imaginar que a linda garotinha era filha de Nicolle e Douglas. Mas isso não foi revelado naquela ocasião.

A esposa de Douglas estava furiosa e com modos inquiridores. Impertinentemente queria explicações, mas o marido virou-lhe as costas e se retirou com a filha nos braços indo à procura de uma empregada para cuidar da menina. Entretanto, dona Vitória prepotente e fazendo prevalecer sua autoridade, determinou que a nora se calasse e a ouvisse sem dar uma única palavra.

Intenso rubor fervilhou o rosto de Gorete que, contrariada, emudeceu. Um ódio indescritível corria-lhe nos pensamentos. Acreditava que a sogra seria submissa à suas vontades, afinal, dona Vitória mudou extraordinariamente desde que passou a fazer parte da mesma seita que ela. Mas não. A sogra era opressiva e abusava de seus poderes como dona daquela casa.

— Ouça bem, Gorete — iniciou dona Vitória secamente e com grande imposição —, o nome dessa linda garotinha é Flávia. Ela tem sete meses. E, Flávia, é minha neta.

— Como assim?!!! — interrompeu a nora num grito.

— Escute!!! — berrou a sogra, espremendo os olhos miúdos ao encarar Gorete. — A Flávia já foi registrada como sendo sua filha e do Douglas. Como sempre, demos um jeito para a Certidão de Nascimento ter a data exata de seu nascimento. Já que a menininha tem sete meses, nada deixará dúvidas dela ser sua filha, pois você está grávida de poucos meses. Pode ficar tranqüila, porque, em nosso meio social, eu cuidarei de dar satisfações. Todos entenderão e...

— A senhora é louca?!!! — Olhando para a criança com desprezo e feição enojada, vociferou: — Não vou criar os filhos bastardos do Douglas!!! Não vou permitir que interfiram na herança que pertence aos meus filhos!!! Vou desmentir essa história repugnante ao denunciar o Douglas e a senhora por usarem o meu nome para um documento...

Interrompendo-a de imediato, mas com uma qualidade irônica no efeito da voz tranqüila, dona Vitória perguntou sorridente:

— Vai nos acusar para quem, Gorete? Você é quem quer ser considerada louca, não é? — Gorete empalideceu e ficou em silêncio, enquanto dona Vitória continuou rodeando-a enquanto falava: — Primeiro você começou com a história absurda de que não teve gêmeos, agora quer denunciar uma filha que teve há cerca de sete... quase oito meses... — Jogando a mantilha nos ombros, considerou em tom desafiador: — Esqueceu-se de quem somos, dos contatos que temos e que a insana aqui certamente será você ao tentar nos desmentir. O doutor Moacir é nosso médico de família há

Eliana Machado Coelho/Schellida

anos! Aliás, não só nosso médico de confiança, mas médico de confiança de muitas pessoas e famílias bem, mas bem influentes. Sabe... de repente meu filho pode ficar até viúvo novamente. Seria lamentável para um casal que se entende tão bem e com tantos filhos... Entendeu... minha querida? — sem aguardar, deu de ombros, retirando-se imediatamente.

Lançando um rápido olhar enfurecido em direção do cômodo em que a sogra adentrou, Gorete estremeceu de raiva. Sentiu seu peito rasgar como se uma flecha chegasse ao seu coração.

"Miserável!!! Velha desgraçada!!!", gritava em pensamento. "Espere e verá do que eu sou capaz! Estou cansada de tanta farsa! Não se esqueça, sua bruxa, de que eu sou a única que tem poder para acabar com você, sua miserável!"

Refletindo sobre as palavras de dona Vitória, Gorete sentiu-se ameaçada. Lembrou-se de que a primeira esposa de Douglas morreu ali, naquela casa, ao dar à luz.

Certamente Telma não concordava com todo aquele império de poder que ostentavam à custa da amizade com pessoas influentes e por interesses. Além disso, Telma poderia ter descoberto o grupo de adeptos daquela seita com seguidores cegos, fanáticos pelos sistemas e normas que se ligava ao poderio de espíritos extremamente voltados ao mal.

Ela não deveria ser submissa, por isso suas opiniões e atitudes custaram-lhe a vida.

Gorete não conseguia deter os pensamentos velozes e recordou de seus filhos gêmeos. Sabia que tudo aquilo tinha sido planejado. Rogério não era seu filho, mas acabou suportando a situação, até porque algo enterneceu seu coração depois tê-lo aconchegado ao peito várias vezes. Arrependeu-se de pensar em tentar contra a vida do inocente. Porém aceitar aquela menina, filha bastarda de Douglas, seria demais para sua tolerância. Queria vingar-se. Ver-se livre de Douglas e dos sogros. Assim todo aquele patrimônio e poder ficariam para os seus próprios filhos.

Um ódio monstruoso instalava-se nos sentimentos de Gorete e isso lhe seria muito difícil de harmonizar no futuro.

Começava a sofrer uma espécie de distúrbio de personalidade paranóide. Com os pensamentos confusos, passou a ter a impressão de ser prejudicada pelos que a cercavam o que a levava a sentir-se ameaçada até por uma criancinha. Uma perturbação mental profunda a fazia crer e elaborar idéias fixas e inquestionáveis, mesmo quando a lógica e o raciocínio provavam o contrário. O estressante fanatismo pela conduta religiosa desajustada fazia--lhe crer na certeza de possuir todo o domínio e poder em todos os sentidos, patologicamente inflando o seu ego ou consciente como compensação ao tratamento de submissão e inferioridade recebido de sua sogra.

A conduta moral e o respeito a Deus haviam perdido sentido para ela. Isso aconteceu devido à sua devoção à nova crença espiritual e também às inspirações dos espíritos inferiores apreciadores das trevas, a quem vagarosamente se harmonizava, alterando sua personalidade em um nível de caráter impetuoso, brutal e injusto.

Sombrias idéias lhe rondavam a mente. Aumentava e alimentava planos terríveis a cada dia com desejos de atos cruéis, insanos e hediondos contra a vida da pequena e indefesa Flávia, a filha amada de Nicolle a quem chamava de Renata. Jamais poderia sonhar que sua filha agora teria outro nome.

Lamentavelmente a inocente garotinha, para Gorete, era completamente desprezível e insignificante, mas sabia que deveria ser cautelosa e perfeita, aguardando uma ocasião mais adequada para dar andamento aos seus intentos medonhos, não levantando suspeitas a seu respeito.

Perto de outras pessoas, disfarçando seus verdadeiros intuitos, Gorete dizia-se indisposta pela gravidez e pelos cuidados com os outros filhos, os quais lhe tomavam muito tempo. Essa era a forma de encontrar uma desculpa para não dispensar a devida atenção à delicada Flávia a fim de não se aproximar e apegar-se à menina.

Os dias foram passando e quando dona Vitória estava por perto exigia de Gorete que cuidasse de Flávia, o que a nora fazia de malgrado sem a sogra perceber.

Certa vez, os pensamentos de Gorete rugiam rancor e repulsa enquanto estava confortavelmente acomodada, embalando-se suavemente em uma cadeira de balanço e segurando o pequeno Rogério sentado em suas pernas. Afagava-o mecanicamente ao mesmo tempo que divagava imagens nocivas sobre tramas e façanhas que acreditava devesse fazer.

Somente os empregados encontravam-se em casa. Por estar junto de seus filhos, Gorete deu ordens a fim de não serem incomodados naquele cômodo destinado só às crianças brincarem principalmente quando o tempo não era favorável para ficarem ao ar livre. Apesar do choro insistente da pequena Flávia, abandonada no quadrado num canto desse quarto, Gorete avisou que a menina choramingava por um simples resfriado, mas cuidaria dela, enquanto os outros se divertiam.

Não era verdade. Flávia, com as fraldas molhadas e geladas vazando nas vestes, não conseguia, porém tentava ficar em pé ao agarrar firmemente com as mãozinhas frias nas telas que a cercavam como verdadeira prisão. Sentia fome, Gorete não a alimentou naquela manhã. A roupinha fina não agasalhava o suficiente para aquecê-la. A falta de contato, de um toque carinhoso gerava um forte sentimento de abandono, terror e medo para a menininha. Seu choro já estava fraco, entretanto era perseverantemente doloroso, merecedor de verdadeira piedade. Flávia desejava um colo que a aconchegasse, uma mamadeira com um leite morno, ser aquecida por roupas limpas, queria sua mãezinha...

Do outro lado desse quarto, havia uma televisão ligada com o volume um pouco alto e perto estavam Renata e o irmão mais velho, Igor, disputando alguns brinquedos ao mesmo tempo que se entretinham com os desenhos animados que passavam na TV.

Gorete parecia não ouvir o choro angustioso de súplica da inocente menininha, mas sobressaltou-se, quando Rogério, após se remexer e saindo de seu afago sem ela perceber, dizia algo para a menininha reclusa na minúscula e vazia prisão.

Com fala típica de sua tenra idade, Rogério tentava consolar a verdadeira irmã, dizendo com jeito amável:

— Num sóla. — E num ato de misericórdia e procedimento heróico se considerar a sua idade, Rogério tirou da própria boca a chupeta e tentou colocá-la na boquinha de Flávia, dizendo: — Tó a pepeta, tó! Num sóla não, nenê.

Gorete ficou paralisada com a cena.

Flávia, com coriza e lágrimas molhando seu delicado rostinho, engatinhou. Achegou-se perto do irmão e, apesar do choro sufocado e repetitivos soluços, aproximou a boca da chupeta oferecida e a pegou sugando-a com força. Ajeitando-se mais próximo da tela que os separavam, ela segurou uma das mãos de Rogério que colocou o outro braço no interior do cercado e continuou a falar, mesmo enrolado, para acalmar a garotinha. Intuitivamente ele acariciava a cabeça da irmãzinha que diminuiu o choro, mas ainda soluçava pela carência e outras necessidades de cuidados.

Entidades amigas, de considerável elevação, envolviam Rogério a fim de tentar despertar a compaixão em Gorete.

Olhando com expressiva tristeza para Gorete, Rogério pediu em tom melancólico:

— Pega a nenê, mamãe, pega. Pega pra ela num solá mais.

Aturdida pela energia espiritual recebida e pela surpresa com o comportamento de Rogério, ela caminhou alguns passos, inclinou-se e estendeu os braços pegando Flávia no colo.

Recostando seu delicado rostinho em Gorete, essa percebeu que a menina estava bem febril.

— Nossa!!! — assustou-se. — Você está ardendo em febre!!!

Temendo que alguém chegasse e encontrasse Flávia naquela situação negligente, de total desleixo, rápida, Gorete cobriu a menina com pequena manta para não verem seu estado e, com ela nos braços, chamou uma das empregadas pedindo que tomasse conta das crianças ali, pois Flávia encontrava-se febril.

Levando-a imediatamente para o quarto, banhou a menina, agasalhando-a como deveria.

Nesse momento dona Vitória chegou. Procurando pela nora, achou-a tentando fazer com que Flávia tomasse a mamadeira. Ao vê-la, Gorete explicou parecendo preocupada:

— Ela não quis comer nada! Nem quer a mamadeira! Acho que está com febre.

— É lógico que esta menina está com febre!!! — vociferou dona Vitória após encostar a mão na testa de Flávia.

Em pouco tempo a senhora pegou a menina no colo e saiu às pressas dando ordens à Gorete e ao motorista para que fossem levadas à clínica do doutor Moacir.

O médico atendeu Flávia com prioridade, medicando-a o quanto antes. Depois, enquanto a menina se recuperava, o doutor Moacir conversava com Gorete:

— Não se preocupe. Isso deve ser alguma virose. O clima nessa época do ano não é nada propício para as crianças. Mas deve ficar atenta, se ela

Eliana Machado Coelho/Schellida

não melhorar com o que vou prescrever, retorne imediatamente. — Passados alguns minutos, observando Gorete olhar fixamente para Flávia, o médico ainda comentou: — A adoção é uma atitude nobre.

— O que o senhor disse?

— A adoção é um ato maravilhoso. É bom que muita gente não saiba. Como os outros irmãos são pequenos e não entendem, eu não aconselharia que contasse.

O homem sorriu e Gorete não disse nada nem demonstrou qualquer expressão.

* * *

Longe da capital, Irene estava muito satisfeita por ter Nicolle e Rossiani em sua casa. Elas se entendiam muito bem. Entretanto sua felicidade maior era por ter sua mãe, dona Josefina, morando ali com eles. A amável e bondosa senhora era tratada com carinho e atenção por parte de todos e muito mimada pelos netos que, de forma impressionante, sempre cercavam a avó para ouvir suas histórias, relatos, contos, orientações e pedir seus preciosos conselhos.

Nicolle passava parte do tempo se alfabetizando com a dedicação de Olga. Porém não conseguia ficar um dia sem pensar nos filhos que Douglas lhe tirou. Desesperava-se silenciosamente tentando imaginar como estariam. Desejava tê-los consigo.

A jovem e bela italiana estava longe de aparentar o que ostentou um dia. Havia sido uma moça confiante. Arremessava superioridade com os vivos olhos negros e gestos audaciosos, fossem no menear elegante do andar com suas longas saias rodadas e blusas exibindo o colo sedutor parcialmente coberto por um xale, ou na força diante das dificuldades em que se encorajava bravamente até em trabalhos rudes por busca de soluções.

A encantadora Nicolle parecia ter perdido a jovialidade pela amargura indefinível que a consumia.

Compadecida com a situação de sua irmã, Rossiani a procurou para conversarem, pois diante das circunstâncias tinha alguns planos.

Encontrando Nicolle pensativa, sentada em um banco sob frondosa árvore que ficava frente a um belo lago, Rossiani se aproximou, acomodou-

-se a seu lado e envolveu-a com o braço em seu ombro puxando-a para junto de si.

Nicolle correspondeu emocionada, chorando e apertando-a com um abraço.

Após algum tempo que deixou a irmã desabafar, Rossiani, piedosa e sensibilizada, afastou-a do abraço e a segurou firme pelos ombros, afirmando com convicção:

— Eu entendo a sua dor. Talvez eu possa saber como é grande a sua tristeza. Apesar de ser de uma forma diferente, afastaram-me do meu amor... — A voz de Rossiani embargou, mas ela continuou mesmo assim: — Não sei onde nem como o meu Tomás está. Não sei se sofre ou... se está vivo ou morto. — Entre lágrimas abundantes, prosseguiu mesmo com a voz estremecendo em alguns instantes: — Sabe... talvez... se eu tivesse insistido com o Tomás para largarmos aquelas terras e ido embora com os nossos pais... ele... ele não estaria desaparecido ou... Nada vale mais do que uma vida. — Secando as lágrimas, comentou: — Na Itália nós poderíamos recomeçar tudo de novo e...

— ...e eu não teria conhecido o desgraçado do Douglas que acabou com a minha vida! Apesar de viva, estou morta — disse Nicolle chorando ao interrompê-la. — Eu não estaria aqui agora chorando... solteira, desonrada... e com um filho na barriga e outros dois roubados, desaparecidos!... Também sofro sem saber se estão bem, se não estão fazendo maldades com eles...

— Não pense assim! — Deus está cuidando deles.

— Será?! — questionou Nicolle quase agressiva.

— Não duvide de Deus, Nicolle! — repreendeu a irmã.

Nicolle abaixou a cabeça, deixando as lágrimas rolarem em abundância ao mesmo tempo que murmurou:

— Você não faz idéia do que sinto, da revolta que tenho por me deixar enganar pelo Douglas, por tudo o que ele foi capaz de fazer comigo e com meus filhos. Às vezes sinto nojo de mim! Se eu tivesse ouvido você...

— Mas nós podemos mudar as coisas. Nada é eterno — considerou Rossiani. — Sabe... dependendo do que fizermos agora, eu creio que você ainda poderá rever seus filhos e até tê-los de volta.

— Como assim?! — interessou-se Nicolle.

Eliana Machado Coelho/Schellida

— Estive pensando e... Eu sei que você tem muito medo dele nos encontrar, maltratar você e o filho que espera. Tem medo de que ele venha até aqui e tire o sossego dessa família maravilhosa que nos acolheu, quando não tínhamos mais nada nem ninguém.

— É *vero*! Sim, eu tenho muito medo disso! — admitiu Nicolle. Depois perguntou meio aflita: — Mas como vou ver meus filhos? Como vou pegar eles de volta?!

— Para não deixar que Dirceu, Irene, seus filhos e dona Josefina corram qualquer perigo, estou pensando em retornar para a Itália.

— *Ma*!!!... *Dio Santo*!!! *Come tu puoi?*... *Non mi lasciare*... — "Oh!... Santo Deus!!! Como você pode?... Não me deixe...", Nicolle desesperou-se exclamando.

— Espere! — interrompeu Rossiani. — Calma, escute-me. Não vou abandonar você! Retornaremos juntas para a Itália.

— Ooooh!... Rossiani, ficou louca, ãh?! Como eu poderia voltar? Você sabe que nosso pai jamais me perdoará por ter me perdido! Esqueceu que sou solteira, tenho dois filhos que roubaram de mim e um na barriga, ãh?!!! *Papa* vai me esconjurar, quando avisarmos que estamos retornando!!! Nem vai querer pôr os olhos em mim!!! E *mamma*... — esbravejou rapidamente em tom grave no forte idioma italiano até ser interrompida por Rossiani que percebeu seu descontrole emocional.

— Nossos pais não sabem! — quase gritou.

— Mas como, não?! — tornou Nicolle.

Rossiani experimentou uma sensação amarga nos sentimentos ao revelar:

— Das poucas vezes em que escrevi para nossos pais na Itália, sempre falei que estava tudo bem. Nem sei se essas cartas chegaram... — confessou com voz embargada e lágrimas a correr. — Mas, quando escrevi, nunca mencionei que os militares invadiram, mataram, estupraram e fizeram misérias em nossas terras. Não falei do desaparecimento de Tomás... Não disse nada sobre suas gravidezes. — Breve pausa e continuou: — Tenho vergonha. Já me confessei várias vezes com o padre contando tudo isso... Mas eu não queria que nossos pais ficassem desesperados! Entende?!

— Claro! Lógico que eu entendo! — afirmou Nicolle com grande expressão, abraçando-a.

— Apesar de acreditar que as cartas foram interceptadas, nunca contei para você, porque é pecado o que eu fiz.

— Não. Não acho que seja pecado! Eu não ficaria em paz sabendo que nossos pais estariam desesperados! De certo eles iriam imaginar que algo muito pior nos aconteceu! — consolou Nicolle. Depois perguntou: — Mas como pretende ir para a Itália? Com que dinheiro?

— Pretendo resolver isso com o Dirceu e a Irene — explicou Rossiani. — Nem sei direito como podemos fazer para sair do país. Mas, se conseguirmos, ao chegarmos à Itália podemos trabalhar e mandar o dinheiro de volta para eles. Daremos um jeito. Quem sabe o Dirceu vende o nosso sítio?

— Não! Eu não posso aparecer para nossos pais com um filho nos braços e solteira!!!

— Calma, Nicolle. Eu sei que nosso pai ficará surpreso, indignado, mas não podemos querer que ele reaja diferente. Afinal...

— O pai me mata! Morre de desgosto!

— Nós só temos essa alternativa. O Douglas é esperto, Nicolle! Preste atenção e pense! Ele conhece gente influente e vai dar um jeito de investigar tudo. Vai começar pela vida da dona Josefina e, ao saber que ela tem uma filha, descobrirá onde ela mora. Afinal, todo mundo lá da região conheceu o Dirceu e o pai dele, sabem que a Irene se casou com o Dirceu e não será difícil alguém dizer onde eles moram. — Nicolle ficou pensativa e Rossiani acrescentou: — Não sei como ainda não nos encontraram. Douglas pode fazer da vida de nossos amigos um verdadeiro inferno de terror e tortura, assim como fez com as nossas. Mas creio que, se nós não estivermos aqui, eles serão poupados. Eu não quero o mal para essa família.

Nicolle ficou preocupada. A imensa tristeza que já perturbava seu coração tão sofrido pareceu ter aumentado. Sem trégua, Rossiani exclamou:

— Vamos embora daqui! Mesmo se for preciso fugir para sair desse país. Não pense que eu quero que você esqueça os seus filhos nem acredite que vou abandonar qualquer notícia do meu Tomás. Na Itália podemos nos recuperar e, como eu acredito que o governo miserável desse país não ficará assim eternamente, pretendo voltar e reencontrar meu Tomás. Você, por sua vez, estará mais firme para procurar o maldito Douglas para encontrar e pegar de volta os seus dois filhos, o Rogério e a Renata — Rossiani e Nicolle ignoravam totalmente que a doce criança chamada por elas de Renata,

Eliana Machado Coelho/Schellida

foi registrada com o nome de Flávia, e que Douglas tinha uma outra filha com o nome de Renata, o que dificultaria a identificação da filha de Nicolle futuramente. E para convencê-la Rossiani falou convicta: — Agora com esse governo que não nos dá direito de defesa, que tem o poder absoluto, não temos como solicitar os nossos direitos. E ainda frágil como você está, o Douglas pode encontrá-la e até roubar esse outro filho! Ele é muito influente. Não temos como lutar contra ele. Nem temos outro lugar para ir, pois não há como nos sustentarmos. Vamos embora daqui, certo!

O silêncio de Nicolle e seu olhar amedrontado denunciavam que ela havia concordado com a irmã, apesar de tantas inseguranças. Mesmo assim, elas iriam tentar.

12

Despedidas e medos

Assim que convenceu a irmã, Rossiani tratou de conversar com Irene e Dirceu sobre seus planos de retornarem para a Itália. Explicou que não gostaria de trazer problemas a eles e que estavam saudosas da família.

Irene não ficou satisfeita, afinal, gostava muito de Nicolle e Rossiani. Não podia se imaginar sem elas. Dirceu, por sua vez, lamentou a decisão, mas a respeitou. Tentaria ajudá-las, porém avisou que não seria fácil saírem do Brasil de forma legal. Teriam de conseguir um meio clandestino de deixarem o país o qual passava por um rigoroso governo ditatorial. Contudo, ofereceu esperança às irmãs por ter vários conhecidos em quem poderia confiar e se empenharia para ajudá-las.

Alguns dias se passaram e Nicolle deu à luz um saudável e lindo menino, que chegou ao mundo amparado pelas abençoadas mãos de dona Josefina que auxiliou o parto.

Após o parto, a princípio, uma aflição tomou conta de Nicolle que não admitia alguém pegando seu filho no colo e se afastando dela, mesmo se fossem poucos passos.

Rossiani não se sentia satisfeita com o comportamento da irmã, mas havia uma justificativa para tal conduta.

Quando se recuperou, com uma ansiedade extrema, Nicolle, inspirada no nome de seu avô paterno, registrou seu filho com o nome de Marcello

Eliana Machado Coelho/Schellida

Vittore Toscannini e, por ser filho de mãe solteira, na paternidade o pai constou como desconhecido.

Rossiani estava encantada com o sobrinho e ficou frustrada quando Nicolle pediu que Irene e Dirceu fossem os padrinhos de Marcello, pois desejaria batizar o filho antes de completar um mês. Até por que já tinha planos para saírem do país o quanto antes.

Indo até a igreja local para marcarem o batizado, Rossiani, Nicolle e até Dirceu e Irene discutiram com o padre que permanecia irredutível a fim de não realizar o batizado pelo fato de Marcello ser filho de mãe solteira. A discussão estava acalorada, quando dona Josefina pediu licença e disse ao clérigo enervado:

— Em nome di Nosso Sinhô Jesus Cristo, o sinhô padre pode mi ouvi um pouco?

— Sim — permitiu ainda sob o efeito de nítida irritação. Mas exigiu: — Seja breve, senhora. Tenho muito a fazer.

— Agradeço — tornou dona Josefina e, com humildade na voz, atraiu o padre, afastando-o dos demais que estavam irritadiços. Falando baixinho, perguntou com brandura: — Padre, todo mundo é fio di Deus, num é? — Deixando-se envolver, o homem acenou positivamente com a cabeça concordando e ela prosseguiu: — Sabe, sinhô padre, eu quase endoidei quando meu patrão, qui mi tratava feito escrava, mi separô di minha mãezinha, mi brutalizô e eu fiquei de barriga. Eu corri pro padre bondooooso lá da paróquia perto di onde morava e qui mi deu toda atenção na minha confissão. Ele acarmô meu coração quando disse qui, si eu tava à espera di um fio, é proque Deus quiria qui nascesse, qui tanta mulhé casada num pegava fio proque Deus num quiria. Mas eu fiquei preocupada por demais, porque fui judiada qui só!... Eu disse pra ele qui meu fio ou fia num ia tê pai, e qui nóis dois ia ficá desamparado no mundo. Então, seu padre, sabe o qui aquele bondooooso padre me respondeu? — perguntou mansamente.

— Não imagino — respondeu o clérigo ainda um tanto ríspido.

—Sabe... ele disse qui si Seu José num tivesse ouvido o conselho do anjo e tivesse abandonado Santa Maria, o Nosso Sinhô Jesus Cristo ia nasce do mesmo jeito. Ele num ia tê um pai aqui na Terra pra ampará Ele, mas teria o Pai do Céu. E Santa Maria jamais ia abandoná o fio só proque num tinha quem amparasse. Mãe qui é mãe num bandona o fio. Assim como ela num abandonô Nosso Sinhô Jesus nem no dia da cruz! — enfatizou com jeito humilde e manso.

O sacerdote ficou pensativo por alguns segundos, depois dona Josefina ainda completou:

— Seu padre, a Santa Igreja num ensina qui é pecado mortal matá um fio ainda dentro da barriga, tirando ele pra ele num nascê?

— Sim! Claro! O aborto é um pecado mortal!

— Aquela ali, ó — disse apontando para Irene —, é minha fiinha Irene. Hoje é ela quem mi ampara. Sabe... a minha Irene foi batizada por aquele bondoooooso padre proque ele entendeu qui eu num podia fazê nada pro pai de verdade assumi ela. Proque também o pobre home rico já era casado. Então seu padre, tenha compaixão dessa mãe qui tá aqui com um fio nos braço e tá sozinha proque o pai da criança é um covarde. A gente num sabe o qui esse menino será mais tarde na vida.

— Mas veja, ela errou. Essa moça deveria ter se preservado para depois do casamento! É um caso diferente do seu!

— Oh, que pena... — lamentou piedosa.

— Por que a senhora diz isso?

— Proque Nosso Sinhô Jesus Cristo ensinô pra atirá a primeira pedra aquele qui num tivesse nenhum pecado. Dispois Ele, qui num tinha nenhum pecado, disse qui nem Ele julgou aquela mulhé. Falou pra ela si levantar e i simbóra, qui não errasse mais. Qui pena qui ainda muita gente jurga os outro mesmo tendo um monte di pecado, e outros qui acha qui num tem nenhum pecado num é capaz di tê misericórdia como Jesus Cristo ensinou, num é?

Nitidamente o padre exibiu-se constrangido, confuso e modos aflitivos. Ele não sabia o que dizer. Dona Josefina, com seu jeitinho manso, falou generosa:

— A pobre moça pode ter errado, mas num matô nem abandonô o fio pra escondê o qui fez. Às vezes Deus nus coloca provas difiiiiici, num é?! Nóis num devemo desampará ninguém qui nos pede as coisa. Pode tê certeza, seu padre, qui esse menino tem um pai aqui qui é covarde, qui sumiu, mas esse menino tem argo melhó, um Pai qui tá no Céu e qui quis que ele nascesse. — Virando-se para sair, murmurou antes para que o clérigo ouvisse: — Vô procurá noutra paróquia, um padre qui ensine como Jesus ensinô: não julgar. Qui faça como Jesus fez, levantou a mulhé caída e não

Eliana Machado Coelho/Schellida

a apedrejou, mesmo podendo, proque Ele não tinha nenhum pecado. Um padre qui aconselhe como Jesus aconselhô: pra i e não errar mais.

— Espere!... — pediu antes de ela se afastar. Comovido e convencido pelos argumentos da simples senhora que, com toda a sua falta de conhecimento, era excepcionalmente sábia, o padre resolveu: — Vamos rever os fatos, né... — falou mais humilde.

Dona Josefina sorriu confiante e, aproximando-se novamente do sacerdote, sussurrou:

— Eu sabia qui o sinhô padre era um homem bondoso qui podia praticá o qui nosso Sinhô Jesus Cristo ensinô. Oh, qui benção!

Dirigindo-se para perto dos demais, acompanhado de dona Josefina, o padre decidiu gaguejando, ao procurar uma justificativa a fim de reconsiderar sua decisão:

— Bem... Agora é o seguinte... Depois de tudo o que a senhora Josefina esclareceu, é... Bem... se a mãe e os padrinhos forem batizados, trouxerem as certidões de casamento e batismo, eu realizo o batizado do menino...

— *Ma Io non* sou casada! — enervou-se Nicolle interrompendo-o.

— Os padrinhos me tragam a certidão de casamento e você a certidão de batismo — explicou-se o padre.

— A certidão de batismo da Nicolle é da Itália! — lembrou Rossiani.

— Não tem problema — tornou ele mais tranqüilo.

E para a satisfação de todos, o batizado foi agendado e realizado conforme o desejo, a crença religiosa e a fé de Nicolle.

* * *

Após alguns dias, a preocupação das irmãs era voltada para saírem do Brasil o quanto antes. Nicolle se desesperava à medida que desabafava com Rossiani:

— Eu morro! — exclamava Nicolle à sua irmã. — Se eu ficar sem meu filho... Nem sei que loucura posso cometer. Prefiro enfrentar a fúria de meu pai, o desprezo de minha família que me rejeitará quando me ver com um filho nos braços do que ficar aqui e ter meu Marcello roubado.

— O Dirceu já está cuidando de tudo — avisou Rossiani. — Dei a ele a escritura de nosso sítio e passei para ele a documentação a fim de que possa

198

vendê-lo. Isso ficará pelo pagamento que ele fará para embarcarmos em um navio para a Itália. Mas o que me preocupa é o fato do Marcello ter acabado de completar um mês de vida! Você ainda está de dieta! Até a dona Josefina não aconselha a viagem.

— Eu não me importo! Já deveríamos ter ido embora. Levaremos roupas. Vamos agasalhar bem o Marcello! Mas aqui eu não fico! Não vou perder mais um filho para aquele infeliz!

— A viagem não será fácil, Nicolle. Sairemos desse calor infernal e vamos enfrentar um rigoroso frio no trajeto, talvez até neve. Nós embarcaremos clandestinamente dentro de um contêiner.

— Contêiner! O que é isso?!

— Uma caixa gigante. Podemos ficar cerca de dez ou talvez até quinze dias no porão de um navio, e com uma criancinha! Já imaginou?! Temos que pensar na alimentação. Podemos ser presas... Já pensou nisso?!

— Não seremos presas! — irritou-se Nicolle. — O Marcello mama! Ele terá comida.

— Mas para você ter leite precisa comer bem, esqueceu?

Mesmo com os apontamentos sobre os possíveis empecilhos da viagem, Nicolle insistia em que fossem embora o quanto antes.

No dia da partida para a Itália, dona Josefina despediu-se chorando de Nicolle e Rossiani como se não fosse vê-las novamente. Depois tomou o pequeno Marcello no colo, fitou-o longamente e murmurou:

— Ocê num devia i, mas se tua mãezinha qué... Assim será, meu fio. Nos encotraremo, viu? — Retirando de seu pescoço uma medalhinha presa por um barbante amarelado pelo tempo, colocou-a entre as roupinhas do menino ao dizer: — É pra ti protegê, meu fio. Muita coisa vai mudá... ...confusão... remorso... Vixi! Será milhó pro cê...

Ninguém entendeu aquela conversa. Dirceu as apressou e dona Josefina entregou o menino nos braços de Nicolle.

Todos choravam. Abraçando mais uma vez dona Josefina, Rossiani a agradeceu verdadeiramente e considerou:

— Nós nos encontraremos, dona Josefina. Pretendo voltar para saber do meu marido e ajudar Nicolle a encontrar os seus filhos.

— Iiiih, fia!... Quando ocê vorta, talvez eu num teja mais aqui. Tô véia! — riu.

Eliana Machado Coelho/Schellida

— Não diga isso, por favor. Estou com o coração partido por deixá-los, mas prometo que volto e vamos nos rever — afirmou Rossiani.

— Vamo, sim — concordou a senhora para contentá-la. Porém, olhando-a de maneira penetrante, avisou sem que os demais ouvissem: — Oh, fia... antes de ocê vortá terá uma provação muito, muito grande...

— É pelo fato de meus pais não aceitarem a Nicolle solteira e com o filho, não é?! — sussurrou Rossiani.

— Isso também, fia. Vai ficá cum dó, cum piedade... mas vai tê que tomá decisão difici qui só! E é proque ocê gosta muito de sua irmã e num pode imaginá ela sem o fiinho.

— Sim, gosto demais da Nicolle. Tratarei o Marcello como se fosse o meu próprio filho.

— Eu tenho certeza disso. Só num esquece uma coisa: eu dei uma medalhinha qui tem o "Coração de Maria" dum lado e "São Judas Tadeu doutro". Santa Maria é pra protegê e São Judas Tadeu é o santo das causa impossívi! Quando ocê tivé no desespero e numa causa impossíve, lembra da medalha e reza. Deus vai ti socorrê di argum jeito! De argum jeito!... — reforçou como se tivesse forte premonição.

— Enfrentarei situações tão difíceis assim, dona Josefina? — perguntou Rossiani com voz melancólica, suplicante.

A mulher silenciou. Em seu olhar marejado de lágrimas havia um esbranquiçado aureolando a cor e uma indefinida tristeza, espessada por não poder responder.

— Darei todo apoio a minha irmã, dona Josefina. Nicolle morre se ficar sem esse filho também. Não deixarei ninguém tirar o Marcello dela. Ninguém! — murmurou emocionada. — Cuidarei deles, queira minha família ou não! Nicolle não ficará sem o Marcello. Já basta o Douglas ter-lhe roubado o Rogério e a Renata. Com esse será diferente!

— Queira Deus qui sim, fia. Vou pedi bênção pra ocês. Principalmente pra ocê qui terá di ser mais forte qui ela. A sua irmã ficará fraquinha...

— Terei forças por nós duas! — lágrimas deslizavam longas pelas faces de ambas. — Voltarei, dona Josefina, e nos veremos novamente... — sorriu em meio ao choro.

Dirceu as apressou novamente, interrompendo a conversa.

Levadas ao porto de Santos, após driblarem as patrulhas e toda vigilância no cais, Nicolle, o filho Marcello e Rossiani foram trancados em um contêiner que seria aberto no porão do navio somente quanto estivessem em alto-mar.

Para que o filho não chorasse, Nicolle oferecia-lhe constantemente o peito e o aconchegava nos braços com carinho.

Devido à escuridão dentro da grande caixa, não conseguiam saber onde estavam nem o que acontecia.

Barulhos fortes de correntes, pancadas estridentes de sons metálicos e o balanço em determinados momentos as deixavam como que assombradas. As irmãs se abraçaram, fecharam os olhos e começaram a rezar o terço, sussurrando. Mesmo sem vê-lo, Rossiani seguia as contas em permanente concentração.

A prece com orações repetitivas não afugentava os pensamentos tenebrosos como o medo de serem esquecidas ali, de o navio não seguir para a Itália, de serem jogadas em alto mar por só quererem o dinheiro que Dirceu pagou, entre outras coisas.

As horas pareciam eternas até que puderam sentir o balanço do navio zarpando do porto.

O contêiner demorou a ser aberto o que as corroía de aflição.

Muito tempo depois, alguns barulhos as deixaram em grande expectativa. Ruídos estridentes pareciam abrir a caixa onde estavam.

Assustadas, Nicolle, com o filho dormindo em seu colo, e Rossiani, com olhos arregalados, olharam firmes para os dois homens que abriram a larga porta do contêiner. A iluminação era fraca e vinha do alto do porão onde elas estavam.

— Moças! Podem sair, se quiserem — avisou um deles, cuja barba curta e ruiva não escondia as múltiplas sardas do nariz, bochecha e testa, olhando-as longamente.

Rossiani, ainda com o terço nas mãos, levantou-se e saiu, perguntando educadamente:

— Já estamos fora do porto?

— ...há muito tempo! — explicou sem se voltar para trás e seguindo seu companheiro para abrir outro contêiner.

Eliana Machado Coelho/Schellida

Igualmente assustados, da outra grande caixa saíram um casal e três filhos: dois meninos e uma menina, com idades aparentes entre cinco e dez anos. Rossiani ficou perplexa, pois as duas crianças menores estavam amordaçadas e envoltas em lençóis como se usassem camisas de força.

— Santo Deus! — exclamou Rossiani. — Vocês roubaram essas crianças?!

— Não! — afirmou a mulher chorando, enquanto desamarrava os filhos. — É que estavam chorando muito alto e poderiam nos descobrir por causa disso. Foi a solução que encontramos.

— Que Deus nos perdoe! — disse o pai, ajudando a desatar os nós. — Eles estavam com medo... Começaram a gritar... Oh! Meu Deus! Ela ainda está doentinha...

— Agora estão bem? — perguntou o homem ruivo que trazia o semblante sempre sério.

— Sim... — respondeu Rossiani ainda temerosa.

— Num repara não, moça — explicou o outro ainda mais sisudo e carrancudo —, mas é isso o que ensinamos pra fazer com as crianças quando choram muito. Não tem jeito. Se formos descobertos ainda na costa... Nem imagina o que acontece!

— Seremos dados como desaparecidos! — completou o outro. — Abusam e torturam todo mundo e somem com vocês e com a gente.

Circunvagando o olhar, Rossiani viu, apesar da iluminação fraca, inúmeras caixas, baús, pacotes gigantescos, outros contêineres e por isso perguntou:

— Há mais pessoas aqui dentro?

— Não, só vocês. Na verdade não gostamos disso. Mas para amigos ou amigos de amigos com dificuldades, não podemos negar nada — tornou o ruivo.

— Os senhores conhecem o Dirceu?

— Não. Ele deve ser amigo do comandante. E o comandante é nosso amigo. Mas preste bem atenção — advertiu quase enérgico —, vocês não podem sair daqui de forma nenhuma! Mais ninguém da tripulação sabe que há gente aqui. Só nós! Não mexam em nada nem acendam fogo para esquentar comida.

— Será que a noite eu posso acender uma vela, dentro do contêiner, até que meus filhos durmam para não chorarem por causa da escuridão? — perguntou a mulher, quase implorando.

— Dona, desculpa falar assim, mas só acende a vela se ficar com ela na mão o tempo todo. Tem coisa aqui que pega fogo rápido. É perigoso! Vocês não terão como sair! Entendeu?! Então é melhor pôr as crianças pra dormir cedo.

— E o banheiro? — perguntou Nicolle constrangida.

O homem quase sorriu, mas novamente sisudo, mostrou:

— Vem aqui! — Após levá-las para trás de outras caixas e contêineres, mostrou: — Tá vendo esse balde?! Esse é o banheiro. Ele está com a alça amarrada na corda. Depois de usarem o balde, jogue pela escotilha, mas cuidado para não deixarem muito tempo lá fora... ...lavando na água do mar, entendeu? A corda pode arrebentar e vocês ficarão sem nada!

O constrangimento e a decepção ficaram estampados em suas faces e elas não tiveram palavras.

A mulher voltou para junto do marido, que estava com os filhos, assim como Rossiani e Nicolle voltaram para perto de suas coisas.

— Não poderemos vir sempre aqui. Façam o máximo de silêncio. Mas, com certeza, estaremos aqui antes de atracarmos no porto Italiano para trancar vocês nos contêineres.

Depois dessas explicações, os dois marinheiros se foram deixando-os ali, praticamente à mercê da sorte.

* * *

As horas pareciam dias e os dias meses. Sem ter muito que fazer, longas conversas se travaram entre Rossiani e Ane, a mulher que viajava com o marido e os filhos.

Tanto Nicolle quanto o homem eram mais reservados, falavam pouco.

Em conversa com Rossiani, Ane relatou que seu marido foi considerado guerrilheiro e estava sendo procurado. Pelo fato de muitos de seus companheiros terem desaparecido após as prisões, e os militares estarem amparados pelos Atos Institucionais, eles decidiram fugir do país. Aquela já era a terceira tentativa. Sempre enfrentavam problemas devido às crianças. Ela contou, inclusive, que precisaram passar dias escondidos nas matas, em estábulos e lugares diversos enfrentando as mais variadas intempéries antes de

Eliana Machado Coelho/Schellida

conseguirem alguém para ajudá-los. Isso deixou sua filha caçula doente, febril, e seu marido começava a adoecer.

Nicolle, sempre agarrada ao filho, pouco conversava. Ela não podia esquecer o acumulo de experiências terríveis enfrentadas com Douglas, o homem pelo qual se encantou e se enganou amargamente. Lembrava-se dos filhos e abatia-se pela imensa dor de tê-los deixado. Estava chocada com aquela viagem desagradável, insegura e na qual se sentia prisioneira. Na verdade, Nicolle quase não saía do contêiner que agora estava, além de escuro, úmido.

Em uma das vezes em que Nicolle precisou deixar o filho com a irmã para suas necessidades fisiológicas, ao voltar, encontrou Marcello nos braços de Ane que o admirava e brincava mimosamente através de fala carinhosa.

Nicolle enervou-se. Concentrando olhar fulminante em sua irmã, chegava a tremer tentando não tirar o filho à força dos braços da mulher.

Ao observar tal reação, Rossiani compreendeu, mas não poderia se negar ao pedido educado da outra que desejava segurar a criança. Além disso, presas naquele porão, Marcello não corria qualquer tipo de risco.

Inquieta, Nicolle acercou-se de Ane com modos de quem desejava ter o filho de volta, ao esticar os braços para pegá-lo.

— Seu bebê é uma gracinha, Nicolle! Parabéns!

— Obrigada — respondeu tirando-lhe Marcello de seus braços com certa delicadeza disfarçada. Observadora, Nicolle comentou: — Seu marido e sua filha tossem muito. Eles parecem bem doentes.

— Eu sei. Contei para sua irmã as difíceis condições que tivemos de enfrentar para nos escondermos. Chegamos a ficar por três dias e três noites em uma mata fechada, repleta de mosquitos e enfrentamos um temporal medonho na última noite antes de irmos para o cais. Graças a isso os cachorros usados pelos militares não puderam farejar o caminho que seguimos. Mas o Natalício — marido de Ane — e a Alda — filha do casal — devem ter pegado um baita resfriado ou gripe. — Suspirando profundamente como uma forma de lamento, afirmou: — Aqui não tenho como cuidar deles. Mas se Deus quiser, essa viagem terminará rápido e quando chegarmos na casa de meus parentes eles terão todo tratamento. Tenho certeza!

— É que a tosse deles está muito feia! — disse Nicolle sem acanhamento. Preocupada, entregando o filho à sua irmã, aproximou-se da entrada do outro contêiner, abaixou-se, afagou a testa da menina que estava deitada e suando ao arder em febre. Assustada, Nicolle exclamou: — Nossa! Alda está queimando!!! Você já viu isso?!

— Sim, eu já vi — respondeu Ane desalentada parecendo esconder forte aflição. — Meu marido também está assim, mas o que posso fazer?

— E se você colocar panos úmido na testa deles! Isso ajuda a abaixar a febre — aconselhou Nicolle.

— Temos pouca água. Aliás — avisou constrangida — temos pouca comida e quase nenhuma roupa. Estamos nos cobrindo só com os lençóis e cada dia que passa fica mais frio.

Nicolle levantou-se, olhou a sua volta e rapidamente encontrou uma tira de sisal não muito larga, mas longa o suficiente para sua idéia. Em seguida, entrou no contêiner onde se alojava com a irmã. Pegou o caldeirão em que Irene havia colocado farofa temperada com carne seca desfiada a fim de se alimentarem durante a viagem e entornou o alimento no pano onde estava enrolado. Apanhou o caldeirão e saiu dizendo:

— Temos de ter iniciativa, mulher! Podemos improvisar — falou, enquanto amarrava a tira de sisal na alça do caldeirão.

— O que vai fazer?

— Perdoe-me, Ane. É que não consigo ficar de braços cruzados olhando as coisas ruins acontecerem. Não temos muita água pra beber, mas tem um mundão de água fria lá fora que pode pegar com isso aqui — afirmou, mostrando a armação que fez. — Podemos pegar água do mar para as compressas! Ãh?! Arrume algumas tiras de pano que eu já venho — avisou indo em direção da escotilha.

Nicolle e Rossiani se revezaram com Ane para cuidar da pequena Alda e de Natalício que já deliravam e sofriam fortes tremores.

Naquela noite o navio enfrentou uma tempestade aterrorizante em alto--mar. Algo que nunca viram. Todos foram embalados de um lado para o outro sem trégua.

Pela manhã, furtivamente um dos marinheiros foi ver como todos estavam ali no porão e assustou-se ao ver a pequena Alda e seu pai Natalício.

— Precisamos de algum remédio! De um médico! — reclamou Nicolle.

Paralisado, o homem ficou a poucos metros dos doentes. Perplexo e preocupado, quase gaguejou:

Eliana Machado Coelho/Schellida

— Dona... — falou parecendo sair do transe assombroso — É que... Bem... todos sabem que essas fugas são de risco e... — Afastando-se lentamente ao andar de costas, prosseguiu: — Não posso fazer nada não. Desculpe... Deus do Céu!

— Eles precisam de um médico! — quase gritou Ane ao olhar para a filha.

A pequena Alda começou a ter convulsão e o homem, parecendo apavorado, respondeu:

— Sinto... Tenho que ir... Não posso fazer nada — murmurou virando e retirando-se às pressas.

Nicolle correu e o alcançou próximo da escada, exigindo:

— Eles vão morrer! Precisa nos ajudar!

— Dona — sussurrou —, eles vão morrer de qualquer jeito. Já vi isso antes, aqui mesmo. Essa viagem é de risco. Todos são avisados disso. Eu não posso fazer nada, a não ser sair daqui o quanto antes. Se eu procurar um médico ou tentar trazer algum remédio, o que não vai adiantar, quando voltar para o Brasil eu, meu companheiro e o capitão somos homens mortos. E morreremos pior do que eles.

— Como assim? Como pode dizer que eles vão morrer?

— Quer um conselho, dona? — sem aguardar, opinou: — Afaste-se deles. Viu a febre? Viu as convulsões? Viu as manchas que eles têm pelo corpo? Essa infecção já atacou muita gente, o pessoal está chamando de "gripe Hong Kong". — Conhecida também por "gripe Chinesa" que se espalhou e alcançou altos níveis epidêmicos. — Da pra ver que eles estão fracos e não têm como agüentar. Essa coisa é braba! Mata mesmo! Se a senhora está bem e quer seu filho vivo, com saúde, saia de perto deles. Não tem nada que alguém ou médicos possam fazer. O tempo está muito ruim, isso significa que a viagem pode demorar um ou dois dias a mais. Aquela mulher e os dois meninos já devem estar doentes também. Saia logo de perto deles.

Nicolle sentiu um frio correr-lhe pelo corpo. Em choque, olhou o homem sair e fechar a porta. Seus pensamentos ocultavam verdadeiro pavor ao imaginar que ela, seu filho e sua irmã estariam condenados.

Suas mãos suavam e tremiam. Ao chamado de Rossiani, voltou para perto da irmã que ajudava Ane a segurar a pequena Alda, que convulsionava.

Os meninos, com medo da cena que nunca viram, encolhiam-se no canto onde permaneciam abraçados procurando se aquecer, pois a temperatura mudava drasticamente.

Parada perto de Rossiani, Nicolle exigiu quase num grito:

— Levanta daí!

— O que deu em você, Nicolle?! — surpreendeu-se Rossiani.

— Levanta! Vamos! — insistiu Nicolle.

Rossiani ficou sem jeito e trocou olhar com Ane, que parecia muito espantada. Antes que Nicolle gritasse novamente, decidiu obedecer à irmã.

Afastando-se de onde estava e ao lado de Nicolle, Rossiani perguntou firme:

— O que foi?! O que deu em você?!

— Venha! — intimou. Pegando Rossiani pelo braço, entrou no contêiner que usavam e longe dos demais explicou: — Vamos pegar esse xale, molhar na água do mar e nos esfregar ao máximo. Vamos esfolar nossa pele! Entendeu?!

— Por quê? O que aconteceu?

Nicolle contou tudo o que ouviu do marinheiro sobre a doença infecciosa que pai e filha estavam sofrendo e a gravidade dos casos. Desfechando:

— Já que não podemos tomar um banho, vamos nos limpar. O Marcello está dormindo e não vamos tocar nele antes de nos lavarmos. Se algo acontecer com meu filho... meu único filho, eu não sei... Eu me mato! O Marcello é tudo que tenho na minha vida, entende?!

Rossiani possuía mais conhecimento sobre aquela patologia. Sabia que era doença das mais contagiosas, capaz de contaminar pessoas de qualquer idade, desde que esta estivesse vulnerável ou debilitada de imunidade. Elas já haviam se exposto ao risco, pois aquele tipo de infecção virótica provoca debilitações pulmonares graves e podem ocasionar a morte. A pneumonia é uma das complicações mais freqüentes.

Ela fez conforme Nicolle propôs, mas sabia que já haviam tido muito contato com os contaminados. Porém não disse nada à irmã para não deixá-la desesperada.

Ao retornarem, viram Ane em desespero:

— Meu marido! Meu marido está em convulsão!!!

Com um nó na garganta ressequida, Nicolle tomou a frente e avisou:

Eliana Machado Coelho/Schellida

— Sinto muito, Ane. Não podemos ajudar. O que eles têm é uma doença contagiosa. Não podemos ter contato para isso não pegar na gente e no meu filho.

— Pelo amor de Deus! Não vou conseguir cuidar dos dois sozinha!

— Quem te pede "pelo amor de Deus", sou eu!!! Não tem nada pra gente fazer! Não vou pôr a vida do meu filho em risco!

— Mas nem sabemos o que eles têm!

— É um vírus de gripe e isso pode matar. O marujo me disse que teve gente que morreu disso aqui. Desculpe-me... — pediu afastando-se e entrando para o contêiner, fechando parcialmente o que lhes servia como porta.

Rossiani já estava sentada ao lado do sobrinho e Nicolle se acomodou, recostando-se nela. Permaneceram longo tempo sem conversarem.

A situação era bem difícil. De onde estavam ouviam o choro e o desespero de Ane para cuidar da filha e do marido. A afecção gripal piorava a cada momento. Os gritos e apelos da mulher eram uma tortura para as irmãs.

Na tarde do dia seguinte, Nicolle amamentava Marcello, quando ela e a irmã ouviram um grito de pavor de Ane, mas, para preservarem a saúde do menino, não foram ver o que era.

Os gemidos de desespero de Ane eram dolorosos. Ela se jogava sobre a pequena Alda e, no momento seguinte, sacudia-lhe o corpinho imóvel.

Nicolle e Rossiani, com seus corações piedosos e oprimidos continuaram quietas, mesmo ao perceberem que Ane se revoltou, bateu e chutou o que pôde, blasfemando e amaldiçoando a vida e a Deus.

Horas depois, Natalício também não resistiu. E abraçada aos filhos, Ane gritou como nunca.

Algum tempo depois, um dos marinheiros entrou no porão atraído pelo barulho.

Tomado de súbita expressão de rejeição, ao olhar os dois corpos já frios largados ao chão, o homem avisou sem se aproximar:

— Durante a madrugada volto aqui para pegar eles.

— Como assim?! — quis saber Ane.

— Esses corpos não podem ficar aqui, dona. Não vai demorar muito pra feder.

— Não!!! Vocês não podem jogá-los ao mar!!!

— Olha aqui! — disse rude e muito enérgico. — Se começar a gritar, dona, serei obrigado a trancar a senhora e os seus filhos no contêiner!

Dizendo isso, o homem saiu.

Durante a madrugada, com panos amarrados no rosto e as mãos protegidas, os dois marinheiros entraram no porão trazendo grossos cobertores que colocaram sobre os corpos de Natalício e da pequena Alda, enrolando-os.

Diante da cena, Ane desesperou-se e gritou enlouquecida tentando impedi-los. Por essa razão, sem hesitar, os dois homens a trancaram com os filhos dentro do contêiner para abafar o som.

Um deles espiou Nicolle e Rossiani bem assustadas e abraçadas a Marcello. Nada foi dito e eles se foram.

Por força das circunstâncias, os corpos foram jogados ao mar.

Depois do ocorrido, liberaram Ane e os filhos.

Após dois dias e por poucas vezes, os marinheiros visitaram o porão do navio olhando-os a certa distância.

13

A chegada à Itália

A fuga através daquela dura viagem, no úmido e gélido porão de um navio, demorou bem mais do que o previsto devido às condições climáticas.

Rossiani e Nicolle perderam a noção dos dias. A água potável estava acabando assim como a porção de comida que as irmãs dividiram com Ane e os dois filhos, os quais não tinham mais nada para comer.

Nicolle, que ainda amamentava Marcello, sentia-se fraca, quase não se levantava mais.

— Tome, Nicolle — insistia a irmã. — São amendoins que a Irene torrou e ensacou para nós. Você gosta tanto! Coma, mas não deixe os outros verem, pois você precisa ter leite para o Marcello.

Nicolle se forçava a mastigar e engolir, porque tudo o que comia quase não lhe descia pela garganta.

Ane, apesar de receber alimentação para ela e os filhos, por vezes sofria e chorava a perda do marido e da filha, revoltando-se. Acusava as irmãs por tê-la abandonado e praguejava desejos mórbidos para que Nicolle perdesse o filho para saber como isso era doloroso.

— Não suporto mais isso — resmungou Nicolle. — Essa mulher precisa fechar a boca ou...

— Você não parece nada bem, Nicolle — observou Rossiani.

UM DIÁRIO NO TEMPO

— Sinto fraqueza. Acho que é por causa de amamentar... Queria comer algo diferente desse amendoim.

— Mas foi só o que nos restou. Estou com pena dos garotos, mas... Planejamos tudo, trouxemos tudo o que podíamos carregar. Dividimos com eles nossa comida, as bananas, a água, as roupas... Agora é questão de horas para chegarmos ao destino.

— E essa mulher não reconhece... Não pára de falar... — reclamou Nicolle.

O frio era intenso e por isso Marcello era aquecido no peito da tia ou de sua mãe, colocado sob as roupas grossas que usavam. O menino parecia bem, quase não chorava.

No dia imediato, sem que esperassem, um dos homens entrou às pressas no porão avisando enérgico:

— Depressa! Peguem todas as coisas espalhadas e entrem nos contêineres! O nevoeiro não deixou a gente ver que estava tão perto. Recolham tudo! Tudo mesmo!!!

Apesar de abatida pela fome, Rossiani levantou-se e recolheu o que lhes pertenciam, voltando para dentro da grande caixa, rapidamente fechada.

Longo tempo depois, o ranger das correntes e o balanço que provocava medo significavam não estarem mais no navio.

A espera para o contêiner ser aberto, foi grande. As irmãs acreditavam terem sido esquecidas, abandonadas e imaginavam que morreriam ali. Somente durante a madrugada, a grande caixa foi aberta.

Um homem de boné, barba espessa e comprida, usando um grosso casaco preto as encarou desconfiado. Sussurrando no idioma italiano, fixou olhar em Rossiani dizendo:

— *Signora, nasconditi, come gli altri nel camion. Mi capisci?* — "Senhora, se esconda, como os outros, no caminhão. Me entende?", perguntou o homem.

— *Logico che si!* — "Lógico que sim!", respondeu Rossiani.

Rossiani já estava com Marcello sob suas roupas para aquecê-lo e, mesmo assim, auxiliou Nicolle que, com a ajuda de desconhecidos também imigrantes por meios não legais, subiu no caminhão, que as aguardava com o motor ligado, deixaram-se levar.

211

Nicolle fechava os olhos ao recostar-se na irmã que permanecia bem atenta. Elas estavam famintas, com sede, só com as roupas do corpo e extremamente cansadas.

Seguiram alguns quilômetros e o dia já clareava, quando chegaram a um grande galpão.

O homem que as levou, orientou alguns dos viajantes sobre o lugar em que estavam e o que fazer para chegarem onde queriam.

Rossiani foi a última da fila e se preocupava com Nicolle que, praticamente, entregava-se à fraqueza. Sabia que a irmã não esmorecia com facilidade. Ela não deveria estar nada bem. Abraçando-a, caminhou até o homem pedindo orientações:

— Por favor, senhor — falou no idioma italiano —, precisamos chegar até o vinhedo de meus pais que fica na planície do Piemonte, perto de Asti.

— É bem longe! — avisou o homem que olhou para Nicolle e percebeu que ela não estava bem. — Como pretende chegar lá? Ela vai conseguir?

— Esta é Nicolle, minha irmã — explicou Rossiani no idioma natal. — Está amamentando, por isso está fraca, com fome... só que... Sabe... a viagem demorou mais do que o previsto. Foi preciso dividir nossa comida com outros e... nem água nos sobrou nos últimos dois dias. Não sei ainda como, mas daremos um jeito. Precisamos chegar até a casa de nossos pais. Sabe me dizer como posso encontrar quem nos leve até lá? Tenho de certeza que nosso pai vai pagar pela viagem.

Ainda sisudo, o senhor as chamou na mesma língua:

— Venham comigo.

Levando-as para um outro local daquele galpão, chegaram a um terreno onde havia uma casa de bom tamanho, típica da região, e bem acolhedora.

— Sentem-se — ele pediu ao entrarem.

A lareira acesa aquecia agradavelmente o ambiente e um cheiro gostoso de pão caseiro aumentava a fome de ambas.

O homem se retirou por outra porta no interior da residência, mas retornou sem demora com sua mulher, que se demonstrava bem surpresa.

O casal conversou por alguns instantes e ele avisou sobre o estado de Nicolle, momento em que o pequeno Marcello começou a chorar.

UM DIÁRIO NO TEMPO

Prestativa, a senhora serviu a Nicolle uma caneca bem repleta com leite quente, considerável fatia de pão ainda morno e queijo, deixando tudo sobre a mesa caso ela quisesse se servir mais.

Após ver Rossiani beber um pouco de leite, a mulher a chamou para irem a outro cômodo. Prontamente arrumou-lhe alguns panos limpos a fim de servirem de fralda e roupa improvisada ao pequeno bebê que estava bem molhado e chorava de frio e fome. Rossiani dominava muito bem o idioma italiano e se comunicava com facilidade.

Trocadas as roupas do menino, a senhora pegou um cobertor, enrolou- -o e o entregou à Rossiani depois de brincar um pouquinho com o garoto. Logo pediu para que a tia o levasse para mamar em Nicolle, enquanto comesse um pouco mais e lhe contasse toda a história, assim como o motivo da viagem.

A mulher sorria satisfeita ao admirar o pequeno menino, enquanto mamava. Rossiani se alimentou um pouco mais e agradeceu incansavelmente toda aquela recepção.

A anfitriã era extremamente bondosa e, ao ouvir aonde Rossiani, Nicolle e o bebê precisavam chegar para encontrar a família, considerou:

— Nossa! É longe! Impossível irem andando. Pode até nevar hoje! Veja o tempo! — exclamou preocupada.

— Mas não temos outro lugar para ficar. Além disso, queremos ver nossos pais e... e nossa família o quanto antes. Quem sabe na estrada conseguimos uma carona, ãh!? — explicou Rossiani.

— Não! Pedirei a Giuseppe que as levem.

— Não, por favor. Não queremos incomodar mais — tornou humilde.

— Incomodo algum! Saiba que ele ganha para transportar essa gente que chega e sai do país dessa forma... é... fugida, ãh! E duas mulheres com uma criancinha...! Com esse tempo! Não será um favor para vocês, será um jeito dele se redimir com Deus, certo?! Eu não concordo com o que ele faz. Não é correto trazer pessoas e largá-las à própria sorte. Mas emprego hoje não tá fácil!... Daqui até a planície do Piemonte tem muita estrada. Com um bebezinho... tão pequeno!... — Olhando para Nicolle a senhora ainda falou: — Ela não parece bem. Não vai agüentar andar pela estrada até conseguirem uma carona.

213

Eliana Machado Coelho/Schellida

Enérgica e sem dar oportunidade de Rossiani argumentar, a mulher saiu à procura do marido.

Pouco tempo se passou, as irmãs e o pequeno Marcello estavam na estrada a caminho da casa do senhor Angello conduzidas pelo senhor Giuseppe.

— A planície do Piemonte é uma região muito grande. Lá existem vários vinhedos — lembrou o senhor Giuseppe, sempre sério. Depois perguntou:

— Sabem exatamente aonde querem chegar?

— Num vale, perto de Asti. Eu mostrarei o caminho, quando estivermos perto.

— Eu pergunto porque há vinhedos em todas as regiões da Itália, a senhora sabe. Mas eu conheço bem Asti, é uma das principais áreas vinícolas deste país. — Fez-se pequena pausa e ele perguntou: — Nasceram aqui?

— Sim — respondeu Rossiani —, mas fomos para o Brasil. Nossos pais retornaram junto com nossa outra irmã. Como o senhor conheceu Asti? Morou lá?

— Nunca morei. Mas levo muitos turistas para o vale D'Aosta, para os Alpes Ocidentais onde têm as maiores montanhas legitimamente italianas! — explicou com certo orgulho. — Alguns turistas querem conhecer vinhedos e eu também coloco isso na rota e passo por Asti, Monti del Chianti, na Toscana e outros lugares.

— Estamos em Gênova, certo? — tornou Rossiani.

— Não! Vocês desembarcaram no porto de La Spézia! — explicou o senhor.

— Santo Deus! Estamos mais longe de casa do que eu imaginava! Disseram-nos que desembarcaríamos no porto de Gênova, que é bem mais perto de Asti!

— Houve problemas pelo denso nevoeiro e o tempo ruim ao norte da costa onde as chuvas foram torrenciais. Muitos navios deixaram seus passageiros irregulares aonde vocês chegaram. Fui avisado, na última hora, que mudaram o local do desembarque. Por isso só na madrugada pude tirá-los de lá com segurança.

— Sabe me dizer para aonde foram uma senhora e seus dois filhos que estavam no mesmo navio que nós?

— Não. Outro deve ter feito o transporte.

* * *

No tempo oportuno, devido à boa vontade daquele homem, elas chegaram aonde queriam.

Mesmo após tantos anos, Rossiani reconheceu a paisagem encantadora e exuberante do lindo lugar em que nasceu e morou por alguns anos.

O senhor, que as levou, parou o veículo a certa distância da casa, perto dos vinhedos. Ele não queria ser visto por alguém. Recusou o convite insistente das irmãs para entrar e ser pago pelo transporte que fez, não aceitando de forma alguma.

Emocionada, Rossiani o agradeceu diversas vezes, e ele se foi.

Com o sobrinho aconchegado ao peito sob suas vestes mais grossas e abraçada à Nicolle que parecia sem forças e quase não falava, Rossiani caminhou em direção da casa grande de madeira cujas chaminés fumegavam lentas.

Os cabritos e as vacas que dividiam o mesmo espaço no grande cercado fizeram muito barulho por estranhá-las.

Os cães correram a latir. Rossiani parou para não ser atacada e esperou até que uma mulher, com longo vestido escuro, um avental atado ao pescoço e na cintura, saiu à porta secando as mãos para ver o que agitavam os animais.

— *Mamma*!!! — gritou Rossiani chorando de emoção.

— *Non ci credo!!! Non è vero!!!* — "Não acredito!!! Não é verdade!!!", foi o que gritou a senhora, correndo de braços abertos em direção das filhas.

Muitas lágrimas em meio ao sorriso durante o abraço apertado de dona Sofia que apalpava as filhas não acreditando tê-las ali.

O choro do pequeno Marcello assustou a senhora que, mais incrédula ainda, espiou embaixo da coberta que o envolvia sob as vestes de Rossiani e, vendo o menino, exclamou totalmente maravilhada:

— *Un bambino*?! — "Um menino?!", perguntou a mulher inebriada.

— *Si, mamma. È vero! È un bambino!* — "Sim, mamãe. É verdade! É um menino!", foi a tradução do que Rossiani confirmou, encarando-a com olhar piedoso, pois não queria enganá-la. Sabia que os pais, muito moralistas, poderiam repudiar o garotinho, quando soubessem se tratar do filho de Nicolle.

Eliana Machado Coelho/Schellida

Gaguejando, dona Sofia perguntou com doce brandura na voz, entre lágrimas e sorriso constante:

— *...e come si chiama?* — "...e como se chama?", perguntou de forma sussurrada, com suavidade e grande expectativa na resposta.

— Marcello — respondeu Rossiani também em tom generoso e com o sotaque italiano, mas o coração muito apertado.

Nicolle não disse nada. Estava esmorecida e abraçou-se novamente à Rossiani escondendo o rosto choroso.

Aproximando-se mais, dona Sofia estendeu lentamente os braços e, impedida de dizer algo devido aos fortes e indescritíveis sentimentos, pegou o pequeno Marcello com delicadeza e bem cautelosa, ajeitando-o carinhosamente na coberta, apertou-o junto ao peito.

No olhar comovido, que nem piscava, podia-se sentir uma nobre felicidade.

Mas dona Sofia acreditava que o menino era filho de Rossiani, sua única filha casada. Estava longe de imaginar que Marcello era filho de Nicolle.

Percebendo o esgotamento da irmã, Rossiani pediu no idioma italiano:

— Mamãe, estamos tão cansadas... com fome... Foi tão difícil a nossa viagem de volta para a Itália. Podemos entrar? O ar gelado já nos enrijece as pernas.

— Lógico! Vamos entrar! Onde estou com a cabeça?! — expressou-se a senhora com o neto nos braços e apressando-se em direção da casa.

Um verdadeiro alvoroço vinha do interior da grande residência, quando o senhor Angello começou a gritar fortemente pela manifestação de alegria ao ver as filhas e o neto.

Danielle, a irmã caçula, foi atraída pela euforia de seus pais e de suas duas tias, pois todos falavam ao mesmo tempo com seguidas perguntas intermináveis que Rossiani e Nicolle não tinham tempo de responder. Até que...

— Calem-se todos! — ordenou a matriarca ante a fragilidade que percebeu nas filhas. O silêncio foi absoluto e somente o bebê não obedeceu, continuando a chorar estridentemente. Dona Sofia, bem austera, exigiu:

— Perguntas depois! Nicolle e Rossiani precisam de comida e descanso!!! Olhem para elas!!! E nosso neto!... Ele precisa de cuidados! — exclamou, olhando para o marido. — O Marcello está molhado, sujo! Santo Deus! Esse menino é pequeno demais e não pode ficar assim! — Pequena pausa e determinou num grito: — Vamos!!! Rápido!!! Tratem de dar comida para elas. Acendam essa lareira da sala de jantar logo, que eu mesma vou trocar o meu neto! Mais tarde, quando elas tiverem melhor, poderão nos contar tudo o que aconteceu, certo?!

Danielle, bem entusiasmada e prestativa, levou as irmãs para o quarto que já estava sendo aquecido para a chegada da noite de frio intenso, assim como a densidade do nevoeiro que já encobria rapidamente a paisagem.

Nicolle estava apática. Sentada na grande cama de colchão macio, não dizia absolutamente nada, apesar de ver o contentamento de todos.

Seus olhos fundos e tristes, rosto amargurado e intercalado com expressões de extrema preocupação e medo pareciam deixá-la mais velha por dentro e por fora. Estava longe de lembrar aquela encantadora jovem alegre e fogosa de poucos anos antes, quando era cobiçada por muitos brasileiros atraídos pelo seu belo corpo e no menear das longas saias com seu andar peculiarmente sedutor. Nicolle possuía um carisma natural e comportamento marcante. Tinha um estilo bem próprio com suas blusas decotadas, colo apertado e mal encoberto para charmosamente tentar se resguardar com as pontas e franjas do xale jogado sobre os ombros cujos cabelos longos e pretos se deitavam brilhosos, alongando-se até a cintura e balançando suave conforme seus movimentos. Essa era Nicolle!

Mas aquela moça sentada na cama com olhar perdido e expressão de derrota, manifestava um temor sem igual, definitivamente estava longe de parecer a Nicolle de antes: enérgica, exigente, repleta de força, não se intimidando por qualquer situação ou trabalho. Possuía um riso cristalino, graça e até sedutor gesto de orgulho. De fala forte na tomada de decisões, esbanjava seu belo sotaque italiano e, quando queria, propositadamente falava com rapidez em seu idioma, divertindo-se com os que não a entendiam. Nicolle tinha vida!

Os pensamentos de Rossiani queimavam de tanta preocupação. Quando todos tomassem ciência de que o pequeno Marcello era filho de Nicolle, não saberia dizer quais seriam as reações. Certamente um imenso desgosto para o senhor Angello.

Assim que chegaram, a surpresa e a alegria impediu qualquer questionamento sobre Marcello. Todos deduziram que seria filho dela e de Tomás. Rossiani estava aflita, refletindo uma maneira de dar a notícia e o momento certo de fazê-lo.

Eliana Machado Coelho/Schellida

Enquanto isso, Danielle procurava agradar as irmãs até que Rossiani pediu:

— Por favor, Danielle, não precisamos de tantas coisas. Somente essas roupas nos bastam — disse ao separar dois vestidos de flanela simples e blusas de lã grossa. — Sabe... nós queremos nos livrar dessas roupas úmidas, mas primeiro seria bom tomarmos um banho. Foram dias no porão de um navio e... gostaríamos de nos sentir limpas antes de comermos e descansarmos.

— Vou preparar o quarto de banho! — avisou bem disposta referindo-se ao banheiro. Em seguida afirmou: — Encherei a banheira com água bem quente para relaxarem bastante.

Logo que Danielle saiu, Rossiani e Nicolle ficaram mais à vontade. Fechando a porta para garantir a privacidade, a irmã mais velha abaixou-se frente à Nicolle, tomou as mãos suadas e após colocá-las entre as suas, perguntou com verdadeira compaixão:

— Como se sente?

— Não sei... — Nicolle a encarou, murmurando com a voz trêmula: — Quando souberem...

— Estou preocupada também e ficarei do seu lado, aconteça o que acontecer. Mas primeiro, Nicolle, vamos nos recompor. Somente depois... talvez depois de amanhã contaremos tudo. Nossas tias ainda estão aí, amanhã os tios e primos virão para nos ver e... Sabe como é... tudo ficará um tanto agitado, não acha?

— Como você quiser.

— Além disso, acredito que você precisa se fortalecer. Somente uma coisa me incomoda muito, muito mesmo, Nicolle.

— O quê?

— Como amamentará o nosso Marcello? Percebi que todos acham que ele é meu filho e... — Rossiani perdeu as palavras.

— Nem eu sei como amamentá-lo, minha irmã. No caminho para cá, dentro do caminhão, percebi que não tinha mais leite. Parece que está secando. Por isso ele chegou berrando como está até agora — respondeu Nicolle chorando.

Afagando-a para confortá-la, Rossiani perguntou bem realista:

— Mas a *mamma* está dando banho nele, por isso ele chora. Só que daqui a pouco ela vai trazê-lo e?...

Nesse momento Danielle, sempre eufórica, adentrou no quarto surpreendendo-se com a cena:

— Mas o que foi?! Estão chorando! — assustou-se a jovem que se sentou ao lado de Nicolle e acariciou seu rosto.

No instante seguinte, dona Sofia chegou trazendo o pequeno Marcello nos braços. Apesar do neto chorar esfomeado, a avó ostentava-o orgulhosa e aproximando-se da filha aconselhou:

— Pronto, Rossiani! — falou sorridente. — O nosso Marcello está lavado, com roupas improvisadas, mas limpas, claro! Só falta amamentá-lo! Ãh! Eu tornei a pôr nas suas roupinhas a medalhinha que estava com ele.

Nicolle, arregalando os olhos para Rossiani, surpreendeu-se quando a irmã se levantou avisando:

— Essa medalhinha foi a dona Josefina quem lhe deu para protegê-lo — contou temerosa. Contudo, encorajou-se e informou de modo a iludir o entendimento: — *Mamma*, lamento dizer... Acho que foram as dificuldades pelas quais passamos na viagem, pois nos faltou comida, água, roupas limpas... Não sei o que fazer, *mamma*, porque não há leite para amamentá-lo... — falou Rossiani com olhos transbordando de lágrimas pela situação que enfrentariam e por, de certa forma, enganar sua mãe.

— *Per Dio*!!! Vamos dar um jeito nisso! Ele é pequeno demais e não pode ficar sem o leite ou vai adoecer! Esse choro esganiçado é de fome!!! — apavorou-se a senhora.

Quando se apressava para sair do quarto a fim de providenciar leite morno para o neto que gritava, dona Sofia foi alertada por Danielle:

— *Mamma*! A Nicolle está queimando em febre!

— Deve ter se resfriado por causa do frio terrível que enfrentamos — considerou Rossiani. — Pode deixar que eu cuido dela. Vou ajudá-la com um banho e depois que estiver com roupas limpas, bem aquecida e se alimentar um pouco vai sentir-se melhor. Enquanto nos banhamos e nos aquecemos vá com a mamãe, Danielle. Prepare um bom leite quente com canela, arranje um remédio contra a febre para a Nicolle e traga aqui para ela tomar o quanto antes. Assim, ficará boa logo.

Deixando Nicolle sob os cuidados das irmãs, dona Sofia ocupou-se demais com o neto que praticamente exigia leite. A avó estava preocupada, pois Marcello tinha pouco mais de um mês, era franzino e pesava

Eliana Machado Coelho/Schellida

pouco. Ela não poderia lhe dar qualquer leite e ainda teria de improvisar uma mamadeira.

* * *

Apesar de toda estafa e inquietude nos pensamentos, Rossiani cuidou carinhosamente de Nicolle que esmorecia cada vez mais.

Durante o banho, mesmo com a água quente, Nicolle tremia como se estivesse em água fria.

Rossiani a esfregou para desimpregná-la da sujeira em que estava. Lavando-lhe os cabelos e esfregando com força a cabeça da irmã, Rossiani se assustou, quando Nicolle pareceu desfalecer após murmurar que não estava bem.

O banho demorou mais do que o previsto por ter precisado de muita água para enxaguar os cabelos da irmã. Rossiani queria deixá-la bem limpa. Ligeiras idéias mórbidas a deixavam temerosa, pois acreditava que Nicolle estivesse contaminada com a mesma infecção gripal que, como uma peste rápida e cruel, matou pai e filha no porão do navio em que viajaram. Por essa razão não hesitou lavar os cabelos da irmã, mesmo com todo o rigoroso frio.

Nicolle parecia recobrar os sentidos, pois, às vezes, gemia.

A porta do quarto de banho foi aberta lentamente por Danielle que reprovou o que a irmã fazia:

— Ficou louca?! Ela está com febre, doente e você ainda foi lavar essa baita cabeleira?!

— É que você não faz idéia das condições pelas quais passamos! Viemos no porão do navio. Tudo era sujo, havia ratos, o fedor, a umidade e escuridão eram desesperadores e, ainda por cima, junto com pessoas estranhas, doentes e... ...e com gripe! — defendeu-se Rossiani um tanto irritada. — Agora vamos! Ajude-me a secá-la bem! — praticamente ordenou.

Já no quarto, agasalhada e aquecida, Nicolle bebeu o leite fumegante com canela juntamente com dois comprimidos que Danielle lhe ofereceu. Depois disso, encolheu-se na cama sob várias cobertas.

No tempo que Rossiani demorou em tomar um banho, pois também estava exaurida de forças, desejosa para ficar bem limpa e descansar, Danielle ficou no quarto com Nicolle.

UM DIÁRIO NO TEMPO

Danielle aumentou a lenha na lareira que havia no grande quarto para aquecê-lo mais. Pegou duas toalhas, colocou uma sobre o travesseiro e com a outra secava e penteava os cabelos da irmã que quase não se mexia.

Dona Sofia entrou no quarto e se admirou:

— Se ela está com febre, por que lavaram os cabelos?!

Danielle repetiu as explicações de Rossiani e mesmo assim sua mãe não gostou.

Aproximando-se, dona Sofia acariciou o rosto acalorado de Nicolle, beijou-lhe a testa com carinho, escorregando os dedos pelos longos cabelos pretos da filha, que já estavam quase secos. Lágrimas rolaram em sua face envelhecida pela idade e rudeza da vida. Roçando com as costas da mão franzida o rosto de Nicolle, a mãe murmurou:

— Santo Deus! Cuide de minha Nicolle. Tiveram tanto sofrimento para chegar até aqui. Confesso, pensei que nunca mais fosse ver minhas filhas, mas o Senhor me abençoou com a chegada delas e de meu neto.

Rossiani entrou no quarto e tratou de se aproximar da lareira para se aquecer e secar os cabelos molhados.

Danielle pegou uma cadeira e a colocou perto para Rossiani se sentar. Logo depois, apanhou a toalha e o pente e foi ajudar Rossiani que sorriu, enquanto voltava as palmas das mãos em direção da lareira para se esquentar.

— E a Nicolle, como está? — quis saber Rossiani.

— A febre parece que abaixou um pouco. Mas ela ainda está quente. Acho que vai melhorar logo.

— Coitada da Nicolle... — murmurou Rossiani lamentando. Em seguida, perguntou ligeira e em voz alta: — E o Marcello?!

Dona Sofia se achegou dela e respondeu emocionada:

— Dorme feito um anjo! — falou unindo as mãos como em oração e largo sorriso.

— O que deu para ele, mamãe?! Ele é novinho! — preocupou-se Rossiani enciumada.

— Leite de cabra — a avó respondeu firme, sem titubear. — Nunca vi leite de cabra fazer mal pra alguém.

— Mas será que pode, *mamma*?! — duvidou Rossiani.

— O que não podia era você ter lavado essa cabeça! Ficou louca?!!! Deve estar de dieta ainda, não é? O navio poderia estar emporcalhado e vocês

221

Eliana Machado Coelho/Schellida

bem que poderiam esperar mais uns dias, não é?! — repreendeu dona Sofia muito brava. Depois, mais tranqüila, explicou: — Dei leite de cabra sim. O que queria que eu fizesse?! Ãh?! Quando a Danielle nasceu, eu não tive leite no peito nos primeiros dias. Lembro, como se fosse hoje, que a dona Josefina deu leite de cabra para ela. E, olha só!...

Rossiani não se manifestou mais. Seu coração apertava e pensou que aquele talvez fosse um bom momento para contar sobre Marcello ser filho de Nicolle, mas não teve coragem.

Danielle começou a fazer perguntas sobre o que havia acontecido no Brasil e, extenuada, Rossiani pediu com jeito calmo:

— Não me leve a mal, Danielle. Mas os últimos dias foram difíceis. Se o Tomás não veio comigo houve um grande motivo e... Sabe... eu gostaria de contar tudo, quando todos nós estivermos reunidos e de preferência quando a Nicolle melhorar. Quero explicar o que nos aconteceu uma única vez.

— Foi o que eu disse para o pai de vocês — concordou dona Sofia. — Amanhã estarão descansadas e poderão detalhar tudinho! — Sem conter a ansiedade, a senhora perguntou curiosa e sussurrando: — Mas eu só queria saber do Tomás. Gosto tanto dele! Por que seu marido não veio?

— Não sei do Tomás, *mamma*!... — Rossiani a abraçou pela cintura e chorou. A mãe a acariciou com ternura e ouviu a filha lamentar: — O Tomás e seus irmãos precisaram fugir, *mamma*... Os militares invadiram nossas terras e... nunca mais tive notícias do meu marido.

— *Dio Santo*! Então ele nem viu o filho nascer?! E você teve o Marcello, sozinha?! — exclamou a mulher chorando ao imaginar a dificuldade da filha.

A voz de Rossiani travou com amargura. Não teve coragem de esclarecer e chorou compulsivamente.

* * *

Uma sopa quente foi servida no jantar.

Sempre atenciosa e prestativa, Danielle levou um prato no quarto para Nicolle. Ajudando-a sentar-se à cama para tomar um pouco da sopa que tinha pequenos cubos de queijo amolecidos pelo caldo quente, algo que Nicolle apreciava imensamente. Danielle procurava animá-la para vê-la se

UM DIÁRIO NO TEMPO

alimentar. Mas a irmã ainda não se sentia bem. Alguma coisa estava errada com sua saúde.

Nicolle tomou poucas colheradas, não quis comer o pão e pediu com delicadeza:

— Por favor, Danielle. Eu não agüento comer mais. Prefiro me deitar.

— Mas não comeu quase nada!

— Não consigo engolir — murmurou ao deitar-se novamente na cama.

Ao mesmo tempo, na sala de jantar, Rossiani estava mais recomposta. Fartou-se de pão, queijo e vinho, além de repetir a sopa bem saborosa.

O senhor Angello não tirava os olhos da filha. Estava apreensivo, quase aflito para perguntar o que havia acontecido. Não suportando mais, questionou com cuidado e com entonação branda na voz:

— O que aconteceu lá, ãh?!

A espera por uma resposta foi longa. Rossiani parou de comer imediatamente. Seu coração apertava e, apesar das lágrimas que começaram a rolar em sua face, tentou resumir:

— Aconteceu tanta coisa *papa*... Estou tão amargurada... preocupada... Os militares invadiram nossas terras. O Tomás e os outros precisaram fugir e... — um soluço a interrompeu e o choro se fez compulsivo.

— Ora, Angello!!! — esbravejou a matriarca. — Não vê que ela sofre?! Até parou de comer!!! Se estivesse tudo bem ela não arriscaria vir para cá, do jeito que veio! Chega desse assunto. Não pode deixar a Rossiani assim nervosa! O leite precisa voltar!

— *Mamma*, eu preciso falar... — tentou dizer a filha.

— Amanhã! — determinou dona Sofia, interrompendo-a. — Hoje é dia de agradecer a Deus por chegarem aqui bem, apesar das dificuldades e de Nicolle estar resfriada. Precisam de descanso. Amanhã vocês falam tudo, certo?!

Rossiani não teve alternativa. Não havia condições psicológicas para enfrentar o esclarecimento de toda a verdadeira situação.

* * *

Naquela noite uma luta interior se instalou nos pensamentos fervilhantes de Rossiani que, embora cansada, não conciliava o sono.

Eliana Machado Coelho/Schellida

Levantou-se algumas vezes para olhar Nicolle. Ouvia, do quarto onde dormiam, o choro de Marcello.

Sem suportar, Rossiani foi ver como o sobrinho estava e em que poderia ajudar. Entretanto, dona Sofia, na cadeira de balanço quase próxima à lareira da sala, embalava o neto agasalhando-o carinhosamente ao peito.

A senhora ficou zangada com a filha, desafiando Rossiani ao perguntar se não confiava em seus cuidados como mãe e avó bem mais experiente do que ela.

— Mas é que ele está chorando e dando trabalho. A senhora precisa dormir e...

— Preciso dormir, coisa nenhuma! Sei muito bem do que uma criança precisa nessa idade. Vá se deitar. Se estiver fraca, amanhã não terá leite para seu filho mamar. Vamos logo! Vê se me obedece!

Rossiani, com olhos marejados, encostou-se em sua mãe que balançava e acariciava suavemente o pequeno Marcello e, abraçando-a, ficou só olhando para o sobrinho.

— Não se preocupe com ele, certo? — tornou a senhora mais calma. — Isso é cólica na barriga. Ele deve ter estranhado a mudança do leite. Esfregando assim — mostrou atritando as mãos e colocando-as no ventre da criancinha —, massageando bem leve e com a mão quentinha, vai passar logo, e ele dormirá.

Rossiani não conseguia articular uma única palavra. A razão ordenava revelar a verdade o quanto antes, mas o coração obedecia à extrema piedade que sentia dos pais e de Nicolle.

Com um gosto amargo nos sentimentos, sorriu forçado, acariciou o rosto enrugado de sua mãe e beijou-lhe os cabelos grisalhos, lisos e presos por um coque.

Afagou Marcello com ternura, beijou-o e se retirou ajeitando o xale nos ombros, experimentando imensa dor no peito, pois prometia a si mesma que na manhã seguinte esclareceria toda a situação, não agüentaria mais passar por aquilo.

14

A fúria do senhor Angello

O frio da manhã imediata açoitava impiedosamente. Parecia anunciar a rigorosidade de como seria o auge daquele inverno.

Ainda estava escuro e do céu nebuloso caía ininterrupta garoa fina, bem fechada, quase como chuva.

Mergulhada na tempestade de seus pensamentos perturbados, Rossiani praticamente não dormiu. Levantou-se, olhou para Danielle, que estava num sono pesado, e foi em direção da cama de Nicolle. Vendo-a se remexer, com as costas da mão sentiu sua temperatura que pareceu normal. Ao sentir a caricia na face, Nicolle abriu lentamente os olhos pretos de brilho perolado e a fitou longamente, adivinhando qual o intuito da irmã.

Sem dizer nada, Rossiani sorriu e se afastou para tirar a grossa e longa camisola de algodão e trocar por outras roupas que também aqueciam. Agasalhou-se bem. Penteou os cabelos e, lançando um xale de lã sobre os ombros, olhou novamente para Nicolle, por alguns segundos, e saiu do quarto sem fazer barulho.

Na cozinha, Rossiani encontrou uma das empregadas à beira do fogão e do forno repletos de panelas fumegando, anunciando pelo aroma, fartas e deliciosas refeições.

— Bom dia, Rossiani! Já se levantou?! — exclamou a mulher admirada e falando no idioma italiano.

Eliana Machado Coelho/Schellida

— Bom dia! — retribuiu Rossiani na mesma língua. — Costumo levantar cedo.

— Sabe... eu creio que o senhor Angello está preocupado. Viu como está este início de inverno? Tanta chuva e garoa significam bastante frio e o vinhedo prefere um inverno mais suave.

— A poda é o que determina a florada e a qualidade das mais nobres colheitas. E a melhor colheita só é comprometida se a poda for feita na época errada, fazendo com que os vinhedos floresçam no início da primavera, quando a geada e as chuvas prejudicam a planta e os frutos desenvolvidos. Hoje em dia existem técnicas desde o tratar do solo até o conter das pragas, além de controlar a colheita com a poda...

— Nossa! A senhora entende mesmo! — surpreendeu-se a mulher.

— A vida toda eu vi e ouvi meu pai falando e fazendo isso. — Sorriu com semblante saudoso e completou: — Como poderia me esquecer?...

Do corredor largo, que chegava à cozinha, apareceu dona Sofia com Marcello no colo e estampando um largo sorriso ao ver Rossiani.

— A bênção, *mamma*! — Rossiani cumprimentou-a como de costume, beijando-lhe a mão.

— Deus te abençoe! — respondeu com orgulho. E, imitando voz docemente infantil, dona Sofia pegou a mãozinha do pequeno Marcello e a estendeu para Rossiani, dizendo: — A bênção, *mamma*!

Rossiani esforçou-se para não chorar, mas foi impossível. Beijando a mão do menininho, sussurrou o cumprimento e o beijou na face, agasalhando a pequenina mãozinha para que não passasse frio.

Dona Sofia não se incomodou com a reação da filha, acreditando não passar de pura emoção. Mais à vontade, perguntou admirada:

— Nossa, Rossiani! Por que já está em pé?! Está muito frio! Eu ia pedir para que alguém me ajudasse a levar uma bela e farta bandeja para você e Nicolle lá no quarto.

— Não agüentei ficar na cama, *mamma*. Não se preocupe, eu estou bem.

Nesse instante o senhor Angello chegou com grande expressão de alegria ao vê-las.

Após os cumprimentos, dona Sofia convidou para que fossem aguardar o desjejum na outra sala, cujo centro era uma grande mesa de madeira grossa, muito pesada, rodeada com cadeiras do mesmo estilo.

Dona Sofia deu algumas orientações às empregadas e retornou para junto do marido, mostrando-lhe o pequeno Marcello.

O menino estava bem agasalhado, mal ficava com o rostinho à vista, mesmo assim, sempre era coberto por um xale devido ao frio.

O senhor Angello atrapalhou-se ao tentar pegar o neto, ao Mesmo tempo que dona Sofia, enciumada, mostrava-se insatisfeita por achar os modos do marido grosseiros e poderiam machucar o neto.

— Cuidado! Ãh! Ele é pequenino!

— Mas que é isso?! Pensa que não sei como segurar meu neto?!

Rossiani permanecia bem séria, acompanhando a pequena disputa entre seus pais. Seu coração estava muito apertado.

A chegada de Nicolle e Danielle trouxeram mais alegria aos pais.

Enquanto faziam o desjejum, que as empregadas providenciaram com rapidez, Danielle contava sobre o seu compromisso de noivado. Alegre e ansiosa, a jovem não parava de falar sobre o assunto até que o senhor Angello, educadamente, tirou-lhe a palavra ao dizer:

— Danielle, acho que suas irmãs não estão tão exaustas como ontem. Sei que a viagem foi longa e arriscada, mas... Agora que já fizeram um belo desjejum, será que vocês têm disposição para contar o que aconteceu lá no Brasil?

Nicolle, ainda abatida e olheiras muito nítidas, ergueu a cabeça e fitou Rossiani espargindo aflição.

Rossiani com entonação suave na voz bondosa, mas entremeada de medo demonstrado ao gaguejar em alguns momentos, tomou a palavra após respirar fundo:

— Muitas coisas aconteceram desde que deixaram o Brasil. O regime rigoroso do governo militar foi terrível... Tanto nas cidades grandes quanto nos campos o horror dos massacres sangrentos aconteceram impiedosamente. Várias pessoas foram presas e nunca mais apareceram... — lágrimas compridas rolavam na face de Rossiani, obrigada a fazer pequenas pausas, mas o quanto antes ela continuava: — Os que se opunham à ditadura militar, fugiam ou morriam. Poucos conseguiram o exílio em outros países. Muitos foram presos e torturados até a morte... — Rossiani chorou com soluços, pois pensou em seu marido.

— Quando fui para o Brasil — contou o senhor Angello —, saí daqui fugido da guerra. Nunca pensei que enfrentaria outra guerra lá. Por isso, as-

Eliana Machado Coelho/Schellida

sim que eu pude, retornei para a Itália. Mas sabe, filhas, quando eu retornei para aqui, analisei os fatos, pensei e pensei sobre tudo e cheguei à seguinte conclusão: Culparam os Nazistas por tudo o que a Itália viveu na Segunda Grande Guerra, mas a culpa mesmo foi do povo que aceitou, aprovou e elegeu os governantes. Mas depois, quando aconteceu a primeira falha e um monte de tragédia, esse mesmo povo que deu poder aos governantes não acreditava ser culpa dos eleitores, pois deram poder àquele tipo de governo que apoiou os nazistas que dominaram a Itália. E isso eu vi se repetindo, bem parecido, no Brasil de forma severa.

— Mas *papa*, o senhor não imagina como fomos massacrados... oprimidos violentamente... — defendeu Rossiani.

— Quem comete o excesso é o homem, é o ser humano e não a instituição. Existem agricultores que não prestam, padeiros que não prestam, empregados que não valem nada, militares que abusam do poder, padres e um monte de gente que não prestam! Não é por isso que todos dessas classes também não valem nada. Lembra-se de tudo o que aconteceu durante a Santa Inquisição feita pela igreja Católica Apostólica Romana?

— Sim, mas... — Rossiani foi novamente interrompida.

— Filha...! O governo de João Goulart incentivava o desenvolvimento, o progresso. Todos seriam beneficiados. Prometia um Brasil novo, justo e próspero. Prometia o compromisso com as causas populares. Promessas, promessas e promessas!... Mas naquele governo ninguém era santo para garantir que iriam cumprir tudo o que prometeram. O povo era ganancioso e queria que tudo caísse do céu. Então se encheram de reivindicações que o governo de João Goulart não conseguia cumprir, controlar ou explicar a razão de não realizarem aquilo. Foi o chamado "período populista". Eu lembro muito bem. Os grandes movimentos de massa, milhares de pessoas se reuniam para reivindicar... pedir e pedir. Recordo que nos primeiros anos de 1960 o Comando Geral dos Trabalhadores – CGT – avançava com lutas operárias, greves e mais greves! Paravam tudo! Quebravam tudo! Eram exigentes com coisas que o governo não podia sustentar. Mas eles contribuíram para aquele governo estar no poder, como também, contribuíram com quebra-quebras para o governo militar assumir e controlar aquela bagunça. Foi assim e sempre será até o povo ter consciência, fazer sua parte e saber como e por que colocar alguém no poder. Um povo, que não é instruído, aceita qualquer influência, principalmente lá de fora. Por isso digo que, seja na Itália, seja no Brasil ou em qualquer outro país, todo o povo é responsável pela robalheira dos governantes, pela bagunça na política, pela falta de paz, pela falta de estrutura em seu país.

— *Papa*, por favor — pediu Rossiani atalhando-o. — Não suporto mais falar em política! Vocês pediram para eu contar sobre o que nos aconteceu. Posso?! — Todos silenciaram e, mesmo entre choro, Rossiani contou sobre a invasão de suas terras pelos militares, a razão da fuga de seu marido e dos demais trabalhadores que não deram notícias, sobre a violência sexual praticada contra as mulheres, adolescentes e crianças. Falou das mortes das trabalhadoras encontradas nas valas e da morte de sua sogra.

O senhor Angello começou a ficar intrigado, pois se Tomás desapareceu logo depois de ele ter voltado para a Itália, quem era o pai de seu neto Marcello?

Aos poucos Rossiani contou que o fazendeiro vizinho, o senhor Cintra Junqueira das Neves Pereira, morreu, e, pouco a pouco, revelou a verdade sobre o pequeno Marcello. Momento em que se levantou e colocou o menino nos braços de Nicolle.

Apesar de omitir sobre os dois outros filhos de Nicolle, Rossiani defendeu-a piamente, afirmando e tentando convencer os pais que a irmã havia sido enganada, pois até ela, que conheceu Douglas e seus pais, não desconfiou da falta de caráter dele e de sua família. Ajudou deixando o gado entrar em suas terras em troca de mão-de-obra para as diversas dificuldades enfrentadas no sítio.

Rossiani falava com emoção. Acreditava que o pequeno Marcello havia conquistado o amor de todos, principalmente dos avós, abrandando qualquer sentimento de aversão à Nicolle.

O senhor Angello se levantou. Seus olhos se espremeram formando finas e longas rugas transformado o seu rosto vagarosamente. Mesmo com as hostilidades do trabalho duro, era um homem forte e avantajado que chegava a amedrontar por seu porte físico.

Enervado, ele espalmou as mãos sobre a mesa apoiando-se, enquanto ouvia as últimas explicações de Rossiani que começou, com a voz fraca e trêmula, a gaguejar ainda mais.

O senhor Angello sentia-se trespassado por uma espada de tristeza que varava seu peito com intensa dor moral. Não foram esses os seus planos

Eliana Machado Coelho/Schellida

para as filhas. Sempre mostrou superioridade conservadora, dando-se como exemplo e calmo a tudo o que teve de experimentar na vida. Mas aquele acontecido, de acordo com os seus conceitos e até princípios religiosos, era uma grande vergonha.

Nicolle manchou, desonrou o seu nome e o seu sangue. Não foi digna da educação recebida.

Dona Sofia e Danielle permaneceram perplexas, mudas, enquanto Rossiani não encontrava mais palavras para justificar e defender Nicolle que, cabisbaixa, chorava copiosamente.

Em pé diante da mesa, o senhor Angello foi dominado por uma fúria nunca vista. Seus punhos estavam cerrados com força, o rosto avermelhado e a respiração alterada. Tinha a alma cortada e seu bondoso coração parecia ter-se petrificado, quando, sem que alguém esperasse, ele ergueu os punhos fechados, abaixando-os em seguida com tamanha força sobre a mesa que trepidou junto com tudo o que havia sobre ela, parecendo levantá-la do chão.

Não houve tempo de todas se recomporem do susto pelo estrondo do soco, quando, com o rubor abrasado no rosto transtornado, o senhor Angello gritou forte e alto, esbravejando como nunca fez com alguém.

Amedrontada, num gesto mecânico, Danielle tirou o sobrinho dos braços trêmulos de Nicolle e, diante do choro estridente do menino, apertou-o em seu peito e correu para o outro cômodo levando o pequenino que chorava assustado.

— *Bagascia*!!! *Baldracca*!!! — berrava o senhor ofendendo a filha ao chamá-la de vadia e outros nomes piores. O senhor Angello andava de um lado para outro, voltava e esmurrava a mesa sempre falando aos gritos e no idioma italiano, demonstrando sua indignação. — *Non me basterà*!... *Tu fosti*!...

— Não reaja dessa forma, *papa*! — implorava Rossiani chorando. — Lembre-se de que o Marcello é seu neto tanto quanto se fosse meu filho!

— Cale a boca! Não sabe quanta desgraça Nicolle trouxe para esta casa!!! Tua irmã Danielle está de casamento marcado. Como acredita que a família do moço vai olhar para ela agora?!! Ãh?!! Por problemas de política no país dele, o seu marido desapareceu ou talvez morreu... Se essa criança fosse tua... Mas como explicar Nicolle ter um filho?!!! Por quê?!!! Por que se vendeu?!!! Para ter benefícios?!!! Por que não retornaram antes?!!! — gritava o homem ofegante andando de um lado para outro, encarando-as. — Seria melhor ela ter morrido a me dar um desgosto desse!!! Ela sujou o nosso nome!!! Onde está a nossa moral agora?!!!

No outro cômodo, Danielle chorava em silêncio, enquanto balançava com carinho o pequeno sobrinho, acariciando-o com ternura. Mesmo assim, Marcello chorava. Estava com fome.

Danielle parecia apavorada. Um grande vazio e tristeza invadiam sua alma deixando estranha sensação de insegurança.

A jovem amava Marco, o seu noivo, e sabia que era correspondida. O rapaz estava apaixonado. Rossiani e Nicolle só souberam, depois de chegarem, que seu pai enfrentou problemas com os vinhedos quando voltaram para a Itália e precisou de empréstimos bancários para não ter maiores prejuízos. A situação de suas terras na Itália não se encontrava tão regularizada como o tio havia relatado em uma carta.

Muito falante, Danielle havia contado às irmãs que conheceu Marco quando ela e a mãe faziam pequenas compras para abastecer a dispensa.

Sem muito jeito, a princípio, o rapaz bem alinhado se interessou por Danielle e começou a conversar com a jovem, mesmo sob o olhar duro de dona Sofia. De opinião firme, o moço se ofereceu para ajudá-las a levar as compras até o pequeno caminhão que servia à vinícola e as conduziriam de volta ao vale onde residiam e cultivavam o vinhedo. Corajoso, Marco não hesitou e, com fala sociável, permaneceu junto de Danielle e sua mãe até a chegada do senhor Angello, pois a jovem comentou que iriam aguardar por seu pai.

O senhor Angello se aproximou, mas parecia preocupado e um pouco confuso. Naquele dia foi resolver algumas documentações de suas terras e tratar de negócios financeiros, um empréstimo, no Banco da cidade. Mas a espera obrigatória para a análise do crédito poderia demorar e isso não seria bom para os seus negócios.

Desinibido, o rapaz conversava amigavelmente com a jovem Danielle e dona Sofia até ser apresentado ao patriarca da família.

Subitamente, o educado Marco, abordou-o querendo saber onde moravam para que, junto com seu pai, fossem até sua casa pedir Danielle em namoro. Ele avisou que já tinha visto a jovem a distância, na igreja e no

Eliana Machado Coelho/Schellida

armazém, e que naquele dia havia se decidido, pois gostou dos costumes conservadores que aparentavam. Encantou-se com a bela moça e isso seria muito bem-vindo por sua família.

O senhor Angello ficou atordoado e disse não estar para brincadeiras. Mas Marco, bem firme, avisou que também não. Iria procurá-lo em companhia de seu pai, pois estava resolvido a pedir Danielle em namoro.

O pai da jovem não o levou a sério. Despediu-se e se foi com a esposa e a filha.

Só que o rapaz se encantou pela doce Danielle e o pouco que conversaram foi o suficiente para saber onde encontrá-la.

Não desistiria. Não poderia esquecê-la e sonhava com a delicada jovem relembrando sua pele clara se confundindo com o tecido alvo de sua blusa, um belo xale deitado sobre os ombros e tentava esconder o belo corpo bem acinturado sob a longa saia que descia até o chão, mostrando levemente as botinhas que aqueciam os pequenos pés. Suas mãos eram delicadas, aparentemente frágeis e bem alvas. Ele só conseguia pensar em Danielle, lembrar sua voz suave e sotaque bem diferente, parecia ver o brilho de seus olhos pretos e cílios longos, cabelos negros, ondulados e bem compridos. Era realmente uma bela moça. Educada e recatada, exatamente como ele gostava.

A surpresa maior foi quando Marco e seu pai chegaram até o local do vinhedo que Danielle mencionou, após indicação de moradores da região, e se depararam com o pai da moça.

O pai de Marco era o dono do banco onde o senhor Angello foi fazer o pedido de empréstimo que aguardava aprovação.

Os jovens realmente estavam apaixonados e o compromisso ajudou o senhor Angello e a família a resgatarem a propriedade das terras, legalizar os impostos e investir no cultivo da produção do vinhedo.

O amor surgiu entre os jovens que decidiram se casar, embora nada tenha sido planejado.

Pelos conceitos conservadores da família do noivo, agora, o compromisso entre Marco e Danielle estaria ameaçado.

Danielle adorava suas irmãs, mas chorava ao imaginar quais seriam as conseqüências por Nicolle ser mãe solteira. Talvez a família de seu noivo, muito moralista, não aprovasse mais a união. Ela estava com muito medo.

Lembrou do belo vestido de seda coberto por rendas trabalhadas com lindos bordados e pérolas, quase pronto para o casamento, além de alguns preparos da festa já a caminho.

Enquanto a jovem remoia os pensamentos e balançava o sobrinho procurando acalmá-lo, o senhor Angello continuava falando aos berros, até que desfechou num grito:

— Fora daqui!!! Pegue seu filho bastardo e saia da minha casa!!!

Enfrentando o pai pela primeira vez, Rossiani levantou, aproximou-se e, com fala mansa e olhar duro, avisou firme:

— Ouça-me, *papa*. Nem que seja pela última vez — falou lembrando-se de dona Josefina. — *Papa*, eu fui casada por anos e não tive filhos. Eu e o Tomás sempre quisemos ter filhos, mas Deus não nos concedeu essa benção. Se não fosse para o Marcello vir ao mundo, Deus não permitiria. Não tenha um coração de pedra ou pode se arrepender. Eu me lembro que foi um homem muito bom, todos o amavam por sua generosidade e... Eu sempre me orgulhei de ter um pai assim. Até a dona Josefina o senhor aceitou solteira e com uma filha...

— O caso da Josefina é diferente! O desgraçado do patrão abusou dela...

— Não! — interrompeu-o. — Não é muito diferente não! O homem, assim como o Douglas, não assumiu o filho. Foi um covarde! — Abaixando o volume da voz, falou firme: — Eu pensei que o senhor fosse mais corajoso, *papa*.

— Não me desafie, Rossiani!!! — gritou enfurecido.

— Não estou desafiando o senhor, *papa* — tornou tranqüila. — Estou sendo verdadeira. Quando cheguei aqui e vi tudo muito cuidado, empregados satisfeitos, animais bem tratados, mesa farta e outras, coisas fiquei imaginando: Como conseguiu tudo isso tão rápido? — Breve intervalo e, inteligente, Rossiani perguntou em tom brando: — O senhor teme que a família do noivo de Danielle seja contra o casamento e a repudie por ter uma irmã que é mãe solteira, não é?! — Apesar do nítido nervosismo, o pai continuou em silêncio e Rossiani questionou: — Mas me diga que família é essa, tão exigente, a qual o senhor tem que se curvar ou teme tanto?!

— Você já sabe! O pai do Marco é o dono do banco onde o seu pai fez um grande empréstimo — respondeu dona Sofia na vez do marido. — Eles são muito conservadores e...

Eliana Machado Coelho/Schellida

— Ah! Então, *papa* — interrompeu Rossiani falando manso, mas com um tom irônico —, o senhor fez da sua filha Danielle uma *baldracca* também?! Sim!!! Porque a está vendendo em troca de tudo o que vejo aqui! *Non è vero*?! E quem se vende é uma *baldracca*, mulher da vida!!! — enfatizou como uma afronta.

— Cale-se!!! — vociferou o homem irritado.

— *No, papa*! Cansei de ficar calada!!! — gritou. — Onde está aquele homem generoso e compreensivo até com os trabalhadores de suas terras que eu conheci?! Aquele homem que dividia o pouco que possuía com os refugiados de outras fazendas e sítios, onde ele está?! O dinheiro subiu à sua cabeça, *papa*! Não é a bela preparação para um casamento e com vestido de noiva branco que diferencia Danielle das acusações que fez à Nicolle! — Em um tom mais ameno, argumentou: — Agora há pouco me falou de sua moral e religiosidade, mas ofendeu sua filha Nicolle, quando a xingou e a desclassificou, não se lembrando de Jesus Cristo que levantou a mulher adúltera e perguntou: "Onde está aquele que adulterou contigo? Que atire a primeira pedra aquele que não tiver algum pecado!" O senhor pode atirar pedras, *papa*?! Nunca errou em sua vida?! Que eu saiba nem Jesus Cristo, que nunca errou, atirou a pedra ou julgou. Ainda gostaria de lembrá-lo, *papa*, de que se José tivesse abandonado Maria ela seria mãe solteira, mãe de Jesus que continuaria sendo Jesus. — O pai a ouviu de cabeça baixa e ofegante. Rossiani, após pequeno intervalo, perguntou: — Ainda vai mandar Nicolle, sua própria filha, sair desta casa?

Erguendo o olhar, transformando o rosto em sisudez sem igual, com voz firme, exigiu:

— Nicolle não é mais minha filha! Ela que pegue seu bastardo e saia daqui!

— Não!... — implorou dona Sofia aos choros. — É nossa filha! Ela não está bem! Não pode pôr para fora de casa uma mãe com um filho pequeno nos braços, com esse tempo!

— Cale-se, mulher! Já decidi! Fora!!! E para que não digam que eu não sou generoso, se quiser pode usar o casebre lá no fim do vale até arranjar outro lugar! Não vou passar pela vergonha de ter uma filha *bagascia*!!! Entenderam?!!!

UM DIÁRIO NO TEMPO

— Então eu vou com ela — decidiu Rossiani falando baixo. — Se ela não é sua filha, desconsidere-me também, pois não vou abandonar minha irmã em uma situação tão difícil!

Aproximando-se de Nicolle, que não disse nada e chorava ininterruptamente, Rossiani se abaixou, segurou suas mãos trêmulas e geladas, dizendo:

— Vamos pegar as poucas coisas que temos, o Marcellinho e partir daqui o quanto antes. Eu cuidarei de vocês enquanto puder.

Todos os temores de Nicolle e Rossiani se realizaram naquele momento com uma teatralidade impressionantemente macabra, elas não queriam acreditar que tudo aquilo era verdade. Uma dor insuportável as asfixiava, porém precisavam assumir a grande responsabilidade de seus compromissos.

* * *

As rudes palavras do senhor Angello não ceifavam o amor de suas filhas por ele, entretanto feriram os seus corações sofridos, deixando-as sob à sombra do medo e da insegurança pelo futuro incerto.

Abraçada à Nicolle, Rossiani foi para o quarto em busca de seus poucos pertences.

Dona Sofia e Danielle, com o sobrinho nos braços, imploravam ao senhor Angello para que as deixasse ficar, mas o patriarca estava irredutível.

Nicolle parou de chorar, porém seu abalo emocional era nítido. Parada, ela parecia em choque e não conseguia concatenar as idéias, pois além da decepção, do desespero pela falta de condições para cuidar de seu filho e preocupações aflitivas, Nicolle achava-se fragilizada fisicamente, porque sua saúde encontrava-se bem comprometida. Ela sentia-se sem ânimo e, ao entrar no quarto, sentou-se na cama experimentando imenso mal-estar.

Rossiani, secando as lágrimas, não dizia nada e começou a juntar o pouco que lhes pertencia, colocando tudo na mala e pequeno baú tão difíceis de trazer.

Danielle, com os olhos banhados em lágrimas e ainda com o sobrinho no colo, adentrou ao quarto, sentou-se ao lado de Nicolle e não sabia o que dizer.

Marcello chorava muito. Estava assustado com o barulho de pouco antes, com fome e experimentando energias, às vezes, imperceptíveis aos adultos, mas que o prejudicava como uma forma de sofrimento.

235

Eliana Machado Coelho/Schellida

Nicolle mecanicamente pegou o filho e o embalou tentando fazê-lo parar de chorar.

Danielle se levantou, pegou cobertas e outras roupas e foi colocar no baú, quando Rossiani pediu:

— Não! Isso não é nosso!

— Sim, é! Agora é! Eu estou lhe dando! Não me faça essa desfeita... — a jovem se emocionou e chorando abraçou Rossiani, murmurando em lamentos a decisão do pai. Sofrendo com o ocorrido, reprovou a atitude do senhor Angello e considerou preocupada: — Ele não deveria fazer isso. É desumano! Meu Deus! O clima do final do outono já nos avisou que o inverno será rigoroso. Vocês não vão conseguir ir muito longe levando o Marcello... e onde iriam ficar? Por favor, Rossiani, pense nesse inocente! Aceite ficar no casebre aqui no vinhedo. Ele está velho e precisando de reparos, mas... Ficando aqui, eu poderei ajudá-las de alguma forma. A *mamma* está desesperada... Fique!

— Sim, eu sei. Já pensei em tudo isso. Vamos aceitar essa esmola de nosso pai, ao menos até o verão. Não temos para onde ir nem trabalho... Não podemos nos sustentar sozinhas...

— Eu, a *mamma* e as criadas de confiança levaremos alimentos e outras coisas de que precisarem. Darei ordens aos empregados mais discretos para cuidarem dos danos existentes na casa e, para que façam a lareira e o fogão funcionarem bem. Pode deixar! — empolgou-se apesar da tristeza. — Eles vão consertar o que estiver quebrado e colocar óleo nas lamparinas, querosene nos lampiões... Abasteceremos a dispensa!... Fiquem aqui, demorem o máximo. Eu vou, agora mesmo, cuidar disso tudo! — decidiu eufórica saindo correndo sem dar oportunidade para a irmã opinar.

Rossiani continuou dobrando algumas roupas até observar Nicolle que insistia em dar o peito ao filho que chorava e resmungava incansavelmente.

— O que ele tem? — perguntou piedosa, aproximando-se.

— Acho que é fome... — respondeu Nicolle chorando. — Mas ele não quer pegar o peito.

— Você tem leite?

— Sai pouco, mas tenho e mesmo assim ele não quer. Não sei o que fazer.

Com jeito cuidadoso, Rossiani ajeitou o sobrinho no colo da irmã de forma que ele pegasse o peito para mamar. Demorou, mas Marcello aceitou e mamou um pouco até adormecer.

— Ele ficou assustado e você nervosa. Deve ser isso — justificou Rossiani comovida.

Olhando em volta e certa de tudo estar arrumado para ser levado embora, Rossiani agasalhou a irmã e o sobrinho. Pegou a mala e as bolsas, deixando o baú para ser carregado depois. Com uma dor que rasgava seu peito, ela se lembrou de saírem pela cozinha onde provavelmente não veriam seu pai.

Dona Sofia, chorando muito e incrédula com tudo, parecia adivinhar os planos de Rossiani e decidiu aguardar pelas filhas na cozinha.

— Por favor! — implorou a senhora. — Não vão agora, filhas. A Danielle foi tomar providências, pois o casebre não é usado há tempos. O pai de vocês não virá aqui. Sentem-se, comam e bebam algo quente.

Somente com o olhar, dona Sofia sinalizou à empregada que arrumasse a mesa para servir as filhas.

— Não podemos ficar aqui muito tempo, *mamma* — avisou Rossiani quase chorando.

— A minha Nicolle precisa comer, alimentar-se bem para ter leite — explicou a senhora afagando o rosto triste da filha. E completando: — Ela não está bem...

— *Mamma*, só vamos esperar que essa garoa forte pare, depois iremos — decidiu Rossiani. — Eu deixei o baú lá no quarto. Só estou levando a mala e essas bolsas com algumas cobertas e roupas limpas que a Danielle nos deu. Por favor, quando a senhora puder, peça a um empregado que nos leve o baú.

— Certo! Mas comam primeiro... — implorou a mãe comovida. — O caminhão está pronto para levar vocês depois que se alimentarem. Assim dará tempo de pegar seu baú e outras coisas mais... Mas filhas, comam. Esperem a Danielle voltar confirmando que tudo no casebre está mais arrumado e limpo para vocês. Quem sabe essa garoa passa! Sair agora não será bom para o meu neto.

Lá na casa para onde as irmãs iriam, Danielle retirou as coisas velhas que não tinham condições de uso. Limpou tudo, tirou inclusive as teias de

Eliana Machado Coelho/Schellida

aranhas existentes. Conseguiu algumas louças e panelas para serem utilizadas. Providenciou água potável e muito mais. Lembrou-se de levar alguns alimentos, velas, querosene e lenha. Enquanto isso os empregados consertavam os vazamentos no velho telhado, os furos nas paredes de madeira, punham em condições de uso o fogão a lenha, a pequena lareira, as camas, a mesa e os bancos. Tudo foi extremamente trabalhoso.

Somente no final da tarde Danielle, toda molhada, retornou dizendo que quase tudo estava em condições de uso. Mas garantiu que, no dia seguinte, um empregado voltaria para fazer o conserto em uma das janelas.

Despedindo-se da mãe e da irmã que estava gélida, em lágrimas, Rossiani, Nicolle e o pequeno Marcello foram levados para o local onde o senhor Angello permitiu que ficassem.

O coração generoso de dona Sofia e Danielle não deixaram de lembrar das provisões como cobertas, roupas quentes e inúmeros detalhes para que não passassem necessidades.

Ao anoitecer, o senhor Angello reuniu todos os empregados e exigiu que nada do acontecido naquele dia fosse motivo de comentários, constrangendo-os ao ameaçar que seriam demitidos caso isso acontecesse. Ninguém poderia saber.

Determinou também que dona Sofia e Danielle estavam proibidas de visitar o casebre. Avisou que não deixaria faltar nada para Rossiani, Nicolle e o menino, mas não queria vê-las nos arredores da casa, pois não as considerava mais como filhas e a criança nunca seria seu neto.

As nuvens cinzentas e pesadas que se arrastavam num ritmo lento não se instalavam somente no céu. Essas nuvens impiedosas se enovelaram na alma do senhor Angello deixando-se envolver pela ambição, pois suas aquisições e prosperidade, ali naquelas terras, foram conquistadas à custa do casual encontro e posterior compromisso entre Danielle e um rapaz influente. O homem passou a expressar um triste silêncio no semblante sisudo, escondendo a verdade de reconhecer que sua covardia para apoiar a filha Nicolle, era por vileza, puro orgulho, vaidade e ambição. Resumindo, faltou-lhe a prática do amor.

15

Doenças e duras provas

O inverno daquele ano assolou violentamente muitos campos daquela região. Não havia uma única folha em arbusto ou árvore, pois foram varridas pelo vento que soprava frio. Somente os pinheiros e ciprestes, quando podiam ser vistos ao longe, conservavam um pouco do verde escondido sob a neve.

As chuvas, que deveriam ter minimizado no fim do outono, caíam pesadas em alguns dias do inverno formando violento aguaceiro, deixando o rio próximo ao vale bem caudaloso naquele período do ano, significando que, na primavera e no verão, atingiriam além de seu volume máximo quando as neves das montanhas derretessem.

O frio era intenso, apesar do vale onde ficava o vinhedo ser bem protegido por sua profundidade entre as montanhas. Quando não havia chuva, a densa neblina servia como verdadeira cortina a encobrir toda a região e a visibilidade era considerada zero.

Rossiani não saia de casa, precisava se empenhar muito para cuidar da irmã e do sobrinho.

Leite fresco e outros alimentos chegavam diariamente. Entretanto a ausência da mãe e da irmã, além do desprezo do pai, feria-lhe dolorosamente seu coração opresso e inseguro.

Desde que chegaram, Nicolle não estava bem. A casa de madeira sempre aquecida pelo fogo a lenha e a boa alimentação não eram suficientes para restabelecer sua saúde.

Logo nos primeiros dias, Nicolle passou a ter febre muito alta e momentos de delírio. Sua imunidade estava visivelmente debilitada por grave afecção desconhecida que provocava uma série de infecções, principalmente, respiratórias. Vulnerável, havia se contaminado com o vírus da gripe no navio.

Rossiani fazia pedido de medicamentos através do empregado designado a comparecer ali diariamente. Quando sabia, dona Sofia não hesitava e enviava-lhe tudo o que era solicitado, mas ficava aflita por seu marido proibir-lhe de visitar as filhas. O senhor Angello ficava bem atento para que ninguém desobedecesse a suas ordens.

Como se não bastasse, o tempo ruim contribuía para prejudicar qualquer tentativa de visitar as filhas. Dona Sofia vivia silenciosa, triste e amargurada. Queria estar próximo de Nicolle, Rossiani e Marcello, mas não conseguia. Temia que o pai as expulsasse definitivamente de suas terras. Além disso, a casa onde elas ficavam era longe da grande residência do senhor Angello e da casa dos demais empregados. O casebre situava-se na descida do vale, depois dos vinhedos. Um lugar de extremo e difícil acesso, por essa razão foi abandonado.

* * *

— Não! Não!... — delirava Nicolle praticamente sem noção. — Eu quero os meus filhos! Onde eles estão?! Onde?!

— Acalme-se Nicolle — pedia Rossiani que tentava minimizar a febre com compressas frias. — As crianças estão bem — dizia a fim de confortá-la.

— Rogério! Renata! Onde estão?!

— Veja — falou Rossiani com piedade ao lhe oferecer o pequeno Marcello em seus braços —, aqui está o Marcellinho. Pegue-o!

Os olhos de Nicolle fixavam-se no menino, mas era como se não o visse.

O garotinho também chorava. De alguma forma percebia, sentia a debilidade de sua mãe.

Rossiani, apesar de controlada, estava em silencioso desespero. Tudo aquilo lhe doía profundamente na alma. Considerava-se culpada por ser sua a idéia de irem para a Itália. Sabia que o pai era conservador e possuía conceitos morais rigorosos. Mas nunca imaginou que ele não apoiaria uma de suas filhas, deixando-a viver enferma e em condições tão miseráveis, sem qualquer socorro. As provisões de alimento mandadas eram mais que suficientes, mas desprezar o estado doentio e tão grave de Nicolle era muita impiedade.

Rossiani estava indignada. Balançando delicadamente o sobrinho, que Nicolle lhe devolveu, sentia-se impotente. Marcello chorava, não queria aceitar o leite de cabra e não podia mamar em Nicolle que se achava febril.

Tentando disfarçar o nervosismo, Rossiani cantava suavemente para aquietá-lo, mas sua voz embargava e lágrimas rolavam sem poder controlá--las. Abalada, não sabia mais o que fazer. Olhava para Nicolle que se revirava na cama agitando-se de um lado para outro com delírio constante e temia por sua vida. Lembrava-se das vítimas fatais com as quais viajaram o que lhe trazia idéias mórbidas.

Marcello chorava muito e, em lágrimas, ela decidiu trocar suas fraldas na tentativa de vê-lo mais calmo, talvez estivesse molhado e isso o incomodasse.

Tirando o cobertorzinho e as mantilhas de lã que envolviam o menininho a fim de protegê-lo do frio, sentiu sua temperatura e certificou-se de que Marcello também estava ardendo em febre.

Trocando-o rapidamente para não o expor, ficou em choque, paralisada, pois não tinha condições de socorrê-lo.

Abruptamente, Nicolle sentou-se na cama, estendeu os braços e pediu parecendo alucinada:

— Dê o meu filho! Meu filhinho!

Rossiani cuidadosamente entregou Marcello em seus braços e ficou atenta para qualquer situação. O garotinho chorava insistente e Nicolle o embalava de modo frenético, recostando-o no peito.

— Acho que o Marcello está com muita febre, Nicolle. Eu não sei o que fazer. Ele é pequeno e não temos remédio para a sua idade.

— Não... Ele está bem. Marcellinho está saudável. Não vou ficar sem ele. Vou me matar se me roubar ele... — dizia com olhos vidrados, parecendo bem perturbada.

Eliana Machado Coelho/Schellida

Rossiani observou que a irmã enfrentava forte debilidade emocional por causa da febre alta que já durava dias. Temendo que machucasse o filho, pediu-lhe em tom generoso:

— Então me dê o Marcello que eu vou protegê-lo. Assim você deita e descansa.

Pegando cuidadosamente o sobrinho no colo, ela o agasalhou em seu peito carinhosamente, embalando-o suavemente. O menino, porém, só chorava.

Nicolle deixou-se cair na cama. Extenuada, vez e outra balbuciava delirante.

"Tenho que levar o Marcello para minha mãe.", pensava Rossiani muito aflita. "Sei que meu pai vai reagir agressivo, mas o Marcellinho não está nada bem e precisa de um médico. Se acontecer algo a ele... Oh, Deus! Nicolle morre!"

— Deus, me ajude! — clamou Rossiani em voz moderada. Imediatamente, lembrou-se de dona Josefina que, durante as despedidas, previu que ela enfrentaria situação bem difícil e precisaria ser mais forte que Nicolle. A sábia senhora havia aconselhado para orar no momento de desespero e diante de uma causa impossível. Rossiani pegou a medalhinha que a dona Josefina deu para a proteção de Marcello e começou a implorar por socorro, pois notava que o sobrinho enfraquecia o choro, aparentando ter a saúde mais ameaçada.

Seus pensamentos frenéticos buscavam alternativas. Pensava na ajuda que somente sua mãe poderia lhe prestar.

O menininho esmorecia, definhava e, às vezes, parecia desfalecer o que a deixava atormentada, em desespero.

Embalando-o constantemente em seu colo, Rossiani percebia que, quando Marcello reclamava, seu chorinho estava cada vez mais fraco, triste e melancólico o que a deixava ainda mais amargurada, então chorava junto. Somente lhe restava prender-se em seguidas orações.

Rossiani estava decidida. Planejou que, quando o tempo melhorasse um pouco, levaria Marcello para os cuidados de dona Sofia. A avó saberia como socorrê-lo. Decidiu ignorar qualquer reação de seu pai, uma vez que a criancinha precisava urgentemente de tratamento.

UM DIÁRIO NO TEMPO

* * *

O inverno prosseguiu firme naquela semana.

Nicolle tinha momentos de pequenas melhoras, parecendo mais lúcida, porém logo divagava novamente, quando a febre aumentava.

Rossiani estava transtornada, insegura, muito abatida e sempre trêmula. Mesmo sem qualquer mal físico parecia mais doente do que a irmã.

As chuvas minimizaram, mas a neblina sempre espessa reinava soberana.

Vagarosamente Nicolle foi melhorando. Em momentos de lucidez repetia as mesmas perguntas:

— E o meu Marcello? Onde está meu filho?

— A mamãe está cuidando dele. Não se preocupe — respondia Rossiani com a voz fraca e um brilho inigualável no olhar piedoso que lançava para a irmã.

— Eu quero ver meu filho — pedia Nicolle.

— Olha, assim que o tempo melhorar, a mamãe ou a Danielle vai trazê-lo aqui. Agora tome seu remédio antes que a febre volte.

Ela sabia que a medicação provocava um sono profundo e relaxador em Nicolle. Então, assim que a irmã dormia, Rossiani saía para caminhar mesmo com o frio cortante e a neblina espessa, que mal dava para enxergar.

Nunca se aproximava da casa de seus pais, ao contrário, sempre seguia em direção oposta e andava tanto que, por várias vezes, saia dos limites da grande propriedade.

Rossiani sentia-se exaurida de forças, mas as caminhadas, que fazia sempre que tinha oportunidade, serviam-lhe como uma espécie de fuga de toda aquela situação. Enquanto andava, torturava-se com pensamentos que pareciam ferver sua mente, sua alma inquieta... Desejava fugir, queria desaparecer e sair daquela casa velha de madeira que a limitava, lugar onde sofreu a mais terrível experiência de sua vida. Gostaria de não precisar cuidar ininterruptamente de Nicolle como fazia há mais de um mês.

Rossiani estava assombrada com as dores que aprisionavam sua alma. Um remorso a consumia, enquanto arrependimento ou dúvida por decisões que poderiam estar erradas destruíam sua moral, seus conceitos e abalava sua fé.

As caminhadas naquela paisagem mansamente branca, de pouca visibilidade, amenizavam seus tormentos, suas dores e seus fantasmas.

Eliana Machado Coelho/Schellida

* * *

Passados dias...

— Sinto minhas costas doer cada vez que tento encher o peito de ar — reclamava Nicolle, explicando o que sentia. — Chega a ser insuportável...

— Sua febre durou muitos dias, semanas... — avisou Rossiani sempre com expressão de bondade na voz branda.

— E o Marcello? Como está?

— Mamãe cuida dele. Ele está bem... — sussurrou com lágrimas nos olhos. Depois explicou com a voz embargada: — Sinto saudade... saudade de seu chorinho... dos resmungos... Ontem eu o vi de longe, no colo de Danielle... Parece que cresceu tanto... — emocionou-se ao falar. — Às vezes, acho que é por eu não ter filhos, acredito... ou melhor, fantasio que o Marcello é meu filho, entende? — confessou Rossiani ao ver o sorriso no rosto de Nicolle que pendeu positivamente a cabeça. — Nossa! Você ficou tão mal, Nicolle! O médico disse que a pneumonia pegou os seus dois pulmões. Tive tanto medo. Você delirou, gemeu, chorou e chegou a gritar.

— Por que decidiu levar o Marcellinho para que mamãe cuidasse dele? — quis saber Nicolle.

— Quando ele ficou com muita febre... — a voz de Rossiani estremeceu e ela se deteve. Segundos passaram e explicou enxugando as lágrimas ao concluir: — Pensei que ele tivesse tão doente e por ser pequeno não resistiria... Daí, eu pensei: que se dane meu pai! Mamãe é a única que pode cuidar dele e providenciar um médico. Ela vai enfrentar o marido por causa da saúde de seu neto. E foi isso o que aconteceu. Só que mamãe também mandou o médico vir até aqui para atender você. Não se lembra?

— Estou confundindo os sonhos com a realidade... Não sei se me lembro direito — considerou Nicolle.

— O médico que esteve aqui ficou horrorizado com o seu estado. Disse que era um milagre você agüentar por tanto tempo! Somente depois daquelas injeções e dos remédios, que mamãe providenciou, você melhorou.

— Estou com tanta saudade do meu filho! Não me imagino sem ele! — afirmou Nicolle.

— Só quando você estiver bem e o Marcello não correr o risco de pegar um novo resfriado, é que vou pedir para mamãe trazê-lo, isto é, se o tempo também ajudar! Para isso é preciso que você se alimente bem, ou não vai melhorar nunca.

* * *

Sob os ternos cuidados da avó, Marcello crescia robusto e saudável.

A princípio, no dia em que Rossiani chegou desesperada à procura de sua mãe a fim de que a senhora cuidasse de seu neto, o senhor Angello esbravejou.

Tomada de uma reação quase irascível, dona Sofia reagiu firme contra o marido. Sem se curvar às ordens do homem, ela pegou o neto no colo e, muito austera, avisou que cuidaria dele.

Danielle, por sua vez, aliou-se a sua mãe e ameaçou o pai dizendo que terminaria o noivado, caso ele as tentasse impedir de socorrer Marcello. Afirmou que chamariam o médico na cidade para atender o menino.

Sem alternativas e indignado, o senhor Angello saiu sem falar mais nada.

Pouco depois de examinado, o médico assegurou que Marcello não tinha nada grave, era só um resfriado, mas precisava de bons cuidados. Dona Sofia não se esqueceu de Nicolle. Rossiani havia falado sobre o estado da irmã com febre alta há semanas, delirava e gemia com dores.

Assim, atendendo ao pedido de dona Sofia, o médico foi examinar Nicolle cujo estado era grave e realmente preocupante.

Providenciando os medicamentos receitados, dona Sofia estava certa de que Rossiani cuidaria da irmã, enquanto ela se encarregaria de tomar conta do neto.

A atitude rígida da senhora aplacou o autoritarismo asfixiante do senhor Angello que não comentou mais nada, porém deixou de falar com a esposa e com a filha Danielle que, encantadas com a presença de Marcello na grande casa, nem percebiam a indiferença do senhor.

* * *

Sem se importar mais com as ordens do marido, após completar quatro semanas que Marcello estava sob seus atenciosos cuidados, dona Sofia,

Eliana Machado Coelho/Schellida

verificando que o clima estava mais propício, bem diferente das semanas anteriores, decidiu visitar as filhas levando consigo o neto.

Eufórica, Rossiani a recebeu com imensa alegria:

— *Mamma*!!! — exclamou, chorando emocionada, indo ao seu encontro. Abraçando-a pediu: — A sua bênção, *mamma*! Como é bom vê-la!

Em seguida, dona Sofia entregou Marcello nos braços de Rossiani e falou com ternura sem igual:

— Veja como ele está bem! Cresceu e está muito esperto. Além disso — ressaltou orgulhosa —, é o menino mais lindo que eu já vi!

Em lágrimas, Rossiani ergueu os braços e pegou Marcello, contemplando-o por longo tempo antes de apertá-lo contra o peito, beijando-o várias vezes.

— Quase ficamos loucas por não vê-lo por um mês! *Mamma*! Que castigo! — exclamou Rossiani sob forte emoção.

— Eu não seria louca de trazer o meu neto aqui com aquele tempo, não é? Mas eu mandava notícias, disso não podem reclamar!

Dizendo isso, dona Sofia entrou na humilde casa e circunvagou o olhar entristecido pelas condições em que as filhas viviam. Ela, o marido e a outra filha, além de alguns empregados, usufruíam de uma ótima e grande residência. Talvez sua casa não tivesse uma luxuosidade como as casas da cidade, mas era bem mais acolhedora e confortável em todos os sentidos. Muito diferente daquele casebre arranjado às pressas pelo fato do senhor Angello expulsar as filhas de casa.

Dona Sofia pensava que, se fosse naquele momento, não deixaria o pai ofender Nicolle como fez e mandá-la embora de casa. Teria desafiado o marido e seguido junto com Rossiani, Nicolle e seu neto.

Somente a dor da distância e as terríveis conseqüências, deixaram dona Sofia descobrir que tinha mais força do que podia imaginar.

Suspirando fundo, enquanto Rossiani se encantava com o sobrinho, a senhora olhou para o fogo crepitando no pequeno fogão a lenha, de onde um cheiro gostoso de sopa espargia no ar, e pareceu voltar à realidade, perguntando:

— Onde está Nicolle?

— Ali — mostrou Rossiani apontando para o canto de outro pequeno cômodo. — Ainda está deitada. Acho que dorme. — Antes que a mãe fosse ver Nicolle, Rossiani comentou sussurrando: — *Mamma*, a primeira coisa que ela me pergunta todos os dias é "como o Marcello está?"

A senhora sorriu com generosidade e murmurou:

— Qualquer mãe, que é verdadeiramente mãe, mesmo que ele não tenha nascido dela, morre por um filho. — Exibindo-se feliz, perguntou: — Viu como ele está bem? E isso foi graças a você que decidiu passar por cima das ordens de seu pai — elogiou-a.

Virando-se, dona Sofia entrou onde Nicolle estava e, com olhar doce e melancólico, perdeu-se pensativa ao observar a filha deitada. Sentando-se ao seu lado, afagou-lhe os cabelos, alinhando-os sobre o travesseiro.

Nicolle abriu os olhos lentamente e pensou que estava sonhando ao ver aquele anjo de bondade: sua mãe.

Sorrindo, suspirou de emoção ao murmurar:

— *Mamma...* — murmurou com voz fraca.

Curvando-se, dona Sofia a abraçou apertando-a por longo tempo. Depois, segurou seu rosto dando-lhe diversos beijos. Elas choraram. Nenhuma palavra, somente os fortes sentimentos.

Mais recomposta, Nicolle quis saber:

— E o meu Marcellinho?

— Está aqui... — avisou Rossiani que parecia enfrentar instantes de expectativa.

Naquele momento a tia sentiu como se estivesse entregando o seu filho para outra mãe. Com delicada ternura, Rossiani colocou o menino nos braços de Nicolle, que comentou com entonação aguçada e surpresa:

— Como o Marcello está diferente! Cresceu!... — Colocando o filho de frente para si, reparou: — Vejam quanto cabelo!

— O que queria, Nicolle?! — argumentou a avó orgulhosa. — Eu cuidei dele! *Non è vero*?! Pensou que o menino fosse continuar miudinho daquele jeito que só faltava quebrar?!

— Além disso — lembrou Rossiani —, você ficou doente por mais de um mês, e o Marcello ficou um mês sob os cuidados da *mamma*. Ele já tem três meses e alguns dias, certo?!

Nicolle não respondeu, estava repleta de felicidade por ver o filho. Abraçava-o, beijava e brincava com Marcello, que já estava bem esperto.

Eliana Machado Coelho/Schellida

Diante da cena que emocionava, Rossiani se afastou um pouco e chorou silenciosamente sem ser percebida.

— Será que posso deixar que mame? — perguntou Nicolle.

— Não! — respondeu a avó imediatamente. — Você tomou um monte de remédios fortes. O seu leite deve estar velho. Não vai estragar a saúde do menino!

— Ele mama leite de cabra ainda? — tornou Nicolle.

— E como!!! Toma uma mamadeira inteirinha!

— Não é muito?! — preocupou-se Rossiani que tirou as palavras da boca de Nicolle.

— *Ma che*!!! — expressou-se a senhora bem animada. — Depois dessa pergunta tenho medo de deixar meu neto nas mãos de amadoras como vocês! Ãh! — riu.

— Não é isso, *mamma*! — defendeu-se Nicolle sem jeito. — Acho que é muito para ele. É um leite bem forte.

— Olha, Nicolle, você é minha filha e por isso eu tenho o direito de falar — reagiu a senhora quase nervosa. — Você errou quando viajou com um filho tão pequeno. Se meteu numa caixa grande, dentro do porão escuro e imundo de um navio. Acho que nem conseguia enxergar a carinha do seu filhinho! Passou frio, fome e outras necessidades com um bebê que tinha acabado de nascer! Quanta irresponsabilidade!!! — criticou-a com dureza. — Você chegou aqui doente. Ficou pra mais de um mês com febre e delirando. Por tanto ter que cuidar de você, a Rossiani se descuidou do Marcellinho...

— Não!!! — defendeu-se Rossiani.

— Então por que ele adoeceu?! Ãh?! — Sem esperar que respondessem, dona Sofia prosseguiu: — Rossiani, você demorou muito tempo para levar esse menino para mim socorrer, ficou aqui com ele um mês! Eu quase não reconheci o garoto, quando chegou lá em casa com ele enrolado em farrapos! — Voltando-se para Nicolle, repreendeu: — Por causa da louca aventura nessa viagem absurda, você nem viu como seu filho melhorou e cresceu. Isso porque eu cuidei dele como devia! — ressaltou envaidecida.

Rossiani não suportou e se defendeu educadamente:

— *Mamma*, perdoe-me, mas as ordens foram para nós nem chegarmos perto daquela casa. Choveu muito e o frio estava insuportável! Eu não poderia arriscar sair daqui com o Marcello naquele tempo horrível!

UM DIÁRIO NO TEMPO

— Ah! Mas tomou coragem depois! E encarou a tempestade e seu pai, assim que o Marcellinho piorou!

Rossiani entristeceu-se por alguns segundos, mas de repente ela e Nicolle quase riram, quando dona Sofia tirou o neto do colo da mãe, apoiou-o no braço ao sentar o menino em suas pernas e gesticulou com a outra mão, falando extremamente exagerada:

— Vejam o que eu fiz com o meu neto! Nem parece mais com aquele menininho franzino que chegou aqui! Olhem a papada! As bochechas rosadas e rechonchudas! Quem mais faria isso?!! Vocês duas?!! Isso aqui é trabalho de avó!!! Ãh!!!

Rossiani abaixou a cabeça com preocupante submissão, mas sentindo vontade de rir e Nicolle, aturdida, não sabia o que dizer.

Marcello, bem animado com o balanço da perna da avó que o sacudia, dava lindos sorrisos e murmurinhos divertidos.

Não demorou e bateram à porta. Rossiani estranhou, mas foi ver quem era.

— Danielle!!! — gritou ao abraçar a irmã.

Em pouco tempo, todas se aglomeravam no pequeno quarto trocando idéias e atualizando as novidades. Porém uma sensação decepcionante invadiu os corações de Nicolle e Rossiani no momento em que dona Sofia avisou com naturalidade:

— Escutei o barulho do carro, então o empregado já está me esperando. Precisamos ir ou ficará tarde. Deixe-me agasalhar bem o Marcellinho para que não se resfrie novamente.

— *Mamma*!!! Pensei que fosse deixar o Marcellinho aqui! — protestou Nicolle.

— De jeito nenhum!!! — avisou dona Sofia com sorriso maroto que escondia seus verdadeiros planos. — Se eu deixar o meu neto aqui com vocês, não dou uma semana para correrem atrás de mim com ele fraquinho, fraquinho!!! — Depois gargalhou com gosto e falou um pouco mais séria: — Eu não acho que a Nicolle esteja tão bem. Aliás, vou é chamar o médico novamente para vê-la.

— Mas eu... — tentou dizer.

— Eu ainda não terminei de falar, Nicolle! Que coisa!!! — a mãe advertiu. A filha silenciou, e dona Sofia contou suas intenções astuciosas: — Sabe...

Eliana Machado Coelho/Schellida

vou dizer ao seu pai que, o meu neto — enfatizou — precisará ficar lá em casa por mais alguns dias ou semanas...

— *Mamma*!!! — protestou Nicolle novamente.

— Quieta!!! Ãh!!! Já não pedi?! — Rindo, continuou quase murmurando: — Sabe... Por várias vezes eu peguei o pai de vocês indo ver o Marcellinho no quarto. O menino tinha acordado e resmungava lá no berço...

— Berço?!!! — surpreendeu-se Nicolle.

— Mas é claro!!! Berço sim!!! Como não?!! Queria que o meu neto dormisse no chão?!! — Mais amena, continuou: — Peguei o pai de vocês, várias vezes, feito bobo sacudindo os brinquedinhos e falando com mimos: "Cadê o *bambino* do *nonno*?! Cadê?!" — contou arremedando o jeito que o marido falava. Todas riram e dona Sofia ainda contou: — Outro dia mesmo, o Marcellinho chorou e eu não podia correr, pois estava preparando a mamadeira. Quando cheguei no quarto o Angello o chacoalhava pra ele parar de chorar e brincava fazendo biquinho, quando falava um monte de bobeira pro menino! Mas, ah! Quando me viu, ficou sério, entregou o Marcello para mim e saiu emburrado. Acho que não queria que eu tivesse visto ele daquele jeito derretido — riu com gosto. Ardilosa, planejou: — Não dou muitos dias para o Angello assumir que ama o neto! Depois ele vai querer morrer quando eu disser que vou trazê-lo de volta pra cá, definitivamente. Afinal, o menino e a mãe foram expulsos daquela casa por ele! Então é ele próprio que vai ter de arrumar um jeito para essa situação. Ãh! Tenho certeza que não ficará longe do neto! Aquela casa vai tremer!!! — riu gostoso.

— Mas *mamma*... — tentou dizer Rossiani.

— Psssiiiu!!! Deixe comigo! Vocês não sabem como lidar com aquele velho bobo!

— Mas está sendo difícil ficar sem o Marcello — reclamou Nicolle.

— Então sabe que está sendo difícil eu ficar sem minhas filhas e ainda mais sabendo que estão passando dificuldades. Será difícil eu ficar sem o meu neto também. Não vou suportar. Quero todo mundo lá em casa — confessou bem séria. E decidiu: — Bem... preciso ir logo. Não quero que o Marcello pegue friagem. Voltarei sempre que o tempo não estiver tão úmido.

Despedindo-se com emoção, dona Sofia e Danielle se foram levando Marcello.

* * *

Com o tempo...

— Eu já disse que não vai!!! — berrava o senhor Angello, irredutível. — Chega! Não vai e pronto!!!

— O Marcello é o seu neto, não é o seu filho!!! — revidou dona Sofia sem qualquer receio. — A mãe dele está boa e com saúde. Agora ela pode cuidar dele. Lembre que foi você quem expulsou Nicolle e o filho bastardo desta casa! Ofendeu a moral dela e disse que Nicolle não era mais sua filha, que manchou o seu nome e sua moral...

— Não quero saber! — interrompeu-a. — O menino não sai daqui! — vociferou o senhor em seu idioma. Completando a seguir: — Elas não têm condições de cuidar dele lá naquele barraco!

— Ora! Mas que é isso?!! Lembre que foi você, Angello, foi você quem expulsou as suas filhas e o seu neto desta casa e mandou que vivessem naquele barraco! — recordou, astuciosa e com certa ironia no tom de voz. — Nunca vou esquecer... Estava um tempo horrível! Nem eu ousaria sair de casa naquele dia. E você, com seu coração de pedra, berrou e ofendeu sua filha, chamou seu neto de bastardo e ainda disse que estava sendo generoso por deixar que ficasse naquele velho casebre! Lembra?!! — Rodeando-o a passos lentos, prosseguiu a fim de sensibilizá-lo: — Por causa disso, por sair daqui e ir morar naquele lugar sem condições, a Nicolle quase morreu com a pneumonia. O pobre Marcellinho ficou muito fraco e doente, mas tão doentinho...! — dramatizou. — A coitada da Rossiani, desesperada, desobedeceu as suas ordens e veio aqui pedir socorro para o meu neto. E você brigou, berrou...! Se ela não tivesse vindo aqui...

— Pare com isso! — irritou-se o senhor com as lembranças. — Sou eu quem mando nesta casa e agora o assunto não é esse. O Marcello não vai sair daqui e pronto! Quero ver quem vai me enfrentar!!!

— A mãe dele — falou com suavidade. — Lembre-se de que a Nicolle teve o filho e assumiu sozinha a criança. Ela tem todo o direito, inclusive perante a lei.

— Se ela é mãe, eu sou o avô que... que... cuidou dele quando ela não pôde!

Eliana Machado Coelho/Schellida

— Você cuidou dele, Angello?!! Você só deu o dinheiro para o médico e os remédios. Se a Nicolle tivesse pedido esmola para um estranho, também conseguiria o dinheiro para cuidar do filho.

— Você está me ofendendo, Sofia!

— Estou!!! Estou mesmo!!! — gritou ao afrontá-lo. — E daí?!!! Você esmurrou aquela mesa da sala e...

— Chega!!! Vá! Vá! Vá! — enervou-se, falando com seu sotaque forte e gesticulando. — Já cansei de ouvir a sua voz enchendo os meus ouvidos com essa história! Aqui, eu determino! O meu neto Marcello fica aqui!!! Pronto!!!

Escondendo o rosto que se contorcia para não rir, dona Sofia sugeriu mansa e cinicamente:

— Então, Angello, você vai buscar o seu neto Marcello lá com a mãe dele, pois, a essa altura, a Danielle já entregou o menino nos braços da Nicolle, mãe dele. Ãh! Se a Nicolle não puder, a Rossiani vai enfrentar você, como já fez, e tomará a iniciativa para irem embora daquele lugar pouco favorecido, indigno de alguém viver. Mas te entregar o menino... Ah...! Isso não!

O senhor Angello sentiu-se gelar. Um torpor o abalou por alguns instantes e o homem não sabia o que fazer.

Realmente, Marcello conquistou o amor e a preocupação do avô, amenizando sua fúria e fazendo-o rever seus conceitos tão conservadores.

Num instante, o senhor Angello ficou enfurecido. Seu rosto estava como brasa e ele berrou:

— Quem mandou levar o meu neto embora daqui?!!!

Calma e irônica, já esperando por todo aquele acaloramento, dona Sofia explicou com voz tranqüila:

— A Nicolle já se recuperou o suficiente. Você proibiu que ela e Rossiani se aproximassem desta casa. Então, com o direito de mãe, Nicolle pediu que alguém fosse levar o seu filho de volta. Ela o assumiu, lembra? Bem... como eu não poderia confiar meu neto nas mãos de uma empregada, pedi para a Danielle levar o Marcellinho. Se quiser ver o seu neto, terá de ir lá, naquele barraco. Lugar onde passam medo. insegurança e muito frio, e pedir para a mãe deixar que o veja. Se é que, depois de tudo, ela vai deixar...

Dizendo isso para provocá-lo, dona Sofia virou-se e saiu satisfeita. Sentia-se vingada. Agora era só aguardar para ver o marido reverter toda a situação.

Do outro cômodo, dona Sofia escutou a porta fechando vagarosamente. Tinha certeza de que o marido havia saído para ir atrás do neto.

Ao ouvir o barulho do motor do jipe, a senhora gargalhou sozinha. Subitamente lembrou-se de sua promessa e correu. Pegou uma vela, o véu de sobrepor na cabeça e foi para onde ficava a pequena igreja, feita de madeira com portas de vidro, na qual estavam os seus santos de devoção. De joelhos, acendeu a vela, cobriu a cabeça com o véu, pegou o terço e orou com vigor, agradecendo a graça recebida.

* * *

As batidas na porta da pequena casa de madeira fizeram com que Rossiani pensasse que Danielle havia voltado por ter se esquecido de algo. Apesar de saber dos planos de sua mãe, não imaginava que seu pai tomaria uma iniciativa tão imediata.

Naquele momento elas brincavam com Marcello sobre a cama, e Rossiani precisou se levantar para abrir a porta.

Rossiani tomou um susto ao ver seu pai. Um ardor em seu rosto provocou imediatamente um rubor intenso.

Ficaram parados à porta por longos segundos enquanto seus olhares fixaram-se perplexos. Mas um profundo suspiro estremecido soou, quando o senhor Angello pediu com humildade:

— Posso entrar?

— Mas claro! Claro, *papa*! Perdoe-me... A bênção, *papa*! — sobressaltou-se Rossiani.

Ele correspondeu ao cumprimento, e Nicolle assustou-se ao reconhecer a voz de seu pai. Levantou-se. segurando Marcello apertado ao peito e foi até a cozinha.

Ao encarar seu pai, Nicolle sentiu seu coração aos saltos. Suas mãos brancas e magras, que seguravam o filho apoiando-o às costinhas, começaram a tremer.

O senhor Angello a olhava de cima a baixo quando Rossiani, procurando aparentar tranqüilidade, puxou um banco tosco e o convidou:

— Sente-se aqui, *papa*. Vamos fechar a porta para o frio não entrar.

Eliana Machado Coelho/Schellida

Sem dizer nada, ele aceitou o convite e sentou-se à mesa, sem conseguir erguer o olhar.

Nicolle não sabia o que fazer. Com um movimento de prática, ajeitou o xale sobre os ombros, envolvendo também o filho, e buscou socorro no olhar da irmã.

Constrangido, o senhor Angello levantou a cabeça e perguntou com brandura para Nicolle:

— Não quer sentar, também?

— Sente-se, Nicolle — incentivou Rossiani, puxando outro banco. — Sente-se aqui. — Rápida, indo em direção ao fogão a lenha que crepitava e aquecia o recinto, avisou: — Vamos tomar um chá. Acabei de fazê-lo.

Com a bebida fumegante nas canecas simples, os três já estavam acomodados à mesa quando o senhor perguntou, constrangido:

— Está melhor, Nicolle?

— *Sì*! Claro, estou bem melhor — respondeu balançando o filho que só desejava brincar.

— Queremos agradecê-lo, *papa*... Ajudou-nos muito com o médico... os remédios... — interferiu Rossiani diante da secura no tom da voz de Nicolle que guardava grande mágoa em seu coração.

Olhando em volta, o senhor falou para dissimular:

— Eu e sua *mamma* moramos muito tempo nesta casa quando herdamos essas terras de seu *nonno* — "avô", ele disse. — Depois, com o tempo, construímos aquele casarão e com a ajuda dele! — Breve pausa e perguntou: — Tenho certeza que colocou o nome de Marcello em homenagem ao seu *nonno*, não foi?

— Sim, foi mesmo — admitiu Nicolle mais flexível. — Pensei muito no *nonno*, quando decidi o nome de meu *bambino*.

— Esta casa estava quase caindo... Quem deu esse jeito todo e arrumou? — tornou o pai.

— A Danielle e alguns empregados — respondeu Rossiani. — Em um dia tamparam os furos nas paredes, trocaram telhas... Está boa agora. Não chove dentro...

— Mas o Marcello ficou doente aqui e a Nicolle também! Foi isso o que eu soube — comentou o senhor, parecendo insatisfeito.

— Nossa viagem foi difícil. A Nicolle já não estava bem quando chegamos e...

— ...e aqui piorou. Teve até "água nos pulmões!" Eu soube que teve febre tão alta que até delirou e estremeceu... é... Como se fala mesmo?

— Convulsões. Ela teve convulsões — disse Rossiani.

— Isso! Isso mesmo! — admitiu o pai com seu jeito típico de falar. — Mas o Marcello ficou doentinho aqui! Precisou que sua *mamma* cuidasse dele lá em casa e... Bem... eu acho que essa casa não é lugar para ele ficar.

— Ninguém vai tirar o meu filho de mim! — exaltou-se Nicolle levantando.

— *Ma che*!!! *Non* seja estúpida! Ah! *Non* estou falando disso — reclamou o pai. — Sente, vamos! — Ao vê-la obedecer, continuou humilde: — Filha... Eu sei que exagerei... que... que... disse coisas que ofenderam... Diabo! Não era para ser assim!...

Nicolle estava muito magoada com a ofensa e atitude de seu pai. Porém seu coração se enterneceu naquele momento ao observá-lo tentando se justificar.

— Eu errei, *papa* — assumiu Nicolle com entonação branda na voz. — Errei por acreditar num homem sem escrúpulos. Mas hoje, quando olho para o meu filho!... Não acredito que errei tanto assim. Eu poderia ter matado essa criaturinha linda e continuar parecendo uma moça direita... Mas isso é pecado mortal! Eu assumi o meu filho, mas acabei precisando que a Rossiani me ajudasse...

— *Papa* — Rossiani aproveitou-se da pausa e comentou: —, eu também errei quando o acusei de... ...de negociar minha própria irmã Danielle. Todos nós erramos num momento acalorado, quando o raciocínio ficou cego! Agimos por impulsos! Então nenhum de nós tem o direito de "atirar a primeira pedra", certo?!

— Certíssimo! — concordou ele com firmeza. — Foi por isso que *io* vim aqui. Esta casa não é lugar para se viver... E eu quero meu neto de volta!

— Se eu ficar sem meu filho, eu morro! — exaltou-se Nicolle sem trégua.

— Mas quem falou que você vai ficar sem o seu filho?! Quero vocês duas também!!! Entenderam?!!

As irmãs se entreolharam e, trazendo a respiração ofegante, a voz trêmula na fala entrecortada pela emoção, Nicolle respondeu:

Eliana Machado Coelho/Schellida

— Não sei, *papa*... Não quero estragar o casamento da Danielle e... ...e se a família do moço, tão conservadora, não gostar?!

— Ora! Isso é para ser pensado depois!!! — afirmou o senhor com energia. — Primeiro não vou deixar o meu neto viver nessa casa miserável. Se eu sempre fui capaz de apoiar gente estranha... Dar condições boas aos meus empregados... Não! Não posso fazer isso com vocês! — Silenciando por instantes, tornou comovido e humilde: — Perdoem seu *papa! Perdono per tutto! Io prego!* — "Perdão por tudo! Eu suplico!", disse praticamente implorando.

Rossiani o abraçou, e Nicolle, mesmo com o filho nos braços, não fez diferente.

Envolvidos com ternura, choraram emocionados, regozijados pela vitória do amor.

16

Época da colheita

Toda mágoa e tristeza, geradas na descoberta de Nicolle ser mãe solteira, desapareceram junto com a estação fria daquele ano.

A venturosa alegria vigorou ainda mais na temporada da colheita dos frutos maturados das videiras. Era uma grande festa, afortunada de trabalho, união, risos e gargalhadas espargidos no ar junto com as cantigas no idioma italiano, que sempre imperava.

Muitos participavam da alegre colheita, até o noivo de Danielle que não era acostumado àquela tarefa sorria constantemente.

Alguns dos frutos colhidos tinham destino certo para a venda pré-adquirida, mas outra parte era reservada para outra festa: O estouro das bagas, ou seja, tão somente o esmagamento das uvas através do antigo processo artesanal da pisa com os pés descalços. Uma verdadeira dança ora em forma de roda, ora como trenzinho humano, muitas brincadeiras, quedas em que se sujavam enquanto riam e cantavam. Sem contar os arremessos de uvas para sujar propositadamente os demais.

A família de Marco, noivo de Danielle, foi apresentada às duas filhas do senhor Angello. Como já acompanhavam as notícias sobre as dificuldades internas no Brasil, sabiam que muitas mulheres tinham seus maridos desaparecidos e outras tantas estavam viúvas, com filhos órfãos e sem condições.

Eliana Machado Coelho/Schellida

Educados e discretos, os parentes de Marco não especularam sobre o pai do pequeno Marcello. Não queriam constranger Nicolle, que não falava no assunto, evitando se colocar à disposição para longas conversas e recatadamente se reservava.

Rossiani convenceu a irmã a não contar ao pai sobre os outros filhos que teve com Douglas e as sórdidas tramas realizadas por ele para tirar-lhe as crianças. Acreditou não precisar magoar ou indignar o pai que poderia ficar revoltado novamente. Nicolle, preocupada com a segurança de Marcello, concordou com a omissão.

* * *

O casamento de Danielle e Marco foi outro momento de grande comemoração e alegria para todos, desde os preparativos até o instante em que partiram para a viagem de lua-de-mel.

Somente Nicolle encontrava-se quieta, amadurecendo pensamentos funestos por Douglas, por não saber como e onde estavam os seus outros dois filhos. Sofrendo, irremediavelmente, ficava imaginando o quanto Rogério e Renata haviam crescido e como sua ausência poderia lhes prejudicar.

Ao olhar para Marcello, observando o quanto se desenvolvia saudável e feliz, Nicolle jurava voltar para o Brasil e reencontrar os filhos que Douglas lhe roubou. Pedia a Deus colocá-los em seu caminho, pois sabia o quanto a cidade de São Paulo, o estado e o país eram grandes.

* * *

Invernos e verões iam e vinham, assim como as podas e as colheitas das videiras.

Marcello crescia feliz com a vida que levava entre aquela paisagem encantadora. Era muito apegado ao avô, que o protegia sem vacilar, ficando o garoto longe da austeridade de sua mãe, a qual queria repreendê-lo por causa de algumas peraltices comuns às crianças.

Encantado com o neto, o senhor Angello se orgulhava do menino esperto e ávido. Contando sobre suas travessuras para a esposa, dona Sofia o lembrou na primeira oportunidade:

UM DIÁRIO NO TEMPO

— Se não fosse por Nicolle, o seu nome morreria com você, pois todos os seus irmãos só tiveram filhas, ãh!

— Como assim?! — perguntou confuso, pois falava de outro assunto.

— Marcello Vittore Toscannini! — enfatizou a senhora. — O sobrenome Vittore Toscannini acabaria, quando você morresse, se não fosse a sua filha Nicolle. Nicolle só pensou no avô paterno quando ignorou, Provatti, que é o meu sobrenome! — disfarçou como que ofendida. — Veja, Rossiani não teve filhos e acho que não os terá. Quando os filhos de Danielle e Marco vierem receberão o sobrenome do pai, certo? Se Nicolle casar e tiver outros filhos receberão o sobrenome do pai. Então só restou o Marcello para continuar com o nome de sua família!

O senhor Angello ficou pensativo por alguns instantes, depois, bem sério e rápido, bombardeou de perguntas:

— Como assim?! Que história é essa de "Se Nicolle casar...?" Ela pretende se casar? Tem algum pretendente? Falou algo a respeito?!

— Aaah! Homem! Calma! Estou só falando. A Nicolle é uma moça bonita, é jovem para ter mais filhos... Por que não poderia arranjar um marido?

— Se for para ter um homem que, mais tarde, vai jogar na cara o fato dela ter um filho de outro... Prefiro que fique solteira! — esbravejou. — Além disso, se a Nicolle insistir, pode casar, mas ninguém!... ninguém!... Ouviu?! Ninguém!!! ...vai tirar o meu neto desta casa!!! — gritou. — O meu Marcello é o único que leva o meu nome!!! O nome inteiro *di mio papa*!!! — "O nome inteiro de meu pai!!!", ele disse.

— Calma! Calma ou vai ter um troço!!!

Atraído pelos gritos do senhor Angello, Marcello correu até a cozinha e perguntou com euforia no idioma italiano:

— *Nonno*! O que foi?! Ãh?! Com quem está brigando?!

— Ôoooh!... Não foi nada!... — respondeu tranqüilo, mas em seu idioma. — É a tua *nonna* que quer me deixar maluco! Parece que essa velha gosta muito de ouvir meus gritos. Venha, vamos ali comigo. Tem algo que eu quero te mostrar — avisou conduzindo carinhosamente o neto e levando-o para fora.

Sorrateiramente Nicolle e Rossiani desconfiadas foram espiar e surpreenderam dona Sofia rindo sozinha à custa do marido.

— O que foi, mamãe? — perguntou Rossiani cautelosa.

Eliana Machado Coelho/Schellida

— É o seu *papa* se revelando um burro! — Ainda sob o efeito do riso gostoso, contou: — Só agora o estúpido do Angello descobriu que o Marcellinho é o único que vai carregar o nome da família dele. Mas que idiota!...

— Isso é verdade. Só temos primas — concordou Rossiani. Observando, perguntou: — *Mamma*, o que está bordando? É para o bebê de Danielle?

— Não! É uma colcha! A fazenda é linda e até já medi na minha cama. Aqui vou cortar e fazer um belo barrado — avisou mostrando.

— Ficará linda, *mamma*! — admirou-se Rossiani.

— Lógico que ficará! Mas não é para mim!

— Não?!

— É para Nicolle.

Após alguns segundos, organizando as idéias, Nicolle perguntou assustada:

— E o que hei de fazer com uma colcha de casal, minha cama é de solteiro?!

— Tenho razões de sobra para afirmar que vai se casar, Nicolle — tornou dona Sofia calma e sorridente.

— *Io*?!!! Eu, não!!! Lógico que não! De onde *mamma* tirou essa idéia?!

— Do olhar que o senhor Leonardo, o dono do armazém, te oferece todas as vezes que vamos lá — opinou a senhora com sorriso maroto, gargalhando em seguida.

— Ora, *mamma*! — exclamou Nicolle sem saber o que dizer.

Dona Sofia sorria prosseguindo:

— Vejo uma luz cintilante saltar feito uma faísca dos olhos do senhor Leonardo quando ele a vê. Muitas vezes ele pára tudo e faz questão de atendê-la, não deixa qualquer um dos funcionários se aproximar — contava mansamente e sem olhar para a filha, continuando com seu bordado. — Sempre reparei como ele trata bem o Marcellinho!... Pegou o menino no colo até quando pôde! E ainda lhe dá doces, balas... Faz questão de mimá-lo. Assim como faz com você, Nicolle! O seu Leonardo lhe oferece um agrado pela preferência. Não reparou? E quando pedimos para fazer as entregas das coisas que não tem e vai chegar, ele diz que dará prioridade para entregar primeiro o que compramos... Aliás — acrescentou a senhora —, já reparei que é só ele que está vindo até aqui para fazer as entregas e sempre pergunta pela Nicolle, quando não a vê!

— Ora!... — resmungou Nicolle saindo às pressas, deixando sua mãe e Rossiani sozinhas.

Dona Sofia riu com gosto ao ver os modos irritadiços da filha, que se retirou com passos firmes, parecendo marchar.

— Já vi que o senhor Leonardo está sendo correspondido! — falou para que Nicolle escutasse.

— Mas, *mamma* — quis saber Rossiani —, isso é verdade?!

— É cega, Rossiani?! Pense! Ãh!

— De fato... — concluiu pensativa. — Já reparei que ele faz uma questão para nos atender bem! Espere, *mamma*! Ele não é casado?

— Viúvo, Rossiani. O senhor Leonardo é viúvo. Acho que ele não tem nem quarenta anos, é tão conservado que nem parece! A mulher dele morreu de gripe seis meses depois do casamento e morreu esperando nenê. Ele não tem filhos. Está cheio de pretendentes, mas parece que agora... seus olhos se voltaram para Nicolle. E se não me engano a sua irmã também dá umas olhadelas para ele. O seu Leonardo é um bom homem, bem maduro, estabilizado e sem compromissos. — Após breves segundos, riu ao argumentar: — Por não ter encargos e ser bem decidido, tenho que terminar logo essa colcha para o enxoval de sua irmã. Acho que o seu Leonardo não vai querer esperar muito. Afinal, a Nicolle é bonita, jovem e desimpedida, certo?

— *Mamma*, e o Marcello? O que ele dirá do Marcello?!

— Filha, eu sei que é errado mentir, mas... às vezes, para viver bem, precisamos. Então eu contei para uma fofoqueira daqui da região que o marido da Nicolle morreu no Brasil antes do filho nascer. Disse que um atentado à bomba o matou, quando ele estava saindo de um banco. Para o povo daqui, você e a Nicolle são viúvas. — Olhando piedosa para Rossiani, pediu: — Desculpe-me, filha... mas não é fácil explicar para essa gente e para alguns parentes que o Tomás está desaparecido e pode voltar a qualquer momento.

— A senhora crê nisso, *mamma*? — perguntou em tom triste.

—Tudo é possível, Rossiani. Mas essa gente vai dizer que ele te largou, entende? Você ficará mal falada.

Um sorriso singelo disfarçou a dor e a saudade que apertavam o peito de Rossiani. Para dissimular, mascarou um contentamento e se retirou.

Dona Sofia sentia o coração opresso, entretanto não sabia como ajudar. Falar sobre Tomás, de qualquer maneira, fazia Rossiani sofrer.

Eliana Machado Coelho/Schellida

* * *

Aquele assunto foi o bastante para amargurar Rossiani que, silenciosa, entrou no quarto. Inesperadamente, sobressaltou-se ao surpreender Nicolle segurando com simplicidade um caderno e, quase agressiva, perguntou:

— O que está fazendo?!!! — gritou Rossiani com veemência. Praticamente investindo sobre a irmã, tomou abruptamente de suas mãos o calhamaço de anotações que Nicolle segurava, completando: — É meu!!! Não mexa nisso!!!

Espantada com o comportamento de Rossiani, Nicolle não entendeu. Aquela postura não pertencia à índole de sua irmã. Algo muito grave a ofendeu.

— Eu estava só olhando... Não risquei nem mexi em nada... Só peguei porque estava sobre a minha cama... — tentou defender-se Nicolle, desconcertada.

Pasmada consigo mesma, Rossiani apertou o caderno junto ao peito e, sem conseguir encarar Nicolle, virou-se dando às costas à medida que ajeitava algumas páginas que amassaram.

Vencendo o susto e a timidez, Nicolle acercou-se de Rossiani falando com voz amena ao se explicar:

— Perdoe-me, ãh?! Eu deveria respeitar sua intimidade. Não quis te ofender, minha irmã! Sempre foi muito boa para mim, me apoiou e me amparou sempre... Jamais eu teria a intenção de te magoar.

Nicolle a abraçou com ternura e Rossiani desatou a chorar, ao mesmo tempo que apertava o caderno contra o peito com toda sua força.

— Ora!... Não fique assim — aconselhou Nicolle querendo ver seus olhos, enquanto a afagava com carinho.

— Desculpe-me, Nicolle... — gaguejou Rossiani entre os soluços. — Sou eu quem tem de te pedir um milhão de desculpas... Perdoe-me!

— Você não tem motivo para me pedir perdão — sorriu Nicolle. — Só por ter tirado das minhas mãos um caderno que te pertence?... Eu só estava admirando a sua letra bonita, o capricho com que parece desenhar algumas letras... as flores... as uvas... Eu queria saber escrever assim como você.

Mais recomposta, Rossiani tentou dizer:

— Nunca tive nada... nada... assim para me tomar o tempo, tirar-me do sofrimento ou com quem desabafar... Nem mesmo tive um filho para me ocupar... — sua voz embargou. — Então eu procurei preencher esse tempo e decidi escrever e escrever...

— Eu sei. Sempre vi você escrevendo muito mesmo com a luz fraca de uma vela ou lampião. Lembro quando éramos mocinhas e eu te achava boba... Mas hoje entendo, admiro e me arrependo.

— Do quê, Nicolle? — perguntou ainda apertando o caderno ao peito.

— De não ter aprendido tudo como você que foi para a escola, ficou letrada...

— Ora, Nicolle...

— É sim! Saber ler e escrever desse jeito é tão importante na vida!

— Você também aprendeu a ler e a escrever com as netas de dona Josefina, enquanto moramos lá.

— Ora! Já me viu lendo? Gaguejo mais que um gago de verdade! Sei escrever melhor o meu nome, mas tenho a maior dificuldade para traçar uma única linha, de ler rápido e entender direito, não consigo falar como se deve... Por exemplo, quando abri o seu caderno, reconheci as letras e algumas palavras. Mas fiquei mesmo foi admirando como você desenha as primeiras letras das folhas...

— Desculpe-me por ter agido dessa forma com você. Como expliquei, eu resolvi escrever algumas coisas, sentimentos... situações que acontecem e... Puxa, eu não queria que alguém lesse meus sentimentos, as coisas mais secretas da minha alma e... Bem... como o pai e a mãe não sabem ler em português e você quase nada, eu só tinha de me preocupar com a curiosidade da Danielle. Até o Tomás respeitava meu direito à privacidade e... Sabe... o Tomás chegou a me comprar cadernos caros, com capas diferentes... enfeitadas... — lágrimas rolaram e Rossiani prosseguiu: — Ele me entendia e...

— Todos esses pacotes amarrados com barbantes aí dentro deste baú — disse apontando —, são cadernos que você escreveu?!

— Sim — afirmou Rossiani constrangida. — São diários onde escrevi minha vida, de algumas pessoas, pensamentos íntimos...

— E não vai desamarrar esses pacotes nunca mais?! — tornou Nicolle curiosa.

Eliana Machado Coelho/Schellida

— Às vezes pego um desses diários e vejo as datas e o que registrei. Leio e comparo com o que penso hoje, vejo o quanto amadureci, leio o que fiz de correto e até... Bem... Até coisas de que me arrependo, de que tenho dúvidas...

— O que pretende fazer com esses diários? Escrever um livro?

Rossiani sorriu ao revelar:

— É um sonho que nunca se realizará. Um livro! Quem me dera... — Rindo, afirmou: — Quando eu estiver velha, próximo de morrer, vou colocar tudo para queimar lá na lareira — Gargalhou e completou: — Isso para que nenhum diário se perca no tempo e alguém venha, a saber, de meus sonhos, desilusões, idéias, acontecimentos, arrependimentos, alegrias, saudades, tristezas...

— Você é doida!!! — exclamou Nicolle. — Escreveu sobre tudo o que pensou?! Tudo o que fez?! Acho que eu jamais iria querer que alguém soubesse um tiquinho do que pensei ou fiz.

— Acho que então entende por que agi daquela forma quando a vi com meu diário nas mãos. Não quero que alguém saiba dos detalhes entranhados em meu coração, das coisas da minha alma...

— Então, por que escreve? Por que deixa essas coisas amarradas dentro desse baú?

— Não sei explicar. Tenho uma necessidade que me domina. É como um vício... Eu preciso escrever!

Naquele momento Marcello entrou correndo no quarto e anunciou eufórico:

— *Mamma*, meu *nonno* me deu um cavalinho! Um cavalinho de verdade!

Nicolle ficou surpresa, mas Rossiani sorriu satisfeita ao ver Marcello tão alegre. Aquilo era como um bálsamo para os seus olhos.

Virando-se para a tia, o sobrinho falou no mesmo tom entusiasmado:

— *Zia mia*, Rossiani! Venha ver que bonitinho! Venha!!!

Sorrindo e com jeitinho, Rossiani o corrigiu:

— Não diga ! "*Zia mia...*", fale: minha tia, ou tia Rossiani. Entendeu? Fale em português. Lembre-se de que você é brasileiro e precisa falar bem o seu idioma.

— Certo! Mas venha ver, tia! — pedia o menino.

— Que cavalinho é esse?! — quis saber Nicolle.

— Papai me disse que daria um pônei para o Marcellinho, quando ele fizesse sete anos. Mas acho que ele adiantou o presente de aniversário — respondeu Rossiani sorrindo.

Nicolle saiu do quarto para ver de perto aquele presente. Aproveitando isso, Rossiani, que era puxada pelo sobrinho, rapidamente levantou o pesado colchão, escondeu o caderno às pressas enquanto ouvia os pedidos insistentes de Marcello. Depois saiu do quarto, sendo tirada à força pelo menino que teimava em seu pedido, levando-a pela mão.

* * *

Lentamente o tempo passava, e com os desígnios de Deus os propósitos seriam resolutos.

A previsão de dona Sofia se confirmou. Leonardo, proprietário do armazém onde faziam suas compras, aproximou-se de Nicolle e, após firmarem compromisso, eles se casaram.

Nicolle, recusando mentir, por detestar ser enganada, antes de concordar em namorar Leonardo, contou-lhe todo o seu passado até mesmo o que seus pais não sabiam. Falou sobre ter se deixado iludir por um homem casado e sem dignidade. Afirmou sofrer demais pela ausência dos dois outros filhos roubados por Douglas. Sonhava em ter as crianças consigo um dia, mas acreditava ser muito difícil. Ainda revelou o motivo que a fez retornar à Itália com Marcello tão pequeno e pediu-lhe para não revelar tudo aquilo a seus pais, pois não gostaria de vê-los sofrer.

Leonardo não julgou as decisões de Nicolle e, percebendo que ela não o enganou, decidido e generoso, por seu verdadeiro amor pela bela italiana, entendeu e aceitou sua querida como era, sem reviver os sofrimentos que já a puniam bastante com qualquer acusação ou repreensão de sua parte.

Leonardo quis assumir Marcello como seu filho. Ele e o garotinho se entendiam muito bem, mas o exigente senhor Angello não admitiu, de forma alguma, que Marcello recebesse outro sobrenome e não desse continuação ao nome de sua família.

Dona Sofia sabiamente conseguiu induzir o marido a deixar que o neto Marcello fosse morar com a Nicolle após o casamento com Leonardo. Por essa razão, o senhor Angello, apesar de contrariado, não esbravejou. Rossiani, sem dizer nada, sofria imensamente a falta do sobrinho.

A avó tinha um vago pressentimento de que o próprio neto faria, no devido tempo, sua escolha. Mas antes, ele precisaria ficar perto de sua mãe.

Eliana Machado Coelho/Schellida

Marcello estava empolgado em ir morar na cidade, porém ignorava que os laços de amor entre ele e os avós se transformariam em grande saudade e que seria difícil se separarem.

Apesar de todo carinho, atenção, amor e cuidados que recebia na luxuosa residência por parte de sua mãe e de seu padrasto, Marcello experimentava uma onda de tristeza inexplicável.

Por conseqüência da gravidez de Nicolle, o menino sentiu-se invadido por uma grande ausência e, em uma das visitas feitas aos avós e a tia, decidiu, chorando nos braços da amorosa Rossiani, que não queria mais morar na cidade. Admitiu sentir muita falta da vida ali, daquele lugar encantador.

O senhor Angello não podia se sentir melhor, porém Nicolle não queria. A avó aconselhou que Marcello ficasse alguns dias na cidade, para Nicolle não sofrer com sua ausência, e os outros dias, ali no vinhedo.

Dona Sofia sabia que quando o bebê de Nicolle nascesse, ela teria tanto trabalho que seria mais fácil se acostumar sem a presença de Marcello.

Inevitavelmente foi isso o que aconteceu.

Marcello, aproveitando-se das preocupações de sua mãe com sua irmãzinha Viviani, mudou-se para a casa dos avós quase que definitivamente sem Nicolle perceber, a princípio.

Rossiani, encantada com o sobrinho, sentiu-se maravilhada por tê-lo de volta e agora, só para si, fantasiando que Marcello era seu próprio filho.

Empenhada, a tia se esforçava e o ajudava com os deveres da escola onde o menino se destacava muito bem. Fora isso, Rossiani fazia questão de que Marcello aprendesse diversas coisas sobre o Brasil, conversando com ele sobre tudo o que sabia e buscando outros conhecimentos em livros complementares. Além disso, Rossiani sempre aprimorava o idioma português, a fim de o sobrinho ficar bem atualizado e acostumado.

O nascimento da segunda filha de Nicolle e Leonardo, que recebeu o nome de Cíntia, ocupou todo o tempo de Nicolle, principalmente pelo fato de Viviani ser bem pequena. Nicolle sempre reclamava da ausência do filho, mas viu-se tão atarefada para cuidar das duas criancinhas, apesar da ajuda de uma empregada, que consentiu ao menino continuar com os avós. Ela sabia que Rossiani era como uma mãe para Marcello, assim como foi para ela. Afinal, Marcello sempre os visitava e nunca ficava mais de uma semana sem ver a mãe, as irmãzinhas e o padrasto.

* * *

Os anos passaram e uma desagradável surpresa deixou todos perplexos e desesperados, quando o senhor Angello foi acometido de um infarto fulminante.

O duro golpe cortou como uma lâmina o coração do jovenzinho Marcello que, rijo e enervado, viu-se contrariado com a brusca separação.

Nos braços da tia Rossiani, o adolescente chorou, chorou como nunca.

Marcello reclamava a Deus o motivo de tamanha crueldade, mas não obtinha respostas.

Imenso turbilhão revolvia seus pensamentos amargurados. Sentia-se só, totalmente desamparado.

Anos antes da morte do senhor Angello, já um rapazinho, Marcello questionou a respeito de seu pai. Ele se lembrava muito bem da união entre Nicolle e Leonardo, do nascimento de suas duas irmãs e exigia da mãe alguma explicação.

Nicolle relutou, porém percebeu que o filho estava preparado, maduro o suficiente para entender algumas coisas sobre sua vida. Ela decidiu contar a sua história, sobre o seu envolvimento com um homem casado que a enganou, quando ainda moravam no Brasil. Revelou que esse homem queria tirá-lo dela, pois ele era extremamente perverso e impiedoso. Por essa razão, ela e Rossiani, com ele ainda bem pequeno, fugiram do país a fim de ele não ser roubado pelo pai. Um homem sem caráter, sem escrúpulos.

Nicolle omitiu que Marcello tinha um casal de irmãos no Brasil, e esses moravam com o pai. Pela surpresa imediata, Marcello não perguntou o nome de seu pai, a princípio. Entretanto, quando quis saber, Nicolle aconselhou o filho a esquecê-lo, pois não valeria a pena lembrar disso. Ela recusava-se a tocar novamente naquele assunto.

Por causa disso, o adolescente viu no avô a figura paterna que lhe faltava e até chegou a chamá-lo de pai, se não houvesse alguém por perto, deixando o senhor Angello vaidoso, repleto de satisfação.

Eliana Machado Coelho/Schellida

Tornaram-se tão apegados que Marcello se abateu visivelmente com a morte do avô. Sofria, assim como sua avó dona Sofia, sua mãe e as tias. Tudo aquilo o fez amadurecer rapidamente. Desenvolvendo no jovem um caráter mais prudente, que passaria a refletir e filosofar sobre o valor e o motivo da vida.

A tia Rossiani o ajudava em inúmeras questões, mas sempre lhe faltavam respostas para compreender melhor os desígnios da vida.

Seus olhos negros, escondidos propositadamente sob os fios escorridos dos cabelos escuros, estavam sempre avermelhados no rosto endurecido como uma máscara de pedra. Por muitos anos, não se esqueceria daqueles difíceis momentos.

A dor foi intensa para todos. Dona Sofia, apesar de passados dias, chorava e gritava lamuriosa pela falta do marido, o fiel companheiro e amigo.

Marcello era o único que conseguia fazê-la tomar um caldo, dando-lhe as colheradas, vagarosamente, uma após outra.

Os genros Marco e Leonardo cuidavam, com primor, de tudo quanto podiam. Eles gostavam demais dos sogros, contudo tinham seus afazeres. A vida, porém, reservaria outros imprevistos dolorosos.

Todos tentavam retomar suas vidas. Marcello, estudioso e questionador, firme em suas opiniões, decidiu continuar com a avó e a tia Rossiani morando e cuidando do vinhedo. Ele seria o arrimo de companheirismo daquela casa. Entretanto, o destino fez Nicolle viúva, quando Leonardo, vítima de uma forte pneumonia, faleceu dois meses após o senhor Angello ter partido.

As meias-irmãs de Marcello, filhas de Leonardo e de Nicolle, já estavam crescidinhas, mas não o suficiente para compreender e ficarem sentidas com os acontecimentos, pois Viviani tinha oito anos e Cíntia com sete anos. Elas ainda exigiam atenção e cuidados por parte da mãe.

Nicolle viu-se aflita, fraca e impotente.

A chama do desespero tomava espaço novamente na vida daquela família.

Herdeiro de imensa força interior, Marcello, maduro demais apesar de sua idade, orientou a mãe para que fossem morar no vinhedo com suas meias-irmãs Viviani e Cíntia. Assim estariam reunidos. Mesmo com tanta dor, resistiriam, prosseguindo com a vida. Desorientada, Nicolle aceitou a sugestão do filho.

17

Amor e desgraça

Assistir à nova colheita no vinhedo como as de outrora, era impossível. Os verdadeiros mutirões de alegria e festa jamais seriam como os organizados pelo senhor Angello.

Todo o vinhedo parecia sentir o pesar da família naquele ano de imensa dor. Quase não houve produção satisfatória.

Em uma tarde opaca, no alto de um monte, Marcello e o tio Marco olhavam as videiras que se estendiam ao longe até perderem-se de vista. O silêncio entre eles era absoluto. Por longo tempo só escutavam o assoviar do vento uivante que parecia gemer e lamentar a ausência de alguém.

Apesar de todos os mimos e afetos que recebeu de seu falecido avô, Marcello revelava-se um jovem prudente, responsável, amadurecido pelas circunstâncias e com imenso desejo de aprender sobre tudo.

Longo tempo havia passado, quando, com olhar perdido no imenso vinhedo, Marcello declarou quase murmurando:

— Amor e desgraça...

— O que você disse? — perguntou o tio Marco surpreso e querendo ter certeza das marcantes palavras que não completaram uma conexão de idéias.

— Amor e desgraça — repetiu o jovem com nitidez e essência adulta no tom de voz. Completando a seguir: — Foi isso o que conheci nestas terras

Eliana Machado Coelho/Schellida

tão maravilhosas, encantadoras para os olhos, mas como as nuvens nos picos montanhosos mais altos, ou as densas neblinas nos vales profundos, esconderam-nos terrenos hostis, ou melhor, muitas verdades. — Ainda com os olhos negros, marejados e perdidos na paisagem, Marcello explicou: — Minha mãe me contou o motivo que a fez fugir do Brasil junto com minha tia Rossiani quando eu tinha pouco mais de um mês de vida. Aqui chegaram, instalaram-se e não saíram mais. O meu país de origem, o qual muito me atrai e por isso procurei conhecer através de livros e acompanhamento pelos jornais, passava por terríveis dificuldades por conta do regime militar. O mesmo período em que o Brasil passava por dificuldades, a Itália também. De 1963 a 1968 o governo de centro-esquerda se manteve no poder através do democrata-cristão Aldo Moro, que em 1978 foi morto pelas "Brigadas Vermelhas", após ser seqüestrado. A Itália também não teve muita paz. Há cerca de dois anos – 1990 – tivemos incontáveis problemas com a economia. O combate à corrupção e a luta contra a Máfia, corte de verbas para com os gastos públicos, privatizações... Prisão de líderes do crime organizado, guerra contra a Máfia pelo assassinato de vários juízes e atentados à bomba. Muita gente inocente foi morta e esquecida. Somente neste ano – 1992 – a "Operação Mãos Limpas" começou a submeter à condenação os políticos, os empresários e os funcionários públicos corruptos, que tanta miséria e prejuízo trouxeram ao povo devido às sonegações de impostos, extorsões, lavagem de dinheiro... ...verdadeiros roubos! E ainda há muito que investigar sobre as atuações do nosso Primeiro Ministro Silvio Berlusconi. Não vivemos momentos diferentes dos que afugentaram minha mãe, minha tia e muitos outros do Brasil em tempos passados. Não adianta querermos fugir. O que precisamos enfrentar o faremos em qualquer lugar do mundo.

— Marcello, você me surpreende! — admitiu Marco. – Por que diz isso? Por acaso pretende deixar a Itália? — questionou preocupado.

— Por que não? — disse Marcello com entonação quase soberana, mas sem arrogância. — Tio, desde 1985 o Brasil passou pela transição democrática que, como não poderia deixar de ser, experimentou grave crise econômica desde o governo de José Sarney por conta dos vários planos econômicos frustrados com altos índices de inflação. Apesar de conseguir levar até o fim a transição democrática, o presidente José Sarney em nada, absolutamente nada melhorou a economia do Brasil. Mas a eleição direta para a Presidência da República foi realizada e Fernando Collor de Mello foi eleito pelo povo, que não sabia o que era isso desde 1960.

— Por que está falando de índices inflacionários? Decorou algum livro de história? Ou quer trabalhar no banco? — perguntou o tio quase brincando.

— Aprendi muita coisa com a tia Rossiani. Tenho excelente memória e adoro conhecer, entender tudo sobre economia, história e administração. Não preciso decorar, basta eu ler — argumentou o rapaz, mas sem arrogância ou pretensões.

— Aonde quer chegar com esse assunto, Marcello? — tornou Marco.

— Em 1990, quando Fernando Collor de Mello assumiu a Presidência da República; assim como nos governos militares, ele fez uma política autoritária. Durante sua campanha, prometeu corte de gastos desmedidos, fim dos privilégios dos políticos e funcionários públicos, combate aos "marajás"... Prometeu, prometeu e prometeu antes de assumir! Mas depois, esqueceu-se das falsas promessas e o susto pelo bloqueio das contas bancárias, o congelamento de salário e preços foi o seu maior adversário. Isso não solucionou nada! Sabe por que esse bloqueio das contas bancárias foi o motivo de sua derrota? — Sem aguardar, respondeu: — Porque o povo não entendia nada. A censura da imprensa no governo militar limitou as mentes, atrofiou o conhecimento e o raciocínio das pessoas. E quando elas ouviam falar de privatização de empresas estatais, falta de apoio parlamentar, denúncias de corrupção e desvio de verbas públicas, o povo não sabia muito bem o que era tudo isso. Além disso, surgiram as acusações da oposição que poderiam ou não ser verdadeiras. Na minha opinião, não houve uma investigação rigorosa como deveria. Então o povo só pensava em seu dinheiro "preso" nos bancos e influenciaram-se pela frenética estimulação dos oposicionistas, deixaram-se usar, mais uma vez, como massa de manobra em freqüentes manifestações, exigindo o *"impeachment"*, que é o afastamento do Presidente da República obtido dentro dos liames da constituição. — Marcello riu e desabafou: — A falta de conhecimento foi tão intensa que aceitaram uma palavra de idioma estrangeiro, o que deixou claro que aquela manobra, mais uma vez, veio de fora. Daí que, os estudantes exigentes — falou com ironia —, saíram às ruas com tinta no rosto, mais conhecidos como os "caras-pintadas"! Realmente! — quase se enervou. —

Eliana Machado Coelho/Schellida

Eram como índios que, ignorantes, exigiam algo e não sabiam o que era! Não esperaram os resultados, não exigiram uma apuração urgente, não procuraram entender e saber a verdade sobre todos os envolvidos. Foram apressados como os seus "líderes ocultos" queriam. — Após breve pausa, questionou: — Será que tudo foi tão rápido para que outros políticos piores assumissem o poder? Será que a rapidez não prejudicou a descoberta de outros acusados?

— Nunca saberemos — opinou o tio.

— Claro, as provas sumiram. No futuro eu creio que os culpados de tudo isso passarão pelas mesmas "provas de fogo", pois uma vez ladrão, sempre ladrão. Eles julgaram e condenaram para não serem pegos no envolvimento de tantas falcatruas... Soube pelos jornais que semana passada — Marcello referia-se ao dia 29 de setembro de 1992. — o Congresso Nacional decidiu afastar Fernando Collor. Parece que somente um parlamentar deu um voto favorável a ele, os demais não. Internacionalmente muitos gostaram, outros lamentaram.

O povo não viu que só o fato de favorecer as importações de diversos produtos, fez os grandes magnatas poderosos e os gigantescos monopólios se abalarem por terem de se deparar com a livre concorrência? O Fernando Collor falhou sim! Mas será que foi tanto como dizem? Será que fez tudo sozinho? Jamais terão respostas a essas e outras perguntas.

Eu sei que, para muitas pessoas, esse tipo de assunto é chato — argumentou Marcello adivinhando os pensamentos do tio. — Mas isso é a falta do desejo de saber, de procurar conhecer a verdade. Quem ainda acreditar que essa conversa é inoportuna, cansativa é porque quer ser servido, quer que tudo lhe caia do céu. São pessoas com o raciocínio atrofiado e que só sabem reclamar, reivindicar sem ter qualquer direito, pois nem conhecimento buscou e aceita a opinião alheia através de uma visão caótica, equivocada. Como é importante o conhecimento, o estudo e o raciocínio!

— Você não fala como um jovem! — reparou o tio. — O que te deu, menino?

— Só estou pensando e repensando sobre o que já li e ouvi através de diferentes fontes. Sabe, tio, a idade não importa. Eu acredito que a sabedoria seja o resultado da busca da verdade, do conhecimento. E como eu disse a princípio, esse lugar onde estamos é maravilhoso! Aqui nós só nos escondemos da realidade, dos acontecimentos. Se quisermos melhorar, precisaremos fazer algo para o nosso próprio bem. É por isso que não me vejo dando continuidade ao trabalho do meu avô aqui no vinhedo. Quero algo mais!... — disse espargindo um brilho intrigante no olhar perdido, como uma ambição oculta.

— Está brincando, Marcello! — admirou-se Marco. — Depois de tudo o que eu e meu pai sofremos por causa da insegurança, da instabilidade econômica na Itália, estou pensando seriamente em largar aquele banco, vir para cá e trabalhar nesse paraíso. Isso, a fim de não ter tantos tormentos nem me sentir ameaçado. Enquanto você parece que quer sair desse paraíso! Ora, garoto!!!

— Amor e desgraça, tio! Não posso ficar aqui só amando os que me amam e assistindo a tudo se consumir a minha volta. Acredito que tenho algo para fazer na vida. Quero buscar minhas origens. Devo ter alguma missão... Sei lá...

— E, saindo daqui, o que vai fazer?

— Eu sou brasileiro, esqueceu? Tenho de regularizar minha situação junto ao serviço militar.

— Está louco?!

— Não. Estou cumprindo minha obrigação. Fora isso, minha mãe não saberá levar o trabalho com aquele armazém. Certamente terá de vendê-lo. Eu sei que... — falou dando pequena pausa como se pressentisse — Sei lá... Minha mãe tem algo para fazer ou esclarecer lá no Brasil. Sinto que a vida da minha mãe não tem sentido. Ela sempre fica distante, sem motivação e... Creio que deseja retornar para lá e fazer o que não terminou...

— Do que você está falando, Marcello?

— Não dá para explicar, tio. É algo que sinto lá no fundo. Sei que minha tia Rossiani acredita que o marido vive em algum lugar, lá no Brasil, e quer reencontrá-lo. Agora com o fim do governo militar, tenho certeza de que minha tia e minha mãe desejam voltar. Se minha mãe vender o armazém, teremos o bastante para a viagem e tentar começar uma vida nova. Meu padrasto tinha economias guardadas, aquele armazém tem um bom valor... Tudo é favorável.

Por segundos o silêncio foi absoluto. Marco viu-se envolvido por uma coragem interior inigualável quando decidiu:

Eliana Machado Coelho/Schellida

— Se tua avó permitir, eu, sua tia Danielle e nossos quatro filhos nos mudaremos para cá. Deixarei o banco! — explicava com convicção. — Vou tocar essa vinha e triplicar a renda desse lugar maravilhoso!

— Como, tio? — perguntou Marcello bem curioso. Avisando em seguida: — Dependemos principalmente do clima para as melhores colheitas!

— Teremos as melhores colheitas! — ressaltou Marco ao encarar Marcello com olhar faiscando e leve sorriso no rosto. — Mas não vamos nos limitar só nisso. Esse lugar é lindo! Encantador em qualquer época do ano e... Puxa!!! Como nunca pensei nisso antes?!!

— Ainda não entendi, tio!

— Eu adoro vir aqui para fugir da pressão, do estresse do escritório para me recompor, olhar essas montanhas maravilhosas, esse vale, essa vinha!... Assistir à festa que é a colheita! Eu pagaria por isso a fim de ter a alma saciada! Então quantos mais pagariam para se livrar do cansaço da cidade, do trabalho inquieto e do nervoso de ficar fechado dentro de quatro paredes?!

— Um hotel?! — adivinhou Marcello com rapidez. — Uma estância hoteleira!!!

— Isso e muito mais! — tornou Marco. — Grandes empresários, magnatas, pessoas ricas pagariam muito bem para ver um lugar como esse, passar um tempo olhando os campos, vendo e até colhendo as uvas, fazer a pisa para o preparo do vinho, passear a cavalos, fazer caminhadas e, no final do dia, terem lugares aconchegantes junto ao fogo de uma lareira em chalés e muito mais! — Marco narrou suas idéias com incrível rapidez, vendo, em sua mente, como se tudo estivesse pronto.

— Mas e o dinheiro para todo esse projeto, tio?!

— Venderei a minha casa! Pedirei ao meu pai a minha parte da herança e um financiamento no banco, se for preciso. Fique, Marcello! Fique para tocarmos esse negócio!!! Adoro a sua determinação, a sua prudência. Você tem muito conhecimento e suas idéias são ótimas! Fique!

— Acho que não vou poder, tio. Lamento. Sinto que algo me atrai para o meu país. É bem provável que minha mãe e minha tia Rossiani me acompanhem, mas não vão se incomodar que ponha em prática toda essa genial idéia de transformar este lugar em algo turístico.

Na mesa da sala da casa de dona Sofia, Marcello e seu tio Marco se reuniram com a matriarca, Nicolle, Rossiani e Danielle e explicaram sobre as novas idéias.

Rossiani e Nicolle pareceram iluminar-se, quando o jovem Marcello propôs que voltassem para o Brasil, aprovando imediatamente a idéia.

Rossiani nunca se esqueceu de Tomás, desejava reencontrá-lo ou ter alguma notícia. Nicolle escondia seu forte objetivo de encontrar e trazer para junto de si os dois filhos que Douglas lhe tomou: Rogério e Renata. Mas Nicolle não podia imaginar que sua filha Renata havia sido registrada com o nome de Flávia e que Douglas tinha outra filha com o nome de Renata.

Dona Sofia, que nunca mais foi a mesma desde a morte do marido, sentia o coração opresso, mas concordou que cada um buscasse o melhor para si. Deixou claro que sofreria muito por não ter a companhia das filhas Nicolle e Rossiani e dos netos Marcello, Viviani e Cíntia.

Marco e Danielle, muito animados com a idéia, continuaram com os trabalhos na vinha e começaram a se empenhar para fazer dali um local turístico, uma estância hoteleira. Prometeram para Nicolle e Rossiani que lhes repassariam os valores percentuais dos lucros do que lhes caberiam no projeto.

Nicolle aceitou vender o armazém que pertenceu ao seu marido Leonardo. Deixou o cunhado Marco, bem entendido de negócios, cuidar de toda transação, a fim de ela e os filhos terem o maior lucro possível, pois ela, a irmã e os filhos voltariam para o Brasil e precisariam se manter até se estabilizarem, ou voltariam para a Itália, caso não tivessem sucesso.

Mais rápido do que esperavam, Marco conseguiu vender o armazém de Nicolle por um excelente valor.

O quanto antes, Nicolle, Rossiani, Marcello, Viviani e Cíntia desembarcaram no Brasil e, sem demora, procuraram por Irene e Dirceu, os padrinhos que Marcello não conhecia e que ainda moravam em Mogi das Cruzes.

Com o tempo muita coisa havia mudado. A cidade estava bem diferente.

Chegando à chácara, um largo sorriso se estampava no rosto de Nicolle e Rossiani que, porteira adentro, foram gritando ao chamar pelo nome de Irene.

Eliana Machado Coelho/Schellida

Surpresa, Irene saiu na varanda espremendo os olhos para enxergar melhor e reconhecer os visitantes. Mas a voz forte de Nicolle, com seu gracioso sotaque, era inconfundível. Irene não acreditava no que via.

Chorando e sorrindo, Irene correu em direção de todos e abraçou-se à Nicolle e Rossiani.

As três choraram muito pelo reencontro que jamais acreditaram iria acontecer.

Marcello, recostando as duas irmãs em si, aguardou o término de tanta emoção. Sentia algo bater forte em seu peito, por isso olhava para os lados procurando alguma distração. Afinal, não queria que o vissem chorando.

Passados longos minutos de beijos, abraços e choro, Nicolle secou o rosto com as mãos e apresentou:

— Irene, eu me casei lá na Itália com um homem muito bom... — Nicolle não quis falar de tristeza e avisar que estava viúva, por isso apresentou: — Veja, esta é a Cíntia, minha caçula! Esta é a Viviani, a do meio! E este — disse com grande satisfação —, é o seu afilhado, Marcello!

Irene beijava e abraçava as meninas, mas quando contemplou Marcello, praticamente o agarrou forte e Marcello não resistiu. Envolvido pela madrinha, chorou junto com ela ao se abraçarem.

* * *

A voz de Irene estava rouca pelo choro de alegria e lágrimas teimosas, vez e outra, rolavam em sua face.

Após dispensar o carro de aluguel, já dentro da casa para onde levaram as bagagens, Rossiani conferia seu precioso e pequeno baú, repleto tão unicamente de diversos cadernos, seus diários onde nunca deixou de escrever. Cuidava como arca valiosa, repleta de jóias e preciosidades. Certa de que tudo estava em ordem, perguntou em seguida:

— E dona Josefina? Os meninos? O Dirceu?

Foi nesse instante que Irene respirou fundo e, com feição triste, informou:

— Minha mãezinha faleceu... Já faz dez anos... — Aproximando-se de Marcello, comentou ao acariciar seu rosto com a palma da mão gélida: —

O seu padrinho sempre ficava imaginando como você devia estar... Como você cresceu, meu querido...!

— E o meu padrinho...? — perguntou Marcello com voz trêmula, pois, de alguma forma, em seu íntimo, sabia da resposta.

— O telhado da olaria desabou numa tempestade... — murmurou Irene envolvida pelo afilhado que a recostou ao peito, acarinhando-lhe os cabelos. Mesmo sob forte emoção, Irene contou: — O Dirceu ficou três dias internado... — Irene chorou. — ...não resistiu e... isso só faz um ano... — Breve pausa e explicou: — Não podíamos escrever para vocês nem receber cartas... Não seria bom que alguém soubesse onde vocês estavam... — Irene olhou para Nicolle pensando no que poderia dizer.

— Ele entende... Eu contei ao Marcello que não queria que alguém nos encontrasse. Isso não seria bom — esclareceu Nicolle com certo temor, pois a comadre poderia falar dos filhos roubados por Douglas.

Irene nada disse.

Para as irmãs, foi um verdadeiro choque saberem que dona Josefina e Dirceu haviam falecido. As irmãs não queriam acreditar. Parecia que "outro dia" todos estavam ali juntos, compartilhando das mesmas coisas e se ajudando.

Rossiani aproximou-se, abraçou Irene e perguntou:

— E os seus filhos? Onde estão todos?

Forçando-se a deter o choro, Irene sorriu ao contar:

— Sou avó! Como eu sempre quis! Aliás, agradecemos tanto a Deus por vocês duas incentivarem os nossos filhos a estudar! Eu e o Dirceu falávamos que eles tomaram gosto pelo estudo depois que vocês ficaram aqui, até o Marcello nascer. Nossa como uma palavra, um conselho, o relato de uma experiência pode ser importante na vida de uma pessoa.

— Pode ser importante ou perigoso, não é madrinha? — interferiu Marcello.

— Sim, lógico! Mas aqui aconteceu o melhor. O Murilo e o Odair se formaram em engenharia, casaram-se com ótimas moças e cada um tem dois filhos. — Irene riu e contou: — Eu disse para eles que não abandonaram o que faziam antes, pois continuam mexendo com tijolos. — Depois das risadas, completou: — O Adalton fez direito e trabalha em uma empresa lá na capital. Também está casado, mas ele e minha nora fazem planos para terem filhos só depois que comprarem uma casa.

Eliana Machado Coelho/Schellida

A Olga, como sempre quis, é professora de faculdade. Ela estudou tanto! Mas ainda não se casou. A Dulce se casou, não trabalha, tem um casal de filhos e mora no centro da cidade. A Sofia seguiu o rumo da Olga, estuda na faculdade e trabalha como professora em uma escola. — Um forte suspiro e Irene anunciou: — Daqui a pouco elas estarão aqui. Mas nós sentimos a casa tão vazia... Ficarão felizes em vê-los.

Marcello ficou satisfeito por conhecer sua madrinha, mulher firme e trabalhadora que Rossiani sempre elogiava. Sentia-se bem à vontade como se já a conhecesse e estivesse familiarizado com tudo.

Assim que possível, Nicolle e Rossiani atualizaram Irene sobre tudo o que lhes aconteceu na Itália e o motivo do retorno ao Brasil. Rossiani não concordava, mas Nicolle insistia para que Marcello não soubesse que tinha um casal de irmãos brasileiros. Ela também desejava que o filho não soubesse que sua grande razão de voltar ao país era para encontrar os filhos roubados.

Mais uma vez, Irene acolheu Rossiani e Nicolle com imenso carinho, como se tivessem laços de família. As filhas de Nicolle adoraram Irene e a chamavam de tia.

O tempo havia passado rápido demais. Apesar de serem as mesmas pessoas, as cicatrizes das dificuldades, as amarguras e experiências de todos os tipos, deixaram-nas um pouco diferente.

Agora, as rugas vincadas em suas faces eram como sinais de exposições às batalhas do corpo e da alma. O delinear dos lábios sustentavam sorrisos, mas calavam na boca o fel de tantos dissabores e provações.

Apesar da força interior, Irene não possuía mais o vigor de outrora nos braços finos e enrugados que não conseguiam pegar as rústicas ferramentas, como antes, para o trabalho pesado. Ela vendeu metade das terras que possuía e ficou com a chácara que, embora não fosse tão grande, precisava de cuidados. O que acontecia só quando tinham dinheiro para pagar alguém.

Irene praticamente implorou para que Rossiani, Nicolle e seus filhos ficassem morando ali. A solidão era a sua pior companhia. Mesmo com as freqüentes visitas, sentia falta dos filhos casados. As duas filhas solteiras praticamente voltavam para casa só para dormir. Queria ter as queridas amigas bem perto.

A situação de Nicolle era outra. Agora, ela possuía condições de ir para a capital, alugar uma casa e até montar um pequeno negócio. No entanto, ao perceber a dolorosa solidão no coração de Irene, decidiu não abandoná-la. Foi ela, Dirceu e dona Josefina quem a amparou quando nada tinha na vida.

* * *

No ano em que completaria dezoito anos, Marcello foi dispensado do serviço militar logo na entrevista do alistamento, pelo fato de sua mãe ser viúva e ele ser o único homem da família.

A notícia alegrou a todos, menos ao rapaz.

Viviani e Cíntia foram matriculadas na escola e Marcello, após cursos, entrou para a Universidade onde Olga lecionava.

O vizinho a quem Irene vendeu metade de suas terras era japonês. O senhor se chamava Katayama. Era viúvo e tinha um filho brasileiro que o ajudava no cultivo de inúmeras plantas, criadas caprichosamente em pequenos vasos em estufas apropriadas.

Fazendo amizade com o senhor Katayama, Nicolle decidiu investir no negócio, e assim se tornaram sócios.

Alugando parte do terreno de Irene, Nicolle e o senhor Katayama aumentaram as estufas e a renda naquele empreendimento necessitando, inclusive, de contratar alguns empregados.

Milton, o filho do senhor Katayama, e Marcello continuaram ajudando seus pais ao mesmo tempo que eram alunos universitários em cursos diferentes. Além disso, Rossiani nunca abandonava a irmã e a auxiliava junto com Irene, que se dedicou amorosamente àquele novo trabalho.

Assim acontecia uma grande mudança e adaptação na vida de todos.

Marco, o cunhado de Nicolle e Rossiani, cumpria sua promessa e lhes enviava os valores em dinheiro relativo a porcentagem que as irmãs tinham nas terras do vinhedo na Itália. Lugar que prosperava com a realização do sonho de Marco transformado em realidade. O lucro com o turismo, de tempo em tempo, passava a ser mais considerável, permitindo o pagamento dos estudos dos filhos de Nicolle com tranqüilidade.

Mesmo com as dificuldades econômicas e políticas, o Brasil passou para a abençoada democracia, que permitiu a liberdade de imprensa, a livre

Eliana Machado Coelho/Schellida

concorrência, liberdade de importação e exportação e tantas outras coisas como o direito de reivindicação.

Isso favoreceu Rossiani a sua incansável procura por seu amado e inesquecível marido Tomás. Considerado líder oposicionista no governo militar, Tomás precisou fugir e acabou sendo dado como desaparecido.

Ao mesmo tempo, Nicolle procurava por qualquer pista que a levasse ao encontro de Douglas Gregori e sua família, pois somente assim encontraria seus dois filhos.

Entretanto, a abertura do mercado à competição internacional, a nova constituição e o vigor das leis trabalhistas, colocaram por terra o monopólio, o império das indústrias do senhor Guilherme Gregori. As empresas que ele julgava inabaláveis, por estar aliado aos governantes do regime ditatorial que protegia os empresários magnatas a fim de diversos outros lucros e favores, estavam instáveis.

O falecimento do senhor Guilherme, pai de Douglas, contribuiu ainda mais para o enfraquecimento de suas indústrias, chegando ao ponto de um desequilíbrio financeiro que obrigou Douglas a vendas e mudanças drásticas de parte do patrimônio. Para tais mudanças foram criadas novas Razões Sociais o que significou uma mudança nos nomes das empresas.

Mesmo assim, a condição financeira de Douglas e de sua família continuava muito boa. Estavam bem estabilizados.

A venda da fazenda que Douglas possuía, a mudança do nome das empresas e a falta de seu endereço na capital, dificultavam à Nicolle encontrá-lo a fim de ter seus filhos de volta.

Enquanto isso, Marcello se empenhava nos estudos e também ocupava o restante do tempo trabalhando no cultivo de plantas ornamentais nas estufas. Apesar disso, muito atento, ele não deixava de perceber o grande interesse de sua mãe em busca de algo que ela não revelava. Chegou a surpreendê-la, várias vezes, com um jeito ostensivamente ansioso enquanto conversava com Rossiani ou Irene. Mas ao questioná-la, ela dissimulava, ignorando o seu direito de saber do que se tratava. Afinal, era um assunto que lhe dizia respeito.

* * *

O tempo passou.

Em um final de semana, o filho caçula de Irene, Adalton, formado em direito e que trabalhava em uma empresa na capital, conversava descontraidamente com Rossiani e Marcello. Estavam sentados na agradável varanda onde o vento fresco do cair da noite amainava o calor. Adalton procurava orientar Rossiani sobre a busca de seu marido e os lugares onde poderia obter mais informações, pois ela não sabia mais a quem recorrer.

Anos passaram, desde o seu retorno ao Brasil, e nenhuma informação a respeito de Tomás. Rossiani sentia-se cansada, sem esperanças. Estava quase decidida a voltar para a Itália. Aquela procura a enlouquecia no íntimo da alma. Sonhava sempre com o marido, mas nunca se lembrava dos detalhes de seus sonhos.

Em meio a conversa, Adalton comentou sobre o fato de vários parentes de desaparecidos durante o governo de regime ditatorial estarem requerendo uma indenização referente aos seus parentes não encontrados. Rossiani, desolada, desfechou:

— Não quero ignorar sua tentativa de ajuda, mas... sabe... Sem querer ofender eu digo que dinheiro algum vai pagar pela ausência de meu marido. E outra coisa, quem vai pagar essa indenização ou pensão não será o governo ou os governantes daquela época. Quem vai me pagar e indenizar tantas famílias que estão requerendo alguma recompensa por seus parentes desaparecidos é o povo. Sim! É o povo quem vai indenizar as famílias. Isso é falta de consciência. Eu acho que o povo, já tão sofrido, não tem mais que ficar pagando pelos erros dos outros. Sei que é um direito... mas... Pense, meu filho, muitos hospitais, escolas, muitos remédios, professores, materiais escolares e tantas outras coisas deixarão de receber investimentos por causa das indenizações que serão feitas com os impostos pagos pelo povo, que terão de servir como indenização pelos desaparecidos. Por isso afirmo que nada vai pagar pela ausência de meu marido.

Adalton ficou pensativo e refletindo sobre a grandiosa opinião de Rossiani que, para não expressar seus sentimentos, pois trazia os olhos lacrimejando, levantou-se vagarosamente, beijou-os a face e se retirou após agradecer e se despedir.

Marcello quase não havia prestado atenção no assunto. Seu olhar estava perdido e suas idéias bem longe.

Eliana Machado Coelho/Schellida

Na primeira oportunidade Adalton perguntou:

— E você, Marcello, o que pretende agora? Vai ampliar ainda mais o empreendimento de sua mãe?

O filho de Nicolle respirou fundo e demorou a responder:

— Na verdade tenho outros planos, mas preciso de uma oportunidade.

— Bem direto, sem constrangimento, Marcello explicou: — Não me agrada o fato de ficar limitado ao cultivo de plantas, entregas, divulgações, negociações, feiras... É uma área que não me atrai, se eu gostasse disso teria ficado na Itália, trabalhando no vinhedo. Mas sinto que tudo é questão de tempo e eu terei a minha oportunidade.

— Já entendi. Quer ir para São Paulo, para o maior centro comercial da América Latina! Imagina-se trabalhando em uma grande empresa, receber um bom salário, andar bem vestido, ter um carro do ano...

Olhando-o com firmeza, sem titubear, Marcello sorriu e respondeu:

— Com certeza!!! É isso o que eu quero. Tenho planos, idéias, mas... Qual empresa ofereceria uma oportunidade para um recém-formado e sem experiências anteriores? Lembre-se de que, se eu fizer um currículo, vou colocar que trabalhei podando videiras, colhendo uvas, fazendo pisa, engarrafando vinhos... — riu como sinal de deboche ao concluir: — Vou dizer que arrumo vasinhos para plantinhas, mini-antúrio, crisântemos, lírios, begônias...

— Você está errado! — ressaltou Adalton. — Você administrou uma vinha! Reconheça o valor desse trabalho como administrador. Você sabe como tudo deveria ser feito, pois trabalhou em todos os setores para ganhar experiência e saber valorizar cada serviço. Encontrou, sob a visão prática, maneiras de enxergar o modo de aumentar os lucros. E aqui, trabalhando com sua mãe, não é diferente.

Marcello ficou atento. Algo o despertou num sobressalto. Adalton, porém, não o deixou fazer qualquer comentário e pediu:

— Pense. Prepare um bom currículo e me dê. Tenho conhecidos e... Vamos ver...

Antes da conversa com Adalton, Marcello sentia-se perdido, sem ânimo. Mas, naquele instante, via-se de modo diferente. Não era tão incapacitado quanto imaginava. Inteligente e esforçado, ele só precisava de uma luz para entender o valor de tudo o que aprendeu na vida prática e a importância disso como referência.

Nesse momento, uma avalanche de idéias inundou a mente de Marcello que, sem palavras, iluminou o rosto com largo sorriso. Diversos planos se concatenavam. Estava decidido a aceitar, dentro da área em que se graduou, qualquer oferta de trabalho feita.

Imediatamente, levantando-se rápido, Marcello afirmou animado e sorridente:

— Vou preparar esse currículo agora mesmo! Você vai levá-lo hoje!

Sem esperar qualquer argumentação, foi para o quarto, apossou-se da máquina de escrever e entregou-se, com ativa concentração, a fazer um currículo.

Ele expôs com sutileza todos os seus atributos, conhecimentos, certificados e diplomas. Ainda que fosse modesto, Marcello adquiriu na vida valiosos conhecimentos empresariais, alguns na prática, outros teóricos através de cursos.

Antes de Adalton ir embora, o rapaz o procurou dizendo:

— Aqui está meu histórico! — brincou sorrindo. — Socorra-me, Adalton, tenho de mudar minha situação.

Com as folhas bem datilografadas em mãos, Adalton leu rapidamente o currículo com admiração:

— Puxa! Você fala quatro idiomas! Italiano, inglês, francês e, lógico, português. Possui dupla nacionalidade... Graduação em Administração de Empresas, diversos cursos... — Após segundos, comentou sorridente: — Gostei da maneira como expôs suas experiências anteriores na área. Viu como é só pensar diferente e ver as coisas por um outro ângulo que obteremos resoluções e não complicações?

— Somente um advogado consegue reverter o quadro! — brincou bem animado. — Eu precisava de um para me defender de mim mesmo!

Depois de rirem, Adalton comentou:

— Como dizem: "Eu só apontei a direção, quem seguiu por ela foi você". Só tem uma coisa — lembrou Adalton, deixando Marcello preocupado —, Como você tem curso de informática, esse currículo datilografado não fica bem. Por isso vou pedir à secretária que o digite novamente para dar uma impressão melhor, certo? Ah! Também vou mudar o endereço residencial e o número de telefone daqui pelo da minha casa, lá na capital. Creio que terá melhor aceitação a fim de que a distância não seja um obstáculo.

Eliana Machado Coelho/Schellida

— Como quiser! Nossa, Adalton! Nem sei como agradecê-lo.

— Nem tem pelo quê. Não fiz nada.

* * *

Arrancado do abismo da insegurança e do descontentamento que escureciam seus valores, Marcello se transformou. Estava mais alegre e muito entusiasmado, apesar da expectativa.

Deitado no sofá da sala, com a cabeça apoiada em Irene, que o afagava, ele perguntava ansioso:

— Madrinha, a senhora acha que vai dar certo? Será que o Adalton vai conseguir alguma empresa que se interesse?

— Mas é claro, meu querido! Se for o seu destino, se for o melhor para você, tudo acontecerá com as bênçãos de Deus. Tenha fé.

Rossiani tricotava próximo à lareira e atenta à conversa, porém enciumada pelo apego do sobrinho à madrinha, que o mimava como se Marcello fosse um de seus filhos. Rossiani corroia-se, mas ao mesmo tempo apreciava o amor que o sobrinho carismático conquistava de todos.

A conversa seguia até que o rapaz perguntou, mudando o assunto rapidamente:

— Madrinha, a senhora conheceu uma mulher muito bonita e que transmite um sentimento indefinido de confiança, ternura?...

— Oh, filho, eu conheci tanta gente... Você sabe o nome dela? — Levantando-se, contou ao se sentar, mantendo o olhar perdido como se recordasse: — Talvez possa parecer bobagem, mas... Acontece que eu sonhei, ou melhor, há algum tempo eu venho sonhando, diversas vezes, com essa mulher. Ela é linda! — emocionou-se. — Tem uma imagem que reluz um brilho adiamantado... Parece que ela é toda luz! Fala mansa, sorriso generoso... Só a vejo nos sonhos. Existem outros junto com ela, mas não consigo identificar. Esqueço deles quando acordo.

— Ela te fala alguma coisa? — perguntou Irene.

— Muitas coisas... Parece que ela me fala sobre o tio Tomás, da minha mãe, que é um mistério ambulante... Isso é verdade. Sinto que minha mãe quer algo, mas disfarça quando eu desejo detalhes. Até a Viviani e a Cíntia já perceberam.

UM DIÁRIO NO TEMPO

— Como pode acreditar em sonhos doidos como esses? — enervou-se Rossiani.

— Tia, eles são tão ricos e detalhados que chegam a ter um aspecto de realidade. Tenho esses sonhos desde que morávamos na Itália. Talvez seja difícil entender... Quando acordo lembro-me de minúcias, mas acabo esquecendo. Por isso comecei a escrevê-los ao levantar. Perguntei à madrinha se ela conhece alguém assim, porque essa mulher disse que foi sua parenta muito próxima. Ela é tão linda! Tão reluzente!

Irene gargalhou gostoso, como há muito não se ouvia, e comentou brincando, para distrair o afilhado:

— Como é que uma lindona reluzente igual a essa, vai ser parente da mulatona aqui?! Meus parentes brancos são vocês, meus filhos e os parentes por parte da família do Dirceu.

— Mas ela disse que é ou foi sua parenta — insistiu Marcello. — Em um dos sonhos ela contou que avisou à madrinha, uma semana antes, que iria embora. Entendi que falava sobre o seu falecimento e que, nesse dia, aconselhou o padrinho a mudar o lugar de trabalho.

Irene, muito séria, arregalou os olhos ficando boquiaberta, sem saber o que dizer. Momentos antes Olga havia chegado e, parada, escutava a conversa sem dizer nada.

Marcello, por sua vez, empolgado, continuou:

— Eu acredito que não seja algo como sonho. Não sei explicar, mas existe muita realidade no que ela me diz. Certa vez falou que eu vou encontrar o que minha mãe procura por causa de minha mudança, mas isso poderá atrair decepções, angústia, revelações sobre minha origem... Ah, disse que o tio Tomás está com ela... Que minha tia Rossiani fez tudo o que era certo...

— Essa mulher é a vovó, mãe — afirmou Olga com simplicidade.

Irene e Rossiani se entreolharam assustadas e Marcello comentou:

— Eu não conheci a dona Josefina. — Olhando para Olga, ele prosseguiu: — Nunca vi qualquer foto dela. Sabe, Olga, agora que falou isso... Sei lá... Senti uma coisa em meu coração... Foi como se a identificasse! — exclamou emocionado.

— Deixem de tolice, meninos!!! — repreendeu Irene muito séria. — Sua avó...

Eliana Machado Coelho/Schellida

— É sim, mãe — tornou Olga. — Eu sempre disse que sonhava com ela e que a vovó me aparecia exatamente como o Marcello está descrevendo. Ela tem uma luz impressionante! Ela não manca, não é negra nem branca, é muito instruída... Além disso, o Marcello não sabia que uma semana antes de falecer, a vovó avisou que estava chegando a hora dela partir para sempre e mais, no dia em que faleceu, no café da manhã, ela aconselhou o papai a mudar o lugar da olaria. Disse até que ele não precisaria trabalhar mais. Lembra?

— Fique quieta, Olga — pediu Irene nervosa.

— Mãe, eu não contei nada disso para o Marcello. Além disso, ele tem esses sonhos desde que morava na Itália! Como poderia saber dessas coisas, se nunca nos comunicamos?!

— Chega, Olga! — determino Irene.

— Não, mãe. Ainda tenho o que dizer. — Virando-se para Marcello, aconselhou: — Faça isso Marcello, escreva seus sonhos. Faça como a sua tia e escreva sua vida. No futuro, encontrará respostas nos diários do passado.

— De onde tirou a idéia de que eu escrevo minha vida, Olga? — perguntou Rossiani pasma, pálida e com a voz trêmula.

— Sempre a vi escrevendo, tia — disse a moça com tratamento de carinho. — Desde pequena reparei que tirava alguns momentos para dedicar à escrita. Então deduzi que só poderia ser um diário. Nos diários, mesmo que não seja de forma clara, somos verdadeiros ao relatarmos nossos maiores segredos. O diário tem o misterioso poder de nos roubar as mais íntimas verdades, arrependimentos, orgulhos, vaidades, pois tudo isso fica escondido nas entrelinhas. São vestígios que marcam o caminho no tempo desta existência. São onde se registram os nossos rastros... — Olga parou e sorriu.

Rossiani pareceu nervosa, algo a afetava, mas procurou manter as aparências.

— Foi por isso que eu decidi escrever meus sonhos — avisou Marcello atraindo a atenção. — Primeiro, para não me esquecer deles, depois para compará-los futuramente com algum acontecimento. Sempre acreditei que a vida possui uma razão, um motivo e um enigma. Existe uma causa, um objetivo para a nossa existência. — Pensativo, confessou: — Só fiquei intrigado com o fato dessa mulher dizer que minha mudança ajudará minha mãe encontrar o que procura. Mas que revelações ou decepções seriam essas?

— Pare de tolice! — reagiu Rossiani subitamente, levantando-se e se retirando.

— Marcello, você será a primeira e talvez a única pessoa que irá me entender, nesta casa — avisou Olga sem se importar com a atitude da tia. — Precisamos tirar um tempo para conversarmos. A vida não termina com a morte do corpo, e voltamos, ou melhor, reencarnamos para completarmos o que não terminamos, para corrigirmos nossos erros. Há os que já desencarnaram e como espíritos podem estar perto de nós. Nem todos são bons nem todos são ruins, mas há muitos que vivem na ignorância e que podem nos prejudicar...

Marcello estava interessado realmente, mas Irene interrompeu com um grito:

— Olga!!! Por favor!!! Não vamos começar com isso!!! Venha comigo arrumar a mesa para o jantar!

Olga fez um gesto expressivo com o olhar ao mesmo tempo que encolheu os ombros querendo dizer que não poderia fazer nada. Educada, pediu licença e foi atrás de sua mãe.

Marcello ficou inquieto. Não havia sensação pior do que ignorar os fatos que desejava tanto conhecer. Principalmente ele que era ávido por todas as informações.

18

Enigmas nos sonhos

Com o passar dos dias, Marcello minimizou suas expectativas, pois Adalton levou seu currículo e não lhe mandou qualquer notícia. Uma onda de desânimo o abatia a cada dia.

Gostaria de conversar com Olga sobre as questões de seus sonhos e experiências que, para ele, eram consideráveis. Mas a moça quase não tinha tempo para ficar em casa. Trabalhava, fazia um curso de Pós-Graduação e havia começado a namorar Milton, filho do senhor Katayama, sócio de Nicolle. O único momento em que Olga estava à disposição era perto de Milton e o que Marcello gostaria de conversar não seria ideal para falar perto do rapaz.

Rossiani, por sua vez, discretamente desejava saber de detalhes sobre os sonhos enigmáticos do sobrinho, querendo detalhes ou algo mais que pudesse saber.

O amoroso coração de Rossiani era oprimido pelos fragmentos dos sonhos que Marcello lhe contava. Pressentia que, fatalmente, toda a trajetória da vida de sua família mudaria radicalmente. Isso a desesperava silenciosamente.

Sempre que podia, escondida do sobrinho, Rossiani lia o caderno de anotações dos sonhos de Marcello à procura de pistas, algo a lhe indicar o que fazer para um grande segredo não ser descoberto. Mas não encontrava, naquelas anotações, os vestígios que tanto temia.

Até que um dia, chegando mais cedo da universidade onde cursava Pós-Graduação, Marcello foi direto para o quarto e surpreendeu a tia lendo o referido caderno. Tomada por um susto que a fez deixar a espécie de diário cair ao chão, Rossiani gaguejou, tremeu, envergonhou-se e não sabia o que dizer.

O sobrinho não demonstrou qualquer preocupação, mesmo assim Rossiani tentou se explicar:

— Desculpe-me, Marcello... É que... Bem... eu estava sem ter o que fazer... como gosto de ler...

— Mas o que é isso, tia? Não há motivo para se constranger assim — disse ele, sentando ao seu lado e beijando-lhe a testa como sempre fazia. — A senhora sempre me deu algumas de suas anotações para ler, principalmente as que narravam os acontecimentos no regime de ditadura militar. Cheguei a ler alguns de seus pensamentos, opiniões importantes de quem viveu em um período tão difícil neste país...

— Mas foram anotações que eu te entreguei. É diferente do que fiz e... Não tenho o direito de invadir sua privacidade, Marcello.

O sobrinho riu, levantou-se e considerou:

— Tia, não tenho ciência quando às suas outras anotações. Perdoe-me se a ofendo, mas eu não seria tão louco de anotar certas coisas que penso, fiz ou faço... E se eu as perdesse? O que alguém, que achasse esse diário, poderia fazer? — Ela pareceu assustada, e o sobrinho perguntou: — Nunca perdeu nenhum de seus cadernos ou teve medo de que alguém os lesse? — Rossiani abaixou a cabeça parecendo profundamente preocupada. Antes que ela respondesse, Marcello tornou: — Bem... acho a senhora muito sensata. Não iria escrever o que não se deve comentar. — Mais sério, comentou sem rodeios: — Tia, sei que sou filho de um homem que enganou minha mãe, porém sinto que ela experimentou um amor muito grande por ele. Percebo, ao mesmo tempo, que esse amor se transformou em ódio. Minha mãe nunca diz o motivo. Creio que ela quer encontrá-lo, mas ao mesmo tempo, não... Tia, o que minha mãe procura, exatamente? — Antes que Rossiani pensasse em uma resposta, ele questionou: — O que minha mãe quer rever com esse homem, se nem me diz o nome dele? Afinal, é o meu pai e eu tenho o direito de saber.

— Marcello... ...filho... — Uma amargura infinita ficou visível nos olhos brilhantes de Rossiani. Ela não sabia o que responder, mas tentou: — Sabe,

Eliana Machado Coelho/Schellida

Marcello, no passado, após seus avós retornarem para a Itália... Bem... tivemos momentos difíceis e sua mãe era bem jovem, bonita...

— Tia, por favor! — interrompeu-a educado. — Não tente alongar o assunto. Essa parte eu já conheço bem. A senhora poderia me contar o restante? Qual é o nome do meu pai?

Rossiani, com lágrimas empoçadas nos olhos, encarava o sobrinho, que não se rendia e aguardava. Sem coragem, falou:

— Desculpe-me, Marcello. Eu nunca te neguei nada. Você sabe que é o filho que não tive. Não me obrigue a dizer coisas que não me pertencem. Seria melhor perguntar para sua mãe.

— Sejamos realistas, tia. A senhora sabe o quanto eu já perguntei sobre isso à minha mãe! — quase se irritou. — Mas acontece que a dona Nicolle vem demonstrando-se enervada comigo, chegando a ser cruel. Apesar das poucas rugas, minha mãe continua bela e saudável, entretanto uma mágoa corrói seu coração. Ela vive sem alegria. Começou a ficar calada, pensativa, inquieta. Não sou mais criança. Já estou bem maduro para conhecer a verdade sobre mim. Eu só quero um nome, nada mais. — Um minuto de silêncio e ele revelou: — Parece que minha mãe não tem o mesmo amor por mim.

— Marcello! Não diga isso!

— Não percebe, tia? Ela não me aceita, só me critica! Percebo que gosta mais das minhas meias-irmãs do que de mim. A propósito, a senhora sabia que a Viviani e a Cíntia não tinham a menor idéia de que somos meios-irmãos?! Mas eu contei!

— Marcello, não...

— Qual é o problema, tia?! Nem eu ou minhas irmãs somos ignorantes. Acredita que iríamos criticar nossa mãe por eu ter nascido, quando ela ainda era solteira? Pelo amor de Deus!

— Você quer procurar pelo seu pai, é isso?

— E se for?

— Se a Nicolle souber disso, ela morre!

— Por quê? Pelo fato das filhas estarem sabendo a verdade? Ora! A Viviani e a Cíntia são adultas! Quanto a eu querer procurar por meu pai, não importa. Mas saber o seu nome é um direito que tenho. Até quando vou viver sob as mentiras e o domínio de minha mãe? Ela nem me respeita mais.

UM DIÁRIO NO TEMPO

— Marcello passou as mãos pelos cabelos. Num gesto nervoso, esfregou o rosto e após um forte suspiro, revelou firme, encarando Rossiani: — Tia, eu creio que nunca quis conhecer o meu pai. Não quis e não quero. Um homem digno, seja por qual for o motivo, não abandona uma moça que espera um filho dele. Se minha mãe ficou com medo dele querer tirar-me dela ou por qualquer outra razão e por isso fugiu, então esse homem é mais cafajeste do que eu posso imaginar. Mesmo hoje em dia, caso uma moça fique grávida, ela procurará no namorado, no amante, ou seja lá em quem for, um apoio, mesmo se ela tiver uma vida independente. O que não era o caso de minha mãe, quando eu nasci. Mas acontece que minha mãe não fala nada, não permite qualquer ajuda!

— E acaso você a ajudaria?

— Por que não, tia?! Se após tanta mágoa, ela quiser encontrar esse homem, eu a ajudo. Sem me envolver com ele, sem criticar a vontade dela, eu ajudo.

— Marcello, você não sabe as proporções das conseqüências desse encontro.

— O que ela tem a perder? Acha, por acaso, que eu iria desconsiderá-la, abandoná-la para ficar com ele? Jamais!

— Filho, você não sabe o que está falando — disse Rossiani num tom lamurioso.

— Então me diga — disse olhando-a firme.

— A Nicolle te ama, Marcello! Fez de tudo para ficar com você e...

— Não. Talvez no começo, mas depois... Ah, tia... Foi a senhora quem sempre me ouviu, me orientou, ensinou... Foi com meu avô que aprendi sobre a vida... Vocês foram meus pais, porém ela não está conseguindo nem ser minha mãe nos últimos tempos. Ela mudou muito depois que viemos para o Brasil. Seu coração endureceu. Não sei se reparou... há dias não conversamos. Sinto-me como mais um de seus empregados! E o motivo sou eu, por querer saber do meu passado. Só quero um nome, nada mais. Sei que a senhora não tem qualquer obrigação de me revelar nada. Esse é um dever da minha mãe. Se é que tenho uma...

— Marcello!...

Ele ficou chateado, olhou as lágrimas no rosto pálido de Rossiani, afagou-a e logo saiu do quarto, deixando-a sozinha.

291

Eliana Machado Coelho/Schellida

* * *

Uma semana se passou depois do último acontecimento, quando Rossiani rezava bem aflita.

Havia mais de uma hora que Nicolle e Marcello discutiam no quarto à porta fechada. Isso nunca aconteceu antes daquela forma.

Irene estava inquieta, nervosa, desejando invadir o recinto e até tomar as dores de seu afilhado. Mas sabia que Nicolle, sempre austera, reagiria e seria capaz de se mudar daquela casa.

— Você não foi me ajudar hoje! Dependemos daquilo para viver! — gritava Nicolle ao filho.

— Não é bem assim não! Que ganância é essa?! Sou eu quem cuido da contabilidade, sei o quanto temos em investimentos e para quê? Para que quer tanto dinheiro guardado se não tem planos, se não vive com esse dinheiro para coisas alegres?

— Suas irmãs estudam e...

— O que o tio Marco nos envia dá e sobra para os estudos delas!

— Não grite comigo, Marcello!!!

— Então fale baixo também!!! — berrou andando de um lado para outro, bem nervoso.

— Só porque cresceu pensa que vai me desrespeitar, Marcello?! Quem você pensa que é para falar assim comigo?! Não vou admitir que fuja do trabalho e passe outra noite fora! Onde você estava?!!

Com um tom grave e baixo volume na voz, Marcello a encarou com olhar faiscante, ao dizer:

— Realmente. Eu cresci e não sou nada, pois não tenho o sobrenome do meu pai nem sei o nome dele. Então não sou nada. Sendo assim não te devo explicações de onde passei a noite. Não preciso responder as suas perguntas, pois você não me dá satisfações sobre o meu passado, não me contou qual é o nome do meu pai. A única coisa que tem razão é que eu não devo gritar com você. Vou respeitá-la porque é minha mãe, eu acho... Aprendi com meus avós que devemos respeitar os mais velhos. Quanto ao fato de eu não ter ido trabalhar hoje naquelas malditas estufas, desconte do meu salário como empregado que sou. Saiba que, por ser dona daquilo tudo, como empregadora você não tem o direito de invadir a privacidade de seus empregados. Se eu faltei, desconte do meu pagamento. Coisa que nunca recebi!

Nicolle, tomada por impressionante assombro e sensação enervante, não se conteve. Erguendo a mão, deu um forte tapa no rosto do filho ao gritar:

— Para você eu sou senhora! E realmente, para mim, você não é nada depois disso!

Marcello ficou imóvel, com o rosto erguido ao fitá-la firme, como se estivesse preparado para aquela reação agressiva.

Depois de passar a mão pelos cabelos, jogando para trás os fios que lhe cobriram a testa, perguntou no mesmo tom grave e baixo:

— Era isso o que queria fazer com meu pai e não pôde?! Por tal razão, agora que eu cresci, desconta em mim suas frustrações e ódio?!

Nicolle precisava olhar para o alto a de fim encará-lo nos olhos devido à altura do filho. E mesmo com lágrimas que rolavam queimando-lhe a face rubra, a mãe não hesitou e o esbofeteou por várias vezes seguidas até cair lentamente em crise de choro compulsivo, recostando-se ao peito de Marcello, pedindo-lhe aos prantos:

— Perdoe-me... Perdoe-me por tudo...

Mesmo sob o efeito de grande mágoa e tenebrosa tempestade em seus pensamentos, Marcello a segurou e a fez sentar. A fim de que se acalmasse, afagou-lhe os cabelos algumas vezes.

Nicolle chorava ininterruptamente em desespero.

Marcello firme, com uma expressão fria no semblante e olhar duro, permaneceu parado, olhando-a.

Ao vê-la mais controlada, ele decidiu dizer:

— Mãe, desculpe-me pelo que falei. Mas não há o que justifique suas reações. Eu e minhas irmãs sempre a respeitamos. Não é o fato de eu ter nascido de um romance antes de se casar que fará da senhora uma mulher sem moral. Pensar assim é algo medíocre e ultrapassado.

— *Perdono!... Mio Marcello, perdono!* — "Perdão!... Meu Marcello, perdão", murmurou com voz abafada. — *Io sono una baldracca! Una...* — "Eu sou uma qualquer! Uma...", tentou dizer.

— *No! Non è, mamma! Per Dio! No...* — "Não! Não é, mãe! Por Deus! Não...", interrompeu-a, respondendo emocionado.

Eliana Machado Coelho/Schellida

— *Chissà se tu, figlio mio... Oh! Quanto male ti farà... Tuo padre e...*
— "Quem sabe se você, meu filho... Oh! Quanto mal te fará... O teu pai
e...", A voz de Nicolle embargou, ela não conseguia falar entre os fortes e
seguidos soluços.

— *Parla... parla, mamma!* — "Fala... fala, mãe!", pediu Marcello sussurrando como se implorasse, mas a mãe não conseguiu.

Superando as frustrações, pelo seu coração generoso, Marcello reco-
mendou com afabilidade na voz grave:

— Tudo bem, *mamma.* Não fique assim. Se isso é tão doloroso... Esquece.

Uma névoa de desilusão instalava-se marcante nos sentimentos de Marcello. Era como um rugido a ecoar em seu peito por idéias e desejos infernais para desvendar o mistério que sua mãe escondia a seu respeito. Ele
sufocava sua dor.

* * *

Naquele mesmo dia, bem no final da tarde, Marcello estava reflexivo,
enquanto deitado em uma das redes na varanda.

Olga chegou havia algum tempo e já sabia da discussão entre Marcello e
Nicolle. Reparando que o rapaz estava com expressão distante e algo como
que magoado, ficou pensando em como poderia ajudá-lo. Inesperadamente, um sentimento forte a envolveu. Ela não sabia explicar, mas uma força
maior que a sua vontade a fez se achegar ao rapaz.

Com passos lentos, modos educados, deixou-se perceber para não surpreendê-lo. Marcello virou para ver melhor o vulto da silhueta que se aproximava.

Um suave sorriso moldurava o belo rosto de pele cor de bronze onde os
lindos olhos cor de esmeralda brilhavam intensamente, transbordando generosidade. Dos cabelos presos na nuca escapavam propositadamente longas
e finas mexas levemente onduladas exibindo graciosidade e elegância.

Marcello correspondeu ao sorriso e se sentou melhor, enquanto ela se
aproximou suavemente, acomodando-se em uma cadeira de balanço próximo à rede, mas de frente para o quintal, quase sem olhá-lo.

Muito objetivo, Marcello perguntou sem demora:

— Já soube o que aconteceu hoje?

UM DIÁRIO NO TEMPO

— Pela versão dos outros, sim.

— Talvez você possa me entender melhor, Olga. A propósito, parece que só você e a Viviani conseguem isso. Não sou de me queixar, mas... Sabe... minha mãe nem me ouve, a tia Rossiani e a madrinha só me escutam...

— Talvez não tenham essa aptidão. Não pode culpá-las.

— Não! Não as culpo. Só que eu estou no limite de minha paciência. Não gosto de me sentir ignorado, enganado, rejeitado e é isso o que sinto... e talvez tenha sentido em minha vida toda, por parte da minha mãe. Desde pequeno fiquei limitado e escondido nas terras de meu avô, eu era uma vergonha para minha mãe. Quando minhas irmãs nasceram, acabei morando definitivamente no vinhedo. Pensei que, quando voltássemos para o Brasil, seria diferente, mas não. Novamente estou limitado a esse lugar e não consigo independência. Estudei, estudo, tenho objetivos e?...

— Não acho que sua mãe tenha vergonha de você. Creio que, devido a uma educação antiga, conservadora e rigorosa, a tia Nicolle tem vergonha de algo que fez no passado e não consegue falar a respeito disso.

— Minha mãe se tornou uma pessoa rude, amarga, sem coração. Seu silêncio é cruel, doloroso e nos magoa. Posso afirmar porque a Viviani já sentiu o mesmo.

— O que o deixa inquieto, Marcello?

— A reação agressiva da dona Nicolle. Você sabia que ela nunca havia me batido?! Nem quando pequeno... e olha que, por vezes, bem que eu merecia algumas palmadas.

— Marcello, pense. Não foi só isso. Acho que, lá no fundo, você tem o desejo de conhecer o seu pai. Acredita que sua mãe ainda é apaixonada por ele e pensa que ela o quer ver. Com essa desculpa de querer ajudá-la, você está realizando um desejo seu, uma necessidade sua.

— Talvez você esteja certa — admitiu cabisbaixo. — No fundo, não posso negar. Conscientemente, acho que o meu pai biológico foi um covarde, ou coisa pior, para ela temê-lo a ponto de fugir do Brasil. Mas isso não lhe dá o direito de me negar o nome dele.

— E isso o distancia de sua mãe?

— De certa forma, sim. Para a dona Nicolle, eu represento algo que ela gostaria de esquecer. Ou então, eu a faço lembrar de alguém que ela desejaria ter ao lado, mas se sente frustrada por tê-lo perdido para alguém.

Eliana Machado Coelho/Schellida

— Será? — duvidou a moça encarando-o.

— Com certeza. À medida que eu fui crescendo, minha mãe me evita cada vez mais. Às vezes tento me aproximar, mas é difícil. Outro dia fui contar um de meus sonhos e... Nossa! Ela reagiu de uma forma que me arrependi por ter começado a falar.

— Sonhou novamente?

— Sim, mas não vale a pena comentar.

— Eu gostaria de ouvir — pediu a moça com belo sorriso.

Vencido pelo desejo de desabafar, Marcello animou-se e contou:

— Sabe aquela mulher linda que me aparece nos sonhos? — Sem esperar, falou: — Ela confirmou que foi sua avó! Em outro sonho mais recente, disse que se chamou Josefina na última vida. Mas se eu contar isso para alguém, vão me chamar de louco!

— Minha avó não acabou quando morreu. Ela está viva, só que em outro plano, na espiritualidade. Se ela ajudou e teve alguma razão para proteger a tia Rossiani e a tia Nicolle, quando estava grávida de você, por que ela não continuaria ajudando até vocês conseguirem caminhar com os próprios passos? Eu creio que através dos sonhos ou das fortes impressões ela o guia para ajudar sua mãe. Minha avó foi acolhida por seu avô, o senhor Angello. Ela era jovem e tinha uma filha sem pai, ficou muito grata pelo tratamento que recebeu naquela época. Hoje, talvez, sinta-se estimulada a ajudar vocês por causa disso, ou até, pelo verdadeiro amor que os une.

— Entendo.

— Seu avô foi um homem muito bom. Ajudou meu avô e meu pai com a olaria e... Bem... você conhece essa história. Então, a partir disso, os laços de amor, amizade e irmandade surgem. É quando começamos a evoluir moral e espiritualmente, pois temos vontade de ajudar ou retribuir uma ajuda.

— É interessante ela ter uma aparência bem diferente daquela que me mostrou na foto.

— A aparência não importa. Existem pessoas que fazem questão de ter certa aparência em uma determinada encarnação. Enquanto outras são como que obrigadas a terem certos aspectos ou deficiências. A ausência de beleza física não significa, de forma alguma, que uma criatura não seja um espírito muito evoluído.

— Há pessoas que faleceram e com as quais eu quero sonhar e não acontece nada ou não me recordo direito. Por exemplo: eu gostaria de saber mais sobre o marido da tia Rossiani, mas a dona Josefina me disse uma vez que ele estava com ela. Não sei se isso significa que ele esteja morto.

— Devemos respeitar a vontade e os desígnios de Deus. Em determinado momento, quando for necessário, você saberá. Veja, desde a morte de meu pai a minha mãe não gosta mais que falemos sobre assuntos espiritualistas. A minha avó era uma negra nada bonita. Lembro-me muito bem. Ela era chamada de benzedeira, conhecia ervas que utilizava para remédios. Dizem que curou e ajudou muita gente com os seus benzimentos. Minha avó tinha um dom especial que a filosofia Espírita chama de mediunidade. Esse dom não é para exibicionismo, é um atributo que a pessoa tem e que deve ser voltado ao trabalho de caridade. Não é nada fácil a tarefa com carentes. Exige muita resignação, disciplina, sigilo e renúncia. Renúncia até para consigo mesmo. Alguns acreditam que as benzedeiras são todas espíritos inferiores por usarem apetrechos e que elas estão passando por expiações, mas nem sempre isso é verdade.

— Perdoe-me, Olga. Não consigo entender direito.

— Você acredita em espíritos? Acredita que somos uma alma e temos a vida eterna?

— Sim, eu acredito — respondeu ele convicto.

— Acredita que Deus é injusto e faz alguém nascer negro, deficiente, pobre, doente por que Ele, como Criador Onipotente, único e absoluto, deseja? E Também faz alguém nascer branco, perfeito, rico saudável por simples prazer e causar revolta aos outros que são necessitados?

— É algo para pensar e repensar!

— Ah! — exclamou a moça alegre. — Você está falando de Filosofia! Ciência, razão e conhecimento da verdade!

— Espere, Olga. Não estou entendendo.

— Veja, Marcello, aquele que não pensa e repensa, e não busca conhecimento através de esforço próprio sob uma visão científica, não se ilude com a fé cega, não é um ignorante que se deixa manipular pelos dizeres alheios. Sob a visão da filosofia Espírita aprendemos nas palavras de Allan Kardec o seguinte: "Que a fé só é inabalável quando pode encarar frente a frente a razão, em todas as épocas da Humanidade". Baseando-nos pela fé racio-

Eliana Machado Coelho/Schellida

cinada, pensando e repensando, temos de acreditar em Deus Onipotente e que nos criou iguais como espíritos simples e ignorantes. Somente a reencarnação pode explicar a dificuldade de um, a deficiência de outro, a saúde, as doenças, a riqueza, pois essas são experiências de acordo com as nossas necessidades.

— Já ouvi falar em reencarnação, mediunidade, mas... Não tenho conhecimento sobre os assuntos.

— Marcello, você precisa estudar a Doutrina Espírita. Mas só os ensinamentos dos espíritos, as opiniões, explicações e introduções feitas por Allan Kardec. Tome cuidado com as observações ou notas do tradutor que quer por um "dedinho" de sua opinião, que pode não estar correta e estragar tudo.

— Explique mais sobre a Doutrina Espírita.

— Impossível eu resumir anos de estudo em poucos minutos. Quando estudamos essa filosofia várias vezes, acabamos mudando os nossos conceitos à medida que entendemos. É por isso que o codificador Allan Kardec disse que o Espiritismo é Ciência e Filosofia. Ciência por ter uma parte que experimenta sobre as manifestações em geral e filosófica por estudar as manifestações inteligentes.

— Espiritismo ou Doutrina Espírita não é uma religião? — perguntou Marcello.

— Não. Mas primeiro vamos entender o que é religião. Em minhas pesquisas e estudos descobri e entendi que o ser humano tem medo do que é estranho, do que não pode compreender ainda e, além disso, sempre precisou dar uma explicação a sua existência, a existência do mundo, do universo... Isso fez a criatura humana ter determinadas crenças que a levaram a cultos, cerimônias, regras de conduta, princípios que lentamente arrastou para mitos, superstições e rituais "mágicos" a fim de agradar a um "ser sobrenatural" que poderia ajudar em tragédias, fracassos... Para isso, o ser humano, principalmente no passado, chegava a fazer sacrifícios hediondos utilizando o seu semelhante. E não pense que isso acabou nos dias atuais! — enfatizou Olga. — Vejamos... desde as mais remotas existências do homem, os pesquisadores, arqueólogos e antropólogos confirmam a crença em um ser supremo, às vezes, representado com figuras ou estátuas.

Com a evolução humana, surgiram as mais diversas e complexas formas de organizações dos conceitos de adoração a vários ou um ser supremo. Essas formas e organizações são denominadas religiões. Nessas organizações e sistemas foram criados os dogmas, que são os pontos fundamentais e indiscutíveis de algumas crenças em que o adepto não pode questionar nada, mesmo diante da verdade científica. Dentro desses dogmas incontestáveis e indiscutíveis pelos seguidores, surgem os rituais, que são o conjunto de cerimônias, práticas, vestimentas e um conjunto de regras a serem seguidas. Esse entendimento de religião criado pelo ser humano leva-os a prestar tributos, oferendas, pagamentos em dinheiro, jóias, sacrifícios... para receber benefícios. Dentro desta ótica equivocada, descobrimos que o ser humano não entendeu o que é religião!

A origem da palavra religião vem do latim: *religio*, palavra que provém de *religare* que significa ligar, prender, atar, amarrar com relação a laços de união entre o ser humano e a divindade. Conforme as pesquisas, a religião tornou-se um conjunto de regras práticas ou teóricas, determinada pelo homem para render culto, coletivo ou individual, ao que acredita ser sagrado, divino que, muitas vezes, agride e ultrapassa a ordem natural e simples das coisas com objetivo ao sobrenatural.

Marcello ouvia atento, sem piscar, e Olga, com seu jeito sereno e bem tranqüilo, continuou:

— Pesquise e comprovará tudo isso o que lhe digo. Então, lendo e relendo, estudando e pesquisando toda a Codificação da Doutrina Espírita, que é formada por cinco livros escritos pelos espíritos através de vários médiuns e codificada por Allan Kardec. Eu nunca encontrei na Codificação Espírita a afirmação de que o Espiritismo é uma religião. Não quero saber a opinião do tradutor. Ou ele traduz de forma impecável, ou escreva suas opiniões a parte a fim de fazer um livro. Pelo que conheci até hoje, posso garantir que na Codificação, que foi a primeira a ser traduzida para a língua portuguesa, considerada a tradução mais fiel, publicada pela Federação Espírita Brasileira, situada no Rio de Janeiro, em nenhum momento o codificador Allan Kardec ou os espíritos que a trouxeram chamaram o Espiritismo de religião ou o consideraram como tal. Se o Espiritismo fosse religião ele teria dogmas, rituais e encarnados que o liderasse, o que é um absurdo! Já li os livros da Codificação em francês apesar da dificuldade, pois meu francês não é

Eliana Machado Coelho/Schellida

muito bom, enfim, posso garantir que não encontrei qualquer apontamento sobre o Espiritismo ser uma religião.

A Doutrina Espírita é Filosofia e Ciência. Será bom esquecermos a opinião de alguns tradutores e leiamos muito bem a Introdução ao estudo da Doutrina Espírita escrita por Kardec em *O Livro dos Espíritos*, onde o codificador, entre outras coisas bem importantes, alerta-nos: *"Os sábios se renderão à evidência."* Isso pode servir de alerta para o que diz no primeiro capítulo da introdução desse mesmo livro, que é mais ou menos: *"Como especialidade O Livro dos Espíritos contém a Doutrina Espírita; como generalidade prende-se ou liga-se ao Espiritualismo, uma de cujas fases apresenta. Essa a razão porque traz no cabeçalho de seu título as palavras: Filosofia Espiritualista."* Gosto de ressaltar que essa é uma nota introdutória do Codificador Allan Kardec. Por isso quando as pessoas me perguntam: "Qual é a sua religião?", eu respondo que sou Espírita ou que eu sigo a Filosofia da Doutrina Espírita.

— Mas, Olga, você há de convir comigo que a raiz comum, o congênere *religare* é ligar-se ao Ser Supremo! Então o Espiritismo, através de seus apontamentos, faz-nos atar, ligar-nos a Deus, não faz?

— Sim! Sem dúvida. Mas a Doutrina Espírita nos faz entender que não precisamos nos render aos cultos dogmáticos, sistemas ritualísticos, sacrifícios incabíveis e muito mais. Religar-se a Deus depende do entendimento da criatura humana e não da seita ou da religião a qual ela pertença. Descobrimos que somos capazes de permanecermos fiéis e atados a Deus em todos os momentos. Elevarmos nossos pensamentos ao Pai da Vida no aconchego de nosso quarto, pedindo e agradecendo a Deus por tudo é muito importante, e não fazer como os hipócritas que gritam para se comprazerem a fim de serem vistos, nem usar de vãs repetições ao pensar que por muito orarem serão ouvidos!... Veja, não sou eu que estou dizendo isso. Esses nobres ensinamentos foram feitos por Jesus! O Espiritismo nos liberta e não nos escraviza. O Espiritismo é baseado nos ensinamentos de Jesus.

— Breve pausa se fez, mas Marcello ficou reflexivo. Diante da demora, Olga perguntou: — Eu sei que você, criado na religião Católica, conhece bem o Evangelho. Então pode responder: Jesus criou algum sistema de regras, cultos ritualísticos ou dogmas? Jesus intitulou algum nome à sua filosofia, ao seu modo de pensar? Podemos dizer que Ele criou uma religião?

— Não — respondeu Marcello sem hesitar.

— Jesus usou a palavra para nos ensinar e sempre baseada nas Leis de Deus, resumindo em: "Amar ao senhor teu Deus acima de todas as coisas e ao próximo como a ti mesmo". Quando argumentaram sobre Ele ser o Messias, a resposta foi: "Tu és quem dizes". Ele mesmo disse que não veio destruir as leis e os profetas. Ensinou que não temos um Deus vingativo como a "Lei de Talião: Olho por olho e dente por dente". Ensinou-nos sobre um único Deus Bom e Justo que tem misericórdia por seus filhos e nunca exige sacrifícios de qualquer espécie. Assim como o Cristianismo, o Espiritismo é filosofia, pois filosofia é pensar e repensar, é mudar-se tirando a trava do próprio olho, não julgar.

— Você pode me emprestar *O Livro dos Espíritos*?

— Lógico, Marcello! Com o maior prazer!

— Mas me diga uma coisa, por que sua mãe não gosta que falem sobre esse assunto?

— Como disse no início, minha avó era uma médium e sempre foi uma pessoa muito humilde, porém firme. Na manhã do dia em que faleceu, minha avó aconselhou meu pai a mudar o lugar da olaria. Ele perguntou o motivo, mas ela não explicou direito. Disse que seria melhor para ele e que, como meu pai já iria aposentar, poderia deixar que outros continuassem tocando os negócios. Anos depois, eu comecei a sonhar com minha avó. Ela se fez na figura de uma mulher muito bonita, um espírito radiante e sábio. Para entender isso, comecei a estudar o Espiritismo e demorou um pouco para eu obter algumas respostas. Comecei a freqüentar um pequeno Centro Espírita, assisti às palestras e fiz cursos. Lá há alguns médiuns que fazem psicografias para os assistidos. Sem qualquer ansiedade, pois sei que não é fácil o trabalho de afinidade entre médium e espírito comunicante, anotei o meu nome e o nome de minha avó. Quando eu menos esperava, um dia, no final de uma palestra, chamaram meu nome. Ninguém me conhecia direito no centro. Então peguei a psicografia e reconheci minha avó pelo que havia nas entrelinhas.

— O que dizia? — perguntou Marcello curioso.

— Qualquer dia eu a mostro para você. Dizia algo mais ou menos assim: "A verdadeira vida é aqui na espiritualidade. A beleza do corpo físico não é nada, pois este não passa de uma roupagem. A deficiência no corpo tam-

Eliana Machado Coelho/Schellida

bém. Experimentei essa última experiência de vida por amor aos queridos. Não fui o que se pode chamar de espírito frívolo, brincalhão, pois nunca me afastei do que ensinou Nosso Senhor Jesus Cristo. Fiz uso de raminhos e ervas para aqueles que ainda necessitavam de apetrechos para se curarem, mas a verdadeira cura veio por intermédio da fé de cada um. Assim como Jesus usou a própria saliva misturada à terra, formando um barro para curar o cego e disse, 'a tua fé te curou.' Assim como Jesus precisou ser tocado pela mulher com um fluxo de sangue e perguntou, 'quem me tocou?' Num momento em que havia uma multidão a sua volta Ele sabia que alguém ali tinha muita fé e tornou a dizer, 'a tua fé te curou.'" — Olga deteve-se e quase chorou. Passados minutos, explicou: — É melhor que você mesmo a leia. Mas o que me chamou a atenção foi uma frase que ela disse: "Bem que o seu pai merece aposentar... Já fez e encaminhou tudo o que precisava. Ficar aí e em determinadas condições é um sofrimento inenarrável..." Ao mostrar a mensagem para minha mãe, eu perguntei: "Será que a vovó está tentando avisar algo para o papai? Ou será que ela fala sobre o desencarne dele?" Minha mãe ficou muito brava. Um mês depois da mensagem, meu pai morreu.

Olga engoliu seco e lágrimas correram em seu rosto.

Marcello se levantou, ajoelhou-se a seu lado fazendo-lhe um carinho ao pedir:

— Não fique assim...

— Minha mãe não fez diferente da sua. Quando soube da morte de meu pai, ela me bateu como nunca, descarregando sua frustração ou contrariedade dizendo que eu agourei tudo aquilo... — Secando as lágrimas, ela olhou para Marcelo e avisou: — Considero você como um de meus irmãos. Sei que é o único a acreditar em mim, pois eu ainda sonho e até vejo minha avó. Falo com ela, mas nem sempre tenho respostas. E tenho certeza de uma coisa: o meu destino está em suas mãos, Marcello.

— Como assim?

— Não me chame de louca, mas eu espero encontrar uma alma muito querida com a qual serei bem feliz e realizarei uma boa tarefa.

— O que eu tenho a ver com isso? — perguntou sorrindo ao afagar seu rosto delicado. — Você já namora o Milton!

Ela sorriu com constrangimento ao responder:

— O Milton, na verdade, ainda não percebeu que é apaixonado por minha irmã e ela por ele. Mas isso é questão de... Eu e o Milton estamos dando um tempo... Tenho certeza, Marcello, você vai trazer até mim esse meu grande amor. Minha avó me disse.

Marcello a fitou longamente, antes de responder com certo ar de brincadeira a fim de que ela se alegrasse:

— Não me deixe com essa responsabilidade, Olga. Você é jovem, bonita...

— A questão não é essa — interrompeu-o. — Eu sinto um vazio que será preenchido, quando eu encontrar essa pessoa. — Correspondendo a brincadeira, sorrindo, revidou: — Não sou como você que cai na farra, passa a noite fora e nem vai trabalhar no dia seguinte.

O rapaz gargalhou com gosto e revelou:

— Eu não estava na farra! Sabe... arrumei uma... uma namoradinha e... — diante do riso malicioso de Olga, Marcello se defendeu rapidamente: — Espere aí! Não fique pensando coisas! Eu estava na casa da menina e... Puxa! Que vergonha!...

— O que aconteceu?

— Estávamos todos assistindo à televisão e...

— Todos, quem? — atalhou-o curiosa.

— Eu, ela, os pais dela e dois irmãos chatos pra caramba! Aí, você nem imagina!... Eu dormi sentado no sofá. Acordei pela manhã com um cobertor jogado sobre mim — gargalhou de si mesmo.

— E por que não te acordaram?! — perguntou rindo junto com ele.

— Disseram que tentaram — riu com gosto. — Mas também exageraram ao afirmar que eu roncava e nem os ouvia.

— Ah!!! Quanto a isso eu sou testemunha! — confirmou Olga achando graça. — Do meu quarto eu escuto você roncar!!!

— Mentira! — negou Marcello.

— Verdade! — tornou imediata e rindo.

Viviani, que se aproximava, ouviu o bate-boca, e Olga não deu trégua, perguntando:

— Vivi, o Marcello ronca ou não?

— Claro que ronca, ou melhor, o que ele produz é o som de uma britadeira!

Eliana Machado Coelho/Schellida

— Vocês duas estão mentindo! Provem!... Agora, não sou eu quem falo dormindo, não é Vivi?!

— Mentira, sua!

A brincadeira continuou por algum tempo, um acusando o outro, quebrando o clima melancólico de pouco antes.

Marcello empurrava a irmã e vice-versa, inventando relatos para ser provocativo naquela amistosa discussão.

19

A nova vida de Marcello

Naquela manhã de sábado, Marcello despertou sentindo algo diferente, inexplicável. Uma alegria e sensação de ansiedade se misturavam com uma espécie de medo do desconhecido.

Levantando-se, cumprimentou as irmãs beijando-as na testa como sempre fazia e não foi para a cozinha fazer o desjejum. Indo para a varanda, assentou-se no degrau olhando o céu de um belo azul fundindo-se a um incrível alaranjado onde os primeiros raios de sol rasgavam anunciando a chegada do grande astro.

Marcello respirou fundo o ar fresco e bem frio que encheu os seus pulmões. Não entendia o motivo, mas sentia-se muito feliz, expressando um suave sorriso no rosto sem perceber.

Algum tempo ali e observou a relva orvalhada, cujas gotas transluziam cores cintilantes pelos raios de sol que já a alcançava.

O ar gelado, úmido era bem diferente do qual se acostumou na Itália. Ali, as montanhas alterosas totalmente cobertas por um verde puríssimo eram lindas, magníficas! A beleza daquela serra o encantava, deixava-o fascinado. Muito diferente, não dava para comparar aos montes mais altos da Itália, íngremes e acinzentados, quando não estavam cobertos por neve eterna. Eram de belezas distintas que não se podiam comparar. No entanto, mesmo atraído pelo encanto das cores e luzes típicas do clima tropical brasileiro e

Eliana Machado Coelho/Schellida

pelas lembranças intensas dos vinhedos, Marcello não queria ocupar qualquer atividade definitiva nos campos.

Cíntia, sua irmã mais nova, aproximou-se, esfregou-lhe o ombro após sentar-se ao seu lado e permaneceu em silêncio por algum tempo.

Só ouviam o canto dos pássaros e o barulho típico de alguns animais, até que o ruído de um automóvel ecoou ao longe. Levantando-se, Cíntia avisou ao reconhecer:

— É o carro do Adalton!

O coração de Marcello disparou. Sentia que o amigo traria alguma notícia muito boa.

Assim que parou o carro próximo à casa de sua mãe, Adalton e a esposa desceram e, sem se conter, ele praticamente gritou ao brincar:

— Ah! Eu sabia que estaria me esperando! Tenho ótimas novidades para você, Marcello!!!

Tomado de forte entusiasmo, após os alegres cumprimentos de todos e o farto desjejum, Marcello não suportou e chamou Adalton para conversarem a respeito do suspense que o amigo, sempre sorrindo, fazia sobre as ótimas novidades anunciadas.

Adalton conversou muito a respeito de uma grande oportunidade surgida para Marcello, que ficou maravilhado.

— ...não me agradeça! Isso foi por conta da Marília! — respondeu Adalton referindo-se à sua esposa. — Além dessa empresa, ela enviou o seu currículo a outras, entretanto essa foi a que fez o primeiro contato. A propósito, não posso esquecer de avisá-lo de que essa é uma firma que presta serviços de consultoria a outras empresas e porá você à disposição de empreendedoras por períodos determinados, mas que podem ser prolongados, conforme as necessidades de alguns gerentes de projetos que passam a trabalhar nelas a fim de ampliarem os lucros, reduzirem despesas... Orientarem na gestão de uma forma geral. Entende?

— Sem dúvida! Tem-se de enxergar os "gargalos" de uma organização a fim de o departamento assegurar o desenvolvimento, aumentar o patrimônio e as receitas — relatou como se estivesse desenvolvendo algumas idéias.

— Só tem um problema, Marcello — interrompeu Adalton fechando o sorriso ao erguer as sobrancelhas, exibindo semblante preocupado.

— Qual?! — perguntou ansioso e temeroso.

UM DIÁRIO NO TEMPO

— Hoje é sábado e... é o seguinte: você tem uma entrevista marcada para a segunda-feira à tarde.

— Depois de amanhã?!! — tornou Marcello sorrindo.

— É!!! Depois de amanhã. Acontece que gostaram do seu perfil e querem entrevistá-lo! Se vira, cara! Arrume suas coisas e venha embora comigo amanhã à noite!

— Amanhã à noite?!!!

— Virou papagaio, Marcello? Só sabe repetir o que eu falo?! Será assim na entrevista também?

— Não, meu!!! Lógico! É que estou surpreso! Nem acredito!

Levantando-se, Marcello foi à direção de Adalton abraçando-o com força, estapeando-lhe as costas em sinal de gratidão.

Emocionado, ele estava quase chorando, quando rapidamente se lembrou:

— Ei, meu!!! E roupa?! Acho que é preciso usar terno. Tenho dois, mas creio que não serão suficientes e... Espera! Onde vou morar, se passar na entrevista e quiserem que eu comece logo? Tenho de arrumar dinheiro para alugar...

— Calma!!! Caaaalma... — pediu Adalton rindo da ligeira fala ansiosa do amigo. — Marcello, você vai fazer uma entrevista. Creio, pelo que disseram à Marília, que é capaz de preencher os requisitos. Mas pode ir devagar. Terá de usar roupa social, terno, gravata... Aaah!... Isso vai! Porém haverá tempo para providenciar o que precisa. Não será assim, da noite para o dia. Não começará a trabalhar no dia seguinte. Precisará providenciar uma série de documentos, exames médicos... Além disso, não crie tantas preocupações. Eu e a Marília conversamos e faremos o seguinte: será impossível você ir e voltar daqui para o centro de São Paulo todos os dias. Nosso apartamento não é muito grande, mas você pode se ajeitar no sofá da sala por dois ou três meses até encontrar um lugar mais adequado e próximo do seu serviço. Não vou dizer para que more conosco, pois... vai entender, quando conhecer nosso "apertamento" — brincou Adalton rindo e afirmando — nosso apartamento cabe dentro da sala desta casa! O tamanho do banheiro daqui é maior do que as medidas da nossa cozinha! Tomara que você não sofra de claustrofobia.

— Não. Não se preocupem comigo. Aliás, eu tenho que agradecê-los por tanta ajuda. Nem sei o que dizer. Se tudo der certo... E vai dar! — falou

Eliana Machado Coelho/Schellida

confiante. — Logo no primeiro mês, eu alugo um apartamento ou quitinete... Deixarei vocês com toda a liberdade...!

Eles conversaram mais um pouco e, sem demora, Marcello foi arrumar suas coisas e documentos de que poderia precisar. Uma grande expectativa o consumia. Sentia-se realizado em seu íntimo. Algo em seu coração dizia-lhe que tudo daria certo. Tinha ciência de que o valor de seu salário não seria considerável, mas receberia pelo seu trabalho porque ali não tinha qualquer remuneração. Além disso, achava-se capacitado e inteligente, acreditava que desempenharia ótimos resultados por conta de seus atributos e logo seria reconhecido por isso.

* * *

No domingo bem cedo Nicolle entrou no quarto do filho, que ainda estava deitado. Ele havia passado a noite insone, sonhando acordado com seu futuro.

Surpreso, ao ver sua mãe, Marcello rapidamente sentou-se na cama e a cumprimentou como de costume:

— A bênção, *mamma!*

— Deus o abençoe — respondeu Nicolle. Sem demora, perguntou: — Você vai mesmo aceitar essa proposta absurda de ir trabalhar num lugar estranho? Com gente estranha?

— Como assim? Não estou entendendo.

— Você já trabalha aqui! Não é o suficiente?

— Para mim, não — admitiu Marcello em tom brando. — Aqui eu estou limitando a minha inteligência, os meus conhecimentos, as grandes oportunidades... Quero ter obrigações e ser reconhecido, valorizado e remunerado. Fiquei preso entre cadeias de montanhas a minha vida toda, *mamma*. Isso é ficar alheio, atrofiado. É... é não conhecer o mundo, não fazer algo de melhor para si e para os outros, é não evoluir em todos os sentidos.

— Você e suas irmãs são donos disto aqui, Marcello! Não pode simplesmente abandonar todas nós e ir embora.

— Há tempos venho dizendo à senhora que eu quero mudar. Não estudei para ficar cuidando de plantas, fazendo promoções e vendas, feiras, verificando prazos de entregas, de... Desculpe-me ser tão verdadeiro, *mamma*.

Apesar de fazer tudo, não posso nada... Reparou que tudo tem de ser feito aos seus modos, no seu gosto? Todo esse seu patrimônio poderia ser três vezes maior, se a senhora e o senhor Katayama permitissem que eu e o Milton ampliássemos esse negócio. Se o Milton é submisso, eu não.

— Não queremos correr riscos. Tanto eu como o senhor Katayama já vivemos situações em que perdemos tudo, tudo! Perdemos tudo por causa de pessoas sem escrúpulos!

— Então estou certo em minha decisão, *mamma*. Devo procurar lugares que me dêem oportunidades. Aqui, nunca as terei. Aliás, sinto que se depender da senhora, eu não terei direito a nada em minha vida, pois não me permite sequer saber o nome de meu pai.

— Aquele desgraçado já morreu! Para que saber algo sobre ele?

— *Mamma* — falou calmo e atento às palavras para não criar atrito —, entenda que é um direito meu. Tenho direito de saber o nome do meu pai, morto ou vivo. Tenho direito de tentar, de experimentar uma outra oportunidade longe da senhora que me impõe muito limite. Sou maior e responsável. Já cresci, não reparou?

— Não vá, Marcello!!!

— Não grite, *mamma*. Não vamos começar tudo de novo. A senhora não tem o direito de me pedir isso. Não vou abandoná-la...

— Não vou agüentar ficar sem você!!! Não sabe o que é ficar sem um filho... — dramatizava Nicolle em verdadeiro desespero sem prestar atenção no que dizia. — Não posso perder você, *figlio mio*!!! Não vou suportar novamente essa dor!!! — exclamava ao abraçá-lo.

O rapaz abraçou-a, mas ficou em silêncio. Ele sabia que sua mãe guardava algum segredo. Inspirado por amigos espirituais, começou a se questionar em pensamento diante daquele drama expressado em desespero. Até então Marcello tinha conhecimento de que ela havia tido três filhos: ele, no Brasil, e suas duas irmãs: Viviani e Cíntia, na Itália. Porém frente àquelas palavras que se tornaram uma legítima confissão, começou a deduzir que, provavelmente, ela teve outro filho antes de fugir para a Itália e precisou ou foi obrigada a abandoná-lo. Ele deduziu ser isso o que sua mãe tanto escondia.

"Isso tudo é assombroso, estranho demais para ser verdade!", pensava Marcello, enquanto correspondia ao abraço e ouvia o choro sufocado de sua

Eliana Machado Coelho/Schellida

mãe. "Não posso me impor agora, não é o momento adequado. Mas por que ela não aproveita e fala de uma vez?"

Paciente, depois conversou um pouco mais com ela, Marcello deixou-a no quarto chorando e saiu à procura de sua tia Rossiani. Encontrando-a, não acreditou:

— Oh, tia! Por que chora assim? O que está acontecendo nesta casa? Eu não vou para a guerra não! — brincou ao abraçá-la.

— Acho que vai sim, meu querido — murmurou Rossiani. — O mundo hoje em dia está mais difícil.

— Mas eu preciso conhecer esse mundo. Quem sabe, com o tempo, a senhora, minha mãe e minhas irmãs vão morar comigo, ãh?!

— Marcello, meu filho, não está vendo que estou ficando velha?

— Velha, tia?! Ora! Não diga isso!

— Não me refiro só à idade. Envelheci por dentro, meu Marcello. Não encontrei meu marido... O meu Tomás já está do outro lado. Não tive um filho dele e não tenho mais o que fazer aqui. Sinto que estou perto de encontrá-lo e... não vejo a hora.

— E eu, tia?! Não sou seu filho do coração?! Aliás, sou um privilegiado, tenho quatro mães!!! — brincou. — A minha mãe, a senhora, a *nona* Sofia e a madrinha!

— Quero retornar para a Itália.

A notícia foi um choque para Marcello que fechou o sorriso.

— Não, tia... — pediu bem sério. — Eu preciso da senhora aqui. Por que quer ir?

— Quero cuidar de documentos, Marcello. Você é meu filho, ãh! Então tenho de cuidar do testamento. Seu *nono* Angello deixou uma boa herança para as três filhas. Sei que o seu tio Marco é de confiança, é honesto. Na minha falta o que é meu será dividido entre a Nicolle e a Danielle. Mas eu quero que minha parte fique só para você, meu filho!

— Tia, eu...

— Fique quieto e me escute, ãh! — falou Rossiani bem séria. — Eu sei que tenho um monte de sobrinhos, mas você é e sempre será o meu filho do coração. Nunca poderei pagar a você o que te devo, Marcello.

— Tia, a senhora não me deve nada!

— Cale a boca, moleque! — pediu sorrindo e chorando. — Nunca falei assim com você antes, mas tenho esse direito, certo?! — exclamou mais branda tentando brincar. — Existem coisas na vida, meu Marcello, que não temos explicações. Eu devo muito a você. Só o fato de você existir foi e é um tesouro para mim. É uma riqueza que dinheiro algum compra. Você deu vida a mim e a sua mãe. Alegria, muita alegria aos seus avós. Isso não tem preço. Não tenho muito que fazer aqui, procuro ajudar, mas... Só que há dois dias recebi uma carta da sua tia Danielle detalhando o que sua avó tem.

— Como assim?

— Perdoe-me, mas não contei antes porque não queria deixá-los preocupados. Como faço sempre, toda vez que posso, vou até a cidade e ligo para eles. Você sabe... E, nas últimas vezes que conversei com a Dani ela me falou que sua avó não estava boa. Na carta contou detalhes dos resultados dos exames que os médicos pediram... Sabe... Marcello — A voz de Rossiani tremia num tom triste e amargo —, sua avó já tem idade e são problemas que aparecem com a idade. Ela não se lembra direito das coisas. Está esquecida. Não consegue andar direito e já caiu duas vezes! Imagine que absurdo! Eu sei que a Danielle cuida muito bem dela. Nossa! — Lágrimas rolaram e Rossiani as secava ao dizer: — Já que eu não encontro muito o que fazer aqui, voltarei para a Itália e cuidarei de minha *mamma* até quando eu puder. É só o que me resta fazer, filho, pois você já é um homem feito. Sabe se cuidar bem. Se eu puder fazer alguma coisa por você, diga agora. Não sei se nos veremos novamente e como poderemos nos falar...

Marcello sentiu um aperto no peito e a garganta ressequida. Se fosse falar alguma coisa, certamente choraria. Então se calou para permanecer firme. No entanto seu semblante expressava a tristeza e a dor em sua alma. Amava a avó que ajudou a criá-lo, que tanto o mimou...

Respirando fundo, abraçou sua tia e comentou quase sussurrando:

— Tia, faça o que achar melhor — sua voz embargou e Rossiani apertou-o com força. Separando-se do abraço, beijou-a no rosto e na testa e, com lágrimas que ainda rolavam, tentou mais uma vez: — Sei que fez uma promessa e sempre me ensinou que promessas não podem ser quebradas por aqueles que têm moral e honra. Mas, tia... pode me dizer o nome de meu pai?

— Filho... — a voz de Rossiani estremeceu e lágrimas rolaram.

311

Eliana Machado Coelho/Schellida

— Então me diga uma coisa — pediu Marcello ainda emocionado. — Ele morreu?

— Não... que eu... saiba — gaguejou Rossiani.

E como uma espada derradeira, Marcello pareceu feri-la com o olhar penetrante ao perguntar:

— Eu tenho outro irmão, tia? Tenho?... Por acaso ele ficou, aqui no Brasil, com o meu pai?

Rossiani ficou pálida. Suas pernas fraquejaram ao estender as mãos para o sobrinho, tentando amparar-se nele. Abraçando-o, ela murmurou ao chorar:

— Sim. Tem sim e...

Afagando-a com ternura, Marcello a interrompeu parecendo se contentar. Sorriu ao encará-la e dizer:

— Então é esse o grande mistério de dona Nicolle. Não precisa dizer mais nada, tia. Não quero que sofra por acreditar que está me falando o que não deve. Eu entendo... O modo conservador da educação de vocês... as circunstâncias... Não precisa dizer mais nada. A senhora já fez o suficiente para mim — abraçando-a com força, Marcello a embalou nos braços com terno carinho para confortá-la.

Irene chegou interrompendo Rossiani comentar outros detalhes que, por ventura, pudessem ser ditos.

O dia foi agitado pelo conflito de emoções entre a alegria pela possível conquista de Marcello e a tristeza de todas terem de separar-se dele. E isso durou até o momento em que Adalton o levou.

* * *

No dia seguinte, ainda ansioso, Marcello teve de esperar até a hora do almoço a fim de se encontrar com Adalton e Marília, pois o casal havia combinado de levá-lo até a empresa onde passaria pela entrevista agendada.

Marcello conhecia bem pouco o centro financeiro da cidade de São Paulo, mas, após o almoço, o casal ensinou-lhe o caminho de volta para o apartamento, quando o deixaram no local da entrevista e retornaram para os seus respectivos trabalhos. Sem dizer nada para Marcello, Adalton e Marília estavam tão ansiosos quanto ele.

Um diário no tempo

No início da noite, o casal, bem preocupado, já chegava na residência, pois Marcello havia combinado de telefonar para eles e não o fizera.

Ao abrirem a porta do apartamento, viram o rapaz vasculhando papéis e documentos.

— Marcello! Esperei que me telefonasse — reclamou Adalton. Sem esperar, perguntou: — Como foi a entrevista?

— Eu tenho de admitir que estava nervoso antes da entrevista e, talvez por isso, me esqueci de avisar que não sou adivinho — respondeu Marcello sorrindo.

— Como assim?! — intrigou-se Marília.

— Por acaso, um de vocês me forneceu o número dos telefones de onde trabalham?

O casal se entreolhou e começou a rir.

— Cara!!! Que falha! — exclamou Adalton gargalhando. — Como fomos esquecer?!

— Eu esperei que um de vocês ligasse para cá, mas...! — tornou Marcello brincando.

— O pior foi que eu telefonei várias vezes para o Adalton a fim de saber se você havia ligado para ele. Eu queria notícias! Como fui burra!!! Por que não me lembrei de ligar para cá?! — considerou Marília que ria e exibia certo constrangimento. Pedindo: — Desculpe-me, Marcello. Por favor...

— Ora!... Mas que é isso?! Ainda bem que me ensinaram como voltar para cá! Procurei na agenda de telefone aqui, mas não encontrei o número.

— É que estão agendados na discagem automática do aparelho telefônico — lembrou-se Marília. — Ai!... Perdoe-nos!

— Mas nos conte! Como foi a entrevista?! — quis saber Adalton com grande expectativa.

— Vocês me enganaram, não foi? — respondeu Marcello bem sério.

— Como assim? — surpreendeu-se Adalton.

— Você, Adalton, disse que eu teria um tempo, caso fosse aprovado na entrevista. Pois é, você falou que não me chamariam para trabalhar no dia seguinte, não foi?

— Sim, mas... E daí?

— Veja esta lista — falou estendendo-lhe um papel. — Preciso de tudo isso para amanhã! Tem uma empresa me esperando para eu prestar consul-

313

Eliana Machado Coelho/Schellida

toria na próxima quinta-feira!!! — concluiu alegre, levantando-se e estapeando as costas do amigo.

— Ah! Mas que ótimo! — manifestou-se Marília unindo-se a eles.

Após a manifestação de várias palavras e emoções de agradecimentos, Marcello se preocupou:

— Será que dará tempo de arrumar toda essa documentação?

— Claro! — avisou Adalton. — Eu o ajudo. São cópias, questionário...

Animados, ficaram até bem tarde preparando a documentação e conversando sobre futuros planos.

Aquele emprego era tudo o que Marcello queria. Sabia que sua mãe ficaria contrariada por ele ter realmente conseguido. Mas algo em seu íntimo o impelia a favor daquela decisão. Ele aspirava a ser livre, independente.

* * *

Conforme o desejado, Marcello iniciou na empresa contratante, a fim de prestar serviço temporário como líder de um projeto. Sua educação, conhecimento, prudência e controle das emoções foram-lhe bastante proveitosos e úteis. Terminado o período de contrato, o mesmo foi prorrogado para outros préstimos tendo em vista a competência de Marcello.

Antes de completar o terceiro mês, morando junto com Adalton e Marília, Marcello alugou um minúsculo apartamento bem próximo de seu serviço. Apesar de já passados mais de seis meses trabalhando, só havia comprado o essencial para mobiliá-lo. A sala acarpetada era repleta de almofadas no chão, onde se deitava para assistir à televisão ou escutar suas músicas prediletas. Marília e Adalton o ajudaram na simples decoração. Afinal, Marcello não queria nenhum luxo, seus objetivos eram outros. Pretendia ampliar seus conhecimentos, poupar o máximo de economias, adquirir um carro e comprar uma casa ou apartamento bem maior, luxuoso.

Para Marcello, alguns colegas e conhecidos de trabalho tinham um salário que o impressionava. Pelo fato desses terem anos de desempenho na sua frente, era aceitável. Contudo o jovem se achava mais competente que eles e desejava mais. Seu principal objetivo era estudar e conhecer novos horizontes a fim de experimentar uma vida mais tranqüila, com um futuro mais seguro.

Suas visitas a Mogi das Cruzes se distanciavam cada vez mais. Dificilmente acompanhava Adalton e a esposa como antes, pois se empenhava em cursos e pós-graduações. E quando ia visitar a família, o rapaz não parava de contar as diversas novidades. Nicolle não apreciava a conversa do filho e se mantinha bem reservada, não gostava de vê-lo tão animado com a nova vida.

Marcello desconhecia a origem de uma força maior que o envolvia e o guiava em direção a grandes mudanças e revelações sobre o passado misterioso que sua mãe não ousava comentar.

Entretanto, na espiritualidade, tudo aquilo era promovido por amigos espirituais que vibravam e procuravam guiá-lo ao encontro da verdade. Apesar da dor que seria obrigado a experimentar e superar, a fim de evoluir através da difícil prova.

* * *

Alguns meses se passaram e Marcello já possuía muitos amigos. E em contato com um deles o colega indicou:

— ...é uma empresa considerável. Mas não sei se querem um consultor. Talvez desejem uma pessoa que aceite ser contratado, pois...

Os olhos negros de Marcello ficaram expressivos e enormes, quando ergueu o corpo, enquanto ouvia os demais detalhes. Reagindo imediatamente, na primeira pausa, perguntou em tom muito objetivo na voz grave:

— O salário proposto é maior?

— Ah! Com certeza! Além disso, temos férias, décimo terceiro... Depois que deixei de ser consultor temporário e me contrataram, nessa empresa em que estou hoje, tenho todos os direitos garantidos por lei e me sinto mais tranqüilo. Se me demitirem terei direito a receber o Fundo de Garantia por Tempo de Serviço, coisa que o trabalho de contrato temporário como consultor não me garante. Em todo caso, pense. Mas não comente nada com o pessoal da Consultoria. Se quiser, fale comigo e me providencie um currículo, pois eu ligarei para um conhecido que trabalha lá e... Você sabe, tudo fica mais fácil.

— Do que eles precisam exatamente? — interessou-se Marcello, justificando-se a seguir: — Sim, porque se estão com problemas de gestão querem encontrar saídas, melhorias e eu preciso saber em que, a fim de

Eliana Machado Coelho/Schellida

apresentar essas soluções em conversa logo na entrevista, lógico, sem que saibam. Entende?

— Claro! Bem... — tornou o colega — até onde eu sei trata-se de uma indústria de vidros de uma forma geral. Fazem desde copos até lustres, garrafas e muito mais! Na entrevista não tente dizer que você é capaz de encontrar "pérolas" na atual situação da empresa. Eles não procuram alguém para as fábricas ou um gestor de funcionários para a produção. O problema deles é que a maioria dos gerentes e diretores são idosos, daqueles tipos que ocupam a cadeira sem méritos, não buscam se atualizar com conhecimentos para encontrarem uma visão administrativa melhor. No que diz respeito a essa empresa, o problema deles são as vendas. Apesar de os preços serem consideravelmente baixos e os produtos serem de qualidade, eles não "ganham o mercado" e os concorrentes se destacam. O presidente quer "uma cabeça" na bandeja, devido ao andamento das coisas. Alguém ali é culpado pela falta de crescimento financeiro e pela ausência da divulgação dos produtos.

— Mas o presidente não sabe onde procurar pelo problema? E os diretores e gerentes? — perguntou Marcello bem interessado.

— Pelo que eu sei, os problemas existentes estão encobertos pelos interesses pessoais dos diretores e gerentes que não se abrem para novas idéias com medo de serem substituídos por pessoas mais competentes. Calarem-se é uma posição cômoda! Entretanto nenhum outro funcionário abaixo dos cargos de gerência consegue se aproximar do presidente para alertá-lo sobre tudo isso e revelar, realmente, o que está acontecendo. O que pode gerar uma crise.

— Quem te deu essas informações? — quis saber Marcello.

— Esse meu amigo que trabalha lá. Ele é bem informado, mas tem medo de que haja "cortes". Ele falou que o presidente é bem sucedido. Talvez ele nem precise de uma empresa tão desgastante. O homem está estressado. Porém ainda resiste, porque quer deixar a empresa para os filhos. É por isso que não quer perder o mercado.

— Acho que vou aceitar o desafio! — declarou Marcello espremendo os olhos e sorrindo com audácia.

Ajeitando-se na cadeira, suspirou discretamente e continuou o almoço trocando, consigo mesmo, idéias que faiscavam em sua mente. Ele quase não ouvia o colega, pois o assunto não era o mesmo.

UM DIÁRIO NO TEMPO

* * *

Duas semanas se passaram após o último ocorrido.

Em uma grande sala de reunião, uma mesa ovalada permitia nítida visão de todos. Havia, na cabeceira, um senhor grisalho, de impecável aparência, que ocupava a cadeira da presidência. Sustentando a cabeça com as mãos, mantendo os olhos baixos enquanto uma discussão ocorria entre os demais diretores e alguns gerentes.

— O problema de nos encontrarmos rumo ao atoleiro, é da diretoria de vendas e marketing! — acusava um dos diretores em tom rude e agressivo.

— E quanto aos fracassos sucessivos é da diretoria administrativa e financeira, que não investe em inovações tecnológicas, aperfeiçoamento do pessoal, na reestruturação. Além de vetar verbas para o desenvolvimento e aumento da capacidade em negócios específicos!... — replicava um outro praticamente gritando.

A discussão era acalorada chegando ao ponto de dois ou três, desrespeitando-se, falarem ao mesmo tempo.

Enfadado com o debate infindável, porque não chegavam a um objetivo comum, o presidente, com semblante austero e insatisfeito, passou a mão pelo rosto, suspirou fundo, levantou-se de súbito e com gestos de descontentamento, disse com violência, emudecendo a todos:

— Calem-se!!! Nossa falência é uma possibilidade real!!! Estamos ativos com inúmeras despesas! Exijo uma solução! Estou prestes a contratar, mesmo que for só para consultoria, um executivo financeiro a fim de que faça um levantamento para eu ter uma análise verdadeira da situação vigente. Não vou tolerar acusações!!! Quero saber por que, mesmo com os preços abaixo da concorrência e ótimos produtos, estamos perdendo o mercado?! E isso eu quero agora!!! — o silêncio foi total. Virando-se para uma bela jovem, que o ouvia atenta, ele só falou: — Conduza a reunião até que cheguem a uma decisão. Não tolero mais isso. Aguardo por você lá em baixo.

Sem demora e sem se despedir, o senhor muito autoritário e com o semblante sisudo retirou-se da luxuosa sala sem dizer mais nada.

Enervado, o presidente foi até sua sala, fez alguns telefonemas, deu orientações à sua secretária pessoal e saiu. Quando, no saguão principal, lembrou-se de que havia prometido aguardar a bela jovem.

317

Eliana Machado Coelho/Schellida

Algo o deixava desgostoso. Após alguns passos negligentes, sentou-se no sofá da grande recepção onde ficou pensativo.

Balançando levemente a perna, exibia-se nervoso. Os negócios não estavam no rumo desejado. Às vezes, desejava vender a sua empresa ou fechá--la e viver só com os lucros de aplicações financeiras. Mas seus filhos não teriam o que fazer nem como sobreviver na sua ausência.

O vulto de um rapaz bem arrumado e elegante, que trazia na mão uma valise bem parecida com a sua, chamou-lhe a atenção. Educado, o moço passou próximo dele após a recepcionista solicitar-lhe que aguardasse, indicando-lhe o grande sofá em forma circular, onde ele, o presidente, já estava.

Alto, olhos negros e chamativos, barba bem feita, cabelos lisos e alinhados e modo distinto nas boas maneiras apresentadas para andar e se sentar, o moço cumprimentou cortês e pediu licença, quando ocupou um lugar quase próximo a ele.

Com o semblante tranqüilo e confiante o rapaz curvou-se ao pegar uma revista que trazia assuntos de negócios, passando a folheá-la e ler alguns artigos interessantes.

Tratava-se de Marcello que agendou horário para a entrevista com um gerente que se achava na alvoroçada reunião. Ele ignorava, totalmente, que a menos de dois metros sentava-se a seu lado o presidente daquela empresa.

Amigos e mentores na espiritualidade inspiravam o senhor para observar o rapaz que estava entretido em ler. Então, mesmo inquieto e com os pensamentos fervilhando, o senhor sentia-se atraído a puxar algum assunto. Era algo forte, quase como que um incômodo que o deixava curioso para saber de quem se tratava. Não suportando mais, perguntou bem sério:

— É promotor de vendas?

Olhando-o surpreso, Marcello respondeu com simplicidade, mas com expressão firme e tom determinado na voz forte:

— Não. Não, senhor. Aguardo por uma entrevista agendada a fim de uma vaga nesta empresa. — Bem descontraído, perguntou sem pretensões:

— O senhor é promotor de vendas?

— Sim — afirmou o presidente sorrindo de modo irônico. — De certa forma, sou vendedor sim.

Marcello ofereceu meio sorriso sem entender o tom de contraste daquela resposta, porém ficou atento ao ouvir:

UM DIÁRIO NO TEMPO

— Acho que você vai esperar muito, rapaz! — tornou o senhor. — Soube que estão em reunião e... Sabe... esta empresa não está "bem das pernas", entende?

— Essa razão é bem atraente! — avisou Marcello sorrido com nítida empolgação. — Eu gosto de desafios! — Estendendo a mão, apresentou-se: — O meu nome é Marcello!

O senhor correspondeu ao cumprimento, sorriu e falou mais amável:

— Prazer, Marcello! Meu nome é Douglas. — Atraído pela simpatia do rapaz, o senhor perguntou sem demora: — Você está desempregado, Marcello?

— Não. Bem... na verdade, não. Eu trabalho em uma consultoria como gerente de projetos. Para mim isso é bom, pois já prestei serviços para várias empresas e solucionando diversos problemas que enfrentavam. Isso aumentou meu grau de conhecimento. Hoje estou aqui para mais um desafio e talvez deixar de ser consultor, estou me candidatando a um serviço contratado.

— Diga-me uma coisa, administrativamente qual a visão que você tem como foco principal para atacar a falta de lucro? — perguntou o senhor.

— Não posso responder com exatidão — tornou Marcello bem tranqüilo. — Cada empresa necessita de um estilo de gestão, certo? Somente uma análise nos mostrará o melhor método a ser adotado.

— Investir no marketing, propagar bem, não é o melhor? — insistiu o senhor.

— Às vezes, senhor Douglas, precisamos de mais de um medicamento para curarmos uma única doença, não é? — Marcello sorriu e explicou: — Propaganda não é tudo. Investimento é o melhor caminho, mas em determinados setores, inovar! Cortar despesas. Existem diversos tipos de estratégias vigorando em empresas que, como o senhor disse, estão "quebrando as pernas". Quando a estratégia implementada não apresenta um alinhamento das potencialidades da empresa em busca de sua visão, causa incontáveis prejuízos e queda de força competitiva. Agora, quando a implementação for consciente, é visível o aumento das receitas e dos lucros. Isso tudo deve ser acompanhado bem de perto pelo presidente, proprietários ou sócios.

Subitamente o senhor se levantou, apanhou sua valise e praticamente ordenou:

Eliana Machado Coelho/Schellida

— Marcello, por favor, venha comigo!

— Mas... Senhor Douglas... — constrangendo-se, Marcello lembrando-o:

— Perdoe-me, mas eu aguardo por uma entrevista.

— Quem vai entrevistá-lo não é a pessoa mais qualificada. Confie em mim — disse com autoridade. — Venha! Vou levá-lo para falar com a pessoa certa!

Marcello ficou confuso, não sabia como agir. Levantando-se, impulsivamente seguiu uma inspiração que desconhecia a origem e acompanhou o senhor sem ter idéia de quem ele era.

Abrindo a primeira sala que encontrou disponível, o senhor pediu:

— Entre, Marcello. Sente-se — indicou após fechar a porta. Caminhando, ocupou outra poltrona atrás da mesa e perguntou: — O que precisa para fazer de uma empresa quase falida um sucesso?

Algo o estonteou e Marcello esqueceu-se da entrevista começando a conversar como se fosse com algum amigo de muito tempo:

— A primeira estratégia é a aquisição de informações junto aos trabalhadores subordinados. Eles apontam os problemas antes dos superiores enxergarem. Em minhas experiências sempre me deparo com o seguinte obstáculo: o presidente, os sócios, os acionistas ou o proprietário são os últimos a saberem das necessidades. Tenho certeza de que o presidente desta empresa nunca acompanhou bem de perto os subordinados. Sabe, desde o faxineiro até...

— Mas esses subalternos nunca fariam qualquer reclamação ao presidente nem este teria tempo para ouvi-los.

— Então para saber onde está o problema, a solução é contratar um estranho para encontrá-lo! — empolgou-se Marcello. — Tenho certeza, senhor Douglas, de que mais de trinta ou quarenta por cento dos funcionários desta empresa foram contratados por conhecer alguém influente aqui dentro e não pela capacidade, pelo perfil pessoal ou curricular apresentado. E estes funcionários só causam despesas, pois seus pares ficam com medo de atuarem. Bem... A segunda estratégia é investir em pesquisa e desenvolvimento, dar credibilidade a quem tem capacidade e habilidade e não ao parente de "fulano de tal"...

Marcello se entusiasmava quase envaidecido de seu conhecimento dando liberdade ao presidente de aproveitar para explorá-lo, muito à vontade.

UM DIÁRIO NO TEMPO

— Então me diga uma coisa: no caso desta empresa, por que será que ela não vende, mesmo tendo os melhores preços e qualidade em seus produtos? — tornou o senhor Douglas com avidez.

— Se algumas diretorias, gerências e chefias estiverem nas mãos de pessoas capacitadas, esses profissionais já deveriam ter voltado o foco para as necessidades dos clientes, principalmente do consumidor! — afirmou Marcello com uma convicção que impressionava o homem devido aos seus conhecimentos. — E ainda mais! O sucesso vem do estímulo, da motivação para os funcionários, desde o subordinado até o da diretoria mais importante. Metas! Criar metas é o ideal!

O senhor esboçou um sorriso discreto, trazendo no olhar mirrado a expressão de inúmeras idéias.

Nesse instante Marcello sentiu-se aturdido. Seu peito apertava, parecendo sentir certa dor. Ele foi defensor ardoroso de idéias e estratégias profissionais e pessoais que não poderia revelar daquela forma a um desconhecido, que talvez até fosse um concorrente à vaga de emprego que ele procurava.

Marcello sentiu-se gelar. Pálido, repentinamente preocupou-se em ter ensinado o melhor modelo de seu perfil profissional conquistado à custa de muito empenho, estudo e dedicação.

Nitidamente desfigurado, sentiu-se sem forças e, discretamente, afrouxou o nó da gravata ao mesmo tempo que circunvagava o olhar pela sala. Preocupado em saber quem era aquele homem com quem conversava e em como se deixou conduzir e envolver daquela forma, não disse mais nada.

Sorridente, o senhor Douglas se levantou, virou-se para olhar pela janela enquanto segurava o queixo com uma das mãos apoiando o cotovelo com a outra, parecendo pensar. Em seguida, voltou para trás da mesa, pegou o telefone e chamou a secretária com notável educação:

— Senhorita Elenice, aqui é o senhor Douglas. Por gentileza, providencie dois cafés e duas águas, sim? Eu estou aguardando na sala do doutor Osvaldo, certo?

Ao desligar, observou que o rapaz suava frio em meio a uma palidez impressionante.

— O que aconteceu, Marcello?! Está passando mal? — perguntou preocupado.

— Está tudo sob controle, senhor... É que...

321

Eliana Machado Coelho/Schellida

— Diga! — insistiu o homem.

— Bem... Começamos a conversar e... Nem sei o que me levou a falar tanto assim... Não falo sobre minhas estratégias com desconhecidos e... — Marcello, pelo nervosismo, tinha a fala entrecortada, mas prosseguiu: — Perdoe-me a sinceridade, mas, afinal de contas, eu nem o conheço. Não sei como teve permissão para me trazer até aqui e...

O senhor Douglas, que raramente sorria, deu uma admirável gargalhada e, curvando-se para um cumprimento amistoso, avisou ao apertar a mão gelada do rapaz:

— Eu sou Douglas Gregori. Dono e presidente desta empresa.

Marcello não conseguia falar nada. Ficou quase estático, mas esforçou-se para esboçar um suave sorriso, pois ao mesmo tempo ensurdecia por não acreditar no que estava acontecendo.

A porta da sala se abriu e uma funcionária trazia o café e a água.

Marcello vagarosamente sentia-se melhor após beber a água e ouvir o que o senhor lhe dizia, respondendo-lhe de modo mais formal algumas perguntas.

Em dado momento, a porta da sala foi aberta novamente e a bonita moça, que ficou conduzindo a agitada reunião, adentrou. Muito à vontade, dirigiu-se ao senhor sem oferecer atenção ao rapaz, dizendo:

— Papai! O senhor nem imagina o inferno que foi...

Interrompendo-a, o senhor Douglas anunciou:

— Deus nos mandou um anjo para nos tirar desse inferno! — exclamou apontando para o moço, apresentando-o: — O nome dele é Marcello. Ele é a nossa solução!

Virando-se, a elegante moça se apresentou com, recatada educação, estendendo-lhe a delicada mão e falando com voz macia:

— Prazer, Marcello. Eu sou Renata, filha do senhor Douglas.

— Bem!... — intimou o senhor. — Você vai almoçar conosco, Marcello!

— Mas...

— Não tem "mas"! Agora você é meu funcionário! Temos de falar sobre o seu salário e outras coisas que podem interessar muito a um homem com uma visão como a sua. Por mim, você está contratado!

Apesar dos compromissos assumidos para aquela tarde, Marcello não titubeou e aceitou de pronto o convite.

20

O chamado do destino

Naquela noite gostosa de verão, a lua reluzia no céu da cidade de forma rara, especial e extraordinária.

Ainda na sala da presidência, o senhor Douglas e sua filha Renata conversavam sobre as idéias de Marcello.

A moça, que além de bonita era bem inteligente e meticulosa, causava boa impressão e simpatia com seus modos educados.

Muito atraente, Renata sempre foi eficiente e também exigente, quando se tratava de negócios, apesar da fala mansa.

Atenta às observações de seu pai, ela olhava pela janela ao mesmo tempo que o ouvia.

Como presidente de uma empresa de considerável porte, o senhor Douglas estava impressionado com tantas estratégias apresentadas por Marcello, por seu desempenho e habilidade administrativa, pois não analisava uma empresa com a mesma visão dos gerentes e diretores que ele conhecia ali.

Em meio aos elogios, Renata se manifestou:

— O fato é: a disposição, a garra que esse rapaz apresenta não é comum. Realmente ele nos magnetiza com a facilidade de argumentar as soluções e nos propõe qualidades em todos os sentidos, o que nos oferece a idéia de gerar crescimento e maiores lucros. No entanto, papai, fico preocupada.

Eliana Machado Coelho/Schellida

— Com o quê?

— Há tempos passamos por situações, digamos... complicadas. Eis que surge o Marcello! Um completo desconhecido com idéias inovadoras! — enfatizou a moça. — Ele é jovem, apresenta-se e comporta-se muito bem, é bonito, sabe quando falar e quando ouvir. Eu olhei o currículo dele. Tem experiência e muitos cursos, além de pós-graduações em tão pouco tempo... Viu quantos idiomas ele fala? Sem mencionar que o português e a entonação de voz são impecáveis. Reparou? Aliás, gostei da voz forte com o leve sotaque italiano. Também, viveu muito tempo lá.

— O Marcello é um rapaz ganancioso que deseja buscar o seu espaço através de seu trabalho, de seu merecimento e não à custa do "papai", como faz o seu irmão. — Encarando-a, o senhor Douglas acrescentou: — Não me refiro ao Rogério, você sabe. Minha decepção, meu maior desgosto é com o Júnior. Um irresponsável preguiçoso! — reclamou severamente.

— Se observarmos bem, papai, o Rogério só sabe viajar — argumentou Renata com um sentimento estranho escondido no amável tom de voz.

— O Rogério estuda! Isso é bem diferente, Renata. O seu irmão gêmeo sempre me acompanhou nos negócios, assim como você e a Flávia! Quando acreditou que o seu conhecimento estava limitado, o Rogério decidiu estudar, fez doutorado e hoje faz *MBA* na Inglaterra! Acho que o Júnior não terminou nem o colégio e já virou vagabundo, dependente do dinheiro da família.

— Papai — Renata o interrompeu com voz mansa para acalmá-lo —, o Júnior é jovem ainda. Eu acredito que no momento certo o senhor vai se surpreender.

— Não tente me deixar cego, Renata.

— Não é isso, papai. Acredito que todos precisamos de um tempo para nos repararmos. O Júnior sofreu um grande trauma... Ah... Não quero falar nisso. Quando ele estiver pronto, irá surpreendê-lo! Agora a Kátia é quem me preocupa.

— Não queira comparar o Júnior com a sua irmã caçula que está tentando estudar muito para entrar em uma boa universidade. — Logo o senhor Douglas direcionou o assunto ao que lhe interessava: — Mas não era isso o que falávamos. Creio que não devemos ter desconfiança de inovações. É provável que por falta delas é que estamos com tantas dificuldades e isso pode nos levar à falência. Não se esqueça, Renata, como já lhe contei, não vivemos mais no regime de governo em que tínhamos muita influência. Os tempos são outros, filha. Nossa empresa é familiar e, como Marcello nos lembrou, negócios desse tipo enfrentam grandes problemas quando passa da segunda geração, pois normalmente os netos do fundador não querem dar continuidade ou não têm aptidões para tais negócios. As brigas em família são a melhor forma de acabar com uma empresa familiar. O Marcello ainda avisou que as discussões são importantes para ampliar a visão, mas as brigas são os primeiros passos para a decadência.

— Eu entendo, papai. Mas sejamos cautelosos quanto ao Marcello, por enquanto, apesar dele apresentar tantos talentos notáveis.

— Eu o admirei muito! — falou demonstrando empolgação. — Estou disposto a acompanhar as estratégias propostas para reverter nosso tormento com essa empresa. — Muito animado, o senhor Douglas decidiu: — Bem, minha querida, é hora de irmos. Vamos ver o que a Flávia tem a nos dizer sobre as recomendações do médico quanto à depressão de sua mãe e saber por quantas andam a insatisfação da Kátia, que não consegue estudar como deveria por causa da doença mental da mãe de vocês.

Renata esboçou delicado sorriso. Aproximou-se do pai, beijou-o no rosto demonstrando carinho e entrelaçou seu braço para que fossem embora juntos.

* * *

No decorrer de todos aqueles anos, Douglas nunca conseguiu se esquecer da linda italiana Nicolle. Nem teria como. Após não conseguir localizá-la, pois a bela jovem havia fugido para a Itália escondida no porão de um navio. Douglas, ignorando os fatos, tornou-se uma pessoa de personalidade austera, sempre exigente quando se tratava de empregados subalternos.

De todas as mulheres que teve, Nicolle foi especial. Era uma pessoa diferente, única. Não só na beleza graciosa, mas na força interior que possuía.

Douglas era agora um senhor experiente. Guardava uma saudade dolorosa da bela italiana, risonha e espirituosa, que muito amou.

Eliana Machado Coelho/Schellida

Ao olhar para o filho Rogério, que teve com Nicolle, Douglas se orgulhava. O rapaz possuía a força e a determinação de sua mãe verdadeira. Ao olhar para Flávia, a filhinha que Nicolle chamava de Renata, via a beleza especial, o riso gostoso e, às vezes, a gargalhada prazerosa e debochada que só Nicolle sabia dar.

Incontáveis vezes, relembrava, com amargura regada de arrependimento, tudo o que fez para sua doce Nicolle. As imagens de quando lhe roubou, ainda no hospital, o filho Rogério, afirmando que o menino estava morto e providenciando um falso enterro, não lhe saía da memória.

Era muita dor lembrar, quando ele e sua mãe, dona Vitória, enganaram Nicolle para tomar-lhe dos ternos braços a pequena Flávia, deixando-a em verdadeiro desespero.

Como a enganou! Como pôde mentir tanto para Nicolle?!

De tempo em tempo, figurava-lhe o extremo desespero da bela italiana que fugiu grávida para não ficar mais sob o seu domínio rígido.

Nem sabia se o seu terceiro filho com Nicolle havia nascido. Se era um menino ou uma menina.

Inúmeras perguntas chegavam-lhe às idéias, trazendo um gosto amargo ao seu coração. Agora, sem saber a razão que só a espiritualidade poderia explicar, atraiu-se por Marcello de uma maneira impressionante. Admirou-o em todos os sentidos a começar pelo suave sotaque italiano, que o rapaz controlava com vigilância. Seu perfil e traços daquela etnia, além de belos, eram marcantes. Talvez isso fizesse com que Douglas se lembrasse de Nicolle e de suas expressões, gestos...

O grande empresário, dominado por uma atração estranha, apreciou a voz firme do moço com sotaque característico ao pronunciar-se na apresentação: "O meu nome é Marcello". Toda essa empolgação fez com que Douglas nem mesmo prestasse atenção ao currículo apresentado.

Entregando o currículo de Marcello para sua filha Renata, pediu que ela mesma se encarregasse de cuidar da documentação solicitada ao rapaz para preparar sua admissão como funcionário, o quanto antes, junto ao Departamento de Recursos Humanos. Douglas não queria perdê-lo para outra empresa.

Bem mais tarde, Douglas entenderia a razão de sua tamanha e instantânea admiração por Marcello e saberia que aquilo não foi por acaso.

UM DIÁRIO NO TEMPO

O tempo cumpriria sua tarefa de provocar encontros e reconhecimentos em um inevitável futuro, talvez, bem próximo.

* * *

Já em casa, o senhor Douglas e a filha Renata chegaram bem animados. No entanto, ao se depararem com Gorete foram envoltos por um manto de desânimo.

Flávia, uma adorável moça, acercou-se do pai, beijou-o como sempre e só o cumprimentou, sem dizer nada ao reparar sua feição contrariada.

Aproximando-se da esposa, Douglas beijou-lhe a testa e perguntou como que por obrigação:

— Como foi a consulta médica?

Gorete só chorou e correu para abraçar Flávia. Olhando para a filha, Douglas ficou no aguardo de alguma explicação.

— Bem... papai... Foi o de sempre — afirmou Flávia com gesto singular ao encolher os ombros em sinal de desalento. Prosseguindo com voz branda: — A mamãe não tem nada físico. Sua saúde é perfeita. Os exames realizados foram excelentes. Certamente o problema dela é outro, como sabemos, e o médico fez novo encaminhamento ao psiquiatra a fim de tratar das funções neurológicas.

— Eu não sou louca! — respondeu Gorete choramingando. — Vocês não acreditam em mim. Esse é o problema!

— Quer que acreditemos em que, mãe? — perguntou, com modos grosseiros, a jovem Kátia, que acabava de chegar de outro cômodo. — Se a senhora não tem nenhum problema de saúde, o que está errado? Por que chora e reclama tanto?

— Eles me agridem! Eles me maltratam! Eu escuto as risadas! — gritou Gorete, largando o abraço de Flávia que a acarinhava e, chorando, correu para o quarto.

A sós com as três filhas, o senhor Douglas respirou fundo e num gesto enfadado murmurou:

— Não sei mais o que fazer... Estou farto!

— O que a mamãe tem é depressão, papai — argumentou Flávia muito compreensiva.

Eliana Machado Coelho/Schellida

— Depressão do que, Flávia?! Depressão por quê?! — inquiriu Kátia nervosa por não aturar mais aquele estado emocional de que sua mãe vivia reclamando e chorando. Logo continuou: — Sabe o que eu acho, papai? Acho que a mamãe não teve e não tem uma ocupação útil. Ela não se esforça, não tem interesse por nada. Pessoas desocupadas só ficam remoendo o passado e chorando para atazanar os outros. Eu acredito que o senhor deu muita mordomia para ela. Se nossa mãe tivesse que trabalhar duro para sobreviver, eu gostaria de ver para quem iria reclamar de depressão? Queria vê-la ter tempo para depressão. Que droga!!! — expressou-se irritadiça. — Estou cheia! Cheia!!!

— Não fale assim de nossa mãe, Kátia! — alertou Renata com firmeza na voz. — Realmente você está cheia por comer demais! Olhe para si mesma antes de apontar o defeito dos outros. Se você, Kátia, não fosse criada na mordomia, se tivesse que trabalhar para sobreviver não seria tão obesa! — falou agressiva e impiedosa. — Quando disser algo, veja primeiro se o que diz não serve para você!

Kátia, ofegante, olhava para Renata expressando muito rancor, enquanto lágrimas corriam em sua face.

Aproximando-se de Kátia, Flávia tentou abraçá-la, mas a jovem esquivou-se, deu às costas e saiu correndo.

Com certo descontentamento, Flávia pediu à Renata, usando entonação branda na voz:

— Não fale assim com ela. A Kátia é jovem, sensível demais. Adolescentes tendem a se torturar com extrema facilidade. Você sabe disso, Renata. Que crueldade!

— Olha, Flávia, já fomos adolescentes e não agíamos como a Kátia. Ela desconta suas fraquezas, suas frustrações na comida. Depois fica infeliz e agride quem estiver pela frente, principalmente a nossa mãe. Aliás, eu não creio que a mamãe tenha problemas tão graves com a depressão. Acho mesmo é que seja algo espiritual.

— Já que entrou nesse assunto — interferiu o senhor Douglas, olhando-a firme —, diga-me uma coisa, Renata, você acredita mesmo na interferência dos espíritos em nossas vidas?

— Mas é claro, papai. Como explicar algumas coisas que nos acontece como... Por exemplo: Você sentiu uma simpatia inexplicável pelo Marcello

UM DIÁRIO NO TEMPO

hoje. Ele é um desconhecido para o senhor, na atual existência, mas é provável que vocês tivessem alguma ligação de amizade no passado. Quem sabe, em uma outra experiência de vida, o senhor o ajudou e hoje ele reapareceu para retribuir.

— Então como você explicaria o que sua mãe vem sofrendo? — tornou o pai muito atento.

— Bem... papai... — comentou Renata após refletir um pouco. — É difícil afirmar, mas eu creio que a mamãe sofre uma interferência de espíritos vingadores, sofredores ou brincalhões e por isso ela diz que se sente agredida, sente dores, chora sem razão...

— Por que isso acontece com ela e não comigo? — questionou o pai.

— Talvez pelo que ela tenha feito no passado e o senhor não. É provável que a mamãe, encarnada ou mesmo vivendo no plano espiritual, tenha feito algumas pessoas sofrerem e hoje eles retribuem da mesma forma agressiva.

Imediatamente Flávia atacou com ironia na fala branda:

— Então se prepare, Renata, minha irmã. A mesma agressão que você faz para a Kátia, criticando-a por se alimentar demais, por estar acima do peso e não trabalhar, você receberá de volta! "Olho por olho, dente por dente"!

Indignada, Flávia se retirou deixando a irmã e o pai na sala.

Renata, com muito conhecimento sobre o assunto em questão, ignorou a atitude de Flávia e continuou sua conversa com seu pai, oferecendo-lhe mais esclarecimentos sobre o assunto.

* * *

Na manhã seguinte, acompanhado de suas duas filhas, Renata e Flávia, o senhor Douglas seguia para a empresa e aproveitava o tempo gasto no trajeto para contar à Flávia sobre o mais novo funcionário da empresa, Marcello. A filha ouvia atenta e reparava na empolgação de seu pai pelo rapaz.

Já na sala da presidência, reuniam-se o senhor Douglas, as filhas e Marcello que foi apresentado à Flávia.

Depois de novas explicações do rapaz a respeito de seus projetos, o senhor Douglas solicitou:

329

Eliana Machado Coelho/Schellida

— Renata, conforme pedi ontem, quero que cuide da contratação do Marcello com a maior discrição. Pelo que entendi, os diretores não passam de "sanguessugas" acomodados.

— Pode deixar. Estarei no Recursos Humanos cuidando da admissão de Marcello. Quando ele estiver liberado — brincou —, se o senhor deixar, vou levá-lo para assinar os papeis de contratação e realizar o exame médico — avisou Renata sorrindo, saindo da sala em seguida.

Em seguida, Flávia declarou:

— Como eu disse para o meu pai, você ressaltou tão bem ao orientar que, muitas empresas familiares, quando passam pelo processo de sucessão, sofrem pelo perfil dos herdeiros não serem adequados, por isso entram em falência, geralmente — concordou Flávia bem ponderada, encarando-o de forma profissional, mas bem impressionada de alguma forma com o que ouviu dele. — Tenho de admitir, Marcello, que eu estou atuando de forma discreta aqui na empresa, principalmente pelo fato de não investir em mim mesma no que diz respeito a atualizações, pesquisas e muito mais.

— Disse a coisa certa, dona Flávia e...

— Marcello — interrompeu-o de imediato —, por favor, não me leve a mal, mas eu acredito que determinados tratamentos formais, neste caso, só atrapalham a nossa comunicação. Você se sentirá constrangido e eu também. Então me chame de Flávia, certo? — pediu sorrindo.

— Desculpe-me, Flávia — pediu ele retribuindo o sorriso. Mas com firmeza, olhando-a nos olhos, continuou: — Como eu ia perguntando: O quanto vale a sua importância social, Flávia?

— Muito! — respondeu rapidamente. — A minha aparência pessoal, o meu linguajar, o tom de minha voz, os meus conhecimentos colocados em prática, até as roupas que uso para trabalhar — sorriu ao falar —, incluindo o modo de eu pentear ou tingir os meus cabelos. Apesar de que não faço coloração alguma — riu gostosamente, fazendo-os acompanhar seu jeito espirituoso. — Tudo em mim oferece uma boa ou má impressão a meu respeito. Se eu não ficar atenta, não terei um bom conceito social e o que eu fizer ou representar não terá a atenção adequada nem uma boa reputação conforme o caso.

— Exatamente! Uma empresa é como uma pessoa. Se ela não tem o poder de influenciar, não terá uma boa reputação. Veja, você acompanha a moda para se vestir, mas é cautelosa aos exageros, tendo em vista o cargo que ocupa. Assim é uma empresa. Ela tem que acompanhar a tecnologia, a inovação e mostrar a sua capacidade, o seu potencial, sem baixar a qualidade ou inferiorizar o que produz.

O senhor Douglas ouvia atento. Ele sabia que sua filha Flávia possuía uma visão aguçada para os negócios e, só não estava mais atuante por ter de cuidar de Gorete, que necessitava de acompanhamento para as consultas médicas e terapias.

— O maior trunfo do sucesso que leva aos desejáveis lucros, vem da seguinte pergunta — prosseguiu Marcello muito profissional: — O quanto vale o conceito e o renome de sua empresa?

Flávia deu um leve sorriso. Não sabia responder exatamente, mas arriscou:

— Nosso problema não é a qualidade de nossos produtos nem a falta de propaganda. Temos um considerável investimento em marketing. O nosso problema é a queda nas vendas, mesmo com os preços mais adequados.

— Desculpe-me, Flávia, você não respondeu o quanto vale o conceito e o renome de sua empresa.

— Não sei responder a isso e não entendi a razão dessa pergunta.

— Então eu digo. O conceito dos produtos de sua empresa são bons, ótimos ou péssimos de acordo com a opinião de seus clientes, dos consumidores e o renome advém da divulgação, dos elogios.

— Como eu disse — replicou ela —, temos ótima qualidade e propaganda.

— Não. Não tem — afirmou Marcello com certa ousadia no olhar.

— Como pode comprovar isso? Nem conhece a nossa organização! — tornou ela educada, mas com certa audácia.

— Ontem eu pedi a seu pai para que me trouxesse só alguns modelos de copos, taças e peças diferentes de aparelhos de jantar ou chá.

— Estão aqui! — afirmou o presidente de imediato apontando para um canto onde havia uma mesa e tudo estava exposto.

— Ótimo! — exclamou Marcello. — Ontem, ao sair daqui, eu entrei em uma loja e sem olhar a marca, comprei algumas coisas que me agradaram. Veja — falou abrindo uma caixa que trouxe consigo. — Por incrível que pareça nenhuma pertence à marca de sua indústria. Esse copo é simples, mas o desenho é moderno. Nessa peça a cor é a da moda...

Eliana Machado Coelho/Schellida

O rapaz foi apontando o que mais o atraiu para adquirir tudo aquilo. Intimamente, Marcello queria impressionar, causar um choque para comprovar seu empenho e talento.

Flávia ficou preocupada ao observar as peças. Marcello tinha razão! A aparência dos produtos industriais das concorrentes eram bem modernos, mais atraentes.

— Esse é um dos inúmeros problemas das empresas familiares — disse Marcello sempre tranqüilo. — Os herdeiros opinam com base em seus gostos pessoais ou não têm tempo para acompanhar de perto o que muda no mundo, no mercado e na opinião dos clientes. Então diretores, gerentes e encarregados, quase sempre acomodados e indicados para os cargos que ocupam por predileção e não por competência, opinam com a preocupação de só propagar e vender. Isso não é tudo, se me permitirem liberdade total, vou entrevistar desde os faxineiros, porteiros, os artesãos nas fábricas até as secretárias, gerentes e diretores e encontrarei o que atravanca o sucesso de suas vendas.

— Você é muito ousado, Marcello! — afirmou Flávia séria, com convicção no tom seguro de sua voz suave. Em seguida gargalhou ao admitir: — Como somos cegos!!! Eu adorei o modelo desta xícara — disse rodeando a peça entre as mãos. — Olhe o modelo, o desenho, a cor!... Não acredito que estou adorando os produtos dos concorrentes! — riu novamente de um jeito gostoso que fez com que Marcello se recordasse do riso de sua mãe, apesar da raridade com que Nicolle ria animada.

Sem perceber, Marcello se surpreendeu murmurando:

— Nossa!...

— O que disse? — quis saber o senhor Douglas com largo sorriso no rosto.

— Nada. Não foi nada... — intimidou-se o rapaz que corou.

— Ah! Eu quero saber! — insistiu o senhor. — Por que se admirou?

— É uma coisa sem importância, senhor Douglas. Desculpe-me... mas... se quer saber... Eu achei curioso o jeito da Flávia gargalhar. Fez-me lembrar minha mãe. As poucas vezes que vi minha mãe rir, foi exatamente assim como ela fez. Puxa! Fiquei impressionado, só isso.

— A senhora sua mãe é viva? — perguntou o presidente da empresa.

— Sim. Graças a Deus. Tenho duas irmãs, e minha mãe, após ficar viúva, entristeceu, perdeu o brilho, o riso... — Ligeiro, Marcello se corrigiu: — Desculpe-me, não deveria falar de meus particulares.

Flávia ainda admirava as peças trazidas por Marcello e não prestava atenção na conversa, distraía-se com a comparação.

* * *

Em poucos meses Marcello transformou a indústria do senhor Douglas. Após cortar despesas, dispensar os funcionários que não correspondiam às exigências de suas funções, incluindo diretores e gerentes. Contratou especialistas para determinadas áreas de desenvolvimento tecnológico e focou a produção em produtos específicos de elevado consumo. Visitou clientes distribuidores, chegando ao nível de exportações.

Foi uma verdadeira reviravolta para a satisfação de todos, principalmente do presidente.

Flávia, por determinação de seu pai, acompanhava-o em tudo, sem perceber que o vínculo de companheirismo profissional passou a ser de amizade pessoal.

Quem não estava satisfeita com o que via era Renata que, apesar de noiva de um dos diretores, sentia forte atração por Marcello.

Ele tornou-se o funcionário de maior confiança do senhor Douglas e passou a ser considerado como um membro da família. Era convidado constantemente para visitar sua luxuosa residência e acabou conhecendo um pouco mais da personalidade de cada um.

O conceituado empresário, considerava Marcello como um filho.

Em uma das vezes em que visitou a residência do presidente por causa de uma recepção pelo aniversário de Flávia, Marcello ficou comovido com a depressão em que Gorete apresentava e ofereceu atenção especial à esposa do anfitrião.

— Mas qual o motivo de tanta tristeza, dona Gorete? — perguntava o rapaz com ternura na voz, sentando-se ao lado daquela senhora.

— É essa casa.

— Como assim? — tornou Marcello.

— Desde quando vim morar aqui, depois que me casei com o Douglas, minha sogra foi muito cruel comigo. Se eu contar, você não vai acreditar do que ela e eu fomos capazes — A mulher falava apresentando um comportamento estranho, demonstrando desequilíbrio. Olhava para os lados a fim de ter a certeza de que ninguém mais ouvia a conversa.

Eliana Machado Coelho/Schellida

— Mas a sogra da senhora já é falecida, não é?

— Ninguém morre, meu filho! — exclamou sussurrando. — Minha sogra me atormenta até hoje! É horrível! Ela e os outros também. Todo mundo pensa que sou louca, mas não sou e você sabe.

— Claro! — respondeu por cortesia. Mas em pensamento Marcello se questionava como o senhor Douglas poderia ter uma esposa tão desequilibrada. Ela não deveria ser assim, quando mais jovem.

— Ei! Não diga isso só para me agradar — falou Gorete surpreendendo-o ao adivinhar seus pensamentos. — Quer ver como você sabe que eu não estou louca? — Marcello permaneceu em silêncio e Gorete, sorrindo, continuou: — Eu sei dos seus sonhos! Você tem muitos espíritos que o ajudam e sabe disso. — Diante da perplexidade do rapaz, Gorete completou: — Nesses sonhos esses espíritos te avisam de algumas coisas, falam pedacinhos do seu futuro, das tentações, das decepções e das dificuldades que virão à tona com algumas revelações assustadoras! Assombrosas! Existe uma mulher linda! Ela o ama tanto...!

— Do que a senhora está falando? — perguntou ele com voz trêmula.

— Da sua missão aqui na Terra. Podem ter interferido no seu destino, mas tudo tem um propósito. A mulher bonita, que fala com você, é uma de suas protetoras. Ela foi negra, aleijada e tinha uma missão. O homem cheio de luz é o seu pai, ou melhor, ele foi o seu pai que, com o coração aos pedaços, colocou você no caminho de sua missão. Agora, a mulher que chora e é toda esfarrapada... Olha, toma cuidado! Ela foi sua mãe e está arrependida de muitas coisas erradas que fez a você e agora, quando o vê nos braços da mãe verdadeira, ela chora. Ela chora e pode deixá-lo desequilibrado, louco... quer... que se mate, quando tiver um motivo grande para isso. Cuidado com esse desejo.

Gorete se calou, sorriu e observou Marcello que estava pálido e atordoado com o que ouvia. Passados poucos minutos, ela perguntou:

— Viu como eu não sou louca? Acredita agora que falei tudo o que você não contou totalmente para alguém? — Diante do silêncio, prosseguiu: — E tem mais, você pensa que sua mãe gosta mais das suas irmãs do que de você, pois ela não respeita os seus direitos. Marcello, eu sei que você saiu de casa porque não queria viver sob o domínio de sua mãe, que guarda um grande segredo. Sabe que ela tem medo de encontrar o seu pai, coisa que será inevitável. — Olhado bem firme para o rapaz, ainda concluiu, sussurrando para impressioná-lo mais: — No fundo você quer conhecer o seu pai, mas diz que não porque acha que um homem com dignidade não abandonaria uma mulher que esperava um filho dele, porque isso é atitude de um cafajeste. Cuidado com a loucura momentânea, pois você pode não dar o apoio à mulher que ama no momento em que ela mais precisar de sua presença, assim como fez o seu pai.

— Como a senhora sabe disso? — perguntou quase murmurando.

— Porque os espíritos me falam — sussurrou. — Eu os vejo. Alguns são bons e repletos de luz como esses que te acompanham e eu os ouço e vejo só quando eles querem. Mas é tão triste viver acompanhada de tantos outros que são maus e me fazem sofrer — começou a chorar.

— Não fique assim, dona Gorete. Isso vai passar — falou de modo mecânico, pois estava aturdido com o que ouviu, apesar de algumas coisas não terem um sentido muito claro.

— Não, Marcello. Não vai passar. Não sabe o que eu fiz para merecer isso.

Ainda pálido, o rapaz nada disse pelo fato de Renata se aproximar e Gorete se calar imediatamente.

— Abandonaram você aí, Marcello? — perguntou de modo amistoso. Sentando-se ao seu lado, pediu: — Desculpe minha mãe se ela o incomoda. Eu sei que ninguém gosta de ouvir lamentações.

— Não, Renata. Ela não estava se lamentando. Falávamos sobre mim.

— Isso é difícil, hein! Minha mãe precisa de um tratamento especial.

— Não tenho cura, filha. Tenho muitos perseguidores — avisou Gorete. — E quanto a você, Marcello, só vai encontrar a verdade com sua tia, se é que ela terá tempo de te falar.

— Minha tia?

— A verdade é mais complexa do que você imagina. Mas existem grandes provações para você e sua amada enfrentarem juntos. Juntos, viu?

— Não ligue para ela, por favor — pediu Renata com educação e constrangimento nítido. Em seguida, propôs: — Vamos até a outra sala onde todos estão reunidos?

Educado, Marcello estendeu a mão para Gorete que, apesar de bem mais nova do que o marido, possuía dificuldades até para se locomover agilmente.

Eliana Machado Coelho/Schellida

Mesmo tentando manter as aparências, Marcello estava pasmado com o que ouviu de Gorete. Atordoado ainda, quase não prestava atenção na comemoração do aniversário de Flávia. Ele não conseguia imaginar como Gorete poderia saber de seus mais íntimos segredos, planos e dúvidas. Recordou-se de quando, ainda na Itália e em conversa com seu tio Marco, falou-lhe que teria outros objetivos na vida, que teria uma missão e não ficaria ali trabalhando para se esconder do mundo. Lembrou-se de inúmeras coisas relacionadas ao que Gorete havia falado. Tudo o deixou bem abalado, principalmente por ela descrever dona Josefina sem tê-la conhecido ou ouvido falar, por mencionar sobre o segredo de sua mãe e o quanto isso o afetava.

Em meio aos pensamentos de questões conflitantes, Marcello foi surpreendido pela aniversariante, que se aproximou sorrindo, e deixou as idéias aquietarem, pois Flávia merecia toda sua atenção.

— Está gostando da recepção? — quis saber Flávia.

— Lógico! Está ótima! Parabéns duas vezes!

— Não foi idéia minha comemorarmos o meu aniversário, que a propósito foi há dois dias, mas meu pai faz questão e eu acho que não preciso contrariá-lo. — Subitamente Flávia perguntou: — Quando você fará aniversário, Marcello?

Estampando largo sorriso no rosto atraente, ele respondeu achando graça:

— Hoje.

— Não acredito!!! — quase gritou Flávia que era observada a certa distância por Renata. — Gente!!! — anunciou a aniversariante enlaçando o seu braço ao de Marcello e o levando para um lugar de destaque, completando: — Tenho com quem dividir a festa! O Marcello faz aniversário hoje! Vamos parabenizá-lo também!!!

O senhor Douglas foi o primeiro a acercar-se do rapaz para abraçá-lo e reclamou por não tê-lo avisado. Os demais seguiram alegremente com os cumprimentos.

Marcello ficou um tanto constrangido, a princípio, mas em seguida se animou e pareceu bem à vontade.

* * *

O tempo foi passando e a amizade começava a ocupar mais espaço do que o profissionalismo. Flávia e Marcello se entendiam muito bem em todos os sentidos.

Após leves batidas à porta, Flávia entrou na sala que Marcello ocupava na empresa e o aguardou terminar uma conversa ao telefone, pois ele gesticulou para ela ficar e se sentar. Ao término do telefonema, Flávia se admirou:

— Nossa! Como você fala bem o idioma italiano.

— Sou brasileiro, mas fui criado na Itália e minha mãe é italiana, mas foi criada no Brasil — riu com prazer ao se explicar.

— Nossa, não sei muito sobre você, Marcello. Quase não o deixo falar de sua família, de seus particulares, não é? — perguntou educada, por simples curiosidade.

— Acho que nesses meses que estou aqui, nós dois nos empenhamos tanto para construir modelos de liderança, inovar com estratégias especiais e tantas outras coisas que não tivemos tempo para conversarmos sobre nossas vidas... ou... nos conhecermos melhor... — tornou ele com certas pretensões ocultas e sentindo o coração acelerado.

— Agora estamos mais tranqüilos — avisou a moça com leve sorriso. — Se quiser conversar...

Marcello sorriu e gostou do interesse de Flávia, mesmo assim, perguntou:

— Não vou incomodá-la?

— Lógico que não!

Com os olhos brilhantes, irradiando vida, Marcello contou:

— Meus avós vieram para o Brasil em meados da Segunda Guerra. Trouxeram as duas filhas, minha tia Rossiani e minha mãe. Aqui eles tiveram mais uma filha, minha tia Danielle. Meu avô tinha um sítio produtivo perto de Juquitiba...

— Ah! Meu pai já teve uma fazenda lá. Fiquei tão chateada, quando a vendeu. Eu adorava aquele lugar. Não sei por que... — disse Flávia interrompendo-o por forte impulso que a dominou.

— Vai ver que seu pai era vizinho de meus avós! — brincou o rapaz intuitivamente. — Durante o governo militar, meu avô decidiu retornar para a Itália, mas minha tia Rossiani estava casada e decidiu ficar aqui junto com seu marido, e minha mãe não quis acompanhar meus avós. — Marcello fez

Eliana Machado Coelho/Schellida

breve pausa, ficou pensativo e comentou: — Aconteceram muitas coisas desagradáveis... Outra hora conto em detalhes, mas resumindo... minha mãe era solteira quando namorou e ficou grávida do namorado... Ah! — riu contando de um jeito maroto. — Ela não admite que se fale nesse assunto, pois isso para ela é um verdadeiro escândalo! Um pecado! — riu novamente. — Ela e minha tia se mudaram para Mogi das Cruzes onde eu nasci. Depois elas voltaram para a Itália, quando eu tinha pouco mais de um mês.

— E seus avós eram conservadores? Brigaram com sua mãe?

— Nossa!!! — exclamou, jogando-se para trás com a cadeira. — Você não sabe como é um escândalo verdadeiramente italiano! — gargalhou. — Ele berrou como nunca! Minha avó diz que ouviram seus gritos dos vinhedos até a cidade. Mas, como todo coração italiano é bondoso, meu avô berrou novamente para não sairmos do vinhedo.

— Antigamente uma mãe solteira era algo abominável, posso imaginar... Mas se sua mãe não gosta, evite falar sobre esse assunto, será melhor — ela aconselhou sorrindo. Depois perguntou: — Seu avô tinha um vinhedo? Deve ser linda uma plantação de uvas.

— E como! Meu avô tinha um vinhedo sim. Ele adorava aquelas terras. A época de vindimar é a mais gostosa! Eu adorava!

— Vindimar? O que é isso?

— É a colheita, apanhar as uvas maduras. Nós falamos que é o tempo de vindimar as vinhas.

— Ah... Entendi. Então vai, continua! — pediu empolgada.

— Eu adorava meu avô. Ele foi meu pai. É por isso que digo: "Por mais resistente que seja uma muralha de pedras, ela não consegue resistir à brisa do amor, quando a alma que sopra se torna nobre" — falou de forma romântica.

— Que linda frase! É sua?

— Sim. Meu avô era uma rocha, mas diante de tudo que o rodeava, ele se derretia... — brincou para fazê-la entender o motivo da frase. Com uma ponta de saudade, admitiu: — Ele e minha avó me mimaram tanto... Eu o amei tanto! Sofri muito, quando ele faleceu... — sua voz estremeceu e Marcello fugiu-lhe o olhar marejado.

Flávia, emocionada e com um brilho especial no olhar, silenciou e só pendeu a cabeça positivamente como se o entendesse.

— Minha mãe se casou — prosseguiu sem encará-la. — Daí nasceram minhas irmãs, Viviani e Cíntia. Mas, quando elas eram ainda pequenas, o senhor Leonardo também faleceu. Perto de minha mãe eu digo que ele era o meu pai. Entretanto não consigo conceber essa idéia apesar dele ter me respeitado e me tratado como seu filho.

A conversa continuou e Marcello contou vários detalhes sobre sua vida e sua família, até que mencionou:

— Qualquer dia eu a levo para ver como é o trabalho de minha mãe. O cultivo das flores e plantas em grandes estufas é bem interessante. Vai gostar de conhecer, se quiser, claro!

— Adoro flores!

— Quem adora flores? — perguntou o senhor Douglas, que entrou quase sem ser percebido.

— Eu, papai. Eu adoro flores! — disse Flávia virando-se

O homem se aproximou e a beijou na testa dizendo:

— Você é uma flor, filha!

Renata, que o acompanhava, sorriu ao observar a cena.

— O Marcello estava me contando um pouco de sua vida — comentou Flávia.

— Estou surpreso, Marcello! Você nunca fala de sua família!

— São todos italianos! — contou Flávia antecipando-se. — Só ele nasceu no Brasil, mas cresceu na Itália. Por isso domina tão bem os dois idiomas. Depois que o pai morreu, ele, a mãe e as irmãs resolveram voltar para o Brasil e ela montou um negócio de flores.

— Que interessante! — observou o senhor sem dar muita importância. Apenas por curiosidade perguntou: — Suas irmãs ajudam sua mãe?

— Sim. A Viviani cursa Agronomia na universidade e ajuda minha mãe. Ela adora o que faz! Já a Cíntia estudou Letras e dá aula em duas escolas, ela não gosta de morar lá, mas... Bem... é melhor que ela fique sob as vistas de nossa mãe, pois ainda não se encontrou e nunca está satisfeita com nada.

— Sempre temos uma ovelha negra na família — disse o senhor.

— Ora, papai! — reclamou Renata.

— Você sempre defendendo o seu irmão, Renata! — tornou o homem. Voltando-se para Marcello, explicou: — Ele é mais velho do que a Kátia e não quer saber de nada com nada!

Eliana Machado Coelho/Schellida

— Falando em idade — interrompeu Flávia para aliviar o assunto —, a sua mãe deve ter ficado chateada, quando o meu pai praticamente o intimou a ir à festa de meu aniversário, justo no dia do seu aniversário, não foi, Marcello?

— Não se preocupe com isso! Não tem problema algum — embaraçou-se o rapaz lembrando-se da longa reclamação de sua mãe, que ficou muito contrariada, apesar de suas explicações. — É interessante fazermos aniversário quase no mesmo dia.

— Então você nasceu dois dias depois da Flávia. É praticamente um ano mais novo do que ela! Realmente é interessante! — comentou o senhor Douglas.

— Eeeeh! Vamos parar de falar sobre idade? — pediu Renata sorrindo. Lembrando em seguida: — Viemos aqui para falarmos sobre a reunião de logo mais com os possíveis novos fornecedores.

— É verdade! — concordou o presidente da empresa.

O assunto seguiu sobre qual a melhor posição e, bem atento, Marcello se precavia com os cuidados a tomar ao mesmo tempo que ampliava sua visão para erguer ainda mais aquela empresa, aumentando a produção e o capital. Afinal, esse era o seu trabalho.

21

A força da paixão

Pela janela, Flávia admirava o lindo pôr-do-sol onde o céu, com rajadas de cores diversas, enfeitava os últimos minutos do astro rei.

Ela sentia como se uma alegria interior gritasse em seu peito, pois pensava em Marcello.

Flávia, inebriada, lembrava seu sorriso constante, os negros olhos vivos destacados no rosto bem feito com a barba escanhoada que lhe dava um aspecto quase azulado na pela clara. Admirava seu perfil elegante, alto e de impecável postura.

Trabalhavam bem próximos havia mais de um ano. Conhecia um pouco mais da vida dele. Sabia que Marcello não tinha namorada. Ela achava estranho um rapaz tão bonito como ele não ter alguém. Flávia acreditava que, pela sua inteligência e visão aguçada, certamente ele seria exigente, principalmente com relação a moral de sua futura companheira.

Flávia alegrava-se e sonhava acordada.

Entrando na sala sem se anunciar, Renata ficou parada após os primeiros passos sem ser percebida pela irmã. Longos minutos de observação em que só olhou o suave sorriso no rosto de sua irmã, Renata perguntou:

— Feliz com o quê?

— Ai! Que susto Renata! — reclamou a irmã.

Eliana Machado Coelho/Schellida

— Não se detenha, Flávia. Exija da vida o que é seu. Não se satisfaça só com os sonhos.

Havia alguma coisa diferente no tom da voz de Renata que Flávia não conseguiu entender e perguntou:

— Do que está falando?

— De você não viver de ilusões. — Caminhando alguns passos, mexeu em objetos sobre a mesa e depois explicou: — O Rogério só estuda e viaja, conhece o mundo todo! O Júnior sabe que tenho dó dele, vive das migalhas que lhe damos. Nós duas carregamos esta empresa nas costas, bem ou mal, mas carregamos. Nos momentos mais difíceis, há quase um ano, nosso pai estava pensando em vender tudo isso, ou simplesmente fechar. Lembra-se?

— Sim. Como esquecer?

— Mas nosso pai tem suas reservas que são de grande valor, posso garantir. Isso significaria que nós duas viveríamos das esmolas de nosso pai, ou míseras empregadas em algum lugar qualquer, pois se não fosse a abençoada contratação do Marcello, que destemidamente inovou tudo, nós duas estaríamos sem nada. Então pense comigo. O pai pouco se importava conosco quando pensou em vender ou fechar esta empresa, não foi?

— Por que diz isso? — questionou Flávia diante do enigmático e diferente tom na voz da irmã que passava a exprimir indignação com certa revolta, apesar do tom suave.

Finalmente Renata se apresentava com sua verdadeira personalidade, pois foi com sorriso malicioso que respondeu:

— Com a venda da empresa, somado aos valores de seus investimentos, o pai poderia viver confortavelmente até o fim da vida. Mas, e nós? — Sem esperar por uma resposta, prosseguiu: — Logicamente estaríamos sem emprego, ou trabalhando como míseras contratadas em alguma empresa por aí!

— Qual o problema em sermos empregadas em vez de empresárias? — tornou Flávia.

— O problema é que não nascemos para sermos subordinadas!

— O Marcello é um empregado desta empresa e muito bem conceituado pela sua capacidade. Por que não poderíamos ser como ele?

— Ora, Flávia! Não posso negar a competência dele que sempre atua com uma visão futurista. Em quase um ano aqui, ele mudou tudo! Foi a coisa mais útil que nos aconteceu. Sem o Marcello gerenciando os projetos, estaríamos "quebrados". Só que tem uma coisa: o Marcello é reconhecido e bem considerado pelo nosso pai. Trabalhando em outra empresa, será que nós duas teríamos a mesma capacidade e o mesmo reconhecimento?

Flávia, com o semblante sério, estava pensativa e algo preocupada.

— Sabe, minha irmã — continuou Renata acercando-se de Flávia —, acho bom nós duas nos unirmos e não ficarmos só no sonho.

— O que você quer dizer, Renata?

— Nosso pai parece enfeitiçado pelo Marcello. É algo impressionante!

— E?...

— Flávia! Não seja ingênua! Nosso pai é bem capaz de passar para o Marcello todos os poderes da nossa empresa! Acorda!

— Francamente, Renata, você está delirando!

— Examine friamente a situação sem a interferência de qualquer emoção. Sem se deixar levar por qualquer sentimento que tenha por ele. Você sabia que nosso pai deserdou o nosso irmão Júnior de seu testamento?

— Papai não faria isso!

— Já está feito! Acorde, Flávia! Sabe para quem o pai deixou a parte do Júnior?

— Não.

— Para o Rogério que nem vive aqui!

— O Rogério está estudando e trabalhando também.

— Conversa, Flávia! Conversa! Precisamos garantir mais domínio, mais respeito sobre o que é nosso.

— Como você soube disso, Renata?

— O Paulo, meu adorável noivo, me contou. O advogado de nosso pai precisou de dados empresariais. Como nosso pai não estava, o Paulo o atendeu. Após passar as informações, ele perguntou sutilmente o motivo e, quase sem querer, o advogado revelou a razão. O Paulo disse que, pelo jeito, tem mais coisa por trás disso.

— O papai não é louco. Não acredito que ele queira fazer do Marcello o presidente da nossa empresa.

— Você duvida? Pois fique aí parada pagando para ver quem vai acabar no olho da rua! — Alguns minutos de silêncio e Renata argumentou: — Flávia, o nosso pai nunca encarou de frente qualquer situação difícil. Ele

Eliana Machado Coelho/Schellida

sempre foge das responsabilidades e as delega para alguém. Desde a época em que o nosso avô era vivo e tocava essa empresa com punho de ferro, o nosso pai era acomodado. Quando o vô morreu, o grande monopólio que tínhamos, afundou por culpa do pai.

— Talvez nosso pai perdesse a motivação.

— Ora!... Se não fosse pelo Rogério, no início, depois por mim e você, não teríamos mais nada. É por isso que eu me preocupo. O pai não liga para nada disso aqui pelo fato de ter o seu futuro certo e garantido! Pense! Se ele der a presidência nas mãos do Marcello, quem poderá nos garantir? Tudo bem que o rapaz é competente, mas é ganancioso! Você não pode negar isso!

— O Marcello não é assim, e o papai não fará isso, Renata! — exclamou inquieta.

— Como não?! Veja tudo o que o Marcello fez aqui! Veja como magnetizou nosso pai que lhe deu total autonomia para fazer o que bem quiser, sem sequer consultá-lo!

Nesse ponto da conversa Renata não era mais a mesma. Ostentava uma terrível insatisfação e energia nas palavras que deixavam Flávia confusa e lutando com os próprios pensamentos.

— Renata, não seria melhor conversarmos com o papai?

— Você está brincando comigo? Quando foi que nosso pai nos ouviu? Sabe, eu estou cansada de manter as aparências. O pai não dá a mínima importância à depressão obsessiva da mãe, não tem a menor consideração pelo Júnior, que precisa de mais ajuda psicológica do que ela.

— Ora, por favor, Renata! Não comece!

— A mãe sofre tormentos espirituais! Você não acredita porque não conhece. Ela está rodeada de espíritos sofredores e vingativos pelo que fez no passado, você bem sabe!

— Olha, só porque você estuda Espiritismo vai me dizer que...

— Eu não só estudo! Já fiz todos os cursos. Além disso, eu faço parte da diretoria de um centro Espírita — interrompeu com arrogância. — Sei muito bem do que estou falando!

— Renata, não quero discutir com você. Agora não é um bom momento para conversarmos.

Leves batidas à porta entreaberta e logo a voz de Marcello soou grave:

UM DIÁRIO NO TEMPO

— Com licença! Posso entrar?

— Claro! — exclamou Renata, sorridente, transformando-se imediatamente.

Flávia, ainda séria, balançava a cabeça negativamente opondo-se aos argumentos da irmã.

Observando o semblante da moça, Marcello perguntou com cautela:

— Interrompo alguma coisa?

— Não. De forma alguma — afirmou Flávia que, não se contendo, perguntou: — Marcello, você acredita que os espíritos interfiram em nossas vidas? Que os mortos nos influenciem até nos sonhos?

— Na verdade, esse assunto me interessa muito. Já andei lendo a respeito e considerei algumas explicações, baseando-me no campo da Ciência e da Filosofia.

— Ah, não! Marcello... Até você?! Não me decepcione — lamentou Flávia com um tom de desilusão.

— É sério, Flávia — insistiu ele com tranqüilidade. — Até Platão, Sócrates e outros já falavam disso, mencionavam a reencarnação.

— Eu creio em Deus, em Jesus, mas não consigo aceitar algumas colocações da Renata.

— Se você acredita em Jesus, então fica fácil — argumentou Marcello.

— Como assim? — quis saber Flávia.

— Na Bíblia, no Evangelho segundo São Mateus, em dois lugares Jesus Cristo diz que João Batista é Elias. No capítulo 11 versículo de 13 a 15. Depois, na transfiguração, no capítulo 17 Jesus conversa com Moisés e Elias, que já estão mortos, então são espíritos.

Flávia sentou-se, suspirou fundo e pendeu a cabeça segurando-a com as mãos. Subitamente questionou:

— Você ficou decorando isso?

— *Ma che cosa, bella!* — falou Marcello gesticulando. — *Perdono... Ma, vediamo... Ecco mi! Um italo-brasiliano cameriere, prodotto di un buono cattolicesimo! Non è vero?*

— Ah! Por favor — pediu Flávia, rindo. — Não me humilhe tanto! Traduza isso ou pensarei que está me ofendendo. Você fala muito rápido!

Após uma gargalhada gostosa, Marcello traduziu:

Eliana Machado Coelho/Schellida

— Eu disse: "Mas que coisa, querida!"

— Você falou bela e não querida — advertiu Renata.

— "*Bella*" significa uma moça bonita, uma mulher bonita. O que a Flávia não deixa de ser! — Flávia ficou corada, sentindo o rosto aquecer imediatamente pelo olhar cristalino e firme de Marcello que invadiu sua alma por segundos e o tom amável imposto na voz. Em seguida, ele tornou a explicar: — Mas eu usei o termo "*bella*" no sentido de amizade, um termo familiar que significa: querida. Num sentido mais figurado "*bella*" pode significar namorada ou noiva.

— Ah! Eu não sabia — considerou Renata com incrível desfaçatez.

— Então voltemos — prosseguiu Marcello, sempre brincando —, eu disse: "Mas que coisa, querida! Perdão... Mas vejamos... Aqui estou! Um ítalo-brasileiro criado, produto de um bom catolicismo! Não é verdade?" Eu ia continuar, mas fui interrompido.

— O que ia dizer mais? — interessou-se Renata com maciez no tom de voz, sorrindo constantemente.

— Já viram um italiano, ou alguém como eu, que foi criado na Itália sob o rigoroso regime Católico Apostólico Romano, não conhecer o Evangelho de Nosso Senhor Jesus Cristo?

— O conhecimento do Evangelho nos ajuda muito no estudo da Doutrina Espírita, não é?

— Perdão, Renata — pediu o rapaz. — Eu não estudei como deveria. Só tenho um pouquinho de conhecimento. É algo que me interessa, uma vez que venho descobrindo explicações e interpretações lógicas para o desenvolvimento do conhecimento e do raciocínio.

Marcello parecia disposto a continuar com a conversa, mas percebeu que Flávia não parecia bem.

Nesse instante, Paulo, o noivo de Renata, anunciou-se com leves batidas à porta.

— E aí, pessoal? — perguntou o rapaz com serenidade.

— Oi, meu amor! Entre! — pediu Renata.

— Vim buscá-la — tornou ele. — Combinamos de sair hoje, você se esqueceu?

— Não, meu bem — respondeu ela aproximando-se e explicou: — Nós começamos a conversar e, de repente, o assunto ficou animado. — Virando-se

UM DIÁRIO NO TEMPO

para Flávia, Renata ainda informou: — Ah! Esqueci de avisá-la. Eu emprestei o meu carro para o Júnior e...

— Puxa vida, Renata! Se eu soubesse, teria ido embora com o papai! — reclamou a irmã bem descontente e irritada.

— Desculpe-me, Flávia, mas... Pegue um táxi! — sugeriu a outra.

— Se esse é o problema, e se não se importar, eu a deixo em casa, Flávia — propôs Marcello disposto.

Sem perceber, Flávia mudou completamente parecendo iluminar-se e, ao sorrir, perguntou:

— Não vou incomodá-lo?

— Não! De modo algum!

Não demonstrando gestos ou expressões na face que a denunciassem, Renata sentiu-se esquentar. Ambiciosa e repleta de desejos malignos, escondia-se no sorriso lindo e constante, modos extremamente educados e fala mansa. Repentinamente interferiu:

— Não dê mais trabalho ao Marcello, Flávia. Ele já se dedicou muito por hoje.

— Imagine, Renata! — exclamou Marcello. Virando-se para Flávia disse: — Se estiver pronta, podemos ir. Será um prazer! — sorriu satisfeito.

— Lógico! Vamos — concordou a jovem.

Renata não disse nada, só se despediu quase sisuda, irritada por não controlar a situação.

* * *

No trajeto, enquanto enfrentavam a lentidão do trânsito, Marcello e Flávia conversavam sobre diversos assuntos. Até que ela comentou:

— Desculpe-me por ficar calada e insatisfeita com aquele assunto sobre espíritos. Não tenho conhecimento e... Diga-me uma coisa, você acredita mesmo que espíritos podem interferir em nossas vidas?

— Até onde eu entendi, acredito. Mas isso só acontece se você admitir que eles o façam.

— A Renata vive falando disso, mas... não sei... Suas atitudes, o jeito como ela fala... É como se fosse a dona da verdade. Ao ouvi-la, tenho a impressão de que os espíritos são os donos das nossas opiniões e dificuldades pessoais.

Eliana Machado Coelho/Schellida

— Não é bem assim. Os espíritos são as almas dos que já partiram desse plano e só se aproximam de alguém que vive encarnado por concordar, por apreciar a vida moral dessa pessoa.

— Marcello, você sabe que minha mãe sofre de depressão profunda e a Renata insiste em dizer que é algo espiritual. Você acredita nisso?

— Eu entendo que todo desequilíbrio é causado pelo descontrole, pelas conclusões desfavoráveis ou precipitadas e sem o bom-senso da pessoa que acaba perdendo a razão. Acredita que só o que ela faz é o correto e tudo o que pensa e realiza está isento de erros. Quando uma pessoa possui uma fraqueza e se torna fascinada por isso, é preocupante, pois isso pode levá-la a extremos e todo extremo é prejudicial.

— Aonde quer chegar, Marcello?

— Deixe-me dar um exemplo: Existem pessoas que são fascinadas por esportes e exigem do próprio corpo mais do que ele pode suportar e nem se dão conta disso. Isso é um desequilíbrio, é uma fraqueza, certo?

— Certo, mas...

— Espere — pediu ele educadamente —, outro exemplo são os intelectuais como: matemáticos, físicos, químicos, músicos entre outros que são fascinados por estudos e aperfeiçoamentos. Eles até agridem os que querem chamá-los à razão. Há pessoas religiosas fanáticas que chegam ao desequilíbrio extremo de quererem converter a todos e ainda outros que até matam em nome da fé. O mesmo acontece com as pessoas que têm excesso de desejos, preocupações e medos, acabam se tornando escravos do descontrole emocional, da fobia e síndromes diversas como a síndrome do pânico, fobia social, solidão e outras. Os desejos extremos, preocupações excessivas, ansiedades, medos sem controle, a fascinação pela prática de esporte, pela religião ou pelo estudo; incluindo o fanatismo de torcer por um time e tudo o que não se tem controle, é cientificamente comprovado uma predisposição orgânica do cérebro, da mente para aquela prática descontrolada, para aquela idéia fixa. Isso leva o indivíduo à loucura. Então, quando alguém se dispõe a ficar triste, a comer demais, beber em excesso e muitas outras coisas, atrai para junto de si aqueles espíritos que, quando encarnados, gostavam de fazer o mesmo.

— Ah, então não são só os espíritos os causadores de nossos males! Não são eles que deixam minha mãe com depressão!

— Não sou médico, psicólogo ou coisa assim, mas acredito que, quando você não quer, você não faz. Mas para isso é preciso muita determinação, disciplina e desvio da atenção para coisas saudáveis. E com a depressão não deve ser diferente. Existem fatores químicos no organismo que podem ser favoráveis à depressão, assim como existem inúmeras doenças consideradas incuráveis, mas que o poder do pensamento, a fé fizeram com que desaparecessem. Se estamos tristes por um motivo justo, é aceitável, mas esse período de tristeza deve passar. Mas se estamos tristes sem qualquer razão, é talvez falta de se determinar a sair dessa tristeza. E se essa tristeza tiver uma origem de disfunções orgânicas, é aceitável e pode ser tratada desde que a pessoa se determine.

— Você acha que existem pessoas que gostam de ser tristes sem razão?

— Sim. Para chamar a atenção, para serem servidas.

— Isso faz sentido — considerou Flávia pensativa.

— Mas o caso da sua mãe é algo para ser bem analisado e tratado. Não generalize.

— Marcello, você a conhece bem, não preciso narrar detalhes... — desabafou Flávia. — Sabe... às vezes, parece que sou a única a ter paciência com ela, mas... Não quero admitir que... Puxa! Está sendo difícil para mim. Não agüento mais!

— Flávia, espere — pediu receoso. — A sua mãe tem depressão, mas não é só isso. De alguma forma, a dona Gorete capta ou recebe informações do mundo espiritual.

— Marcello... — murmurou decepcionada.

— Calma. Deixe-me contar uma coisa.

Marcello narrou exatamente o que aconteceu, quando conversou com Gorete no dia da comemoração do aniversário de Flávia. Em certo momento, ao sentir as lágrimas brotarem em seus olhos, ele desviou-se do trajeto e procurou uma rua para estacionar o carro. Olhou para Flávia e confessou emocionado:

— Sua mãe não poderia ter adivinhado tudo aquilo. Era algo muito íntimo. Eram pensamentos e dúvidas que me acompanham há anos...

As lágrimas não puderam ser contidas e Marcello deteve as palavras ao secar o rosto, parecendo envergonhado.

Eliana Machado Coelho/Schellida

Num impulso, Flávia sentiu-se comovida e o abraçou, recostando sua cabeça em seu ombro e acariciando-o com carinho.

Um soluço e as emoções afloraram. Marcello não conteve o choro, abraçando-se fortemente a Flávia que, bem sensível, conseguia entendê-lo e chorou junto.

Ela não disse nada, respeitando seu desabafo. Somente acariciava-lhe com ternura percebendo o coração acelerar e confirmando seu forte sentimento por Marcello. Não gostaria que ele sofresse.

Longos minutos se fizeram e o rapaz afastou-se do abraço, parecendo muito constrangido.

Fugindo-lhe ao olhar, Marcello passou as mãos pelos lisos cabelos negros que voltaram ao lugar, esfregou o rosto com um gesto quase aflitivo e pediu com voz grave, quase sussurrando:

— Perdoe-me, Flávia. Nunca fui assim... assim... tão fraco. Isso nunca aconteceu antes e...

— Por favor, Marcello — falou com brandura e voz leve, procurando seu olhar ao tocar carinhosamente em seu rosto para erguê-lo. — Não me peça desculpas. Eu gosto muito de você e me considero sua amiga. Amigos são para ouvir, trocar idéias, conhecimentos, desabafos e... até abraços nos momentos em que estamos carentes e precisamos de carinho, não é?

— Eu não queria incomodá-la... — disse sem encarar a moça.

— Então eu o incomodei, quando aceitei que me levasse para casa, fazendo-o se desviar de seu caminho? — perguntou em tom singular e quase sorrindo para animá-lo.

— Não. É diferente — disse ainda cabisbaixo.

— Não, não é diferente — sorriu. Breves segundos e Flávia, impulsionada por uma força muito estranha, solicitou sem pensar: — Marcello, eu posso te fazer um pedido? — perguntou sorrindo e passando com leveza a mão delicada no rosto do amigo aguardando que ele a olhasse. Ainda constrangido, Marcello forçou um sorriso. Esperando que Flávia falasse, fitou-a mais recomposto. Foi então que ela disse com jeitinho meigo, mas intimidada: — Sabe... estou envergonhada de pedir isso, mas...

— Fala — solicitou ele diante da demora.

— É que faz muito tempo que eu não...

— Diga, Flávia — pediu ele diante do silêncio da moça.

— Estou com vergonha... Ai... — atrapalhou-se, arrependida, após pensar no que ia dizer. — É... que... há tempo eu não me distraio e... não costumo acompanhar os conhecidos a baladas e festas agitadas. Gosto de lugares calmos e... Bem... hoje é sexta-feira e...

— Não está com vontade de ir para casa? É isso?

— Ai, Marcello... Que vergonha...

— Oh, Flávia... — murmurou sorrindo com voz generosa. Tomando-lhe a frágil mão, ele a beijou e, em seguida, abraçou-a com força contra o peito, roçando seu rosto ao dela num gesto carinhoso. Afastando-se, perguntou: — Aonde você gostaria de ir?

Flávia emudeceu e ficou corada. Jamais pensou que poderia ter coragem de se oferecer daquela forma. Ficou completamente temerosa por sentir-se ridícula e abaixou a cabeça, distanciando-se ao encostar-se à porta do carro.

Com muito esforço, ela suplicou quase chorando:

— Desculpe-me, Marcello... Esqueça o que eu falei... o que pedi...

— Jamais! — respondeu Marcello bem disposto e decidido. Puxando-a para junto de si, secou-lhe o rosto com demonstração de carinho e assegurou: — Eu conheço um lugar bem agradável e tranqüilo. Você vai gostar. Tenho certeza! Lá nós poderemos conversar bem à vontade. Não fique assim. Eu também quero falar de assuntos que não sejam os de serviços, pois há tempos não saio e... Puxa, Flávia! Será ótimo!

* * *

Havia tempo que amigos espirituais de ambos aguardavam por aquele encontro com grande apreensão.

Marcello e Flávia, cada qual em seu íntimo, sentiam-se prisioneiros de sentimentos especiais de inexplicável atração. No entanto estavam longe de imaginar as surpresas, as profundas dores morais e o extremo desespero que experimentariam por causa de inesperadas revelações que desabariam com terríveis aflições sobre suas vidas.

22

O amor nasce entre Marcello e Flávia

Bem mais tarde, após se divertirem muito e ele deixar Flávia em sua casa, Marcello retornou ao seu apartamento. Não conseguia tirar da memória a imagem alegre e descontraída da bela e simpática moça.

Era madrugada quando se largou sobre as diversas almofadas acomodadas num canto da sala. Aquela foi uma noite especial, muito agradável. Sem perceber, Marcello não conseguia desfazer o sorriso do rosto, lembrando-se de vários detalhes, de tudo o que falaram, brincaram e confessaram um ao outro.

Com olhar perdido no teto, Marcello não se incomodava com a má posição de seu corpo largado e só recordava da graciosidade da linda Flávia, de seus olhos negros e bem delineados que cintilavam atrás dos longos cílios, da sua risada gostosa e cristalina, de seus modos naturalmente delicados.

Encantado, acreditava sentir a maciez e o perfume gostoso de seus densos e sedosos cabelos negros, longos e lindamente ondulados que ele acariciou com ternura ao envolvê-la e beijá-la com todo o seu carinho.

Havia tempo que ele desejava tê-la em seus braços, acariciar seu rosto tênue, apertá-la contra o peito, despentear seus cabelos com carícias e roçar seu rosto em sua pele.

E foi com essas imagens, com as lembranças de tudo o que aconteceu entre ele e a adorável Flávia, que Marcello adormeceu profundamente.

* * *

Ao mesmo tempo, com Flávia não era diferente. Deitada em sua cama, ela permaneceu imóvel, parecendo magnetizada ao fantasiar que ainda estava nos braços fortes de Marcello. Era como se pudesse sentir o domínio carinhoso de seu abraço, experimentar seus afagos delicados, as pontas de seus dedos contornarem levemente seus lábios e rosto, enquanto a olhava firme, fazendo-a desejar os seus beijos como quem implorasse pelo toque de seus lábios.

Flávia sentia seu coração bater forte e a respiração alterada, assim como no momento em que, propositadamente, Marcello a cobria de carinhos delicados, roçando-lhe o rosto e o pescoço com seus lábios, mas não a beijava a fim de fazê-la desejá-lo ainda mais. Até que a tomou com firmeza e seus lábios se encontraram. Um forte sentimento os dominou.

Flávia tinha certeza de que nunca havia experimentado nada igual. Mas um medo a incomodava muito, afinal, ele poderia pensar que ela era muito vulgar e poderia estar acostumada a ter aquele comportamento com vários homens.

* * *

Apesar de ser sábado, o dia começou cedo na chácara onde Nicolle e Rossiani conversavam.

Uma nuvem de preocupação e desilusão pairava sobre as irmãs sempre unidas em todas as circunstâncias, mas agora Rossiani estava decidida a se mudar e retornar para a Itália.

— Poderíamos trazer a *mamma* para morar aqui — sugeria Nicolle, inconformada com a decisão da irmã.

— Ela não está bem, Nicolle. Uma viagem poderia prejudicá-la ainda mais. Além disso, minha irmã, eu não tenho mais o que fazer aqui. Já demorei tempo demais para voltar e cuidar da nossa mãe. Na verdade, eu só fiquei aqui até agora para tentar diminuir a distância entre você e o Marcello.

Eliana Machado Coelho/Schellida

Mas ele já é um homem feito, é responsável. Contou-me que está apaixonado por uma moça e tem intenções sérias, se conquistá-la. Acho que não preciso me preocupar com o futuro dele. Mas você é uma mãe teimosa!

— Você conhece as minhas razões.

— E também conheço os direitos do meu sobrinho.

— Não vá, Rossiani...

— Venha comigo, Nicolle.

— Você sabe, não é? Estou presa aqui. As meninas não querem mais voltar para a Itália para morar e eu não posso deixar essas minhas duas filhas sozinhas. Já me basta o Marcello que, praticamente, me abandonou.

— Ele é bem ocupado e mora longe. Não se preocupe, ele sabe se cuidar.

— Não gosto dos meus filhos longe de mim. Tenho razões para sentir isso e...

— Nicolle, às vezes, penso que foi você mesma quem afastou o Marcello quando não lhe contou o que ele queria e tinha o direito de saber.

— O que ele fará se souber o nome do pai, ãh?! Aquele desgraçado do Douglas já fez muito. Até detetive particular eu paguei para encontrá-lo e pegar meus filhos de volta. Mas que nada...

— Seus filhos cresceram. Acredita que vai tirá-los do pai como se eles fossem crianças?

— Quem sabe?!

— Nicolle, você não acha que o Marcello está maduro o suficiente para saber de tudo? Saber que tem dois irmãos e o nome do pai dele?

— Ficou louca, Rossiani? *Ma che!* Não quero que o Marcello encontre aquele infeliz!

— O seu filho sempre foi amoroso e compreensivo. Não vai abandoná-la se, por acaso, encontrar o Douglas. Veja, Nicolle, ele nunca quis saber de detalhes, só perguntou o nome do pai dele.

— Nunca sei o que o Marcello vai fazer. Ele contou para a Viviani e a Cíntia que eram meios-irmãos — retrucou Nicolle nervosa. — Jamais vou contar para eles sobre o Rogério e a Renata a não ser que eu os encontre! O que meus filhos vão pensar de mim?!

— Tudo mudou no mundo, Nicolle, menos os seus preconceitos. Aliás, preconceito contra você mesma. Para os seus filhos isso é natural!

— Você não entende!

Nicolle estava irredutível e Rossiani sabia que não adiantaria insistir, conhecia muito bem sua irmã.

* * *

Naquela mesma tarde, conforme tinham combinado, Marcello telefonou para Flávia a fim de confirmarem o programa que fariam no domingo. A conversa foi longa, como não poderia deixar de ser e, em alguns momentos, Flávia falava ao telefone num tom suave, um tanto romântico.

Ela estava em seu quarto e por isso sentia-se bem à vontade. Como a porta estava entreaberta, Renata, ao passar em frente ao quarto de sua irmã, ouviu-a conversando com voz terna, bem amável e por isso parou. Ficou alerta para escutar melhor e supreendeu-se, quando Flávia disse com tom dengoso, sorrindo e brincando:

— Marcello! Não diga isso! — Breve pausa e Flávia afirmou afetuosa, quase murmurando: — Eu também adorei ficar em seus braços... sentir os seus lábios... Meu coração bateu tão forte quanto o seu! — Nova pausa e ela ameaçou no mesmo tom: — Não duvide de mim, Marcello. Sou capaz de sair daqui agora e ir até aí para me atirar em seus braços...

Renata sentiu-se esquentar. Não acreditava no que ouvia. Sua irmã Flávia envolvia-se com Marcello, o funcionário de maior confiança de seu pai.

"Flávia é mais esperta e perigosa do que eu poderia imaginar!", pensava Renata quase incrédula. "Que falsa! Desgraçada! Ah! Mas a Flávia não perde por esperar!"

Subitamente Kátia, a irmã mais nova, surpreendeu Renata ouvindo atrás da porta e muito atenta à conversa de Flávia. Kátia, por mágoa da irmã, praticamente gritou:

— Não tem vergonha de ficar escutando a conversa dos outros, sua bruxa!!!

Renata gritou pelo susto, mas logo respondeu:

— Cale a boca porque você não sabe o que está dizendo!

Ao ouvir a discussão que se iniciou, Flávia pediu rapidamente:

— Marcello, tem um probleminha aqui em casa e eu vou ver o que é. Depois eu te ligo. Tudo bem? — Ele concordou e ela se despediu: — Até mais! Um beijo.

Eliana Machado Coelho/Schellida

Indo até a porta onde se deparou com as irmãs brigando no corredor, Flávia perguntou:

— Ei!!! O que está acontecendo aqui?

— Vai, Flávia! Vai confiando nessa bruxa disfarçada de santa, vai! Ela estava na espreita. Aí parada atrás da porta do seu quarto, ouvindo sua conversa com alguém! — avisou Kátia com expressiva raiva de Renata.

— Sua frustrada, revoltada e incapaz! Não diga o que não sabe! — gritou Renata enfurecida. Explicando a seguir: — Eu ia entrar no quarto dela, quando parei e ouvi que não era o momento apropriado. Daí que você chega e quer descarregar seus traumas em cima de mim! Por que não vai cuidar da sua vida? Por que não fecha sua boca?!

— Parem, vocês duas! — pediu Flávia com firmeza. — Eu não tenho nada para esconder de alguém ou teria trancado a porta, Kátia. Porém é muito feio escutar a conversa dos outros, Renata! Você deveria demonstrar mais educação!

— Flávia, você não imagina como essa víbora pode usar qualquer coisa contra você! — reclamou Kátia chorando.

— Ora!!! Eu tenho mais o que fazer! — exclamou Renata austera e deixando-as.

— Venha — chamou Flávia com jeitinho. — Entre aqui no meu quarto e vamos conversar.

A princípio Kátia chorou muito e desabafou admitindo ser revoltada consigo mesma e também frustrada por não ter um corpo bonito como o das irmãs e outras jovens da sua idade.

— Já fui a muitos médicos, você sabe. Nenhum deu jeito — reclamava chorando. — Nenhum rapaz olha para mim! Todo mundo me ofende por causa do meu peso... do meu tamanho... Sou gorda! Uma baleia! E me odeio por isso!

Depois de abraçá-la por longos minutos, embalando-a nos braços, Flávia delicadamente falou:

— Kátia, meu bem, não foram os médicos que não deram jeito em seu problema. Você deve admitir que não fez o que eles propuseram.

— De que jeito eu posso fazer um regime? Sabe... descobri que quando fico nervosa me alimento mais e se tem uma coisa que não falta nesta casa é comida! Além disso, a mãe deixa qualquer um nervoso o tempo todo, pois não pára de choramingar e gemer. O pai nem lembra que eu existo. A Renata é um demônio na minha vida! O Júnior, aquele vagabundo, viciado e sem vergonha é outro igual à Renata. Já viu como ele me agride?! Só você e o Rogério não me torturam. Tenho vontade de morrer! Quero sumir!

— Não diga isso, Kátia — pediu a irmã com doçura na voz. — Existe solução para tudo. Nós vamos dar um jeito.

— Não tenho jeito, Flávia — murmurou amargurada. — Sou uma gorda imprestável, inútil... Infeliz!

— Sabe, Kátia, às vezes eu também sinto que o clima desta casa não é tão bom como poderia ser. Mas, infelizmente, eu não sou responsável por isso. Tem dia que acho que não vou suportar mais. Principalmente quando se trata da depressão doentia de mamãe, do jeito que o papai se omite e foge das situações, da realidade, das responsabilidades e deixa tudo para nós resolvermos. Quanto ao Júnior... Nem tenho o que comentar. Sem mencionar a Renata que se revela com uma personalidade bem estranha, egoísta...

— Acorda, Flávia! A Renata sempre foi egoísta, invejosa e cheia de pensamentos cruéis. Acho que só agora você está enxergando isso, pois a Renata sempre usa uma máscara de generosidade por cima de sua falsidade. Ela usa um sorriso que treinou na frente do espelho, ensaia seus gestos e posturas humildes e delicadas, mas é uma cobra silenciosa que não avisa quando vai dar o bote!

— Nos últimos dias devo admitir que ela me surpreendeu com alguns comentários...

— Que comentários? — quis saber Kátia.

— Inúmeras coisas que me disse e a maneira como falou... Ferindo sentimentos, acusando sem provas... Fiquei surpresa e até magoada. Além disso, ela me deixou com dúvidas sobre...

Flávia deteve as palavras e a irmã insistiu:

— Com dúvidas sobre o quê?

Flávia confiava em Kátia. Eram bem amigas. Sem temer contou sem rodeios:

— Sabe... quando fui apresentada ao Marcello e vi o papai muito empolgado com a capacidade dele, a princípio, fiquei desconfiada, mas depois me impressionei com a visão e o raciocínio rápido, futurista que ele tem profissionalmente. Há pouco mais de um ano estamos trabalhando juntos, pois nossas funções na gestão da empresa se entrelaçam e não poderia ser diferente. A Renata veio com uma conversa de que o papai está enfeitiçado por ele. Tanto que delegou ao Marcello poderes de decisões que nunca nos ofereceu. Resumindo, por ser inevitável trabalhar ao lado dele, passamos a nos conhecer melhor, mas ainda de modo superficial. Ríamos, brincávamos sobre algumas coisas corriqueiras... O papai começou a praticamente intimá-lo a freqüentar a nossa casa e os assuntos de família foram inevitáveis. Passei a conhecê-lo melhor.

— Realmente — concordou Kátia —, eu nunca vi o papai tão animado como na presença do Marcello. É impressionante! O papai fala, ri, conversa... Se o Marcello fosse filho dele!... Nossa!

— Sabe, Kátia, acho que o papai se decepcionou tanto com o Júnior que adotou o Marcello sem perceber — falou rindo. E logo continuou: — Aí aconteceu o seguinte...

— Já sei! Nem precisa me contar! — interrompeu animada. — O Marcello está apaixonado por você e você por ele!

— Quem disse isso?!

— Ah!!! Só você não vê os olhares que ele te dá, acompanhando-a de um lado para o outro, tentando manter a maior discrição, mesmo quando está conversando com o papai. Sem mencionar os elogios sutis que ele te faz.

— Também não é assim, Kátia!

— Será que, além de cega, você está ficando burra? — gargalhou a jovem, jogando-se para trás e ao sentar-se novamente, contou: — Algumas vezes o Marcello, mesmo tentando ser discreto, não se agüenta e fica olhando pra você feito um bobo! Depois suspira fundo e a segue com o olhar!...

Flávia deu um tapa no braço da irmã ao brincar e rir, dizendo um pouco envergonhada, porém satisfeita:

— Mentirosa! Não invente coisas!

— Sua cega! Burra! Até o papai já ficou olhando para vocês dois e sorriu satisfeito, cheio de orgulho como se olhasse para o futuro genro!

— Você não presta, Kátia! — brincou Flávia novamente rindo.

— Vai! Diga que é mentira!

— Não vou falar mais nada, Kátia.

— Ah! Vai! Pode contar tudinho! — animou-se a jovem.

Depois de suspirar profundamente, Flávia iluminou o rosto com um sorriso feliz e contou:

— Parece coisa do destino. Tudo foi aos poucos e... tão incrível! Sabe aquelas coisas bobas, tipo... Nós estávamos um ao lado do outro e de repente nossas mãos vão pegar a mesma caneta e ele pegou a minha mão e me olhou de um jeito... A gente querendo se tocar por mais tempo... Certo dia eu fiquei tão contente por causa de uma negociação que consegui fazer e... Nossa! Quando vi os resultados, o Marcello entrou na sala e eu pulei feito uma criança e me joguei nos braços dele para comemorar!

— E ele?! — quis saber a outra.

— Ele me abraçou, me levantou e rodopiou! Parou, me deu um beijo no rosto e nós ficamos por alguns minutos nos olhando e...

— Rolou?!

— Rolou... o quê? — perguntou Flávia sem entender.

— Rolou um beijo! Não é, idiota?! — explicou a caçula agitada por desejar saber mais.

— Não, né! Eu fiquei sem jeito e ele também.

— Ah!!! Como você é imbecil, Flávia!!! — esbravejou inconformada.

— Espera! Não terminei! Então a cada dia surgia uma situação e... Ah... Meu coração acelerava e eu me atrapalhava toda. Mas aí, ontem, eu estava em minha sala pensando em tudo o que sentia. Uma coisa forte, que nunca experimentei antes, mexia comigo. Não sei explicar. Admiti que o Marcello me atraía. Queria que ele estivesse ao meu lado a todo instante, entende? Então primeiro a Renata entrou e começou a falar coisas que me deixaram em dúvida quanto à integridade do Marcello. Ele pareceu captar as acusações dela e chegou de repente, e começamos a conversar.

— Vocês três?

— Sim. Porém o Paulo chegou e chamou a Renata para saírem. Foi então que ela disse ter emprestado o carro para o Júnior. Fiquei uma fera! Mas... — sorriu — Nada é por acaso! Quando a Renata sugeriu que eu voltasse de táxi, o Marcello imediatamente se ofereceu para me trazer.

— Você aceitou, claro?!

— Sem pensar! Mas nesse momento notei algo estranho em nossa irmã. A Renata sorria, falava de modo gentil, mas havia uma coisa diferente... Eu sentia... Ela até sugeriu que eu não aceitasse a carona do Marcello, você acredita?!

Eliana Machado Coelho/Schellida

— E aí?!

— Ah!... Nunca achei tão bom ficar presa em um enorme congestionamento de trânsito! — gargalhou Flávia de um jeito bem gostoso. — Nós conversávamos, e ele parecia incomodado com alguma coisa bem particular.

— Você perguntou o que era?

— Perguntei e ele contou, mas isso não vou revelar. É algo dele. Aconteceu que ele se emocionou, entrou em uma rua mais tranqüila e parou o carro para conversarmos. Eu fiquei comovida com o que contou e o puxei para um abraço... e o abracei com tanto carinho!... Afaguei seus cabelos, suas costas... Ele ficou envergonhado depois, mas me abraçou forte. Pensei que meu coração fosse saltar do peito, menina! Depois que ele se sentiu melhor, não sei o que me deu, pois eu o convidei para sair. Acho que fui muito oferecida, mas o Marcello pareceu brilhar e fomos até um lugarzinho bem gostoso, com música bem suave e ao vivo, ao pé da serra, mesa cercada por divisória... Conversamos muito, rimos e...

— E?! — interessou-se Kátia ansiosa.

— Até aí tudo bem, mas quando chegamos aqui, o segurança abriu o portão. O Marcello entrou com o carro e estacionou bem antes da casa, lá no jardim. Algo ficou suspenso no ar. Não queríamos nos separar. Ficamos nos olhando e, quando dei por mim, eu estava nos braços dele!

— Ai!!! Que legal! E aí?

— Foi como num sonho! — murmurou Flávia encantada. — Eu praticamente estava deitada entre os bancos e nos braços do Marcello. Nós nos olhamos por longo tempo, enquanto ele me acariciava com delicadeza, contornava meu rosto com as pontas dos dedos, tocava minha boca... Nunca desejei tanto alguém como desejei o Marcello naquele momento! Até que ele me abraçou forte e me beijou... Estávamos dominados por uma força bem estranha. Percebi que ele também me queria, me desejava... Você não pode imaginar que loucura, Kátia!

— Loucura, por quê?

— O Marcello não é só um homem bonito e muito inteligente. Também sabe ser romântico, carinhoso, delicado e... Meu Deus! O Marcello me envolveu, me conquistou e eu me deixei dominar. Aliás, eu queria ser dominada por ele. Não impus limites, pois o queria com toda a força de minha alma!

— E daí? Se rolou, rolou! Não vai se arrepender disso. A não ser que não usaram preservativo.

Um DIÁRIO NO TEMPO

— Do que você está falando, menina?! Endoidou de vez?! — surpreendeu-se Flávia. — Eu estou falando que ficamos trocando muito carinho! O Marcello não foi ousado.

— Flávia! Eu não acredito que ficou só nos beijos e abraços!

— Isso já está sendo uma tortura para mim e você queria mais?

— Por que não?! Vocês foram feitos um para o outro! Formam um casal lindo!

— Tudo foi rápido demais, Kátia! Além do mais, eu nunca experimentei nada igual ao que senti pelo Marcello. Estou com medo do que ele possa pensar de mim agora. Pode me achar vulgar! Eu me entreguei aos seus carinhos, e ele me respeitou. Talvez eu pareça leviana!

— Não acredito!!! — protestou Kátia inconformada. — Nessa idade e você ainda vive como uma freira!!!

— Você não entende! Chega!

— Ah! Então é por isso que a Renata está se mordendo de inveja de você, Flávia! O pai confia mais no Marcello do que no incompetente do Paulo! Cuidado, nossa irmã não presta e pode fazer de tudo para estragar o romance e o compromisso de vocês dois.

— Nem sei se temos algum compromisso.

— Vai me dizer que você nunca ficou com um cara para não saber distinguir um compromisso de um ficar?

— Não — respondeu séria e objetiva.

— Deus do céu!!!

— Ai! Pára, Kátia. Essa conversa está me deixando nervosa! — Flávia ficou constrangida e mudou o assunto: — Bem... o que eu quero que você entenda é que não podemos ficar sofrendo ou angustiada por causa dos outros. Não quero dizer que devamos abandonar a mamãe, mas devemos mudar as nossas vidas e cuidarmos primeiro de nós. Eu também estou no limite.

— Mas você não estoura como eu!

— Em meu íntimo, sinto tanta dor, Kátia! Tenho tanta angústia, sinto tanta solidão que, às vezes, também quero sumir, desaparecer do mapa. Só que, ontem, quando saí com o Marcello, eu vi que não preciso sumir ou morrer para me livrar das situações ruins. Preciso é reservar um tempo para me distrair com o que gosto. Penso em entrar em uma academia de ginástica ou fazer natação, sair para jogar boliche...

Eliana Machado Coelho/Schellida

— Imagine eu em uma daquelas roupas de ginástica colada ao corpo — murmurou Kátia decepcionada. — E outra coisa, onde vou arrumar tempo para isso?

— Existem os moletons largos que disfarçam — afagando-a, abraçou a irmã e falou: — Disfarçarão até você ficar com o corpo ideal para usar bermudas, shorts, maiôs... E quanto ao tempo... Vejamos... Quando precisa ir ao dentista, você fica adiando? Quando precisa de um médico, ignora e fica sofrendo dor? Então cuidar de sua saúde mental e física exigirá a mesma determinação. Procuraremos um nutricionista para saber qual a melhor alimentação para você, digo, para nós! Por que eu também quero me cuidar! — brincou Flávia a fim de estimulá-la. — Pense bem, ficar parada aqui em casa não vai resolver problema algum. Tente sair de casa para fazer coisas úteis para a sua saúde e permanecer longe da cozinha e das lanchonetes. Crie uma meta, Kátia! Se esforce para ter controle e limites! Saiba dizer um Não!!! — enfatizou fazendo-lhe cócegas.

Os olhos de Kátia brilharam, quando a irmã perguntou:

— Eu vou começar a malhar em uma academia e estou procurando companhia. Quer vir comigo?

— Sim! Claro! — sorriu satisfeita.

Nesse momento o telefone do quarto de Flávia tocou e ela deduziu:

— Deve ser o Marcello. Estamos combinando de irmos até a chácara da mãe dele amanhã.

— Então eu vou indo — avisou Kátia, sorrido de modo maroto. — Fique à vontade para conversar. E não seja tola nem puritana, viu?

Flávia gesticulou para a irmã, pois já atendia ao telefone:

— Alô! Oi, Marcello! — Após ouvi-lo, esclareceu: — Está tudo bem. Foi um probleminha com a minha irmã.

Flávia contou superficialmente o que havia acontecido e logo retomaram outro assunto. Tinham planos para irem até Mogi das Cruzes onde a mãe do rapaz morava e possuía um viveiro de plantas ornamentais.

No final, decidiram levar Kátia com eles. A jovem irmã de Flávia sentia-se infeliz e precisava distrair-se.

Aquela visita imprevista seria o início de preocupações e falta de clareza.

362

23

As dúvidas sobre Flávia

Abeleza natural daquele lugar, ao pé da serra, encantou as visitantes quando Marcello estacionou o carro.

Os cantos competitivos dos pássaros emudeceram as moças, que desejavam ouvi-los. O cheiro do mato, as borboletas de rara beleza, pousadas nas flores, roubaram a atenção alegre das irmãs que ficavam cada vez mais admiradas.

Kátia afastou-se deles atraída pelo chamado de um carneirinho que a cativou.

Olhando para a varanda, Marcello viu a casa aberta, mas parecia que ninguém o viu chegar. Mesmo assim, convidou:

— Venham! Vamos entrar! — Virando-se para Flávia, encarou-a com olhar apaixonado, pegou sua delicada mão e perguntou baixinho: — Posso?

Ela ficou na ponta dos pés e questionou sussurrando:

— O quê?

— Apresentá-la como minha namorada.

— Pensei que não quisesse me apresentar assim.

Delicadamente Marcello abraçou-a pela cintura até encostá-la em si. Com uma das mãos, segurando-lhe o rosto carinhosamente admitiu ao invadir sua alma com olhar terno:

Eliana Machado Coelho/Schellida

— Flávia, você não é uma aventura para mim. Eu não seria louco de trazê-la aqui a fim de conhecer minha família se eu não estivesse perdidamente apaixonado por você e a quisesse ao meu lado. — Beijando-a, ele a pegou no colo e a rodopiou, arrancando gritos e gargalhadas gostosas de Flávia que, em seus braços, sentiu-se confiante e largou o corpo abrindo os braços e pendendo a cabeça para trás, olhando o céu girar.

Marcello começou a rir das agradáveis risadas contagiantes que Flávia não conseguia conter e, sem perceber, ficou tonto até não suportar e se atirar propositadamente sobre um monte de palha, deixando Flávia praticamente jogada sobre ele.

Kátia, a certa distância, ria da brincadeira quando, subitamente, surgiu na varanda uma mulher com vestido escuro, cabelos grisalhos e presos. Ela secava as mãos no avental e trazia na face pálida uma expressão assustada, olhos arregalados ao exclamar com voz trêmula:

— *Dio Santo!!!* O que acontece?! — perguntou Rossiani extremamente surpresa.

Marcello ria como nunca, assim como Flávia que não conseguia se levantar e caía novamente. Depois de minutos, ela se ergueu e rapidamente passou a mão na roupa para tirar os filetes de palha e capim enroscados. Envergonhada, esboçava levemente um sorriso simpático esperando que Marcello fizesse as devidas apresentações.

Rossiani desceu os degraus da varanda e caminhou para perto do sobrinho que, levantando-se, ainda ria. Mesmo assim, Marcello foi ao seu encontro, abraçando a tia com força e beijando-a como de costume. Rossiani correspondeu ao cumprimento, segurou-lhe o rosto dando-lhe um beijo demorado e acariciando-lhe a face.

Mas algo a inquietava. Pelo fato de suas mãos estarem vacilantes e de Rossiani olhar constantemente para Flávia, o sobrinho percebeu algo diferente e perguntou:

— O que aconteceu, tia? A senhora está tremendo!

— *Niente...* Oh! — "Nada...", murmurou sorrindo.

— Deixe-me apresentar — avisou Marcello com satisfação —, esta é a Flávia, minha namorada. E esta — apontou para a jovem que se aproximava — é a Kátia, irmã da Flávia.

UM DIÁRIO NO TEMPO

— Perdão pelo mau jeito — pediu ao estender a mão fria. Sentindo forte impulso, Rossiani olhou para a moça e puxou-a para um abraço apertado, dizendo-lhe ao ouvido: — Prazer em conhecê-la, filha!

— O prazer é todo meu — retribuiu Flávia mais tranqüila.

Voltando-se para Kátia, Rossiani repetiu o apreço e depois comentou:

— É sempre bom receber visitas! Vamos entrar! Venham!

— Onde estão todos, tia? — indagou o sobrinho com espontaneidade.

— Ah! Nessa madrugada nasceu a bezerrinha da Branca. — Virando-se para as moças, explicou: — Branca é o nome da vaca que temos. E todo mundo correu para o estábulo para ver! Estão lá até agora.

— Adoro animais! — empolgou-se Kátia. — Eu gostaria de ver!

— Oh... Deixa para depois, menina! Vamos comer alguma coisa. Acabei de passar um café e estou fritando bolinhos! — anunciou Rossiani com jeito todo especial e cativante.

— Não vamos perder esses bolinhos por nada! — exclamou Marcello tomando Flávia pela mão e sobrepondo o braço no ombro de sua tia ao mesmo tempo que chamou: — Depois iremos ver a bezerrinha! Venha, Kátia!

Ao chegarem à cozinha, um cheiro apetitoso de um bolo de laranja, ainda quente, misturava-se ao aroma do café fresco. Sobre a grande mesa bem posta havia queijo fresco, manteiga, pão e alguns bolinhos que Rossiani preparava, além de outras delícias.

Quando Marcello foi direto para a travessa onde estavam os bolinhos e estendeu a mão para pegar algum, Rossiani, como se já esperasse por aquela atitude do sobrinho, rapidamente deu-lhe um tapa na mão exclamando:

— *Sporcaccione*!!! — "Porcalhão!!!", chamou-o. Advertindo: — Vá se lavar ou não comerá desta mesa nem as migalhas! Ãh!

— *Oh!... Zia mia*!!! — "Oh!... Minha tia!!!", reclamou esfregando a mão onde o tapa ardia. — Isso dói! Não precisa tanto.

— Porcalhão! Sempre foi assim! — Voltando-se para as moças que riam, Rossiani sorriu ao explicar: — Desde pequeno o Marcellinho tem a mania de pegar coisas da mesa ou de dentro das panelas com as mãos sujas. Que coisa feia!... Não acham?!

— Acho sim! — concordou Flávia sorrindo e colaborando com a brincadeira: — Onde podemos lavar as nossas mãos para não apanharmos?

Eliana Machado Coelho/Schellida

— Ora, menina! — exclamou Rossiani achando graça. — Acha que vou bater nas visitas? Ãh?!

— Ali, venham! — chamou Marcello indicando o banheiro. — Podem lavar as mãos ali.

As moças retornaram e se acomodaram saboreando as delícias postas à mesa.

Rossiani, de um jeito muito especial, não deixava de dar toda atenção à cativante Flávia, observando-a ostensivamente. Seus olhos se atraiam de maneira inexplicável como se não pudessem se desviar.

Conversavam sobre algumas novidades da chácara e outras sobre Marcello até ele perguntar:

— Tia, tive a impressão de que se assustou quando nos viu.

— Confesso que me assustei mesmo — admitiu Rossiani com certo constrangimento, algo receoso remoia em seu peito. — Sabe... escutei risos diferentes e não podia largar a massa que estava sovando e... Não sei o que me deu! Juro! Parecia que eu estava ouvindo as gargalhadas e os gritos de brincadeira de sua mãe, Marcello! Fiquei em desespero! Não era imaginação! Entende? — Olhando para Flávia, explicou: — Quando a Nicolle, a mãe do Marcello, era bem mais nova, era alegre, espirituosa, brincava e debochava de tudo! Quando Nicolle ria alto, gargalhava gostoso e contagiava todo mundo. Nem nosso pai conseguia ficar sério, mesmo estando zangado. E você, Flávia, riu e gargalhou e... Acho que estou velha! *Dio Santo*, mas quanto eu te ouvi, poderia jurar que eram os risos e as gargalhadas de Nicolle.

Sem pretensões, Flávia riu novamente, mas procurou se conter de imediato e Rossiani tornou a falar:

— Viu?!!! Viu, Marcello?!!! — exclamou a senhora.

— Eu já tinha reparado nisso, tia — contou com naturalidade.

— *Santo Dio!* Comecei a olhar você e... — Rossiani deteve as palavras.

— E... O quê? — perguntou Flávia curiosa, com expectativa encarando-a com olhos expressivos.

— Nada, filha... — argumentou tentando disfarçar com um sorriso. — Achei vocês bonitas! — Com esperteza, comentou: — Vocês se parecem um pouco, mas uma deve ter puxado ao pai e a outra à mãe. Estou certa?

— Acho que eu e um de meus irmãos nos parecemos com o nosso pai. Enquanto a Kátia, nossa outra irmã e mais um irmão se parecem mais com nossa mãe — explicou Flávia.

— Ah! Vocês têm mais irmãos?! — especulou Rossiani, disfarçando a aflição que experimentava, pois não se podia negar que Flávia era incrivelmente parecida dom Nicolle, quando mais nova.

— Ah, sim! Ao todo éramos seis irmãos, mas... — Entristeceu, porém falou: — Nosso irmão mais velho morreu.

— Oh... Sinto muito — disse a senhora.

— Éramos pequenos. Foi um acidente...

Quando Flávia ia contar o fato, e Rossiani ia fazer-lhe mais perguntas, Viviani e Irene chegaram conversando animadas. A surpresa agradável por terem visitas não lhes tirou a empolgação. Após abraçarem carinhosamente Marcello, ele as apresentou à Flávia e à Kátia. Na primeira oportunidade Viviani contou com jeito mimoso:

— Vocês têm que ver que coisinha mais linda é a bezerrinha!!!

— Estamos conversando, tomando café... Depois iremos lá — praticamente pediu Marcello.

Mas a admiração pela recém-nascida continuou entre as moças bem admiradas.

Irene, não conseguiu tirar os olhos de Flávia por longo tempo, reparando cada gesto, sua fala e riso gostoso. Trocou olhares com Rossiani como se uma grande indagação pairasse entre as coincidências de suas observações.

Rossiani suspirou fundo sentindo o peito apertado. Era impressionante como Flávia se parecia com Nicolle, quando esta era mais jovem.

Após algum tempo, Kátia, muito atenta ao que Viviani falava, reparou:

— Nossa! Desculpe-me te interromper, mas você e minha irmã são um pouco parecidas, não é? Até o timbre da voz...

— Eu já sabia que iriam notar tudo isso! — alertou Marcello sorridente.

— Cheguei até comentar a respeito com a Viviani, mas nada melhor do que vocês mesmas verem a semelhança.

Viviani e Flávia sorriram, ao se examinarem, e sem querer, gargalharam juntas. O tom do riso foi bem parecido.

— Viu só?! — tornou Marcello.

Eliana Machado Coelho/Schellida

Para as jovens aquilo se transformou em uma brincadeira, mas Rossiani empalideceu e Irene murmurou assombrada:

— Deus do céu! Será?...

A convite de Viviani, sempre bem disposta, Marcello, Flávia e Kátia foram ver a bezerrinha.

Quando os viram sair, sentindo as pernas trêmulas, Rossiani se sentou à mesa novamente e apoiou as mãos na testa ostentando a cabeça, ao cerrar os olhos, permanecendo pensativa.

Irene, que conhecia toda a história de Nicolle, questionou sussurrando:

— Deus do céu! Será que é quem estamos pensando? Rossiani, você viu?!!! Essa moça, a Flávia, que o Marcello nos apresentou como sua namorada é... é exatamente a cópia da Nicolle!!! Nem a Viviani e a Cíntia são tão parecidas com a mãe...

— Parece que estou vendo a Nicolle mais nova... — murmurou a outra.

— Pai do Céu — pediu Irene em desespero e implorando —, não deixe isso acontecer! Meu afilhado não merece se decepcionar assim! — Virando-se para Rossiani, comentou: — Está escrito na cara do Marcello que ele está apaixonado de verdade por essa moça. Viu como ele a abraçava? A troca de olhares e carinhos?... Mexia nos cabelos dela afagando com cuidado e tirando não sei o quê! Você viu?!

— Eu quase tive uma coisa, quando comecei a ouvir as gargalhadas da Nicolle daqui de dentro. Os risos não paravam... — contou Rossiani praticamente em choque. — Fui ver o que era e o Marcello estava rodando com a Flávia nos braços... e rodando... Estavam brincando e ela ria gritando alegre... Parecia a Nicolle! Seus cabelos voavam... São iguais aos da Nicolle! Você reparou?! — Olhando para Irene, Rossiani estava quase chorando ao contar: — Eles caíram de tanto rodar e a Flávia ficou tonta, mas levantou e eu vi, naquele momento, exatamente a minha irmã Nicolle. Pensei que eu tivesse enlouquecido.

— Calma — pediu Irene. — Não vamos entrar em desespero. O nome da moça é Flávia e não Renata. Ela parece ser bem mais nova do que ele, talvez tenha no máximo vinte e cinco anos, não é?

— Sim. Mas... — murmurou Rossiani preocupada.

— Talvez seja só coisa da nossa cabeça.

— Até a irmã dela, a Kátia, disse que a Viviani e a Flávia são parecidas! Não pode ser fantasma da nossa imaginação. E a Vivi é parecida com a Nicolle, porém... temos de admitir que a Flávia parece mais filha da Nicolle do que a Cíntia e a Vivi.

— Rossiani, o Marcello tem o direito de conhecer toda a verdade sobre o passado da Nicolle antes de vocês irem para a Itália. A Nicolle já deveria ter contado tudo! Eu sei que você, assim como eu, juramos não dizer nada para ele, mas... Veja só o que pode acontecer!!!

— Certa vez o Marcello brigou com a mãe. Nicolle deu-lhe algumas indicações sobre não suportar ficar longe de um filho. Ele sempre foi inteligente e entendeu o que ela falou nas entrelinhas. Depois ele conversou comigo e me perguntou o nome de seu pai, mas entendeu que eu havia feito uma promessa e pessoas honradas não quebram promessas. Então Marcello me olhou nos olhos, daquele jeito que só ele faz, e perguntou firme se ele tinha outro irmão e se esse irmão tinha ficado aqui no Brasil com o seu pai.

— E você?! — perguntou Irene afoita.

— Eu disse que sim. Mas quando fui completar que ele não tinha só um irmão, mas também uma irmã, o Marcello me interrompeu por piedade, pois percebeu minha aflição.

— Você disse o nome do irmão dele?

— Não. Não tive tempo. Mas uma coisa me preocupa. O Douglas tinha uma coragem terrível! Se ele foi capaz de roubar o Rogério do hospital e dizer para Nicolle que o filho estava morto, preparar um enterro com um caixão vazio... Se teve coragem de tirar a Renata dos braços da mãe sem piedade... O Douglas pode ter mudado o nome da Renata para Flávia.

— Não!!! — gritou Irene inconformada. — Seria muita crueldade o Marcello encontrar e se apaixonar pela própria irmã! Ele precisa saber de tudo, Rossiani! Hoje os jovens não se preservam como antigamente. Você sabe do que eu estou falando! Meu Deus!!! O Marcello chegou aqui e apresentou a moça como sua namorada! Já imaginou se?... Precisamos saber o nome do pai dessa moça antes que... Nem quero pensar! Eles podem ser irmãos legítimos!!!

Rossiani entrou em crise de choro e abraçada à Irene, que também chorava, murmurou:

Eliana Machado Coelho/Schellida

— Meu Marcello tem o direito de ser feliz! A Flávia não pode ser filha da Nicolle. Ele está tão feliz ao lado dela, já me falou tanto dela por telefone... Disse que estava apaixonado e que estava com medo dela não gostar dele... Agora que ele a conquistou e estão juntos...

— O Marcello precisa saber, Rossiani. Mesmo que a Nicolle não queira! O amor entre eles pode crescer, os dois podem se envolver e ficarem mais íntimos. Se isso acontecer, imagine como eles vão sofrer quando descobrirem que são irmãos!!!

— Vamos falar com a Nicolle. Querendo ou não, o Marcello saberá de tudo.

Os pensamentos de Rossiani e Irene ardiam de preocupação. Mal conseguiam fazer as tarefas necessárias, imaginando qual a reação de Nicolle ao conhecer a namorada de seu filho.

Por toda a manhã ensolarada, cujo sol de outono deixava as cores vivas na bela paisagem, os jovens passearam pela chácara, pelos campos e por onde os animais soltos no pasto atraíam a atenção das visitantes.

Kátia era quem mais se encantava com os bichos, e Viviani, simpática e boa anfitriã, contava-lhe detalhes e diversas histórias.

Afastando-se de Viviani e Kátia, Marcello propositadamente conduziu Flávia para outra direção.

Abraçados, foram para perto do lago onde, certamente, não seriam incomodados.

Percebendo que o irmão queria ficar sozinho com a namorada, Viviani levou Kátia para conhecer toda a chácara e as estufas onde Nicolle cultivava as plantas.

Apresentada à Nicolle que se exibiu feliz ao ver Kátia, Viviani avisou que o irmão e a namorada chegariam logo, pois estavam dando uma volta pelo terreno.

Nicolle não negava o interesse de receber a primeira namorada levada pelo filho para conhecê-la. Acreditou que aquela moça não seria mais um passatempo de Marcello.

Kátia, muito educada, não escondia seu encanto com as flores, com as plantas que via, e Nicolle prazerosamente foi conduzindo e explicando para a jovem como tudo era feito.

* * *

370

Sentados à beira do lago, Marcello decidiu se explicar:

— Flávia, eu preciso falar muito sério com você.

— O que foi? — preocupou-se a moça.

— Já faz algum tempo que eu tenho um sentimento muito forte por você — disse bem direto. — É uma atração inevitável, que não consigo controlar. — Breve pausa e confessou: — Eu tentei tirá-la da minha cabeça. Juro que tentei! Mas, quando eu estava distraído, me pegava pensando em você, admirando-a. Acho que algumas pessoas perceberam isso e...

— E?... — perguntou ansiosa devido a longa pausa.

Marcello estava tranqüilo, quase deitado no belo gramado, apoiava-se em um cotovelo, enquanto jogava algumas pedrinhas no lago, encarando-a vez e outra.

— Bem... como um nato observador, notei que você também sentia algo por mim. Mas foi quando me vi sozinho com você, nos meus braços... ao tocar sua pele... beijá-la como eu sempre quis... Havia algo encantador e eu a desejei tanto que... — Marcello abaixou o olhar e perdeu as palavras.

— Não me deseja mais? O encanto acabou? — perguntou Flávia com voz fraca, segurando-lhe o rosto com delicadeza e fazendo-o olhar para ela.

Erguendo o olhar, Marcello notou as lágrimas nos olhos vivos de Flávia e imediatamente a abraçou, puxando-a para junto de si e apertando-a contra o peito. Percebendo seu tremor, beijou-lhe os lábios e assegurou com romantismo:

— Eu amo você! Acredite! Eu te amo! Eu nunca disse isso a ninguém! Nunca desejei alguém como a desejo, Flávia. Talvez você ache que seja cedo demais para afirmar isso, mas...

Flávia o calou com um beijo ao mesmo tempo que ele a envolveu em carinhos.

— Eu também te amo, Marcello! — disse com sorriso generoso. — Nunca experimentei um sentimento, uma atração tão forte por alguém!

— Por que você estava chorando? Pensou que...

— Pensei que estava falando em rodeios para dizer que o seu encanto por mim havia acabado.

— Por que pensou isso? — perguntou acarinhando-lhe com ternura.

— Tem algo que eu preciso te falar. Estou me torturando desde ontem...

Eliana Machado Coelho/Schellida

— O que é? — indagou tranqüilo e com voz generosa apertando-a contra si e fixando olhar apaixonado nos olhos de Flávia, que não queria encará-lo.

— É... que... — Sua voz embargou e ela exibiu-se nervosa, quase chorando.

— Ei! — pediu Marcello com jeitinho. — Não fique assim, por favor. Não vou esconder nada de você e gostaria que não omitisse nada de mim, certo? Fale o que precisar, eu vou entender. Pergunte o que quiser que eu explico. Vamos combinar de sermos verdadeiros um com o outro, certo?

— Certo — murmurou. — Mas é... que eu... Estou com vergonha...

— Do quê? — perguntou ele com brandura.

Flávia não deteve as lágrimas nem o choro, e Marcello, acariciando-a como sempre, perguntou com delicadeza nas palavras:

— Aconteceu algo no passado? Você teve alguém especial que não esqueceu ou tomou decisões das quais se arrependeu? Se for isso, por favor...

— Foi sobre sexta-feira, ou melhor, na madrugada de ontem.

— O que aconteceu? O que eu fiz de errado? — preocupou-se ele.

— Você não fez nada. Fui eu... — o choro a interrompeu.

— Não estou entendendo, Flávia.

— Eu vinha sentindo algo especial por você, Marcello. Queria tê-lo perto... — contava sem olhar para ele. — Eu sonhava acordada com você. E ontem, quando estávamos no carro... A forma como me abraçou, como me tratou com delicadeza e carinho, o seu romantismo...

Ela começou a chorar compulsivamente e não conseguia falar.

— Flávia, por favor, me perdoa! — pediu como se implorasse. — Desculpe-me, se eu não me comportei como você esperava. Olha, eu prometo que não...

— Não foi você! — exclamou chorando.

— Então, por Deus, me explica! — pediu aflito tirando-lhe os cabelos do rosto.

— Fui eu. Eu sempre sonhei com você me tratando daquela forma. Deixou-me desejando seus beijos, seu carinho. e... Sabe... eu não me controlei! Eu o desejava tanto, tanto! Era algo mais forte do que eu! E... e ali, com os seus carinhos, com todo aquele romantismo, eu me deixei...

— Como assim? — perguntou calmo, porém confuso diante da longa pausa.

— Marcello — falou chorando e olhando-o nos olhos —, eu não impus limites e acho que você pensa que eu sou leviana. Uma moça vulgar que se atira nos braços de qualquer um! Apesar de toda oportunidade... Você... você... — Flávia chorou.

Marcello abrigou-a em seu peito, abraçando-a firme e abafando-lhe o choro, pediu amoroso:

— Pare, por favor... Eu nunca pensaria isso de você! Não se torture!...

— Estávamos em seu carro... e... eu... Foi como se eu estivesse me oferecendo...

— Não! Não diga isso! — Marcello segurou-lhe o rosto para que o encarasse e afirmou: — Nunca mais fale isso. Eu sei o que você sentiu porque eu senti o mesmo! Foi algo muito forte, Flávia. Eu diria que foi um sentimento que brotou das nossas almas e uniu os nossos corações. Eu conheço uma mulher vulgar e leviana, quando vejo uma. E... eu te conheço tempo suficiente, Flávia, para ter certeza de que um desejo, fruto de um sentimento chamado amor, foi o que nos dominou ontem. Se eu pensasse que você é uma moça vulgar, você não estaria aqui e agora comigo, pois nem eu sei como consegui me controlar ontem. — Ela nem piscava. Havia parado de chorar, e Marcello disse firme: — Eu te amo, Flávia. Sei exatamente o que sentiu, pois também sonhei acordado, imaginando, fantasiando que estava com você. Como eu tinha vontade de conquistá-la, como eu queria fazê-la me desejar, me amar... Tive medo, muito medo e ainda tenho.

— Medo do quê? — murmurou com voz rouca.

— Medo de que me deixe. Medo de você pensar que me aproximei de você por causa dos bens de sua família, da empresa do seu pai, que eu queira algum cargo. Temo que o seu pai possa imaginar o mesmo, pois eu quero assumir o nosso romance, quero que tenhamos um compromisso sério. — Antes que ela dissesse algo, ele completou: — Então, Flávia, quando sentamos aqui, eu ia dizer que estou decidido a pedir demissão para nós continuarmos juntos sem que alguém pense que estou com você por qualquer interesse.

— Você ficou louco?!

— Por você! Estou louco por você! — afirmou, fazendo-a sorrir.

— Marcello... Nem pense em demissão. Você tem moral, competência e provou isso incontáveis vezes. Não temos satisfações a dar a ninguém. No

Eliana Machado Coelho/Schellida

momento certo falaremos com meu pai. Não seja precipitado. Que loucura! — protestou Flávia com brandura.

— Loucura é você pensar que foi ou está sendo uma qualquer em minha vida. Eu não sei explicar que força é essa que me escraviza, mas eu quero ser seu escravo — riu gostoso, envolveu-a e deitando sobre o gramado rolou, abraçando-a.

Flávia tornou a demonstrar verdadeira alegria e brincou balançando os cabelos sobre o rosto de Marcello, dizendo:

— Veja, sou louca mesmo.

Rolando-a novamente, ele revidou sussurrando ao ouvido, enquanto a beijava entre uma frase e outra:

— Se quiser ficar despenteada, deixe que eu faço isso. Só que farei do meu jeito. Com todo carinho... todo meu amor... Quero você...

Apertando-a contra o peito, Marcello a beijou nos lábios, tomando-a para si.

* * *

Nicolle e as outras estavam inquietas na varanda da casa, aguardando por Marcello e Flávia. Fugindo da rotina, o almoço já deveria estar servido se não fosse pelo atraso do casal.

— Mas por que demoram tanto? — implicou Nicolle que não suportava a espera.

— Eles devem chegar daqui a pouco — disse Viviani tentando contornar a situação.

— Quando foi procurá-los, tem certeza de que olhou em tudo, Viviani? — tornou Nicolle.

— Lógico, mãe. Mas esta chácara é bem grande, podemos ter nos desencontrado.

Poucos segundos e ao longe puderam ver a silhueta de um casal abraçado, que se aproximava lentamente.

— Olha lá! São eles! — avisou Kátia.

Aproximaram-se tranqüilos. Marcello cumprimentou sua mãe e, em seguida, apresentou:

— Esta é a Flávia, minha namorada. Flávia, esta é a minha mãe, dona Nicolle.

UM DIÁRIO NO TEMPO

— Prazer, dona Nicolle! — disse a jovem estendendo a mão, mas não foi correspondida.

Nicolle ficou paralisada, observando a moça por longos minutos, e Flávia, constrangida, procurava Marcello com o olhar para se socorrer.

— Mãe! Não vai cumprimentar a Flávia?! — cobrou-lhe Marcello de imediato.

— Ah! Mas que coisa! Estou ficando boba! — Nicolle atrapalhou-se, mas sorriu e, em seguida, abraçou e beijou Flávia. Nicolle ficou emocionada, assim como Flavia e, não se contendo, envolveram-se em um novo e longo abraço, deixando as lágrimas rolarem em seus rostos. Distanciando-se, Nicolle admitiu, enquanto segurava uma das mãos da namorada de seu filho e secava as lágrimas com a outra: — Você é *mui bella*, Flávia! Linda!!!

— Obrigada... — agradeceu com timidez.

— Ei! Mas que choradeira é essa? — quis saber Marcello em tom animado e abraçando as duas ao mesmo tempo.

— É que esse *banbino* nunca me trouxe uma namorada aqui! — afirmou Nicolle com seu forte sotaque. Sorrindo, como há muito não se via, ela estapeou a cabeça do filho ao dizer: — Pensei que nunca ia ter uma nora!!! Ãh!

Marcello estava feliz, abraçando Flávia pelas costas, beijou-lhe o rosto e a embalou ao dizer:

— Demorei para encontrar, mas aqui está a minha namorada, futura noiva, futura esposa e mãe dos meus filhos... Seus netos!!!

Flávia corou envergonhada. Nicolle a abraçou, novamente enquanto Rossiani e Irene se entreolharam angustiadas, mas não disseram nada.

Percebendo o constrangimento de Flávia, Viviani a socorreu ao chamar:

— Pessoal! Vamos almoçar!

Durante a refeição, eles conversaram muito e Marcello ficou sabendo que sua irmã Cíntia e os outros filhos de sua madrinha haviam ido para a praia, por isso não estavam lá.

Kátia revelou ter adorado o lugar e falou sobre suas viagens, mas que gostaria de trabalhar ou morar em regiões como aquela. A jovem falava muito, entretanto Rossiani não a ouvia, pois tinha os pensamentos longe.

Quando fechava os olhos, depois de olhar para Flávia, era o mesmo que ver sua irmã Nicolle na juventude. O belo rosto exibia contornos delicados,

Eliana Machado Coelho/Schellida

os mesmos cabelos negros, os lábios cheios, os olhos expressivos e o riso cristalino, gostoso de ser ouvido.

Talvez alguns detalhes não fossem exatamente os mesmos, porém isso ela poderia ter herdado de seu pai. Rossiani estava inquieta para saber o que Nicolle sentiu pela moça quando chorou ao abraçá-la.

O peito de Rossiani apertava, era uma dor angustiosa, sofrida. Calada há muito tempo, ela voltou o olhar para Flávia, quando esta ria com gosto jogando o corpo para trás, tal qual fazia Nicolle.

Nem Rossiani ou Irene tiveram oportunidade de saber alguns detalhes sobre o pai de Flávia, pois assim que almoçaram Marcello decidiu que era hora de irem.

Depois das despedidas, Nicolle chorou ao ver o carro do filho desaparecer ao longo da estrada.

* * *

Quando viu Nicolle sozinha e sentada em uma cadeira de vime na varanda, Rossiani lentamente se aproximou, assentou a mão em seu ombro e disse:

— Pretendo ir para a Itália. Você já sabe que até o final deste mês retornarei para lá. Mas antes quero te perguntar definitivamente uma coisa: você ainda tem alguma esperança de encontrar os seus filhos?

— Lógico! Nunca abandonei essa idéia.

— Nicolle, você reparou bem nessa moça, a namorada do Marcello? — questionou Rossiani calmamente.

— Sem dúvida! É a primeira moça que ele nos apresenta! Eu já estava preocupada pensando que ele ia ficar por aí, pulando de galho em galho. Mas graças a Deus arrumou uma moça fina, educada, alegre, inteligente, muito bonita e que tem estudo! Acho que ela fará meu filho muito feliz! — alegrou-se. — O Marcello está diferente comigo, me tratou bem melhor e isso só pode ser influência dela. Ele só viveu com as minhas broncas, com o meu silêncio. Esse menino precisava de alguém que fosse alegre, feliz e o realizasse. Nunca tinha visto tanta felicidade no rosto do meu filho como vi hoje. Ele brilhava! Lembrei o dia em que ganhou aquele pônei do nosso *papa*.

— A Flávia realmente é muito animada, risonha, decidida e uma bela moça. Você reparou que ela se parece com a Viviani? Aliás, Nicolle, reparou que a Flávia é incrivelmente parecida com você, quando tinha mais ou menos a idade dela?!

Nicolle se levantou assustada e pondo-se frente à irmã, perguntou desconfiada, quase intimando:

— O que você quer dizer com isso?!!!

— Que você já deveria ter contado ao Marcello sobre ele ter dois irmãos. E deveria ter dito para ele o nome do pai! Por que tanta emoção ao abraçar Flávia? Nunca a vi fazer aquilo com ninguém! — enervou-se Rossiani firme.

— Não me deixe maluca! Fale direito, Rossiani, eu quero entender!!! — intimou.

— Assim que eles chegaram, começaram a brincar e eu escutei as gargalhadas. Pensei que estivesse maluca porque ouvi exatamente as suas gargalhadas, o seu riso, os seus gritos quando brincávamos há anos!... Saí correndo e me aproximei... olhei aquela moça e achei que via você quando tinha a idade dela! Tentei conversar com ela um pouco, mas sempre fui interrompida. Queria saber o nome do pai dela, porém ninguém me deu oportunidade. Fiquei amargurada o dia inteiro, pois em cada detalhe, em cada gesto da Flávia eu via você! A Flávia pode ser a Renata!!!

— Isso é delírio, Rossiani!!! É loucura!!! Impossível!!! A Flávia é mais nova do que o Marcello! E, veja o nome!!! — desesperou-se Nicolle tentando negar.

— Alguém perguntou a idade dela?! Não! As aparências enganam! Não sabemos quantos anos ela tem! Será que o Douglas não trocou o nome da Renata por Flávia? Para quem foi capaz de coisa bem pior, trocar o nome da filha não é nada.

— Não!!! Não!!! Não é possível!!! — gritou. — Se nem os investigadores, que eu paguei, conseguiram encontrar os meus filhos, não seria o Marcello a se apaixonar pela própria irmã!!!

— É por isso que eu gostaria que você contasse a verdade ao Marcello. Ele precisa saber, Nicolle! — falou firme, quase exigindo. — Mas seria bom que ele soubesse de tudo por você. Se não contar, por mais que me odeie, eu falarei tudo! Não vou deixar esse menino, que tanto amo, enlouquecido por namorar ou até se envolver com a própria irmã!

Eliana Machado Coelho/Schellida

A chegada dos filhos de Irene e Cíntia interferiu na discussão e aproveitando os poucos segundos com Rossiani, Nicolle exigiu:

— Não diga nada, entendeu? Primeiro eu vou tirar isso a limpo.

Rossiani olhou-a firme, apesar dos olhos marejados, e Nicolle logo se virou e foi em direção dos que chegavam.

* * *

Já era início de noite quando Marcello, antes de levar Flávia e Kátia para casa, convidou:

— Ainda é cedo. Vamos passar no meu apartamento para vocês conhecerem onde eu moro? Não esperem nada luxuoso como a casa de vocês, hein!

Elas riram e aceitaram o convite.

Assim que abriu a porta e acendeu as luzes, Marcello avisou:

— Não reparem a simplicidade. Eu só tenho exatamente tudo o que preciso.

Ao entrarem, as irmãs se surpreenderam. Realmente não havia nenhum luxo, apesar de ter um alto salário na empresa, no entanto, dentro da decoração simples, tudo se harmonizava. Havia bom gosto na cor clara e bem aconchegante, muito limpo e organizado.

Atraída pelo monte de almofadas aglomeradas no chão ao lado de um sofá, Kátia não se conteve, correu e se atirou sobre elas.

— Ai! Que delícia! — sorriu ao se afundar.

Aproximando-se, Marcello perguntou:

— Quer que eu ligue o som ou a TV?

— O som! Claro — pediu Kátia com ar de satisfação, quando ele lhe entregou o controle remoto do aparelho.

Virando-se para Flávia, falou enquanto a abraçava e conduzia:

— Venha. Aqui é a cozinha e ali no cantinho a lavanderia — mostrou por sobre o balcão cujas banquetas ficavam lado a lado. — Aqui é o banheiro — apontou abrindo a porta, mas sem entrar. — E aqui é o meu quarto.

O quarto era todo branco, inclusive a cama de casal bem decorada com almofadas.

Entrando, Marcello puxou Flávia delicadamente pelo braço e a fez sentar-se na cama. Beijando-a com carinho, deitou-a com delicadeza.

— Minha irmã!... — sussurrou ofegante, sufocada pelos beijos.

— A Kátia é esperta... Não virá aqui — murmurou ele.

— Não, Marcello... — falou com jeitinho. Mas ele a envolvia até que Flávia espalmou a mão em seu peito, pedindo nervosa: — Não. Por favor.

Marcello, quase insatisfeito, recompôs-se e ajudou-a a se sentar novamente.

— Perdoe-me, Flávia. Eu...

— Desculpe-me, você. Mas... Não estou à vontade.

— Você tem razão. A Kátia está aí, e... — justificou-se ele. — Desculpe-me. Não consigo ficar longe de você, entende? Eu a quero tanto...

— Eu também. — Levantando-se, Flávia avisou: — Teremos todo o tempo do mundo!

— Ah! Isso é pouco! — correspondeu a brincadeira.

Flávia espremeu os olhos demonstrando desconfiança e ciúme, perguntando em tom suspeito:

— Huuum...! Quantas garotas você já trouxe aqui?

— Nenhuma! — afirmou rápido e convicto. Encarando-a com seriedade firme no olhar, completou: — Jamais eu traria para minha casa, para a minha cama uma garota pela qual eu não tivesse intenções sérias e um sentimento verdadeiro. E isso só aconteceu hoje.

— Não quis ofendê-lo — falou com jeito meigo, afagando-lhe o rosto. — Estava brincando, pois os italianos têm fama de mulherengo — riu.

— Mas eu não quis que te restasse qualquer dúvida — Com jeito maroto, alardeou: — Ah! *Io non sono italiano! Io sono brasiliano!* — "Eu não sou italiano! Eu sou brasileiro", brincou sorridente.

— Mas foi criado na Itália! Preciso ficar de olho em você! *Non è vero?!* — disse enfeitando com sotaque italiano.

— *No!!! Non è possibile!!! Proverome!!!*

— Traduza!

Abraçando-a e com gostoso embalo, respondeu:

— Você disse que precisa ficar de olho em mim por eu ter sido criado na Itália e eu me desesperei com essa atitude e protestei: "Não!!! Não é possível!!! Pobre de mim!!!"

— Safado!

— *Amore mio!* — "Meu amor", disse ainda abraçando-a e olhando-a com paixão. — Nunca duvide de mim. Não consigo viver sem você. Sabe...

eu sempre senti um vazio, uma solidão, um desespero inquieto dentro de mim que acabou no dia em que a conheci. Então eu tive a certeza de que era você quem faltava dentro de mim, dentro do meu coração. Eu te amo, Flávia... — finalizou romântico.

— Eu te amo, Marcello. — Apertando-o com o abraço, completou: — Eu te quero tanto... Por isso estava preocupada com o que você poderia pensar de mim quando...

— Flávia!... Não fale isso. Não pensei nada sobre você. Eu já sabia que sentia o mesmo por mim. Também tive medo que pensasse que eu estivesse interessado somente em me aproveitar da situação...

— Não vamos mais falar disso, certo?

— Ótimo! — concordou Marcello sentindo-se realizado.

— Vamos ver a Kátia — propôs ela.

Com fones de ouvido, cantando e embalada com a música, Kátia ainda estava sobre as almofadas se mexendo como se estivesse dançando. Sem que esperasse, assustou-se com a aproximação de Marcello e sua irmã. Tirando os fones e parando com o que fazia, a jovem ficou constrangida e colocou a música para tocar em volume normal a fim de todos ouvirem.

— Que tal pedir pizza?! — sugeriu Marcello.

— Eu acho ideal! — concordou Kátia.

— Káaaatia...! — advertiu Flávia.

— O que tem de errado? — quis saber ele.

— Nada — respondeu Flávia. — É que o almoço ainda está digerindo. Nunca comemos tanto, não é Kátia?!

— Se você não está com fome, eu estou e a Kátia me fará companhia — decidiu Marcello bem humorado. — Então vamos escolher, não é Kátia?

Após decidirem e enquanto Marcello telefonava solicitando o pedido, Kátia sussurrou perguntando com certa malícia:

— Flávia, e aí? Por que ficaram tão pouco tempo no quarto? Estou atrapalhando?

— Kátia! — repreendeu Flávia com baixo volume na voz.

— Deixe de ser boba, Flávia!

— Fique quieta! Conversamos depois — tornou a irmã agora mais severa.

Enquanto apreciavam a pizza, eles conversaram sobre vários assuntos, mas Kátia não deixava de admirar a chácara aonde foram.

— Você nunca gostou da fazenda, Kátia. Não entendo o motivo de tanta empolgação!

— A fazenda era diferente, Flávia. Ah! Se eu pudesse morar naquela chácara...

— Por que não? Quem sabe minha mãe esteja precisando de ajudante? Mas vou avisando, o salário é péssimo — satirizou Marcello rindo a seguir.

— Não é o salário que importa, Marcello, é a vida! É o lugar!...

Quando Kátia ia pegando um segundo pedaço de pizza, inesperadamente, Flávia deu-lhe um forte tapa na mão, o que assustou Marcello:

— O que é isso, Flávia?! — estranhou.

— Aprendi algo maravilhoso hoje com a sua tia. Um tapa bem dado, daqueles que a pele fica ardendo, tira o desejo, a mania e a compulsividade. Viu como você foi correndo lavar as mãos e a Kátia até desistiu de pegar o próximo pedaço?!

— Sua irmã endoideceu? — perguntou ele olhando para Kátia.

— Não, Marcello. Ela tem toda razão. Eu não estou pensando e sempre abuso daquilo que não preciso, quando diz respeito a comida. Quero mudar isso, e a Flávia está me ajudando. Sabe... às vezes penso que essa minha compulsão para comer deve ser algum espírito que eu atraio por esse não ser um bom hábito. Depois eu fico chateada porque não me controlei e continuo engordando.

— Ah... Por favor — pediu Flávia com generosidade. — Não vamos começar com esse papo sobre espíritos.

— Você não gosta de falar nesse assunto, não é? — perguntou Marcello fazendo-lhe um carinho em seu ombro.

— Eu queria ir ao centro onde a Renata é dirigente! — falou Kátia.

— Podemos ir qualquer dia! — propôs o rapaz imediatamente.

— Gente, por favor!... — implorou Flávia.

— Ah, Flávia... — pediu ele com jeitinho manhoso, beijando-a no rosto. — Vamos, vai.

— Está bem... — Suspirou fundo e ao olhá-lo, ela admitiu: — O que eu não faço por você, Marcello?!

Eles riram, mas logo Kátia se manifestou:

— Gente, adorei o dia de hoje! Mas estou tão cansada. Vocês não me levariam para casa agora?

Eliana Machado Coelho/Schellida

— Realmente. Precisamos ir. Amanhã é segunda-feira... — lembrou a irmã.

Marcello não contestou. Levantou-se, pegou as chaves do carro e as levou para casa.

Durante o trajeto, conversaram muito. Ao chegarem à frente da residência do senhor Douglas, antes que o segurança abrisse os portões, Marcello sinalizou que não iria entrar com o veículo.

Um dos seguranças se aproximou e bem educado perguntou:

— O senhor não vai entrar, doutor Marcello?

— Agora não, obrigado. Viemos só trazer a Kátia.

Flávia foi lenta no raciocínio, mas Kátia, bem esperta, beijou-lhe o rosto e disse quando já havia descido do carro:

— Até mais tarde! Tchau! Divirtam-se e obrigada por virem me trazer.

Olhando a irmã entrar, Flávia ficou perplexa, sem saber o que dizer.

Agradecendo ao segurança, Marcello manobrou o carro, olhou para Flávia e sorriu sem dizer nada.

— Aonde nós vamos? Não iria me deixar em casa?

— Não é tão tarde assim e eu queria ficar um pouco mais com você.

— Como vamos a algum lugar, se estou vestida assim?! Minhas roupas estão sujas, estou suada, despenteada e...

— Quando combinamos em ir para a chácara, avisei para levar uma muda de roupa e a Kátia deixou as suas bolsas aí no banco de trás, não reparou?

— Mas eu fiquei com vergonha de tomar banho lá. Foi a primeira visita que fiz a sua família!

— Isso é a coisa mais comum lá na chácara. Ninguém quer sair sujo de lá. A Kátia tomou banho antes de voltarmos.

— Mas eu não sou tão cara-de-pau como a Kátia — retrucou. — Você poderia ter me esperado entrar para tomar um banho e depois sairíamos.

— Mas eu vou esperar... — avisou com certa insinuação.

— Esperar onde? — surpreendeu-se Flávia.

— Lá na minha casa. Quero levá-la a um lugar muito especial.

Flávia não sabia o que dizer. Algo no tom de voz de Marcello a deixou quase nervosa, mas confiaria, pois o amava muito.

24

Tudo por amor

As luzes da manhã clareavam o quarto, quando Flávia remexeu-se preguiçosamente entre os lençóis macios e abriu lentamente os olhos. Um frio percorreu-lhe a alma ao perceber o braço de Marcello sobre seu corpo.

Vendo as horas, ela quase se sobressaltou e virando-se observou que Marcello dormia profundamente.

— Meu bem, acorda — sussurrou-lhe para não assustá-lo. Ele nem se mexeu, e ela tocou seu rosto chamando com generosidade: — Marcello, acorda!

Ele abriu os olhos, sorriu e a abraçou com carinho; Flávia, porém, deteve-o, falando baixinho, mas bem preocupada:

— Perdemos a hora!

— Não é possível! — surpreendeu-se ele verificando. — Tenho certeza de que acionei o relógio para mais cedo!

Flávia rapidamente se levantou e correu para tomar um banho rápido.

Marcello ficou apreensivo e inquieto, deveria chegar à empresa naquele momento. Nunca havia se atrasado antes.

Em alguns minutos, Flávia retornou e, demonstrando-se aflita, procurou se vestir o quanto antes.

Marcello tomou um banho, vestiu um terno e arrumou-se em poucos minutos.

Eliana Machado Coelho/Schellida

— Vamos, Marcello! Por favor! Não posso ir com essas roupas para a empresa. Tenho de passar em casa ainda para me trocar. Deixe-me em um ponto de táxi que...

— De jeito nenhum! Eu não a encontrei na rua! Vou levá-la em casa e espero você se trocar. Chegaremos atrasados. Paciência.

— Não! E se alguém nos vir? E eu, como vou explicar os cabelos molhados?!

— Você é maior de idade e eu também. Hoje mesmo vou falar com o seu pai.

— Não, Marcello — falou chorando. — Espera um pouco.

— Por quê? Você tem alguma dúvida quanto a nós? Não tem certeza de seus sentimentos por mim?

— Não é nada disso!!! — implorou chorosa.

— Então vamos, Flávia — pediu acariciando-a. — Passaremos primeiro em sua casa. Não fique assim.

* * *

Chegando, Marcello entrou com o carro na rua estreita no interior do jardim da casa de Flávia e estacionou o veículo em lugar onde as árvores dificultariam que alguém os visse.

Nervosa, Flávia pegou suas bolsas. Tentando parecer calma, deu a volta e sussurrava, parada perto da porta, ao pedir para Marcello:

— Vai embora. Nós nos encontraremos lá na empresa.

— Vou esperá-la aqui, Flávia. Vai logo.

— Não, Marcello! — teimou no instante em que uma de suas bolsas abriu, deixando pelo chão diversos apetrechos. — Meu Deus! Viu só?! — reclamou a moça que se abaixou para pegar os objetos.

Marcello desceu do carro e foi ajudá-la, quando, inesperadamente, outro veículo parou ao lado e o vidro escuro da lateral traseira abriu-se lentamente. Era o senhor Douglas.

Ao ver seu pai, Flávia sentiu-se entorpecer. Não sabia o que dizer. Como explicar os cabelos molhados, as roupas comuns que usava naquela hora da manhã e o *nécessaire* — *nécessaire*, bolsa com utensílios necessários à toalete. — que se abriu espalhando seus objetos? E Marcello, o que fazia ali?

Sentindo suas pernas fraquejarem, e o rosto gelar, Flávia se ajoelhou estonteada, pois acreditou que fosse cair. Esperava por uma reação bem enérgica de seu pai.

Marcello, que estava abaixado ajudando-a a pegar as suas coisas, olhou-o surpreso. Levantou-se, aproximou-se do carro e o cumprimentou com a voz trêmula e imenso constrangimento:

— Bom dia, senhor Douglas...

— Bom dia, Marcello!!! — retribuiu o homem animado e sorridente. Procurando olhar a filha, falou no mesmo tom: — Bom dia, Flávia! Tudo bem, filha?!

Ela não disse nada, e Marcello solicitou nitidamente nervoso:

— Senhor Douglas, eu preciso falar com o senhor. Se pudesse me oferecer um pouco de atenção agora, poderíamos conversar lá dentro de sua casa. Se o senhor permitir, lógico.

— Não sei o que aconteceu hoje — falou oferecendo meio sorriso. — Todos nós perdemos a hora. Não vou desprezar a sua conversa, mas como você tem que esperar a Flávia, acho que eu devo ir para a empresa agora e depois nos falaremos.

— Mas é que... — tentou dizer o rapaz.

— Depois, Marcello... — falou tranqüilo. — Até mais! — sorriu e subiu o vidro do carro que prosseguiu.

Marcello ficou atônito. Um homem tão sério, que parecia imensamente conservador, reagir daquela forma ao ver a filha chegar àquela hora, era muito estranho.

Quando olhou para trás, ele viu Flávia num choro compulsivo. Correndo para perto da namorada, Marcello se abaixou para levantá-la e a abraçou, afagando-a ao pedir:

— Calma. Não fique assim... Eu também não entendi por que ele reagiu assim. Mas se fosse nos repreender, seu pai o teria feito agora. Você o conhece.

A custo Flávia procurava deter os soluços e explicar:

— Você não sabe...

— O que eu não sei?

— Do que meu pai é capaz... O que ele já fez... — Os soluços embargavam sua voz trêmula, ao declarar: — Não tenho condições nem é o lugar certo para falarmos disso... Outra hora...

Eliana Machado Coelho/Schellida

— Calma. Fique tranqüila. Vamos entrar. Não sou nenhum cafajeste para fugir de qualquer responsabilidade. Hoje mesmo vou falar com seu pai e... Teremos uma conversa séria. — Sorrindo a fim de lhe dar ânimo, desejou: — Ah! Tomara que ele me obrigue a casar com você o mais depressa possível!

— Perdeu o juízo? — perguntou entre o choro e um sorriso. — Começamos a namorar ontem.

— Não. Não perdi o juízo. E, na verdade, não começamos a namorar ontem. — Alegremente ele se explicou: — Acredito que nosso namoro teve início quando começamos a trabalhar lado a lado. Quando, aos poucos, nós nos conhecíamos de verdade e em diversas situações. O que aconteceu foi... Bem... nós dois represamos o que sentíamos um pelo outro em nome do serviço e da empresa. E quando não suportamos mais guardar esse sentimento forte e bonito, nós nos entregamos um ao outro. Já namoramos bastante, Flávia.

Ela o beijou e, abraçados, entraram na casa onde ele ficou aguardando-a por algum tempo.

* * *

Já na empresa...

— Nem a Flávia nem o Marcello chegaram — comentava Renata em tom ponderado, mas exibindo preocupação. — O Marcello nunca se atrasou. A Flávia nunca dormiu fora de casa sem que soubéssemos onde ela estava.

— Eu também me atrasei hoje, Renata. E não foi a primeira vez! — avisou o senhor parecendo bem humorado.

— Mas papai, o senhor é o presidente desta empresa! — exclamou como se quisesse alertá-lo.

— Daqui a pouco eles estarão aqui. Fique tranqüila.

— Estou estranhando sua atitude, papai. Nunca agiu assim tão...

— Tudo muda, filha. Tudo muda! Aliás, eu falei com a Flávia antes de sair de casa. Estou sabendo que vai se atrasar.

Nesse instante Marcello adentrou na sala, depois de ligeiras batidas à porta, tentando disfarçar o nervosismo.

— Bom dia — cumprimentou constrangido.

— Bom dia, meu filho! Que bom vê-lo novamente! — sorriu o presidente bem humorado. — Você faz muita falta nesta empresa.

386

UM DIÁRIO NO TEMPO

— Desculpe-me pelo atraso... — falou bem sério e ofegante.

— Ora, que atraso?! Eu também acabei de chegar.

— Bom dia, Marcello! — disse Renata para ser percebida.

— Oh... Bom dia, Renata. Desculpe-me eu...

— Estranhei a sua demora hoje — argumentou curiosa.

— O rádio relógio não tocou. Não sei como aconteceu isso — explicou, sentindo-se acanhado.

— Bem — decidiu o senhor Douglas olhando para a filha —, assim que a Flávia estiver com as propostas preparadas, peça para a dona Eunice avisar os diretores e gerentes, pois faremos aquela reunião antes do almoço, certo?

Insatisfeita intimamente, Renata sorriu, fingindo contentamento, e saiu da sala.

Marcello tomou a iniciativa de fechar a porta e colocar-se frente à mesa da presidência. Estava nervoso, envergonhado, mas pronto para se explicar pelo ocorrido naquela manhã. Pensava em assumir qualquer responsabilidade.

— O que faz em pé, Marcello? Preciso pedir para que se sente?

Num gesto inseguro, o rapaz aceitou o proposto e procurava um jeito de começar a conversa. Nunca Marcello se sentiu tão constrangido.

— Senhor Douglas, eu preciso falar com o senhor.

— É sobre o problema das negociações com os revendedores que querem superfaturar?

— Não. Não, senhor. É sobre mim e a Flávia.

O homem o encarou e, sério, aguardou a argumentação, notando que o rapaz estava ofegante e bem preocupado. Firme e olhando-o nos olhos, apesar da voz vacilante em alguns momentos, Marcello começou:

— Eu fui criado de modo rigoroso, senhor Douglas. Minha mãe e meus avós sempre foram conservadores e eu imagino que o senhor também seja.

— Sim — confirmou sem expressão alguma.

— É por isso que eu estou aqui. — Tomando fôlego, Marcello falou convicto: — Eu vim pedir a minha demissão — desfechou com firmeza, sem titubear.

Levantando-se, o presidente colocou as mãos sobre a mesa, curvou o corpo para frente e perguntou de modo feroz e incrédulo:

Eliana Machado Coelho/Schellida

— O quê?!!! Repita isso!!! — exclamou parecendo rugir.

— Eu quero a minha demissão — tornou a dizer como se o afrontasse sem temor. E não oferecendo trégua, desfechou: — Quero a minha demissão porque eu amo a sua filha! Não vou suportar qualquer desconfiança sobre eu estar com a Flávia por ter algum interesse escuso. O senhor, os demais desta empresa e sua família vão pensar que eu estou usando a Flávia para me estabilizar, conquistar algum cargo ou ter mais influência. Por ser conservador, é provável que tenha se surpreendido ao nos ver chegar juntos em sua casa hoje cedo e...

— Você é algum moleque irresponsável, Marcello?!!! O que está pensando?!!! — vociferou o homem de modo feroz.

— Não! Não sou nenhum moleque, senhor Douglas!!! — reagiu Marcello firme, interrompendo-o ao se levantar. Irritado, enfrentou-o. Não deu oportunidade para que o senhor Douglas prosseguisse, falando com dureza: — Um moleque irresponsável não ergueria a sua empresa que se atolava não só pela falta de vendas, de produtividade, mas também pela sonegação fiscal que eu coloquei em ordem! Deixei tudo de acordo com o que exige a Receita Federal! A sonegação de impostos deixou de existir pela honestidade e o desenvolvimento rápido que sua empresa atingiu em tão pouco tempo! Ganhamos o mercado e superamos os concorrentes sem qualquer falcatrua! Um moleque não faria isso!!! — praticamente gritou. Em seguida, exigiu firme sentindo-se ofendido: — Por não ser um moleque, senhor Douglas, é que eu estou me demitindo, pois tenho competência para trabalhar em qualquer outro lugar! Por não ser um moleque irresponsável, peço até que deserde a Flávia, se ela aceitar se casar comigo! Por não ser um moleque, eu ficaria muito feliz, se o senhor exigisse que nós nos casássemos o quanto antes. Entendeu?!!!

Marcello estava ofegante, enfurecido, tentando se controlar. Olhava, muito sério, e sem piscar para o senhor Douglas.

— Você é um moleque sim, rapaz! — falou em tom baixo e rígido.

— O que o... — Marcello tentou falar, mas foi interrompido.

— Cale a boca e me escute, Marcello! — Mais ponderado e falando baixo o senhor Douglas continuou: — Você é um moleque mesmo, pois só alguém tão inexperiente e amedrontado me faria pedidos absurdos como o de demissão, de deserdar minha filha, além de jogar na minha cara a

UM DIÁRIO NO TEMPO

competência que possui. — Marcello ficou confuso, não conseguia pensar e nada disse. O senhor Douglas, bem mais calmo, argumentou: — Com exceção do Paulo, pelo compromisso que ele tem com a Renata, nunca nenhum empregado desta empresa entrou na minha residência, participou de tudo em minha casa e ficou tão próximo da minha família, inclusive ouvir as loucuras da minha mulher. Você, depois de meus insistentes convites, até se forçava a me acompanhar e conviver conosco. — Saindo de trás de sua mesa, rodeando Marcello e acompanhando-o com o olhar, expressou-se manso, mas em tom quase provocante: — Marcello, seu moleque! Você não entendeu por que eu o deixei conviver com a minha família, compartilhar da minha vida pessoal, além da profissional. Por que eu faria isso se não gostasse dessa pessoa, não como um exímio funcionário, mas como de um filho?! — gritou nesse instante. — Marcello, eu o considerei e o considero um filho! Seu moleque!!! Eu gostaria que você fosse o meu filho! Queria me orgulhar de ter um filho tão firme, corajoso, competente e decidido como você! Gostaria que o Júnior, aquele vagabundo, tivesse metade da sua capacidade, do seu desejo de vencer os desafios! Só que agora você me surpreendeu por parecer cego e não ver, não analisar tudo isso!

— Mas...

— Eu ainda estou falando. Cale-se! — Sem trégua, continuou em brando tom de voz: — Reconheço todo o seu valor como gestor desta empresa, como exímio líder que é. Eu o respeito como pessoa digna de minha total confiança, tanto que o deixei com total liberdade para as tomadas de decisões, além de fazer questão de que participasse de minha vida pessoal — dizia andando vagarosamente de um lado para outro. Subitamente, sem que Marcello esperasse, perguntou: — A minha filha, Flávia, passou a noite com você?

— Sim. Ficamos em meu apartamento — contou enérgico, sem temor.

— E você não tem vergonha de me responder desse jeito, sem titubear?

— Não. Não, porque eu assumo o que faço. Só fico constrangido por pensar que eu traí a sua confiança. Mas não foi isso. O que sinto pela Flávia é maior do que pode imaginar. Além disso, senhor Douglas, o senhor pode pensar que me aproximei dela para me promover aqui dentro. Mas não. Eu adoro a Flávia e quero assumir um compromisso sério com sua filha. Sei que deveria ter-lhe dito isso antes... Se eu cometi um erro, foi esse.

Eliana Machado Coelho/Schellida

— Marcello, mesmo com toda essa modernidade sexual, no mundo hoje em dia, não concordo com a rapidez com que vocês, jovens, avançam... Porém não posso dizer nada, também já tive a sua idade e... — o homem riu. Prosseguindo depois, sustentando o sorriso: — Bem, eu acreditei que você estava demorando muito para assumir um compromisso com a minha filha, havia algo bem interessante quando eu os olhava trabalhando juntos, mas vejo que me enganei incrivelmente. Vocês estavam muito à minha frente! Entretanto, Marcello, eu reconheço os seus valores e por isso não posso aceitar sua demissão. Não vou deserdar minha filha por conta de vocês assumirem um compromisso e não vou exigir, mas espero que o casamento não demore tanto! Pois, aí, sim! Será meu filho e vou chamá-lo de moleque para vê-lo reagir irritado como fez agora há pouco, coisa que nunca vi!

Marcello sentia-se atordoado, exaurido de forças pelo nervosismo que o dominou. O senhor Douglas pediu que se sentasse e estapeou-lhe as costas por vê-lo sob o efeito de forte perplexidade. Rindo, a princípio, o homem admitiu mais sério e, olhando-o nos olhos, falou baixo:

— Não pense que fiquei feliz quando vi que a Flávia dormiu fora de casa e passou a noite com um homem. Aquela cena me fez engolir seco muita coisa. Só não protestei porque lembrei do passado. Mas devo confessar que consegui ficar tranqüilo e reagir como fiz, por esse homem ser você. Coloque-se em meu lugar, menino.

Marcello estava pálido, sentia-se tonto e seus lábios ficaram brancos. Ensurdecido por alguns instantes, levou as mão ao rosto e abaixou a cabeça, debruçando-se sobre a mesa.

— Marcello?! Ei, Marcello! Você está bem? — perguntava o senhor Douglas, sacudindo-o e tentando ver seu rosto. Marcello queria responder, mas não conseguia.

Renata entrou na sala e, ao ver a cena, abaixou-se perto do rapaz tomando-lhe a mão gelada e perguntou:

— Marcello, você está bem? Fale comigo!

— Estou... — sussurrou erguendo-se um pouco, forçando-se a reagir.

— Papai, ele não deve ter se alimentado! Chegou atrasado e... Vou pedir que lhe tragam um café.

— Não... — murmurou Marcello, tentando ficar firme. — Por favor... não.

Colocando-lhe a mão no rosto e na testa, o senhor Douglas sentiu-o gelado e ficou arrependido por terem discutido. Insatisfeito consigo mesmo, ele repousou a mão sobre o ombro do rapaz e perguntou:

— Você ficou nervoso por minha culpa, por causa de tudo o que eu falei, não é verdade?

— Não... Talvez eu... — Marcello sentia-se confuso e, provavelmente, o constrangimento por passar mal não o deixava concatenar as idéias. Mesmo assim, expressou-se devagar e com voz fraca, após esfregar o rosto com as mãos: — Perdoe-me, senhor Douglas... E... se não se importar... eu vou para minha sala. Podemos conversar depois — disse apoiando-se para levantar, mas sem encará-los.

— Vá, sim! Lá ficará mais à vontade. E se não estiver bem, avise-me.

— Certo... — respondeu. Renata imediatamente foi ajudá-lo a sair da sala enlaçando o seu braço, porém Marcello recusou: — Não. Obrigado, Renata. — Um pouco mais recomposto, virou-se para o presidente da empresa e explicou antes de ir: — Perdoe-me pelo que fiz, senhor Douglas. Colocando-me em seu lugar, entendo a sua posição. Mas honrarei meu compromisso, minha palavra e assumo minha decisão. Agradeço por tudo.

Renata não entendeu e, desconfiada, ficou esperando Marcello sair para perguntar com sutileza:

— Papai, quando eu falava com a Eunice, escutei o senhor praticamente gritando, o Marcello discutindo como se revidasse em voz alta... Lógico que não dava para entender o que diziam, mas parecia que brigavam! O que aconteceu?

— Discutimos e brigamos sim. E muito!

— Por quê? O Marcello não é o seu conselheiro pessoal nos negócios e lidera todas as decisões nesta empresa?

— Claro que sim. Foi por isso que brigamos. Ele é ótimo, ousado até para se defender quando está errado! O Marcello é incrível!

— Não estou entendendo — tornou a moça com amabilidade.

— O Marcello se atreveu a pedir demissão! Pode?

— O Marcello pediu demissão?!!! — espantou-se Renata, incrédula.

— Tentou! — falou rindo. — Mas depois de brigarmos, acho que mudou de idéia. Provavelmente ficou nervoso e por isso passou mal. Ele tem san-

Eliana Machado Coelho/Schellida

gue quente! Precisei mandá-lo calar a boca por duas vezes e o chamei de moleque irresponsável! — alegrou-se com satisfação.

— Ele se ofendeu, lógico! E agora? — tornou ela curiosa.

— Não se preocupe, Renata. Sua irmã saberá convencê-lo, caso o Marcello ainda esteja com essa idéia maluca.

— Como assim?! — assustou-se Renata.

Com um sorriso cínico, o pai explicou-lhe superficialmente:

— A Flávia tem o poder de mudar as idéias do Marcello. Só ela poderia controlá-lo e conseguiu! — Sem dar pausa para que o assunto não se alongasse, o senhor Douglas avisou: — Cancele a reunião. O Marcello não está bem para apresentar as propostas. Vou falar com sua irmã.

Os pensamentos de Renata fervilhavam imaginando, astuciosamente traiçoeira, que Flávia e Marcello se uniram para algum golpe e ter o poder total da empresa. Aquilo deveria ser uma encenação para Marcello assumir a presidência. Acreditando que sua irmã possuía ganância igual à sua, Renata estava certa de que Flávia manipulava alguma armadilha para controlar, de certa forma, os poderes da empresa e o patrimônio da família.

"Flávia é mais ardilosa, mais perigosa do que eu imaginava. Ela não perde por esperar. Darei um jeito de tirar todo seu poder!", pensava Renata odiosa e com idéias infernais.

* * *

Marcello estava em sua sala e o mal-estar, que antes o atordoou, já passava. Sentia um misto de nervosismo e satisfação. Ele não esperava aquele jogo de palavras do senhor Douglas que, em primeiro lugar, testou seus nervos e suas reações ao limite máximo, para só depois falar-lhe sobre sua confiança e aprovação.

— ...e ainda me chamou de moleque — falou Marcello sozinho e risonho. — Mandou-me calar a boca! Que audácia! Ainda vou surpreendê-lo, ele me paga por isso — brincou com algumas idéias que lhe vieram à mente.

Pegando o telefone, ligou para sua secretária e pediu:

— Dona Anete, a senhora tem algum recado para mim?

— Sim, doutor Marcello. O doutor Douglas pediu para que a reunião fosse transferida para o período da tarde, mas não estipulou o horário ainda.

UM DIÁRIO NO TEMPO

— Ótimo! Ainda bem... — suspirou aliviado.

— O senhor precisa de mais alguma coisa? — tornou a moça.

— Sim. Por favor, venha até a minha sala.

Em segundos, a secretária entrou na sala de Marcello.

— Dona Anete, sente-se, por favor — ela obedeceu e o aguardou prosseguir. — Primeiro gostaria de lhe pedir uma coisa: por gentileza, não me chame de doutor Marcello, pois ainda não fiz doutorado — disse sorrindo.

— Mas o doutor Douglas exige que...

— Então só faça isso quando ele estiver por perto. É que não me sinto bem ao ser chamado assim.

— Sim, senhor — concordou, demonstrando gestos nervosos com o jeito de segurar o bloco de anotações que trazia às mãos.

— Não fique chateada com o meu pedido, mas é que isso impõe certa distância... Impõe limites que eu não aprovo, entende? — explicou Marcello ao percebê-la inquieta.

— Sim. Eu entendo — afirmou mais à vontade e sorrindo com simpatia.

— Outra coisa. Eu preciso refletir um pouco... Estou preocupado. — Marcello era astucioso e estava interessado em obter algumas informações da funcionária sem que ela percebesse. Por isso pediu: — Gostaria que não me passasse nenhuma ligação, mesmo se for da minha mãe, certo?

— Certo. Provavelmente não vai querer receber a ninguém. Quando telefonarem, direi que o senhor está em uma reunião. Se o procurarem, direi que está em uma ligação importante.

— Ótimo! Eu sei que você lida muito bem com essas situações. Obrigado!

— Mas... sabe... — ela ficou constrangida e se deteve por instantes.

— Mas, o quê? — perguntou Marcello sério.

— O senhor sabe... Não vou poder impedir o doutor Douglas. Ele geralmente entra direto em sua sala e...

— Lógico! Nesse caso é diferente. Ele é o presidente, né?

— E quando a dona Flávia? — questionou a secretária, que não conseguiu deter o leve sorriso.

Marcelo estava sentado e jogou-se para trás inclinando-se confortavelmente na cadeira. Encarando-a, não conteve o riso e insistiu:

— O que tem, a dona Flávia?

393

Eliana Machado Coelho/Schellida

— É que... — atrapalhou-se, gaguejou e depois tentou se explicar: — O senhor e ela trabalham praticamente juntos e... Ela vem aqui com freqüência.

— Você ficou tão vermelha, Anete! — riu com gosto. — Não tente me enganar. Explique-se melhor! — pediu, sentindo certo prazer ao vê-la envergonhada e falando sobre o que ele queria saber.

— Desculpe-me. Retiro o que falei — declarou nervosa. E depois afirmou: — Ninguém vai incomodá-lo, doutor Marcello.

— Ninguém, vírgula! Quanto ao senhor Douglas, se eu pudesse, não o veria mais por hoje, mas... Quanto à Renata ou qualquer outro diretor que tentar entrar direto, faça qualquer coisa! Atire-se na frente deles, mas os impeça! Porém — olhou-a firme —, se não deixar a Flávia entrar aqui, eu juro que a demito! — Marcello riu gostoso e com muito prazer. — Você entendeu?

A secretária não suportou e riu junto, mas procurou conter-se o quanto antes.

— Entendi. Pode deixar. — Em breves segundos, comentou: — O senhor se atrasou hoje e eu sei que não deveria me envolver, mas é que... Bem... assim que chegou à empresa e foi direto à sala do doutor Douglas, fiquei sabendo, em seguida, que discutiram muito. Perdoe-me reparar, mas as notícias voam aqui dentro, senhor Marcello. Não tenho como ignorar, só não me envolvo. Mas é que depois, quando o senhor veio para sua sala e me cumprimentou bem rápido, eu notei que estava pálido, parecia que não passava bem. Achei que estivesse bem nervoso, porque nunca o vi assim. Por isso eu gostaria de saber se precisa de algo, se quer um café, um lanche ou algo assim, pois não deve ter se alimentado.

— Você é bem esperta, Anete — disse sorrindo, ao olhá-la firme. — Na verdade estou com uma dor de cabeça horrível. Se puder me arrumar algum remédio, eu agradeço. Peça para que me tragam um café com leite e alguns biscoitos salgados, por favor. De resto... Eu só queria ficar sozinho.

— Sim, senhor — obedeceu a secretária levantando-se.

Ao vê-la se retirando, Marcello informou-lhe:

— Só para que saiba, Anete, foi verdade. Eu e o doutor Douglas discutimos sim. Brigamos feio.

— Mas está tudo bem agora, não está?!

UM DIÁRIO NO TEMPO

— Ele acha que sim. Mas eu ainda estou pensando. Nossa discussão começou quando eu pedi demissão.

— Mas por quê?!!! — assustou-se a secretária.

— Você é inteligente, Anete. Com certeza percebeu que eu e a Flávia trabalhamos juntos há mais de um ano. Nós nos conhecemos bem profissionalmente, depois passamos a ser amigos e... um sentimento forte surgiu de ambos os lados e não resistimos. Não deu para segurar — desabafou Marcello, sentindo o coração bater forte e sustentando um sorriso constante. — Então nós decidimos assumir um compromisso e, para que não pensem que eu a estou usando por interesses de liderança, decidi pedir demissão.

— E o doutor Douglas?!

— Ficou uma fera!!! Você sabe como ele reage, quando é contrariado.

— Ele é contra o compromisso de vocês?! — perguntou curiosa.

— Não. Ao contrário. Só não aceitou a minha demissão. Esbravejou e se atreveu a me chamar de moleque! Você acredita?! — contou Marcello bem à vontade.

A secretária sorriu com ar de satisfação e, impensadamente, comentou com tom romântico na voz:

— Ainda bem! — vibrou emocionada. — Vocês dois formam um casal tão lindo! — Perdendo a compostura que sempre manteve, prosseguiu: — Eu ficava torcendo tanto para que, de uma vez por todas, vocês dois se enxergassem! Lembro do olhar carinhoso da dona Flávia quando o via, quando falavam sobre algumas decisões. Ah! E o senhor com semblante apaixonado, encantado por ela, parecia nem prestar atenção ao que ela dizia e... Quantas vezes eu saí de fininho para deixá-los a sós! — Tomada de súbito, repreendeu-se rápido: — Deus do Céu! O que estou dizendo?! Desculpe-me, doutor Marcello. Vou providenciar o que o senhor precisa.

— Anete! — Ela virou-se, e Marcello riu ao perguntar: — Quer dizer que estou feito marido traído? Sou o último a saber?

— Não entendi.

— Ah! Entendeu, sim! Você já sabia que a Flávia estava apaixonada ou tinha certo interesse por mim e não me disse nada?!

— Posso ser bem sincera?

— Totalmente!!! — exigiu sustentando largo sorriso. — Sente-se, que eu quero saber.

Eliana Machado Coelho/Schellida

— O senhor é cego! — exclamou após sentar-se e sentir-se bem à vontade. — Só um cego não veria que um estava perdidamente apaixonado pelo outro. Até cheguei a pensar que se encontravam às escondidas e aqui na empresa tentavam manter as aparências.

— Não. O cego e burro aqui, só se declarou para ela nesse final de semana. Tive medo de que a Flávia pensasse que eu estivesse interessado no patrimônio da empresa. Por outro lado, ela tinha medo de eu achar que estava se atirando para mim... que fazia isso com qualquer diretor, fosse leviana ou coisa do tipo.

— Não acredito — protestou. — Além de cegos, são covardes! E olha que eu joguei tantas indiretas...

— Como assim, Anete?

— Trabalho aqui há anos. Nunca vi a Flávia dando em cima de alguém. — Falando bem baixo, como se comentasse sobre algo proibido, Anete revelou: — Para dizer a verdade mesmo, eu sempre fui secretária dela e da Renata antes de ser designada para trabalhar aqui só para o senhor e tem coisas que, na minha função, sou obrigada a saber ou observar. Posso garantir que a Flávia nunca namorou alguém dessa empresa, esse não é o perfil dela. Eu já lhe disse isso! Aliás, eu nunca soube dela ter namorados, pois, como sua secretária, eu atendia e fazia telefonemas para elas. Mas isso nunca aconteceu com a Flávia. O que era bem diferente da Renata que namorava vários ao mesmo tempo e eu precisava ficar atenta para dar as desculpas que ela pedia.

— Verdade?! — interessou-se Marcello como que entrando no clima de apreciação daquela conversa. — Conte de novo — falava num tom sigiloso como se fofocasse —, quer dizer que a Renata namora mais de um cara ao mesmo tempo?

— Agora parece que ela sossegou um pouco. Até porque está noiva de um diretor daqui. Mas nossa! Eu sofria com os casos que ela arrumava. E o pai ainda pensava que ela era e é uma santa!

— E a Flávia?

— Nunca aprovou o que a irmã fazia. Não namorou alguém daqui nem soube de seus namorados. Mas fiquei sabendo que a Flávia teve sérios problemas com o doutor Douglas por causa de um namorado. Isso faz tempo! Ele bateu tanto nela por causa dessa história! Porém a Flávia é bem discreta, nunca falou sobre isso nem se expõe com namoricos. Quando vi o modo como o senhor ficava perto dela... Desculpe-me, mas eu muitas vezes cheguei para a Flávia e, bem discretamente, comentava que era tão bom ser secretária de alguém tão íntegro que não fica recebendo telefonemas de mulheres... nem me manda dar desculpas... Aí ela me fazia uma série de perguntas a seu respeito. Então eu via como aqueles olhos brilhavam e ela sorria, sem perceber, quando ficávamos falando do senhor.

— Você deu uma de cupido, não foi, Anete?

— Não. Eu só queria acelerar as coisas. Mas já estava desistindo.

— Diga uma coisa: que problemas sérios ela teve com o pai por causa de um namorado?

— Eu era secretária pessoal do doutor Douglas naquela época. Desculpe-me, senhor Marcello, mas sou fiel a quem sirvo e a quem servi. Só posso dizer que o pai não aprovou o namoro e a agrediu por isso. Sabe... seria melhor o senhor, com jeitinho, procurar saber disso com ela. Se bem que... talvez nem ela saiba da verdade, eu acho.

Marcello forçava-se a falar de modo empolgado para tirar informações da secretária, mas sentia-se fisicamente enfraquecido pela dor de cabeça que aumentava de intensidade. Ficou curioso, porém achou por bem deixar aquele assunto para depois. Saberia como persuadi-la.

— Eu entendo, Anete. É bom saber que você é de confiança. Estou muito satisfeito com você, principalmente por considerar que ninguém vai saber sobre essa conversa.

— Obrigada. Agora, se me permite, vou providenciar o que o senhor precisa.

— Dê urgência ao analgésico, por favor.

— Certo! — afirmou prestativa, saindo imediatamente.

Marcello largou-se na cadeira, reclinando-se novamente para trás. Esfregou o rosto com as mãos, alinhou os cabelos e cerrou os olhos cujas pálpebras, pesadas pela dor que sentia, não queriam se abrir.

Incontáveis idéias corriam céleres em seus pensamentos. Tudo estava acontecendo rápido demais. Estava acostumado a sofrer grandes pressões pelos desafios profissionais, mas nunca se deixava abalar. No entanto, seu emocional era incrivelmente sensível aos desejos e inquietações de sua alma. Esse era o seu ponto fraco.

Eliana Machado Coelho/Schellida

Ele sabia que Flávia era fiel e sensível. Precisaria esclarecer suas dúvidas mais íntimas e teria muitas coisas para conversar com ela. Não queria pressioná-la. Contudo não conseguia conviver com aqueles pensamentos, com aquelas perguntas que fervilhavam sua mente por inúmeros enigmas.

As reflexões de Marcello foram interrompidas por Anete que bateu suavemente à porta e logo entrou, trazendo água e um comprimido.

— Obrigado, Anete — agradeceu e de imediato tomou o remédio.

— Daqui a pouco a copeira trará seu café. Além das bolachas de que o senhor gosta, pedi que providenciasse duas bisnaguinhas.

— Mas peça café com leite, por favor — insistiu ele educadamente.

— Sim. Sem dúvida. — Sem se conter, a secretária pediu: — Posso tecer uma breve observação, senhor Marcello?

— Claro.

— Cuidado com a inveja. Quem não conseguiu fazer o que o senhor realizou nesta empresa, nas filiais e na fábrica, pode querer abalar os seus sentimentos e sua felicidade íntima. Não deixe que isso aconteça.

— Do que está falando?

— O senhor é bem inteligente e entendeu o que eu disse. A dona Flávia não é leviana, não está com o senhor por se envolver com qualquer um. Ela gosta muito do senhor. Mas existem pessoas que não têm dignidade, escrúpulo ou moral. Essa pessoa não vai querer a felicidade da irmã. Acho que fui bem clara. Com licença, senhor.

Marcello ficou pensativo. Precisava falar com Flávia, queria vê-la.

Pegando o telefone e, sem demora, ligou para ela.

— Alô... — atendeu Flávia.

— Oi, amor! Tudo bem? — perguntou Marcello com carinho peculiar.

— Tudo. E você? — tornou ela com certo receio, que ele percebeu.

— Estou com uma dor de cabeça terrível. Mas... sua voz está trêmula. Tem alguém aí?

— Ah-rã...

— Seu pai? — ele quis saber rápido.

— Sim, é. Depois eu ligo para você. Pode ser?

— Quer que eu vá aí?

— Não. Não é preciso. Assim que eu puder, te ligo.

— Certo — concordou, contrariado. Falando baixo e com voz terna, disse: — Eu te amo, viu?

— Certo — Flávia sorriu com timidez pela presença de seu pai. Mas logo declarou: — Depois eu respondo.

Desligando o telefone, ela se voltou ao pai, sem encará-lo ainda, e prosseguiu com o que apresentava:

— Então é isso o que vamos propor na reunião.

— Essas idéias só podem ser do Marcello, não é verdade?

— Sim. Sem dúvida — avisou com a respiração ofegante, pois até aquele momento não se havia mencionado o nome do Marcello. Assim que chegou, o seu pai só pediu para ver os projetos e as propostas em que trabalhava. Submissa, Flávia admitiu: — Eu o ajudei com algumas sugestões as quais ele, com aquela habilidade criativa, desenvolveu e superou as minhas intenções.

— Ele é futurista, Flávia! — afirmou o senhor Douglas com postura profissional. Mas como uma punhalada, sem que a filha esperasse, perguntou abruptamente: — Flávia, você dormiu com o Marcello esta noite?

— Papai... Pelo amor de Deus... — disse ela implorando e começando a chorar.

O senhor encarou-a muito sério, olhando as lágrimas copiosas que lhe corriam na face pálida enquanto seus lábios trêmulos tentavam balbuciar frases que não saiam.

Flávia sentiu suas pernas fraquejarem. Sentou-se e permaneceu olhando para seu pai.

— Por que está assim, Flávia?

— Papai... — gaguejava entre os soluços e a voz embargada. — Não foi culpa dele... Papai, não pense... Pelo amor de Deus, não faça nada... Não se precipite, eu...

Com uma entonação menos enérgica e mais suave, o senhor Douglas se aproximou da filha falando bem sério:

— Flávia, você sempre foi firme, destemida. Mas agora mostra toda essa fragilidade! Estou surpreso. — Em pé ao seu lado, passando-lhe a mão nos cabelos, acariciou-a ao afirmar brandamente: — Filha, eu a amo muito. Tenho uma predileção especial por você. — Flávia estava cabisbaixa, inevitavelmente todo seu corpo tremia e ela chorava muito. Ele se abaixou, ajeitou seus cabelos e procurou ver o seu rosto rubro e choroso ao falar: — Como

Eliana Machado Coelho/Schellida

um homem conservador, velho e antiquado, não gostei de vê-la em casa àquela hora, com típica apresentação de quem acabava de chegar de um motel ou da casa de um homem com quem passou a noite.

— Papai... não foi assim... — gaguejou chorosa.

— Então, se não foi assim, quer dizer que você não dormiu com o Marcello? — Flávia não conseguia falar e o pai ainda acariciando-a, disse: — Ou o Marcello é muito mais corajoso do que você ou ele está encobrindo alguma mentira sua.

— Não...

— Então você dormiu com ele?

— ...foi... — sussurrou assustada, trazendo a respiração ofegante. — Mas papai... Nós... nos gostamos e... Não pudemos nos conter e...

— Por que todo esse medo, Flávia? Por que tanto pavor? Tanto trauma? — disse mais firme. — O passado se foi. Ele não existe mais. Esqueça o que aconteceu!

— Eu amo o Marcello, papai... Talvez o senhor não entenda... — chorou em desespero.

— Você é muito especial, minha filha. Ainda bem que foi com ele. Não gostei da cena que vi hoje cedo, mas ainda bem que gosto muito de vocês dois. Considero o Marcello como um filho e quero que ele, realmente — enfatizou —, faça parte da nossa família. — Breve pausa e pediu: — Pare de chorar. — Segurando-lhe o rosto, ele reparou mais uma vez como Flávia era parecida com Nicolle, sua mãe verdadeira. Nicolle foi a única mulher que ele realmente amou. Admirava sua personalidade forte, seu jeito destemido e desejaria que Flávia, naquele momento, fosse como ela. Olhando-a bem nos olhos pediu: — Erga a cabeça, filha!

Ela obedeceu, mas não conseguia deter as lágrimas e os soluços teimosos. Afagando-lhe, o pai assegurou:

— Fez a escolha certa. Mas vou avisá-la de uma coisa: o Marcello não é tranqüilo, educado, confiante e brincalhão como o vemos aqui, quando lida com os piores problemas desta empresa.

— O que o senhor quer dizer? — perguntou parando de chorar.

— Eu fiz com ele o mesmo jogo de palavras que fiz agora com você. Surpreendentemente encontrei o ponto fraco do Marcello, que são os seus sentimentos verdadeiros por alguém. Só que, esse alguém, é você, filha!

— falava compreensivo e firme, mas com voz terna. — Sou bom em jogo de palavras, fazer uma pessoa pensar o oposto do que eu quero que ela entenda é o meu dom. O Marcello perdeu a tranqüilidade, a educação e a notável compostura. Ele reagiu quando o chamei de moleque irresponsável e o mandei calar a boca! — riu.

— Papai...

— Calma. Não terminei. Espere e me ouça. — Flávia se calou, mas ainda estava temerosa. — Filha, o Marcello, naquele momento, bem diferente de você, reagiu como eu nunca vi. Que personalidade forte! Como ele tem opinião! Foi ousado, interrompeu-me, afirmou sentimentos e propostas indecentes. Teve a petulância de me enfrentar e jogar na minha cara o que eu já sabia. Mas eu quebrei-lhe as pernas quando gritei e o chamei de cego.

— O que aconteceu, papai? Diga... por favor...

— Ele poderá contar melhor do que eu. — Rindo como ela nunca viu antes, o pai declarou: — Ele é um cego, um moleque irresponsável pela proposta indecente de pedir demissão por causa do compromisso de vocês, entre outras coisas. Será que não viu todo valor e confiança que eu deposito nele?! Que sujeitinho mais teimoso! Defendeu suas idéias e sentimentos com uma garra! — Vendo-a calada, ele orientou: — Flávia, eu não vou aceitar essa demissão e quero que você cuide disso. O Marcello gosta muito, muito mesmo de você e fará tudo para tê-la ao lado. Ele tem sangue quente e não é nenhum covarde ou acomodado. Não seja covarde, filha. Um homem como ele quer uma mulher firme, capacitada, que o acompanhe, escute-o, aconselhe, que converse! E foi isso o que ele encontrou em você, observando-a profissionalmente. Nenhum homem quer uma mulher dependente, parasita, um enfeite que se quebra com facilidade diante das dificuldades. Eu devo admitir que adoro esse moço pela coragem que ele tem. Minha vida seria bem diferente e melhor, se eu tivesse a coragem dele na minha juventude.

— Do que o senhor está falando?

— Da força que o Marcello tem para encarar uma decisão, para assumir o amor, para enfrentar a vida! Ele tem coragem de assumir o que faz. É capaz de desistir de tudo por você! Acredite nisso! — falou firme. — Por isso deixo para você a incumbência de tirar das idéias do Marcello essa decisão absurda de sair dessa empresa. Seja determinada, não se fragilize como fez

Eliana Machado Coelho/Schellida

agora! Você nunca foi um enfeite de vidro nem parasita como a Gorete! O Marcello está muito abalado no momento. Deixei-o tão nervoso que até passou mal lá na minha sala.

— Ele me disse que estava com dor de cabeça, papai!

— Esses projetos poderão esperar. Adiarei a reunião para amanhã ou até para depois. Vá até a sala dele e conversem, acalme-o. Gostaria de que ele fosse jantar hoje conosco, mas não o force, tente convencê-lo. Se ele não quiser, faça-lhe companhia. Você tem o poder de dominá-lo, Flávia. Vá falar com ele, almocem juntos... Mas primeiro tire essa cara de choro.

Beijando-a no rosto, o senhor Douglas a abraçou rápido e saiu. Flávia, ainda atordoada, procurava se recompor em meio a pensamentos confusos sobre as atitudes de seu pai.

* * *

Parando próximo à mesa da secretária de Marcello, o senhor Douglas perguntou:

— Dona Anete, o doutor Marcello está melhor?

— Ele tomou um analgésico. Disse que estava com dor de cabeça e está cuidando de algumas documentações. Não sei dizer se melhorou. O senhor quer que eu verifique ou o anuncie?

— Não. Deixe-o tranqüilo. Eu sei como são terríveis essas enxaquecas. A propósito, a reunião que seria após o almoço está adiada. Avise aos demais. E não marque nada para amanhã. Se o doutor Marcello não estiver bem, a reunião não será um compromisso conveniente. Talvez ele deva ir ao médico e tirar o dia para descansar em casa. Como não temos nenhuma urgência... Desmarque tudo o que estiver agendado, mas o comunique.

— Sim, senhor — obedeceu Anete.

Quando o senhor Douglas virou-se e foi embora, a secretária sorriu satisfeita. Sentiu uma vontade quase irresistível de entrar na sala de Marcello e avisá-lo. Mas não se atreveu.

Sentado na cadeira reclinada para trás, Marcello mantinha os olhos bem fechados. Estava entre o sono e a vigília.

Uma entidade muito especial, com silhueta transparente como cristal, figurou-lhe na mente. Ele a ouvia através dos pensamentos. Era algo delicado, parecendo como que um som inebriante.

Como de hábito, a elevada entidade o aconselhava indiretamente com indescritível brandura:

— Não seja precipitado, quando um turbilhão de problemas e idéias desesperadoras o tentarem ao extremo de seus limites emocionais.

— Por quê?

— Se os bons agem para o bem, existem os maus que querem destruir as boas ações.

— Eu não faço boas ações. Aliás, eu não pratico nada.

Sorrindo, com delicada ternura, explicou:

— Os bons pensamentos e as atitudes que não prejudicam já são boas ações. Você sabe que tem uma tarefa. Todos têm. Alguns se negam, outros se cansam, há os que se corrompem e os poucos, que têm perseverança, prosseguem.

— Por que a senhora não é mais clara, dona Josefina? Seria mais fácil me contar tudo. Eu ficaria preparado e não iria vacilar como a senhora teme.

— Se eu contar, meu querido, que merecimento terá ao superar as provações? Que força ou elevação poderá dizer que conquistou? Um soldado precisa de muito treinamento antes de ir para a batalha. Muitos soldados desistem dos treinos por se cansarem, por isso sucumbem primeiro.

— Estou lendo e estudando mais sobre esses dons... Bem que me avisou que as instruções chegariam.

— "Orai e vigiai." "Conheça a verdade e a verdade te libertará". Lembre-se disso.

— Quando fala assim, entendo que quer me prevenir. Mas não vejo como poderá surgir situações capazes de me abalar tanto. Aliás, estou tão feliz com a Flávia ao meu lado. Tenho certeza de que ela me ama! Existe uma coisa que me intriga, mas... É um assunto muito delicado e ela é sensível e... Tenho certeza de que tudo será esclarecido.

— Marcello?... — chamou Flávia suavemente em pé ao seu lado.

— Flávia! — assustou-se como se acordasse naquele instante.

— Você sorria! Eu o chamei várias vezes... Estava dormindo?

Abraçando-a pela cintura, puxou-a para junto de si e avisou:

— Eu sorria porque pensava ou sonhava com você.

Eliana Machado Coelho/Schellida

Levantando-se, segurou seu rosto com delicadeza e beijou-lhe os lábios demoradamente. Entre a troca de abraços e carinho, murmuravam confissões de amor.

— Não posso ficar sem você. Por nada deste ou do outro mundo, eu conseguiria viver sem você — afirmou ele.

— Eu também... Te amo tanto!

— Você está bem? — perguntou, percebendo seus olhos um pouco vermelho.

— Estou. Não se preocupe, depois conversamos. Eu queria avisá-lo que o meu pai quer que você vá jantar lá em casa hoje.

— E por que eu não iria? — replicou sorrindo.

— Não sei. Só estou repassando o convite.

Observando-a, insistiu ao perguntar com ternura enquanto a tocava na face:

— Seus olhos estão inchados. Por que você chorou?

— O meu pai usou comigo o mesmo jogo de palavras que fez com você — respondeu bem direta.

— Ah!... Já sei!... — Suspirou fundo e declarou: — O olhar penetrante que ele tem, quase impiedoso, enganou-me. Eu fiquei uma fera! Que vergonha.

— E eu me desmanchei a chorar.

Quebrando o clima sério, Marcello a abraçou novamente e murmurou-lhe ao ouvido:

— Você não quer se desmanchar a sorrir comigo, hein? — falou com malícia.

— Marcello! — repreendeu-o em voz baixinha, mas satisfeita com a audácia. — Não fale isso!

— Por quê? Você não gosta? — tornou audacioso.

— Estamos no serviço! E, a propósito, onde está a sua dor de cabeça?

— Passou assim que você entrou nesta sala. Você é o meu remédio.

— Pára, Marcello! Não brinque. Estou falando sério! — exclamou rindo.

— Não parece — divertiu-se, ao vê-la encabulada. — Agora, falando sério mesmo, já que o seu pai sabe de tudo, você quer ir almoçar comigo?

— Lógico! E jantar também!

— Sim, senhora. Afinal — falou com ironia —, é um jantar intimado pelo presidente desta empresa! — Com voz mansa e romântica, completou: —

Que tem uma filha linda, maravilhosa, que eu amo e estou apaixonado por ela — falava ao beijá-la.

— Marcello!

— Está bem. Sejamos profissionais — Parando de assediá-la, ele se virou, pegou o telefone e perguntou: — Dona Anete, algum recado para mim?

— Sim, senhor. Mas irei até aí para informá-lo melhor. Um minuto.

— Tudo bem, eu aguardo. — Desligou e voltando-se para Flávia, comentou: — É estranho a Anete não me passar os recados por telefone. — Brincando para enervar Flávia, falou cinicamente: — A Anete vai entrar, eu sei que você é louca por mim, mas se contenha, viu?! Não me agarre na frente da secretária. Isso não fica bem! Entendeu?

— Marcello!!! Você...

— Com licença, doutor Marcello — interrompeu a secretária, fazendo Flávia engolir o que ia dizer. — Desculpe-me pedir para vir aqui, mas é que alguns diretores estavam bem a minha frente e eu acreditei que seria conveniente não falar perto deles.

— Ótimo! O que tem para mim? — perguntou sério.

— A senhora sua mãe ligou duas vezes, mas não quis deixar recado. O doutor Jarbas pediu que telefonasse para ele assim que possível. Vários diretores quiseram falar com o senhor, mas conforme me pediu... O doutor Douglas veio pessoalmente perguntar como o senhor estava, se havia melhorado. Avisei que havia tomado um analgésico e ele não quis incomodá-lo.

— É só? — perguntou desconfiado diante do semblante quase sorridente de Anete naquele instante.

— Não, senhor. O doutor Douglas pediu que eu desmarcasse a reunião que seria após o almoço pelo fato do senhor não estar bem. Ainda pediu que eu desmarcasse todos os seus compromissos de hoje à tarde e os de amanhã. Ele deu a entender que o senhor vai ao médico e tirará um dia de convalescença por causa de sua enxaqueca.

— Mas... Não estou entendendo. Já estou bem.

— Foram ordens do doutor Douglas, senhor Marcello. Eu não ousei desobedecer e ele só pediu que eu lhe comunicasse.

— Seu pai ficou louco?! — perguntou olhando para Flávia.

Eliana Machado Coelho/Schellida

— Ah! Com licença — interrompeu a secretária. — O doutor Douglas voltou depois e pediu que avisasse a dona Flávia que os seus compromissos também foram desmarcados pela sua secretária.

— Como assim?! — reclamou Flávia.

— A justificativa que eu devo dar é que os senhores trabalham juntos e que não adiantaria a senhora apresentar os projetos ou resolver situações sem a opinião do doutor Marcello.

— Meu pai realmente ficou louco! — protestou a moça.

— O que mais, Anete?

— Desculpe-me ter que relatar isso, mas a dona Renata e o doutor Paulo, além de dois outros diretores, aguardavam o elevador. A dona Renata sabia que a dona Flávia se encontrava aqui. Perdoe-me a liberdade de dizer, mas ela e o doutor Paulo não entraram quando o elevador chegou. Ela estava inquieta e quis vir aqui por várias vezes. Porém, conforme o senhor me pediu para não ser incomodado, não a deixei entrar. A dona Renata se irritou muito comigo quando tentou chegar perto da porta, agindo como se fosse invadir sua sala, e eu... Bem... eu a enfrentei me colocando na frente como o senhor mandou. Agora estou em uma situação difícil, pois fiz o que o senhor me pediu e...

— O quê? — quis saber Marcello indignado, já prevendo os acontecimentos.

— A dona Renata disse que iria me demitir.

— Ah!... Só porque ela quer... — riu Marcello. — Ela não ousaria. Pode deixar comigo. Isso não vai acontecer. Você agiu muito bem, Anete, eu não queria ver ninguém mesmo! Obrigado e fique tranqüila.

— Espere — pediu Flávia. — Por que me deixou entrar, Anete? — perguntou Flávia com voz mansa e curiosa.

— É que... — A secretária ficou vermelha e Marcello rindo, não a socorreu deixando-a informar: — Cumpri ordens do doutor Marcello — sorriu com simpatia.

Marcello estava sentado e abraçou Flávia pela cintura, puxando-a para perto e disse:

— A Anete foi o nosso cupido, sabia? E se torturou torcendo por nós!

— Como assim? — quis saber Flávia desconfiada.

— A Anete nos chamou de cegos! Covardes! É!!! — afirmou em tom de zombaria e sarcasmo, envergonhando a secretária. — Ela percebeu que estávamos apaixonados pela nossa troca de olhares... pela nossa respiração!... — exagerou, enfatizando.

— Anete! — exclamou Flávia espremendo os olhos e se aproximando como se a ameaçasse ao entrar no clima de brincadeira de Marcello. — Anete eu não acredito! Você me traiu! Sempre confiei em você e agora nem foi capaz de me avisar que esse cego e covarde aí — apontou para ele —, estava gostando de mim?! E eu, feito uma boba, ainda parava quando ouvia você falar dessa coisa — referiu-se a ele —, com elogios rasgados!

— Ei! Espere aí! Você está me chamando de cego, covarde e coisa?!

— Sem dúvida!!!

— Anete — determinou Marcello, vendo-a corar —, me defenda! Você é minha secretária!

— Mas... Dona Flávia...

— Você não é advogada, Anete! É uma cúmplice! Eu estava gostando disso aí e morria de medo de me ridicularizar. Você sabia e nem me ofertou um conselho amigo! — exagerava Flávia, dramatizando como comédia. — Esse cego não percebeu meus olhares... meus suspiros... E eu, medrosa, achei que ele fosse me considerar uma galinha!

Marcello levantou gargalhando como nunca, e Flávia, não se agüentando, riu junto. Enquanto a secretaria sorria, mas tentava se explicar.

— Eu joguei tantas indiretas para vocês e...

Marcello e Flávia simultaneamente abraçaram Anete com carinho e amizade.

— Estamos brincando, Anete — avisou ele.

— Boba! Não fique assim!

— Ai!... — Suspirou aliviada. — Por um instante cheguei a pensar que era verdade.

— Eu e a Flávia agradecemos a sua amizade, o seu respeito, discrição e a torcida para esses dois cegos, covardes e bobos.

— Obrigada, Anete — disse Flávia com meiguice. — Agradeço por nos proteger agora há pouco. Não seria nada conveniente a Renata entrar aqui. Você é ótima profissional e de muita confiança. Sabe quando os assuntos não interessam aos outros.

Eliana Machado Coelho/Schellida

— Ora... Essa é a minha obrigação — quase murmurou ela.

— Bem! Estou passando muito mal! — exclamou Marcello, brincando. — Já fiquei estressado a ponto de sofrer tonturas, quase desmaiar... Que enxaqueca terrível! E sei lá mais o quê. Não venho após o almoço, pois ficarei doente. Amanhã cedo o médico me dará um dia de folga. Assim sendo — prosseguiu rindo —, já que a diretora geral, dona Flávia, não pode apresentar nem responder nada sem consultar o líder desta diretoria e conselheiro da presidência, convido-a para almoçar comigo. E mais... já que a dona Anete não tem a quem servir, está dispensada de suas funções por hoje.

— Mas... doutor Marcello!

— O que vai ficar fazendo aqui, Anete? Atendendo ao telefone e dizendo que não estou! Isso pode ser feito pelas telefonistas.

Os olhos de Anete brilharam e ela sustentou um largo sorriso.

— Veja, Flávia! A dona Anete está feliz por seu chefe passar mal!

— Não! — sorriu sem se conter. — Foi só um impulso. Mas não posso deixar de dizer que estou feliz por vocês!

— Obrigado, Anete. Por tudo — disse Marcello. — Você pode ir, está liberada.

Flávia e Marcello riram e se abraçaram felizes por tudo. O quanto antes saíram da empresa e foram almoçar conforme planejaram.

408

25

Entregando-se de corpo e alma

De certa forma, Marcello e Flávia sentiram-se mais aliviados de qualquer pressão. Algo os deixou leves.

Eles almoçaram e passearam em um shopping antes de irem para o apartamento dele.

Disposto para o jantar na casa do senhor Douglas, Marcello tomou um banho demorado enquanto pensava muito em algo que o intrigava. Sentia-se inseguro e precisava conversar com Flávia, porém aquele não era o melhor momento. Escolhendo uma roupa esporte-fino, ele estava bem elegante e Flávia o admirou:

— Huuum!... Você está ótimo!

— Gostou? — perguntou com romantismo, olhando apaixonado.

— Em você, eu gosto de tudo — correspondeu ela no mesmo tom.

O telefone tocou e Marcello fez um semblante de insatisfação, continuando onde estava.

Flávia, rolando sobre a cama, envolveu-se no lençol e se levantou para pegar o aparelho, quando ele avisou com jeitinho:

— Não se atreva...

— Por quê? Posso saber? — perguntou com voz suave e leve sorriso.

— Se está desconfiando de mim, então vá, atenda! Tenho certeza de que é a minha mãe.

Eliana Machado Coelho/Schellida

— Não ia atender. Ia pegar o telefone e dá-lo a você — respondeu calma enquanto o aparelho tocava insistentemente. Depois perguntou: — Como sabe que é sua mãe?

— Só ela poderia ligar nesse horário, pois calcula exatamente quando chego do serviço. Mas eu não quero falar com ela agora. Já sei qual é o assunto. Ouvi seus dois recados na caixa postal do celular. Minha tia está indo para a Itália e minha mãe quer que eu a convença a ficar. Provavelmente terei de conversar com a tia Rossiani, pois as duas nunca se separaram e... Já fiz isso antes, acho que ela tem direito a escolher o que fazer de sua vida.

— Com meio sorriso, explicou com certa doçura no olhar: — Italianos são exagerados nos sentimentos, nas emoções, expressões, no romantismo, no amor... Quando amam, entregam-se de corpo e alma.

Ela não disse nada, só o fitava.

Contemplando Flávia envolta no lençol, Marcelo a admirava ainda mais. Seu semblante doce era bem atraente. Seu corpo exuberante era extremamente alinhado dentro dos contornos mais perfeitos e escondido sob um tecido quase transparente, seduzia-o. Sua pele era suave e alva como seda de um aroma inigualável. Os lábios cheios e naturalmente vermelhos ressaltavam mais detalhes à beleza delicada de seu rosto generoso, de traços regulares e bem desenhado onde os olhos negros, vivos e brilhantes invadiam sua alma quando o olhavam de maneira penetrante, que o atraíam sem que ela soubesse o que estava fazendo.

Seus cabelos compridos, lindamente ondulados, desalinhados e soltos davam-lhe uma moldura especialmente feminina.

Flávia, diante da demorada contemplação, sorriu-lhe com certo constrangimento e olhar expressivo, demonstrando pudor quando, naturalmente, puxou o restante do lençol com suas mãos frágeis e procurou delicadamente cobrir as maravilhosas formas de seu corpo que pareciam ter sido esculpidas a gosto de Marcello.

Imóvel, encantado, ele não disse nada. Só a admirava, sentia... Era como se já a conhecesse, soubesse de seus pensamentos e desejos.

Tudo era peculiar e leve. De alguma forma, eles se reconheciam a cada minuto juntos, como se lembrassem um do outro, sem saber onde ou como.

Flávia queria conversar e falar-lhe sobre algum fato, mas não conseguia. Talvez não fosse o momento e só sussurrou de modo gentil:

— Vou tomar um banho.

— Vem aqui e me dá um beijo — pediu, como sempre, romântico e admirando-a.

Marcello a tomou nos braços com extremo carinho, beijou-a, acariciou seu rosto e, com o mesmo olhar penetrante, poético, falou bem baixinho:

— Eu te amo muito.

— Eu te amo muito também.

— Flávia, você foi feita para mim. Eu morro se ficar sem você.

— Você me disse que a morte não existe. Então ficaremos juntos por toda a eternidade. Algo muito bonito e verdadeiro nos une, Marcello. Eu sinto isso! E eu não consigo mais ficar sem você, aconteça o que acontecer.

Beijou-a, depois respondeu:

— Eu sei. Uma energia inexplicável nos domina! Creio que ficamos distantes um do outro por muito tempo. Como se pegássemos estradas diferentes. Agora nos reencontramos e por isso existe essa atração imensa, essa vontade, esse desejo que nos domina.

Dissimulando para que ele não visse seus olhos marejados, ela abaixou a cabeça e avisou ao se afastar com delicadeza:

— Deixe-me tomar um banho.

— Não lave os cabelos! — brincou ao vê-la entrar no banheiro.

* * *

Sentando-se na cama, Marcello passava a mão sobre o lençol e sorria quando, repentinamente, sentiu um aperto forte no peito. Seu coração doía. Algo como um pressentimento desagradável o invadiu subitamente. Foi tão intenso que não conseguiu deter as lágrimas grossas e mornas que correram pelo seu rosto.

Ficou parado, mas ofegante por experimentar uma dor em sua alma.

De forma inexplicável, veio-lhe à mente a idéia de que ficaria sem Flávia por uma inevitável razão. Não sabia explicar que pressentimento era aquele. Talvez a perdesse.

"Deus, eu morrerei se isso acontecer", pensou e pediu: "Não permita, Deus, que nem a morte nos separe".

Eliana Machado Coelho/Schellida

Erguendo-se, respirou fundo, secou o rosto e procurou afugentar aqueles pensamentos e fugir daquelas funestas emoções. Flávia não poderia retornar e vê-lo daquele jeito.

Ele dominou os sentimentos e conseguiu disfarçar sem que ela percebesse.

* * *

Já era noite quando chegaram à grande residência do senhor Douglas, que os aguardava com impressionante satisfação e ansiedade.

Renata e o noivo Paulo cuidavam de alguns detalhes para o casamento cuja data já havia sido escolhida. Mesmo assim, Renata remoia-se inconformada, revoltada com o envolvimento de Flávia e Marcello. Afinal, acreditava que sua irmã havia dado um grande golpe.

Apesar de lúcido e ativo, seu pai tinha certa idade e poderia se aposentar ou até mesmo morrer a qualquer momento. E se ele foi capaz de deserdar um filho, talvez deixasse em testamento tudo para Marcello: a presidência da empresa, uma parte generosa da divisão dos bens da família, o que incluiria a divisão da participação acionária da empresa. Tudo isso, junto com a parte que caberia à Flávia, inevitavelmente, eles seriam os acionistas majoritários. Teriam a maior participação nos lucros e nas decisões. Assim sendo, a presidência ficaria definitivamente sob o poder de Marcello.

Renata estava inconformada, mas apesar de todo pensamento odioso, mascarava-se com um belo e suave sorriso no rosto, que figurava generosidade e compreensão.

O ânimo de Kátia não disfarçava a felicidade de receber Marcello e Flávia, que entraram de mãos dadas na luxuosa sala.

Flávia, apesar de sorrir, ainda não parecia muito à vontade.

O senhor Douglas, com grande satisfação, foi ao encontro do casal, cumprimentou-os e perguntou:

— Oh! Marcello! Que bom vê-lo! Sente-se melhor?

— Sinto-me bem, mas... — respondeu com certo cinismo.

— Procurou um médico?

— Acho que vou seguir o conselho do senhor amanhã bem cedo — respondeu no mesmo tom.

Seguiram para a outra sala onde Renata e Paulo estavam. Ela também se interessou em saber como Marcello se sentia. Parecia preocupada com sua saúde. Ele respondeu novamente dissimulando o fato de não ter se sentido bem, para não alongar o assunto.

— Bebe alguma coisa, Marcello?! — ofereceu o senhor Douglas.

— Água! Por favor.

— Nenhum aperitivo? — insistiu o anfitrião.

— Não, senhor. Obrigado.

— Você não bebe nem socialmente. Já reparei isso — comentou Renata.

— Raramente, aprecio um bom vinho. Mas tem que ser muito bom! — brincou. — Por que disso eu entendo.

— Quer beber algo, Flávia?

— Não, papai. Obrigada.

Passando perto de Flávia, Renata sussurrou-lhe como uma sátira maldosa:

— Não vai tomar um banho antes do jantar, minha irmã?

— Tem razão! Façam companhia para o Marcello que eu já volto — decidiu Flávia dissimulando sua insatisfação.

Beijando-o e avisando que voltaria logo, ela se retirou contrariada e foi para seu quarto.

De um salto do sofá, Kátia seguiu Flávia como uma sombra.

Se fosse possível, Kátia entraria no box do chuveiro junto com a irmã tamanho era o número de perguntas que fazia.

— E aí?! Você passou a noite fora! Dormiu na casa dele ou foram para um motel?

— Por favor, Kátia! — irritou-se a outra. — Não seja indiscreta. O que é isso? — protestou Flávia enquanto tomava banho. Mas imediatamente se interessou: — Quem contou que eu não dormi em casa?

— Sabe aquela empregada nova que a Renata contratou:

— Ah-rã!

— Eu estava na internet logo cedo porque estou procurando algum curso para trabalhar com plantas...

— E?!... — perguntou Flávia, saindo do chuveiro e indo se secar.

— A moça entrou no meu quarto — contou Kátia seguindo a irmã e sentando-se em sua cama —, mal me cumprimentou e disse: "Nossa! A dona

Eliana Machado Coelho/Schellida

Flávia perdeu a hora hoje!" — exclamou arremedando a voz da empregada.

— Eu pensei que você tivesse acordado tarde e se atrasado, entendeu?

— Sei... — respondeu a irmã se trocando.

— Então eu não disse nada e ela falou: "Ela chegou agorinha! Seu pai deu o maior flagra nela e no namorado! As coisas íntimas dela se espalharam pelo chão quando ela saía correndo do carro dele e os dois estavam abaixados quando o doutor Douglas fez o motorista parar o carro e conversou com os dois. Devem ter levado a maior chamada!" — contou Kátia insatisfeita.

— E o que você disse?! — perguntou Flávia irritada.

— Nossa, Flávia! Que banho rápido! — admirou-se Kátia.

— Eu já havia tomado banho antes de chegar. Só tomei outro para a linguaruda da Renata parar de falar. Mas, vamos! Conta o que você respondeu para a empregada!

— Fiquei de queixo caído!!! Depois que consegui pensar, eu disse que isso não era da conta dela e que é muito feio as empregadas ficarem fazendo fofocas.

— Essa moça trabalha aqui há um mês, não é? — perguntou enquanto se penteava.

— Mais de um mês, eu acho.

— De amanhã ela não passa! Eu mesma vou demiti-la. Depois reclamam que não arrumam emprego. Quando conseguem um, envolvem-se onde não são chamadas, falam demais, não cumprem bem os serviços para os quais foram contratadas e ainda denigrem a nossa imagem! Depois vão dizer que os patrões são ruins!

— Nossa, Flávia! Nunca te vi reagir assim!

— Hoje mesmo eu brinquei, abracei, beijei, agradeci e elogiei a Anete, secretária do Marcello. Que funcionária exemplar! Como ela é discreta! Além de cumprir com competência as suas funções.

— Ah! A empregada disse que você chorou antes de entrar em casa com o Marcello.

— Isso não importa a ninguém! — enervou-se Flávia.

— Está tudo bem com vocês dois?

Flávia alargou um lindo sorriso no rosto levemente maquiado e respondeu:

UM DIÁRIO NO TEMPO

— Está tudo ótimo. Parece que estou sonhando...

— Aaaah!... Conta, vai! Você falou pra ele, e?... — implorou Kátia manhosa.

— Ficou louca?! O Marcello está lá em baixo me esperando. Acha que vou ficar aqui conversando e perdendo tempo?

— Onde passaram a noite?! — insistiu com voz marota e molecagem na expressão.

— No apartamento dele.

— Não ficaram só dormindo, não é?

— Kátia!!!

— Como é? Como ele a tratou? Nossa ele deve ter ficado...

— O Marcello é extremamente amoroso, carinhoso, romântico, sedutor... — falou de modo doce, suspirando fundo e olhar perdido.

— E hoje à tarde? Você disse que tomou banho... Ficaram lá novamente?

— Ficamos — respondeu escolhendo os sapatos.

— E?...

— Kátia! Você me deixa sem graça!

— Flávia! Acorda, minha irmã! Eu quero saber porque a maioria dos caras, hoje em dia, já chegam atacando a mina. Eles não são românticos nem sabem conquistar. Você é exigente demais nisso.

— Sim. Eu sou.

— Por isso está apaixonada por ele, não é?

— Não é só por isso. Algo nos atrai. Nós queremos ficar juntos o tempo todo. Não é só sexo. Não fizemos sexo.

— Não?!!!

— Não, Kátia. Nós fizemos amor. Sexo é a satisfação física. O amor satisfaz a alma... É algo maravilhoso!

— Contou tudo pra ele?

— Depois falamos disso, Kátia.

— E o papai? O que te falou quanto viu você chegando cedo?

— A história é longa. Depois eu conto — disse apressada. — Precisamos ir lá para a sala. E eu ainda tenho que tomar uma providência.

Elas desceram e, olhando a certa distância, Flávia viu Marcello, muito atencioso, ouvindo sua mãe que conversava sempre do mesmo jeito desequilibrado.

415

Eliana Machado Coelho/Schellida

Virando-se para a irmã, ela pediu:

— Kátia, vá lá e faça um pouco de companhia para o Marcello, pois a mamãe não pára de falar. Não sei se ele está gostando. Eu já volto.

A irmã obedeceu, e Flávia procurou pela governanta da casa.

— Oi, Romilda! Tudo bem?

— Tudo bem, dona Flávia! — sorriu a senhora com simpatia, pois gostava muito da moça. — A senhora quer que o jantar seja servido agora?

— Não sou tão velha, Romilda — brincou. — Não me chame de senhora.

— Mas é que o doutor Douglas está aí e...

— Eu entendo. Mas quanto ao jantar, ainda vou ver se deve ser servido ou não.

— Tudo está como o doutor Douglas pediu. Ele sabe que o doutor Marcello gosta muito daquele frango que a Maria prepara tão bem e...

— Meu pai foi quem escolheu o que preparar para o jantar?! — interrompeu-a pela surpresa.

— Sim, senhora! Ele telefonou e escolheu tudo nos menores detalhes. Disse que a senhora viria com seu namorado. Então caprichamos em tudo! — falava alegre, mas sussurrando.

— Por que meu pai fez isso? — intrigou-se. Em seguida, perguntou brandamente, mas bem segura da decisão: — Romilda, tem uma moça nova que foi contratada há pouco tempo. Eu esqueci o nome dela é...

— Carmem!

— Isso mesmo — falou baixinho. — Sabe, Romilda, tenho o maior respeito por todos os funcionários que nos servem tanto nesta casa quanto na empresa. Hoje aconteceu algo muito desagradável! — A senhora abaixou a cabeça, pois já sabia do que se tratava e Flávia continuou: — Não sou, nunca fui arrogante. Até já usei você inúmeras vezes como minha confidente. Já pedi, inclusive, os seus conselhos... Você praticamente me criou, Romilda. E eu a respeito a ponto de aceitar que me chame a atenção, que me advirta sobre o que eu fizer de errado. Como você já fez quando me revoltei com meu pai... Você me chacoalhou para eu acordar, parar com a insanidade que me fez quebrar tudo no meu quarto, lembra?

— Oh, filha, me desculpa...

— Não! Eu estava insana e você me tirou daquele estado. Aceito até uns tapas vindo de você, quando eu fizer coisa errada — Flávia abraçou-a rápi-

UM DIÁRIO NO TEMPO

do, afastou-se, pois as emoções fluíram e ela não queria chorar. — Obrigada por tudo. Mas... como eu dizia, hoje a Carmem foi muito imprudente. O que ela viu, deixou de ver, se percebeu que eu dormi fora ou se sabe que meu pai me viu chegando aqui cedo com o Marcello, se eu chorei ou algo mais, guardasse para ela ou viesse falar comigo. Não gostei de saber das fofocas que ela fez e...

Romilda olhou-a estranhamente para o lado, e Flávia a acompanhou deparando-se com a empregada Carmem. Imediatamente, bem séria e educada, a moça a chamou:

— Carmem, por favor, venha aqui. — Outras duas empregadas que estavam por perto se afastaram e Flávia avisou: — Não gostei de saber que você contou à minha irmã e aos outros empregados sobre ter me visto chegando hoje cedo.

— Mas...

— Um momento, Carmem. Já estou sabendo e não há defesa. Não é a primeira vez que você fica tecendo comentários sobre nossas vidas. Já chamou minha mãe de louca e disse que ela deveria ser internada em um hospício, falou do meu irmão dizendo que ele é vagabundo e viciado... Sim! Tudo pode ser verdade, mas quando não temos soluções para oferecer diante de um problema, não fazemos comentários. Eu vou ser breve. Vim até aqui para pedir à Romilda não deixar que você ajude a servir o jantar. Quero que você seja afastada das tarefas de hoje e amanhã vá até o contador para acertar as suas contas.

— Eu preciso desse emprego. Por favor...

— Sabendo disso, deveria ter se vigiado. Lembrado que precisa do emprego e que essa família precisa de sossego e privacidade. Contratamos um funcionário para nos trazer soluções, ajuda e não mais preocupações e irritações. — Virando-se para Romilda, ainda com voz bem serena, orientou: — Peça para a Maria fazer a gentileza de ajudar a servir o jantar, por favor.

— Sim. Pode deixar.

Flávia ainda olhou piedosamente para a moça que chorava, mas não disse nada e voltou para a sala.

— Nossa! Você demorou — reclamou Marcello, quando ela sentou ao seu lado.

— Fui resolver um probleminha — sorriu e o beijou no rosto.

417

Eliana Machado Coelho/Schellida

* * *

Durante o jantar, o senhor Douglas falou com orgulho sobre o namoro de Flávia e Marcello, dizendo o quanto estava satisfeito com aquele compromisso. Discretamente, o homem cobrou uma previsão para o noivado, dizendo que gostaria de preparar uma grande festa.

Sempre descontraído e firme em seus propósitos, Marcello não se constrangeu e, bem direto, disse:

— A Flávia diz que namoramos pouco tempo para termos um compromisso mais sério. No entanto, eu discordo! — Flávia corou. Ele a olhou, sorriu e declarou: — O namoro serve para que as pessoas se conheçam, para que um saiba os gostos e as repulsas do outro. Além disso, tem como objetivo principal o amadurecimento dos dois ou não, verificarem se existe um sentimento forte, o desejo de estarem juntos, a paciência de ouvir, saber falar e tudo isso leva ao amor. Certo de estar amando, o namoro ajuda a conhecer o grau de tolerância que se tem diante de diversas situações.

— Vai fazer um discurso, Marcello? — perguntou Paulo com deboche.

— Não. Eu até poderia, mas minha intenção é explicar e justificar a minha opinião. Continuando... posso dizer que acredito que eu e a Flávia, apesar de não termos falado nesse assunto até a semana passada, namoramos desde quando começamos a trabalhar juntos. E isso faz mais de um ano, quase um ano e meio. Lado a lado, diariamente, nós íamos nos conhecendo, descobrimos os gostos, as tolerâncias, as repulsas e temos a certeza de que um grande sentimento nos une. Namoramos de forma platônica! Apesar da Flávia achar que é cedo, eu diria que já está na hora de assumirmos um compromisso mais sério. Nem precisamos de festa. É o momento de ficarmos noivos! — Sorriu alegre, enquanto ela parecia desconfiada.

— Com todas as minhas bênçãos e total apoio! — exclamou o senhor Douglas, erguendo uma taça para um brinde.

— Então escolha a data, Flávia!!! — animou-se Kátia quase gritando.

Todos se voltaram para Flávia, cobrando-lhe uma manifestação.

— Bem... — titubeou. — Que tal... Depois do casamento da Renata?

— Dois meses e meio?!!! Mas o que é isso? Você vai me fazer esperá-la por mais de dois meses?!!! — exagerou Marcello, brincando com modos italianos para vê-la constrangida e mais vermelha. — *Dio Santo! Io non credo! Ti prego, bela... In nome di nostro amore...*

— Não faça isso, Marcello — pediu Flávia totalmente envergonhada.

— O que você disse, Marcello? — perguntou Kátia com expressiva alegria.

— Eu implorei por Deus e em nome de nosso amor para que a Flávia aceite o meu pedido de noivado e ela nem me deixou terminar! E ainda diz para eu não fazer isso!

— Quer que ela aceite agora?! — tornou Kátia.

— Sim! Lógico! Por que não?! — disse olhando para Flávia como se a desafiasse, mas ela não conseguia falar. Foi então que Marcello tirou do bolso uma pequena e graciosa caixinha e a entregou nas mãos de Flávia para que abrisse.

Com o coração aos saltos, as mãos trêmulas e os olhos embaçados, pois já imaginava o que era, Flávia abriu vagarosamente a caixinha que portava um par de alianças.

As lágrimas rolaram em seu rosto e todos, sem exceção, emudeceram aturdidos pela determinação de Marcello.

Quebrando o silêncio, o senhor Douglas reafirmou:

— Tem toda a minha permissão e minha bênção!

— O que você me diz, Flávia? — perguntou Marcello bem baixinho e afagando-lhe o rosto com generosidade ao recolher suas lágrimas.

— Sim! Lógico — murmurou chorando e o abraçando para esconder o rosto em seu peito.

Depois de vê-la mais controlada, Marcello pegou gentilmente a pequena caixa, tirou uma das alianças e colocou delicadamente no dedo de Flávia, como se quisesse eternizar aquele momento. Ela repetiu o gesto, mesmo com lágrimas a rolar em sua face.

Eles se beijaram ao som dos alvoroçados votos de parabéns.

Assim que pôde, Flávia perguntou baixinho:

— Quando comprou essas alianças, Marcello?

— Hoje, após o almoço. Você estava comigo!

— Eu?!...

— Lógico! Quem mais nos acompanhou hoje?

— Como fez isso, Marcello? — interessou-se Kátia.

Eliana Machado Coelho/Schellida

— Foi fácil enganar a sua irmã! — riu gostoso e com satisfação. — Enquanto almoçávamos, eu disse a ela que gostaria de presenteá-la com um anel ou uma gargantilha, coisas que reparei que ela gosta de usar. Aí a Flávia ficou fazendo charme, mas acabou indo comigo a algumas lojas.

— Três. Só fomos a três lojas — corrigiu Flávia.

— Tanto faz. Mas, em uma das lojas, ela experimentou um anel depois de muita insistência. O anel serviu perfeitamente, porém a Flávia não gostou do modelo e voltou até a vitrine para ver outra coisa. Então eu dei sinal para a atendente que eu queria uma aliança com a medida daquele anel. Discretamente, apontei o modelo que me agradou e a moça reservou uma das alianças. Entretanto o mais difícil foi não deixar a Flávia me ver experimentando as alianças. Passei o maior sufoco quando uma delas não quis sair! — contava e ria. — Por fim, acertei o tamanho e pedi que passasse o cartão.

— Ah! Foi por isso que a outra atendente ficou expondo um monte de coisas para mim? — reclamou Flávia sorrindo. — Nossa! Ela não me deixava respirar!

— O Marcello sempre nos surpreende com as suas criatividades! — observou o senhor Douglas.

Renata não conseguia disfarçar e pouco sorria. Havia um nítido descontentamento pelo que presenciava.

Gorete sustentava um sorriso diferente o tempo todo e até falou de forma lúcida.

— Parabéns, filha. Você pode chorar hoje de alegria. Amanhã poderá chorar por decepções e tristezas. Mas tenha fé porque a sua felicidade está escrita no diário de Deus.

— Obrigada, mamãe... — Flávia agradeceu emocionada e surpresa.

— Deveriam fazer uma festa! — opinou Kátia.

— A felicidade, a alegria da surpresa em família é bem melhor! — respondeu Marcello.

— E sua mãe, Marcello? — preocupou-se a noiva. — Ela ficará chateada. Suas irmãs, sua tia...

— Olha, Flávia... Eu não sei o que me deu. Talvez reclamem do meu impulso, mas não vou deixar de fazer o que me deixa feliz hoje, esperando que os outros me acompanhem. Minha mãe, minha madrinha, irmãs e tia não ficarão satisfeitas por não terem participado. Mas tenho certeza de que ficarão felizes por nós. Viu como elas gostaram de você?! Fique tranqüila. Não haverá ressentimentos.

Todos conversaram bastante por mais algum tempo até que o senhor Douglas teve a oportunidade de pedir para Marcello que o acompanhasse, chamando-o para ir até o escritório.

— Sente-se, Marcello. Vamos conversar sem aquele falatório todo! — Ao vê-lo acomodado, sentou-se quase a seu lado e admitiu: — Como eu já disse, admiro-o e gosto muito de você. Tem caráter e responsabilidade. Só que eu não gostaria de que se indispusesse com a sua família. Hoje, durante o jantar, quando eu insinuei que você e a Flávia assumissem um compromisso mais sério, não esperava vê-lo com um par de alianças. — Sorriu ao comentar: — Depois de se justificar muito bem sobre o que sente e o que entende de um relacionamento sem compromisso sério, como é o caso de um namoro, e a diferença entre as afinidades e os sentimentos fortes, você surpreendeu a todos quando se mostrou bem seguro, muito confiante de sua decisão.

— Adoro a sua filha, senhor Douglas — afirmou tranquilamente, sentando bem à vontade. — Não tenho qualquer dúvida quanto aos nossos sentimentos. Por isso eu sabia que não passaria por qualquer ridículo ao surpreendê-la com o pedido de noivado, como eu fiz, apesar de toda a brincadeira e encenação. Quero que me desculpe pelo meu comportamento... Não deve ter sido agradável nos ver chegar, hoje cedo e... Bem, quero deixar claro que a Flávia não é um passatempo para mim. Eu até posso parecer precipitado, mas gostaria de avisá-lo de que é bem provável que não demoremos muito tempo para nos casarmos.

— Só espero que não seja uma surpresa como foi o noivado e me convide para esse casamento! — brincou alegremente.

— Certamente! Eu a Flávia não temos nada a perder nem motivo para esperarmos muito... Só espero que ela concorde. Eu gostaria de um casamento bem simples. Nada de tantas pompas, festas, trajes e todas essas coisas que vejo a Renata e o Paulo discutindo. É um desperdício e algo muito cansativo.

— Não vou interferir. Vocês decidem. Mas uma coisa me incomodou.

— O quê? — perguntou Marcello desconfiado.

Eliana Machado Coelho/Schellida

— A sua família! Sua mãe ficará feliz ao saber que estão noivos? A Kátia já me contou muito sobre sua mãe, sua irmã, tia e madrinha por terem ido ontem até a chácara. Tive até a impressão de que isso mexeu muito com a Kátia, pois a menina estava bem diferente, com planos... Até falou de ir trabalhar com sua mãe!

— Minha mãe adorou a Flávia. Talvez se zangue por não ter presenciado o noivado, mas não irá se opor. Ao contrário! Ela também gostou muito da Kátia e se deram bem quando falaram de plantas e tudo mais.

— Marcello, não será melhor reunirmos sua família em um almoço e anunciarmos novamente esse noivado?

— Creio que não — disse rindo.

— Por quê? — estranhou o senhor intrigado.

— Talvez o senhor não acredite, mas a Flávia poderá confirmar que... Bem... quando minha mãe, tia, irmãs... até minha madrinha souberem, vão me tratar com tapas e muitas broncas! — gargalhou gostoso. — Farão o maior escândalo! O senhor nem imagina. Mas isso só por um ou dois dias. Não quero passar por essa vergonha perto dos outros. Em pouco tempo tudo estará normal, vão me encher de beijos e abraços... Tratarão a Flávia como uma filha! Aí sim será o momento do senhor as conhecer. Acredite em mim!

— Se é assim... — Após breve pausa em que o senhor Douglas aproveitou para acender seu habitual charuto, comentou: — Agora é mais sério, Marcello. Eu já estou velho e quero parar. E será você quem assumirá a presidência das minhas empresas.

Aturdido com o impacto da imposição, Marcello perguntou incrédulo:

— Como disse?!

— Já pedi ao meu advogado que refaça, mais uma vez, o meu testamento e as legalizações necessárias, inclusive judicialmente, para você ter total garantia de autonomia majoritária das ações e a presidência das empresas e suas filiais. Logicamente que isso vai requerer a divisão acionária diferenciada para os herdeiros. Em palavras mais simples: A cota de ações de cada um será diferente. Você presidirá e pronto!

— O senhor está me assustando. Eu não posso concordar com isso.

— Espere, Marcello, por favor — pediu educado ao ver o rapaz ofegante, extremamente sério. — Não pretendo deixá-lo nervoso novamente — riu. — Não quero que passe mal.

422

UM DIÁRIO NO TEMPO

— Senhor Douglas, eu...

— Escute primeiro, menino! Eu estou em perfeitas condições mentais e não tomei essa decisão sozinho.

— Como assim?! Quem o ajudou?! A Flávia?! — surpreendeu-se Marcello.

— Não! A Flávia nem sabe sobre isso. Foi o Rogério, meu filho. Sei que vocês dois se conhecem muito bem. Estão sempre trocando idéias pela internet e se falam pelo telefone com regularidade desde o dia em que eu os apresentei, quando você entrou em minha sala e eu e o Rogério conversávamos através do... do... do computador. Essas modernidades me desafiam muito. Nem sei o nome daquilo. Enfim, o Rogério está a par de tudo o que você fez e faz. Cerca de dois anos, ele chegou a conclusão de que eu deveria vender ou fechar a empresa. Mas... depois que você se candidatou para o desafio de reerguer tudo... — Rindo, revelou: — Nunca vou esquecer o dia de nosso primeiro encontro! Você nem sabia quem eu era!... — gargalhou.

— Senhor Douglas, por favor, ouça-me — pediu educado.

— Não, Marcello. Ouça-me, você. O Rogério voltará em breve, mas tem outros planos como ele mesmo contou a você. Então chegamos, eu e meu filho, a seguinte decisão: Devido à sua dedicação, todo o seu empenho em nossa organização, concordamos que não me resta alternativa. Em forma de gratidão, como recompensa pessoal e profissional por tudo o que realizou... você, mais do que ninguém, merece o que eu admito em testamento irrevogável, com validade a partir de agora e após a minha morte. E fico muito feliz porque praticamente já faz parte da família! Eu desejava muito que isso acontecesse! Mas como demorou! Então, não aceito protestos. Encare isso como presente antecipado de casamento!

Marcello tentou dizer algo, mas o senhor Douglas não deixou.

— Meu filho, nesse testamento feito em vida e vigorando desde já, eu o elejo presidente da organização e suas filiais. Entretanto para que sua posição fique garantida após minha morte, desde já será feita a divisão acionária das ações, obedecendo à seguinte distribuição: Trinta por cento das ações eu deixo para você, Marcello. Vinte e dois por cento de ações passam a pertencer à Flávia. A Kátia, o Rogério e a Renata ficarão com Dezesseis por cento cada um. O Douglas Júnior está deserdado!

Eliana Machado Coelho/Schellida

Com o seu casamento com a Flávia, você passará a ser o acionista majoritário com cinqüenta e dois por cento das ações e nenhum conselho administrativo ou os demais acionistas poderão contestar. Nem poderão tirá-lo da presidência!

Essa divisão foi elaborada pelo Rogério que me alertou sobre o fato de, no caso da morte dos irmãos, por exemplo, se ele e a Kátia morrerem, a Renata e a Flávia herdarão suas partes. Mesmo assim a Renata será uma acionista minoritária. E mesmo se em vida, o Rogério e a Kátia venderem suas ações para a Renata, a situação continua a mesma.

Tudo muda de figura somente no caso de a Flávia se unir à Renata e essa aos dois irmãos. Então a Renata passa a dominar com setenta por cento das ações e você perde sua posição, mas não os lucros. — Vendo o espanto nos olhos arregalados de Marcello, o senhor Douglas ainda informou: — Não adianta se assustar, Marcello! Tudo isso foi muito bem planejado e já está feito. Se você realmente não quiser aceitar, estará à vontade para vender as suas ações e recusar a presidência. Mas tenha a certeza de guardar o remorso de que aquela empresa, as filiais e as fábricas voltarão a sofrer os problemas da ineficiência, improdutividade e prejuízos chegando à falência irremediável.

O senhor Douglas se calou ficando no aguardo das manifestações do rapaz.

Marcello engolia a seco. Não eram esses os seus planos. Impressionantemente sério, quase sisudo, questionou mansamente:

— Por que está fazendo isso?

— Porque ninguém consegue ter a mesma visão que você para os negócios, entre outros motivos que já mencionei.

— Não vou me casar com a Flávia por posição social, cargo de presidência ou herança. Não quero desrespeitá-lo, mas minha integridade não tem preço, senhor Douglas. Nada me corrompe, ninguém me compra — falou calmo e determinado. — Sinto como se quisesse me forçar a casar com sua filha. Não precisa fazer isso. Foi por essa razão, como se eu estivesse prevendo os seus planos, que hoje de manhã eu pedi minha demissão. Amo demais a Flávia e...

— Espere, Marcello! — interrompeu-o firme. — Seja sensato, meu filho. A Flávia não está à venda! Eu tenho um amor muito especial por essa minha filha. Acho que os outros irmãos têm até ciúme disso, mas ela é diferente como você percebeu. Flávia é determinada, destemida... Tudo isso o que te contei agora, toda essa divisão de ações e especificação de cargo na presidência, vêm sendo planejado há meses, sem que alguém soubesse, com exceção do Rogério. Por ser a Flávia a mais sensata, ela é quem pode encabeçar a junção das ações com os irmãos se você não dirigir a empresa dentro dos conformes. Foi por isso que o Rogério fez todos esses cálculos. Eu o considero muito. Valorizo você, Marcello, como pessoa e profissional competente. Para quem eu deixaria a presidência? O Rogério tem outros planos na vida, a Renata é gananciosa... talvez a Flávia, mas ela é mansa demais com os irmãos. Você é o filho que me faltava. Não me decepcione.

— Não vou aceitar, senhor Douglas — afirmou calmo. — Ser o conselheiro do presidente, ser líder de projetos e ter liberdade de decisões é uma coisa. Isso representa uma conquista. Mas ganhar algo...

— Você não está ganhando — falou firme. — Marcello, acorde! Você conquistou essa colocação através das demonstrações de competência! Através dos êxitos! E eu tenho o direito de lhe dar as ações como um prêmio. Algo como um aumento de salário! A decisão já está tomada e tudo já foi providenciado.

— Se é um prêmio, uma doação, então tenho o direito de fazer com isso o que eu quiser, não é?

— Sim. Mas eu tenho certeza de que não fará bobagem. Esse não é o seu perfil profissional, Marcello.

— Não farei bobagem. Assim que me tornar dono dos trinta por cento das ações da empresa, vou repassá-las à Flávia. Ela fará o que quiser.

— Pense bem, Marcello, pense! Não seja impulsivo. A Flávia é de minha inteira confiança, mas não creio que ela tenha força para enfrentar as cobras que existem ali! Você tem paciência e pulso firme!

— Tenho outros planos, senhor Douglas. Planos simples, mas que posso realizar com meu esforço e com as economias que conquistei e não ganhei.

— Marcello, eu não sou homem de me curvar a ninguém. Mas peço que pense muito bem. Meus filhos estarão muito bem amparados com os lucros das cotas que receberão, trabalhando ou não. Além do que, tenho patrimônio em terras, casas e investimentos que ficarão em nome de Gorete, que tem a Flávia como sua procuradora. Quando a Gorete falecer, eles terão

Eliana Machado Coelho/Schellida

valorosos bens para dividirem ou cuidarem. — Mais brando, pediu com extrema generosidade: — Não diga mais nada, filho. Tire o dia de amanhã para refletir. Aquela empresa vai ruir e desabar se você não liderá-la, não assumi-la. Todos os seus esforços para erguê-la perderão o valor no currículo da sua consciência. — Marcello tinha o olhar perdido em algum ponto do chão e não dizia nada. Vendo-o muito introspectivo, o senhor Douglas sugeriu após alguns instantes: — Vamos para a sala. Precisa ficar com sua noiva! — Voltando-se, avisou: — Só quero que saiba de uma coisa: além do Rogério, ninguém mais sabe nada a respeito desse assunto.

Sem dizer nada, com o semblante excessivamente grave, quase severo, Marcello saiu do escritório seguido pelo senhor Douglas, que sorria satisfeito.

Renata, que há tempo estava agonizando-se na revolta curiosa de não saber o que acontecia no escritório, disfarçou sorrindo ao vê-los de volta à sala.

Flávia, ao observar Marcello com aquele semblante, foi em sua direção e perguntou assim que seu pai se afastou:

— O que foi? Por que está assim?

Forçando um sorriso, ele pegou suas mão, juntou-as e beijou, respondendo bem baixinho:

— Nada. Depois nós conversamos. — Abraçando-a, juntaram-se aos demais que conversavam sobre o casamento de Renata e Paulo.

Marcello não dizia nada. Sorria suavemente, vez e outra, pois algo o calava como um travo de impressão amarga que não deixava seus pensamentos tranqüilos.

Não demorou muito e decidiu ir embora. Despediu-se de todos e Flávia o acompanhou até o carro, perguntando:

— O que foi? O que você e meu pai conversaram tanto naquela sala?

— Não dá para contar tudo agora. Podemos falar sobre isso amanhã? — pediu gentilmente.

— Quero ir com você... — avisou com ternura, abraçando-o.

— E eu quero que venha. Mas vai ficar chato, não acha?

— E se ficarmos aqui no jardim namorando, ou melhor, noivando até as luzes daquele quarto se apagarem? — propôs ela sorrindo com modos marotos e apontando para o quarto de seu pai.

Marcello sorriu feliz e desejoso, perguntando com o mesmo tom:

— Aquelas luzes demoram muito tempo para apagarem?

— Bem... o Paulo já se foi. Então a Renata vai dormir porque tem de acordar cedo, ela já foi se deitar. A Kátia vai se pendurar na internet... Estou aqui com você, sã e salva. Então o meu pai não tem com quem conversar. Amanhã não vou trabalhar, e o pessoal, sabendo disso, não vai se preocupar comigo.

— Veja! — mostrou Marcello, apontando e sorrindo. — As luzes daquele quarto se apagaram. E agora? Posso seqüestrá-la?

— Vou pegar minha bolsa e... alguma roupa. Você me espera?

— Se demorar, vou buscá-la! — sussurrou, sorrindo.

Flávia entrou e fez conforme o planejado. Depois foi com Marcello para o apartamento dele sem que alguém percebesse.

26

Momentos de verdade e ternura

A claridade da manhã invadiu o quarto de Marcello mesmo com a janela fechada. Ainda era bem cedo.

Acordando de um sono profundo, ele acariciou a superfície lisa da cama entre os lençóis à procura de Flávia, que já havia se levantado.

Suaves ruídos, que vinham da cozinha, denunciavam onde ela estava.

Deitado entre os travesseiros macios, que ainda exalavam o delicado perfume de sua noiva, Marcello permaneceu ali, sem vontade de se levantar, sorrindo e sentindo-se feliz. Nunca havia experimentado tamanha realização e felicidade verdadeiras como naquelas últimas horas. Uma chama parecia acender-se dentro dele com tamanha força, fazendo brilhar até sua aura.

Riu ao recordar da manhã anterior, quando tudo parecia conturbado e da enervante preocupação que os dominou ao perderem a hora.

Largado sobre a cama, não conseguia tirar o sorriso do rosto e desentrelaçando as mãos cruzadas atrás da nuca, olhou bem para a aliança de ouro que brilhava reluzente em sua mão direita e a beijou.

Foi então que inúmeros pensamentos, lembranças de detalhes e peculiaridades surgiram rápido em sua mente, começando a inquietá-lo de súbito.

Nesse momento, entrando de costas para abrir a porta, Flávia chegou segurando uma bandeja, bem farta, para que os dois fizessem o desjejum juntos.

— Bom dia! — ela cumprimentou sorrindo.

UM DIÁRIO NO TEMPO

— *Buon giorno, amore mio!* — "Bom dia, meu amor!", respondeu ele, ajeitando-se para se sentar melhor na cama e procurando conter os pensamentos, os quais se afastaram ao reparar em Flávia usando uma de suas camisas que lhe ficou bem larga, sedutoramente curta, cujas mangas enroladas davam-lhe um toque especial. Não se contendo admirou: — Você está linda!

Flávia sobrepôs na cama a bandeja, beijou-o e respondeu:

— São os seus olhos.

— Huuum!... Quanta coisa! — considerou. — Você sabe fazer café?

— Sei... Olha, aqui tem leite — mostrou. — Sei que gosta de café com leite. Ah! O suco é de laranja.

— Espere, aí! — surpreendeu-se. — Não tinha mamão nem laranjas aqui em casa! Você saiu para comprar?!

— Claro que não! O que um telefonema não pode fazer por nós? — respondeu com suave graça na imposição da voz e no perfil delicado.

— Adoro esse seu jeito!!! — beijou-a em sinal de agradecimento e elogio.

Enquanto faziam o desjejum, após conversarem um pouco, Flávia sutilmente perguntou:

— Ontem, quando saiu do escritório com meu pai, você parecia insatisfeito. O que aconteceu? Quer me contar agora?

— É que, para mim, o assunto não foi muito agradável. Nós precisamos conversar sobre isso novamente, porém depois. — Sério, avisou: — Agora, Flávia, gostaria de falar sobre mim e você. Sobre algo bem delicado.

— O que quer dizer, Marcello? — inquietou-se, perguntando mais séria.

— Flávia, tem algo que está me preocupando e eu não sei como falar. — Pensou por poucos segundos e continuou em tom amável na voz firme: — Aos olhos dos outros tudo aconteceu muito rápido entre nós, porém não foi como eles imaginam. Tenha certeza disso! Eu nunca olhei para uma moça pela primeira vez e tive tanta simpatia, uma admiração inexplicável e uma atração incontrolável. Quando nos conhecemos, eu queria ouvir sua voz por mais tempo. Tinha vontade de tocá-la. Pensei que eu estivesse ficando sem juízo e acreditei que isso passaria. Por ironia do destino, nós precisamos trabalhar lado a lado e seu pai começou a me fazer freqüentar a sua casa. Foi muito difícil eu disfarçar o que sentia por você. Tinha que me vigiar o tempo todo para não te pegar e beijar!... Eu não conseguia agüentar mais — contou com entonação suave na voz emocionada.

429

Eliana Machado Coelho/Schellida

— Eu acredito em você, Marcello! Também senti a mesma atração. Quantas vezes eu o procurei desnecessariamente só para tê-lo perto. Fui até sua sala, quando não tinha o que fazer e ficávamos conversando... Eu queria ouvir sua voz, saber da sua vida, ficar perto...

— Flávia, eu juro — interrompeu-a educado, mas bem sério —, juro por Deus! Nunca passou por meu pensamento a idéia de querer ter um compromisso com você pelo fato de ser a filha do proprietário daquela empresa e herdeira de um grande patrimônio. Mas esse não é bem o assunto que quero falar com você. Estou preocupado e...

Tenho que te contar uma coisa — falou firme e bem direto, explicando com maturidade: — No início da semana passada, eu comecei a pensar em pedir demissão. — Os olhos de Flávia cresceram e ele continuou: — É sério! Eu não agüentava mais ficar ao seu lado, sentir seu perfume, tocá-la sem querer ao nos esbarrarmos, quando estávamos debruçados sobre alguns projetos na mesa e... Na verdade, não sei o que me deu na sexta-feira, quando insisti em levá-la para casa. Mas sei o que senti no momento em que você me abraçou. Foi muito difícil me controlar naquele primeiro instante. Ao chegarmos à sua casa e ao nos despedirmos... Eu decidi conquistá-la com delicadeza, romantismo e carinho. Nem se fosse por uma única vez. Porém, no fundo, queria fazê-la gostar de mim, me querer bem... Então a forma como retribuiu os meus carinhos mostrou que você já gostava de mim. Você correspondia...

— Desculpe-me, Marcello — interrompeu-o praticamente implorando. Sua voz doce era entrecortada por certa emoção que a fragilizava. Constrangida, Flávia defendeu-se quase chorando: — Eu não sou volúvel... Não saí com homens e fui me atirando como você pode pensar...

— Pare, Flávia! — pediu agasalhando-a num abraço ao vê-la nervosa. Marcello precisava falar daquele assunto delicado, íntimo e pensou em ser bem objetivo, quando percebeu que ela era muito frágil para aquele tipo de conversa. Ele não poderia ser bem direto. Sentiu que precisava ser cauteloso com as palavras e o tom da voz. Adorava sua noiva e não gostaria de constrangê-la. Bem paciente e meticuloso, afirmou: — Eu sei, meu amor. Ali no carro, ao puxá-la e colocá-la em meus braços, fiquei te olhando para tentar eternizar aquele momento porque não acreditava no que estava acontecendo. Vi um brilho especial em seus olhos enquanto a acariciava com toda ternura e respeito. Senti seu coração bater forte, com um misto de medo e desejo. Sua respiração, às vezes, parava assim que eu roçava meu rosto ao seu e a beijava na face — relembrava com romantismo a fim de acalmá-la e deixá-la à vontade. — Mas, ao sentir seus lábios trêmulos, não resisti. Não me controlei. Foi então que a beijei como sempre quis! Como nunca havia beijado alguém. Eu a queria tanto! Não planejei aquilo. Parecia que eu já a conhecia, sabia o que você queria, como agradá-la, conquistá-la...

— Eu não sei explicar, mas era como se o conhecesse há muito tempo. Tanto que... — emocionada, ela deteve as palavras.

— Que?... — perguntou ele bem generoso.

— ...que deixei você me dominar sem me impor. Desejei você... Fiquei incrédula comigo mesma depois. Era como se eu o conhecesse há muito tempo para agir daquele jeito...

— Mas nós só nos beijamos, não aconteceu mais nada — murmurou afagando-a.

— Depois, quando você se foi — falava com um leve choro —, fiquei envergonhada. Agi como se estivesse acostumada àquilo. Só não aconteceu mais nada, porque você se controlou — ela chorou mais.

— Flávia... Eu acreditei que você agiu pelo impulso dos sentimentos que tinha por mim. Eu não a julguei. Pare de se torturar.

— Eu só fiquei um pouco mais tranqüila, quando me telefonou reforçando o convite para irmos até a chácara.

Marcello se preocupava com a reação de Flávia. Percebia que em sua voz suave e branda, repleta de emoções ela tentava esconder uma agonia, alguma humilhação que a traumatizava e enfraquecia. Entendeu que teria de ser bem cuidadoso com as palavras, se quisesse saber o que o inquietava e conversar sobre o que o preocupava.

— Por mais que você fale, Marcello, ainda tenho vergonha de como eu agi.

— Então eu também tenho de me envergonhar. Afinal, fui eu quem começou ali no carro. Desculpe-me também por ter sido tão ousado lá na chácara, pois eu a desejava e foi você quem não permitiu. — Aguardando um pouco para ela se recompor das emoções, Marcello se levantou, tirou a bandeja de cima da cama e sentou-se novamente, segurando-lhe o rosto para que o encarasse. — Flávia, preste atenção. Nossa atração foi vigoro-

Eliana Machado Coelho/Schellida

sa e pura. Nós nos desejávamos há muito tempo! — enfatizava com voz suave. — Foi por isso que, depois que deixamos a Kátia em casa, eu disse a você que a levaria para um lugar muito especial. Nesse momento, realmente, eu planejei tudo. Eu a queria — falou olhando em seus olhos. — E o lugar especial que a trouxe foi para a minha casa, para essa cama. Eu não agüentei e...

— E eu aceitei com facilidade, como uma volúvel... — murmurou.

— Flávia, nós nos amamos!

— Eu sei, mas... quando estou com você sinto uma força, um amparo. Mas depois fico me julgando, acreditando que vai me considerar uma qualquer... Quando, na verdade, eu te amo.

Marcello a observava atento. Não entendia por que a noiva se culpava e recriminava tanto. Algo a perturbava e ele não tinha qualquer desejo de ferir seus sentimentos.

Ele sempre foi ágil com as palavras, desembaraçado e esperto, quando queria arrancar a verdade de alguém, mas aquela situação era diferente. A sua voz grave, mas enternecida de romantismo agora o traía, pois a forte sensibilidade o fazia perder as palavras. Mesmo assim, não deixando de ser persistente e gaguejando ao retomar o assunto que o corroia pelo interesse aguçado em saber.

— Flávia, meu bem... — tentava dizer. — Sabe... eu preciso conversar algumas coisas com você e... É importante, mas o assunto é delicado... — Ela o encarou sob o efeito de uma expressão apreensiva em que escondia extrema aflição. E ele continuou: — É... Eu não sei por onde começar... — Avisou Marcello. Suspirando fundo, tentou: — Flávia... quando nós assumimos o que sentíamos um pelo outro e desejamos um momento especial... — ele não conseguia falar.

— Pelo amor de Deus, Marcello. Fale de uma vez! — pediu, tentando conter seu desespero.

— Eu estou nervoso. Perdoe-me... Procuro palavras leves para dizer o que sei, o que sinto... Conversar sobre algo importante e te fazer duas perguntas. Só isso — desabafou muito inquieto.

— Então comece falando sobre o que sabe e o que sente... — pedia com lágrimas correndo em seu rosto. — Estou atordoada, nervosa por causa desse suspense. Diga o que for preciso. Posso chorar, se me pedir para ir embora dizendo que se enganou, se arrependeu... Mas eu não sou de vidro e não vou quebrar. Você não me quer mais, é isso?

— Não!!! Não é nada disso. Ao contrário... — Pegando-lhe as mãos frias e suadas, beijou-as e falou, pausadamente, mas com a respiração alterada. — Flávia, você me surpreendeu e... Sabe... é que... Foi por você corresponder aos carinhos e demonstrar que gostava de mim que eu decidi trazê-la aqui. Meu amor, eu desejava um lugar tranqüilo onde pudesse tratá-la como você merece com todo meu amor verdadeiro. Você não foi nem é um passatempo para mim. Por isso eu queria acolhê-la com carinho. Eu esperava conquistá-la para que me amasse... — Suspirando forte, falou decidido e impulsivo: — Eu queria que você me desejasse como nunca desejou alguém. — Fitando-a firme, segurou-a com delicadeza pelos ombros e afirmou quase murmurando: — Mas você nunca teve alguém, Flávia.

Um choro compulsivo a dominou. Marcello a abraçou com carinho, apertando-a contra seu peito. Beijou-lhe a cabeça e o rosto várias vezes e a embalou nos braços. Comovido, pediu generoso:

— Não chore, meu amor. Não chore.

Afastando-se um pouco de seus braços, sem encará-lo, Flávia gaguejou com os soluços que entremeavam sua fala constrangida, quase sussurrada:

— Você não... não disse nada na hora e... Pensei que não tivesse percebido... Eu queria te contar, mas não consegui... Sinto-me ridícula. Que vergonha...

— Não!... — em tom comovido, reagiu de imediato. — Ridícula, nunca! Oh, Flávia... O que eu poderia dizer naquele momento? — falava baixinho.

— Flávia, eu fiquei incrédulo, confuso, não sabia o que fazer, fui surpreendido... não podia estragar aquele momento tão especial para nós. — Alguns segundos depois, explicou: — No dia seguinte, ontem, acordamos atrasados e saímos daqui correndo. Aquele momento não saía da minha cabeça e eu precisava falar com você. Estava desesperado, mas não encontrei oportunidade, pois nossa manhã foi conturbada. Então, ontem mesmo, à tarde, ao virmos para cá após o almoço, fiquei aliviado quando você decidiu tomar um banho, pois eu queria esconder as alianças que havia comprado e... — falava com certa apreensão e carinho na voz. — Guardei as alianças, fui trocar a roupa de cama e deixar o quarto bem arrumado para quando você terminasse o banho. Como se não bastassem as lembranças da noite ante-

Eliana Machado Coelho/Schellida

rior que não saíam da minha cabeça, os lençóis não negaram, Flávia. Você foi minha. Você é minha! — Calou-se por instantes. O silêncio foi absoluto. Ela, de cabeça baixa, não dizia nada. Vendo-a sentir-se insegura e envergonhada, Marcello pediu: — Perdoe-me, meu amor. Achei que ontem a tarde não era o melhor momento para conversarmos sobre esse assunto. Então eu troquei as roupas de cama e escondi para que você não visse.

Por isso ontem, quando você estava envolta no lençol, eu parei e fiquei admirando-a. Pensei em muita coisa. Como você é especial! Tanta generosidade, sensualidade, tão meiga, carinhosa... e minha. Nunca pensei que... Sabe... — falava com profunda emoção — tenho de confessar que você se tornou ainda mais especial para mim, Flávia. — Vendo as lágrimas que corriam na linda face de sua noiva, ele as aparou acariciando-lhe o rosto, mas ela não o encarava. — Por favor, não pense que sou machista ou ignorante. Jamais eu me importaria com qualquer envolvimento ou relacionamento sexual que minha noiva ou esposa tivesse antes de nos envolvermos e assumirmos um compromisso, desde que praticado de forma responsável. Creio que os direitos são iguais. E você é maior de idade. — Oferecendo um tempo para que ela se manifestasse, o que Flávia não fez, Marcello pediu generoso: — Você parece ter nascido para mim. Agora diga alguma coisa...

— Eu não queria que percebesse... — argumentou após longo silêncio. — Achei que não tivesse percebido e comecei a me sentir ridícula, quando você afirmou que eu nunca havia tido alguém. Estou envergonhada. Deveria ter falado, mas...

As lágrimas foram contidas e Flávia não o encarava. Segurando seu queixo com delicadeza, ele pediu amoroso:

— Olhe para mim. Por favor, Flávia, não me julgue mal. Eu não quero que se magoe com essa conversa, mas ela é necessária. E tenho mais para considerar e resolver. Não sei qual o motivo que faz de você uma pessoa tão sensível, tão frágil para esse assunto. Talvez seja a intimidade e a delicadeza do fato... A falta de liberdade comigo para falar sobre isso... Não sei...

— Não estou magoada — disse, suspirando fundo e olhando-o nos olhos. — Desculpe-me por ter chorado tanto. É que tive tantas dúvidas. Mas agora estou melhor — falou, forçando-se a ficar mais firme. — Vamos conversar. Comece. Quero saber o que você tem para considerar e resolver a respeito disso.

UM DIÁRIO NO TEMPO

— Sem mágoas ou dúvidas? — perguntou ele com jeitinho na voz.

— Sim. Perguntarei o que eu não entender e prometo que não vou te esconder mais nada — falou oferecendo meio sorriso.

— Veja, Flávia... Não vou esconder de você que, de certa forma, sou bem experiente. Ouvir isso talvez a magoe, mas quero que me conheça e preciso esclarecer. Gosto da verdade, por pior que ela seja. — Sério, observando suas reações, Marcello contou: — Não pense que eu saía e me relacionava com qualquer uma. Não sou desequilibrado ou compulsivo sexual. As moças com quem eu fiquei ou namorei eram bem experientes, se cuidavam, entende? — Flávia não se manifestou, por isso ele acreditou que precisasse ser mais claro: — Sou bem exigente. Tenho preferência por mulheres... digamos, espertas, bem experientes, maduras, cultas, inteligentes, independentes, que não são perseguidoras... e só me envolvia intimamente depois de um certo tempo, após observar melhor. Apesar disso, eu me preservava, me precavia sempre! — Ela só escutava e ele desfechou de uma vez: — Mas, Flávia, com a gente foi diferente. Não planejei nada. Não tive tempo de pensar em nada... O sentimento que nos dominou foi tão intenso que... Tudo aconteceu! Pela primeira vez eu não me preveni. Pensei que você tomasse alguns cuidados, fizesse uma prevenção e... Puxa, Flávia, somente hoje, quando eu estava aqui admirando nossa aliança, me surpreendi ao me dar conta de como tudo ocorreu tão depressa. Só então lembrei que você não é experiente como eu pensei que fosse e... Com certeza você não usa nenhum contraceptivo, não é? — perguntou com brandura, aguardando apreensivo por uma resposta.

— Meu Deus!!! Marcello!!! — apavorou-se Flávia, inquietando-se nervosa. — E agora?!!!

— Calma, Flávia — pediu em tom suave, compreensivo e puxando-a para que se deitasse em seus braços. Marcello podia sentir sua exaltação na respiração ofegante que ela tentava controlar, mas sua preocupação era extrema e não conseguia. Flávia tremia. Novamente ele pediu: — Calma... também não é assim. Eu te amo, viu? — Sorrindo, brincou: — Quero que seja a mãe dos meus filhos. Fique tranqüila. Se aconteceu... o que eu acho difícil... Estarei ao seu lado. E — riu —, bem... talvez, tenhamos de nos casar antes da Renata!

— Não brinca, Marcello! — advertiu, levantando-se nervosa sem achar graça da brincadeira.

Eliana Machado Coelho/Schellida

— É sério! Nós nos amamos, somos livres, independentes! — Invadiu-lhe a alma com olhar apaixonado e assumiu: — Eu te amo muito. Você é especial para mim, Flávia. Jamais vou traí-la ou abandoná-la em uma situação difícil. Prometo que serei só seu. Não gosto de ser enganado, por isso nunca vou traí-la. Não admito isso. — Flávia permanecia com os olhos brilhantes, fixos nos dele, mas nada disse. Foi então que, um pouco mais sério, Marcello ainda curioso expôs com palavras delicadas e em tom generoso a fim de não ferir os sentimentos de sua noiva, sabia que falaria agora do seu ponto frágil: — Flávia, eu gosto de conhecer tudo e, se não se importar, preciso saber de uma coisa. Veja bem, profissionalmente você é destemida, ágil, determinada com as tomadas de decisões e tudo mais. Mas, sentimentalmente, você é extremamente frágil. Nesses últimos dias, eu conheci uma outra Flávia: delicada, doce, que precisa e quer ser protegida. Eu quero te dar essa proteção.

— Aonde quer chegar, Marcello?

— Calma... estou fazendo rodeios para que não se sinta agredida com o que eu quero saber. Não me interprete mal. Mas... isso não é comum. — Marcello atrapalhava-se para se expressar. Não queria constranger a noiva. As palavras lhe fugiam. Mesmo assim, ele prosseguiu: — Não é comum... São aceitáveis reações... digamos... diferentes e...

— Como assim, Marcello? — perguntou algo nervosa, insegura.

— Veja, apesar de todo seu desejo no início... Bem... eu acho que depois você expressou reações comuns para quem nunca se relacionou. Flávia, nunca uma garota me pertenceu e...

— Estou com vergonha. Devia ter contado — falou fugindo-lhe o olhar. — Eu o entendo. Sei o que o intriga. É o fato de... Talvez eu não tenha sido como você esperava. Como você queria...

— Não... Não diga isso — murmurou dócil. — Como lembrei há pouco, entendo que esse é um assunto delicado para conversarmos com facilidade. Eu não estou reclamando, Flávia. Ao contrário! — Sorriu ao admitir: — Tenho a mente aberta, não sou ignorante. Mas, talvez, pela minha criação em que o homem... Como homem, lá no fundo de meus sentimentos, eu não posso negar o orgulho que sinto em saber que, quem eu amo e quero para viver ao meu lado, é minha mulher mesmo. Só minha! Mas... No domingo à noite, eu queria conquistá-la com delicadeza, carinho — falava com imenso romantismo. — Queria envolvê-la com todo meu amor, receber o seu amor, vagarosamente... Queria que me desejasse e você correspondia até... — deteve-se por um momento. — Flávia, tudo acontecia naturalmente, mas eu não esperava, fui surpreendido. Estava certo de que você já tinha experiência! Foi então que percebi seu medo. Eu não sabia o que fazer... Mas... eu a queria tanto, tanto! Por isso tentei ser ainda mais amoroso, carinhoso, cuidadoso com você. Queria realizá-la, logo na primeira vez. Da forma como me abraçou, como nos beijamos... Depois conversamos até adormecermos, eu achei que... que se realizou, sentiu prazer... Mas depois... fiquei inseguro! — irritou-se consigo mesmo. — Droga! Eu queria que você...

— Marcello... — sussurrou, tentando falar.

— Não, Flávia. Ontem à tarde foi diferente! Essa noite também! Agora eu sei que não a fiz feliz na primeira vez e isso está me torturando, você não imagina! Será que eu a machuquei?! Perdoe-me, se não fui...

— Marcello, pára! Foi maravilhoso! — interrompeu-o, esclarecendo com sua voz suave, meiga e romântica: — Sempre sonhei com esse momento e ele aconteceu como eu queria. Não consigo esquecer cada detalhe. Aconteceu com muita calma, muito carinho, você me conquistou, me fez desejá-lo... Mas compreenda uma coisa — admitiu encabulada, porém encarando-o —, apesar de tanto desejo e estimulada pelos seus carinhos, eu estava com medo, com vergonha e tentava disfarçar. Eu quis parecer uma mulher moderna, liberada. Não pensei que você fosse perceber, nem me lembrei do lençol. Não foi sua culpa. Saiba que me senti muito bem com você, pois me tratou com tanto carinho, delicadeza, romantismo, com tanto cuidado... Você não me machucou. É lógico que ontem à tarde e esta noite foram diferentes. E como foram diferentes!... Eu o amo tanto, Marcello. Você foi, você é maravilhoso! — Abraçando-o, sussurrou-lhe: — Você me realizou completamente, não tenha dúvidas! Eu o desejo mais do que nunca. Quero ser sua sempre. — Ele a beijou com ternura. Depois, ela perguntou: — O que mais quer saber? Tem algo que ainda o intriga ou o deixe inseguro?

— Perdoe a minha insegurança, Flávia, mas você representa muito para mim.

— Marcello, saiba que foi a sua calma, o seu carinho, sua delicadeza de não interromper aquele momento para me fazer perguntas... Foram todos os seus cuidados que acabaram com o meu medo. Eu estava tensa naquela

Eliana Machado Coelho/Schellida

hora, você nem imagina, mas eu fiquei muito feliz. Tanto que depois, por todo seu afeto novamente, tive a experiência mais maravilhosa da minha vida. Você me realizou como mulher. Não fique inseguro. Eu te amo mais do que nunca.

Ele parecia mais aliviado ao esboçar brando sorriso. Ela estava bem serena e mais confiante. Por isso ele decidiu perguntar:

— Eu só gostaria de saber uma coisa, se quiser me contar — pediu ele.

— As moças, hoje em dia, são mais resolvidas, audaciosas e despudoradas. Eu sei que você já namorou e... Bem... eu gostaria de saber: por quê?

— Por quê?... — ela repetiu sem entender.

— Sim. Por que eu, Flávia? Por que esperou tanto? Por que se entregou para mim?

Sem que Marcello esperasse, viu brotar imediatamente lágrimas nos lindos olhos de Flávia. Carinhoso, ele a puxou para um abraço e tentou acalmá-la:

— Desculpe-me. Não queria fazê-la chorar novamente. Não sabia que isso iria magoá-la. Mas achei estranho tudo o que soube e percebi.

— O que soube e percebeu? — perguntou, escondendo o rosto em seu ombro.

— Primeiro eu percebi sua reação de desespero, quando o seu pai nos viu chegando. Sei que foi constrangedor, mas você ficou em pânico, caindo de joelho e chorando muito. Demorou para se acalmar. Depois eu ouvi falar, lá na empresa, que, há anos, você teve sérios problemas com o seu pai por causa de um namorado. O que aconteceu? Pode me contar?

Alguns minutos e ela se ajeitou, afastando-se do abraço e, sem encará-lo, sentou-se direito na cama. Seu belo rosto figurava profunda amargura, mesmo assim, secando as lágrimas com as mãos, Flávia contou:

— Eu tinha dezessete anos. Tinha acabado de entrar para a Universidade e já ia à empresa junto com meu pai. A Renata começou a namorar um rapaz de dezenove anos, bem posicionado pela estabilidade financeira de seus pais e muito independente. Ele prestou vestibular para Medicina e foi um dos primeiros colocados. Meu pai aprovava o namoro dos dois, e o moço freqüentava muito a nossa casa. Nós conversávamos bastante... — A voz de Flávia embargou e longas lágrimas correram, mas ela prosseguiu: — A Renata tinha um jeito estranho de tratá-lo, parecia que o desprezava. Então eu ficava fazendo-lhe companhia, quando ela o deixava muito tempo sozinho. Aconteceu que... ...que eu comecei a admirá-lo e, para minha surpresa, ele disse que estava gostando de mim.

Então ele terminou o namoro com a Renata. Ela pareceu ter-se sentido aliviada, pois já tinha outro namorado. Depois de algumas semanas, nós dois começamos a namorar escondidos. Ele era atencioso, carinhoso, educado... Nós nos dávamos muito bem. Um dia, a Renata nos pegou juntos no jardim lá de casa e fez um escândalo sem igual. Ela foi capaz de inventar que nos viu mantendo relação... — Não suportando as lembranças, Flávia levou as mãos ao rosto e chorou. Marcello, afagando-a, deixou que desabafasse, não tentando asfixiá-la com um abraço. Mais recomposta, a moça continuou: — Eu era menor... Meu pai me arrastou para o quarto e me bateu com seu cinto... Eu o encarava e respondia as suas repreensões. Era como se eu não sentisse as cintadas e quisesse agredir meu pai com palavras. Dizia que amava o rapaz e que iria continuar me encontrando com ele, que fugiria de casa...

Não aconteceu nada entre nós, só você tem a certeza disso... Mas a Renata me acusava, insistentemente, de vadia para baixo... Dizia que eu tinha sido a culpada por eles terem terminado o namoro, que eu já havia me envolvido com outros namorados dela... Ela não parava de dizer coisas horríveis! Então para irritar meu pai, que não parava de me bater com o cinto, eu falei que tinha me entregado para ele, que eu era dona do meu corpo... — chorou. — Meu pai virou um bicho... Ele jogou o cinto de lado e me espancou... Ele me espancou com socos e pontapés... ...mesmo quando eu estava indefesa no chão e sem conseguir mais falar. — Breve pausa em que suspirou fundo e continuou: — O Rogério chegou em casa e se não fosse ele meu pai tinha me matado. O senhor Douglas virou um animal enfurecido! Disse-me coisas que não entendi. Pensei que estivesse atordoada, mas o Rogério foi testemunha.

Lembro que o meu irmão o afastou de mim, me pegou no colo e me pôs sobre a cama. Minha boca doía e sangrava... Todo meu corpo doía muito e teve um momento em que não conseguia respirar direito.

Meu pai andava de um lado para outro, suando e cuspindo de raiva ao falar e falar...

Em certo momento ele disse: "Você não será uma vagabunda como a sua mãe. Mato você antes. Era o que eu deveria ter feito com ela". Pensei

Eliana Machado Coelho/Schellida

que estivesse delirando, mas o Rogério, que estava sentado ao meu lado, ouviu a mesma coisa. Desde então, nós dois achamos que somos filhos de algum romance do meu pai com outra mulher, pois somos muito parecidos e diferentes de nossos irmãos, porém o Rogério é gêmeo da Renata, e eles nasceram em casa. Isso nos incomodou por algum tempo, depois procuramos esquecer tudo.

— E você, ficou bem? — perguntou piedoso.

— Quando comecei a ter dificuldades para respirar, o Rogério gritou, mandou meu pai calar a boca. Meu irmão me pegou no colo, me colocou no carro e me levou para o hospital. Por causa dessa surra, quebrei duas costelas, o braço esquerdo e dois dedos. Minha boca ficou muito machucada e precisei levar pontos nos cortes dos lábios e interior da bochecha que foram feitos pelos socos. Não sei como não quebrei nenhum dente. Meus olhos e todo meu rosto incharam e ficaram roxos, fiquei com hematomas por todo o corpo. Minha mãe não ia me ver, a Kátia era pequena e só chorava. O Douglas Júnior ria de mim e a Renata estava satisfeita. Só o Rogério ficava ao meu lado e a governanta, a Romilda, foi quem cuidou de mim, quando cheguei em casa depois de passar duas semanas, imóvel, internada no hospital.

— Precisou ficar internada?! — admirou-se, indignado.

— Uma das costelas quebrada estava prestes a perfurar um dos pulmões e... — chorando muito, desfechou: — Tive uma forte hemorragia...

Marcello estava incrédulo. Procurando dissimular o nervosismo e o ódio que sentiu do senhor Douglas por ter agredido tanto a própria filha, Marcello abraçou-a, escondendo o rosto para que ela não o visse chorar.

— Fiquei bem dos machucados. Eles sararam — continuou, abraçando-o com força, escondendo-se em seu peito em busca de um abrigo. — Mas acho que nunca curei minha alma, meu coração. A partir desse dia, o Rogério ficou diferente. Parecia que somente eu significava alguma coisa para ele. Percebi o seu desprezo para com os outros. Ele se abraçava com a governanta, mas se afastava dos nossos pais. Só depois de muito tempo, o Rogério voltou a falar com o nosso pai, mas o trata com frieza como já pôde perceber. Acho que se dedicou excessivamente aos estudos por fuga.

— E o rapaz, o namorado? Você o viu novamente?

Flávia chorava ao contar:

— Soube que, quando eu estava internada, ele foi muito agredido e os seus pais não sabiam explicar o motivo. Dois meses depois, ele morreu de overdose... Uma morte muito estranha para quem não era viciado.

— Qual era o nome dele? — perguntou com brandura.

Com grande dor, ela encarou o noivo e disse sussurrando:

— Marcelo... — Fitando-o firme, repetiu: — O nome dele era Marcelo. Eu me revoltei, quando soube da morte. Ele era gentil, me respeitava. Não aconteceu nada entre nós. Quando eu soube, ainda estava me recuperando, mas não agüentei e quebrei o meu quarto inteiro. A Romilda foi quem me controlou e me aconselhou muito, pois fiquei à beira da loucura. Não por um grande amor. Nem sei dizer se o que sentia era amor, eu tinha só dezessete anos... Mas o meu pai não tinha o direito de fazer aquilo.

— Você está responsabilizando seu pai pela morte do rapaz. Será que foi ele mesmo, Flávia?

— Quem mais poderia ter motivos para isso? Além do que, o Júnior andou falando algumas coisas que o comprometem, jogou indiretas, entende? Meu pai pensava, por culpa das mentiras da Renata, que eu tinha sido seduzida, estava perdida, desonrada pela ousadia daquele moço. Demorei muito para me recuperar, encarar e perdoar ao meu pai. — Poucos segundos e ela admitiu: — Talvez, por isso fiquei realmente em pânico quando ele nos viu chegando de manhã.

— Você tentou namorar outros rapazes?

— A princípio não. Fiz como o Rogério, e ocupei minha mente com os estudos ou eu enlouqueceria. Depois tentei namorar, mas...

— Mas... o quê? — perguntava sempre calmo.

— Como você disse, a maioria das moças são decididas, liberais, audaciosas, resolvidas e se relacionam bem cedo. Isso faz com que os homens se aproximem e pensem que todas são iguais. Na cabeça de alguns não passamos de um objeto de prazer que todos podem chegar e ir usando. Isso era horrível para mim! Então, quando conhecia um rapaz e começava a surgir um clima romântico, eu me sentia atacada por desejos impetuosos, carinhos atrevidos. Isso me agredia. Os homens não sabem mais conquistar uma mulher, não são carinhosos, generosos nem românticos. Para não me sentir mais frustrada, desisti de encontrar alguém compatível com os meus sentimentos e desejos. Até porque, passei a entender que as mulheres se

Eliana Machado Coelho/Schellida

vulgarizaram, quando passaram a ser excessivamente liberadas sexualmente, ficando com um e com outro. Precisei manter uma postura austera e quase agressiva para lidar com muitos gerentes e diretores lá na empresa ou com os negociadores. Meu círculo de amigos é bem pequeno. Trabalho, cuido das necessidades da minha mãe e ocupo minha mente. Mas isso não me impediu de sonhar com alguém que me tratasse assim, como você fez.

Eles se olharam por algum tempo, e Marcello considerou comovido:

— Perdoe-me fazê-la contar isso, mas eu precisava saber. Eu gosto de conhecer detalhes, Flávia. Uma coisa que me magoa muito é o fato de minha mãe nunca me ter dito o nome de meu pai. É algo simples. Eu não quero conhecê-lo, talvez não tenha intenção de procurá-lo, mas eu só gostaria de saber o nome. Isso é um imenso incômodo, é inquietante. Por essa razão, eu gosto de esclarecer tudo. Não escondo nada e não gosto de ser enganado.

— Eu te entendo. Desculpe-me por não ter contado antes. Como você falou, eu sou muito insegura quando se trata de meu lado íntimo e... acho que você agora entende a razão. Tenho vinte e sete anos, Marcello. Seria difícil explicar a minha falta de experiência e... como fui boba!

— Você não foi boba, não. Eu fui inseguro, imaturo...

— Não. Sinto-me segura ao seu lado. Agradeço sua delicadeza para falar sobre isso. Você arrancou mais um medo que eu tinha — sorriu. — É um homem de ótimo caráter, Marcello. Não me arrependo de nada, a não ser de não ter te contado tudo antes. Obrigada por ser tão terno e sensível para conversar sobre isso. Agora eu me sinto tão aliviada por ter desabafado! — Olhando-o, ainda respondeu: — Se quer saber: Por que você? Por que esperei tanto? Por que me entreguei a você? Eu respondo. Primeiro, esperei a fim de encontrar alguém que me merecesse. Alguém responsável e carinhoso. Então eu te conheci e há mais de um ano venho experimentando o sentimento mais forte que já tive por alguém em minha vida. Nesse tempo, observei sua moral, seu respeito, seu caráter... Você não era qualquer um. Acho que foi um dos poucos que não me cantou lá na empresa. Sei também que não ficou tentando conquistar nenhuma outra ali. Sempre me respeitou e... Passei a sonhar acordada, com você. Comecei a amá-lo, desejá-lo... Por tudo isso eu o escolhi. Eu te amo, Marcello. Você foi amoroso, carinhoso, cuidadoso...

— Eu te amo e não poderia fazer diferente. Tive medo de me aproximar antes e ser mal interpretado e... Sinto algo muito forte por você e nunca vou decepcioná-la, eu prometo. Desculpe-me por querer saber tanto. Acho que só você me compreende. — Observando-a por alguns minutos, admitiu: — Quase não acredito que o seu pai foi capaz de agredi-la assim. Estou enojado! Indignado! — Exibiu nervosismo nos leves gestos e falou mais calmo: — Foi por isso que você reagiu daquela forma, tão aterrorizada, quando ele nos viu. Por essa razão é frágil e insegura para demonstrar ou admitir seus sentimentos. Foi tanto sofrimento moral pelas acusações de sua irmã e pelo que experimentou com as agressões de seu pai que por isso acreditava que eu pensaria que era leviana. Teve medo... Ficou tensa e tentou esconder... Oh, Flávia...

— Não sou insegura ou medrosa, estou aqui com você!

— Está aqui porque não resistiu à força do amor que sentimos. Apesar de toda a vontade e desejo, não teve coragem de falar sobre a sua inexperiência. Tentou disfarçar e parecer o que não é. Mas eu senti seu medo, a senti tremer apreensiva e admito que fiquei inseguro pela surpresa... Depois, lá na sua casa, você entrou em pânico porque pensou que seu pai faria o mesmo que fez com você e seu namorado há tempos. Foi como se revivesse exatamente a cena do passado, quando no jardim de sua casa estava com o Marcelo. — Sorriu piedoso ao dizer: — Até o nosso nome, por ser igual, mexeu com você.

— Não! Não compare com o que sinto por você.

— Eu sei... Eu sei — murmurou. — Não precisa se justificar. Acontece que só duas coisas me deixavam apreensivo: a primeira era o fato de você ser tão determinada e firme profissionalmente, enquanto se revelou sensível para assuntos íntimos acreditando que todos pudessem considerá-la uma moça vulgar. Agora tudo já está esclarecido sobre isso.

— E a outra coisa? — perguntou curiosa.

— Acho bom nos precavermos. Seria bom você ir ao médico para que ele receite um anticoncepcional. Você não acha melhor?

— Sim. Eu vou.

— Flávia, se quiser eu te acompanho.

— Não... — riu sem jeito. — Tenho coragem para isso.

Marcello ficou contemplando-a por longo tempo, como se algo especial prendesse seu olhar na bela moça. Flávia era linda e estava reluzente, via-a

Eliana Machado Coelho/Schellida

de modo diferente. Tirando-o daquele estado inebriante, em que ele sorria sem perceber, ela perguntou:

— Agora é minha vez. Posso sabatiná-lo?

— Em tudo o que quiser! Língua Portuguesa, Literatura, Matemática, Conhecimentos Gerais!...

— Pára! Seu...

— Isso! Vai! Pode me xingar! Pise em cima de mim! — exclamou brincando ao despentear seus cabelos.

— É sério... — avisou rindo.

— Então pergunte.

— Que assunto você e meu pai conversaram ontem?

Marcello contou e explicou-lhe tudo o que ouviu do senhor Douglas sobre a sua tomada de poder na empresa.

— Eu não posso acreditar! — surpreendeu-se ela.

— Mas é verdade. Porém, Flávia, estou decidido: não vou aceitar as ações e as passarei para você. Pretendo me afastar da empresa de seu pai.

— Marcello, eu não sou capaz de presidir aquilo tudo sozinha! Levarei a empresa à falência!

— Eu soube, pelo seu pai e pelo seu irmão, que ele voltará para o Brasil nesta semana. Quem sabe o Rogério mude de idéia? Afinal, ele foi o mentor disso tudo!

— Duvido! O Rogério tem planos e emprego garantido. E quanto a você?

— Está preocupada comigo, Flávia? — riu divertindo-se. — Acha que não sou competente para encontrar um bom serviço em outro lugar?

— Não seja esnobe! Eu reconheço sua competência! — brincou com jeito.

— Veja bem, Flávia — falou colocando na voz um tom bondoso de tranqüilidade —, estou decidido a não me destacar na empresa que pertence a seu pai por causa da nossa união. Não estou com você por ser a filha do presidente. Quero que isso fique bem claro. Lembra-se de quando eu propus a demissão do Paulo sem saber que ele era noivo da Renata? O cara é incompetente, fofoqueiro e improdutivo. Está lá só de enfeite. Diga-me, o que ele faz?

— Mas você tem competência, Marcello. Ninguém vai pensar isso!

— Não se iluda!

— E o que vai fazer, Marcello?

— Lembra-se do projeto que começamos a desenvolver para criarmos uma considerável empresa de reciclagem? — perguntou com os olhos brilhando.

— Claro. Iríamos criar mais uma empresa... Mas aquilo ainda está no rascunho!

— Ótimo! A reciclagem de vidros diminui imensamente os gastos de uma empresa que fabrica objetos que podem ser confeccionados com vidros reciclados. Que tal montarmos essa empresa para nós? Podemos ter vários clientes a fim desse tipo de produto! Isso se nós mesmos não nos atrevermos a partir para uma linha de produção, futuramente.

Flávia ficou pensativa, ainda estava perplexa com a decisão de seu pai. Gostou da idéia de Marcello continuar na presidência e ser o acionista majoritário, mas ele não queria. Não desejaria impor nada, nem vê-lo insatisfeito.

Diante do demorado silêncio, ele decidiu ao vê-la sem o mesmo sorriso de sempre:

— Ah! Meu amor! Desculpe-me. Não vamos tirar esse dia de folga para falarmos sobre trabalho. — Ao ver sua expressão alegre, ele avisou: — Vou tomar um banho. Vamos nos arrumar e sair um pouco. Está um dia lindo!

Ela sorriu, delicadamente, aprovando a idéia. Pouco depois, Marcello retornou e Flávia já estava pronta. Arrumava algumas coisas na cozinha, quando o telefone tocou.

— Atenda para mim, Flávia, por favor! — pediu educado, enquanto acabava de se arrumar.

— Pronto! Atendeu ela com sua voz macia e gentil.

— Acho que liguei errado... — respondeu a pessoa, que ia desligando, quando Flávia reconheceu o sotaque e perguntou rapidamente:

— É a dona Nicolle?

— É da casa do Marcello? — insistiu Nicolle.

— Sim, dona Nicolle! — admitiu alegre. — Sou eu, a Flávia! — Nicolle não dizia nada. Um arrepio de mal-presságio percorreu pelo corpo de Flávia diante do silêncio e da respiração ofegante, que podia ouvir. Temerosa, ela insistiu: — Alô... Dona Nicolle? Está me ouvindo?

— Não pensava que você estivesse aí — falou Nicolle secamente. Depois perguntou: — Onde está o Marcello?

Eliana Machado Coelho/Schellida

— Um minuto — pediu constrangida, avisando: —, eu vou chamá-lo... — Sua voz soou fraca. Experimentava uma grande amargura e forte decepção.

Flávia tinha certeza de que Nicolle estranhou sua presença ali, tão cedo. Provavelmente ela deduziu que eles passaram a noite juntos. Isso deveria tê-la surpreendido e agora a mulher deveria pensar as piores coisas a seu respeito.

Ao encontrar Marcello, a noiva não conseguiu disfarçar a expressão apreensiva, falando com tom amedrontado na voz:

— É a sua mãe. Ela ficou surpresa quando eu atendi. Senti que não gostou... Ela pediu para falar com você.

Respirando fundo, ele expressou insatisfação no semblante e atendeu ao telefone:

— Mãe?!

— Marcello! Onde esteve que eu o procuro desde ontem?!!! Não recebeu os meus recados?!!! — esbravejou irritada.

— Recebi, mas estava muito ocupado — respondeu firme por não gostar do tom em sua voz.

— Meu Deus! Precisamos conversar!!! Liguei para o seu serviço agora há pouco e disseram que você não foi trabalhar. Venha até aqui!!!

— Mãe, se é por causa da tia Rossiani...

— Não é isso, Marcello!!! Você não entende!!! — gritava Nicolle desesperada.

— O que não entendo? — perguntou tranquilo.

— O que essa moça está fazendo aí essa hora?!!!

— Acho que isso só diz respeito a mim!

— Não!!! Pelo amor de Deus! Termine esse namoro! Por Deus, meu filho, diga que não fizeram nada errado!!! Que não cometeram nenhum pecado!!!

— Mãe — falava brando, por causa de Flávia, mas algo o enervava —, mantenha-se calma e explique-se direito. Não consigo entendê-la. Se não se explicar melhor, será um absurdo eu fazer o que me pede.

— Você não sabe quem ela é!!! Nem imagina!!! Escuta, Marcello, precisamos conversar cara a cara! Não podemos falar isso por telefone. Tire essa moça da sua vida agora!!! Não sabe quem é ela!!!

— Claro que sei! Não sou moleque, mãe!

446

UM DIÁRIO NO TEMPO

— Vai se arrepender, se não me ouvir! Vai acabar com a sua vida e com a vida dela! Tomara que não tenham se envolvido! Marcello, afaste-se da Flávia agora!!!

— Não diga o que devo ou não fazer, mãe. A propósito, já que não me dá uma explicação razoável, devo informá-la de que eu amo a Flávia e ontem, com a permissão do pai dela, nós ficamos noivos.

— Eu não creio nisso! Está errado!!! Não pode!!!

— Mãe, está sendo difícil conversarmos. Ontem eu não passei bem por causa de um nervoso e é por isso que estou em casa hoje. Preciso de tranqüilidade. Nossa conversa está sendo difícil.

— Está cometendo um pecado por não ouvir sua mãe!!!

— Olha, eu preciso desligar. Estávamos de saída.

— Marcello, atenda meu pedido, afaste-se dela!!!

— Tchau, mãe. Precisamos ir — disse desligando o telefone. Não havia condições para conversarem.

Erguendo-se, não sabia o que dizer. Novamente surgiu-lhe um turbilhão de dúvidas, mas sua mãe sempre dramatizava muito e nunca foi lógica e objetiva.

Não desejaria tê-la tratado daquela forma. Porém acreditou que sua mãe deduziu que Flávia havia dormido ali e por isso seria uma moça vulgar, leviana e não serviria para ter qualquer compromisso com ele.

Outra vez aquela dor profunda no peito que apertava seu coração e deixava-o inseguro, preocupado. Ele amava Flávia.

Procurando-a com o olhar, sentiu-se mais forte e seguro quando ela o acolheu com ternura peculiar, perguntando sem manifestar as emoções ou ansiedade que lhe ardiam na alma.

— O que foi?

— Minha mãe não está bem. Ela não falou coisa com coisa. Temo que se desequilibre. Sei que ela luta com seus velhos fantasmas do passado. Nunca entrou em detalhes, não fala a respeito, por isso não sei como ajudar. Ela não se rende, falta-lhe coragem para contar o que viveu e o que a faz sofrer tanto. Ela é muito puritana...

— Por isso detestou saber que eu estou aqui a essa hora da manhã. Concluiu que dormimos juntos. Razão que a faz me julgar leviana e não quer me ver ao seu lado, certo?

447

Eliana Machado Coelho/Schellida

Marcello a olhou firme, mas não disse nada. Flávia parecia ter adivinhado os seus pensamentos.

Seus olhos, agora tristonhos, perderam o brilho. Abraçou Flávia fortemente contra o peito, que doía amargurado sem saber a razão. Porém estava decidido a não se separar da noiva por nada.

27

Amor entre irmãos

Ao perceber que Marcello desligou o telefone e não lhe deu atenção, Nicolle entrou em desespero. Gritava aos prantos, abraçando-se à Irene que também se afligia com tudo.

— Ele não me ouviu!!! Ela, a Flávia, estava lá na casa dele a essa hora!!! Devem ter dormido juntos! Irene, o que eu faço?!!!

— Deus do Céu! Se eles forem mesmo irmãos!... — lamentava Irene que, assim como a comadre, era católica fervorosa e submissa aos ensinamentos, determinações e crenças da Igreja. — É uma heresia contra Deus!

— Você e a minha irmã quiseram me alertar, mas eu, estúpida, não acreditei! Agora os dois estão lá... sem saber... *Dio mio!!!*

— No primeiro momento em que eu olhei para a Flávia, era como se estivesse vivendo no passado, eu via você! Por isso fiquei apavorada quando os dois sumiram por aí. O meu afilhado está apaixonado, parecia enfeitiçado por ela! Ela é uma moça boa, tão educada... Eles não merecem isso. Se forem irmãos...

— Acho que o diabo ficou atentando o meu filho... como homem... E ainda cegou aquela boa moça para se entregar...

— Talvez não sejam irmãos. Quem sabe houve um engano? A Flávia seja adotiva...

Eliana Machado Coelho/Schellida

— Mas as semelhanças... E a confirmação da Kátia, quando me ligou hoje cedo. Além disso, eu senti um negócio assim que vi aquela menina Flávia! — admitiu Nicolle emocionada. — Senti uma coisa que... Agarrei ela como se quisesse que ela entrasse em meu coração! Parecia que ela preenchia o vazio que senti quando arrancaram a minha menininha do meu peito! Mãe não se engana! Vou ficar louca, pois devia ter contado pro meu filho tudo sobre o meu passado, mas tive vergonha. Não consigo esquecer os olhos dele brilhando quando olhava pra ela. E, hoje em dia, essa juventude não espera! Isso é um castigo para mim!!!

A chegada de Rossiani que se preparava para a viagem causou grande alvoroço enquanto Nicolle e Irene falavam ao mesmo tempo, tentando contar sobre a descoberta.

— Esperem! Não estou entendendo nada! — reclamou Rossiani.

— Hoje cedo esse *maledetto* desse telefone tocou. *Io* ia saindo, mas voltei para atender. Era a Kátia — explicou Nicolle com modos aflitivos. — A menina Kátia gostou daqui. Disse que queria estudar sobre plantas e pediu para vir para cá. Ela quer trabalhar nas estufas e morar aqui nesta casa. Disse que o pai pagaria o seu estudo e as despesas daqui de casa e até pagaria para ela trabalhar nas estufas. Eu disse que o trabalho nas estufas e mexer com adubo não eram tarefas agradáveis para uma moça fina como ela. Mas a menina insistiu! Estava empolgada. Eu disse que estava mesmo precisando de ajuda e que não precisaria pagar nada, mas precisava falar com a Irene porque ela é a dona dessa casa!

— Resuma, Nicolle! — pediu a irmã nervosa.

— A menina Kátia disse que ligou cedo porque sabia que me encontraria aqui. Falou bastante e não queria desligar, mas eu estava com pressa. Até que por causa das idéias malucas de vocês duas, resolvi perguntar da Flávia. A Kátia disse que o Marcello tinha jantado ontem lá e fez uma surpresa, mas não contou o que era, que ele mesmo iria contar. Como eu fiquei pensando muito no que vocês falaram sobre a Flávia ser parecida comigo e tudo mais, e como não consegui falar com o Marcello há dois dias, perguntei para a Kátia como iam os pais dela. A menina começou a contar que a mãe é doente. Explicou o que ela tem, mas eu não entendi. Depois disse que o pai era bem de vida. Daí perguntei como eles se chamavam, pois não me lembrava delas falarem o nome dos pais. Então a

Kátia falou com todas as letra que o nome do pai dela é Douglas Gregori e a mãe se chama Gorete.

Quase caí no chão. Fiquei mole e sentei no sofá. A menina falou mais coisas que eu não ouvi. Depois perguntei o nome dos irmãos. Ela disse que teve um irmão mais velho que morreu quando era pequeno, mas a ordem era Rogério e Renata que eram gêmeos, a Flávia, o Douglas Júnior e ela. Ainda falou que o Rogério vive no estrangeiro e voltará de viagem por esses dias. Fiquei tonta! Abobada! Não sabia o que fazer. Tentei disfarçar e a muito custo perguntei a idade deles...

— E aí...? — tornou Rossiani, sentindo-se mal.

— O Rogério e a Renata tem a idade do meu Rogério, a Flávia fez vinte e sete anos em dezembro, dois dias antes do meu Marcello fazer vinte e seis. Fiquei surda, quase enlouqueci! — Chorou por alguns minutos, enquanto Rossiani, perplexa, não conseguia articular uma só palavra. — Eu não sou estudada, mas não sou burra — tornou Nicolle. — Já fiz as contas. Tem uma confusão com os nomes, pois a minha Renata é que tem vinte e sete anos, pois eu fiquei grávida do Marcello quando ela só tinha três meses e por isso demorei para perceber que estava de barriga. Fugimos daqui para a Itália quando o Marcello tinha um mês. Eu o registrei certinho e batizei com o Dirceu e a Irene de padrinhos! Quando o Marcello nasceu, eu ainda disse para a dona Josefina que a minha menina tinha feito um aninho dois dias antes. Esse é o dia do aniversário da Flávia. Então só posso crer que o demônio daquele homem trocou o nome da minha menina.

O coração de Rossiani estava destroçado. Aflita, não sabia o que fazer. Jogando-se aos pés de Rossiani, Nicolle gritou em desespero:

— Por que eu não fiz o que me pediu?!!! Por quê?!!!

— Calma — pediu Rossiani, abaixando-se e abraçando-a. — Não fique assim, talvez eles não sejam irmãos...

— Como não?!!! São irmãos legítimos!!! O Douglas, naquela época, teve um filho com a Gorete. Talvez quando o meu Rogério nasceu ele registrou junto com uma outra filha que teve com a Gorete e deu o nome de Renata! Lembra-se da Certidão de Nascimento que você leu?! Quando roubou a minha Renata, mudou o seu nome para Flávia!!! Só pode ser isso!!! O que eu faço, meu Deus?!!! Hoje liguei para a casa do Marcello e a Flávia atendeu! O que acha que aconteceu entre ele e a irmã?!

Eliana Machado Coelho/Schellida

— Primeiro não deixe o Marcello se sentindo culpado ou desesperado com essa notícia. Você precisa encontrar o Douglas e obrigá-lo a dizer toda a verdade — aconselhou Rossiani aos prantos, com grande amargura. — Mas conforme o que o Douglas explicar, pois ele vai ficar desesperado também, aí sim — falou firme —, eu vou conversar com o Marcello, por mais que você me odeie por isso.

— Por que eu iria odiar minha irmã? O Marcello foi criado no regime do nosso pai. É um menino religioso. Ele vai enlouquecer! Está apaixonado pela irmã e... sabe lá o que aconteceu entre eles!!! Além disso, e a minha menina?!!! Como a minha filhinha vai se sentir?!!! Eles não vão agüentar!!!

— Vão sim! Falarei com eles. Se eles forem irmãos ou meios-irmãos... Tenho muito a dizer.

— O Marcello me disse agora há pouco que ele ficou noivo da Flávia!!! Estou enlouquecendo — chorava aflita. — A culpa foi minha!!!

— Nesse desespero você não vai descobrir nada. Primeiro tem que ir falar com o Douglas. Mas não deixe o Marcello preocupado, Nicolle. Ouça-me, pelo menos desta vez! — exigiu. — Se eles forem irmãos, não diga nada! Eu vou falar com eles!

— Você tem razão. Se já aconteceu... ...aconteceu. Vou procurar o desgraçado do Douglas. Depois vamos ver o que dá pra fazer. Vou deixar para você resolver, eu prometo.

Em sinal de piedade e muita angústia, Rossiani franziu a testa, ressaltando ainda mais as linhas de expressão criadas pelo tempo. Contendo uma dor, uma amargura que a enfraquecia, engoliu silenciosamente as idéias que tumultuavam seus pensamentos.

Erguendo a irmã, conduziu-a ao quarto para que descansasse.

Ninguém poderia prever que Marcello, através de estranhos caminhos, conheceria ou se apaixonaria por Flávia, a filha que Nicolle teve com Douglas.

Definitivamente a possibilidade de os dois irmãos se unirem para relacionamentos íntimos, para atos sexuais, era inadequada, incorreta às práticas da honestidade moral, da decência e do pudor para com a própria consciência.

Mas a falta da verdade provocaria sentimentos terrivelmente infernais.

* * *

Esquecendo-se da conversa desagradável que teve com sua mãe, Marcello e Flávia se divertiram naquela folga em plena semana.

— Há tempos eu não me distraía tanto! — dizia Flávia feliz, deitada no gramado do parque apreciando o céu. — Não me lembro de me sentir tão leve, livre...

— Eu sempre apreciei a liberdade. Você não imagina como eu adorava deixar os limites daquele vinhedo de uma vez por todas. Como desejei fugir dos trabalhos que me prendiam a minha mãe — desabafou, deitado ao seu lado pegando-a pela mão.

— Marcello, se não quiser falar, tubo bem, mas eu reparei que há uma barreira entre você e sua mãe, apesar de respeitá-la muito. Estou errada?

— Não. Como eu disse, não gosto de ser enganado. Eu só quero saber o nome do meu pai, só. Teve um dia, isso foi há quase dois anos, que eu insistia em saber a verdade de uma vez por todas. Ela me estapeou no rosto até se cansar. Eu já era homem feito, e ela me tratou como um moleque e não falou nada. Então entendi algo que ela deixou escapar nas entrelinhas... Fui conversar com minha tia Rossiani e ela me confirmou.

— O quê?

— Que eu tenho um irmão. Minha mãe teve dois filhos com o meu pai. Por algum motivo, um ficou com ele, e ela fugiu comigo para a Itália. A dona Nicolle nem imagina que minha tia confirmou as minhas suspeitas.

— Se eu puder ajudar...

— Vamos embora? O sol está queimando tanto!

— Vamos — aceitou levantando-se animada correndo para que ele a alcançasse.

Pegando-a no colo ele ameaçou jogá-la na água do lago, ela o agarrou. Riram e brincaram como crianças. Estavam verdadeiramente apaixonados, enamorados.

Após entrarem no carro para irem embora, Flávia comentou:

— Nossa, só brinquei nesse parque e rolei nessa grama quando era pequena.

— Estou derretendo! É outono, deveria estar mais frio. Você quer água?

— Ah, não! A água do lago deve estar suja! Prefiro um chuveiro — brincou ela descontraída e sorridente.

Eliana Machado Coelho/Schellida

Marcello riu com gosto e falou de um jeito maroto:

— Eu sei onde tem um bom chuveiro!

* * *

A noite chegava num ritmo lento. Recostado nos travesseiros, quase sentado na cama, Marcello estava pensativo. Ao abaixar o olhar, sorriu ao ver Flávia deitada de bruços e dormindo profundamente.

Ele respirou fundo contemplando prazerosamente aquele corpo mal coberto, de perfeitas formas, que repousava sereno ao seu lado.

A bela face de Flávia adormecida transmitia uma paz inabalável. Seus olhos estavam bem cerrados, a respiração tranqüila e os cabelos esparramados entre as costas e o travesseiro. Isso atraía ainda mais a atenção para admirá-la.

Para Marcello, era um bálsamo apreciá-la tão tranqüila sem que ela soubesse. Poderia observar por longo tempo as curvas perfeitas e sua pele aveludada sem encabulá-la.

Depois de acender o outro abajur, ele vagarosamente aproximou-se e, com delicadeza, passou a mão com carinho sobre suas costas para afastar os cabelos que a encobriam parcialmente. Beijando-lhe o ombro, Flávia se remexeu no leito, mas não acordou. E como que, propositadamente, para provocá-lo, o lençol escorregou expondo ainda mais a sensualidade daquela beleza encantadora que o fascinava.

Maravilhado, Marcello continuou duelando com a vontade de abraçá-la, tê-la novamente em seus braços e amá-la.

Feliz, não acreditava ter Flávia ao seu lado daquele jeito. Há tempos estava apaixonado.

Deslumbrado, apreciava aquela alma que o completava. Era algo tentador, ele não resistia.

Aproximando novamente, curvou-se sobre ela, acariciou-lhe as costas com sua mão forte repleta de ternura, beijando-lhe o corpo até que Flávia acordasse e se virasse sorrindo, linda e apaixonada.

— Nossa! Já anoiteceu — tentou murmurar.

E com a respiração ofegante, Marcello a tomou nos braços, sufocou-a com seus beijos e com delicadas carícias envolveu sua noiva, conquistando-a para o amor.

* * *

Bem depois, eles assistiam à TV, e reparando que Marcello a olhava fixo por longo tempo, Flávia perguntou com jeitinho:

— O que foi?

— Você... Eu... Nós... — falou de modo enigmático. Após segundos, explicou: — Existe uma força, um sentimento que mexe poderosamente conosco.

— Eu sei. Eu sinto. É algo que nos enlouquece.

Beijando-a apaixonado, Marcello concordou:

— Realmente nos enlouquece.

— É... tanto que... Eu tentei falar do preservativo, mas você não me deu ouvidos.

— Desculpe-me, eu não agüentei. Aliás, moça!... — brincou como se falasse bravo. — Por sua causa estou perdendo o controle e fazendo coisas que jamais me arrisquei!

— Então — correspondeu ela brincando — precisa se afastar de mim. Eu não sirvo para você!

Marcello ia puxá-la, mas Flávia, rindo gostoso, agilmente escapou de seus braços, rolou sobre as almofadas e se levantou, afastando-se. Atraído, Marcello se levantou rápido, segurou-a pela cintura e avisou:

— Não adianta fugir! Você é minha!

Depois de beijá-lo, ela falou mais séria:

— Não podemos nos empolgar como estamos fazendo e deixar o preservativo de lado. Pelo menos até eu começar a tomar um remédio.

— Você está certa. Está bem.

— Marcello, já está tarde preciso ir.

— Eu queria tanto, mais tanto!... Que ficasse aqui comigo!

— Eu também, mas... Preciso voltar a ser responsável com meus deveres. Vou pegar minhas coisas e depois você me leva, tá?

— Se quiser deixar suas coisas aqui... Não acha que será melhor? — propôs ele.

— Acho que sim — concordou.

Eliana Machado Coelho/Schellida

* * *

Já era tarde quando Marcello e Flávia conversavam dentro do carro estacionado no interior do jardim na frente da elegante residência.

A porta principal se abriu lentamente e um feixe de luz atraiu a atenção do casal.

Marcello e Flávia desceram do veículo, no momento em que o pai dela aproximou-se fazendo questão de cumprimentar o rapaz.

— Como vai, Marcello? Um dia de descanso o fez se sentir melhor?

— Sem dúvida. Estou mais tranqüilo.

— Vamos entrar! Venha!

— Não, senhor Douglas. Obrigado. Já é tarde. Eu agradeço, mas amanhã tenho de levantar cedo.

— Ora, Marcello!!! — reclamou o senhor.

— Obrigado, mas talvez amanhã à noite eu venha.

— Já que é assim... Fica para amanhã. Vou esperá-lo para o jantar. — Em seguida, o senhor Douglas se despediu e entrou deixando os dois a sós.

Eles não queriam se separar, mas era preciso. Após a despedida demorada, Marcello se foi.

Flávia não disfarçava a expressão alegre que estampava em seu rosto. Entrando em casa, ela já experimentava saudade de Marcello.

Circunvagando o olhar pelo ambiente, confirmou que todos já haviam se recolhido.

Uma alegria, inerente a sua vontade, era expressa em seus gestos quando subia as escadas e uma luz reluzia como jóia rara em seus olhos negros de adorável beleza.

Caminhando pelo corredor, percebeu a luz acesa no quarto de Kátia e decidiu ir até lá.

A irmã estava empolgada. Contou sobre a inscrição em uma academia, sobre sua ida a um endocrinologista e que havia telefonado para Nicolle explicando que queria trabalhar com ela.

— Quando você telefonou? — interessou-se Flávia desconfiada.

— Hoje bem cedo! Disse que por ela tudo bem, mas precisava falar com a dona Irene.

— A dona Nicolle perguntou de mim? — tornou Flávia.

— Que interessante!... Ela fez um monte de perguntas sim. Quis saber o nome do pai e da mãe, quantos irmãos nós somos e até a idade de cada um! Acho que ela não quer esquecer o seu aniversário.

Um leve sorriso foi dissimulado nos lábios de Flávia, que não quis comentar sobre o que aconteceu naquela manhã. A mãe de Marcello deveria ter os piores conceitos a seu respeito por ela ter atendido ao telefone.

— E aí?! — perguntou Kátia, tirando-a dos pensamentos.

— E aí... o quê? — desdenhou com graça.

— Desde domingo vêm rolando coisas com você e o Marcello. Ficaram juntos todo o tempo. Chega a essa hora em casa com essa cara e!... Quero saber como foi! Como vocês estão?

— Ah... — suspirou fundo, com olhar apaixonado, e deitou-se sobre a cama, murmurando: — Estamos tão bem... É tão bom ficar ao lado dele. Sabe, Kátia, eu pensei que nunca encontraria um homem generoso, romântico, carinhoso... Pensei que esse homem só existisse em meus sonhos.

— Dá pra ver que rolou muita coisa!... Conta!

— Ah... foi... tão...

— Como foi?! — inquietou-se a irmã caçula.

— Você está invadindo a minha intimidade, Kátia!

— Vai, Flávia! Conta!

— Foi lindo, maravilhoso, romântico... — confessou com voz suave. — O Marcello é um homem tão... Puxa! Nem sei descrevê-lo!

— Para você, tão medrosa e exigente, estar assim é porque ele foi bem carinhoso, delicado, não foi?

— Eu estava com tanto medo, Kátia... — admitiu apoiando a cabeça nas pernas da irmã, que estava sentada na cama.

Kátia, com ar de felicidade, acariciava os cabelos de Flávia observando suas expressões e suspiros.

— Ficou com medo de contar para ele, né? Um medo sem necessidade. Depois que contou, sentiu-se mais segura, não foi? Acho que o Marcello ficou tão satisfeito por ser o primeiro que...

— Pára! Não contei nada! Você nem imagina metade do que aconteceu! Ai, Kátia... Que vergonha!...

— Não estou entendendo nada!

Eliana Machado Coelho/Schellida

— Eu não contei! Não disse nada para o Marcello. Nós estávamos juntos, lá no apartamento, e tudo foi acontecendo... Ele é muito carinhoso, me conquistava e eu correspondia. Fiquei de um jeito que o desejava e... ...e fui deixando tudo acontecer. Fiquei com medo e bem tensa, mas achei que estava disfarçando. O Marcello agiu naturalmente, cuidadoso, generoso... Então eu acreditei que ele nem fosse perceber, pois estava tão desejoso, apaixonado...

— Ele não percebeu nada?!

— Grande ilusão a minha! Quem me dera...! Na hora não me disse nada. Nem depois — Flávia confidenciou à irmã os detalhes de tudo o que aconteceu entre ela e o noivo. Desfechando: — Fiquei tão realizada! Experimentei uma sensação que não dá para descrever, algo que eu não sabia que existia! Foi maravilhoso! Eu amo tanto o Marcello! Está satisfeita agora?!

— Ah!!! — gritou Kátia. — Que legal!!!

— Psiuuuu!... Quer acordar todo mundo?! — reclamou Flávia.

— Vem cá! Você contou tudo, mas tudo mesmo para ele?

— Depois de chorar pra caramba... contei. O Marcello é muito cuidadoso e sensível. Ele me entendeu. Conversamos bastante.

— Mas... espere aí, vocês usaram preservativos?

— Ai, Kátia! Nem me lembre disso! — disse aflita.

— Eu não acredito, Flávia! E agora?!

— Estou de cabeça quente. Nem me fala.

— Bem... se não usaram só uma vez... Depois lembraram, não é?

— Que nada...

— Flávia! Que pisada na bola! Caramba!

— Estou preocupada. Mesmo ele falando que se precaveu com outras namoradas, fico pensando se não se esqueceu, como foi com a gente... Tem tantas doenças por aí!

— Ah, ele vasculhou sua vida, seus romances, seus namorados antes de te levar para a cama! Só que não encontrou nada, não é?

— Kátia... — Flávia sorriu suave e admitiu: — Você, bem mais nova do que eu falando assim!

— Experiente como ele é, quando percebeu que era o primeiro, não teve que se preocupar com nada. O risco era só ter uma gravidez de brinde.

— Pare com isso, Kátia! Já estou nervosa só de lembrar...

— Boba!!! — exclamou, abraçando-a com alegria. — Estou feliz por você! Aliás, por vocês!

As irmãs conversaram por algum tempo, mas logo Flávia foi para o seu quarto.

28

Sob o olhar dos anjos

Em seu quarto, Flávia ficou insone. As vivas recordações eram preciosas. Fechando os olhos, podia sentir-se nos braços de Marcello. Pensando em Deus, ela agradeceu por ter encontrado um homem tão bom, de raro caráter.

Ela ignorava, mas amigos espirituais de elevada moral aos poucos a preparavam com delicadeza e extremo cuidado para as surpresas da jornada. Estava chegando o momento de Flávia ser preparada para adquirir fé, crença e forças para uma grande provação.

Pela manhã, frente ao espelho ela admirou-se, viu-se com um brilho especial. Sentia-se mais mulher, mais segura do que nunca.

Penteou-se com a igual graciosidade de sempre, maquiou-se com leveza e passava as mãos pelo corpo a fim de ajeitar a roupa, que a deixava com a elegância executiva de costume.

Contemplando-se, não conseguia deixar de pensar em Marcello. Queria ser admirada pelo noivo.

Com olhar fixo em seu reflexo no frente do espelho, Flávia suspirou fundo e sorria quando, inesperadamente, viu uma luz que aureolava sua imagem. O susto e a inquietude a fizeram olhar rapidamente para os lados à procura do que viu no espelho.

Nada. Nem os raios do sol chegaram à janela.

Um frio percorreu-lhe todo o corpo que se arrepiou todo. Pensou que deveria ser alguma impressão provocada pela falta do sono. Apesar de amedrontada, olhou-se novamente no espelho. Por não ver nada, riu de si mesma. Porém algo estranho acontecia.

Seus olhos se prendiam novamente em seu reflexo no espelho e, apesar do medo e da curiosidade, resistiu. Firme, sem piscar, viu formar uma figura que abraçava o seu reflexo no espelho. Envolvia-a pelas costas e beijou, com extrema ternura, a face do seu reflexo.

Era um lindo rosto, que sorria para Flávia.

A moça sentia seu coração disparar e quase não conseguia respirar. Em sua mente, como se ouvisse uma voz ecoando em seus pensamentos. Entendia que aquela imagem luzente dizia-lhe: "Agradeço, agradeço-lhe muito. Resista, resista. Mesmo que tudo pareça verdadeiro, resista para não se arrepender. Você é forte. Sempre foi. Só que o esquecimento é necessário. O esquecimento serve para a prova a fim de que se eleve para um plano melhor na vida verdadeira." Trêmula, mas decidida a perguntar em pensamento, Flávia quis saber: "Por que não fala sobre o que eu preciso resistir?", a entidade explicou: "Você não terá mérito. Foi o mesmo que eu expliquei para ele. Você acredita em Deus, não é querida?", Flávia respondeu: "Sem dúvida!" Sorrindo a luzente entidade aconselhou: "Continue demonstrando sua fé e seu amor ao Pai Celeste. Seja forte. Aconteça o que acontecer, espere pela verdade. Ele precisará muito de você. Obrigado... muito obrigado".

— Quem é você e por que me agradece?... — sussurrou Flávia sentindo-se inebriada.

A entidade, cuja imagem parecia ser de um rapaz, sorriu e brilhou como um diamante que reluz cintilantes cores transparentes, justificou: "Obrigado por me aceitar. Apesar de não se lembrar neste instante, você ficou feliz ao aceitar me receber".

Flávia sentiu como se fosse verdadeiramente abraçada pelas costas e o beijo que experimentou no rosto foi como que de um toque.

Assustada, olhou rapidamente para os lados à procura de alguém, mas estava sozinha. Olhando novamente no espelho, ainda viu a imagem tornando-se esmaecida até desaparecer completamente.

Eliana Machado Coelho/Schellida

A moça ficou paralisada por longo tempo. Trêmula e com medo, afastou-se do espelho sentindo-se atordoada, quase incrédula. Mas experimentou impressões e viu a imagem, além de conversar com ela.

A dissipação da visão deixou-a insatisfeita, por sua incredulidade, gostaria de poder contemplá-la mais.

Apressando-se, pegou sua bolsa e saiu do quarto às pressas. Descendo as escadas, com os pensamentos inquietos que recordavam cada detalhe, Flávia olhou em direção de uma saleta da casa e viu sua mãe parada de frente para a janela.

Aproximou-se vagarosamente, pois há dias não reservava um tempo para lhe dar a atenção de sempre, ouvir os seus queixumes e divagações. Apiedava-se por vê-la tão dependente, com tanto desequilíbrio e fragilidade.

Elegantemente arrumada para tomar uma xícara de café e ir para o trabalho, Flávia parou a poucos passos, pensando que a mãe não a via, pois a mulher estava de costas.

Ia cumprimentá-la, mas a mãe falou primeiro:

— Bom dia, Flávia.

— Bom dia, mamãe — sorriu comovida, aproximando-se e beijando seu rosto. Abraçando-a pelas costas, recostando seu rosto ao dela, fez-lhe um carinho.

Havia um cansaço medroso e silencioso em Gorete, que lhe segurou as mãos delicadas para que Flávia não se afastasse daquele abraço.

Com voz rouca, quase sussurrando, falou:

— Aprendeu esse abraço com aquela criatura maravilhosa que saiu agora há pouco do seu quarto, não foi?

Um susto e o frio na coluna aturdiram Flávia que fez menção de se afastar, mas a mãe a segurou e pediu:

— Fique assim. Faz tempo que eu não ganho esse carinho.

— Do que a senhora está falando, mamãe? — perguntou com medo.

— Eu não sou louca — sussurrou Gorete com modos estranhos. — Você me abraçava assim e também me aconselhava do mesmo jeito dela. Avisou que nasceria para me ajudar. Quando eu contei isso, você não acreditou. Agora acredita?

Flávia empalideceu. As palavras lhe fugiram. Ficou pensando se não estaria ficando desequilibrada como sua mãe. Mas não podia negar o que experimentou e viu. Além disso, como sua mãe poderia adivinhar?

— A senhora não está louca, mamãe. O que sabe?

— Que aquele espírito maravilhoso, que brilha feito luz, abraçou e beijou você sim! Foi para você ficar forte e acreditar e não se desequilibrar como eu. Sabe por que eu fiquei assim?

— Não... — respondeu com voz trêmula.

— Por não aceitar os seus conselhos quando você era um espírito, antes de nascer, e aparecia para me orientar. Depois que você chegou, outros apareceram para me orientar, mas eu não queria. Tanta coisa aconteceu, Flávia... Eu poderia ter escolhido ouvir o bem ou o mal. Eu fui egoísta, almejava liderar. Como não encontrava motivo para viver bem com seu pai, busquei na magia, nas práticas das mais perversas, a liderança. Sua avó era terrível e eu desejava matá-la. Quando você era bem pequena, eu desejei matar você também. Mas fui impedida.

Embalando-a ainda no abraço, Flávia ouvia atentamente. Em outras circunstâncias diria que aquilo não passava de um delírio, um devaneio em que sua mãe fantasiava histórias praticamente absurdas. Mas naquela hora não. Talvez houvesse um fundo de verdade no que ela desabafava, sem chorar, e Flávia quis saber:

— Quem a impediu, mamãe? — sussurrou.

— Eles — disse apontando para o céu através da janela. — São espíritos que vêm de lá, de onde veio aquela que falou com você há pouco. — Virando-se para a filha, Gorete trazia lágrimas nos olhos quando avisou: — Não posso falar muito. Eles me castigam! Só te peço que acredite no que viu e sentiu! Não faça como eu! Seja forte!

— Mamãe...

— Flávia — sussurrou —, pergunte ao Marcello. Ele sabe que não sou louca. Vão tentar muita coisa contra você, filha. Viva os momentos de alegria agora. Estamos perto do fim do ano, não é?

— Quase...

— Um véu cobrirá o sol de sua vida e a do Marcello. A vida nas trevas é difícil. Só os mais fortes vencem essas sombras, quando procuram ou esperam pela verdade. Mas você está sob o olhar dos anjos.

— Mamãe, não consigo entendê-la.

— Se aquele anjo não pôde falar como será o momento difícil, não serei eu, um pobre diabo, que vou me atrever. Tenha fé em Deus, filha. Não mate aquele anjo.

Eliana Machado Coelho/Schellida

Flávia sentiu-se aflita. Guardou aquelas palavras com grande aperto no coração.

— Preciso ir. Estou atrasada.

— Vá! Seja feliz!

Flávia sentia os pensamentos fervilharem. Como viver o amor, a felicidade e a alegria entre ela e Marcello, se a dúvida, se um pressentimento ruim pairavam nos pensamentos dela como um fantasma?

"Tudo aconteceu muito rápido. Repentinamente me vi nos braços de Marcello por quem há tempos sentia-me apaixonada. Nós nos envolvemos, nos amamos e temos planos para ficarmos juntos. O que poderia acontecer para nos atrapalhar?", pensava Flávia a caminho do trabalho. "Até meu pai está de acordo com o nosso compromisso! A não ser que... Meu Deus! Como eu suportaria assumir uma gravidez se mal iniciei um... Ah! Não! Não pode ser!!! Ou então uma doença! Será que ele se precaveu com as outras ou?... Minha mãe disse para eu ser feliz até chegarem as dificuldades. Não! Não quero me imaginar como portadora do HIV ou vivendo com AIDS! Será que era sobre isso que aquela visão falava?!". Seus pensamentos eram rápidos e desesperadores, ela estava com grande agonia. Precisava conversar com Marcello.

Chegando à empresa, Flávia continha as expressões que pudessem demonstrar sua aflição.

Sorriu ao cumprimentar a secretária e perguntou com entonação suave na voz baixa:

— Bom dia, Anete. O Marcello já chegou?

— Sim — afirmou alegre e recatada. — Ele aguarda pela senhora.

— Certo. Obrigada.

— Parabéns! — sussurrou sorridente. — Ele me contou sobre o noivado. Fiquei muito contente. Felicidades!

— Obrigada, Anete! Você é um amor! — disse sorrindo de modo verdadeiro.

E foi com esse sorriso que Flávia conseguiu entrar na sala de Marcello.

Indo ao seu encontro, ele a abraçou forte e beijou-a. Suspirando fundo, com olhos brilhantes, ele a afastou de si, olhou-a e comentou ao segurar suas mãos:

— Você está linda! Ficarei com ciúme, hein!

Um diário no tempo

— Só tenho olhos para você! — ainda brincou, disfarçando as preocupações.

— Flávia — disse ele mais sério —, eu preciso falar com você. — Ela sentiu-se gelar, mas aguardou que Marcello falasse: — Veja... Ah... aqui estão.

— O quê?

— É o seguinte. Eu quero que vá ao médico e... Não tenha vergonha de falar sobre ter sido a primeira vez. Isso pode ser importante. Também conte que não usamos preservativos. É possível que ele faça uma série de perguntas e peça alguns exames. Não sei se adianta, mas aqui estão os meus.

— Como assim?

— Já te contei, eu não sou tão "galinha" para sair com uma e com outra. Antes de trabalhar aqui não me relacionava há tempos e depois que conheci você, nunca saí com ninguém. Eu a queria... — murmurou com carinho. — Foi por isso que eu a ataquei! Não consigo ficar sem desejar você e...

— Marcello!...

— Vamos falar sério — admitiu ele sorrindo. — Não fique preocupada com qualquer doença que possa contrair de mim. Eu faço doação de sangue voluntária e periodicamente no Hospital das Clínicas. Sinto-me bem ao saber que posso ajudar um desconhecido. Já doei medula óssea também há uns três meses, e para isso não se pode ter uma vida promíscua por cerca de um ano e meio. O Hospital das Clínicas é muito confiável em termos de higiene e bom atendimento. Aqui estão os resultados de exames enviados pelo Hospital. Como pode ver, todos são negativos em várias doenças, inclusive HIV. É bom levá-los para o médico dar uma olhada. Mas se for preciso, repetirei qualquer exame.

Flávia ficou sem graça, Marcello parecia adivinhar seus temores, seus pensamentos.

— Quanto a alguma doença, pode ficar descansada. Mas não posso garantir que não esteja esperando um filho meu.

— Marcello! Pelo amor de Deus! Não brinque comigo! — exclamou nervosa. — Já imaginou?! Mal começamos a namorar, ficamos noivos e...

— Vamos nos casar! Isso mesmo! Casa-se comigo?! Isso me fará o homem mais realizado e mais feliz do mundo!

— Eu sei, Marcello...

Eliana Machado Coelho/Schellida

Ele a calou com um beijo apaixonado. Porém, sem que esperassem, a porta da sala foi aberta abruptamente o que os interrompeu:

— Bom dia!!! — cumprimentou Renata cinicamente ao vê-los.

O casal se afastou e Marcello, com nítida insatisfação, cumprimentou-a secamente. Flávia, mais direta, reclamou:

— Não sabe bater à porta, quando chega? Não tem educação, Renata?!

— Meu bem, esta empresa é nossa! E outra, aqui não é lugar para namorar!

— Se essa empresa é nossa, então tenho o direito de fazer o que eu quiser, onde quiser e com quem quiser. Estou nos meus direitos e você tem que respeitá-los também. O problema não foi nos ver nos beijando, isso não me incomoda, continuaremos depois. Mas o fato de entrar na sala do meu noivo sem bater, sem se anunciar, sem saber se ele está sozinho ou não...

— Calma, Flávia — pediu Marcello ponderado e falando baixo.

Depois de pegar o envelope, Flávia foi na direção da irmã, esbarrando-lhe propositadamente no ombro e dando-lhe um leve empurrão, dizendo antes de sair:

— Aprenda a ter bons princípios, Renata.

Marcello ficou surpreso com a reação da noiva, mas gostou do que viu. Acomodando-se em sua cadeira, ouviu Renata comentar:

— Nossa! Ela ficou nervosa. Que estranho! — falou com deboche.

Ele não deu importância, mas sem encará-la, avisou:

— Renata, quero deixar bem claro que você nem deve se atrever a demitir a Anete, entendeu? Trate melhor a minha secretária.

— Como quiser. Eu vim aqui para confirmar o horário da reunião e informar que o Rogério, meu irmão gêmeo, que nada tem de parecido comigo, chegará amanhã.

— Que bom! Já nos conhecemos através de longas conversas pelo computador... Não vejo a hora de conhecê-lo pessoalmente. — Em seguida, informou: — Vou verificar com a Flávia qual o melhor horário para a apresentação do projeto e depois a secretária avisa a todos, certo?

— Certo — respondeu com voz mansa, levantando-se. Entretanto, antes de sair, aproximou-se de Marcello que estava sentado e, ao seu lado, falou de modo brando, como se sussurrasse: — Marcello, eu não o cumprimentei direito pelo noivado. — Sério e insatisfeito com aquilo, distraía-se remexendo em papéis sem dizer-lhe nada. Renata segurou o braço da poltrona onde ele se sentava, virou-a rapidamente e, sem que Marcello esperasse, segurou-lhe o rosto e beijou-o na boca.

Reagindo inesperadamente pelo susto, ele a empurrou. Levantou-se depressa e limpou a boca com as costas das mãos num gesto automático.

Olhando-o com jeito sedutor, Renata riu e, ainda expressando sorriso audacioso, comentou:

— Eu só queria cumprimentá-lo, Marcello. Como você é arisco! — falou mansamente, gesticulando e meneando o corpo de forma sedutora.

— Eu sabia que você não prestava, Renata. Conheço muito bem uma vagabunda! Mas não imaginava que fosse tão baixa! — murmurou enojado, encarando-a com rancor.

— Olhe bem para mim, Marcello — pediu com voz suave. — Você sabe que sou apaixonada por você há tempos. O que a Flávia teve foi um golpe de sorte. Ela o usou e está usando. Minha irmã sabe que meu pai o considera muito. Afinal, você ergueu essa empresa, tomou decisões que fizeram rever os conceitos medíocres que todos tinham. Você viabilizou tanta coisa que... — Marcello, em choque, não sabia o que responder. Sentando-se em sua cadeira confortável, Renata a girava lentamente, cruzando suas pernas de modo sensual propositadamente. Com olhar enigmático, conquistador, completou: — É impossível essa empresa continuar sem você no comando.

— Não quero ouvir o que tem a dizer. Saia da minha sala, por favor! — pediu ainda atordoado.

— Todos se admiram com as suas projeções financeiras e a Flávia não faz diferente. Você sabe que atrás daquele jeitinho educado, doce, gentil, existe uma mulher empreendedora que estabelece alternativas para a sua estabilidade e destaque. Eu, Marcello, sou mais honesta do que minha irmã. Sei que você será muito beneficiado e quero propor uma parceria. Não desejo enganá-lo como a Flávia faz.

— Saia daqui, Renata! — exigiu num grito.

Levantando-se, ela sorriu, encarou-o e aconselhou:

— Analise tudo sem sentimentalismo.

— Já pedi que saia! Não me obrigue a pô-la para fora.

— Seja esperto, Marcello — disse acercando-se dele com tranqüilidade e passando-lhe a mão suavemente pelas costas. Marcello se esquivou, mas

Eliana Machado Coelho/Schellida

Renata aproximou-se e avisou: — Ainda sou a filha do dono e sempre serei. Do que me acusar, eu nego. Posso dizer que você está tentando me seduzir... Ninguém vai duvidar, principalmente depois desse noivado desesperador que assumiu com minha irmã. Talvez o tenha feito para garantir excelentes lucros. Pense... — Beijando a própria mão, tentou rapidamente tocar os lábios de Marcello, mas ele a impediu, empurrando-a.

Renata saiu da sala, enquanto ele suava frio. Estava ofegante, incrédulo e sem saber o que fazer.

Passando as mãos pelos cabelos num gesto nervoso, foi em direção de sua cadeira. Sentindo um torpor, sentou-se estonteado.

Sem esperar muito, acionou a secretária:

— Dona Anete, venha até aqui, por gentileza!

A secretária obedeceu de imediato e, ao entrar, colocou-se à frente aguardando alguma manifestação.

— Anete... — tratou-a mais à vontade — Nem sei como pedir, mas...

— O senhor está nervoso, doutor Marcello. O que aconteceu?

— Se eu contar você não vai acreditar. Sente-se, por favor. — Marcello respirou fundo e pediu: — Quando a Renata vier até minha sala, se não puder inibi-la, arranje alguma desculpa e... Entre junto. Não quero ficar sozinho aqui com ela, entendeu?! — perguntou sério quase sisudo.

— Sim, senhor. Pode deixar.

— Só mais uma coisa, mas espere um minuto — Pegando o telefone, ligou para Flávia perguntando qual seria o melhor horário para a reunião que planejaram.

— Marcello, acabei de agendar com um médico hoje, já estou de saída — avisou a noiva. — E agora?

— Deixaremos para amanhã à tarde. Será melhor.

— Você está parecendo nervoso. Sua voz está diferente — preocupou-se Flávia.

— São coisas daqui. Depois nos falamos. A Anete está aqui e vou pedir para avisar aos demais. Até daqui a pouco — despediu-se.

— Até!

Voltando-se para a secretária, ela perguntou:

— O senhor quer água ou alguma outra coisa?

— Não. Obrigado.

— É que está tão pálido...

— Anete, como eu sei que você é de confiança e não vai contar nada nem para a Flávia, prepare-se para ouvir — Ela ficou atenta e Marcello desabafou: — Assim que a Flávia saiu, a Renata se aproximou, pegou-me desprevenido e me deu um beijo na boca!!!

Anete ficou estática, boquiaberta e olhar arregalado diante do impacto.

— E o que o senhor fez?!

— Empurrei-a!!! Desgraçada! Nojenta! Ainda teve a ousadia de me ameaçar, dizendo que se eu contasse para alguém, ela negaria e me acusaria de assédio. Imagine se eu contar uma coisa dessas para a Flávia!!!

— Isso não seria bom para vocês dois agora. Pense bem. Mas, de hoje em diante, pode deixar, quando ela estiver entrando, vou acompanhá-la!

— É vergonhoso eu te fazer esse pedido, mas... será só por mais algum tempo.

— O senhor pretende deixar a empresa, não é?

— Sim, pretendo. Mas são só projetos, por enquanto. — Vendo-a levantar-se, pediu: — Anete, avise que a reunião será amanhã à tarde, por favor.

— Certo. Vou tomar a liberdade de mandar lhe trazer um café com leite.

Ele sorriu e agradeceu, tornando a ocupar-se.

Aquele foi um dia bem difícil. Uma onda de contrariedade invadia-lhe a alma. Sabia que seria acusado de aproveitador por seu romance com Flávia e aquilo o incomodava.

Mais tarde, avisado sobre uma ligação de sua mãe, Marcello, descontente, atendeu-a. Em meio a conversa que começou aparentemente sem propósitos, na primeira oportunidade, Nicolle perguntou de Flávia.

— Ela está bem, mãe.

— Filho, não seja precipitado com essa menina.

— Mãe, não comece com esse assunto novamente ou...

Uma angústia apertava o peito de Marcello, mas não sabia o que dizer. Nicolle acreditou que não poderiam conversar por telefone e explicou o outro motivo de sua ligação:

— Marcello, tua tia está indo hoje mesmo para a Itália. Tua *nonna* não está bem. Nada bem. A Rossiani disse que gostaria muito conversar com você, mas depois do telefonema do Marco, avisando sobre tua *nonna*, a Rossiani vai viajar imediatamente e não poderão se falar.

Eliana Machado Coelho/Schellida

— O que a tia quer? — perguntou extenuado.

— Filho, tua tia quer o mesmo que eu. Ouça, Marcello! A Flávia é uma boa moça, mas vocês dois não podem dar certo. Tua tia quer falar que vocês não podem se envolver com intimidades...

— Mãe, espera! Eu era pequeno, quando se casou com o senhor Leonardo. Por acaso ele a rejeitou, jogou na sua cara que dormiu com outros homens?! — falou nervoso.

— *Io non* dormi com outros homens!!! — gritou Nicolle.

— Se foi só com um homem, então esse é o meu pai. Quem é esse homem que a senhora ama e odeia?! É por isso que me tratou assim a vida toda, pois talvez eu me pareça com ele? Não quer que eu seja feliz! Pensa que vou abandonar a Flávia como ele fez com você que, acreditou ter perdido a moral, para os outros!!!

— Olha o respeito!!! Para que quer saber dele?! Veja como fala!!! Essa estupidez foi a educação que herdou dele!!!

As contrariedades daquele dia já haviam sido bem penosas. Não suportando tanta irritação, envolvido por uma sensação enervante que não pôde controlar, Marcello argumentou em tom firme, áspero:

— A minha educação está no lixo! E foi a senhora quem jogou minha educação, meu respeito no lixo, cortando os laços de amor que nos uniam. Estou cansado de ser compreensivo. A senhora nunca entendeu a minha necessidade de saber quem ele é, e eu só queria um nome!!! — Ofendido, Marcello deixava sua voz soar com tamanha ferocidade que, praticamente, ficou cego pela revolta e não viu que o senhor Douglas acabava de entrar em sua sala. — Olha mãe, a tia sempre pediu para que me contasse tudo e a madrinha fez o mesmo! Mas a senhora, autoritária, prepotente, orgulhosa e dominadora como sempre foi, me negou! Se nunca atendeu a um pedido meu, por que eu devo atender ao seu agora?! Fui criado pelos meus avós! A senhora nunca me ofereceu atenção e hoje está colhendo os frutos que plantou, pois não tenho a obrigação de atender aos seus pedidos! Sei que está amparada, bem estabilizada e não precisa de mim. Se for para discutirmos dessa forma, cada vez que nos falamos, não precisaremos nos ver com tanta freqüência nem nos falarmos! Agora preciso trabalhar! Estou repleto de serviço! Até outro dia!!! — desligou secamente.

Ao se virar vagarosamente, franziu o rosto e o esfregou com as mãos como se quisesse acordar de um pesadelo. Suspirando fundo e muito insatisfeito, ergueu o olhar e nova surpresa: o senhor Douglas estava parado à frente de sua mesa completamente pasmado. Já havia visto Marcello alterado, mas nunca gritando nervoso daquele jeito.

Aturdido, Marcello se levantou e, sem disfarçar os sentimentos enervados, pediu:

— Desculpe-me, senhor Douglas. Não o vi entrar.

— Já o vi nervoso, mas nunca tão duro, tão firme assim. Esse lado eu não conhecia.

— Nem queira — falou com rancor ao lembrar do que Flávia havia contado sobre a agressão que sofreu do pai. — Todos temos um limite e o meu está esgotado!

— Não sei qual é o assunto, mas é sensato, da sua parte, essa firmeza. Não ouvi toda a conversa, mas se ela não o respeita nem apóia, você não precisa fazê-lo. — Vendo-o sério e silencioso, falou: — Bem... isso é assunto de família. Vim aqui para saber o motivo de adiarem a reunião. O que houve?

— Tivemos uma manhã tumultuada, e agora à tarde a Flávia agendou outro compromisso. Amanhã todos estarão cientes e presentes, ficaremos mais tranqüilos.

— Amanhã o Rogério estará aqui! Será bom ele acompanhar. — O homem riu, depois perguntou: — A propósito, que compromisso a Flávia assumiu?

Marcello sentiu o rosto aquecer, mas tomou fôlego e avisou sério, em baixo tom, encarando-o:

— A Flávia foi ao médico. Creio que os pormenores são desnecessários. Ela não está doente.

— Marcello — disse sisudo —, você está falando da minha filha!

— E da minha noiva! Minha futura esposa! — Sem demora, Marcello o preveniu: — Senhor Douglas, eu e a Flávia já somos crescidos, sabemos o que queremos e não estamos brincando. Por isso não precisamos esperar. Nós nos casaremos o quanto antes, independente da Flávia estar grávida ou não. Será algo simples, sem alaridos. — Marcello não conseguia esquecer as agressões que a noiva havia lhe contado. Precisou se conter e permanecer firme.

Eliana Machado Coelho/Schellida

— Não vou negar que para mim esse casamento traz muita satisfação. Só espero que, com a Flávia, você fale diferente de como falou com sua mãe.

— A Flávia não esgota os meus limites. Desde quando nos conhecemos ela sempre foi verdadeira comigo. Tranqüila, ela sabe falar, ouvir e ser firme nos momentos adequados. — Pausadamente, afirmou: — Pode ter a certeza de que jamais eu a agrediria, nem com palavras.

— Será que toda moça não tem um sonho oculto de um belo vestido, igreja decorada e...

— É uma decisão para conversarmos e, se ela quiser, claro que será de acordo com a vontade dela. Isso eu respeito.

— Já que você é tão liberal... Convém que ela não esteja grávida. Se bem que há solução para isso...

— De forma alguma! — reagiu Marcello veemente. — Dentro dos meus conceitos morais, o aborto é um crime! E ninguém vai matar o meu filho! — O homem ficou abalado e um pouco envergonhado pela proposta. Em seguida, o rapaz perguntou: — O senhor já amou muito alguém, senhor Douglas? Eu me refiro àquele amor verdadeiro! Já amou assim?

— Já... — Balbuciou

— Que bom! Então creio que consiga entender o nosso sentimento e nossa decisão.

— Mas eu concordo com o romance de vocês!

Marcello forçou um sorriso enigmático e nada disse. Tomado de súbita pressa, o presidente se despediu e se foi.

Vendo-o sair, Marcello rapidamente ligou para o celular da noiva.

— Flávia?

— Oi! Estou acabando de sair do consultório.

— Então vem para cá e me espere no estacionamento. Você tem as chaves do meu carro, fique lá, não suba. Já está quase no fim do expediente. Eu vou sair o quanto antes e vamos para o meu apartamento. Quero saber de tudo!

— E o meu carro?

— Deixe-o aqui no estacionamento e pegue amanhã! Ou você não quer ficar lá em casa?

— Já estou indo! Beijos!

— Estou esperando! Até mais! Beijos!

29

O direito de amar

Era início de noite, quando Marcelo e Flávia conversavam no refúgio doce e tranqüilo do apartamento. Ela fazia um grande suspense, mesmo percebendo-o ansioso. Ele controlava a inquietude que sentia, ouvindo atentamente todos os detalhes que ela relatava.

— Então eu contei tudo. Ele fez uma série de perguntas e pediu para que eu passasse para uma outra sala. Disse que me examinaria, faria uma coleta para aquele exame preventivo de câncer e faria também uma ultra-sonografia.

— E aí? — perguntou irradiando expectativa.

— Ainda bem que era um médico tão educado!

— Êpa!!!

— Ai!!! Credo, Marcello! Eu ali, toda envergonhada, apreensiva por uma possível gravidez e você diz isso!!! — protestou, fingindo-se melindrada. — E pior! Chegando aqui e tendo de contar tudo para você!

O casal estava sentado sobre as almofadas na sala ao som de uma música suave. Marcello a puxou para perto, beijou-a com carinho e falou generoso:

— Não fique fazendo charminho com esse biquinho sisudo. Continua, vai...

Eliana Machado Coelho/Schellida

— Está bem. Eu me rendo. Então — continuou Flávia —, fui para a outra sala, ele fez a coleta para o exame e... Ai! Que agonia!

— É dolorido? — preocupou-se ele.

— Não. Dá uma espécie de cólica leve, mas dá uma agonia.

— E o ultra-som? — tornou interessado.

— Foi bem mais tranqüilo. Não apareceu nada anormal. Não estou grávida.

— Ah!... Que pena!... — reclamou com expressão marota.

— Nem brinque, Marcello! Eu estava apavorada. Já imaginou, eu, grávida?!

— Lógico que já! Seria magnífico!

— Pára! — disse empurrando-o ao brincar. Mais séria, explicou: — Ele pediu uma série de exames, disse que são procedimentos de rotina e me receitou um anticoncepcional que devo começar a tomar no próximo período menstrual. No entanto, até lá e por dois ou três meses, se eu quiser ficar mais tranqüila e não corrermos o risco de uma gravidez não planejada, o senhor — disse enfatizando de modo irônico — terá de usar preservativos. Entendeu?!

— Sim, senhora! — respondeu, correspondendo a brincadeira.

— Estou falando sério, Marcello — tornou Flávia. — Eu gostaria de planejar o momento de termos um filho.

— Você tem certeza de que quer ter filhos? — perguntou firme.

— Lógico que eu quero! Na verdade eu desejo que nos casemos primeiro. Eu me sentiria melhor se fosse após o casamento. Pode me chamar de antiquada, quadrada...

— Não. Se é assim que você quer, eu aceito. Um filho precisará da nossa atenção, do nosso cuidado, carinho, amor... Creio que precisamos nos casar, estabilizar nossa vida a dois, para depois, com tranqüilidade, programarmos e recebermos essa criança com tudo o que precisamos dar. Se acontecesse uma gravidez hoje, essa criança seria muito bem vinda, eu ficaria maravilhado! Mas sei que precisaríamos de muito esforço pessoal para oferecer-lhe tudo o que eu quero.

— Estou mais tranqüila agora — confessou ela.

— E eu estou com fome! Vamos sair para jantar? Depois a gente volta pra cá.

— Como quiser! — concordou a noiva de imediato.

* * *

Enquanto jantavam, Flávia lembrou-se e perguntou:

— O que aconteceu lá na empresa? Nunca o vi alterado com situações de serviço. Você estava tão nervoso...

— Aconteceu tanta coisa — comentou, parecendo cansado e evitando falar sobre o assunto. — Ah... eu comecei a falar com seu pai sobre nos casarmos para ele se acostumar com a idéia.

— E ele? — quis saber a noiva.

— Acho que ficou satisfeito! Por que será?

— Desde a primeira vez que o conheceu, ele ficou muito impressionado. De lá para cá, não teve um só dia que não falasse o seu nome, sempre com elogios rasgados. Nunca o vi tratar outra pessoa dessa forma. Ele gosta muito de você e por isso deve aprovar o nosso casamento. Aliás, se não fosse por você aquela empresa estaria quebrada. Creio que conquistou o respeito dele pela sua capacidade, empenho e atuação... por isso não estranho o fato dele deixar a presidência para você e de te dar o maior número de ações.

Marcello ficou calado e muito reflexivo. Pensou nas coisas que Renata falou sobre a irmã. Lembrou-se do beijo e da maneira sensual com que tentou persuadi-lo.

Depois de vê-lo por muito tempo com olhar perdido e imerso em profundas idéias, Flávia o chamou para a realidade:

— Marcello?... — falou baixinho

Ele a olhou, ofereceu um leve sorriso e pediu:

— Desculpe-me. Eu estava tão longe.

— O que mais aconteceu hoje? — tornou ela.

— Minha mãe ligou e me infernizou tanto! Acabamos brigando, para variar.

— Estou pensando em ir pessoalmente conversar com ela — disse Flávia. — Talvez a dona Nicolle tenha ficado com má impressão a meu respeito, pois começou a implicar com você depois que eu atendi ao telefone àquela hora da manhã. Com certeza, ela quer que você se afaste de mim, não é?

Marcello a olhou surpreso. Era como se Flávia soubesse da conversa que ele havia tido com a mãe.

— Sabe, Flávia, a minha mãe é daquelas pessoas conservadoras, moralistas, mas eu não posso e não vou me sujeitar aos seus caprichos. Assim como ela acha que tem o direito de não me dar informações sobre a minha vida, eu tenho certeza de que não lhe devo satisfações sobre as minhas decisões — falou sério e firme.

— Marcello, é sua mãe! Ela quer protegê-lo. Se nós nos conhecermos melhor, tudo vai mudar.

— Não é isso, Flávia. Não é só isso. O problema não é você, e para mim chega. Essa história já se alongou demais. Minha mãe sempre me tratou diferente, nunca me deu atenção, sempre foi distante, nunca respondeu às minhas perguntas...

— Você quer só o nome do seu pai?

— Só.

— Veja, meu bem — tratava-o com carinho, pois percebeu Marcello magoado —, é provável que para ela isso seja algo muito vergonhoso. Se começarem a conversar, você não vai querer saber só o nome de seu pai, vai fazer outras perguntas, e ela não se sente preparada para isso. Procure saber por outros meios. Através de sua tia, por exemplo.

— Elas receberam uma ligação que minha avó não está bem. Por isso minha tia está indo para a Itália.

— Isso também o deixou chateado, não é?

— Adoro minha avó...

— Já terminamos. Quer pedir a conta? — perguntou Flávia ao vê-lo com a voz estremecida e cabisbaixo.

— Sim. Vamos.

Eles retornaram para o apartamento, e ela procurava conversar sobre assuntos diferentes para afastá-lo daqueles pensamentos que o consumiam.

Havia um brilho triste no olhar de Marcello, que ela nunca viu antes.

Deitados sobre o aglomerado de almofadas, assistiam a um programa que passava na televisão. Pegando-lhe a mão e colocando-a entre as suas, Flávia o acariciou quando ele a olhou e sorriu. Apertou-lhe o queixo e afagou-lhe a face, voltando a prestar atenção ao que assistia, deixando sua mão entre as de Flávia. Ela o entendia, sabia respeitar seus sentimentos.

Assim permaneceram por algum tempo, até que Marcello olhou para a noiva que adormeceu ao seu lado. Vê-la, trazia-lhe uma profunda paz.

"Não devo ficar imaginando que ela quer me usar só por concordar com a proposta do pai sobre as ações e a presidência", pensava Marcello. "A Flávia não é gananciosa ou ambiciosa como a Renata. Com certeza, a Anete falou sobre a inveja, pois sabe o que a Renata é capaz de fazer."

Admirando a beleza da moça que dormia, acariciou-lhe com ternura, acordando-a com um beijo. Sorrindo, brincou ao vê-la suspirar:

— Vamos dormir lá no quarto, "Bela Adormecida"?

Levantando-se, Marcello a ergueu e ao vê-la em pé puxou-a para um abraço carinhoso e beijou-a com todo o amor.

* * *

Era muito cedo e ainda estava escuro, quando Flávia acordou, levantou-se silenciosamente e decidiu se arrumar sem acordar Marcello. Saiu do quarto com cuidado e fechou a porta para não acordá-lo com algum barulho que pudesse fazer. Pouco depois, afagando a cama a sua procura, Marcello despertou e foi atrás da noiva.

— Desculpe, se eu o acordei — surpreendeu-se Flávia ao vê-lo.

— Senti sua falta. Não consigo dormir mais sem você ao lado.

— Então vou me mudar para cá! — brincou ela alegremente.

— Minha casa, sua casa! — respondeu satisfeito. Parado, olhou-a por longos minutos em que um sentimento de indescritível felicidade o dominava. Marcello não conseguiu dizer nada. Até que ela perguntou, chamando-o para a realidade:

— Fiz café, vai querer, meu bem?

— Vou. Mas antes quero seus beijos... — murmurou.

— Marcello... Estou pronta para...

Interrompendo-a com beijos, ele a calou.

Algum tempo depois, Flávia arrumava-se às pressas, reclamando moderadamente:

— Estou em cima da hora!

— Calma. Vai dar tempo. Ainda vou tomar café — disse ele rindo.

— Tenho que pegar algumas roupas minhas e...

Eliana Machado Coelho/Schellida

— Trazer para cá? — interrompeu-a com satisfação.

— Isso mesmo! — riu com gosto.

Passados minutos, lembrando-se de que aquilo poderia ser importante, decidiu contar para a noiva enquanto tomava ligeiro café.

— Flávia, aconteceu uma coisa muito desagradável ontem e eu quero que saiba. Porém, se achar que deve brigar, chorar, gritar faça isso aqui e não lá na empresa. Quando estiver no serviço, mantenha as aparências.

— O que aconteceu?

— Ontem, quando você saiu da minha sala e deixou a Renata lá, eu me sentia mal com a discussão que vocês tiveram e...

— Marcello, ela vive me desafiando. Acho que chega, né?!

— Espera, deixe-me terminar — pediu procurando ficar calmo. — Você saiu, e eu fiquei sentado na minha cadeira enquanto ela falava sobre a reunião. Mas depois ela...

— Ela, o quê?!

— Flávia, foi de repente! Muito rápido! A Renata se aproximou, virou minha cadeira, segurou meu rosto e me beijou — contou ligeiro aguardando a reação.

Flávia ficou parada, concatenando as idéias por alguns segundos, depois perguntou com tranqüila aparência:

— A Renata beijou você?

— Beijou... — repetiu sem graça.

— A Renata beijou você na boca?! — questionou mais firme, parecendo enervar-se.

— Eu tomei um susto e...

— Foi na boca, Marcello?!!! — insistiu irritada.

— Foi, Flávia. Eu tomei um susto, empurrei-a e levantei-me depressa. Fiquei enojado! Acabei xingando-a e disse que nunca conheci alguém tão baixa.

Flávia virou-se, andando de um lado para outro sem dizer nada. Estava furiosa!

Aproximando-se, Marcello a segurou e pediu com jeito educado e gentil:

— Ei, vem cá... Calma. Não fique assim...

— Como ela pôde!... — balbuciou com olhos marejados, quase chorando.

— Não fique assim por uma atitude nojenta, ousada e infeliz da Renata.

UM DIÁRIO NO TEMPO

— Você correspondeu?! — perguntou agora chorando.

— Lógico que não!!! Eu a empurrei, levantei rápido e até a ofendi. Ela ficou se insinuando e chegou a me ameaçar de assédio, caso eu contasse isso para alguém, incluindo você. Fiquei tão nervoso que, assim que ela saiu, eu chamei a Anete e pedi que nunca mais me deixasse sozinho com a Renata. Acabei contando para a Anete o que aconteceu. Ela ficou horrorizada.

— A Renata me paga! Vou falar com ela!

— Por favor, Flávia, não faça isso — pediu ele mais ponderado. — Por enquanto não vamos criar atritos. Seu pai está anunciando que muitas mudanças vão acontecer na empresa e...

— E a Renata quer você como aliado dela?!

— Sim. Foi mais ou menos isso o que ela falou. Escute bem, Flávia, o Rogério vai chegar e de repente o seu pai pode ter outros planos. Ele muda de idéia com facilidade. Vamos pensar em nós, cuidar das nossas vidas e, se a Renata insistir, nós resolveremos esse assunto em família e não na empresa, certo? — Ela não dizia nada e se esforçava para conter sua raiva, seu ciúme e sua indignação. Para vê-la melhor, Marcello decidiu mudar de assunto: — Meu bem, esqueça isso. Sabe... ontem quando eu falei com seu pai sobre o nosso casamento, ele me alertou que talvez você quisesse algo mais pomposo para essa ocasião. Eu disse que ia conversar com você e concordo com o que quiser.

Encarando-o, Flávia lembrou-o com serenidade.

— Como conversamos, algo bem simples e familiar é o bastante. Eu quero ficar com você, não importa como.

— Então vamos pensar em algo bem familiar e... Só no civil?

— Sim. Só o casamento no civil é suficiente — sorriu com leve expressão de felicidade. — Somos felizes tendo um ao outro. Eu te amo, Marcello.

— Eu também te amo. Mas quero que seja bem sincera, você se importa em morarmos aqui, no início. Sei que pode pensar que sempre tive um bom salário, posso comprar uma casa bem melhor, mas tenho outros planos para os investimentos que fiz.

— Adoro esse apartamento. Aqui é tão calmo, tranqüilo...

— Então, meu amor, vamos cuidar de nós! Pensaremos na nossa felicidade e marcaremos a data para o nosso casamento. Danem-se os outros!

Pensem o que quiserem! Terá de se acostumar com pouco espaço! — avisou sorrindo.

— Será ótimo! Ficaremos mais perto — brincou mais descontraída.

— Então, eu te peço, não vá falar nada com a Renata. Mantenha as aparências, por favor.

— Tudo bem. Mas se ela me fizer ou falar mais alguma coisa...

— Flávia, isso não importa. Mudanças e surpresas vão acontecer. Mas isso é como um jogo de xadrez, temos de aguardar a decisão do outro para um contra-ataque. Aliás, você joga xadrez?

— Um pouco. O Rogério é ótimo nesse jogo, sempre ganha de mim.

— Acho que vou gostar muito desse cunhado. Temos muita coisa em comum — brincou Marcello.

* * *

Em sua sala, Marcello verificava algumas posições da empresa e analisava documentos, quando bateram à porta, pedindo:

— Com licença?

Era uma voz grave e Marcello, sem olhar, pois não queria perder o fio do raciocínio nos papéis que analisava, consentiu educadamente, pois para estar ali sem que a secretária anunciasse, deveria ser alguém que tivesse liberdade para isso:

— Pode entrar! — Passados segundos, vendo um vulto que o aguardava terminar a leitura, ele ergueu o olhar mecanicamente. Um sentimento, nunca antes experimentado, envolveu-o fortemente ao esboçar um largo sorriso em seu rosto. Levantando-se e contornando a mesa, correspondeu aos braços abertos que se fizeram com um firme abraço. Parecia que se conheciam há muito — Rogério!!! — exclamou, feliz sentindo a voz embargar.

— Marcello!!! Como vai?! — replicou o outro também emocionado.

A fascinante e inexplicável amizade irradiava felicidade no demorado abraço, significando que os laços de solidariedade sobrevivem eternos e fortes, almas amigas ligadas por simpatia e auxílio em existências anteriores se atraem pela afinidade moral, pelos laços da família espiritual.

Afastando-se, um estapeou o rosto do outro num gesto amigo como se não acreditassem naquele encontro.

Sem palavras, Marcello e Rogério se constrangeram pela falta de argumentos que justificassem as lágrimas de ambos e procuraram disfarçar, pois Flávia e o senhor Douglas entraram e sentiram o coração também invadido pela emoção de vê-los juntos.

Uma luz parecia iluminar o rosto do senhor Douglas, que passava a ter grandes idéias e esperanças.

— Vamos! Sente-se — pediu Marcello escondendo o rosto.

— Nossa! Parece que estou matando a saudade de anos! — afirmou Rogério.

— Acho que conversamos muito pela internet — argumentou Marcello.

— Nem preciso apresentá-los! — comentou Flávia, aproximando-se do irmão que estava sentado e a abraçou pela cintura, quando ela afagou-lhe o ombro e beijou seu rosto.

— Quer dizer que estão noivos mesmo! — falou Rogério pegando a mão da irmã e admirando a aliança. — Que ótimo!

— O noivado pode parecer que foi algo precipitado — justificou-se Marcello. —, mas eu e a Flávia já nos gostávamos desde quando eu comecei aqui. — Riu ao dizer brincando: — Ela não resistiu aos meus encantos! Nem eu aos dela! Hoje sabemos o que queremos e não temos motivos para esperar.

— Se estão certos do que querem, vão em frente! Dou a maior força! — exclamou Rogério sorridente. — Para quando é o casamento?

— Eu até gostaria muito de comemorar esse casamento com uma grande festa como a que a Renata está preparando, mas... — disse o senhor Douglas que foi interrompido pela filha.

— Não, papai! Nada disso. Vamos nos casar só no civil, já está decidido. Depois viajaremos. Pensei em dar um almoço, o quanto antes, para que a família do Marcello nos conheça.

— Pelo que parece os planos de vocês estão mais adiantados do que eu imaginava — comentou o senhor surpreso.

— Onde vão morar? — quis saber Rogério.

— Em meu apartamento — respondeu Marcello com simplicidade.

— Ora, Marcello!!! — reclamou o futuro sogro. — Não querem uma recepção! Não querem uma festa! Espero que não tenha a ousadia de recusar meu presente de casamento. Afinal, sou o pai da noiva! Eu vou lhes dar um apartamento! Um ótimo apartamento! — empolgou-se o homem.

Eliana Machado Coelho/Schellida

Marcello ia tomando fôlego para responder, quando, num olhar, Flávia o inibiu como se dissesse que aquele não era o momento certo para tratarem daquele assunto. O noivo, entendendo seus desejos como se pudesse ouvi--la, calou-se.

Levantando, Rogério avisou:

— Vejo que o interrompo. Não quero ocupar o seu tempo. Vá lá em casa à noite e conversaremos melhor após o jantar. Hoje pretendo ficar um pouco aqui na empresa, pois estou realmente impressionado com o que você fez! Olha... Nem tenho palavras. Quero ver tudo de perto. Agora meu pai quer que eu vá até a fábrica e, após o almoço, assista à apresentação que há sobre um novo projeto.

— Ficarei satisfeito, se estiver na apresentação. Eu e a Flávia trabalhamos meses nisso, agora acho que é chegado o momento de pô-lo em prática. Aceito opiniões, não se iniba! — falou Marcello.

Um forte aperto de mão e um rápido abraço de cortesia selaram as despedidas.

* * *

Com a saída de todos, Marcello respirou fundo. Pensou um pouco na emoção que sentiu ao ver Rogério pessoalmente pela primeira vez. Ficou impressionado com a satisfação. Era como se reencontrasse um amigo após tanto tempo.

Quando decidiu voltar sua atenção ao trabalho, um súbito suor frio invadiu-lhe a alma. Um torpor o dominou e sobressaltou-se com o toque do telefone.

— Pronto! — atendeu ainda sob estranho efeito nos sentimentos.

— Doutor Marcello — avisou a secretária —, ligação para o senhor. É a senhora sua mãe.

Raciocinamdo rapidamente, Marcello analisou a prioridade da apresentação daquele projeto e não gostaria de ficar nervoso com um possível desentendimento com sua mãe. Por isso, pediu:

— Anete, por favor, diga que, no momento, estou muito ocupado. Se for urgente, peça para ela deixar um recado e mais tarde eu telefono.

Ele estava firme no propósito de não se abalar, até que Anete, após alguns minutos, entrou em sua sala avisando:

— Doutor Marcello, aqui estão os relatórios que pediu e... Acho que é só.

— Diga, Anete. O que mais? — perguntou reconhecendo a vaga expressão em que a secretária parecia omitir alguma coisa. — É sobre o telefonema de minha mãe?

— Devo avisá-lo de que... Bem... eu acho que a senhora sua mãe não está muito satisfeita.

— Ela disse algo sobre a Flávia? — perguntou, encarando-a.

— Disse sim — respondeu constrangida.

Jogando-se para trás na cadeira que reclinou, Marcello respirou fundo pela insatisfação e quis saber:

— O que ela disse?

— Eu acho que o senhor deveria conversar com ela. Sabe... existem mães que têm ciúmes dos filhos e acabam não aceitando a namorada, como se ela o roubasse.

— O que minha mãe disse da Flávia, Anete?

— Ela amaldiçoou muito o senhor Douglas. Disse que a culpa de tudo isso acontecer é dele por desejar um bom casamento para a filha e forçá-los a esse compromisso. Falou algumas coisas que não fizeram sentido, acho que estava muito nervosa. Disse que o senhor vai se arrepender por não ouvi-la. Ela ficou descontrolada, chorou um pouco, disse que está incrédula, que tudo isso era um castigo de Deus pelo que ela fez no passado... Tive dó dela. Não quero me intrometer, mas acho que o senhor deveria conversar com ela.

— Tudo bem, Anete. Pode deixar, vou ligar agora mesmo para ela.

Após a secretária se retirar, Marcello telefonou:

— Mãe? — Antes que Nicolle argumentasse qualquer coisa, Marcello praticamente atacou: — Mãe, preste bem atenção no que vou dizer: problemas de família pertencem só a nós. Eu cheguei ao limite máximo da minha paciência! Se nunca me deu detalhes ou satisfações sobre o meu ou o seu passado, não precisa dar informações da nossa vida à minha secretária, que não precisa saber mais nada a meu respeito.

— Marcello, eu...

Eliana Machado Coelho/Schellida

— Espera, mãe!!! — praticamente gritou: — Estou falando!!! A senhora não tem o direito de atrapalhar a minha vida. Não foi fácil chegar aonde cheguei profissionalmente. Se eu dependesse de sua ajuda, seria um analfabeto até hoje e teria de me submeter a podar e colher uvas! Respeitei sua opinião egoísta de me negar o passado, apesar de estar contrariado com isso e nunca ter me exaltado. Mas agora chega! Eu a proíbo de ligar para o meu serviço! A secretária não tem nada a ver com os seus conceitos absurdos! A senhora não pode julgar a Flávia por você mesma! Não tem o direito de denegrir a imagem ou os princípios éticos do senhor Douglas que, além de ser meu patrão, deu-me crédito e a maior oportunidade de minha vida. Ele reconhece a minha capacidade, me valoriza pelo que eu sou! Ele sim, poderia pensar que eu quero dar o golpe do baú, mas não! Quero que saiba que eu e a Flávia somos maduros o suficiente para sabermos o que queremos e por isso vamos nos casar em breve. Não dependo da senhora. Todo valor que pediu para dividir entre mim e minha irmãs, que são os lucros das vinhas e a estância que o tio Marco fez, estão aplicados. Se quiser, eu os devolvo. Mas lembre-se de quem pagou todos os meus estudos foi o dinheiro do vinhedo do meu avô. Acho que não lhe devo nada. E não esqueça: não me telefone! Se o assunto for grave, deixe recado com a secretária ou na caixa postal do meu celular!

Com incrível vigor, Marcello desligou sem se despedir e sem deixá-la falar.

Sentia imensa vontade de chorar pela tristeza que o invadia e o arrasava como homem, como filho sempre educado.

Uma preocupação o dominava. Como explicaria para a família de sua noiva aquela atitude de sua mãe? Como poderia realizar um almoço de confraternização agora?

Não seria nada fácil explicar tudo aquilo.

* * *

Bem mais tarde, finalizando a reunião, Marcello falava:

— Temos de continuar investindo no crescimento da empresa e isso só é possível com o lançamento de novos produtos e serviços. Limitarmo-nos a confecções habituais em peças de louças, xícaras, copos... é pouco! — falava com eloqüência. — O mercado de vidro em peças esculturais, decorativas, lustres e arandelas mais modernos com novo *design* e tudo mais o que apresentei aqui, tem de ser invadido por nós! E se tornará uma atração para o consumidor pela beleza e preço acessível pela matéria-prima ser de origem reciclável. Essa é uma estratégia crucial para o crescimento e um investimento garantido.

Marcello calou-se, aguardando alguns diretores trocarem idéias entre si.

Observador, Rogério ouvia atentamente e calado. Entretanto um semblante de contentamento espelhava em seu rosto.

Um pouco mais de conversa e os diretores ficaram incumbidos de analisar os favorecimentos e os possíveis riscos sobre aquela decisão, cada qual em sua área.

A reunião iria ser dada por encerrada, quando o senhor Douglas anunciou, sempre ostentando seu orgulho poderoso:

— Tenho um último comunicado a fazer. — O silêncio foi absoluto. Sem demora o presidente continuou firme e arrogante: — Pela capacidade de inovar, elevar a reputação desta empresa, que praticamente estava para fechar as portas, e, depois de bem reestruturada, voltou a oferecer lucro e garantia de emprego a inúmeros funcionários, eu, como presidente e único proprietário, passo ao doutor Marcello, a partir de agora, o cargo de presidente desta organização! — Um murmurinho foi ouvido, mas o senhor Douglas interrompeu: — E não é só! Com um testamento feito em vida, que vigora desde já e com a garantia de perfeita saúde mental e física, para que não se conteste a minha decisão, fiz a divisão acionária da equipe em quatro sócios. Para que não perca a presidência, o Marcello será o acionista majoritário com trinta por cento das ações, à minha filha Flávia cabe a parte de vinte e dois por cento, a Renata fica com dezesseis por cento, o meu filho Rogério com o controle de dezesseis por cento e a Kátia também com dezesseis por cento. Ao meu filho Douglas Júnior, não deixo nada. Todas as providências já foram tomadas sob as formas da lei a fim de que nenhum herdeiro ou demais acionista, tão pouco o conselho administrativo, possam contestar minha decisão. É só.

Atordoado, com o coração opresso, Marcello não conseguia sorrir ao receber os cumprimentos e ser estapeado nas costas. Não conseguia dizer uma única palavra em meio ao murmurinho que se fez com a saída dos diretores e alguns gerentes.

Eliana Machado Coelho/Schellida

Empalidecendo a cada minuto, Marcello se sentou. Tendo a boca ressequida, tomou um gole de água segurando o copo com certo tremor na mão.

Renata, Paulo, Flávia e Rogério permaneceram na sala de reunião junto com o senhor Douglas que observava a reação de Marcello, que não erguia o olhar.

Indignada com a decisão, Renata não suportou e reclamou:

— Papai, não acha que está sendo injusto comigo, com o Rogério e com a Kátia?

— Não — respondeu austero. — O Rogério foi quem me aconselhou sobre essa partilha. Ele me fez ver que você, ele e a Kátia vivem dos lucros que o Marcello batalha diariamente para obter. Se dependesse de você, não haveria empresa alguma.

— Mas para a Flávia foi concedido o controle de vinte e dois por cento das ações. Ela é filha tanto quanto eu!

— A Flávia foi a única aliada fiel ao Marcello e se empenhou em tarefas incessantes para ajudá-lo com conhecimentos, informações e tudo o que ele precisou. Isso acelerou os resultados. Os demais, duvidavam, criticavam e só faziam o que o Marcello indicava após as minhas exigências para tal. Inclusive você, Renata, não acreditou que alcançaríamos este patamar que a sustenta hoje. Reclamou até do valor que eu comecei a gratificar o Marcello pelas metas que ele alcançava. Agora chega. O que eu tenho me basta. Estou no momento de parar. Já estou velho, cansado e estava desapontado por deixá-los sem um futuro garantido. O Marcello, como presidente, é o único jeito de vocês não ficarem na miséria.

— Papai — retrucou Renata —, o senhor ofende a minha capacidade e inteligência!

— E você me ofende com a sua ganância e incompetência. Se tivesse capacidade e inteligência mesmo, você a teria usado para erguer esta organização como o Marcello fez! E por hoje, chega! O assunto está encerrado e decidido. Vocês não têm, sequer, o direito de contestar!

Contrariada e sisuda, Renata se retirou, acompanhada de Paulo.

Marcello segurava a fronte com uma das mãos. Estava com feição séria e sem dar qualquer palavra.

Olhando-o, o senhor Douglas riu ao considerar:

— Consegui deixá-lo tão surpreso como quando chegou em minha casa com aquele par de alianças! Quanta ousadia, menino! — gargalhou em seguida.

O rapaz tentou esboçar um sorriso, que logo se desfez.

Flávia, preocupada com o noivo, arrumava os papéis do projeto sem dizer nada. Rogério levantou, estapeou o ombro de Marcello e o convidou:

— Vamos tomar um café?

— Sim. Claro — Mas antes de sair, virou-se para o senhor Douglas e assegurou: — O senhor sabe qual é a minha opinião sobre isso. Eu não quero essa presidência nem as ações.

— Daqui a pouco você se acostuma com a idéia! — riu o homem que não deu importância e avisou antes de sair: — Flávia, vá até minha sala daqui há pouco.

Longe dos demais, enquanto tomavam café, Marcello relutava ao desabafar com Rogério:

— Eu disse ao seu pai que não queria assumir a presidência, muito menos as ações. Eu tenho outros planos, Rogério. Essa é uma empresa familiar. Viu como a Renata reagiu! Como eu posso cobrar funções e fazer exigências a um acionista e diretora como ela? Quase fui demitido quando avisei que o Paulo era improdutivo e seria melhor ele deixar o quadro de funcionários desta empresa. Eu nem imaginava que eles eram noivos!

— Você está surpreso e nervoso. Acalme-se primeiro. A palavra da Renata não vale nada. Espere alguns dias antes de tomar qualquer decisão. Não seja precipitado. Nós vamos conversar e depois você vai entender muita coisa. Agora não é o momento.

— Desculpe-me, mas não tenho condições de aceitar o seu convite para o jantar. Hoje o dia foi demasiadamente estressante. Não estou bem. Não gosto de ficar nervoso e...

— Está com problemas? — perguntou Rogério, naturalmente, como se fossem grandes confidentes. — Não tenho nada com isso, mas estavam falando de se casarem logo... A Flávia está grávida?

— Não. Quem me dera fosse isso — riu. Depois falou mais sério: — É com a minha mãe. Você nem imagina o que está acontecendo.

— Posso ajudar em algo?

— Acho que não, Rogério — murmurou Marcello cabisbaixo.

Eliana Machado Coelho/Schellida

— Já posso até imaginar o que seja — avisou Rogério depois de pensar um pouco. — A sua mãe acha que você está agindo impulsivamente em relação ao romance que tem com a Flávia. Acha que foi precipitado com o noivado e ficou assombrada ao saber que querem se casar!

— Você é adivinho, é?! — perguntou Marcello rindo.

— Não. Está escrito na sua cara.

— Minha mãe sempre foi meio distante de mim. Outra hora eu conto detalhes. Agora, o que me magoa, é que ela não entende que eu e a Flávia temos um forte sentimento um pelo outro. É algo que não controlamos... Desculpe-me falar assim, é sua irmã, mas a verdade é que não conseguimos ficar um sem o outro. E a dona Nicolle ficou horrorizada desde o dia em que a Flávia atendeu ao telefone no meu apartamento e... era cedo demais para ela estar ali, entende?

— Fique frio! Muitas coisas mudam. Sua mãe acabará concordando.

— Espero que sim — disse sem tantas esperanças. — Ficarei bem embaraçado se minha mãe não for ao almoço que a Flávia planeja.

— Isso nós podemos controlar. Não se preocupe. Eu falo com minha irmã.

Os dois conversaram por mais um tempo até que Marcello retornou a sua sala e sem conseguir trabalhar, devido às preocupações que o atormentavam, aguardou ansioso pelo fim do expediente para ir embora.

Não aceitando o convite para o jantar, Marcello decidiu ir para seu apartamento explicando à noiva que precisava ficar sozinho, pois havia discutido novamente com sua mãe e aquilo o estava angustiando. Não desejaria se sentir amargurado ao lado dela, pois Flávia merecia toda a sua atenção. Ela compreendeu e aceitou sem reclamar.

Refletindo muito sobre sérias decisões que decidiu tomar, Marcello fez toda uma retrospectiva de sua vida, de suas experiências, conquistas e decepções. Analisando tudo com meticulosidade, acreditou que não havia mais motivo para esperar, uma vez que tinha certeza de seu forte amor por Flávia. Comparava seus sentimentos com o ar que necessitava para sobreviver e decidiu que marcariam a data para o casamento o quanto antes, independente da opinião dos outros.

* * *

No dia seguinte, Marcello e Flávia foram ao cartório agendar o casamento para ser realizado em menos de cinqüenta dias, o tempo suficiente para correrem os proclamas.

Isso irritou incrivelmente Renata, que ficou furiosa pelo fato da irmã se casar cerca de um mês antes dela. Tinha certeza de que a irmã havia planejado tudo. Se Flávia juntasse suas ações com as de Marcello, teriam cinqüenta e dois por cento de controle acionário da empresa, o que lhes daria grandes poderes. Isso Renata não poderia suportar.

30

A casa de Deus

Os dias passaram num ritmo rápido.

Marcello sentia-se dominado por muitas dúvidas tenebrosas e sentimentos que não conseguia explicar. Seus momentos de paz eram ao lado da noiva que pacientemente o ouvia e, às vezes, opinava.

Entre ele e Rogério foi criado um vínculo de amizade muito forte. E foi pelos conselhos de Flávia e Rogério que Marcello não renunciou ao cargo da presidência nem passou as ações para o nome da noiva como pretendia. Porém isso o torturava, ele não queria esse poder. Só aceitou pelos firmes conselhos de Rogério que o fazia pensar na pressão que Flávia teria de suportar por parte de Renata e Júnior, além da possível falência da empresa que tinha inúmeros funcionários dependentes daqueles empregos.

Marcello sabia que seus sentimentos por Flávia eram verdadeiros, puros, porém, às vezes, uma dúvida pairava, um medo de não ficarem juntos o invadia.

Ele não sabia, mas era chegada a hora de grandes provações.

Experiências difíceis surgem para a evolução individual a fim do espírito não estagnar. Essas provas, quando não são conseqüências de expiações, são como testes onde se podem avaliar a capacidade e o equilíbrio de uma alma assim que essa se depara com situações difíceis, atribuladas.

Dependendo do caso, o espírito aceita enfrentar grandes obstáculos, ocorrências em que não conseguem intervir e isso é para testar-lhe a paciência, a perseverança e o equilíbrio das emoções. Tarefas árduas são comuns, trabalhos e convivência com sérios problemas familiares, dúvidas penosas em seu íntimo e muito mais. O mais arriscado são as inclinações para o perigo de todas as tentações e todos os vícios. Para se promover na escala evolutiva, é necessário que a criatura experimente a prova com fé, dignidade, resignação, responsabilidade, esforços muita prudência, bons princípios morais e espirituais. Todas as criaturas possuem uma força interior para enfrentar suas provas. Essa força está no cerne da alma, lugar onde se situa a Centelha de Deus, o Sopro puro da nossa Criação. Todos que buscam essa força a encontram. "Deus não coloca fardo pesado em ombros frágeis", de modo que, sendo Bom e Justo, sabe do que precisamos e a nossa capacidade de realizações.

Pessoas com queixumes, má-vontade, preguiça, reclamações até em pensamento, que se negam ao trabalho, à produtividade é certamente um espírito que se reprova, que não é bastante forte para se promover, para crescer na escala evolutiva. Assim sendo, ele terá de repetir, conforme o caso, a provação até se modificar.

Existem as provas em que a pessoa é testada com o poder e a riqueza. Essas são as mais difíceis, as de maiores riscos para a ruína íntima, a verdadeira desgraça para aquele que não consegue ter bom senso e prudência.

Nessa prova inclui-se qualquer tipo de poder. Seja o poder de liderar, chefiar, orientar pequenos grupos ou o poder nas grandes tomadas de decisões, na administração de empresa, a liderança de um grupo partidário, líderes políticos, líderes nacionais, o poder de decidir onde podem se corromper ou o poder de apurar a verdade e julgamento para a determinação de penalidades.

Os líderes religiosos, sejam de seitas ou filosofias, inclusive presidentes, dirigentes e tarefeiros das Casas Espíritas, serão os mais cobrados, pois a eles foi confiado a Luz do que é correto através do conhecimento moral e espiritual. Esses serão responsáveis pelos desvios, pelas inclinações às más tendências, pela repugnação e preferências pessoais, abuso da tarefa que lhe foi confiada, pela falsidade maquiada com belas palavras e sorriso treinado para forjar na aparência a harmonia, enquanto fomenta a discórdia,

Eliana Machado Coelho/Schellida

entrega-se a pensamentos promíscuos, práticas sexuais abusivas por conta da posição que ocupa, utilização até do nome de Deus para induzir os seguidores a comercializações indevidas, vendas de milagres e muito mais.

O poder pode causar a má distribuição de rendas e verbas, como nos casos de políticos e líderes religiosos, o poder abusivo dos que têm a capacidade de dominar e mudar o destino de uma pessoa, o destino de uma nação, como foi no caso do regime militar vivido no Brasil. Quanto risco! Assim como o poder daqueles que sabiam como influenciar e instigar o povo à discórdia e rebeldia, como no caso de muitos líderes sindicalistas, trabalhistas, estudantis que promovem a rebeldia, tem disposição para enganar com palavras manipuladas, promovem o terror, como aconteceu e acontece ainda.

O poder e o dinheiro atraem uma pessoa às más paixões, à sensualidade, promove a prostituição, a futilidade, a persuasão, os vícios e excessos de todos os tipos, a insensibilidade, o desperdício. E a criatura que se entrega à paixão pelo dinheiro e poder, fica "cega" não reconhece sua ganância, orgulho, vaidade, avareza nem o prejuízo que causa aos outros.

Para provas como essas, é preciso muita prudência para vencer as lutas íntimas, os desejos inferiores, suportar com fé as tentações e ter dignidade, critério, conhecimento e firmeza para não despencar no penhasco das ruínas interiores. "A quem muito é dado, muito será exigido".

Para Marcello, a experiência não seria fácil quando a revolta o dominasse, inclinando-o a reações desastrosas, danos pessoais, baixa auto-estima e muito mais, insensibilidade e vingança. Acarretando grandes e desnecessários débitos, se não tiver equilíbrio.

* * *

Na espiritualidade, antes de seu reencarne, Marcello aceitou tal prova. Quanto mais elevado um espírito deseja ser, de acordo com os seus merecimentos e capacidade já conquistada, mais provas de harmonizações lhe serão atribuídas antes de grandiosas missões na vida corpórea. Mas, encarnado, não sabia disso.

Marcello se achava em sua sala na empresa, quando não suportou a grande angústia que consumia seu coração. Por telefone, decidiu conversar um pouco com Flávia que estava em outra sala.

— Não estou entendendo, Marcello — avisou com voz suave. — Quer que eu vá até aí para conversarmos um pouco?

— Não, bem. Logo o diretor financeiro estará aqui e... Só queria conversar com você um pouco. Estou me sentindo de um jeito que não sei explicar.

— Marcello, preste atenção. Sempre o observei e sei o quanto você é uma pessoa verdadeira, honesta, exata e quer que todos a sua volta sejam desse jeito. Não estou falando isso para o seu mal, ao contrário. Entenda que nem todo mundo é igual a você. O seu lado sentimental o está deixando assim sensível, frágil, sentindo coisas que não sabe explicar.

— O que quer dizer?

— Você está desse jeito porque ama sua mãe, porque tem sentimentos nobres. Isso é maravilhoso, Marcello! E quando tomou uma postura exigindo que ela fosse clara e objetiva com você, e não concordou com ela, você se afastou, não conversou nem foi mais visitá-la por isso você passou a sofrer desse jeito. O nosso casamento está perto e no fundo você queria que ela participasse. Por isso, o melhor a fazer é procurá-la, ver suas irmãs, sua madrinha e convidá-las...

— Faltam só dez dias! — lembrou ele.

— Isso mesmo. Só faltam dez dias para nos casarmos. Procure sua mãe. Ligue para ela. Não a desafie nem exija nada, mesmo se ela ainda for contra a nossa união.

— Talvez você tenha toda razão. Farei isso. Preciso de você, Flávia. Preciso que fique ao meu lado sempre, entendeu?

— Claro. Eu também preciso muito de você.

— Eu também. Não se esqueça disso — afirmou carinhoso. Em seguida, mudou de postura ao falar: — Agora preciso tratar de alguns assuntos pendentes. Depois conversamos.

— Marcello! — chamou-o antes que desligasse.

— Oi!

— Olha, precisamos conversar mesmo! Quero falar muito com você.

— Algo errado? — perguntou como se falasse em código pela presença do diretor em sua sala.

— Não... Não sei... Tenho uma dúvida e estou insegura. Mas não é nada com o nosso casamento. Só não quero adiar essa conversa como já fiz há dias. Almoçamos juntos?

Eliana Machado Coelho/Schellida

— Com certeza! O quanto antes! Até mais.

* * *

Pouco depois Rogério e Kátia compareceram à empresa e praticamente se convidaram para almoçarem com Marcello e Flávia. Ela não ficou nada satisfeita, queria conversar com o noivo, mas não teve oportunidade.

Kátia estava bem empolgada com um curso de paisagismo que fazia e Rogério, mais tranqüilo, falava de outros assuntos até chegarem à polêmica mediunidade, intervenção dos espíritos nas idéias e reflexões.

Flávia, que antes não apreciava o assunto, ficou interessada depois da experiência que teve frente ao espelho de seu quarto e da conversa com sua mãe.

Kátia, bem espirituosa e com mais desenvoltura do que antes, lembrou:

— Hoje é dia da Renata ir ao Centro Espírita. Vamos até lá?

Todos se entreolharam. Marcello e Rogério sorriram concordando com a idéia, mas Flávia, aceitou um tanto contrariada.

Rogério e Kátia aguardaram até a hora da saída do término de serviço da irmã e de Marcello. Juntos seguiram para o Centro Espírita que Renata dirigia.

Ao chegarem foram recepcionados por uma generosa senhora que, educadamente, os conduziu ao salão onde seria realizada uma palestra evangélica sob a Luz da Doutrina Espírita.

Depois de acomodados, sem dizer que eram parentes de Renata, Rogério decidiu ir à procura da irmã para surpreendê-la com a visita.

Faltava ainda considerável tempo para o início da palestra e havia poucas pessoas no salão.

Kátia, com vivacidade, olhava tudo a sua volta, enquanto Marcello e Flávia, de mãos dadas fecharam os olhos, relaxaram na cadeira como se quisessem descansar, diminuir a tensão daquele dia muito corrido.

À medida que percorria a passos lentos entre salas e corredores, Rogério observava a agitação de alguns tarefeiros e as fisionomias descontentes, contrariadas. Alguns comentários que eram tratados em pequenos grupos de cinco pessoas atraiu sua atenção.

— Desse jeito não dá! É preciso que tome alguma providência, Augusto. Existe muita coisa errada acontecendo aqui desde que a Renata assumiu a presidência do Centro.

— Ela exigiu que eu calasse a boca das crianças que fazem parte da evangelização infantil, enquanto os pais assistem às palestras! Isso é absurdo! O que pode ser feito é levar as salas de evangelização infantil para o outro lado do prédio, mas ela não quer. Ali é a sala da presidência! — exclamou com ironia.

— A Renata nos trata com arrogância, mas cumprimenta. Abusando do poder que tem como presidente do Centro. Exige dos tarefeiros coisas incabíveis e quando algo sai errado, a culpa é nossa. Ela vive nos ameaçando de afastamento das tarefas, caso não cumpramos suas exigências. Ela persegue alguns por puro prazer. Ao tarefeiro que não tem posses, ela manda se vestir melhor! Quer que todos colaborem com o pagamento da mensalidade...

— É verdade! A Renata pensa que todo mundo tem dinheiro como ela! Toda hora joga na cara de alguém que foi ela quem ergueu essa casa, que construiu tudo.

O homem ouvia de cabeça baixa, mas erguendo o olhar reparou na presença de Rogério que disfarçava parecendo perdido. Fazendo um discreto sinal aos tarefeiros para que esperassem, o senhor se aproximou e perguntou educadamente:

— Posso ajudá-lo?

— Estou procurando meus amigos.

— O salão de palestras é ali — indicou sorrindo ao apontar. — Talvez eles estejam lá.

— Obrigado — retribuiu Rogério com educação.

Mas algo o deixou indignado. Gostaria de encontrar Renata e se pudesse iria lhe falar muitas coisas. E sem voltar ao salão de palestras, rumou para o outro lado do prédio onde ouviu dizer que ficava a sala da presidente do Centro.

Caminhou entre corredores se perdendo realmente. Procurava a saída, pois já ia desistindo, quando ouviu a voz da irmã que apesar de falar baixo era terrivelmente exigente:

— Irresponsáveis. Não tenho outro termo para classificar os diretores, tarefeiros e colaboradores deste Centro — dizia Renata com polidez no tom de voz, mas com indescritível habilidade de magoar aqueles que a ouviam.

Eliana Machado Coelho/Schellida

— Estou decepcionada! Como vocês me dizem que o expositor, o palestrante não veio e só avisou na última hora? Ninguém aqui tem capacidade? Ninguém aqui tem iniciativa? — os tarefeiros ouviam de cabeça baixa. — Não temos muito tempo agora, mas voltaremos a conversar sobre esse assunto. Já que ninguém tem iniciativa para chamarem outro para fazer essa porcaria de palestra, eu mesma a farei!

No corredor, sem que esperasse...

— Rogério?!!! Você aqui?! — assustou-se Renata.

— Surpresa, minha irmã! Aliás, não estou sozinho. Eu tentava encontrá-la, mas vejo que está ocupada demais.

— Terei de fazer a palestra hoje. O expositor faltou.

— Ótimo! Assim poderemos ouvir como você é educada, gentil, compreensiva, pois só podemos oferecer aquilo que temos no coração. — Completando com ironia: — Até mais. Vou para o meu lugar. Não quero perder uma palavra sua.

Renata precisou se esforçar muito para não se alterar e por ter incrível desfaçatez, respirou fundo e seguiu para a tarefa.

Sempre ostentando generosidade como máscara permanente no semblante sereno, logo após a prece, Renata impostava na voz um tom afável para influenciar a todos. A palestra tinha como tema "Amar ao próximo como a si mesmo", não tendo como não falar sobre "fazer aos outros o que queremos que nos façam", além de amor, egoísmo e caridade.

Renata realizou com perfeição a tarefa de ensinamento, mas tudo o que na realidade não colocava em prática, pois sempre tinha propósitos escusos, arrogância e vaidade.

Talvez acreditasse que os ensinamentos de Jesus ditos somente da boca para fora fossem o suficiente para ser acolhida e bem recebida após o desencarne.

Ao término dos trabalhos, Renata apressou-se para perto dos irmãos e de Marcello, agradeceu a presença e perguntou:

— Gostaram?

— Espera algum elogio, minha irmã?! — respondeu Rogério sem trégua. Dizendo a seguir: — "Não faça tocar trombeta diante de ti como fazem os hipócritas nas sinagogas e nas ruas, para serem glorificados pelos homens. Em verdade vos digo que já receberam o seu galardão".

Renata estava atordoada pela surpresa, tentava raciocinar rapidamente para responder, mas Kátia argumentou:

— Achei maravilhosa a sua palestra. Amar ao próximo é compreender, não agredir física ou verbalmente... Eu adorei!

— Obrigada, Kátia! — agradeceu Renata.

— Só tem uma coisa — completou a irmã —, é pena você não pôr em prática todo esse conhecimento!

— Bem... — disse Renata em tom brando — creio que vieram aqui para me servir de provação.

— Não! — replicou Kátia sorrindo com ironia. — Creio que os espíritos nos atraíram para cá a fim de lembrá-la sempre de amar ao próximo, engolir a arrogância e encarar a realidade de que você não é diferente de ninguém.

A aproximação de um homem inibiu o seguimento do duelo, e Renata, com sorriso cínico, apresentou:

— Augusto, estes são meus irmão, e esse meu futuro cunhado.

Após os cumprimentos formais, considerou:

— Desculpe-me interromper, Renata, mas, assim que possível, precisamos de sua presença para uma breve conversa. Senão fica tarde para os tarefeiros irem embora.

— Já estávamos de saída — avisou Rogério despedindo-se e acompanhado pelos outros.

* * *

A convite de Marcello todos foram para o seu apartamento e após o inevitável pedido de pizza, conversavam:

— Nossa! Jamais imaginei uma criatura tão falsa como a minha irmã — manifestou-se Flávia.

— Eu diria mais... — tentou falar Kátia, que foi interrompida.

— "Perdoai-os Pai! Eles não sabem o que fazem!" — lembrou Rogério que ainda assegurou: — Perdoar é não falar mal, é amar ao próximo do jeito que ele é.

— Você é Espírita, Rogério? — perguntou Marcello.

— Na verdade, meu amigo, eu busco conhecimento. Sem conhecimento somos ignorantes e não sabemos ter idéias próprias ou iniciativas. Com

Eliana Machado Coelho/Schellida

prudência, procuro pôr em prática o pouco que conheço de bom. Para tudo na vida é necessário conhecimento, preparo pessoal ou a pessoa se enterra nas profundezas da ignorância cometendo erros abomináveis.

— Não sabia que tínhamos um irmão filósofo! — brincou Kátia.

— Quem me dera! — tornou Rogério. — "Só sei que nada sei!" Aprendo um pouco a cada dia. Se você quer dominar um povo, uma nação, deixe-os acreditar que já são instruídos e sabem o suficiente, deixe-os pensar que o estudo, o aprendizado, o conhecimento e a prática não são importantes. Somente quando um povo ou uma nação não tem instrução você pode facilmente conquistá-los, dominar com embustes e desfaçatez, além de literalmente roubá-los e fazê-los massa de manobras.

— Já vi que gosta de René Descartes! — observou Marcello demonstrando conhecimento quanto ao filosofo francês, que viveu como contemporâneo de Galileu, por volta do ano de 1630. Dizendo: — Descartes falou "Não existe no mundo coisa mais bem distribuída que o bom senso, pois cada indivíduo acredita ser tão bem provido de bom senso que mesmo os mais exigentes não costumam desejar possuí-lo mais do que já possuem".

— Com atrevimento completo às palavras de Descartes. Lembrando que o bom senso "é uma prova de que o poder de julgar corretamente e discernir, diferenciar entre o verdadeiro e o falso, é justamente o que chamamos: bom senso!" — esnobou-se Rogério dando continuidade à incrível lembrança de Marcello.

— Observando e aprendendo "podemos avançar bem mais, se continuarmos sempre pelo caminho reto, do que aqueles que correm e dele se afastam!" — tornou Marcello.

— Descartes é maravilhoso nesse discurso — enfatizou Rogério encantado.

— Pronto! — reclamou Flávia sussurrando com a irmã. — Os dois já começaram. Esse papo não terá mais fim...!

— Os dois se dão tão bem! — admirou Kátia.

A conversa continuava até que Marcello correu para o quarto e voltou com um livro, folheando-o, leu-o ao encontrar um texto marcado.

— "Quanto a mim", disse Descartes, "nunca supus que meu espírito fosse em nada mais perfeito do que o dos outros" e escutem só: "Eu venerava a nossa Teologia e pretendia, como qualquer um, ganhar o céu! Porém tendo

UM DIÁRIO NO TEMPO

aprendido, como algo muito certo, que o caminho para o céu não está menos franqueado", desimpedido, "aos mais ignorantes do que aos mais sábios e que as verdades reveladas que para lá conduzem estão além da nossa inteligência, não me atreveria a submetê-las à debilidade de meus raciocínios, e pensava que, para empreender sua análise", ou seja, para resolver essa investigação, "e obter êxito, era preciso receber alguma extraordinária assistência do céu e ser mais do que homem!". Mais adiante, depois que Descartes narra sobre seu alto nível acadêmico, intelectual e várias viagens para conhecer as condições dos outros pelo mundo; refletindo a respeito de tudo o que via, pois esperava encontrar mais verdade nos raciocínios do que o "homem de letras" pode conhecer em seu gabinete sem especular, sem se atualizar e não produzindo efeito algum se não a vaidade e afastado do bom senso, porque "outro tanto de espírito e artimanha" ele precisou usar. Então ele ressalta: "Eu sempre tive um enorme desejo de aprender e diferenciar o verdadeiro do falso, para ver claramente minhas ações e caminhar com segurança nesta vida!" Não é magnífico!!!

— Marcello, Jesus resume tudo isso em uma única frase...

— "Conheça a verdade e a verdade vos libertará" — lembrou Marcello, interrompendo o amigo.

— Por isso o estudo é importante! — disse Rogério. — O conhecimento é importante! Pensar e ter opiniões, refletir, analisar a respeito de tudo é muito importante! Estudo e conhecimento é libertação! Não aceitar cegamente o que os outros nos oferecem. Porém não podemos desrespeitar a opinião alheia, devemos amar ao próximo. "As maiores almas são capazes dos maiores vícios!", até Jesus foi tentado, mas não se reprovou e então foi capaz das maiores virtudes!

— A prudência e o bom senso são os alicerces, a força de vontade, a humildade e a perseverança são as paredes, enquanto a fé é o teto — considerou Marcello. — Esse é o nosso abrigo!

— Bem profundo! — acreditou Rogério.

— Um povo que não tem conhecimento, não pensa se deixa enganar com facilidade. Não existe milagre para a evolução pessoal. Assim é com muitos que desejam o céu, mas continuam cometendo erros e cultivando vícios que os levarão ao inferno na própria consciência. Talvez pensem que quando estão enganando os semelhantes estão enganando a Deus. Tantos

Eliana Machado Coelho/Schellida

outros querem erguer templos magníficos para simbolizar a Casa de Deus, esquecendo que o Universo é a Morada do Criador. Política e religião não são tão diferentes. Fico só imaginando como deve estar a espiritualidade por causa de tantas roubalheiras nas religiões e na política! Certamente haverá uma fomentação de espíritos perversos, tenebrosos para nos induzir aos erros religiosos e políticos.

— O povo brasileiro e os políticos desse país deveriam refletir muito sobre isso — lembrou Rogério. — Mas as enganações são tantas e o meio de distrair o povo é tão simples que tudo "acaba sempre em pizza" ou embromação e a nação inteira se esquece rápido de tudo.

— É por isso que eu nunca votei em alguém que tenha menos estudo e menos conhecimento do que eu! — contou Marcello. — Estudei tanto, estudo tanto e cada vez vejo que sempre tem mais para eu conhecer. Como eu poderia me prestar a ajudar a eleger alguém ignorante que não sabe olhar a sua volta, nunca sabe de nada e diz que a culpa é sempre da imprensa? O povo tem que começar a reconhecer que o Congresso Nacional não é um circo! Saber que os políticos ali, tão bem remunerados, não foram eleitos para atuarem como palhaços encenando, com alegorias, um espetáculo inconseqüente e cômico, porém trágico para a Nação! — falava eloqüente. — Sem os olhos da razão veremos os políticos se transformarem em mágicos fazendo o dinheiro público desaparecer! É tudo o que ocorre atualmente! Se o povo não tomar consciência esse país pode afundar novamente e eu não duvido que um regime tão rigoroso como foi o Regime Militar, assuma o poder. Eles enganam o povo dando "vale disso", "vale daquilo" e distraem a todos socando futebol na televisão. Já reparou que, no serviço, todos só conversam sobre os jogos dos finais de semana, sobre os jogos do meio da semana, mas não lembram em quem votaram nas últimas eleições? Não sabem dizer o que está acontecendo na política ou o que o político que ele elegeu está fazendo. Acham bonito ver que o governo está dando aqueles "vales para tudo", só que na verdade o governo não dá nada! Aquilo tudo é resultado de todos os impostos que pagamos que são descontados na fonte, os anuais e os embutidos nos produtos que compramos. Ninguém se interessa em saber como estão sendo administrados os milhões arrecadados que são extraviados para o bolso de alguém.

— É por isso que, quando estou no Brasil e tenho oportunidade de votar, jamais votei em um político que se envolveu em escândalos ou extravio de verbas — falou Rogério. — E também não dou meu voto a qualquer um que só deseja um emprego público para viajar as nossas custas e se aposentar cedo. Você sabia que em alguns países o presidente e políticos que acabaram de cumprir o mandato não recebem salário? Eles se tornam, normalmente, professores universitários, dão palestras... Mas não ficam "mamando" no dinheiro público.

— Não sei se você vem acompanhando, mas já percebeu como o Protestantismo ou os chamados Evangélicos e igrejas evangélicas vêm crescendo? Eles estão se infiltrando na política, sorrateiramente, e se o povo não abrir os olhos... pois o dinheiro ofertado para as igrejas não paga impostos uma vez que é doação. Isso ajuda a lavagem de dinheiro de muitos políticos safados. Por isso eu sempre quero descobrir qual a linha religiosa dos políticos, não vou ajudar um sem-vergonha se eleger. Quer dinheiro?! Quer subir na vida?! Vai trabalhar, estudar e mostrar capacidade como eu fiz! — protestava Marcello eloqüente. — Religião e enganação não são meios de ganhar dinheiro, mas isso só acontece porque o povo não tem conhecimento, é ignorante e acha que tudo acontece somente pela vontade de Deus. O que você pensa? Trabalhei desde pequeno nos vinhedos e sempre tive as mãos calejadas, quando era pequeno, e mesmo assim estudava na escola e em casa com a minha tia Rossiani. Assim que retornamos ao Brasil, não foi fácil eu estudar e trabalhar com a minha mãe, depois fui fazer pós-graduações, cursos e cursos! Tudo o que tenho foi conseguido com honestidade. Por isso não justifica um representante do povo ser acomodado e parecer se orgulhar em dizer que só tem o primário porque foi pobre! Ah! Mas o que é isso?! Em vez de fazer-se de coitado, mostre que tem capacidade para ir trabalhar e estudar ao mesmo tempo! Quem não faz isso é um vagabundo!

— Ei! Vocês dois! — chamou Flávia, interrompendo Marcello. — Será que vocês poderiam falar sobre algo que nós duas pudéssemos participar?

Indo em sua direção, Marcello beijou-lhe o rosto e admitiu:

— Tem toda razão. Desculpe-me.

— Vocês já viram quantos livros o Marcello tem neste quarto? —perguntou Rogério admirado, ao observar o cômodo.

— Sim. Eu já vi, Rogério... — respondeu Flávia sem animação.

Com baixo volume na voz, Marcello praticamente sussurrou:

— O que você tem, meu amor? Está tão diferente — falou terno.

Eliana Machado Coelho/Schellida

— Meus planos para hoje não eram esses. Eu gostaria de ficar sozinha com você.

Um sorriso bondoso e algo constrangido fizeram-se no rosto de Marcello, lamentou por não poder atender ao pedido de sua noiva.

Flávia logo foi arrumar a cozinha, pegando os talheres e pratos, colocando-os sobre o balcão que separava a sala onde a mesa foi posta. Antes de encerrar, olhou à volta para ver se não havia se esquecido de nada, perguntando:

— O que está faltando? — falou distraidamente ao olhar.

— *Baciare la tue labbra!* — "Beijar os teus lábios!", respondeu Marcello em tom apaixonado.

Flávia sorriu mesmo sem entender, mas pelo modo apaixonado na voz de Marcello, sabia tratar-se de algo romântico.

— Fale direito — pediu ela com jeitinho mimoso.

— *Io parlo! Bella mia!* — brincou. — *Parlo... Ché non puoi cambiare l'amore mio per te! Io te desiderio tanto! Tanto!* — "Eu falo! Minha noiva! Falo... que não podem mudar o meu amor por você! Eu te desejo tanto! Tanto!" — declarou apaixonado, certo de que não estava sendo entendido.

Rogério observava a cena, sem ser visto, e riu de modo maroto com o canto da boca, afastando-se para disfarçar.

— Pára, Marcello! — pediu Flávia com jeito gracioso.

— *Perché...?!* — "Por quê...?!" — sussurrou no mesmo tom.

— Sabe que não entendo o que está falando — disse com meio sorriso.

— Está bem. Depois eu traduzo. Mas me diga o que há! Você está triste, Flávia — sussurrou.

— Não foi nada. Eu só estou distante, sinto-me isolada — sorriu ao explicar. Mesmo com o coração opresso, admitiu: — Meus pensamentos estão voando longe...

— *Con il pensiero nelle nuvole?* — "Com o pensamento nas nuvens?", perguntou abraçando-a pelas costas e ao embalá-la.

— Não. Eles voam em torno de você — respondeu com doçura.

Aproximando-se, Kátia brincou extrovertida:

— Desculpem-me por atrapalhar o romance, mas já é tarde. Amanhã levantarei bem cedo. A propósito, alguém ficou de começar a freqüentar a academia comigo, mas...

— Ai, Kátia — disse Flávia —, desculpa. Mas você viu como estou sem tempo.

— Não faz mal. Eu entendo.

Ao ver Flávia afastar-se dele e ir pegar sua bolsa, Marcello ficou insatisfeito. Acreditava que Flávia dormiria ali.

— Amanhã também terei um dia cheio — avisou Rogério pegando as chaves do carro. Depois admirou: — Gostei da sua biblioteca! Uma pessoa bem instruída equilibra-se em qualquer situação.

— Acho que temos os mesmos gostos — concordou Marcello.

— Vamos gente?! — pediu Kátia.

Eles se despediram e enquanto Kátia e Rogério aguardavam pela chegada do elevador, Marcello perguntou baixinho:

— Flávia, por que não fica?

— Não fica bem. Deixa para amanhã — avisou sorrindo e beijando-o.

O elevador chegou e os três se foram.

No carro, cinicamente Rogério perguntou:

— Por que não ficou lá com o Marcello, Flávia?

— Ora... Rogério!

Encarando-a firme, Rogério disse:

— Nada mais normal. Você pensa que eu sou bobo ou que sou santo? Assuma os seus atos, Flávia. Danem-se os outros! Parece que você não mudou muito, não é?

A irmã não respondeu e seguiram.

Marcello, sozinho em seu apartamento, viu-se envolvido por grande angústia, indefinida e triste.

Tomou um banho, deitou-se, mas não conciliava o sono e sentia grande vontade de chorar.

31

O sofrimento de Marcello e a alegria inesperada

Na manhã seguinte, Marcello chegou bem cedo à empresa. Sério como nunca, silenciava os diversos pensamentos que lhe chegavam sombrios. Ao passar pela saleta onde ficava sua secretária, não a viu e foi direto para sua sala.

Impulsivo, pegou o telefone e ligou para sua mãe, na chácara de sua madrinha. Igual ao que ocorrera no dia anterior, a ligação não se completava, oferecendo sinal de telefone ocupado. Procurando na agenda, ligou para Adalton, filho de sua madrinha.

— Aqui é o Marcello, Adalton. Tudo bem?

— Puxa cara! Como você está sumido!

— Foi preciso, infelizmente.

— O que está acontecendo, Marcello? Sei que há mais de um mês você não vai mais à chácara como sempre fazia. Qual o problema? — perguntou solidário.

— Não é um assunto para ser tratado por telefone, mas... Assim que minha mãe conheceu a Flávia, tratou-a muito bem, mas depois ela fez um inferno querendo que eu terminasse o compromisso.

— Eu soube mais ou menos pela Olga.

Um diário no tempo

— Mas minha mãe não me dá explicações sobre muitas coisas, inclusive sobre a implicância com a Flávia. Só que a dona Nicolle extrapolou. Você acredita que ela ligou aqui na empresa e falou mal da Flávia para minha secretária?! Foi o fim! Não suportei, brigamos e eu pedi que não me ligasse mais. E quando via no identificador de chamada que era ela, não atendia ao telefone. Isso foi há cerca de um mês. Agora estou tentando telefonar para a chácara e só ouço sinal de ocupado. Acho que houve algum problema.

— Houve sim — avisou Adalton. — Uma chuva de ventos fortes e granizo fizeram miséria na região. Muitos lugares estão sem telefone, principalmente, os mais distantes do centro da cidade. Eu soube que sua mãe teve prejuízo com algumas estufas.

— Como soube?

— A Olga me telefonou da Universidade em que leciona, pois estão sem telefone e ficaram alguns dias sem energia elétrica. Mas estão bem.

— A Olga falou alguma coisa sobre o motivo da implicância da minha mãe com a Flávia?

— Não. Só disse que a tia Nicolle e a minha mãe ficam de cochicho pelos cantos. Quando alguém chega perto, elas param. Sei que a Viviani adorou a Flávia, que a tia Nicolle chorou muito quando brigou com você. Aliás, eu tentei falar com você, mas todas as vezes estava em reunião.

— É... Aconteceram várias mudanças aqui e quase não tenho tempo. Desculpe-me por não retornar.

— Marcello... — falou Adalton com certo tom apreensivo na foz e meticuloso com as frases entrecortadas de pausa. — Sabe... É que ontem aconteceu algo bem desagradável...

— Por favor, Adalton — pediu Marcello, experimentando tenebrosa angústia. —, fale de uma vez.

— A sua avó faleceu e o enterro foi ontem cedo e... sua mãe e suas irmãs estavam desesperadas. Souberam nessa madrugada... que...

— Como assim? Por que souberam só nessa madrugada? Por que a tia Rossiani não telefonou?

— Marcello, elas estão sem telefone, e a tia Rossiani não pôde avisar, pois...

— Conte de uma vez, Adalton! — pediu nervoso.

— Sua avó já estava bem doente. Era questão de dias... Então, quando ela faleceu, a tia Rossiani ligou para uma amiga de minha mãe, que mora no

Eliana Machado Coelho/Schellida

centro da cidade de Mogi, e que cedeu o número de seu telefone, pois sabia da situação dos estragos pelas chuvas. Depois do telefonema da tia Rossiani, o filho dessa senhora foi até a chácara dar a notícia à tia Nicolle. Elas choraram muito, mas suas irmãs, talvez mais preparadas para essa notícia, consolaram a tia Nicolle. A tia pediu que a Viviani fosse até a cidade telefonar para você. Era tarde e disseram que já havia saído. Então a Viviani ligou para o seu celular e deixou recado, depois ligou para sua casa e ninguém atendeu. Era tarde e a Vivi precisou voltar à chácara porque estava sozinha.

— Enquanto ouvia, Marcello consultava o celular que estava desligado desde o momento em que entraram no Centro Espírita no dia anterior. E Adalton continuou: — Mas nesta madrugada o seu tio Marco ligou novamente para a senhora amiga de minha mãe e contou que... Bem... quando eles voltaram do enterro de sua avó, o carro onde a tia Rossiani estava, junto com um de seus primos e outros conhecidos, caiu num penhasco.

— O quê?! Como?!!! — gritou, sentindo-se esfriar.

— Foi difícil resgatar o carro... Seu primo e outros conhecidos estão bem, mas o motorista, que era um amigo da família, morreu. Sua tia foi levada em estado grave para o hospital e... A tia Rossiani não resistiu aos ferimentos — contou Adalton com voz triste. Diante do longo silêncio, o amigo perguntou: — Marcello?! Marcello, você está bem?!

— Não pode ser... — murmurou com voz embargada.

— Sinto muito, Marcello. Eu sei o quanto era apegado à sua tia. Imagino a dor que está sentindo.

Revoltado, Marcello deu um soco sobre a mesa para descarregar sua decepção, sua angústia e dor a fim de também tentar segurar o choro.

— Nem poderei vê-la pela última vez, Adalton... Ela queria falar comigo... Eu precisava tanto conversar com ela... — chorou Marcello, não suportando.

— Creio que não deveria tentar ir para a Itália. Mesmo de avião não chegaria a tempo.

— E minha mãe? — tornou Marcello com um travo na voz.

— Pediu para a Olga que me telefonasse para avisá-lo. Eu iria te ligar um pouco mais tarde. Sua mãe e suas irmãs estão péssimas, chorando muito...

— Breves segundos e Adalton pediu: — Marcello, vamos conversar. Vá lá em casa hoje à noite. Ou então vá até a chácara no final de semana.

— Não. Eu não vou, Adalton — falou com voz branda e parecendo confuso. — Acho que preciso ficar só... Não estou pronto para encarar minha mãe e... ... se ela falar algo contra a Flávia vou reagir porque... Adalton, eu vou me casar na próxima semana com a Flávia. Daqui a nove dias, entendeu?!

— Entendo sim. Confesso que estou surpreso. O namoro de vocês foi tão breve.

— Não. O namoro não. Só o noivado foi breve.

— Se não for indiscreto da minha parte... Posso perguntar... Ela está grávida?

— Não... Nós nos amamos muito. Não conseguimos mais ficar longe e somos totalmente desimpedidos. Não temos motivos para alongar o noivado. Eu gostaria falar com minha mãe, mas...

— Eu entendo. — Por motivos de serviço, Adalton avisou: — Marcello, desculpe-me, mas estão me chamando. Depois eu te ligo. Direi à tia Nicolle que falei com você, para que ela fique mais calma.

— Obrigado, Adalton... — agradeceu entristecido.

Envolto por uma névoa de pensamentos amargos, Marcello não sabia o que fazer. Secando o rosto, sentia-se atordoado, com mais vontade de chorar.

Flávia, após poucas batidas à porta, entrou sorrindo. Mas ao vê-lo transtornado anuviou o sorriso e apressando-se para perto do noivo, perguntou:

— Meu bem! O que foi?

Levantando-se, Marcello a abraçou com força sem conseguir dizer nada. Flávia respeitou seu silêncio e o apertou contra o peito, podendo sentir alguns soluços represados e o choro tímido, quase silencioso.

Mesmo preocupada, esperou que ele se recompusesse até que se afastou do abraço, secando o rosto com as mãos.

— O que aconteceu, Marcello? — perguntou com generosidade.

— Minha tia... ...minha tia Rossiani morreu... Minha avó também.

— Meu Deus! Como?!

Ele contou tudo e avisou que não estava se sentindo bem.

— Vá para casa, Marcello. Você não tem condições de trabalhar assim — Flávia disse com bondade, pois sabia o quanto ele estimava a tia.

— Na próxima semana já não vamos trabalhar nem na outra... Tenho muita coisa para colocar em ordem e...

Eliana Machado Coelho/Schellida

— Marcello, você não está bem! O luto, as reflexões e sentimentos diante de acontecimentos como esses é um direito que lhe assiste. Eu fico aqui e coloco tudo em ordem.

Ele estava amargurado e inseguro para se dispor ao trabalho, pois tudo parecia indiferente, sem razão de ser. Nada na empresa parecia importante.

— Marcello — chamou Flávia tirando-o de profundos raciocínios —, não vai conseguir se reanimar. Vou levá-lo até o apartamento. Não creio que esteja em condições para dirigir. Eu o conheço. Se fosse algo simples, não estaria tão abatido.

Deixando-se conduzir, Marcello aceitou a proposta, e Flávia o levou. Durante o caminho, o noivo não disse uma palavra, somente trazia o olhar perdido e sinais de cansaço.

No apartamento Flávia olhou-o com piedade e o abraçou com carinho. Marcello a apertou contra o peito e chorou muito.

Em seguida afastou-se e, acomodando-se no sofá, aquietou com imensa tristeza no semblante.

Era difícil para Flávia vê-lo daquele jeito e deixá-lo ali sozinho. Não resistindo, ela pegou o telefone, foi para o quarto a fim de garantir a privacidade e ligou para seu pai contando todo o ocorrido. Prontamente, diante de dois lutos na família de Marcello, o senhor Douglas aconselhou que a filha fizesse companhia ao noivo, pois ele, pessoalmente, cuidaria de tudo quanto fosse preciso na ausência de Marcello lá na empresa. Mais tranqüila, fez outro telefonema, depois foi ver como Marcello estava.

Observando-o, acreditou que o noivo parecia mais abatido do que quando chegaram.

— Vou fazer um chá para você — avisou com voz doce. — ...pegar uma coberta.

— Eu preciso de um remédio para dor de cabeça. Acho que vou deitar lá dentro — disse com voz baixa, quase sussurrando.

Acompanhando-o até o quarto, Flávia tirou-lhe a gravata, afrouxou-lhe o colarinho e aconselhou:

— Vá para o banheiro, tome um banho demorado para relaxar um pouco. Vou pegar um agasalho e uma camiseta para que fique bem à vontade.

— Por favor — pediu educado —, arrume um analgésico para mim.

508

— Sim. Claro.

Em poucos minutos Flávia retornou trazendo um copo com água e um comprimido. Marcello, assim que ingeriu o medicamento, levantou-se e seguiu o conselho da noiva.

Depois de um banho, ele se deitou sob brandas cobertas, tomou o chá que a noiva preparou e ficou em silêncio.

O dia nublado com o céu cor-de-chumbo parecia vestir-se de luto pelo ocorrido. A luz baça, que entrava pelas frestas da janela, convidava à reflexão de saudade e dor.

Flávia, triste e calada, deixou-o descansar e vagarosamente saiu do quarto encostando a porta.

Bem mais tarde, ela retornou ao quarto onde Marcello, parecendo confuso, abriu os olhos como se estivesse assustado por não saber o motivo de estar ali.

Sentando rápido, fixando bem o olhar em Flávia reparou algo especial que não sabia descrever. Ela parecia ainda mais bonita, com os cabelos soltos, ondulados e longos, negros como ébano. Em seus olhos havia serenidade e brilho, mas uma luz a envolvia de forma delicada.

Ela estranhou o seu assombro e o modo como a fitava, perguntando em voz branda:

— Marcello, você está bem?

Ele suspirou fundo, voltou a se deitar e estendendo-lhe a mão, sem dizer qualquer palavra, convidou-a para que se sentasse junto a ele.

Parecendo se dar conta da realidade, ele tocou em sua face delicadamente rosada com as costas da mão, foi quando sentiu um frio estranho percorrer-lhe a alma como se um sentimento nunca experimentado o invadisse.

Marcello sorriu levemente, mas um sorriso verdadeiro de estranha e misteriosa felicidade que brotava de seu amoroso coração, apesar de amargurado e triste.

Algo o fez lembrar da figura de sua mãe.

Flávia, sentada a seu lado, impregnada de piedade, sorriu leve e docemente, afagando-lhe o rosto e os cabelos lisos, aguardando-o dizer alguma coisa.

Os olhos do belo casal se encontraram, negros e brilhantes se fixaram por algum tempo, exatamente como no primeiro momento em que se conheceram. Amavam-se verdadeiramente. Viviam aquele amor nascido de

Eliana Machado Coelho/Schellida

forma tão pura, inocente que, por prudência, silenciaram tanto tempo. No entanto, quando não suportaram o segredo que asfixiava tão forte sentimento, despertaram para uma paixão incontrolável, repleta de confiança, certeza e revelações. Como chama intensa, seus corações gritaram para ficarem juntos pelo irresistível amor.

Ficando por longos minutos sob o olhar silencioso e amigo de Flávia, Marcello envolveu-a com ternura e lhe deu um beijo.

Uma lágrima rolou no rosto dele, mas nada disse. Ajeitou-a com um abraço, recostando-a em seu peito após cobri-la com a mesma manta que usava. Ficou por alguns minutos afagando-lhe os cabelos, desalinhando-os. Olhando para o teto, longo tempo se fez até que desabafou:

— Até agora eu não acredito...

— Você as amava. É muita dor. Principalmente pela tia Rossiani que se foi tão inesperadamente.

— Minha tia foi minha verdadeira mãe. Sempre senti como se ela tivesse me dado a vida. — lágrimas corriam-lhe pelos cantos dos olhos quando tomou fôlego e tentou dizer: — Ela seria a única...

— A única, o quê...? — perguntou murmurando.

— Que me diria a verdade. Agora tem muita coisa que eu quero saber e jamais vou descobrir.

— Quer ir ver sua mãe? Talvez se sinta melhor — sugeriu sua noiva.

— Não. Não quero ver ninguém. Só quero que fique comigo. Não me deixe, Flávia... — pediu como se implorasse ao olhar bem em seus olhos.

— Claro que não! Amo você, Marcello!

— Eu também te amo muito.

Apertando-a forte, enroscando o rosto em seus cabelos, beijou-lhe a testa e silenciou.

Passado longo tempo, ela perguntou:

— Meu bem, não acha melhor comer alguma coisa?

— Estou completamente sem fome — falou sem ânimo.

— Mas não pode ficar assim, Marcello. Já é tarde e... — disse se levantando. — Você está...

Ao se levantar, Flávia sentiu como se o quarto girasse. O sangue pareceu fugir de seu rosto e, muito pálida, caiu sem sentir que seus joelhos dobraram.

— Flávia!!! — gritou Marcello assustado, pulando da cama e indo amparála.

Ajoelhado a seu lado, levantou-a e a viu tentando se remexer, mas não tinha forças.

Pegando-a nos braços, Marcello a colocou sobre a cama. Acendeu a luz do quarto, que antes estava na penumbra, e observou-a melhor. Flávia estava pálida como nunca.

— Flávia, está me ouvindo?! Abra os olhos — pedia ao segurar sua mão, que estava gelada. Tentou aquecê-la com a coberta e afagando-a, chamou: — Flávia, por favor, reaja! Não faça isso comigo!

Forçando-se imensamente, ela balbuciou ao ouvir sua voz, que parecia bem distante:

— Marcello... Eu...

— Está com alguma dor?! O que sente?! — perguntou desesperado.

Com dificuldade, ela abriu os olhos e fitou Marcello, mas quase não o enxergava. Mesmo assim, falou baixinho:

— Não é nada... Estou melhorando...

Ao lado de Flávia, Marcello ergueu-lhe o corpo fazendo-a se sentar. Segurou-a firme ao dizer:

— Vou levá-la ao hospital.

— Não... — murmurou, abraçando-o ao mesmo tempo que era amparada. — Não precisa...

— Vou trocar de roupa, pôr os sapatos e...

— Não... Estou melhorando — falou um pouco mais firme.

— Nunca a vi doente, Flávia! Você nunca se queixou de nada. É melhor levá-la ao médico — avisou decidido.

— Espera... Já está passando... Acho que sei o que é — falou, fugindo-lhe o olhar.

— Já sentiu isso antes? — tornou ele preocupado.

— Não. Mas... Talvez... eu tenha ficado muito tempo sem comer.

— Eu reparei que ontem você quase não almoçou. À noite, beliscou um pedacinho de pizza... Por quê? Você se alimentou hoje cedo?

Ela esfregou o rosto com as mãos. Ajeitou os cabelos, torcendo e jogando-os para trás, e, tomando fôlego, ainda muito pálida, respondeu vagarosamente:

Eliana Machado Coelho/Schellida

— Não. Estava sem fome hoje e... Ontem eu queria ficar com você e meus irmãos não deram uma folga... Fiquei nervosa — disse, chorando sentida. — Vocês dois não pararam de falar sobre filosofia e eu não agüentava mais. — Recostando-se nele, escondendo o rosto e chorando, falou: — Hoje, Marcello, você está triste, sofrendo muito... Eu não deveria...

— Não deveria... o quê? Sei que há dias quer conversar comigo longe da empresa, em um lugar tranqüilo, mas não tivemos oportunidade. Agora pode falar.

— Não é um bom momento — murmurou, olhando-o triste.

— Flávia — segurou-lhe o rosto com carinho, fixando-se em seus olhos —, eu estou sofrendo pela perda da minha avó e mais ainda... pela tia Rossiani. De todas as pessoas que amei de verdade em minha vida, só resta você. Eu só tenho você! Que é tudo de mais precioso que tenho na vida. Desde ontem ou... anteontem você está chateada. Agora se sentiu mal, desmaiou... O que está deixando você tão tensa? Nosso casamento se aproxima e... Você tem alguma dúvida quanto a isso?

— Tem algum problema comigo, com a gente... — murmurou chorosa.

— Procure não chorar. Fale de uma vez — propôs brando.

— Nos últimos tempos, eu não sei... Não estou me agüentando de tanto ciúme de você — chorou sentida.

— Ciúme de mim?! — perguntou sem entender. — Mas o que eu fiz?!

— Nada. Você não fez nada e... e faz tudo! — Marcello ficou ainda mais confuso e ela tentou se explicar: — Eu não quero que a Kátia fique tanto tempo com você. Ela está muito empolgada. O Rogério, desde que chegou, não nos deixa um minuto. Até minha mãe prende toda a sua atenção! Meu pai nos sufoca... Quero esganar a Renata!!! Fico imaginando como foi aquele beijo!!! — quase gritou enervada e chorosa.

— Flávia — sussurrou segurando-a pelos ombros. — Por que esse ciúme? Lembre-se do tempo que ficamos juntos. Você está nervosa com o casamento, com a minha mãe e... Está muito tensa ultimamente. Veja a que ponto chegou! Você desmaiou, Flávia!

— Estou errada em falar tudo isso nesse momento, mas não estou agüentando. E foi você quem pediu.

Marcello agasalhou-a com um abraço carinhoso sem saber o que comentar. Não gostaria de dizer algo do qual pudesse se arrepender, mas acreditava que aquela era uma atitude imatura e Flávia não tinha esse perfil.

Afastando-se, ela secou os olhos com as mãos, encarou-o com a respiração quase ofegante, parecendo assustada, com medo e ainda pálida.

Com o toque morno e delicado da mão afagando-lhe o rosto delicado, Marcello fixou-se em seu olhar cintilante como se invadisse a alma de Flávia e pudesse arrancar algo mais.

Ele pôde senti-la trêmula como nunca e novamente aquela estranha felicidade nascida nas entranhas de sua alma. Algo aquecia seu sangue fazendo seu coração bater mais forte. Passou a ter pensamentos diversos que não desejaria revelar e premunições que estava apreensivo em dizer. Controlando-se, pausada e gentilmente, procurou fazer a pergunta certa:

— Flávia, não é só isso. O que está acontecendo de verdade?

— É que... eu preciso ir ao médico, mas estou com medo.

— Por quê?... — perguntou com brandura, quase não controlando a ansiedade. Parecia já saber a resposta.

— Eu não sei afirmar... Acho que estou grávida.

Nada mais poderia oferecer a Marcello tanta felicidade. Num impulso, abraçaram-se forte e choraram. Ele de alegria. Ela por sensibilidade e insegurança.

Marcello a beijou várias vezes e tocou-lhe o ventre enquanto sorria e chorava, parecendo incrédulo.

Segurando-lhe a mão, fazendo-o olhá-la, Flávia considerou:

— Espere! Eu não tenho certeza.

— Eu tenho! Eu senti, vi algo especial... diferente em você quando entrou no quarto! Senti um frio na alma e algo aqueceu meu coração! Eu sabia!

— Estou confusa... Com medo.

— Espere, Flávia... Fique calma. Por que o medo? — perguntou, segurando o sorriso para reprimir a alegria.

— O que minha família vai dizer? E meu pai?!

— Não precisamos contar para ninguém. Vamos nos casar na próxima semana!

— E o bebê nasce de oito meses, ou, sei lá?...

— Estaremos casados!!! — exclamou sorrindo.

— Estou confusa, Marcello. Primeiro não tenho certeza, mas quando penso...

Eliana Machado Coelho/Schellida

— Tudo bem — falava sem esconder o sorriso e procurando ser generoso. — Procuraremos um médico.

— Marcello... Estou confusa.

— Por quê? — perguntou com bondade e compreensão.

— Porque não tenho certeza.

Marcello tentou disfarçar, mas não conseguiu e riu não contendo a felicidade.

— Por que você está rindo? — perguntou nervosa.

— Flávia, analise-se. Que emotividade é essa? Você nunca foi assim!

Com voz chorosa, parecendo irritada, desabafou sussurrando:

— A culpa é sua!

— Tudo bem. A culpa é minha — ele admitiu para não contrariá-la e tentar entendê-la, mas não conseguia parar de sorrir.

— É sim! A culpa é sua! Eu fui ao médico quando me pediu. Conversamos sobre planejarmos o melhor momento para ter um filho.

— É verdade. E?...

— Você nem sempre usou o preservativo — falava, chorando sentida. — Nunca lembrava. Eu comecei a tomar o remédio, mas não tive certeza se tive um ciclo menstrual ou não. O fluxo foi quase nada e... Aí eu parei de tomar o remédio e fiquei esperando... Ah, eu te contei!

— E?...

— Estou esperando esse período se acertar até hoje... Já faz um mês!

Marcello a abraçou com carinho e admitiu sorridente:

— Com tudo o que eu estou sofrendo, somente uma notícia dessa, com essa narração, para me fazer rir de felicidade. Bobinha... — disse beijando-a com carinho.

— Por quê?

— Flávia, desde quando me disse que estava em dúvida, parou de tomar o remédio e... Até hoje você está esperando? Esperando o quê? Só pode esperar um filho meu!

— Mas se você tivesse se precavido... Nós combinamos... — falou chorosa.

— Quantas vezes você se lembrou de pegar? Quantas vezes furou? — perguntava sorrindo e com generosidade. — Quantas vezes nós nos queríamos sem pensar em mais nada?...

UM DIÁRIO NO TEMPO

— A culpa é sua...

— Você tem toda razão. Está tudo bem... — falou com brando carinho.

— Vem cá — pediu, aninhando-a no colo. — Eu te amo, amo e amo!!! Pode me culpar o quanto quiser que eu não estou arrependido.

— Vou ao médico amanhã. Eu marquei para hoje, mas liguei desmarcando.

— Eu vou com você.

— Não! Por favor. Prefiro ir sozinha — falava de modo sentido, insegura. Comentou quase chorando: — Tenho medo de que me abandone. Que não se case comigo...

— Só se eu morrer! — avisou, parecendo feliz.

— Não fale isso! — zangou-se ela, repreendendo-o.

— Desculpe-me. Estava só brincando. Retiro o que eu disse.

— E se eu ficar gorda? Feia e inchada?

— Feia é impossível — respondeu apaixonado. — Agora, gorda!... Ah!!! Tomara que fique! E o quanto antes! — expressava-se com forte sotaque e exagero italiano. — Com aquele barrigão enoooorme! E eu vou dizer que ali está meu bebê! Que fui eu quem fiz!!!

— Marcello!

— Você já viu algum italiano, ou ítalo-brasileiro gostar de ossos?! Quem gosta de osso é cachorro! — brincou rindo gostoso.

— Se for verdade, não contaremos para ninguém, tá?

— Como você quiser — concordou, beijando-a com carinho e todo o seu amor. Depois lembrou: — Agora é sua vez de descansar. Eu vou preparar algo para você comer. Não pode ficar assim.

— Por favor, Marcello! Eu nem agüento sentir o cheiro de comida.

— Ah... Mas vai ter de comer alguma coisa — teimava o noivo, que foi preparar algo para se alimentarem.

* * *

No dia seguinte, Flávia praticamente determinou que Marcello não fosse trabalhar. Ela decidiu que iria ao médico sozinha, passaria na empresa e depois voltaria ao apartamento dele.

Para não contrariá-la, mesmo insatisfeito, ele aceitou.

Eliana Machado Coelho/Schellida

Ao chegar à empresa, Flávia não conseguia se concentrar no que precisava fazer. Procurou por alguns documentos que não encontrou em sua sala e isso a levou até a sala de Marcello.

Ao passar pela secretária, simulou um sorriso ao cumprimentar:

— Olá, Anete!

— Olá, dona Flávia — Sem demora, perguntou: — Como está o senhor Marcello? Eu soube dos falecimentos. Lamentei muito.

— Ele está bem abatido. A avó estava doente, mas sua tia... O Marcello era muito apegado a ela. Não há o que nos conforte num momento desses. O tempo é o remédio.

— Eu não sei em que posso ser útil, mas se precisarem de mim...

— Obrigada, Anete. Vou me lembrar disso — disse Flávia admirada com a solidariedade da secretária.

Entrando na sala de Marcello, deixou a porta entreaberta e revirou documentos sobre a mesa, mas não encontrava o que queria. Talvez por não conseguir se concentrar.

Pensou em chamar Anete, mas quando foi até a porta não a viu. Retornando, Flávia sentou-se na cadeira de Marcello e decidiu telefonar para o noivo.

— Estou aflito por você não dar notícias, Flávia — reclamou ele com moderação. — Liguei para o seu celular várias vezes e só caía na caixa postal.

— Ai, Marcello... desculpe-me. Desliguei ao entrar no consultório e me esqueci até agora. Estou na empresa, na sua sala para ser exata. Liguei porque não encontrei aqueles documentos da diretoria de finanças que deveriam ser entregues ao...

— Flávia — interrompeu educado —, espere um pouco. Que falta de consideração comigo! Estou aqui sofrendo, ansioso por notícias suas! Por Deus, Flávia! Não vai me dizer que ligou para falar sobre serviço? Tenha dó. Quero saber de você, do que o médico falou!

— Será que não podemos falar disso depois? — disse com jeitinho para brincar com o noivo. — Eu vou para o seu apartamento assim que deixar tudo certo por aqui e...

— Estou indo para aí agora mesmo! Tchau. Um beijo!

— Marcello!!! — praticamente gritou antes que ele desligasse.

— Oi!

UM DIÁRIO NO TEMPO

— Espere, seu bobo! Estou brincando — O silêncio reinou, por isso ela perguntou com voz marota: — Marceeeeello?... Ainda está aí?!

— Se isso foi uma piada, não achei graça — reclamou de verdade.

— Meu amor! — Flávia riu ao dizer: — Eu não esperava que estivesse tão aflito. Quem deveria estar com medo era eu! Você pode não gostar. Ficar insatisfeito, contrariado até revoltado... — falava ainda em tom de brincadeira.

— Por que, Flávia? O que o médico disse? — quis saber bem sério.

Impostando verdadeira doçura na voz, enquanto girava a cadeira e sorria, ficando de costas para a porta, Flávia avisou com grande paixão e voz embargada de emoção:

— O médico disse... que você vai ser papai.

Mergulhando no torpor que o dominou, Marcello deixava que lágrimas compridas deslizassem em seu rosto. Sentando-se, ele pediu sob forte emoção de felicidade sem esconder o sentimento na voz gaguejante, que murmurou:

— Repita... Repita isso... por favor...

— O médico disse que você vai ser papai, Marcello! — tornou Flávia com emocionante felicidade e em lágrimas como ele. Dizendo em seguida: — Eu estou esperando um bebê que é todo seu! Pela ultra-sonografia calcula-se que o nosso filho ou filha tenha cerca de trinta e três dias! Um mês e três dias, mais ou menos. Isso significa que engravidei assim que fui ao médico pela primeira vez e fiz todos aqueles exames.

— Estou me sentindo bobo... Maravilhado! — chorou ele.

Com voz ainda mais suave e repleta de mimos ela continuou:

— O médico disse que fiz bem por não continuar tomando o remédio porque eu estava grávida. Porém eu, digo, nós já estávamos grávidos, viu?!

— É, mas fui eu quem disse para você parar de tomar e procurar o médico. Só que você não procurou.

— Eu fiquei esperando e... Bem... algumas mulheres podem ter pequenos fluxos no primeiro ou segundo mês, e precisam de acompanhamento. — narrava com delicadeza. — Mas... pelo que ele pôde ver, está tudo bem com nosso bebê. Pediu outra série de exames e... Ah... Estou me sentindo tão leve! Tinha tanto medo de decepcioná-lo, de não poder ter filhos... Medo de engravidar e... e perder meu noivo.

517

Eliana Machado Coelho/Schellida

Marcello fechou os olhos e pediu com todo amor na entonação da voz:

— Eu quero você mais do que tudo. Mas, Flávia, repita novamente a primeira frase.

— Sobre o que o médico disse? — perguntou com jeito espirituoso.

— Sim...

— Só se disser que me ama — chantageou-o.

— Flávia, eu te amo! Te amo mais do que tudo na vida! Eu amo você e nosso bebê!

— Marcello, você vai ser papai. Entendeu? — Ela estava diferente, mais segura e totalmente descontraída e repetia com voz branda e apaixonada para satisfazê-lo. — Estou esperando um filho seu, Marcello. Seu filho está dentro de mim e... — suspirou. — Parece que posso sentir nosso bebê. Eu te amo, Marcello! Amo o nosso filho! Só que não quero que fique longe de nós. Não vou suportar ficar sem a sua atenção.

— Flávia, venha para cá... Por favor, largue tudo o que estiver fazendo aí e venha depressa — pediu implorando.

Ela riu gostoso e avisou:

— Assim que eu encontrar os documentos que...

— Flávia, me escuta. Na segunda-feira irei até aí. Tenho coisas pendentes. Avise a Anete para deixar tudo pronto que depois eu resolvo. Mas, por favor, venha para cá...

— Eu vou, só que estarei acompanhada — riu ao brincar. — Levarei o nosso bebê junto, tá? — Virando-se novamente de frente para a mesa, Flávia se surpreendeu com Anete fechando a porta sem dizer nada. Então falou: — Tudo bem. Estou indo. Não saia daí! — brincou antes de se despedir.

Intrigada pelo fato de Anete entrar na sala sem que percebesse, Flávia saiu para falar com ela. E, usando de modos educados, pediu:

— Anete, entre um pouquinho aqui. — Já dentro da sala novamente, explicou: — O Marcello virá aqui na segunda-feira e pediu para que deixe arrumado tudo o que ele precisa despachar antes de sairmos de férias. O que for preciso, agende para o período da manhã, não sei se ele ficará o dia inteiro.

— Pode deixar — prontificou-se a secretária.

— Anete — quis saber Flávia sem demora —, você fechou a porta da sala tão sutilmente. Eu estava falando muito alto?

— Não. Desculpe-me é que... Acontece, dona Flávia, que eu fui tomar um café. Acho que o doutor Douglas viu a luz acesa e pensou que o senhor Marcello estivesse aí. Ele estava parado aguçando o ouvido e... Bem... ele sorria algumas vezes. Quando eu me aproximei para saber se ele precisava de alguma coisa, o doutor Douglas agiu estranho.

— O que ele fez?! — perguntou apreensiva.

— Ele me segurou pelos dois braços, chacoalhou-me, abraçou-me... Estava sorridente, muito feliz e murmurou eufórico: "Minha filha é melhor do que eu imaginava! A Flávia é ótima! Esperta demais!" — Após breve pausa, a secretária comentou: — Eu não entendi nada, mas percebi que a senhora não o tinha visto. Foi por isso que decidi fechar a porta, para que tivesse mais privacidade.

— Você ouviu o que eu estava falando? — perguntou de imediato, empalidecida.

— Desculpe-me... — pediu, abaixando a cabeça e justificando-se: — não tive a intenção, foi só uma frase. Então eu não gostaria de que outra pessoa chegasse e fizesse o mesmo que o doutor Douglas. Mas eu ouvi porque precisei fechar a porta.

— O que você ouviu, Anete — perguntou, procurando ficar calma.

— O que eu ouvi, dona Flávia, não me diz respeito. Não sou de comentários.

— Por favor, Anete. Eu quero saber — falou, tentando ser mais firme.

Após considerável pausa, a secretária repetiu:

— "Eu vou, só que estarei acompanhada. Levarei o nosso bebê junto, tá?" — contou sussurrando e quase em lágrimas. Com meio sorriso, pediu: — Posso abraçá-la?

— Oh... Anete... — disse Flávia emocionada, abraçando-a por longo tempo.

— Parabéns! — sussurrou-lhe ao ouvido. — Estou feliz por vocês. Um filho é uma bênção! Ser mãe é algo sagrado! Deus a abençoe.

— Obrigada, Anete. Pare ou vou começar a chorar — pediu já em lágrimas em meio ao sorriso incontrolável. Afastando-se explicou melhor e com manifestação de verdadeira alegria: — Só tive certeza hoje de manhã! Você não imagina como estou aflita, feliz... É uma mistura de emoções! Agora, estou ainda mais preocupada com a reação do meu pai que...

Eliana Machado Coelho/Schellida

— Se foi isso o que ele ouviu, posso garantir que está bem feliz!

— Tem certeza?!

— Sem dúvida!!!

— Meu Deus! Como vou encará-lo agora?

— Vai dar tudo certo. De repente ele nem toca no assunto.

— Tomara.

* * *

No apartamento, Marcello a aguardava ansioso. Quando Flávia chegou, ele a abraçou, beijou-lhe sem deixá-la explicar ou dizer algo.

Pegou-a nos braços e a colocou cuidadosamente sobre as almofadas, deitando-se ao seu lado.

— Eu sabia — disse feliz. — Tinha certeza de que estava grávida. Era por isso que eu falava como se tentasse prepará-la para isso. Por isso eu quis marcar o casamento tão rápido. Sabia que ia acontecer e, por essa razão, parei de me preocupar com preservativos e ri quando você se atrapalhou com o remédio, tomou-o por dois dias... Então pedi para que parasse com o medicamento. Eu sabia que estava grávida!

— Como poderia saber?

— Flávia, talvez não acredite, mas nem eu sei como isso acontece. Lembra quando eu estava chateado por minha tia retornar para a Itália? Por fim achei que era direito dela escolher o que fazer e... Lembra-se disso?

— Lembro...

— Fomos jantar fora, eu havia discutido com a minha mãe e você me contava sobre a consulta médica. Voltamos e eu estava tentando me distrair com um filme na TV e você dormiu aí mesmo onde está. Meus pensamentos estavam agitados, mas, quando olhei para você que estava num sono profundo, senti muita paz. Comecei a admirar sua beleza, senti-me muito atraído e a acariciei, acordando-a com um beijo.

— Você me chamou de "Bela Adormecida" e me chamou para dormirmos no quarto. Certo, eu lembro, mas o que tem isso?

— Eu a abracei, beijei... Senti uma coisa! Uma paixão!...

— Marcello — interrompeu-o com delicadeza —, o que quer dizer, contando tudo isso?

— Te amei como nunca... Você dormiu no meu ombro e eu te acariciava... Estava quase dormindo, quando vi algo acontecer.

— O que você viu? — perguntou com receio.

— Vi uma luz! Algo que não sei descrever e... Nossa! Essa luz se aproximava de você como se fosse direcionada para o seu peito e... não sei explicar mas... ligava-se ao seu ventre. Havia espíritos no quarto. Eram elevados e trabalhavam para aquela concepção.

— Marcello, não brinque com isso — pediu ela assustada.

— Não estou brincando. Não zombaria de algo tão sério. Foi lindo! — exclamou com felicidade estampada na face em que rolavam lágrimas de júbilo. — Lembro-me de que uma das entidades me disse sobre você ter sido sutilmente avisada por uma visão que teve e também por sua mãe, que contou alguma coisa para você.

— Marcello, pare com isso. Estou com medo!

— Depois eu dormi.

— Sim, lembro desse dia... Acordei cedo demais. Mas chega!

— Pela manhã — continuou ele sem se importar com os pedidos —, eu estava tão apaixonado! Sabia que você carregava um filho meu. Foi por isso que a queria tanto. Eu estava feliz! Depois, quando conversamos, precisei contar sobre o que a Renata tinha feito e você ficou nervosa. Lembra que muitas coisas aconteceram e eu decidi que deveríamos marcar a data do casamento?

— Lembro.

— Ontem, quando acordei meio atordoado, tive uma visão linda ao vê--la, Flávia.

— Como assim? — perguntava temerosa.

— Você brilhava! Estava especial. Então a puxei para que ficasse junto de mim. Eu só esperava o momento de você me dizer que estava grávida. Mas, quando passou mal, fiquei apavorado. Tive medo por você e pelo bebê. Porém, assim que melhorou e ficou atrapalhada para falar no assunto, eu já sabia. Por isso eu ria, não conseguia me conter e concordava com tudo o que você queria.

Nesse momento o telefone tocou, instante em que Marcello levantou avisando:

Eliana Machado Coelho/Schellida

— Vou desligá-lo. Não quero ver nem falar com ninguém. Se quiserem, deixem recado na caixa postal — depois deitou-se novamente ao lado de sua noiva.

— Marcello, é por isso que se interessa por Espiritismo? Para compreender essas visões?

— Sim, Flávia. Nessa doutrina, eu encontrei o mais lógico e racional para explicar o que vejo, sonho... Não pense que sou louco.

— Eu tive uma visão. Mas não quero falar disso agora, se não se importar. Fiquei muito impressionada e ainda estou. Sinto um medo.

— Não tenha. Estarei sempre com você — afirmou, beijando-a e envolvendo-a em abraço carinhoso.

32

Nicolle revela as duras verdades

Aos poucos Marcello se recuperava do golpe sofrido com a morte de sua tia Rossiani e de sua avó. A confirmação do filho que esperavam o auxiliou muito.

O casal não quis ser incomodado naquele final de semana. Saíram poucas vezes e Marcello pediu, na portaria do prédio, para não ser chamado pelo interfone.

A segunda-feira chegou e eles combinavam:

— Então eu vou ver minha mãe — afirmava Flávia —, pegar algumas coisas e... Ai, Marcello...

— O que foi? — quis saber diante da longa pausa.

— Estou com um aperto no coração por deixar minha mãe sob os cuidados da Renata, da Kátia...

— Eu pretendo vender o apartamento e comprar uma casa. Quem sabe, dependendo do tamanho, do preço... Você possa trazê-la para morar conosco.

— Não sei se isso daria certo. Mas não vamos conversar sobre esse assunto agora, deixa para depois. Vá à empresa, cuide do que precisa e assim que ligar eu vou pegá-lo.

— Tudo bem. Para mim está ótimo. Eu te ligo.

Eliana Machado Coelho/Schellida

Flávia deixou Marcello na empresa, onde ele cuidaria de algumas pendências, e seguiu para a casa de seus pais.

Indo direto para a sua sala no primeiro andar, chamou Anete para se atualizar e verificar o que estava pendente em sua agenda. Marcello viu-se muito ocupado naquela manhã.

Sem que ele pudesse imaginar, no saguão principal do térreo, sua mãe Nicolle, olhava tudo a sua volta inspecionando e examinando cautelosamente cada detalhe enquanto aguardava.

Elenice, a secretária pessoal do senhor Douglas, chegou à recepção e, em voz baixa, perguntou à recepcionista:

— Quem está procurando pelo doutor Douglas?

— É aquela senhora ali — murmurou a moça apontando com discrição.

— Ela disse que é mãe do doutor Marcello, mas quer falar com o doutor Douglas.

— Cada encrenca que a gente enfrenta...! — reclamou a secretária duvidando de quem se tratava. Depois, aproximando-se de Nicolle, com elegância e educação apresentou-se sorrindo: — Bom dia, senhora! Meu nome é Elenice, sou secretária do doutor Douglas. Desculpe-me perguntar, mas a senhora agendou horário para ser recebida?

— Meu filho é o Marcello. Eu sou Nicolle. Diga ao Douglas que a dona Nicolle quer vê-lo. Não preciso agendar nada.

— A senhora me desculpe, mas...

— Moça — falou firme e com seu forte sotaque, impondo-se —, não tente me enganar! Ou você chama o Douglas e avise que estou aqui ou ele saberá pelo escândalo que vou provocar neste prédio todo! Entendeu?!

Confusa e temerosa, Elenice a convidou:

— Acompanhe-me, por favor, senhora Nicolle — Subindo dois andares pelo elevador, Elenice indicou ao chegarem na ante-sala: — Sente-se, por favor. Aguarde só um instante, pois o doutor Douglas estava em uma ligação importante, provavelmente demorada. Vou ver se ele terminou. A senhora quer um café, chá ou água?

— Não. Muito obrigada — agradeceu mais calma.

Decorrido algum tempo, a secretária entrou na sala tão vigiada por Nicolle e, visivelmente insegura, avisou:

— Doutor Douglas, tem uma senhora aí que diz ser a mãe do doutor Marcello. Perdoe-me, mas eu chego a duvidar pela roupa simples e modos rígidos e bem sério de se expressar. Ela não quer falar com o filho, disse que quer conversar com o senhor.

Lembrando-se de que Marcello havia brigado com sua mãe, ele entendeu rapidamente o motivo dela procurá-lo e falou:

— A mãe do doutor Marcello? Mas claro...

— Sim, senhor. Ela se apresentou como dona Nicolle — disse a moça com simplicidade.

O senhor Douglas levantou-se vagarosamente de sua confortável poltrona e amparando-se com as duas mãos espalmadas sobre a mesa, parecendo assombrado, perguntou, praticamente, gaguejando:

— Qual... o nome?...

— Dona Nicolle.

— Pode deixar! — exclamou Nicolle com sua voz firme e inigualável, adentrando à sala. — Eu e o Douglas nos conhecemos muito bem!!! — Cravando nele um olhar feroz que continha a sombra de todo seu sofrimento e rancor, foi tomada de uma sensação de ódio quase incontrolável.

Uma rajada de brusca surpresa empalideceu o senhor Douglas, que não se sustentou em pé e, lentamente, sentou-se incrédulo, parecendo ver um fantasma.

— Doutor Douglas, o senhor está bem? — perguntou a secretária.

— Deixe-nos a sós — pediu ele com voz fraca.

A secretária, bem inquieta por nunca tê-lo visto daquela forma, obedeceu com certo receio.

Nicolle, com olhar flamejante num brilho hostil, colocou-se frente a ele com uma dureza indizível expressa na face alva.

Sentado do outro lado da mesa, o senhor sentia seus pensamentos fervilharem, a cabeça latejar, o rosto esfriar e o peito arder. Transtornado, não conseguia falar.

Trincando o silêncio com sua voz forte, Nicolle avisou firme e friamente:

— Jurei ao *Santo Dio* que o encontraria! Por quase vinte e oito anos eu não me esqueci de você por um único dia, desejando sua morte, desejando que sofresse! Chorei dias e noites, no frio, no calor, na chuva e no vento pensando em meus filhos! Desejando ardentemente ter eles junto de mim!!!

Eliana Machado Coelho/Schellida

Desgraçado!!! Você acabou com a minha vida, com a alegria que eu tive um dia em meu coração. Mas vejo que a desgraça que você provocou, seu infeliz *maledetto*, foi bem maior do que eu imaginava! Seu miserável nojento!!!

Sob a mira do olhar odioso de Nicolle, o senhor Douglas engoliu a seco e mal conseguiu balbuciar:

— Não me diga que... o Marcello... é meu filho?...

— Fico imaginando o quanto o meu Marcello vai sofrer ao saber que seu pai é um mesquinho desprezível que roubou os seus irmãos. E pior ainda — falava com forte expressão na voz —, não sei como o meu Marcello ficará ao descobrir que, por culpa sua, Douglas, terá de conviver com o peso na consciência, com a tortura dos sentimentos, a aflição por ter namorado a própria irmã, ou meia-irmã! — Diante do silêncio, segundos aflitivos em que o senhor Douglas sentia-se mal, sem piedade Nicolle exigiu: — Vamos, diga, seu *maledetto*! Quem é a Flávia?!!! É a minha menininha?!!! Responda!!! Eu quero os meus filhos de volta para mim!!! — gritava, encarando-o com fúria.

— Meu Deus... Não é verdade... — murmurou o homem.

— Você não é digno para se socorrer em Deus!

— Não acredito... — falou com voz fraca e lágrimas abundantes nos olhos. — Você não pode ser a mãe do Marcello... Ele vai se casar com a Flávia no sábado...

Circulando a mesa, Nicolle, num ato enlouquecido, segurou o senhor Douglas pela camisa, balançando-o ao exigir:

— Quem é a Flávia?!!! Ela é a minha Renata?!!! É a minha filhinha que mamava em meu peito e ficou chorando por você arrancar ela dos meus braços?!! É?!!!

— Sim... Eu mudei o nome dela e... Se o Marcello é meu filho, eles são irmãos legítimos... de sangue.

Nicolle ouviu aquelas palavras sentindo como se uma espada transpassasse seu peito. Com longas lágrimas e muita violência, gritou:

— Desgraçado!!! *Maledetto*!!! Infeliz!!!

A secretária entrou rápido e tentava separar Nicolle que agarrou nas vestes do senhor Douglas e desfechava-lhe vários tapas no rosto, enquanto ele permanecia completamente paralisado.

Atraído pelos gritos, Rogério entrou correndo na sala e conseguiu segurar Nicolle, tirando-a de perto de seu pai.

— Calma. Calma, senhora. Vamos ver qual é o problema e resolver de um modo mais tranqüilo — pedia o rapaz com generosidade, abraçando-a, quando Nicolle caiu em um choro desesperador. Sufocando-se no peito de Rogério, gaguejava em italiano algo que ele mal podia entender pelo entrecortar das palavras.

— Doutor Douglas! — preocupava-se Elenice. — O senhor está bem?

O senhor olhava ao seu redor e sentia-se tonto, mal conseguia falar:

— Quero... — balbuciou.

— Por favor, Elenice, traga água para a senhora. Vou levá-la para a outra sala...

— *No!!! Io* quero matar este *maledetto*!!! — reagiu Nicolle, afastando-se de Rogério enquanto gritava.

Um murmurinho correu entre as secretárias até que Anete, no andar abaixo, soube do ocorrido e decidiu informar:

— Senhor Marcello, com licença — pediu apressada. — Eu soube que a senhora sua mãe está na sala do doutor Douglas. Parece que houve uma discussão e ela o agrediu!

— Minha mãe?! Aqui?! — estranhou duvidando.

— O senhor Rogério, que acabou de chegar, foi quem a segurou quando ela agredia o doutor Douglas. Ele está sozinho tentando controlar a situação. Ela está bem nervosa.

— Impossível! Minha mãe não viria aqui! — exclamou levantando-se.

— O nome dela é dona Nicolle?

Marcello correu e foi até a sala do senhor Douglas. Perplexo ao ver Rogério segurando sua mãe, que gritava enfurecida e agredia o senhor verbalmente, ele não sabia o que fazer.

— Mãe! Mas o que é isso?! — perguntou Marcello, nervoso, indo segurá-la.

— Filho!!! — exclamou chorando e correndo para os seus braços. — Uma desgraça!!! Este *maledetto* acabou com a minha vida e agora com a sua e da sua irmã!!! — gritou em desespero.

Sem entender o que acontecia, Marcello trocou olhar com Rogério que gesticulou com os ombros demonstrando que não sabia de nada.

Eliana Machado Coelho/Schellida

Virando-se para o senhor Douglas, que bebia poucos goles de água, Nicolle esbravejou aos berros:

— Vamos, infeliz!!! Diga como você destruiu a vida dele!!!

— Calma, mãe.

— Marcello! — implorou, segurando-o em extremo desespero. — Meu Marcello! Este homem só fez desgraça!!! Acabou com a minha vida!!! Ele roubou meus filhos!!! Filhos que tive com ele!... Roubou os dois de mim!!! Vivi uma vida sem moral, sem casar com esse homem, que já era casado... E, quando eu esperava você, ele me roubou os meus filhinhos, o meu menino Rogério e minha menininha Renata! Ele não queria devolver e... E com medo de ficar sem você, fugi para a casa da sua madrinha, depois fui para a Itália!

Rogério sentia-se aturdido, pasmo e Marcello, ainda muito confuso, não conseguia pensar. Mas Nicolle explicou:

— O Douglas roubou primeiro o meu Rogério, depois a minha menina que eu chamava de Renata, mas ele já tinha uma filha com esse nome e mudou o nome da minha filhinha para Flávia. Você, Marcello, você... Por culpa desse desgraçado, namorou sua irmã!!!

Marcello olhou fixamente para o senhor Douglas como quem exigisse uma satisfação. Estava aturdido, mal se mantinha em pé.

— Eu não sabia... Nunca poderia imaginar... — falou o senhor Douglas vacilante.

— Explique-se direito! — inquiriu Marcello, ofegante e desfigurado.

Passados alguns minutos, parecendo tomar o último fôlego, o senhor Douglas contou estonteado:

— Eu sempre amei sua mãe... Desde o primeiro dia que a vi... Mas eu era casado e o desquite seria um escândalo. Ela engravidou e deu a luz um menino que eu registrei como gêmeo de Renata, filha minha com a Gorete que nasceu na madrugada seguinte.

— Você roubou o meu Rogério de mim!!! Disse que ele tinha morrido!!!

— Deixe-o contar, mãe, por favor... — pediu Marcello tentando se controlar.

— Passou pouco tempo e sua mãe ficou grávida. Nasceu uma menina que demos o nome de Renata. Mas quando ela tinha poucos meses ficou doente... muito mal e precisou de tratamento. Eu a trouxe para a capital e cuidei dela, mas não quis devolvê-la, pois... Então a registrei com o nome de Flávia e como sendo filha minha e da Gorete. A Nicolle ficou revoltada, queria os filhos... — Fez breve pausa, depois continuou: — Ela já estava grávida de você, Marcello, quando brigamos, pois eu a queria, não me imaginava sem ela. Fiquei irritado, inconformado por ela querer me deixar e... Quando fugiu de mim e nunca mais tive notícias dela ou de você, não me conformei, eu passei a odiar a Nicolle, queria arranjar um jeito de magoá-la, acabar com a vida dela e... Mandei investigar, mas nunca encontraram nada, nenhum vestígio... Hoje, quando ela entrou nesta sala, eu vi a mulher que amei e um sentimento confuso me atordoou. Ainda tinha ódio da Nicolle e queria que sofresse, sofresse muito. Quando disse que ela era sua mãe, não acreditei, mas... — a voz dele enfraqueceu e não conseguiu dizer mais nada.

Olhando para sua mãe e para o senhor Douglas, Marcello se desesperou:

— Digam que isso é mentira!!! Por favor, digam que eu não sou filho desse homem!!!

— Marcello, filho... eu não podia te contar até ter certeza. Foi sua tia quem me pediu. Meu passado é vergonhoso, meu filho... Mas quando eu soube pela Kátia o nome do pai dela... fiquei em dúvida porque esse desgraçado mudou o nome da minha filhinha! Eu não queria o seu namoro por causa disso! Prometi pra Rossiani que não te contaria nada antes de encontrar com esse demônio. Mas aconteceram muitas coisas, sua *nonna* ficou nas últimas, tive prejuízo nas estufas e brigamos. Você não quis falar mais comigo e a Rossiani morreu!... — chorou.

Rogério ficou estático, não conseguia dizer uma palavra. Marcello andou pela sala e com gestos aflitivos passava as mãos pelos cabelos e esfregava o rosto querendo acordar daquele pesadelo.

Com lágrimas a correr pela face, Marcello murmurou sentindo-se mal:

— Não... Não pode ser! Vocês não sabem o que fizeram...

— Filho!... — chamou o senhor Douglas.

— Não!!! Não sou seu filho! — berrou virando-se e saindo.

— Marcello! — chamou Rogério que correu atrás dele. Alcançando-o, segurou-o pelo braço: — Marcello, preste atenção — falava muito agitado, bem nervoso. — Não é momento para pânico.

— Você não sabe o que está acontecendo... — sussurrou o irmão.

Eliana Machado Coelho/Schellida

Nicolle aproximou-se chorando muito, e Rogério pediu: — Vamos sair daqui. Vamos para o seu apartamento, Marcello. Acho que é o lugar mais tranqüilo para conversarmos. — Marcello sentia-se completamente entorpecido, abruptamente ferido com aquelas revelações. Não conseguia parar de pensar em Flávia, em seus sentimentos e no filho que esperavam. Rogério, educadamente virou-se para Nicolle, envolvendo-a com o braço sobre seus ombros, acalmou-a e pediu: — Venha conosco, por favor.

Em sua sala, o doutor Douglas permanecia aturdido, incrédulo e desorientado. Um homem tão erudito, poderoso e inteligente agora era massacrado com imensurável e profunda tristeza e desilusão. Saboreava uma inexplicável dor, um vazio, um assombro, um medo, uma angústia e tantos outros sentimentos funestos.

Recordava de seus atos sórdidos, egoístas, fraudulentos e cruéis que alteraram a sua vida, a vida de Nicolle e tantos outros cujo destino reservou-lhe como que uma vingança arrebatadora, destruidora para sua própria consciência, a pior das conseqüências.

Imóvel, ainda sentado em sua confortável cadeira, o senhor Douglas jamais imaginaria que, com aquela idade, poderia ter sua alma penetrada como por uma espada de arrependimento inenarrável por tudo o que fez no passado.

Lembrando-se de sua filha Flávia, a quem ele mais estimava, não só por ela ser muito parecida com a verdadeira mãe, seu único amor, mas por sua personalidade: um misto de doçura e firmeza. Não conseguia imaginar como ela reagiria a toda verdade, principalmente agora, esperando um filho do próprio irmão.

Pensou em Marcello, na atração e confiança que nasceu de imediato. Gostava mais dele do que de alguns de seus outros filhos por sua lealdade, dignidade e honestidade inquestionáveis. Admirava sua firmeza e a agilidade de pensamentos.

Agora ele começava a enfraquecer sob as terríveis trevas dos resultados dolorosos e trágicos que emergiam e consumiam a harmonia de todos por sua culpa. Ele não podia acreditar... Flávia e Marcello, os seus prediletos, os seus filhos legítimos, que ignoravam ser irmãos e estavam para se casar em poucos dias...

UM DIÁRIO NO TEMPO

Um impulso o fez levantar ao pensar novamente na gravidez de Flávia, mas faltaram-lhe forças e o senhor Douglas caiu ao chão.

As secretárias o rodeavam, quando ele murmurou:

— Flávia! A Flávia...

Em alvoroço foram tomadas providências para ele ser socorrido o quanto antes em um hospital.

* * *

Na luxuosa casa do senhor Douglas e Gorete, para onde Flávia foi após deixar Marcello na empresa, ao mesmo tempo que Nicolle desvendava a verdade frente à Marcello, violentas ações foram surpreendidas por Flávia que, ao chegar, entrou e suspirou fundo olhando toda a sala que estava em total silêncio.

Espiando em direção a saleta, lugar em que Gorete costumava ficar, não a viu. Seguindo escada acima, Flávia pensou em ir ao seu quarto, entretanto, quando caminhava pelo largo corredor, ouviu gritos abafados de dor e implorações contínuas que eram murmuradas tão baixinho que ela não podia entender. O fato estranho era que aquilo vinha do quarto de sua mãe.

Vagarosamente e em total silêncio, Flávia se aproximou da porta entreaberta espiando para ver o que acontecia.

Ela assombrou-se. Mesmo sob a vontade de interferir com extrema explosão, tendo em vista a cena de horror, deteve-se para ter certeza da visão repugnante que inspirava revolta.

Petrificada e sem ser notada, Flávia viu sua irmã Renata andando firme e rude pelo quarto ao mesmo tempo que inquiria com rigor:

— Não diga isso! — Falava mansa, baixo e em tom cruel, pedindo com sordidez: — Vamos Júnior, faça-a dizer a verdade.

O irmão Douglas Júnior, que raramente era visto naquela casa, pois o pai o expulsou, colocou uma caneta entre os dedos indicador e médio da mão de sua mãe e em seguida, apertava-lhe todos os dedos juntos e torcia a caneta.

Gorete gemia, contorcendo-se ao implorar:

— Chega... Não sei mais nada!

531

Eliana Machado Coelho/Schellida

— Lógico que sabe, mãezinha — ironizava Júnior, seu filho caçula com voz sarcástica. — Onde é que o cretino do seu marido guarda os documentos — Perguntou, olhando-a friamente ao mesmo tempo que a torturava de forma impiedosa.

— Não sei... Talvez o advogado.

— Mentira — afirmava Renata com voz seca.

Lágrimas corriam pelo rosto pálido de Flávia que ficou firme, quase incrédula, com ardente desejo de interromper, mas segurou-se para obter mais provas da tamanha crueldade.

Com cotoveladas, Júnior agredia sua mãe ora no braço ora na altura da costela.

Renata, que inexpressiva, rude e insensível assistia à inacreditável sessão de terror que comandava.

— Choque cura loucos! Sabia disso, mamãe? — dizia Renata enquanto o irmão, como um debilitado, macaqueava com gestos do animal na frente de Gorete, que chorava.

— É melhor dizer — tornou Renata friamente. — Onde estão as documentações de todos os nossos patrimônios como terras, sítios, fazendas, as casas de veraneio... Tudo! Eu quero tudo!

— Você, Renata — murmurou Gorete com voz entrecortada —, você e o Júnior são os demônios que a desgraçada da finada Vitória chamou para esse mundo. Eu vivo no inferno com os meus fantasmas... Mas vocês viverão o terror da ganância e, quando morrerem, não levarão nada daquilo pelo que tanto brigaram, assim como a desgraçada de sua avó.

— Miserável! Nojenta!!! — Renata agrediu-lhe com um tapa e comentou:

— Como eu pude nascer de...

— Cale-se, Renata — pediu a mãe em tom debilitado —, ainda tem mais. Não se sinta vitoriosa com as desgraças que vão rondar essa família. Vocês dois poderão se sentir vitoriosos, mas a providência de Deus é sábia. Deus não tem pressa. A fogueira do inferno vai queimar escabrosamente aqueles que amo. Choro, luto, trevas e dores virão. Só espero que os meus amados sejam fortes. Que o anjo do céu interceda na amargura, na aflição que pode levar alguns à loucura.

— Ela é maluca mesmo! — exclamou Júnior asperamente. — Não está falando coisa com coisa. Ela não sabe de nada.

Flávia não se continha, mas precisava pensar e agir rápido. Dirigindo-se até o quarto de Kátia, viu que a irmã não estava. Correu escada abaixo e encontrou Romilda que de imediato percebeu seu desespero. Quando a governanta ia falar, Flávia tapou-lhe a boca com a mão e fez sinal de silêncio com o dedo frente aos lábios.

Ela precisava de uma testemunha, ninguém acreditaria se acusasse Renata de agressão, pois a irmã era sempre tão ponderada, educada e religiosa.

Indicando à Romilda que tirasse os sapatos, Flávia a conduziu silenciosamente até a porta entreaberta do quarto de Gorete. A conversa continuava com Renata falando baixo e modos calmos:

— Apesar de fingir-se de louca, você não tem nada disso. Falsa, cretina! — disse estapeando o rosto de sua mãe novamente. — Deveria proteger os seus filhos e não os bastardos! — Segurando firme os cabelos da mãe, puxando-os dolorosamente, exigiu: — Quero todos os documentos!

Gorete gemia e tentava segurar na mão de Renata para fazê-la largar, mas a filha era impiedosa e puxava com mais força os seus cabelos já tão grisalhos.

Flávia trazia o rosto transtornado e suado, ao mesmo tempo que segurava com suas mãos geladas as mãos de Romilda que, estatelada, testemunhava a cena. Flávia sentia o coração dilacerado, quase não suportava.

Júnior, sempre sarcástico, sádico e cruel ainda usava a caneta para agredir sua mãe, só que a torturava com violência, como se a caneta fosse um alfinete e a espetava nas pernas, ombro e costas.

— Eu sei... — disse Gorete para que parassem de torturá-la. — Eu sei que anjos protegem os meus amados. Você ficará feliz, Renata, com a desgraça que vai rondar aqui, mas você e o Júnior não terão nenhum proveito. Vocês não vão escapar do sofrimento... Sofrerão por aqueles que vocês mataram. Assassinos! Eles não morreram e aguardam por vocês! Seus assassinos!

— Louca! — disse Renata batendo-lhe várias vezes.

Com olhos embaçados pelas lágrimas que corriam incessante, não conseguindo mais presenciar tudo aquilo, Flávia largou as mãos de Romilda e praticamente se atirou sobre Renata, atracando-se violentamente com a irmã.

— Não!... Não pode, Flávia!!! — gritava Gorete enlouquecida. — Pare, Flávia!!! Tem uma vida em você!!!

Eliana Machado Coelho/Schellida

Júnior agrediu Flávia com socos e chutes, enquanto Renata a segurou. Romilda aproximou-se e segurou o rapaz com uma força que ignorava ter, jogando-o com um empurrão de costas para a parede.

Levantando-se, Júnior temeu que mais alguém aparecesse e saiu correndo.

Romilda separou as irmãs que brigavam, jogando uma para cada lado. Flávia, ferida no corpo e na alma, sentou-se num canto, ofegante e chorosa. Ao passo que Renata levantou-se, ajeitou a roupa e os cabelos, olhando com desprezo para Romilda, que já estava ajoelhada ao lado de Flávia, murmurando em denotada superioridade:

— Junte suas coisas, Romilda. Você será demitida. Empregados não devem se meter nos assuntos da família.

— Sua desgraçada!!! — exclamou Flávia frágil, ofegante ao usar as últimas forças para completar: — Eu vi! Eu vi tudo! A Romilda é testemunha e esse é um caso de polícia!

— Prove! — desdenhou Renata. — Desde quando você passou a tomar conta dela, ela vem aparecendo machucada e achávamos que ela se autolesionava. Mas não. Foi você.

Virando-se, Renata saiu como se nada tivesse acontecido.

Flávia tentou se levantar, mas sentiu-se tonta e temeu cair. Romilda, que estava próxima, amparou-a, fazendo-a sentar-se na cama, ao lado de Gorete.

Flávia não conseguia falar, abaixava a cabeça e usava os cabelos soltos para cobrir o rosto machucado. Sentia algo estranho que não sabia explicar. Estava tonta, fraca, ferida e incrédula.

— O mal só começou — avisou Gorete, virando-se para ela.

— Vou chamar um médico para vê-las — disse Romilda.

— Para mim, não — falou Gorete. — Estou acostumada com eles me maltratando. Eu sempre disse, sempre avisei, mas ninguém acreditava em mim. Agora vocês viram.

— Mamãe, por que não contou quem a maltratava? — perguntou chorando ao encará-la.

— Eu disse que eram espíritos maus, não disse? E o que eles são?

— Romilda, fique com minha mãe. Não a deixe sozinha. Vou telefonar para o meu pai — decidiu Flávia, trazendo uma expressão cansada, alguns machucados nos braços e no rosto, amparando-se no móvel para se levantar. — Só peço que confirme o que viu acontecendo aqui com minha mãe.

UM DIÁRIO NO TEMPO

— Sem dúvida! Direi tudo! Não tenho medo de nada!

— Eu não sou sua mãe, Flávia — Gorete falou. Com o coração dolorido, a moça a olhou com piedade. Fitando-a, ela repetiu: — Você ouviu? Eu não sou a sua mãe. E não atenda ao último pedido de seu pai! Não faça o que ele te pedir! Ele está dominado pelas trevas amaldiçoadas de seu passado terrível. Morrerá com a consciência em profunda escuridão e dor. Flávia, haverá dias tristes, sem luz onde o medo e a aflição, o desespero e muita tortura vão se espalhar em sua vida. Sentirá que tudo acabou, mas não. Você terá uma vida dentro de você.

— Do que está falando, mamãe? — perguntou triste.

Subitamente, colocando a mão em seu ventre, Gorete a alertou:

— Falo dessa criança que eu vi brilhando como uma chama em seu peito. Tanta luz que a circunda toda numa aura dourada!

— Mamãe...

— Não sou sua mãe!

— Do que ela está falando, Flávia? — quis saber Romilda desconfiada.

— Não contei para ninguém... — disse Flávia aturdida. — Como ela pode...

— Você está grávida? — sussurrou Romilda.

Flávia confirmou com a cabeça e chorou no abraço que Romilda ofereceu com tanto conforto.

Gorete, como se nada tivesse acontecido, começou a cantarolar baixinho, embalando o corpo para frente e para trás, demonstrando desequilíbrio mental.

Passando-lhe as mãos carinhosas pelo rosto molhado de lágrimas, Romilda considerou baixinho:

— Flávia... Não deveria ter se engalfinhado com aquela cobra, filha. Tem que pensar no seu bebê. É melhor procurar um médico.

— Eu vou. Mas antes tenho de falar com meu pai e telefonar para o Marcello.

Na suíte de Gorete não havia telefone e Flávia foi até seu quarto, sentou-se para se recuperar do esgotamento, do nervosismo e procurar forças para reagir. Passando a mão pelo ventre, murmurou baixinho:

— Espero que não tenha te feito mal algum, meu amor. Jamais me perdoarei se algo te acontecer pela minha imprudência. Vamos telefonar para o papai agora, está bem?

Eliana Machado Coelho/Schellida

Pegando o telefone, ligou para Marcello e, ao ser atendida por Anete, Flávia estranhou o fato de saber que ele não estava. Anete, muito prudente, não lhe contou tudo o que sabia, mas avisou:

— Flávia, já ligamos muito para o seu celular e o da Renata, para a casa de vocês, mas ninguém atendeu.

— O que aconteceu, Anete?

— O doutor Douglas não passou bem e acreditaram que seria bom levá--lo ao hospital.

— Meu pai?! O que ele teve?!

— Não sabemos ainda.

— Para aonde ele foi levado?

Anete forneceu o endereço. Flávia, aflita e confusa, lembrando-se de tudo o que sua mãe previu, trocou-se rápido, pois teve as roupas rasgadas na briga. Penteou os cabelos, lavou o rosto machucado e seguiu para o hospital para saber de seu pai e imaginava que Marcello deveria tê-lo acompanhado. Anete não falou nada sobre a presença de Nicolle e a acalorada discussão.

Chegando à recepção do luxuoso hospital, afoita, Flávia procurou notícias sobre seu pai e, enquanto aguardava, foi abordada por um dos diretores da empresa.

— Senhor Mariano! Que surpresa vê-lo! — expressou-se Flávia inquieta.

— Fui eu quem trouxe o doutor Douglas para cá. O outro gerente, que veio comigo, retornou para a empresa.

— E o Marcello, não está com o senhor? — estranhou a moça.

— Não, Flávia. Ele precisou ir embora — informou com calma ao perceber que Flávia não sabia de tudo o que havia acontecido na empresa, ignorando, inclusive, as revelações feitas. Lembrou-se de que o casamento entre ela e Marcello estava marcado para aquela semana e decidiu que não seria ele a lhe dar a notícia, talvez incompleta, de tão amarga divulgação que soube através das secretárias.

Nesse instante, uma recepcionista aproximou-se perguntando:

— A senhora, dona Flávia, é filha do senhor Douglas Gregori?

— Sim. Como já disse para a outra moça, preciso de informações sobre o estado do meu pai e falar com o médico, se possível.

— Queira me acompanhar, por favor. O médico vai falar com a senhora.

Flávia trocou olhares com o diretor, o senhor Mariano, e o deixou a sua espera na recepção.

Em outro andar, preparada para adentrar ao C.T.I. – Centro de Terapia Intensiva – Flávia ouviu atentamente as instruções do médico que finalizava:

— A angioplastia nos dará uma visão do quadro clínico. Ele está sob assistência de equipamentos e medicamentos para o controle de suas funções. Essa angioplastia será realizada ainda hoje.

— O senhor me falou sobre os procedimentos, doutor — disse ela controlando a emoção. — Mas eu gostaria de saber qual a opinião do senhor.

— Bem... sem os exames invasivos, mas com monitoração e exames externos, eu diria que seu pai teve uma sorte muito grande por ser socorrido o quanto antes. Ele chegou aqui com a pressão arterial altíssima e indicando um princípio de lesões nas artérias cardíacas. Os exames invasivos nos mostrarão o verdadeiro quadro. É bem possível que o senhor Douglas se submeta à cirurgia de implantes de pontes mamárias e safenas. Não posso precisar quantas e onde.

Ela ficou pensativa e muito deprimida. Olhando para o médico, perguntou:

— Posso vê-lo? Falar com ele?...

— Sim. Por alguns minutos. Você é a filha Flávia, não é?

— Sim.

— Ele chamou muito por você antes dos sedativos. Estava agitado quando voltou do desmaio. Mesmo assim, lembre-se de que ele está um pouco entorpecido pela ação dos medicamentos, ainda fala seu nome e parece que quer vê-la.

Despedindo-se do médico, Flávia seguiu com a enfermeira até onde seu pai se encontrava, reconhecendo-o à distância.

Ao lado da cama hospitalar, por sobre as grades gélidas, pegou em uma de suas mãos e colocou entre as suas.

O senhor Douglas abriu os olhos que rapidamente se encheram de lágrimas e pediu:

— Desculpe-me, Flávia! Eu te amo, filha...

— Eu também te amo, papai. Mas não tenho razões para perdoá-lo. Não me fez nada.

Eliana Machado Coelho/Schellida

— Fiz... Mas eu não imaginava — sussurrou o homem. — Eu não sabia, juro! O destino foi muito cruel comigo e... Quando você souber... Perdoe--me, por favor.

— Tudo bem, papai. Eu o perdôo — sorriu entristecida, ao vê-lo tão frágil como nunca, e concordou com ele para não agitá-lo.

Ele tentou erguer o braço para tocar seu rosto, mas não conseguiu e Flávia se curvou colocando sua mão fria em seu rosto morno para contentá-lo.

— Filha, cuide de sua mãe. Não a odeie quando souber. Não me odeie... Fui covarde. O Marcello — chorou —, o filho que amei sem saber... Ele nunca me perdoará. Tenha forças, Flávia. Não deixe a Renata dominar com o seu mal...

Flávia pensava que as palavras confusas de seu pai eram por conseqüência dos remédios. Mas se surpreendeu, quando ouviu:

— Já que não sabe de nada ainda... Atenda a um pedido meu sem questionar.

— Qual, papai?

— Flávia... Tire o filho que está esperando do Marcello.

— Papai!...

— Faça o aborto antes de saber a verdade... O Marcello já me odeia e vai repudiá-la ainda mais por causa dessa criança... Você só entenderá depois. Tire esse filho ou não sei o que pode acontecer. Quero morrer! Mas quero que atenda o que te pedi. Seja firme. Assuma o que é seu. Ao sair daqui agora, tire esse filho. Não o tenha. Aborte, entendeu?

Flávia ficou petrificada com o que ouviu. Sentia seu coração bater descompassado e um medo dominar sua alma pela ignorância.

Aproximando-se, a enfermeira indicou que era o momento de deixar o local. E sob um manto de seriedade, aflição e preocupação, beijou seu pai com doçura e rosto triste. Inconformada, ainda ouviu-o dizer:

— Aborte! Tire esse filho! Seja forte, filha!

Sem qualquer palavra, Flávia deixou o C.T.I. extremamente atordoada. Nem conseguia encontrar a saída.

Na suntuosa recepção, o senhor Mariano a aguardava preocupado.

— Flávia, você está bem? — perguntou ao vê-la pálida.

— Não sei. Estou muito confusa. Acho que o meu pai não falou coisa com coisa... Mas quando eu começo a juntar os fatos...

UM DIÁRIO NO TEMPO

Tomada de forte crise de choro, ela se abraçou ao senhor Mariano e desabafou com lágrimas. Quando se recompôs, pediu encabulada:

— Desculpe-me. Talvez não seja o momento nem o lugar para eu lastimar tudo o que está acontecendo. Preciso localizar o Marcello, não sei direito o que aconteceu para ele não estar aqui.

Vendo-a pegar o celular, o senhor Mariano abaixou a cabeça imaginando que a moça tentaria falar com o noivo sem saber da desagradável revelação.

* * *

No apartamento de Marcello, seu celular tocava insistentemente e, consultando para ver quem era, entregou-o em seguida nas mãos de Rogério. Verificando tratar-se de Flávia, Rogério desligou o aparelho sem atender a ligação.

Marcello, depois de andar de um lado para outro sem dizer nada, sentou-se no canto da sala com a cabeça baixa, cujas mãos sustentavam e cobriam parcialmente o rosto. Percebiam-se seguidas lágrimas a rolar em sua face.

Nicolle também chorava, sentada no sofá, não tirava os olhos do filho.

Flávia, preocupada e inquieta, ligou para o celular de Rogério e, pensando rápido ao ver quem era, ele se afastou e decidiu atender.

— Oi, Flávia.

— Estou tentando falar com você, pois o Marcello não atende e...

Percebendo que a irmã ignorava tudo, acreditou ser melhor que não soubesse por outros e pediu:

— Flávia — interrompeu-a. — O Marcello não está bem. Venha para o apartamento dele e aqui conversaremos.

— Estou no hospital. O papai não está bem.

— Houve um problema lá na empresa, mas eu não sabia que ele havia passado mal! — Com o coração apertado, Rogério pediu calmamente: — Flávia é melhor conversarmos aqui. Venha para cá, por favor.

Muito apreensiva, ela concordou. Desligando, Rogério retornou até a sala e brandamente informou:

— Era a Flávia. Ela está vindo para cá...

— Não!!! — gritou Marcello descontrolado e levantando-se. — Não!!! Eu preciso de um tempo! Você não sabe... Não entende que ela... Não pode saber!...

Eliana Machado Coelho/Schellida

Marcello atirou-se num abraço forte com Rogério, chorando um pranto sentido, de gemidos e lamentos.

— Calma, Marcello... — pedia Rogério inutilmente. — Eu imagino o que sente...

— Não! Ninguém consegue imaginar — derrotava-se sem forças e muito ferido com a fala abafada pelo abraço amigo.

Chorando, Nicolle pediu como se implorasse:

— Moço? É melhor a Flávia não ver o Marcello assim... Não sei como minha filha vai ficar, quando souber o que aquele desgraçado fez. É melhor não se verem.

Marcello olhou para sua mãe e em seguida para Rogério, ao perceber que ela não sabia com quem estava falando.

— Agora não, Marcello. Depois... e em outro lugar — pediu adivinhando seus pensamentos. — Aliás, vou pegar a Flávia e levar a senhora para casa.

— Marcello, filho...

— Não, mãe — disse chorando e se afastando. Perdendo o olhar, ao aproximar-se da janela, falou firme: — Sua frieza, mãe... Seus segredos íntimos, a falta de conversa e esclarecimento são as causas de um desastre que não pode imaginar o tamanho. A culpa de tudo isso também é sua.

— Filho...

— Se não quis revelar a verdade quando eu pedi, quando implorei tantas vezes... Hoje não tenho o que dizer. A senhora não imagina a tragédia, a ferida, a dor que causou em nossas vidas, mãe!

— Eu não sabia. Não tinha certeza... Pergunte para sua madrinha, ela é testemunha que eu queria, primeiro, ter a certeza de vocês serem... — falou chorando, porém não conseguiu concluir.

— Por que não contou a verdade antes?!!! Bem antes!!! Se tivesse me dito o nome do meu pai, quando eu quis saber!!! — gritava como nunca fez antes. — Não imagina o que aconteceu entre nós!!! Não tem idéia do quanto nos amamos!!! — esbravejava com choro e soluços. — ...minha irmã!!! Não, Deus! Não pode ser!!!

Segurando Nicolle para que ela não dissesse mais nada que magoasse e irritasse Marcello, Rogério a levou para uma cadeira próxima à mesa e voltou para perto dele, falando baixinho:

UM DIÁRIO NO TEMPO

— Vou pegar a Flávia. Levarei as duas para o sítio. Lá conversaremos e a Flávia saberá de tudo. Vou me apresentar também. Depois volto para cá, certo? — Pelo silêncio, perguntou: — Você ficará bem sozinho, Marcello?

— Rogério — falou moderadamente sem que sua mãe ouvisse, encarando-o com o rosto rubro —, você não sabe de nada... nem imagina... — chorou e não conseguiu continuar.

— Eu imagino sim. É uma desilusão muito rude, cruel para aqueles que se amam e... Temos o mesmo sangue, princípios éticos, morais...

— Não é isso... — murmurou, mas não teve coragem de contar.

O interfone tocou e Rogério atendeu, avisando em seguida:

— A Flávia está lá em baixo. Vamos... — Suspirou fundo ao dizer: — Dona Nicolle... vamos. Levarei a senhora e ela para Mogi e depois eu volto para ficar com o Marcello. No caminho, não fale nada sobre ser mãe dela. Espere chegarmos lá.

Ela concordou e não conseguia parar de chorar. Vendo que Marcello lhe dava as costas, atendeu ao olhar terno e gesto meigo de Rogério e se deixou conduzir nem imaginando que ele era seu filho.

33

Nicolle encontra seus filhos

Aflita, Flávia quase não obedeceu ao seu irmão e queria ver Marcello a todo custo. Nicolle já estava dentro do carro. Um pouco afastado, Rogério convenceu a irmã de que Marcello queria ficar sozinho, pois conversou com sua mãe e não se entenderam como deveriam. Argumentou ainda que aquela seria uma ótima oportunidade para conversar com Nicolle e se conhecerem. Mesmo insatisfeita, por não ver Marcello, Flávia concordou. Pensou que o irmão só deixaria Nicolle em casa e eles retornariam juntos.

Rogério fez com que Flávia e Nicolle se sentassem no banco traseiro do veículo enquanto ele dirigia. Estava apreensivo. Não desejava que seu nome fosse pronunciado ou levantaria suspeita em Nicolle, provocando uma situação que não poderia controlar.

Nervosa, Flávia se assustou quando a mulher, que trazia o rosto sofrido e olhos vermelhos, tomou-lhe as mãos falando enquanto chorava:

— Não pense que a quero mal. Nunca a rejeitei. Você entenderá.

— Flávia — interrompeu Rogério de imediato —, você disse que estava no hospital?

— Sim, estava. — Olhando para Nicolle, explicou: — Meu pai passou mal. O senhor Mariano, diretor da empresa, o socorreu. Conversei com o médico que resumiu algumas coisas. Não sei explicar, mas parece que ele teve um princípio de enfarte. Terá de fazer uma cirurgia.

— Você o viu? — tornou ele.

— Vi — Flávia chorou e Nicolle recostou-a em seu ombro. — Ele... parecia lúcido... — contava gaguejando pelos soluços. — Mas disse coisas confusas... Pediu para eu perdoá-lo quando eu souber a verdade, para eu assumir o poder... Disse que o Marcello nunca irá perdoá-lo. Não entendi nada. O que aconteceu?

— Já te falei, Flávia. O Marcello quer ficar sozinho. Você o conhece. O fato foi mais ou menos o seguinte: A dona Nicolle foi hoje lá na empresa e conheceu o senhor Douglas — contou omitindo qualquer parentesco. — Aconteceu uma discussão, quando conversavam algumas coisas e o Marcello reagiu. Depois virou as costas e decidiu ir embora. Eu o alcancei e o levei para o apartamento junto com a mãe. Não dá para conversar com o Marcello agora. Mas eu não sabia que o senhor Douglas havia passado mal depois que saímos.

E foi uma conversa branda e tranqüila que Rogério procurou ter em todo o trajeto.

Chegando ao sítio, Nicolle sobrepôs a mão no ombro da moça e conduziu-a para dentro da casa.

Rogério as seguiu e, ao deparar-se com o assombro de Irene por vê-los ali, cumprimentou-a rápido e sussurrou-lhe afastando-a das duas:

— A senhora deve ser a madrinha do Marcello.

— Sim. Sou eu e...

— Sei que a senhora está a par da situação. Bem... o Marcello já sabe de tudo. Está em desespero. A Flávia ainda não. Achei melhor que os dois não se vissem por enquanto, então eu trouxe a dona Nicolle para cá e... Teremos de contar tudo para a Flávia aqui.

— Fez bem. Oh, meu Deus! — chorou sensibilizada ao olhá-las à distância. — E o outro filho da Nicolle, já sabe?

— Sabe e... Apesar do conflito interior, ele está mais controlado, por enquanto. Será que a senhora poderia preparar um chá ou água com açúcar para elas?

— Claro! — prontificou-se Irene, apressando-se em direção da cozinha.

Repentinamente a porta da sala se abriu e Viviani e Cíntia entraram.

Ao ver a mãe abraçada à Flávia e ambas chorando, Viviani, que já a conhecia, exclamou:

Eliana Machado Coelho/Schellida

— Mãe! Flávia! O que aconteceu?!

— Ela não está bem, filha. O pai dela está no hospital.

— Essa é a Flávia, noiva do Marcello — avisou Viviani para Cíntia que se sentou ao lado, acariciando-a para que se acalmasse.

Viviani olhava para Rogério querendo que ele se apresentasse, o que não aconteceu. Mesmo atenta ao que sua mãe falava, ela não tirava os olhos do rapaz.

— Mas não é só... — avisou Nicolle tentando respirar fundo para ganhar forças. — Tem muita coisa que vocês precisam saber.

Nicolle começou a contar detalhadamente sua vida, os detalhes de seus filhos serem roubados e de ela precisar fugir.

Irene serviu o chá e ficou ao lado de Rogério, chorando e ouvindo tudo angustiada.

Até que Nicolle olhou firme para Flávia e revelou:

— O nome desse homem é Douglas Gregori. Sua esposa se chama Gorete.

Flávia empalidecia a cada momento e olhava para o irmão como se pedisse socorro. Então Nicolle desfechou:

— Meu filho roubado se chama Rogério e foi registrado como gêmeo da filha do Douglas com a Gorete, uma moça que se chama Renata. E minha filhinha, que foi tirada dos meus braços, ele mudou o nome e registrou como Flávia. O meu filho, que nasceu aqui e a Irene batizou, se chama Marcello.

Flávia parecia perder os sentidos à medida que fechava os olhos e deixava o corpo amolecer. Rogério correu, ajoelhou-se a sua frente, chamando-a:

— Flávia! Abra os olhos, Flávia!

Pálida e fria ela, curvou-se em seu ombro. Estava esmorecida, mas o abraçou e chorou, chorou como nunca. Nicolle, em pranto, puxou-a para um abraço que Flávia inclinou-se mecanicamente, com imensa dor e conflito íntimo.

Cíntia e Viviani ficaram paralisadas diante do que ouviram. Era quase impossível acreditar em tudo aquilo. Sua mãe sempre foi muito moralista. Viviani ficou intrigada com o rapaz que acompanhava Flávia e a tratava com tanto carinho. Um estranho não deveria participar daquela conversa tão íntima que dizia respeito só àquela família. Ele era educado, gentil e por isso não inquiriu saber quem era. Vez ou outra o rodeava, mas Rogério a encarava e fugia-lhe imediatamente o olhar.

Aos prantos, Nicolle tornou a falar:

— Você é minha filha! Eu não queria te abandonar... Quando desconfiei que estava namorando o Marcello, eu rezei muito para estar enganada, mas a Kátia me deu detalhes que eram importantes. Oh, filha minha... eu não queria isso. Quando encontrei o Douglas, não queria que fosse verdade. Daí o Marcello apareceu, e seu pai confirmou tudo. Eu só não encontrei o seu irmão, o Rogério. Não sei onde ele está.

Flávia, mesmo em pranto, olhou para Rogério e o viu murmurar, agora chorando:

— Sou eu... Eu sou o Rogério, mãe...

Ajoelhando-se novamente, abraçou-se à Nicolle com muita força. Ela atirou-se sobre ele aos gritos. Enquanto Flávia, olhando para Viviani, sentia--se muito mal.

— Flávia, vem para o meu quarto. É melhor que se deite — convidou Viviani ao perceber que ela não se sentia bem.

Flávia levantou-se e sentiu-se tonta, estava confusa e sussurrou:

— Não estou bem... Acho que vou vomitar...

Cíntia e Viviani levaram-na rapidamente até o banheiro e a amparavam a todo instante.

Por alguns minutos, Flávia sentou-se ao chão, respirava fundo, sentia--se fraca, tonta... Pensava em Marcello, em como ele estaria. Lembrava-se do filho que esperava, notícia que chegou com tanta felicidade, mas agora chorava por engravidar do próprio irmão. Não conseguia esquecer os sentimentos que tinha por Marcello, dos momentos que viveram.

Irene oferecia-lhe mais chá. Porém tirando rapidamente a mão de Cíntia que segurava uma toalha umedecida em sua testa, Flávia enjoou novamente.

— Tia — disse Viviani —, ela tomou muito chá e as revelações são bem graves e fortes. É melhor deixá-la descansar.

Rogério aproximou-se da porta aberta do banheiro e observou o estado frágil da irmã. Cíntia e Viviani deram-lhe passagem e, sentando-se ao lado de Flávia, abraçou-a e choraram mais ainda.

— Não é verdade, Rogério... Diga que estou em um pesadelo...

Ele recostou-a no peito afagando-lhe com extremo carinho e piedade.

— É melhor tirá-la desse chão frio. Leve a Flávia para o quarto — pediu Nicolle inconformada com tudo.

Eliana Machado Coelho/Schellida

Rogério ajudou a irmã a se levantar, mas ao vê-la cambaleando, pegou-a no colo e levou para o quarto indicado, colocando-a sobre a cama.

— Quero ir embora... — murmurou Flávia ao irmão.

— Não. Aqui tenho certeza de que será bem cuidada.

— Você não entende... Preciso ver o Marcello e...

— Flávia — interrompeu-a firme. — Eu vou ficar com o Marcello. Preocupo-me muito com ele. Cuidarei dele, pode deixar. Vocês estão transtornados, a situação não é fácil. Não é o melhor momento para conversarem. Você está trêmula fraca... Já comeu alguma coisa hoje?

— Eu e a Renata... — chorou.

— Que machucados são esses? — reparou ao tirar os cabelos do rosto.

Com a voz fraca, Flávia contou-lhe tudo, mesmo com Nicolle e Viviani ouvindo atentamente a conversa até o final. Em certo momento ela entrou em desespero, segurou-o firme e afirmou:

— Meu estômago está embrulhando... Tem mais esses machucados... — mostrou-lhe os ombros e os braços ao esticar a blusa. — Foram na briga... O Júnior me chutou nas costas e na barriga e... — chorou abraçando-o, quando ele se inclinou. — Rogério, você nem sabe...

Afastando-se do abraço ele ficou ainda mais transtornado com aquele relato. Tudo acontecia ao mesmo tempo e em nada ele conseguia interferir para melhorar a situação.

Viviani sentou-se na cama, ao lado de Rogério e avisou:

— Vem cá, minha irmã — Flávia se surpreendeu com aquele chamado e a olhou. Viviani a abraçou e disse: — Deixe aquela outra pra lá. Você agora tem mais duas irmãs que a querem muito bem. — Beijando-a, ainda falou com bondade: — Cuidaremos bem de você. Fique tranqüila que o Rogério saberá resolver a situação por lá.

— Ficará em boas mãos, Flávia — disse ele sobrepondo o braço sobre os ombros de Viviani. — Tenho certeza — sorriu por um momento.

Os três se abraçaram forte, mas foram interrompidos:

— É melhor que vá antes que escureça — avisou Nicolle com certo aperto no peito. Passando-lhe a mão pelo rosto, como se não acreditasse estar frente ao filho, pediu: — Por favor, meu filho, cuide do Marcello.

— Cuidarei sim. Cuidarei de tudo.

Despedindo-se de todos, Rogério foi para o carro e Viviani, bem esperta, avisou:

— Estamos sem telefone. Mas assim que puder ligue para o celular da Flávia. Se algo não muito bom acontecer... você entende, peça para falar comigo.

— Obrigado, Viviani — agradeceu sorrindo, fazendo-lhe um carinho no rosto morno. — Gostei muito de você — Ele a abraçou e beijou-lhe o rosto com carinho. Vendo-os, Cíntia enciumada correu para perto, abraçou e beijou Rogério, que correspondeu igualmente.

* * *

Já era noite quando Rogério chegou ao apartamento de Marcello. Estacionando o carro, olhou para o bonito edifício e algo o incomodava, como se tivesse forte presságio.

Indo ver como estava o irmão, não foi impedido pelos porteiros, que já estavam acostumados com a sua presença.

Cuidadoso ao abrir a porta, procurou não fazer barulho pensando que Marcello talvez estivesse dormindo. Mas, inesperadamente, aterrorizou-se com Marcello ao vê-lo em pé no para-peito da sacada, segurando-se somente com uma mão no teto, balançando o corpo para frente e para trás.

Sorrateiramente Rogério se aproximou de Marcello e, sem ser visto e rápido, segurou-o nas pernas, trazendo-o para dentro após puxá-lo com força e caírem ao chão.

Marcello reagiu esmurrando-o. Trocaram socos até o irmão acordar para a realidade e abraçá-lo num pranto comovente.

— Eu imaginei alguma coisa assim. Seu idiota!!! — disse Rogério revoltado.

— Como o quê?! Imaginou a minha coragem para me matar?! — perguntou Marcello com os olhos inchados.

— Não. Coragem para se matar não. Imaginei sua covardia para viver! É preciso muita coragem para viver os dramas e as fatalidades da vida! E não é qualquer um que tem isso. É mais fácil ser covarde e tentar fugir das desgraças, dos imprevistos da vida através da morte. Mas não pense que com a morte vai se livrar de tudo, não! Não vai! Além de ter que prestar

Eliana Machado Coelho/Schellida

contas exatamente de onde parou, terá de se responsabilizar pela morte do corpo físico, pela dor provocada aos outros, por essa interrupção abrupta, escabrosa!

— Minha vida acabou, Rogério! Acabou!!!

— Não!!! É agora que ela começa!!! — gritou.

— Eu não vou conseguir viver! Estou prestes a enlouquecer! Eu amo a Flávia! Eu sempre a quis! E a tive... Cada minuto, cada segundo que ficamos juntos era... ...era ser feliz, ter paz, viver... — Marcello sentou-se no sofá e Rogério, sábio ouvinte, a seu lado atento àquele desabafo necessário e doloroso de ser narrado e ouvido. Não interferiu, imaginava o que o irmão sentia. Marcello continuou: — Você não sabe nem dá pra te contar, Rogério. Eu e a Flávia nos completamos. Quando nos encontramos, o vazio desapareceu da minha alma... Como vou encará-la? Olhar para ela como irmã?!

— Quando vocês se envolveram, Marcello, vocês não sabiam que eram irmãos. Não poderiam imaginar que o destino armava uma trama.

— O destino não! Quem armou essa desgraça foi minha mãe por não me dizer a verdade. Aliás — falou com ironia em meio ao choro —, foi culpa dos nossos pais! Ele com o seu egoísmo cruel, seu autoritarismo... Ela por negligência... Como eu vou viver agora?! Como a Flávia vai viver?!!! Você não sabe!!!... Deus!!! — lamentou desesperado. — Estou enlouquecendo!!! Não consigo esquecer tantas coisas que vivemos, tantos detalhes... Nunca vou amar a Flávia de outra forma! Vou querê-la, desejá-la como a tive...

— As lágrimas eram constantes. Ele estava inconformado: — Eu sei que ela nunca vai me esquecer... E agora... saber que somos irmãos!!! Ela foi minha... se quer saber... Foi aqui, neste apartamento!!! Nunca amei tanto alguém! São tantos detalhes...

— Marcello...

— Você não sabe as conseqüências disso tudo!!! — interrompeu-o num grito. — Nós vamos ter um filho! A Flávia está esperando um filho meu!!! — chorou com extrema aflição.

Rogério sofreu um grande impacto que o atordoou. Ofegante e incrédulo, perguntou temeroso:

— A Flávia está... grávida?... Tem certeza?!

— Está! Entendeu agora o meu desespero?!!! Ela está grávida!!! Tivemos a confirmação na sexta-feira. Eu estava chocado com a morte da minha avó e da minha tia, mas tudo mudou... — falou com incrível tristeza. — Fiquei feliz, realizado! A minha mulher com o meu filho dentro dela!... O casamento marcado para sábado, e agora... Acabaram com a nossa vida... Entendeu?!

Marcello chorava copiosamente. Rogério sentia-se mal com a notícia, pois pensava que só o fato de terem vivido um grande amor, momentos de alegria e prazer, isso já seria um grande pesar para os dois... mas não imaginava que daquele amor nasceria uma criança. Agora não sabia o que dizer. Entendia a razão de tão grande e profundo sentimento de dor moral e tortura.

— Rogério... — tornou Marcello que não conseguia deter o pranto e falava com a voz rouca, desabafando. — O nosso amor é puro, verdadeiro... Tanto que não me preocupei que um filho viesse... Eu me realizaria. Quando eu comecei a desconfiar de que ela estava grávida... eu tinha certeza... A comprovação me trouxe a maior alegria. Nunca fui tão feliz... Amei a Flávia mais ainda. — Breve pausa em que Rogério não sabia o que dizer e Marcello procurava desafogar as torturas de sua mente: — Eu a amo... Mas ela é minha irmã! Minha irmã! Pensando nela como irmã eu... Eu fui torpe, imoral, obsceno, vil... Eu a seduzi! A desonrei! Fiz com que vivesse um amor desventuroso, desonesto, libertino! E ainda, como se não bastasse, eu a engravidei... — Fixando-o nos olhos, perguntou branda e pausadamente, mas nitidamente abalado: — Como vou encará-la como irmã? Como vamos conviver com tudo isso? E esse filho?... Filho que eu amo e quero. Sempre prometi à Flávia que nunca a abandonaria por nada desse mundo, mas e agora?! — chorou. — Ela é minha irmã... é nossa irmã... Como eu posso viver com essa tortura na consciência, na alma, na moral por não ter sido mais cauteloso? Esses pensamentos, essas perguntas não se calam. São tantas minúcias, tantas particularidades íntimas que vivemos... Não consigo parar de pensar. Vou enlouquecer...

Para uma pessoa sem caráter — falou mais firme —, para uma pessoa obscena e sem sentimentos tudo isso pode não significar nada, mas para mim...

Rogério, ponha-se em meu lugar, eu me considero um homem vil, seduzi minha irmã, fiz dela minha mulher e ela espera um filho meu... Um filho que desejamos com todo o amor... Eu a amo como mulher!!! Por isso quero

Eliana Machado Coelho/Schellida

morrer!!! Não consigo pensar nela com os mesmos sentimentos que tenho pela Viviani e pela Cíntia! Mas preciso... e não consigo! Quero morrer!!!

— Olha, Marcello — argumentou Rogério em tom brando —, a morte não trará solução para isso. Como acha que todos nós vamos nos sentir se você tomar uma decisão dessa? Como acha que a Flávia vai viver com o peso na consciência pelo que você fizer contra si? Sim, pois ela vai se sentir culpada! Como imagina que esse filho vai suportar a vida, sabendo que o pai se matou por ele nascer como fruto de um amor... de um amor verdadeiro, mas contra alguns princípios? — Marcello abaixou a cabeça e não o encarava. Rogério, tentando parecer tranqüilo, prosseguiu: — Hoje eu conheci a Viviani e a Cíntia. Gostei muito delas e fiquei imaginando que, se eu não soubesse, poderia ter me envolvido e experimentado um grande amor por Viviani, por exemplo, e da mesma forma apaixonada que você e a Flávia se envolveram. Poderíamos nos amar perdidamente, daquele tipo de amor louco... como vocês fizeram e... Sabe... para ser honesto — fez breve pausa e desfechou —, se eu amasse a Viviani com toda essa força com que você ama a Flávia sem saber que éramos irmãos, eu não conseguiria vê-la como irmã. E ainda, se tivéssemos um filho a caminho, um filho que esperássemos e desejássemos com tanto amor, com tanta certeza...

— O que você faria? — perguntou Marcello encarando-o.

— Por toda força desse amor, por viver tantos detalhes na memória sem que pudesse afugentá-los, se nós não conseguíssemos nos ver como irmãos... Se ela quisesse, eu pegaria a Viviani e sumiria no mundo. Danem--se os outros, os conceitos, os dogmas, a ética moral...

— Você ficou louco? — sussurrou Marcello incrédulo. — Você está doente?!

— Não! Sou um homem realista. Veja, eu deixei claro que faria isso se tudo acontecesse sem que soubéssemos que éramos irmãos. Se os laços de família, os laços consangüíneos que nos unissem não fossem tão fortes como o nosso amor, eu escolheria o nosso amor! Eu escolheria amar a ela e ao nosso filho! Nós sumiríamos para que os outros não nos torturassem com seus julgamentos, pois obsceno, imoral e vil é a promiscuidade que muitos praticam e se julgam livres de pesares e torturas morais. Se o amor é puro, é verdadeiro... por que não? Só nós e Deus sabemos o que existe de sincero dentro da nossa alma e no fundo da nossa consciência. — Alguns segundos e concluiu: — Sei lá, cara! Desculpe-me falar assim, mas não agüentei! É o que eu penso! E não acho que deva morrer para a vida, mas sim viver para a mulher que você ama e para o filho que tanto desejam. Marcello, pense bem, não faça nenhuma loucura. Espere o tempo passar. Agora você está em conflito com a moral na qual foi educado e até de forma inconsciente, está se torturando pelo que engoliu dentro da religião em que foi criado. Quem sabe, meu irmão, existem outros horizontes?

— Você está mais perturbado do que eu... — murmurou desolado.

— Espere! Muitas coisas podem não ser o que parecem — disse Rogério envolvido por espíritos amigos que os amparavam.

— Então vai! Dê-me um exemplo absurdo dessa situação! Como tudo isso não poderia ser verdade? Como não pode ser verdade diante de tantos fatos comprovados?

Aceitando rapidamente os pensamentos que lhe chegavam, os quais Rogério acreditava que fossem seus, exemplificou:

— Veja, pense junto comigo, friamente. O senhor Douglas, o homem que a dona Nicolle afirma ser nosso pai, pode não ser.

— Minha mãe não mentiria. Você não a conhece.

— Pare de pensar nela como sua mãe e nele como pai. Coloque-se fora dessa situação. Tudo bem. Eu posso ser seu irmão. Mas o senhor Douglas pode ter mentido. Aliás, foi de mentiras e falcatruas que ele sempre viveu, certo? — Marcello o olhava e Rogério narrava animado: — Bem... o senhor Douglas sempre teve uma vida imoral, repleta de amantes, mulheres quaisquer... Ele teve um romance com a dona Nicolle que o aceitou mesmo sabendo que ele era casado com a Gorete. Desse romance entre ele e a dona Nicolle nasceu um filho que chamaram de Rogério, filho que ele roubou ao nascer e teve a capacidade de dizer que o menino tinha morrido e até de fazer um enterro! Já imaginou isso?! Continuando com o romance com a dona Nicolle, o senhor Douglas a engravidou novamente. Porém acredito, piamente, que ele não tinha somente ela como amante. Dessa segunda gravidez nasceu uma menina que ele também roubou quando ela tinha poucos meses, pois a menina estava doente e precisou ser tratada na capital de São Paulo, pois na região de Juquitiba não havia tantos recursos. Essa menina era chamada de Renata, certo?

— Certo. E daí? — tornou o outro menos emotivo e mais racional.

Eliana Machado Coelho/Schellida

— Daí que a dona Nicolle estava grávida do senhor Douglas pela terceira vez quando descobriu que o seu primeiro filho não tinha morrido, mas sim havia sido registrado como irmão gêmeo da filha que o senhor Douglas teve com a sua esposa legítima dona Gorete. Essa irmã gêmea do Rogério — falava como se não fosse ele —, chamava-se Renata. Preste atenção, o senhor Douglas, muito possessivo, dominador e insensível descobre que dona Nicolle está grávida. Ela exige os outros filhos de volta. Hoje ela me contou, lá na chácara, que chegou a ver o menino por uma vez, mas a menina ela nunca mais viu. Com medo dele, ela abandona tudo e foge para Mogi das Cruzes. Espera o terceiro filho nascer e lhe dá o nome do seu bisavô, Marcello Vittore Toscannini. Nome que é um pouco diferente do dela: Nicolle Provatti Vittore Toscannini. Um detalhe me chamou a atenção quando ela contou que, ao se apresentar para o senhor Douglas Gregori pela primeira vez, estava desconfiada e apresentou-se somente com o nome de Nicolle Provatti, e o sobrenome Provatti era de sua mãe. Por isso o nome Marcello Vitorre Toscannini nunca seria reconhecido pelo senhor Douglas.

— Aonde você quer chegar, Rogério? Virou investigador?

— Ainda não. Vamos prosseguir. Hoje quando contou do seu jeito toda a história, o senhor Douglas Gregori disse que ficou com muito ódio da dona Nicolle, ainda gostaria que ela sofresse muito. Percebeu que ele não conseguia falar direito pela surpresa, pelo impacto?

— Não consigo entender, Rogério — admitiu Marcello.

— Escuta! O Rogério pode ser o seu irmão, mas o senhor Douglas, por ódio da dona Nicolle e por querer que ela sofresse pelo fato de ter fugido com um filho dele, provavelmente esteja mentindo sobre a Flávia. A menina roubada de dona Nicolle com poucos meses estava muito doente. Ela pode não ter resistido. O senhor Douglas, repleto de amantes talvez teve outra filha com outra mulher. Tendo essa outra filha em seu poder, ele a registrou com o nome de Flávia e, hoje, para querer magoar a Nicolle e fazê-la sofrer disse que trocou o nome da menina. Só que depois ficou aflito, pois lembrou que você e a Flávia estão de casamento marcado. Ele tentava dizer alguma coisa, mas estava engasgado! Entrou em conflito por suas mentiras. Por isso passou tão mal, depois que saímos. Então a Flávia pode ser filha de outra mulher!

UM DIÁRIO NO TEMPO

— Você tem uma imaginação muito fértil. Mas devo lembrá-lo de que ainda continuamos sendo meios-irmãos — alertou Marcello desolado.

— Menos mal! — Pensando, quase gritou: — Marcello, e se essa outra amante traiu o senhor Douglas?!

— Rogério isso seria muito bom para ser verdade, mas... Não consigo imaginar essa possibilidade. Perdoe-me a sinceridade, mas ela é quase absurda.

— Marcello, eu e a Renata sempre soubemos que nascemos em casa, segundo a parteira e o médico da família. Fomos levados para um hospital e registrados como gêmeos! Isso sim é absurdo! Onde estava a ética desse homem que era diplomado em Medicina?! Onde estava a moral, a consciência do senhor Douglas? — admirou-se indignado. — Não foi surpresa para mim toda essa revelação. Tinha certeza de que eu não era filho da dona Gorete desde quando o senhor Douglas bateu na Flávia, chegando a espancá-la...

— Eu sei dessa história. Ela me contou.

— No momento da fúria, ao agredi-la, ele disse com todas as letras "Você não será uma vagabunda como a sua mãe. Mato você antes. Era o que eu deveria ter feito com ela.", nunca vou me esquecer disso. Parece que eu o escuto — revelou Rogério com olhar perdido. — Pelo que foi revelado até agora, a dona Nicolle nunca o traiu, então não havia motivo dele chamá-la de vagabunda. Parece absurdo, mas eu comecei a ver que eu e a Flávia não tínhamos nada de semelhante com aquela família. Não me identifico com ninguém. Tenho muito carinho pela Flávia e pela Kátia, mas não sinto nada quanto à dona Gorete, a não ser piedade. Tenho nojo da Renata e do Júnior. As descobertas de hoje podem parecer tão absurdas quanto às suposições que fiz para exemplificar uma possibilidade de vocês não serem irmãos, mas você viu que existe um fundo de verdade. Somos testemunhas vivas do quanto uma pessoa pode desgraçar a vida de outra, de como o regime governamental pode destruir a felicidade de alguém, colocar em risco vidas inocentes... Quanta coisa pode nos acontecer por culpa do autoritarismo, da impunidade, da mentira em todos os sentidos.

— Lá na empresa o senhor Douglas falou que trocou o nome da Flávia, ficou pasmo com tudo e...

— Marcello, pare! — ordenou Rogério. — Ele se assustou com a presença dela e decidiu ofender e magoar a dona Nicolle por ódio e vingança,

553

Eliana Machado Coelho/Schellida

mas acabou ficando aflito quando percebeu que sua mentira causou uma grande confusão, uma terrível situação ao lembrar que você passou a ser irmão da Flávia, pelo que ele inventou. Vamos pensar nessa possibilidade, Marcello. — O irmão parecia mais calmo, mesmo atordoado Rogério pediu: — Marcello, faça o seguinte, por favor: não se mate até termos certeza de tudo — diante de seu meio sorriso, o outro continuou: — Tome um banho, descanse e procure dormir.

— Onde? Na cama em que dormia com ela? Onde nos amamos e concebemos nosso filho?

— Será que ela é sua irmã? Não sei por que, mas eu sinto uma coisa... Não consigo pensar diferente. Não se precipite. Tome um banho, ligue a televisão... Eu preciso ir para resolver algumas coisas meio urgentes... Mesmo se for de madrugada, eu voltarei para cá. Estou com as cópias da chave do apartamento que estavam com a Flávia.

— Rogério — chamou em voz baixa. —, e a Flávia... Como ela está?

— Ela soube de tudo pela... ...pela dona Nicolle. Ficou em choque, mas não se revoltou ou ficou agressiva como você. Chorou muito... Sentiu-se mal, ficou tonta, vomitou... Agora eu sei o motivo, entendo por que ela agiu mais ponderada.

— Por quê?

— A Flávia não se revoltou, não gritou, não berrou nem quis morrer porque ama muito o seu filho, Marcello. Diferente de você que não quer o encargo dessa criança! — falou de um jeito a fim de provocá-lo sentimentalmente.

— Eu não disse isso!!! — reagiu gritando. — Eu amo esse filho!!!

— Então prove! Pense nessa criança! Pense no filho que desejou e amou antes de se atirar por aquela janela! Imagine como ele se sentirá! Tenha a coragem de assumi-lo como a Flávia fez. Sem dizer nada, apesar da dor que experimentava em seus sentimentos, em sua moral, ela não tentou se matar... Chorou muito, mas se controlava ao máximo para não abalar o filho, fruto de um grande amor, apesar de tudo.

— Ela não contou que está grávida? Minha mãe não sabe? — perguntou com voz branda, pensando em como Flávia estaria.

— Não. Ela não disse nada. Eu só soube por você. Achei melhor que a Flávia ficasse lá na casa de sua madrinha. Estará mais bem cuidada. Se descobrirem que está grávida... Paciência. Ninguém sentirá mais do que vocês dois. Mas tenho certeza de que vão cuidar bem dela. Seria diferente se ficasse lá em casa. Agora faça o que aconselhei. Daqui a pouco eu volto.

Rogério omitiu a briga entre Flávia e Renata, além das agressões que ela sofreu de Júnior, pois não queria deixar Marcello mais preocupado.

* * *

No hospital onde o senhor Douglas estava internado, Rogério ficou sabendo que seu pai passava por uma cirurgia, pois durante os exames, uma artéria se rompeu e teve de ser operado às pressas.

Explicando que estava com outro caso de doença na família, avisou que retornaria o quanto antes, tendo em vista muita coisa para resolver.

Chegando a sua casa, apesar da hora, viu Gorete que cantarolava baixinho na saleta onde sempre ficava.

Romilda foi recebê-lo com aflição.

— Senhor Rogério, procurei tanto pelo senhor!

— Já sei de tudo, Romilda — avisou com semblante cansado. — Acabo de vir do hospital. Meu pai está sendo operado e a Flávia está na chácara em Mogi das Cruzes. Ela está bem abalada e...

— A Flávia contou?... — indagou a governanta com receio.

— Tudo — olhou-a, percebendo que Romilda estava apreensiva. — Contou todo o desentendimento, a briga... — Suspirando fundo, perguntou: — Onde estão a Kátia e a Renata?

— Lá em cima. Estão se arrumando para irem ao hospital.

— O Júnior apareceu novamente? — quis saber bem direto.

— Não! Não, senhor!

Rogério estava sisudo, ofegante e procurava controlar-se, quando pediu olhando firme para a governanta:

— Romilda, por favor, peça para alguém que fique com a minha mãe... — Engoliu seco e explicou: — Não a quero sozinha nem por um minuto, certo? E, por gentileza, suba comigo agora.

Romilda chamou outra empregada e deu-lhe as ordens, seguindo Rogério que parecia apressado.

Eliana Machado Coelho/Schellida

Poucas batidas à porta do quarto de Renata, e Rogério entrou furioso, transtornado.

— Quem você pensa que é, Renata?! O que aconteceu aqui hoje?! — gritou.

— Não dei permissão para que entrasse — retrucou com voz mansa, pausada e típico olhar forjando serenidade.

— Quase não acredito que você e aquele incapacitado do seu irmão torturaram e agrediram sua própria mãe!!!

Kátia chegou correndo, atraída pelos gritos do irmão.

— O que está acontecendo?! — quis saber Kátia.

Indo em direção de Renata, Rogério pediu:

— Romilda, segure a Kátia aí! — Virando-se inquiriu feroz: — Onde está aquele vagabundo desgraçado do seu irmão?!!!

— Como vou saber?! — respondeu com perfeita representação. — Estou preocupada com papai! Você nem deve saber o que aconteceu!

Pegando-a pelas vestes, Rogério se sentiu esquentar e balançou Renata ao berrar:

— Como foi capaz de torturar e agredir a sua mãe?!!! Como foi agredir a sua irmã e segurá-la para que aquele miserável do Júnior a chutasse?!!! Não se faz isso nem com um animal!!! Você viu o estado da Flávia?!!!

Rogério a soltou, mas não se conteve e deu-lhe um forte tapa no rosto, fazendo-a cair sobre a cama.

— Ordinária!!! Imunda!!! — ofendeu-a com muito ódio.

— Diga isso para a sua irmã Flávia! Imunda é ela que dormiu com o próprio irmão para ficar com todo o poder que me pertence! A secretária do pai me contou tudo! Pensa que eu não sei?! — disse Renata em tom agressivo. — Do que você está com medo?! Do pai mudar o testamento novamente e só admitir como herdeiros os filhos legítimos?! Seu bastardo!!!

Rogério ia agredi-la novamente, mas Kátia, largando-se dos braços de Romilda, entrou na sua frente e pediu:

— Não vale a pena, Rogério! — gritou a jovem. — Por favor, não suje as suas mãos.

— Se eu pegar o Júnior dentro desta casa, vou espancá-lo até... não sei... — disse revoltado, saindo do quarto.

Levado para a sala por Kátia e Romilda, Rogério sentou-se no sofá, exausto, por tudo o que acontecia. Segurando a cabeça com as mãos e com os cotovelos apoiados nos joelhos, pediu diante da inquietação da irmã:

— Romilda, por favor, conta para a Kátia sobre as torturas feitas com a mãe, as agressões com a Flávia... Não agüento mais... — falou exaurido de forças.

A governanta assim o fez, mas foi educada não comentando sobre a gravidez de Flávia.

— E o que a secretária falou para a Renata sobre a Flávia dormir com você, Rogério?

— Não, Kátia...

— Mas a Renata disse que a Flávia dormiu com o próprio irmão para ficar...

— Pare, Kátia! Não confunda mais as coisas. — Mesmo exausto, Rogério contou tudo, desde a visita de Nicolle à empresa, a discussão que teve com o pai deles, até a descoberta de que Marcello, Flávia e ele eram irmãos legítimos. Explicou que deixou Flávia sob os cuidados de Nicolle e que Marcello estava desesperado em seu apartamento.

— Jesus amado!!! — Surpreendeu-se Romilda, empalidecendo ao ouvir o relato, exclamando com voz chorosa: — A Flávia está...! — deteu as palavras e arregalou os olhos para Rogério que parecia ler seus pensamentos. Ele balançou positivamente a cabeça confirmando o que Romilda tentou expressar: sim, a Flávia estava grávida do próprio irmão. Piedosa, a mulher se comoveu, chorando: — Coitadinha da minha menina...

— Gente! A Flávia deve estar!... — aturdiu-se Kátia que nem imaginava que a irmã estava grávida. — Vocês não podem imaginar! Tem coisas que a Flávia me contou que...

— Guarde para você o que ela te contou, Kátia! — exigiu o irmão quase veemente. — Se a Flávia confiou alguma intimidade, algum segredo, guarde-o para você. Se fosse para os outros saberem, ela teria contado para todo mundo! — falou firme.

— Ela está bem? — tornou Romilda comovida.

— Está arrasada... — afirmou triste. — Chorou como nunca vi, mas conseguiu se controlar mais do que o Marcello. Ele se descontrolou totalmente. Gritou, berrou... Quer morrer... — Parando e refletindo um pouco,

Eliana Machado Coelho/Schellida

Rogério decidiu: — Gente, é isso, mas não é o fim. Temos muito que fazer. Kátia, é madrugada e não adianta você ir ao hospital para ver o pai. Não quero que saia de casa. Tenho medo de que, por causa de tudo isso que está acontecendo, o Júnior volte aqui. Quero que fique com... — relutou por um segundo, ficou confuso, depois falou — ...com a mãe. Não a deixe só.

— Rogério, às vezes, ela não dorme. Fica o tempo todo na saleta — avisou Kátia apontando para Gorete. — Olha lá!

— Não importa! Caramba, Kátia!!! Seja útil!!! — exigiu nervoso. — Eu tenho muita coisa para resolver e estou sozinho! Fique com ela. Não quero a Renata perto dela, entendeu? Vou prestar queixa à polícia pelo que aconteceu e, Romilda — avisou olhando-a —, você terá de se apresentar como testemunha, por favor.

— Sem dúvida! Mas e a Flávia? — perguntou preocupada.

— Terá que fazer exame de perícia e... Não sei como isso funciona. Vou tirar informações. Mas eu gostaria que ela se recuperasse um pouco do susto. Entendeu, né? — indagou olhando para Romilda.

— Sim, senhor — tornou a mulher com o coração apertado.

— Eu estou muito preocupado com o Marcello. Ele está em desespero e... Vou para o apartamento dele. Qualquer coisa me liguem, certo? — Diante da confirmação de ambas, Rogério se levantou, abraçou Kátia e disse: — Não importa se somos meios-irmãos. Eu te amo como minha irmã e pronto.

— Eu também... — correspondeu, chorando e apertando-o num abraço.

Em seguida, ele virou-se para Romilda sem dizer nada e a abraçou com carinho, beijou-lhe a testa ao agradecer:

— Obrigado por tudo, Romilda. Por tudo!

A senhora não teve palavras e só secava as lágrimas, enquanto Rogério foi até a saleta onde Gorete estava.

Virando-se para ele, Gorete comentou parecendo bem lúcida:

— De mim só nasceram as almas ruins. Aquelas que Vitória e eu invocávamos para controlar o dinheiro, a fortuna, os bens materiais. São espíritos que se servem dos maus para praticarem o mau, não é? Só que a Vitória voltará para aproveitar o dinheiro que tanto quis e precisará muito dele! Torna-se um ciclo!

558

— Deus permite isso para experimentar a nossa boa índole, a nossa perseverança no bem. — comentou Rogério. — É um teste para saber se somos egoístas, se temos tendências gananciosas para o poder em qualquer sentido. Os espíritos se atraem e acompanham os encarnados por simpatia, por pensarem da mesma forma e acabam influenciando aqueles que não se vigiam. Isso pode acontecer com um indivíduo, com um grupo, uma sociedade ou um povo. Os espíritos imperfeitos e maus se afastam da pessoa, do grupo, da sociedade ou do povo mais elevado espiritual e moralmente falando, conforme o caráter a as paixões.

— Mas por que os maus espíritos tentam e até conseguem desviar uma pessoa do bom caminho quando tem oportunidade? Por que Deus ou o anjo da guarda permitem? — tornou Gorete.

— O conflito interno entre o bem e o mal acontece por forças das circunstâncias, por causa de acontecimentos que não são esperados. O espírito mau aproveita isso para desviar a pessoa do bom caminho. Ele interfere ou procura interferir no nível de pensamento, de modo que o encarnado acredite que aqueles pensamentos são os mais corretos e são seus. Isso se esse encarnado tiver poder e, sem questionar, sem pensar e repensar no que é bom, no que é saudável e correto se entregar às práticas erradas, ao domínio, às más tendências, ao vício da preguiça, ao desejo de ser provido, à ganância e todas as espécies de práticas indevidas, seja ele participante de pequenos grupos, ou um grande líder.

Erguendo-se, apesar de todas as tentações, vencendo todas as más tendências com suas próprias forças, a pessoa evolui. Quanto ao anjo da guarda ou espírito protetor, ele tem a missão de nos guiar, seguir, ajudar sutilmente em certos momentos e nos proteger em outros. Ele sempre é superior a nós, mas não interfere nas nossas provas, porém nos dá força nas expiações.

— Quando é que o anjo da guarda nos ajuda e protege?

— Quando, sem motivo, nós fazemos um caminho diferente e nos livramos de um acidente. Por nos atrasarmos um pouco diante de um sinal de trânsito e repentinamente deixamos de colidir com um outro veículo que passou a toda velocidade. Ou ao atravessarmos a rua sem olharmos e um motorista nos vê e não somos atropelados. É fácil criticarmos o anjo de guarda, quando algo não sai a nosso gosto. Mas sempre atribuímos à nossa

Eliana Machado Coelho/Schellida

esperteza as pequenas atitudes que nos livram de grandes desastres, sem lembrarmos do nosso anjo da guarda, um emissário de Deus. Isso é orgulho, arrogância, vaidade... Não adianta muito conhecimento, se não somos humildes.

— Por que, mesmo com muito conhecimento, alguns se desequilibram e enlouquecem até sem os outros perceberem? — tornou Gorete atenta.

— Nenhuma religião ou filosofia é um emprego com fins lucrativos, não é algo para se exibir poder, embora muitos fazem disso um espetáculo com fins lucrativos e se desvirtuam. Devemos lembrar a indignação de Jesus que não viu com bons olhos os mercadores do templo e os expulsou com severidade necessária para que eles entendessem.

— Rogério, você não respondeu o que eu queria — reclamou.

— Por não cumprir com honestidade a sua tarefa, nesta ou em outra encarnação, a criatura entra em conflito com a própria consciência e se deixa perseguir por espíritos que a desequilibram ou a enlouquecem, principalmente, por suas práticas hediondas[7].

— Por que, Rogério, você sempre teve respostas para tudo?

Olhando-a com piedade, ele não resistiu e pediu com generosidade, falando bem baixinho:

— Mãe, preciso saber de uma coisa muito importante. A situação é bem difícil e eu preciso da verdade. — Melancólico, perguntou: — A senhora consegue me dizer, com certeza, se a Flávia é filha da dona Nicolle?

---

[7] (N.A.E. - Dentro das práticas Espiritualistas, alguém pode chegar ao desequilíbrio, depressão ou à loucura em qualquer coisa que faça quando mistifica o que é enganar a crença de alguém, quando mente, é fascinado, fanático, faz explorações através de qualquer prática, quando possui a fé cega por se achar inspirado por uma divindade levando pessoas ao verdadeiro delírio – o que vemos em tantas religiões e filosofias – possuem crenças absurdas com práticas hediondas como é o caso de sacrifícios... fazem especulações aos espíritos comunicantes com objetivo de exploração ou prazer particular afirmando que pode ajudá-lo e socorrê-lo quando esses são sofredores. Isso é fanatismo, contudo não se limita só aos espíritas, padres, pastores e diversos representantes religiosos que chegam facilmente a este estado quando não são vigilantes. Todavia o desequilíbrio ou a loucura não são reservados somente aos médiuns ou aos religiosos. Existe um grande número de loucos, de pessoas depressivas, desequilibradas em todas as outras áreas como os profissionais, e são até maiores do que o equivalente aos espíritas. "Todas as grandes preocupações intelectuais", morais, excessivas, "podem ocasionar a loucura. A loucura tem, por causa primária, uma predisposição orgânica do cérebro. Havendo essa predisposição à loucura" ou ao desequilíbrio e a depressão, "ela se manifestará com o caráter da preocupação principal do indivíduo, que se torna uma idéia fixa", é o fanatismo. Tudo isso é bem explicado em *O Livro dos Espíritos*, na Introdução, XV, "A Loucura e suas causas".)

UM DIÁRIO NO TEMPO

— Nicolle... Como a odiei! Mas foi até saber que ela foi mais infeliz do que eu. Então ela apareceu para reclamar os filhos roubados? Pois bem, você e a Flávia, a minha doce Flávia... Vocês dois são filhos dela com o Douglas. Como você sabe, eu só gerei demônios! A Kátia — sussurrou —, também não é minha. Eu não sei quem é a mãe dela. O único filho bom que eu tive, o Júnior matou.

Rogério sentiu-se gelar. Não sabia o que dizer. A cada momento surgiam surpresas desagradáveis. O que mais teria que descortinar?

— A senhora consegue imaginar a dor que a Flávia, principalmente, está vivendo? O Marcello está à beira da loucura! — murmurou dramático.

— Você tem as respostas do porquê Deus permitiu isso tudo.

— Mas... — Rogério viu-se confuso. Reunindo forças, considerou: — A Flávia e o Marcello estão de casamento marcado, mas são irmãos!

— E se amam como homem e mulher... — falou virando-se. E olhando pela vidraça, ficando quase imóvel, Gorete ainda disse: — Eles se completam. A energia, a força criadora dessa união de verdadeiro amor, atraiu a vida de um "espírito-luz" magnífico! Abençoado! Que foi concebido e vive em Flávia. Essa criatura nascerá. É uma estrela!

— A senhora sabia que a Flávia está grávida do próprio irmão? Sabe o que significa isso para os dois?

— Sei. É uma prova para a elevação deles. Como você mesmo me explicou. Eu avisei para a sua irmã que ela choraria muito, muito mesmo e antes do seu aniversário! Falei para que não atendesse ao pedido do pai. Tomara que ela seja forte.

— Que pedido? — interessou-se Rogério.

— Pergunte a ela. É um pedido macabro, terrível! Talvez o Marcello deva saber desse pedido. Ele vai odiar o Douglas, mas isso fará com que esse menino mude os pensamentos tenebrosos das sombras que o envolvem. Ele nem consegue ver o amparo que está recebendo.

— O Marcello está perturbado — avisou Rogério inquieto. — Eu temo que ele faça uma loucura. A Flávia ficou desesperada e... Nem sei dizer. Se eu sofro com tudo isso, imagine-os que se sentem apaixonados! Eles não vão conseguir olhar um para o outro como irmãos. — Torturando-se, desabafou: — Coloco-me no lugar do Marcello e depois de tantos detalhes que ele me confessou dizendo que não conseguia esquecer... Conheci mi-

561

Eliana Machado Coelho/Schellida

nhas outras meias-irmãs, Viviani e Cíntia. Se eu tivesse me envolvido com uma delas e a amado como aconteceu entre o Marcello e a Flávia... Não sei dizer como eu estaria agora. Sei que é errado, mas não posso censurar o Marcello por querer morrer. Conversamos muito depois que o impedi de se suicidar e, para enganá-lo e ganhar tempo, fiz suposições deles não serem irmãos, mas não sei quanto isso vai durar. O que podemos fazer para amenizar essa dor?

— Terá que esperar o tempo. O seu sofrimento também chegará e vai se torturar como Marcello, Rogério — falava Gorete em tom brando e baixo —, você sabe que o tempo organiza as idéias e descortina as verdades. Você não vai suportar. Será mais fraco do que ele. Então fugirá... Você fugirá... E quando as folhas baças, de fala firme na escrita hesitante aparecerem... Ah... quando essas folhas desgarradas e perdidas receberem a luz, descrevendo o arrependimento e a dor... mostrarão que a mentira é a mãe de todos os males! A verdade surgirá como remédio para salvar os que precisam... — Breve pausa e comentou: — Como é bom poetizar, pensei que já não soubesse mais fazer isso! — Depois de um suspiro fundo, sorriu e virando-se, falou em tom firme: — Vá! Vá logo! Não fique aqui, há quem precisa de você!

Rogério ficou desorientado, não entendeu nada. Beijou-a, abraçou-a com carinho e olhou em seus olhos como que invadindo sua alma, e Gorete, como ele, chorou.

Rogério se foi.

34

Amor e remorso por serem irmãos

Naquela saga interminável, exaurido de forças físicas, Rogério chegou ao prédio em que Marcello morava, quando o dia já estava clareando.

Mergulhado em pensamentos perturbadores, estava sem dormir, sem descanso e não sabia mais o que dizer a Marcello.

Abrindo a porta do apartamento, entrou e escutou o som da televisão que desligou de imediato ao ver Marcello largado no sofá parecendo ter a alma impregnada e triste. No chão, ao seu lado, Rogério encontrou uma garrafa vazia, pois Marcello procurou refúgio no vinho.

— Antes embriagado do que suicida — murmurou ao pegar a garrafa. Completando em seguida: — Se bem que é uma forma de suicídio, lento e inconsciente, se continuar bebendo tanto — falou ao ver mais outras duas garrafas vazias sobre a pia da cozinha.

Marcello, completamente inerte, não oferecia preocupação naquele momento e Rogério, com os olhos ardendo pela falta de repouso, pretendia atirar-se sobre as almofadas e descansar o corpo, pois a mente seria impossível.

Passando por Marcello, ouviu-o balbuciar. Atento, percebeu que ele falava em italiano e quase gesticulava, mexendo com a mão vez ou outra.

Sentando-se no chão ao seu lado, Rogério perguntou, sussurrando:

Eliana Machado Coelho/Schellida

— *Cosa vuoi tu? Ma che cosa non riconoscerai?* — "O que você quer? Mas que coisa não reconhecerá?" — interessou-se.

— *Io non... ...io non...* — "Eu não... ...eu não...", balbuciava trôpego.

— *La morte sta qui! È una sfida, è una grande provocazione! È più forte!...* — "A morte está aqui! É um desafio, uma grande provocação! É mais forte!...

— *Perché?* — "Por quê?" — interessou-se sussurrando novamente.

Marcello abriu os olhos vermelhos e estava atordoado, mesmo assim, respondeu:

— *Il mio cuore... ...stringe forte!* — "O meu coração... ...aperta forte!", falou em italiano.

— *E la luce che hai dentro... forte, dentro di te?!* — "E a luz que possui dentro... forte, dentro de você?!", tornou Rogério.

— *Spegna senz'anima.* — "Apaga sem a alma", respondeu Marcello. Depois riu como se debochasse ao completar melancólico: — *La luce si spegna presto. Senza ella, la Flávia, la luce è... è fragile. Io non ho niente nella mia vita.* — "A luz apaga de uma vez. Sem ela, a Flávia, a luz é... é frágil. Eu não possuo nada em minha vida", Marcello suspirou como sem esperança ao dizer isso.

Sem saber mais o que argumentar, Rogério tentou consolá-lo:

— *Chissà capirai nel tempo giusto, ãh?!* — "Quem sabe entenderás no tempo certo, ãh?!", perguntou Rogério.

— *Disgraziato! Maledetto! Parli in italiano!!!* — "Desgraçado! Maldito! Fala italiano!!!", esbravejou Marcello sentando-se no sofá. Sentindo-se tonto, segurou a cabeça com ambas as mãos e murmurou: — Muitas vezes falei tanta coisa perto de você... e dos outros. Nunca pensei que entendesse. Você nunca disse que falava italiano.

— Você nunca perguntou — lembrou Rogério oferecendo suave sorriso.

Marcello, entorpecido, sorriu e nada disse enquanto o outro comentava:

— Pelo visto ficou mais "bêbado do que um gambá"! Deite e durma. Ficarei por aqui. Depois conversamos — avisou Rogério caindo sobre as almofadas.

— Minha cabeça dói. Tudo está rodando — murmurou Marcello.

— Então se deite, Marcello. Durma.

Marcello obedeceu e Rogério, muito preocupado, não conciliava o sono. Procurou descansar, mas não conseguia. Lembrava-se das afirmações de

Gorete sobre ele e Flávia serem filhos de Nicolle. Não poderia haver engano. Como confirmar ao Marcello que eles eram irmãos?

Marcello dormia pesado. Sentindo os olhos umedecerem, Rogério não segurou e chorou muito, como nunca, pois o estimava como amigo e agora como irmão.

Não demorou e Rogério caiu num sono profundo, acordando horas depois com os insistentes toques do telefone.

— Alô... — ele atendeu com voz grossa.

— Rogério?

— Eu... É a Viviani? — quis ter certeza.

— Sim, Rogério, sou eu. Está tudo bem?

— Digamos que está tudo sob controle. O Marcello bebeu três garrafas de vinho e está dormindo até agora. Isso é fuga, você sabe. Acordará com uma dor de cabeça horrível!

— Com certeza. Mas não podemos censurá-lo.

— Escuta, Viviani, quero saber da Flávia, ela está bem?

— Sim... Mais ou menos.

— Ela está passando mal ainda? Teve algum problema?

— A Flávia está arrasada, né!!!

— Não me refiro a isso. Veja bem, Viviani, ontem a Flávia brigou com a Renata e foi agredida, você sabe. E... — ele não sabia como perguntar e se atrapalhava. — Bem... a Flávia tem a saúde delicada e...

— Rogério — interrompeu-o educada —, eu estou podendo falar. Estou no serviço. Sejamos adultos e bem diretos, bem verdadeiros. Eu sei que existem coisas que não é o momento adequado dos outros saberem, mas não pode haver segredo entre nós agora, certo?

— Certo... — ele murmurou com o coração apertado.

— Estou preocupada por isso preciso que me responda uma coisa: A Flávia está grávida?

— Por quê?!!! — quase gritou.

— Responde! — intimou Viviani firme.

— Está. Por quê?! Ela passou mal?! Se passou mal e ninguém sabe... Cuidado com o que vão dar para ela tomar!

— Calma. Ela está bem.

— Não sentiu dores ou teve hemorragia? — preocupava-se o irmão.

— Não. Nada disso. Só não se alimenta como deveria. Acho que, por causa de tudo, isso é até normal. Minha mãe fez um caldo forte e ela tomou algumas colheradas ontem. Hoje, acharam que ela estranhou o leite forte e... colocou tudo pra fora. Só estão lhe dando chá. Isso não fará mal nem a ela nem ao bebê. Mas ela quer ir até aí para ver o pai de vocês e o Marcello.

— Eu não sei dizer se isso vai ser bom. Sua mãe... Nossa mãe desconfia de que ela está grávida?

— Por enquanto não. Fui eu quem desconfiei por causa do desespero do Marcello que a mãe contou. Eu o conheço, ele não é de fugir da realidade e para reagir como ela detalhou, algo mais sério estaria acontecendo. E o fato de marcarem o casamento tão rápido...

— Não conte nada sobre a gravidez, tá? Se a Flávia achar conveniente ela mesma fala. Eu soube pelo Marcello e fiquei em choque. Ele está péssimo, Viviani — avisou piedoso. — Falou muito, desabafou demais e confessou que não consegue vê-la como irmã, seus sentimentos são fortes e será muito difícil ele reconhecê-la ou gostar dela como gosta de vocês.

— Imagino... — lamentou Viviani.

— Eu também. Mas faça o seguinte, Vivi — chamou-a com um apelido —, tente segurar a Flávia aí até amanhã ou depois. Vou ver o que faço. Depois eu ligo ou você me telefona. Diga que conversou comigo, que o pai passou por uma cirurgia e está bem. Avise que o Marcello está como ela e talvez eu vá buscá-la, hoje ou amanhã. Enrola ela um pouco, tá?

— Ela pede para vê-lo, quer ver o pai no hospital, mas... Deixa comigo e... Rogério, obrigada por tudo!

— Sou eu quem agradeço — respondeu ele satisfeito.

— Um beijo.

— Outro! Tchau, Vivi!

Desligando, Rogério sentia-se de volta à dura realidade em que quase não conseguia sustentar a todos que pareciam depender de sua dedicação.

Ajeitando-se no sofá, Marcello despertou sentando em seguida. Ele respirou fundo, passou as mãos pelos cabelos desalinhados e esfregou o rosto pálido e inchado pelo choro.

Levantando-se Marcello olhou para Rogério, que estava sem palavras e reparava no seu abatimento e nas ressaltadas olheiras de sua face triste. Aquela robusta firmeza e avidez no olhar de Marcello desapareceram. Todos os últimos acontecimentos deixaram-lhe com uma amarga decepção e derrota íntima.

Chegou a pensar que fosse um pesadelo tenebroso, mas não. Acordou e relembrou tudo, cada detalhe.

Havia no ar um silêncio pesado, fúnebre que Rogério quebrou ao anunciar:

— Já passam das nove e meia. — Vendo-o desorientado, perguntou: — Você está bem?

— Acho que nunca mais estarei bem — admitiu com profunda melancolia.

— Não está com dor de cabeça depois de três vinhos?!

— Esta dor não se compara com o pesar, a aflição, a angústia, o desgosto vivos em minha mente. O remorso, as lembranças... isso sim me destrói.

— Pare com isso, Marcello! Eu concordo que tudo foi uma revelação trágica na vida de vocês. Sem dúvida que está sendo e será, por um bom tempo, um martírio, um padecimento sem igual. Mas até quando você pretende viver essa tortura esperando que tudo mude? Eu entendo. Já me coloquei em seu lugar, mas é você quem terá de tomar uma iniciativa.

— Rogério, que iniciativa eu posso tomar?! O que posso mudar?!!! — gritou.

— Fale baixo. Seja sensato e encare a situação. Não é fugindo do problema que irá resolvê-lo. Se o destino criou barreiras que não pode mover, enfrente-as, pondere, analise. O que você não pode é ficar aí parado, enchendo a cara! Isso é a atitude sensata de um homem responsável?!

— Não entendo o que está sugerindo, Rogério. Seja mais direto — pediu brando.

Sem que o outro esperasse, Rogério perguntou inabalável, resoluto:

— A Flávia quer vê-lo. O que você decide?

Assombrado, pálido, respiração ofegante e aflitiva Marcello, cambaleou, deu as costas para Rogério, caminhou alguns passos e apoiou-se com os punhos cerrados sobre a mesa. Minutos passaram até que perguntou sussurrando:

— Como ela está?

Aproximando-se, inclinando-se para encará-lo, Rogério desafiou-o resistente no tom firme e calmo da voz:

— Por que você mesmo não procura ver e saber? Por que não pára de fugir e encara, de uma vez por todas, essa situação? — Vendo-o cabisbaixo

Eliana Machado Coelho/Schellida

com dúvidas profundas, Rogério atacou: — Marcello, esse martírio, essas lamentações não o levarão a nada. Existem três tipos de pessoas: as que fazem as coisas acontecerem, as que assistem às coisas acontecerem e só reclamam, e aquelas que perguntam: o que aconteceu?

O primeiro tipo de pessoa é aquela que sempre vence, é bem sucedida por encarar os desafios. Você é quem escolhe qual tipo quer ser.

Uma ora ou outra, você e a Flávia precisarão se encontrar. Chorar, lamentar, gritar, falar, sofrer e experimentar todas as sensações e sentimentos sobre tudo o que se revelou inesperadamente e mudou suas vidas. Meu conselho é que esse encontro seja o quanto antes. — Esperou um pouco e justificou: — Sua irmã... — riu e corrigiu-se —, quer dizer, a nossa irmã, a Viviani telefonou e disse que a Flávia está arrasada, mas quer vir ver você. Quer ver o pai também, pois ele passou por uma cirurgia de emergência. Aliás, nem sei como ele está, mas para que ela ficasse tranqüila, pedi para a Vivi dizer que ele passa bem. Preciso ir ao hospital agora.

— Por que não liga para a Kátia? Ela deve ter notícias.

— Determinei para a Kátia que ficasse com a... ...a dona Gorete — titubeou confuso. — Tivemos problemas com a Renata. Bem... eu não contei ontem para poupá-lo. A Renata e o Júnior agrediam e torturavam a mãe. A Flávia escutou e junto com a Romilda foram ver o que acontecia. Por fim a Flávia se atracou com a Renata. Elas brigaram feio e o Júnior agrediu a Flávia com chutes ao vê-la caída...

— Chutes?!!! — enervou-se Marcello. — E o estado dela?!!!

— A Flávia parece bem. Mas ela não contou nada para a sua... ...para a mãe... Oh, meu Deus! — atrapalhou-se. — A dona Nicolle não sabe que a Flávia está grávida. Estou preocupado com ela. Entenda, não adianta ligar para a Kátia a fim de ter notícias do hospital, ela está tomando conta da mãe. Por isso eu decidi ir até o hospital e de lá vou até Mogi para trazer a Flávia. Acho que ela deve passar pelo médico. Eu sabia da briga com a Renata e das agressões do Júnior. Mas, se eu soubesse que a Flávia estava grávida, não a teria deixado lá.

— Não pode levá-la para casa! A Renata pode tentar... — esbravejou Marcello.

— Por isso vou trazê-la para cá — avisou Rogério interrompendo-o imediatamente. — Não tenho um lugar seguro para deixá-la. A Flávia terá de vir para cá. Então tome um banho, arrume-se, pois você está horrível! Coma alguma coisa. A propósito, providencie alguma coisa saudável para se comer, pois a Flávia vai precisar.

Marcello ficou paralisado. Rogério se despediu rápido para que ele não questionasse e se foi. Deixando-o remoendo os próprios pensamentos e com atribuições a fazer.

Fadado a tanta dor, sofrimento e amor impossível, Marcello estava aterrorizado e sem saber como agir. Seus pensamentos fervilhavam. Respirando fundo, ele decidiu fazer o que Rogério propôs. Barbeou-se, tomou um banho, arrumou-se e saiu. Apesar de todas as circunstâncias, ele queria ver Flávia, mesmo com tantas barreiras.

Já na rua, procurando justificativas para tamanha provação, sem pensar e talvez pelo rígido costume moral cristão ao qual foi educado, Marcello entrou em uma igreja Católica. Fez ligeiro sinal de respeito aos moldes daquela doutrina e adentrou ouvindo o eco de seus passos ao andar pelo chão lustrado. Ele procurava paz em sua consciência que queimava de amor e remorso.

Acomodando-se em um banco, ficou parado por minutos e depois se ajoelhou, buscando Deus em pensamento repleto de dúvidas e decepções. Tentava explorar a razão, o motivo daquele destino cruel. Marcello era sincero, não negava que amava Flávia como mulher, apesar de ser revelado que eram irmãos. Ele não aceitava essa idéia e rogava por uma resposta.

Lágrimas copiosas cobriam-lhe o rosto parcialmente escondido pelas mãos.

Passado muito tempo, os passos de um padre tiraram-no da conversa com Deus. Buscando-o com o olhar, Marcello levantou-se rápido e o alcançou implorando:

— Padre, preciso que me ouça em confissão. Estou desesperado.

— Mas hoje não é o dia de...

— Padre, por Deus! Oriente-me! — pediu chorando.

— Então venha — disse o sacerdote já idoso. Andando vagarosamente, avisou: — Mas seja breve, filho. Tenho inúmeras tarefas e...

— Breve?! — deteve-se Marcello perguntando sem se incomodar com as lágrimas e o tom rouco da voz pelo choro. — Como me pede rapidez? Não sabe o que tenho, o que sofro, o padecimento amargo e cruel que, por

Eliana Machado Coelho/Schellida

culpa de meus pais, mudaram meu destino e me faz ficar desesperado, me enlouquecendo a cada segundo!

— Está doente, filho? — perguntou com imensa calma. — Por acaso adquiriu alguma doença grave e incurável?

— Antes fosse, padre! Acredito que estou mais preparado para o sofrimento físico e para a morte do que para esse martírio e remorso moral! — E sem entrar no confissionário, desabafou: — Acho que o senhor nem quer me ouvir, mas como sou um estranho, contarei brevemente, não precisa fazer suas juras de segredo. Acontece que eu namorei, noivei e marquei meu casamento para o próximo sábado. Ontem descobri que essa moça que eu tanto amo, que eu tornei mulher, que eu seduzi, que amei como nunca amei alguém, é minha irmã legítima!!! E quer mais?! — perguntou em lágrimas diante do olhar assustado e incrédulo do padre. — Ela está grávida!!! Isso mesmo! Minha irmã legítima espera um filho meu! Soubemos da gravidez na semana passada. Ficamos felizes, nossa! Isso tudo aconteceu por culpa da minha mãe que me enganou, de meu pai que a traiu e desapareceu com a minha irmã... Eu quero esse filho, padre! Eu amo a minha irmã, mas não como irmã...

O homem, completamente aturdido, não só pela história, mas também com o tom comovedor e emocionado com o qual Marcello impostava a voz em desespero, afirmou:

— Meu filho, isso é um pecado mortal! — exclamou o clérigo piedoso, mas sem medir as palavras.

— Sim padre! É um pecado mortal! Mas foi sem saber que eu seduzi alguém que eu amava e amo, que eu desejava e desejo de corpo e alma... Deixei que um filho fosse concebido desse amor! Não fui desonesto, padre! Não sou desonesto! Mas, pelos meus princípios, sinto-me asqueroso, vil, imoral... — Lágrimas rolaram contínuas. — Eu tinha planos! Tantos planos de felicidade! Mas ao descobrir que engravidei minha própria irmã!... É um pecado tão mortal, padre, que ontem mesmo eu ia me jogar do oitavo andar do prédio onde moro pensando nisso! Mas fui impedido!... Não vou conseguir viver com essa situação! Fico pensando como ela está se sentindo, como está o nosso filho... Só morrendo!!!

O homem não sabia o que dizer. Marcello, chorando muito, saiu sem rumo. Entrou no carro e, embora com lágrimas que embaçavam sua visão, passou a percorrer ruas e avenidas sem saber para aonde ir ou a quem re-

UM DIÁRIO NO TEMPO

correr. Mesmo assim, pensava que um acidente de trânsito amenizaria seu sofrimento.

Marcello reclamava em pensamento da ausência daqueles amigos espirituais, que sempre o inspiravam, que podia, às vezes, ouvir, ver ou sonhar.

Mas ele não estava sozinho e desamparado espiritualmente como imaginava.

Como que um sopro, recordou a figura da bela mulher que sempre via em seus sonhos, em suas idéias. Lembrou-se das conversas mansas e enigmáticas que faziam de pensamento para pensamento e isso o sustentava com uma fé inabalável. Onde ela estaria? Por que não o socorria com uma palavra amiga, que confortasse seu coração?

Uma nebulosa inquietude o atormentava por todo o caminho sem fim, sem rumo. Ficava imaginando como Flávia estaria se sentindo.

Esmorecido pela extrema aflição, decidiu estacionar o carro e recordou-se do lindo sorriso de Flávia, da sua voz macia e doce, de sua amável compreensão e repreensão.

Ao olhar pela janela do carro, viu-se diante da Casa Espírita que Kátia os levou e Renata dirigia. Movido pela raiva, ao lembrar que ela brigou com Flávia, decidiu descer e procurá-la. Quem sabe Renata estivesse ali orando pelo pai internado. Enfurecido, ele sentia vontade de agredir Renata, queria matá-la.

Subindo os poucos degraus com semblante sisudo, adentrou no salão principal, percebendo certa movimentação de pessoas em outras salas, mas o grande salão era silencioso, um templo sagrado tal qual a igreja onde esteve, uma energia o envolveu e Marcello perdeu as forças junto com a raiva de minutos antes.

Esgotado, ocupou o lugar em uma poltrona e perdeu o olhar no branco e limpo local. Sentia o peito doer e os pensamentos fervilharem. Inclinou-se para trás, fechou os olhos e deixou que as lágrimas rolassem, prendendo-se sempre nas mesmas lembranças e questões.

Passado algum tempo, sentiu uma mão repousar suavemente em seu ombro. Surpreendido, Marcello abriu os grandes olhos negros e, com rapidez, secou o rosto com as mãos.

— Bom dia, meu rapaz! — cumprimentou de modo cortês com voz em tom generoso.

Eliana Machado Coelho/Schellida

Um suspiro forte, com o rosto vermelho pelo choro e voz rouca, Marcello retribuiu:

— Bom dia. Espero não incomodar. Desculpe-me...

— Eu quem devo pedir desculpas por tirá-lo das reflexões. Mas lembrei-me de você quando... Não faz muito tempo que esteve aqui com os irmãos da Renata. Aliás, você é o noivo da Flávia, estou certo?

— Não... — sua voz embargou e lágrimas correram junto com um soluço forte, que não pôde deter.

Augusto anuviou o sorriso, considerando gentilmente:

— Eu sou o Augusto. Desculpe-me, mas esqueci o seu nome.

— Marcello — disse sem encará-lo e secando o rosto com as mãos.

— Será que não prefere um lugar mais tranqüilo, Marcello? Podemos conversar um pouco ou, se quiser ficar em silêncio, será um local mais adequado. Venha.

Mecanicamente, Marcello o seguiu por um corredor até chegarem a uma sala onde havia uma mesa e algumas poltronas. Por indicação do homem, Marcello acomodou-se em uma das poltronas, enquanto Augusto fechava a porta.

De uma janela, os raios de sol invadiam a sala e atraiam a atenção de Marcello que silenciou.

Augusto sentou-se na poltrona frente a Marcello e comentou:

— A vida, às vezes, nos fere com tanta agressividade que acreditamos não poder suportar. Quer conversar, Marcello ou prefere ficar sozinho e continuar com suas reflexões?

— Preciso falar com alguém ou enlouqueço.

— Se acreditar que posso servir de ouvinte... — Vendo que o rapaz não sabia como iniciar, perguntou: — Você e a Flávia desmancharam o noivado, é isso?

— Não. Apesar do amor que sentimos um pelo outro, teremos de nos separar. Nosso casamento seria no próximo sábado e...

A emoção tomou conta de Marcello. As mesmas palavras usadas para explicar-se ao padre, mencionou novamente para esclarecer tudo a Augusto que ouvia sem manifestar-se, sem assombro. Marcello falou tudo e ainda detalhou muito mais. Ao terminar, lamentou entre o choro:

— Minha vida está em ruínas! Já que é um pecado mortal, como me disse o padre, então eu prefiro morrer.

— A época de perseguição por pecados mortais já se acabou, Marcello. É você quem está se maltratando por excesso de remorso. Se me permite, gostaria de saber: você tem remorso do quê?

— A Flávia é minha irmã! Como não ter remorso?

— Remorso é arrependimento — lembrou com voz tranqüila. — Você sabia ou desconfiava desse grau de parentesco?

— Não! Nunca!!!

— Então, Marcello, você se arrepende do quê?

— Eu amo a minha irmã! Ela espera um filho meu! Como contei, nós nos apaixonamos perdidamente e, quando percebi que ela gostava de mim, eu a seduzi... — sussurrou baixinho — ...fui o primeiro homem em sua vida... Vivemos um amor puro, verdadeiro. A Flávia se tornou minha... ...minha vida. Marquei o casamento, pois... eu sabia que ela estava grávida. Talvez não acredite em mim, mas eu sei... vi a concepção do nosso filho, mas não disse nada para que não se preocupasse. Na sexta-feira passada, confirmamos a gravidez e... Como fiquei feliz, realizado, e ela também. Augusto, eu amo esse filho! Eu quero esse filho! Quero a Flávia comigo! Mas ela é minha irmã! — chorou.

— Marcello, você falou coisas maravilhosas! Disse que ama esse filho, que o quer e quer a Flávia com você. Não vejo onde você foi vil, torpe, asqueroso como me falou a princípio. Você não foi nada disso, uma vez que não sabia nem desconfiava que eram irmãos. Lembre-se de uma coisa meu filho, Deus não erra! — enfatizou. — Jesus disse que nenhuma folha de árvore cai sem a permissão do Pai da Vida. Então, Marcello, continue desejando e amando esse filho. Dê-lhe toda a assistência, companhia, presença, participação desde agora. Não queira a morte ou vai se arrepender por não ter vivido para associar-se a essa criatura divina. Você tem força e coragem para viver, ou Deus não o presentearia com esse filho.

— Eu o amo desde já, mas como vou encarar meu filho?! O que direi?!

— Vai vê-lo e olhar para ele com amor. Com um lindo amor igual ao que sentiu quando o desejou. Experimentará a verdadeira felicidade, quando estiver ao seu lado. No tempo certo, conte-lhe toda a verdade. Ele entenderá — orientou o homem com brandura e forte emoção.

Eliana Machado Coelho/Schellida

— E a Flávia?! Eu não a amo como irmã!...

— Mas você disse que a quer com você!

— Eu a quero como minha mulher! — desesperou-se Marcello.

— Agora sim você poderá ser vil se, e somente se, consumar um relacionamento com sua irmã. Talvez essa seja a provação que vocês necessitarão enfrentar juntos. Queira a Flávia junto de você, ela vai precisar muito de você ao lado, mas como amigo, ouvinte, como arrimo para os desabafos, para enfrentar os medos e acompanhamento em tudo. Não pense que ela está menos confusa, nervosa e desesperada do que você. Qual homem abandonaria uma mulher que espera um filho seu?

Marcello o olhou firme, pasmado. Aquelas eram as palavras que usou algumas vezes em conversa com sua tia Rossiani sobre os segredos de sua mãe. E sem saber, com um envolvimento sublime, Augusto completou com exatidão:

— Marcello, um homem digno, honrado, seja qual for o motivo, não abandona uma moça que espera um filho seu. Percebo em você a decência e a dignidade de querê-la ao seu lado, tem a capacidade de respeitá-la e ampará-la. Flávia vai precisar muito disso. É uma provação difícil, filho, mas deve ser muito necessária para acontecer dessa forma. Outra coisa, perdoe à sua mãe e ao seu pai. Não os julgue culpados por tudo isso. Deus não erra! Pense da seguinte forma: talvez um outro rapaz, sem moral, sem princípios vivesse o mesmo que você e não se torturasse tanto. Ele nem se incomodaria. Aliás, isso acontece muito. Esse não é o seu caso e por isso não deve se torturar com remorso do que aconteceu, pois vocês não sabiam. Ame o seu filho desde já. Trate a Flávia com respeito, amor fraterno e carinho amigo, principalmente, durante o difícil período de gravidez no qual a mulher fica bem sensível.

Marcello não se desesperava mais. Sabia que a situação continuava a mesma, mas sentia grande alívio no peito. Seu raciocínio lógico parecia ter voltado e com meio sorriso, disse:

— Augusto, não sabe o quanto me ajudou. Perdoe-me por tomar o seu tempo.

— Que nada! Hoje é minha folga — sorriu. — Eu estava sem fazer nada, por isso resolvi vir até aqui. É difícil viver sozinho.

— É... Eu sei — disse levantando-se e estendendo-lhe a mão firme.

UM DIÁRIO NO TEMPO

— Marcello, se não for incomodo, poderia me dar seu número de telefone só para eu saber como vocês estão? Prometo não incomodá-los!

— Jamais tomaria meu tempo — afirmou Marcello tirando um cartão do bolso e oferecendo-o a Augusto.

Em seguida, despediram-se e Marcello se foi.

* * *

No mesmo instante, Flávia encontrava-se no hospital ao lado do leito do senhor Douglas que, entorpecido por medicamentos, recuperava-se da delicada cirurgia. Estava fraco, pálido e parecia bem mais velho.

Com toda a força de sua alma, Flávia segurava o soluço, mas as lágrimas embaçavam sua visão.

O senhor Douglas, atado aos monitores e aparelhos, parecia ter momentos de delírio, outros de lucidez.

Abrindo os olhos, reconheceu a filha e lágrimas correram pelos cantos de seus olhos. Flávia sorriu triste. Em seu coração bondoso não havia lugar para ressentimentos. Num murmurar forçado, em que ela quase não ouviu, o pai perguntou:

— Abortou?... Tirou aquela criança, não foi?

Flávia ficou perplexa, em profundo choque, e Rogério, percebendo alguma coisa errada, aproximou-se sobrepondo o braço no ombro da irmã. Observou o pai que insistia como que em delírio, olhando para eles:

— Se ela não tirou... faça-a livrar-se dessa criança...

— Não se importe — murmurou ela, chorando e abraçando-se ao irmão —, o papai está delirando.

— Não! — tentou ser rígido. — Eu ordeno!...

Examinando-o com piedade, imprimiu ternura na voz estremecida, declarou:

— Sinto muito, papai. Não vou matar o meu filhinho. Deus não permite sacrificar vida alguma. — O homem arregalou os olhos fundos e Flávia continuou: — Não sabíamos que éramos irmãos. Não acredito que o Marcello, conhecendo-o como conheço, me peça para matar o nosso filho, mesmo com tanto medo, apesar do desespero. Sei que esse filho pode nascer especial, com dificuldades... Não importa — disse chorando —, eu cuidarei dele

Eliana Machado Coelho/Schellida

com todo meu amor, não vou rejeitá-lo por nada desse mundo. Só se Deus o tirar de mim.

Virando-se rapidamente, Flávia não suportou e desatou a chorar escondendo o rosto no peito do irmão, que a abraçou forte e olhou para seu pai dizendo brandamente:

— Nós precisamos ir. Descanse para que melhore rápido.

Levando-a pelo corredor, Rogério ouviu de Flávia, que, agarrada a ele, chorava:

— Estou desgostosa, angustiada, com medo, mas tenho certeza de que amo esse filho, Rogério. Eu o quero!... Será difícil encarar o mundo... explicar para ele o que aconteceu... Mas Deus sabe do que eu preciso e vai me sustentar. Seja feita a Sua vontade...

Fazendo-a se sentar, Rogério acariciou-lhe o rosto e os cabelos ondulados, beijou-a no rosto várias vezes e, quando Flávia se recompôs, ele afirmou:

— Tomou a melhor decisão de sua vida. Eu sou capaz de abandonar meus planos ou de levá-la comigo para aonde eu for só para te amparar e te ajudar no que precisar para criar meu sobrinho ou sobrinha.

— Desculpe-me por não te contar antes.

— Você me surpreende, Flávia. Não chore! — brincou. — Você está proibida de chorar! Não vê que vai deixar o meu sobrinho ou sobrinha com sentimentos tristes?! Pode parar!

Ela sorriu em meio ao choro, e ele, temeroso de encontrar-se com a Renata, pediu:

— Agora vamos.

* * *

Ao chegarem no prédio do apartamento de Marcello, Rogério subiu sem anunciar, uma vez que ele tinha as chaves.

Flávia não parecia a mesma de horas atrás. Ela tremia dos pés à cabeça, estava muito insegura.

Marcello estava no banho e não os viu entrar.

— Sente-se aí — pediu Rogério indicando o sofá. Indo até a cozinha, preparou um copo com água adoçada e levou para a irmã, que bebia em poucos goles.

Ajoelhando-se frente à Flávia, perguntou preocupado:

— Você está bem?

— Acho que sim — falou baixinho. — Estou nervosa.

— O bebê está bem? — tornou ele, afagando-lhe o rosto.

— Está. Você ouviu o que o médico falou.

— Por que não me contou que estava grávida? — falou brando.

— Fiquei confusa, com medo... Não me exija mais nada, Rogério. Está sendo tão difícil...

— Não estou exigindo, Flávia — disse meigo. — Estou preocupado com a sua saúde e com a saúde do bebê. Se você o quer e o ama, avise quando não estiver bem, quando ficar nervosa, precisar descansar... Você poderia perder esse filho na briga com a Renata, com a agressão do Júnior. Se eu soubesse, não a teria deixado lá na chácara depois de tudo. A propósito, depois iremos à delegacia prestar queixa contra a Renata e o Júnior.

— Será que devemos?

— "Enquanto os bons forem tímidos, o mal vencerá." — Ao escutar que Marcello saiu do banheiro, Rogério se levantou, olhou firme para a irmã e foi em direção do outro, chamando-o: — Marcello!...

— Que susto! — sobressaltou-se, já no quarto secando os cabelos com uma toalha. — Não o vi chegar.

— Desculpe-me. Não tive a intenção... Pensei que tivesse nos ouvido.

Marcello paralisou. Depois respirou fundo e perguntou quase sussurrando:

— A Flávia está aí?...

— Estão lá na sala te esperando.

— Quem está com ela? — preocupou-se Marcello assustado.

— O filho de vocês, lógico! — falou sério. Afirmando em seguida: — Eu vou deixá-los a sós. Acho que precisam conversar à vontade. Mas estarei por perto... Ficarei lá no carro, qualquer coisa me liga, tá? Estou achando a Flávia muito sentida, bem frágil e isso pode não ser bom para ela e ao bebê. Ela já passou pelo médico, contamos tudo, exatamente tudo o que aconteceu. Ele a examinou, disse que o bebê está bem, mas ela precisa se alimentar melhor e repousar.

— Rogério... — chamou-o, sentindo-se inseguro e implorando. — Por favor, me aconselhe. Como vou encará-la?

Eliana Machado Coelho/Schellida

— Não sei... — tornou o outro com profunda sensibilidade. Com um travo na voz, opinou: — Seja breve, vá até a sala e olhe para ela. Aproxime-se e deixe o coração falar. — Breves segundos, reparou que Marcello vestia só a calça de um agasalho e trazia a toalha apertada entre as mãos como um sinal de nervoso, então falou: — Eu vou sair... Vista uma camiseta, penteie esse cabelo... — sorriu levemente, mas sensibilizado. — Vá logo. Não a deixe esperar muito tempo.

Rogério virou-se e não se deixou ver emocionado. Já na sala, beijou Flávia rapidamente e saiu.

Em poucos minutos, trêmulo, com a respiração aflita que tentava disfarçar, Marcello foi até a sala e a olhou, mas seus olhos embaçaram, prontos para chorar.

Mesmo assim, vagarosamente se aproximou, abaixou-se e a viu em lágrimas. Pondo-se de joelhos, abraçaram-se forte como nunca. Choraram juntos. Um choro dolorido, angustioso e demorado. Sentando-se no chão, Marcello a aninhou nos braços, apertando-a contra o peito, enquanto ele chorava aos soluços. Flávia escondia o rosto. O choro copioso não cessava. Não havia palavras, somente troca de olhares e emoções conflitantes, contrariadas e de profunda tortura íntima.

Lembrando-se do filho que tanto queria, usando toda sua vontade para deter os sentimentos de agonia, tristeza e desgosto, Marcello forçou-se a parar de chorar, afastou-lhe delicadamente os cabelos do rosto rubro e a ajeitou melhor em seus braços, como uma criança carente e sofrida.

— Não se emocione tanto para não passar essa aflição para o nosso bebê — Vendo as lágrimas compridas que nasciam dos olhos tristes de Flávia, ele beijou-lhe a testa e falou com a voz entrecortada: — Perdoe-me por me comportar assim, mas é tão... ...difícil. Eu não gostaria que fosse dessa forma...

— Marcello... — chamou, invadindo seus olhos com intensa dor e gaguejou entre o choro — ...eu... ainda não... acredito. Parece um pesadelo... O que será do nosso filho? — chorou.

Procurando ser forte, ele tentou se explicar e passar-lhe segurança:

— Flávia, preste atenção — pediu esforçando-se para deixar a voz firme. — Eu também estou desesperado. Odiei o mundo... Reclamei a Deus e amaldiçoei o dia em que nasci. — Breves instantes em que se calou para não chorar e continuou: — Se quer saber mesmo, como eu já afirmei a três pessoas incluindo o seu irmão... — riu quase chorando e retificou: — incluindo o nosso irmão, o Rogério, que é uma criatura maravilhosa e... Flávia, eu afirmei e não nego que a amo muito. Amo você como nunca amei alguém! Não consigo admitir que isso seja verdade. Eu não consigo vê-la, imaginá-la ou aceitá-la como irmã... — ele não conseguiu deter as lágrimas e se calou por instantes. — Eu a amo como minha mulher, entende?

Flávia, fragilizada e em pranto, afirmou com um aceno de cabeça e ele continuou mesmo sob fortes emoções:

— Eu amo nosso filho! Eu quero nosso filho! Por favor — suplicou —, deixe-o nascer! Por Deus, eu te imploro em nome de tudo o que for mais sagrado para você, deixe...

— Eu nunca faria isso com um filho! — interrompeu-o com convicção.

— Principalmente sendo o filho fruto de um grande amor... De um amor puro, que eu quis e escolhi. Se esse amor tem de ser represado agora, o meu filho não precisa morrer por isso.

— O nosso filho! — corrigiu-a chorando, apertando-a ao peito e balançando-a com carinho. Reafirmando: — É nosso filho, Flávia. Fruto de um amor, do nosso amor. Se não podemos viver esse amor, nosso filho irá representá-lo.

Flávia parou de chorar, mas estava com o rosto inchado e olhos bem vermelhos. Procurando sentar, cruzando as pernas como ele, ficou frente ao Marcello. Cabisbaixa, falou com simplicidade, porém firme:

— Marcello, você vive um conflito, um desespero tão grande quanto eu e... Bem... eu tinha certeza de que você não iria rejeitar o nosso filho, mas o que vamos fazer?

Lembrando-se do conforto que recebeu de Augusto quando ouviu suas palavras, procurou repeti-las:

— Vamos criá-lo com todo o amor, carinho, atenção. Vamos lhe dar todo o tempo possível, participar de tudo em sua vida. Corrigi-lo quando for preciso, parabenizá-lo quando merecer, ensiná-lo boa moral e os bons costumes. Somente assim forneceremos ou daremos a ele ou ela tudo o que precisará para ter um bom caráter e dignidade. No momento certo, contaremos a verdade. Se Deus nos prover de forças, se Jesus nos abençoar, apesar de tudo, essa criatura será a luz que eu vi em você e entenderá. Não

Eliana Machado Coelho/Schellida

ficará revoltada, porque saberá que a vida é um dom, uma dádiva para o aperfeiçoamento.

Flávia se surpreendeu com aquelas palavras ditas com tanta bondade e se emocionou com lágrimas, mas eram lágrimas de júbilo, uma felicidade morna, porém com esperanças firmes, fortes, convictas.

— Marcello — tornou ela sob a mira de seu olhar fixo —, eu sei que será difícil. Tudo é conflitante e eu não consigo esquecer tudo o que vivemos... — chorou. — Fico em desespero! Nunca mais viveremos o nosso amor, por isso... — dizia agora entre as lágrimas e soluços, escondendo o rosto entre os cabelos — É por isso que vou entender... Sabe, meu irmão, o Rogério...

— Nosso irmão, Rogério — corrigiu-a com moderação.

— Sim — A respiração de Flávia era ofegante e consternada, mas ela se forçou: — O Rogério disse que vai me apoiar em tudo. Está disposto a me ajudar no que for preciso e...

— Ei! Ei! Ei! — interrompeu-a com interjeições constantes, porém brandas. — O que está pensando?!

— Adorei e o admirei ainda mais. Para não dizer que o amei ainda mais ao pensar em tudo isso que quer oferecer ao nosso filho. Mas será difícil, Marcello, ao se deparar comigo a todo instante e... Eu o entendo e vou aceitar se não quiser me ver com freqüência. Acredite, nunca vou negar que veja nosso filho, acompanhá-lo e fazer tudo o que planejou. Mas...

— Flávia, espere — pediu com voz mansa em tom generoso. — Você sabe que eu nunca fui desonesto. Sempre quis saber de suas dúvidas e jamais deixei de fazer uma pergunta que me interessasse. Eu te amo, Flávia e não nego! Tenho certeza de que não planejamos nada disso, as coisas foram acontecendo rápidas demais desde que descobrimos que estávamos apaixonados. Lembro que, dias antes, eu estava determinado a pedir demissão por não suportar ficar ao seu lado vivendo aquele amor platônico. Depois que admitimos nossa paixão, eu devo confessar que não me arrependo de nada, pois nunca vivi algo parecido e você me completou, preencheu um vazio que sempre senti. Flávia, nenhum de nós poderia imaginar que éramos irmãos! Isso é o que me deixa com a consciência mais tranqüila, apesar de todo o desespero, de toda a dor. — Fez breve pausa. Ela não se manifestou, e ele continuou no mesmo tom brando: — Quando eu soube a verdade e ao ouvir o senhor Douglas confirmar, na minha cara, tanta traição, tanta sordidez... Foi um golpe duro. Você me conhece bem. Eu perdi a noção das coisas... Fiquei desorientado, desesperado, queria que fosse mentira.

Recordei-me de todos os sentimentos que represamos por tanto tempo, do amor que explodiu quando nos envolvemos, do casamento marcado... As lembranças eram constantes e repetidas como cenas de um filme repleto de detalhes onde eu revivia os sentimentos ao mesmo tempo que sabia que éramos irmãos... Pensei no filho que concebemos e que tanto desejávamos. Fiquei louco! Por tantas confissões e revelações cruéis, eu gritei, chorei, esbravejei o quanto pude. E foi por isso que o Rogério levou você e ela — disse referindo-se à Nicolle —, para a chácara e não deixou que subisse para não me ver naquele estado.

Foi um golpe duro, Flávia. Dentro do sistema moral no qual meus avós me criaram, isso era indecente, imoral, obsceno... — Breve pausa em que ele acariciou-lhe o rosto, secando suas lágrimas e continuou falando, pausadamente, em baixo tom:

— Flávia, não sou hipócrita. Eu a quero como minha mulher, mas você é minha irmã e eu, desesperado, não conseguia tirar dos pensamentos os mais lindos momentos do nosso amor e queria que estivesse comigo naquele instante. Sentia um remorso imenso e queria que aquelas recordações sumissem. É vergonhoso dizer, mas eu tentei me matar para fugir dessa situação.

— Marcello! — exclamou assustada.

— Calma. Só estou contando o que aconteceu. Veja, ainda estou aqui — riu com simplicidade. — Meus pensamentos eram terríveis e algo gritava dentro de mim dizendo que eu precisava morrer, que seria corajoso para fazer isso. Não sei dizer de onde o Rogério surgiu, agarrou minhas pernas e me puxou quando eu estava em pé no parapeito da sacada e segurava com uma só mão no teto. Nós brigamos, nos socamos e nos abraçamos aos prantos. Ele me disse muitas coisas e tive de admitir que eu estava sendo covarde.

Hoje eu saí ainda em conflito. Conversei com um padre que me deixou mais atormentado, mas depois acho que Deus colocou em meu caminho um amigo que me orientou muito. Ele me disse algo muito importante.

— O quê?

— Deus não erra! E que Jesus disse que nenhuma folha de uma árvore cai sem a permissão de Deus. — Ela suspirou fundo, e ele prosseguiu: —

Eliana Machado Coelho/Schellida

Esse homem ainda lembrou que eu não deveria ter remorso pelo que nos aconteceu, pois não sabíamos que éramos irmãos, mas que precisaríamos assumir as responsabilidades. Tê-la como minha mulher, agora, seria obsceno e vil, consumando um relacionamento mais íntimo seria o hediondo incesto. Disse que talvez seja essa a nossa provação, algo para enfrentarmos juntos. Aquelas palavras me trouxeram de volta a razão, a fé, desafogando meus pensamentos. Não vou dizer que estou tranqüilo, que não estou nervoso, contrariado, mas posso controlar esses sentimentos. — Olhando-a firme, afirmou: — Eu, um dia, disse que não a abandonaria em nenhuma circunstância fosse qual fosse. Eu vou cumprir a minha promessa. Sou um homem digno, tenho caráter e honrarei a minha palavra.

— Marcello... — murmurou sem continuar.

— Flávia, você vai precisar de mim desde já. Nosso filho precisa de mim agora, a partir de agora. Por isso eu te peço que fique comigo. Deixe-me ser digno de tê-la ao meu lado junto com o nosso filho. Prometo que vou respeitá-la, ampará-la, serei seu amigo como fui até hoje. Serei submisso, obediente e atencioso para te oferecer todo o carinho e consideração que você tem direito por ser mãe, por ser minha irmã e respeitar a vida do nosso filho. Não será fácil, mas prometo me condicionar ao respeito que você merece. Deixe-me cuidar de você e acompanhar nosso filho. Depois, com o tempo... Depois do bebê nascer, se você quiser estará livre para encontrar alguém e ser feliz, mas eu só peço que me deixe acompanhar a vida dele ou dela.

— Serei de um único homem, Marcello — interrompeu-o com tranqüilidade.

— Não diga isso. A vida nos oferece surpresas e oportunidades.

— Se eu fui capaz de esperar tanto para ser do homem que amo, continuarei sendo dele, não vou trair a minha consciência. — Decidida, falou encarando-o firme. — Estou atravessando a maior crise, o maior conflito de minha vida. Sei que outra mulher em meu lugar não ficaria tão abalada, mas eu tenho os meus princípios morais e dignidade. Sinto-me como se fosse jogada em um precipício, perdi o chão e senti vontade de me acabar. Parece que estou além dos limites do sofrimento. A armação do destino foi covarde e cruel quando a proibição de nossa expressão de amor veio à tona por sermos irmãos. Enfrentei e enfrento os meus maiores temores e ainda tenho de me controlar pela vida que existe em mim e depende de mim. — Longa pausa em que se olharam e ela recordou: — Um dia, conversando com a minha mãe... digo... com a dona Gorete, apesar do seu desequilíbrio, ela disse uma coisa que não esqueci: "um denso véu enegrecerá o sol. A vida nas trevas é difícil. Só os mais fortes vencem esse véu quando procuram a verdade" Lembrou-me das palavras de Jesus: "Conheça a verdade e ela te libertará". Naquela manhã aconteceu algo estranho. Eu estava me arrumando para ir trabalhar e vi, tenho certeza de que vi no espelho do meu quarto uma... entidade, olhei em volta e não vi ninguém, mas a via abraçando o meu reflexo no espelho, pude sentir como se estivesse me abraçando de verdade. Essa entidade me pedia para ser forte, disse que eu era forte e pediu para que eu resistisse, mesmo que tudo parecesse verdadeiro. Eu deveria resistir para não me arrepender depois. E me amparando em tudo isso é que estou resistindo. Porém, Marcello, se você encontrar alguém...

Colocando-lhe o dedo indicador frente à boca, pedindo-lhe silêncio, ele falou:

— Você sabe o que é amor. Sabe o que é desejar alguém. Isso é único. Meu sofrimento é tão monstruoso quanto o seu, Flávia. Mas eu seria um covarde, um inútil se não a amparar, não tratá-la com respeito em todos os sentidos. Eu também devo esse respeito e carinho ao nosso filho. Se você caiu em um precipício, eu vou tirá-la dele e caminharemos juntos, lado a lado, respeitando os nossos princípios, mantendo a nossa moral com dignidade. Não vamos ficar de lados opostos, certo?

— Então... — chorou sensível. — Eu aceito. Não conseguirei viver longe de você. Teremos limites, somos capacitados e responsáveis. Eu confio em você.

— Nós vamos conseguir, Flávia. Existem muitos casais que, por alguns problemas, acidentes... não têm uma vida íntima ativa, mas o amor que os une como amigos e irmãos os fazem ficar lado a lado!

Eles se abraçaram e choravam quando Rogério, muito preocupado e não suportando esperar mais, retornou. Ao vê-lo entrar, Marcello brincou com ela:

— Quando olhar para mim, lembre-se do Rogério. Levará um susto tão grande...!

Eliana Machado Coelho/Schellida

— O que estão falando de mim? O que está acontecendo? — quis saber Rogério que foi chamado ao abraço pela irmã que estendeu os braços em sua direção.

De joelhos, os três se abraçaram unidos para ganharem força e superarem as dificuldades.

35

Nicolle repudia o incesto

Deus permite que o destino escreva no diário da vida o que precisamos e merecemos experimentar. Bom lembrar que, por vezes, "o destino é o pseudônimo de Deus". Por essa razão ninguém conseguia entender a estranha força na firme decisão de Flávia e Marcello sobreviverem juntos, como dois irmãos. Pela elevação moral e espiritual que ambos já haviam alcançado, eles cumpririam a promessa de enfrentarem juntos os obstáculos da grande provação inibindo a expressão do puro e verdadeiro amor que sentiam, tratando-se com amor fraterno e muito respeito. Estariam unidos para criar o filho que conceberam, amando-o e guiando-o para o bem, preparando-o para a vida.

Assim como antes, tinham planos para o futuro, que tiveram de ser totalmente replanejados.

Kátia ficou aturdida com tudo que Rogério lhe contou.

Viviani e Cíntia, assim como Rogério e Kátia ficaram surpresos com a determinação de Flávia e Marcello. Acharam uma decisão perigosa, mas compreenderam sem opinar e resolveram que os apoiariam estando sempre presentes. Por essa razão, passaram a freqüentar mais o apartamento em que viviam.

Nicolle não sabia que Flávia estava morando no apartamento de Marcello, a quem não via há quase três semanas. Acreditava que ele precisaria

Eliana Machado Coelho/Schellida

de um tempo para se recompor. Além disso, Nicolle estava longe de imaginar que a filha estava grávida de Marcello. Ninguém encontrava coragem para lhe contar, preocupados com sua reação. Ela não suportaria.

Unidos, os filhos pensaram em várias formas para lhe dar a notícia, mas relutavam. Até que Marcello se lembrou de Augusto que o acalmou e orientou com palavras sábias, bom senso e respeito.

Procurando por ele, Marcello explicou-lhe a situação e, bem sensato, Augusto se prontificou de imediato depois do pedido do amigo.

Augusto acompanhou Rogério, Flávia e Marcello até a chácara onde Nicolle morava e foi apresentado como um amigo. A própria Flávia decidiu que iria conversar com sua mãe. E a sós. Por mais que tentou ser generosa com as palavras, Flávia não conseguiu conter a extrema aflição de Nicolle, que passou mal com a notícia.

Seu desespero foi difícil de ser controlado pelos filhos e pela comadre, que acompanhava tudo. Nicolle não se conformava, dentro de seus conceitos religiosos aquele era um pecado mortal, imperdoável.

Marcello ficou nervoso e não se contendo ainda contou que moravam juntos e assumiria seus deveres e direitos como pai, cuidando também de Flávia a quem jamais deixaria sem amparo.

Os gritos, lamentos desesperadores e o choro de Nicolle eram intermináveis. Ela se culpava pelo hediondo incesto, culpava a Douglas e ao Governo Militar que imperava e não oferecia a garantia dos direitos de proteção às pessoas necessitadas. Ao contrário, os políticos protegiam os mais corruptos, os mais indignos por seus poderes.

Nicolle estava arrasada, seu estado era deplorável. A pedido de Augusto, Marcello foi levado para outro cômodo e com um educado sinal, os demais entenderam que ele gostaria de ficar sozinho com a senhora.

Ele era um ouvinte atencioso e Nicolle desabafou e contou toda sua história, sua dura trajetória de vida em que perdeu o brilho, o sorriso e a gargalhada contagiante.

A conversa era duradoura, mas enquanto isso Olga conversava com Marcello em outro cômodo, ouvindo-o e confortando-o até que ela, envolvida por nobres sentimentos repletos de excelsa energia, fixou-se firme nos olhos dele e esclareceu-o:

— Preste atenção — pediu firme. — Continue sensato, resoluto em sua notável e destemida decisão, por mais que o sofrimento o tente abalar, por mais que as tentações possam acontecer — Marcello estava bem sério, com olhos flamejantes e percebeu que aquelas palavras não eram de Olga. Sentia uma potente eloqüência expressa de vigorosa generosidade que não sabia explicar, mas reconhecia. Por fim ela desfechou: — A solução, ou melhor, a intervenção de seu espírito protetor para tamanha prova depende só e unicamente de sua postura honesta e resignada, dos cumprimentos de seus deveres, respeito e proteção. Seu caráter é honesto e decente. Não mude isso, pois conforme a sua postura, revelações poderão se descortinar como acréscimo de misericórdia pelo amor de Deus. A caridade Divina abençoará a harmonia e a união de corpos e de almas afins daqueles que se completam.

— Nossa união como almas afins será impossível nesta vida — disse ele na primeira oportunidade.

— Depende!

— Somos irmãos! — exclamou ele.

— Existe a intervenção de espíritos superiores em nossas vidas, mas isso depende de nossa moral. As tentações de todos os tipos e das mais perigosas ainda estão por vir, incluindo o desejo às paixões, as más tendências e desejos íntimos. Terá de suportar o poder e as privações, terá de lutar contra o desenvolvimento às más inclinações do dinheiro, dos vícios, desejos insuflados.

— As armas que tenho para essa luta são a coragem, a honestidade, a fé e a constante oração elevada a Deus.

— Então resista. "O poder que um homem tem na Terra, não lhe dá supremacia no mundo espiritual".

Marcello abaixou a cabeça e ficou pensativo. Sentia que estava sendo amparado, envolvido em ternas bênçãos de misericórdia, mas sabia que sua vida nunca mais seria a mesma.

* * *

Enquanto isso, na varanda, Viviani e Rogério conversavam por longo tempo.

Eliana Machado Coelho/Schellida

Sentado na mureta ele parecia exaurido e ela ainda procurava encorajá-lo:

— Conte comigo, Rogério. Não tome para si todas as responsabilidades.

— Nossa, Vivi! Não está sendo fácil.

— Acredito que a pior parte foi o susto que passamos ao saber e falar para minha mãe que a Flávia está grávida. Agora é o momento de acompanhá-los, participar de suas vidas de modo mais presente e não deixá-los no desespero. Eu adoro meu irmão e...

— Aaaaah!... — interrompeu-a com sorriso sereno. — Só o Marcello é seu irmão, é?!

— Não!... — sorriu, abraçando-o e beijando-lhe o rosto enquanto ele a abraçava pela cintura, afagava-lhe a face e sorria vendo-a atrapalhada.

— Falei assim por força do hábito. Não é todo dia que a gente ganha um meio-irmão! — brincou.

Abraçando-a como se quisesse abrigar-se e fugir de tudo, Rogério confessou bem baixinho:

— É curioso, eu sempre soube que não pertencia àquela família. Eu só me dava bem com a Flávia.

— Eu te entendo. Eu já... — deteve-se Viviani.

— Já... o quê? — quis saber curioso.

— Já cheguei a sentir isso também. Às vezes, cheguei a pensar que estou na família errada. Mas isso é por causa do jeito da... ...da nossa mãe — corrigiu-se a tempo. — A dona Nicolle não foi leal aos filhos. Quando eu soube da Flávia, e depois conheci você... Nossa!

Rogério respirou fundo, afagou-lhe os cabelos num gesto rápido e a afastou de si, dizendo:

— Eu tinha planos para o começo do próximo ano. Recebi um convite para trabalhar em uma grande empresa na Suíça. Não fiquei só estudando. Na Inglaterra, eu fui contratado em caráter temporário enquanto fazia *MBA* — as siglas significam *Master of Business Administration*, que corresponde a um curso de Pós-Graduação de Mestrado em Administração de Empresa. — e com possível efetivação. Mas, lá conheci um grupo de executivos da Suíça que faziam o curso junto comigo, ficamos amigos e eles acabaram se interessando pelo meu trabalho. A oferta de oportunidade é excelente, indiscutível e é por isso que não me interesso pela empresa de meu pai. Quando conheci o Marcello, e depois voltei ao Brasil, eu já havia convencido meu pai a lhe dar o controle da empresa, pois ele tinha o perfil ideal para administrar os negócios.

Entretanto as trágicas descobertas, deixaram-nos atordoados e perturbaram-me imensamente. — Olhando-a firme, com lágrimas que se empoçavam nos olhos de ambos, Rogério comentou: — Viviani, às vezes, não creio que a determinação da Flávia e do Marcello para criarem esse filho juntos dê certo. Foi uma escolha honrosa, mas quando o coração gritar mais forte... — Lágrimas rolaram quando ele gaguejou: — Será difícil manterem a promessa... terem forças... Uma situação dessas me deixaria louco...

Viviani afastou-se para o lado, apoiou-se na mureta e ficou olhando o céu, quando perguntou:

— O que você tem em mente, Rogério?

— Apoiar a Flávia. Acho que ela não é tão forte. Alguém precisa protegê-los deles mesmos.

— Como assim? — perguntou com profunda angústia.

— Penso em esperar o bebê nascer e, calmamente, explicar aos dois que será mais fácil e menos doloroso se eles não ficarem tão próximos. Quero convencer a Flávia para ir comigo para a Suíça.

— Rogério!!!...

Fazendo-a encará-lo, segurando-a firme, perguntou sem trégua:

— Você conseguiria viver perto de quem ama, sabendo que é amada e não sofrer?!

— Eu... Isso seria a morte... — sussurrou.

— Eu não suportaria, Viviani! A distância é o melhor remédio para que um mal maior não aconteça.

— Não diga nada para eles, ainda... — pediu com profunda tristeza.

— Lógico que não — concordou ele. — Vamos esperar o bebê nascer. Até porque eu preciso ir na frente para me estabilizar primeiro. E caso a Flávia não queira ir, se eu perceber problemas de convivência entre eles, ficarei aqui. Prometi que mudaria meus planos por ela.

— Quando você vai para a Suíça? — perguntou algo temerosa.

— Em meados de março do ano que vem — sorriu ao admitir. — Até lá desejo conhecer bem a minha família. Quero ter motivos para voltar ao Brasil, sentir saudade de mais alguém além da Flávia...

Eliana Machado Coelho/Schellida

Viviani o abraçou com força, escondendo o rosto choroso. Rogério a apertou contra si, afagando seus cabelos e correspondendo aos sentimentos.

* * *

Dois dias após o ocorrido, Marcello, Flávia e Rogério estavam no apartamento conversando sobre a presidência da empresa e a posição de Marcello como líder acionário. Flávia, decidida, afirmava categoricamente:

— Não coloco meus pés naquela empresa! Quero que prepare a documentação necessária para eu passar minhas ações para você, Marcello.

— Eu digo o mesmo! — exclamou Rogério. — Meus planos são outros.

— Eu nunca quis essa maldita presidência — protestava Marcello insatisfeito. — Não tenho a mínima vontade de entrar naquela empresa, de encarar aquela gente e... Tenho capacidade para fazer coisa melhor.

— Nosso pai deve tudo aquilo a você, Marcello! — insistia Rogério.

— Nada, desse mundo, pode comprar a minha felicidade.

Eles continuaram falando. O telefone tocou e Flávia, que estava nervosa com aquela discussão, levantou-se para atender quando uma notícia chegou-lhe de forma impiedosa, provocante e cruel.

Flávia empalidecia a cada segundo. Seus lábios perdiam a cor enquanto ela ensurdecia. Rogério, observador, levantou-se às pressas e correu em direção da irmã, pois Marcello estava sentado de costas para ela. Assustando-se com a atitude abrupta de Rogério, Marcello virou-se e o viu já amparando sua irmã nos braços e o aparelho telefônico caído ao chão.

Rogério levou Flávia para o sofá e Marcello insistiu em saber o que era ao pegar o aparelho e perguntar:

— Quem fala?! — exigiu nervoso.

— Sou eu, meu querido irmão, a Renata! — apresentou-se com ironia. Depois avisou: — Marcello, só liguei para dizer que o nosso pai acabou de morrer. Disseram que ele entrou em desespero e só gritava pela Flávia e pedia para ela tirar o filho. Acho que foi o desgosto da união de vocês e por terem gerado esse bastardo. Que impressionante! — afirmava com sarcasmo. — Contei a ela, mas a Flávia não disse nada!... Fico assombrada pela filha predileta ser tão omissa!

Sem dizer nada, Marcello desligou o telefone e correu para junto de Flávia que, ainda desfigurada, retomava a consciência. Em rápidas palavras, Marcello contou tudo a Rogério que ficou indignado. Olhando para eles, ela pediu murmurando:

— Quero me deitar no quarto.

Rogério a amparou enquanto Marcello, muito nervoso, acompanhava-os. Sem que alguém esperasse, Flávia perdeu as forças e mesmo Rogério tentando segurá-la, ela ajoelhou-se ao chão, balbuciando ao chorar:

— O pai... Foi de desgosto que ele morreu! Eu o matei...

— Calma, Flávia... — pediu Rogério, abraçando-a. — Não foi nada disso.

— Não acredite na Renata. Ela não quer o seu bem e disse isso para te abalar, deixá-la nervosa! — dizia Marcello muito preocupado.

— Acalme-se, Marcello — disse Rogério com firmeza. Voltando-se para Flávia, pediu com moderação: — Venha, apóie-se no meu ombro. Vou ajudá-la.

Deitada sobre a cama, Flávia se largava e lágrimas corriam-lhe pelos cantos dos olhos.

Marcello trouxe um copo com água açucarada e a ajudou para que se sentasse, falando com brandura:

— Tome um pouco. Vai se sentir melhor.

Após alguns goles, entre os soluços fortes, Flávia não os enxergava direito pelo embaralhar da visão através das lágrimas e um grande desespero a dominou.

Rogério a abraçou com carinho lembrando-a:

— Controle-se, Flávia. Pense em seu bebê que está sofrendo pelos sentimentos fortes que recebe de você.

Erguendo-lhe o olhar, a irmã não disse nada e procurou controlar o choro. Afastou-se do abraço e encolheu-se sobre a cama.

— Você está se sentindo bem? — preocupou-se Marcello que não sabia o que fazer.

— Estou — sussurrou com voz fraca.

— Seria melhor irmos ao médico — propôs Marcello, sentando-se ao seu lado.

— Não. Eu só gostaria... ...gostaria de ver meu pai — chorou.

Eliana Machado Coelho/Schellida

— Não acho que seja uma boa idéia, Flávia — tornou Marcello enternecido.

— Marcello, veja bem — considerou Rogério mais ponderado —, se é um desejo dela, será melhor atendê-lo do que se arrepender mais tarde. Eu vou telefonar para a Kátia e procurar saber mais detalhes sobre o velório.

Mesmo contrariado, Marcello concordou. Durante a madrugada, deduzindo haver poucas pessoas no velório, Rogério e Marcello acompanharam Flávia. Ela permaneceu pouco tempo ao lado do caixão, depois ficou alguns minutos junto de Gorete, que não se importava com o ocorrido. Pouco depois, Flávia pediu para ir embora, no que foi atendida prontamente.

* * *

Na manhã seguinte, após o enterro de Douglas, Rogério aconselhava Marcello a assumir a empresa que lhe era de direito. Mas esse relutava.

— Não sei, Rogério. Tem momentos que eu quero jogar tudo para o alto. Depois mudo de idéia e não quero dar esse gostinho para a Renata — afirmava Marcello.

— A Renata já aprontou poucas e boas, Marcello. Você nem sabe! Não me surpreendeu o fato dela e do Júnior torturarem a própria mãe. Só gostaria de saber o motivo disso.

— Rogério — argumentava Marcello cansado daquela conversa —, eu tenho algumas coisas para cuidar. Pensei em reformar este apartamento, mas... ele é pequeno, acho que o melhor é comprar outro maior e vender este. Fico insatisfeito com o trabalho que isso vai me dar e...

— Posso ajudá-lo, se quiser! Tenho bom gosto para imóveis! — Riu, depois lembrou: — Marcello, é essencial que tenha dinheiro. Não se desfaça de suas economias! Tire o que é seu por direito daquela empresa!

Marcello fitou-o pensativo, decidindo o que realmente iria fazer.

* * *

Semanas se passaram.

Rogério e Viviani juntos tiveram grande trabalho até encontrarem um apartamento que servia às necessidades de Marcello. Cíntia com as suas opiniões e o bom gosto de Kátia, animaram Flávia, que estava abatida e cuidaram do planejamento dos móveis e da decoração.

Nicolle pareceu sentir satisfação com a morte de Douglas, imaginando o quanto ele sofreu por tudo o que fez. Mas um sentimento de tristeza a envolvia, pois ficava triste por Marcello e Flávia que viviam uma grande aflição, não só por culpa do pai, mas também dela.

Depois de conversar com Augusto, Nicolle sentiu o coração mais reconfortado pela gravidez da filha. Ela era fervorosamente religiosa e compreendeu as palavras de Augusto quando ele disse: "Deus não erra!" Nicolle começava a entender que tanto ela quanto Douglas tinham certa parcela de culpa por Marcello e Flávia ignorarem serem irmãos, envolverem-se apaixonados e conceberem um filho. Contudo conseguia ver que foi o destino que os uniu, pois com tantas moças, com tantos empregos, Marcello acabou se encontrando com a própria irmã.

Agora saber que Douglas provavelmente morreu por culpa dos remorsos que o corroíam, não deixava Nicolle mais satisfeita. Gostaria de ver seus filhos felizes, mas acreditava que isso seria impossível.

Ela não via Marcello com freqüência, provavelmente ele estivesse ressentido ainda, mas ficava tranqüila por saber que os irmãos se uniram muito, tanto que Rogério praticamente morava no apartamento de Marcello e as moças se revezavam para ficarem lá os acompanhando em tudo e cuidando de Flávia.

Nicolle apegava-se muito a Rogério e Flávia, que os visitavam com freqüência, o que a transformou em uma mulher mais firme, porém mais generosa.

Além disso, Kátia, que passou a tomar conta de Gorete, adorava a chácara onde Nicolle tinha as estufas e desejava trabalhar com ela. Com notável educação, Kátia pediu para Nicolle e Irene deixar que levasse Gorete junto, quando fosse até lá, pois não poderia abandonar a mãe sozinha ou sob os cuidados das empregadas, em casa.

Com a aprovação e a freqüente presença de Kátia, que estava bem animada, Nicolle percebeu o desequilíbrio de Gorete e teve certeza de que a mulher também havia sido uma grande vítima de Douglas.

Nicolle tornava a ser aquela mulher decidida e destemida, deixando seu coração cada dia menos amargo, mas repleto de força.

Eliana Machado Coelho/Schellida

Depois de pensar muito, decidiu conversar com Irene expondo o fato de que Gorete precisava ser amparada, uma vez que a filha Renata e o filho Júnior lhe ofereciam certo perigo, pois Kátia, muito dedicada, gostaria de estudar e trabalhar ali.

Irene não relutou. Aquela casa era grande o suficiente para acolher a todos e aceitou imediatamente que Gorete e Kátia fossem morar ali, só que, por precisar de constante acompanhamento, Romilda foi contratada para cuidar de Gorete.

* * *

Renata casou-se conforme o programado e decidiu que continuaria morando na majestosa mansão onde nasceu. Afinal, estava realizada por não ter mais a mãe nem os meios-irmãos por perto. Somente Júnior a visitava com freqüência a fim de conseguir dinheiro para seus gastos.

Marcello, resoluto, assumiu a presidência da empresa e começou a fazer grandes mudanças para a surpresa de todos os funcionários, que não esperavam tanta disposição e determinação dele. Mesmo contrariada com aquela posição, Renata não tinha como reclamar.

Marcello estava diferente. Muito sério, mudou sua postura. Não era tão tolerante como antes, mas agia de forma justa, parecendo outra pessoa.

* * *

Já no novo apartamento, que escolheram e ajudaram a decorar, Viviani e Rogério colocavam as últimas coisas no lugar quando ele perguntou:

— A Cíntia e a Flávia estão demorando, não acha?

— Tomara que seja a última viagem para trazer aqueles tão preciosos livros! — exagerou Viviani lembrando-se das diversas recomendações de Marcello. — Estou exausta! — declarou atirando-se no sofá.

— Eu também! — admitiu Rogério, sentando-se a seu lado. — Bem que o Marcello avisou que isso daria o maior trabalho.

— Ah!!! Lembrei de te contar uma coisa! Você nem imagina! — dizia Viviani eufórica e feliz. — A Olga e o Augusto estão namorando!!!

— Eu já sabia! — riu ao desdenhar.

— Quem contou?! — tornou ela curiosa.

— A Kátia.

— Puxa! Ela não perde tempo! — brincou a moça, rindo. Calando-se por minutos, comentou: — Nossa! Como as nossas vidas se transformaram! Eu tinha dois irmãos. De repente acordei e passei a ter sete.

— Não são seis? — questionou ele.

— Não considera a Kátia como uma irmã?

— Claro!... É que eu havia me esquecido do Júnior — confessou Rogério um tanto sem graça. — Como a vida é estranha — continuou ele reflexivo. — Outro dia eu estava lá na chácara conversando com a Olga sobre minha mãe aceitar a Kátia e a... ...a minha outra mãe — riu — morando lá. Parece que a dona Nicolle adotou a Kátia e de brinde ganhou a Romilda e a Gorete. Além disso, a Olga me disse que um dia conversou com o Marcello e falou que ele levaria até ela uma alma muito querida, pois o destino dela estava nas mãos dele. E realmente! O Augusto foi lá por causa do Marcello. — Breves segundos e Rogério murmurou nostálgico: — Deve ser tão bom termos alguém, uma pessoa querida ao lado...

— Você também se sente sozinho, não é? — perguntou Viviani, olhando-o de modo indefinido.

Após um profundo suspiro, Rogério admitiu cabisbaixo:

— Como disse o Marcello... Sinto um grande vazio. É uma coisa que... — silenciou. Viviani se sentou, recostou-se em seu ombro e o abraçou forte. Rogério afagou-a com carinho ao perguntar: — Você também nunca encontrou alguém com quem se identificasse, não é Vivi? — Ela não respondeu. Intrigado, Rogério segurou-lhe o queixo num gesto delicado e ao vê-la chorar, perguntou: — O que foi? Eu disse algo errado?

— Não — respondeu a jovem, engolindo o soluço.

— O que aconteceu para você ficar assim? — insistiu ele.

Fitando-a com firmeza, Rogério sentiu seus olhos invadirem sua alma e, de súbito, experimentou seu coração disparar. Ela abaixou a cabeça. Nervoso e assustado, tremia ao segurar-lhe a face para que o encarasse e sussurrou:

— Viviani, pelo amor de Deus!...

— Então seja sincero e diga que não luta contra os seus sentimentos — balbuciou, chorando em soluços.

Eliana Machado Coelho/Schellida

Levantando-se rápido, Rogério esfregou o rosto com as mãos num gesto aflitivo. Viviani foi até onde estava e ficou frente a ele. Perguntando com voz branda:

— Diga, o que sente de verdade?

Ele sentia o coração disparar. Segurando-a, olhou-a firme e aproximou se inclinando, mas quando seus lábios quase se tocaram, afastou-se rapidamente. Próximo da janela, Rogério não acreditava no que estava acontecendo e afirmou aflito:

— Viviani, não vamos confundir as coisas. Estamos carentes, ainda atordoados com tudo o que mudou nossas vidas tão rapidamente. É angustiante ver a Flávia e o Marcello e... Nós somos irmãos! — quase gritou.

— Meios-irmãos! — ressaltou. — A verdade é que eu estou sofrendo muito, Rogério! Só penso em você! Acha que não estou desesperada e em conflito? Assim como você? Diga que estou enganada!

— O que está acontecendo, meu Deus?!!! Isso só pode ser um pesadelo, Viviani!!! — desesperou-se, voltando-se para ela — Eu não tenho a mesma estrutura, a mesma força que o Marcello!

— Nem eu! — exclamou chorosa.

A porta do apartamento se abriu e Cíntia entrou com uma caixa colocando-a sobre a mesa. Ela e Flávia conversavam, mas silenciaram ao perceber que havia alguma discussão entre eles e Viviani estava chorando.

— O que foi, Vivi? — quis saber Cíntia de imediato.

— Nada — disse, escondendo o rosto e indo para o banheiro.

— Rogério, o que aconteceu? — perguntou Flávia acercando-se do irmão procurando olhá-lo nos olhos.

— Nada! — Rápido, ele pediu: — Vou precisar do carro. Pode me dar as chaves?

— Mas o seu carro já está lá na garagem! As chaves estão aqui — mostrou apontando para o molho. Percebendo-o muito confuso, Flávia insistiu: — Rogério o que houve aqui?

— Não se preocupe. Nós só discutimos e... Não foi nada. Agora eu preciso ir. Vou para a chácara. Acho que ficarei lá por alguns dias para descansar. A Viviani está de férias e ficará aqui, mas se precisar de mim...

— Rogério — interrompeu Cíntia —, vai para Mogi agora?

— Vou.

UM DIÁRIO NO TEMPO

— Então eu vou com você. A Viviani e a Flávia darão conta do resto. Falta pouca coisa para arrumar.

— Então vamos.

Despedindo-se de Flávia, Rogério se foi acompanhado de Cíntia.

Viviani retornou em seguida e, silenciosa por longo tempo, ajudou Flávia com a arrumação de poucas coisas. Até que pediu:

— Flávia, deixe essa caixa aí!

— Não está pesada. Pronto! Já está no lugar — disse Flávia sorrindo. Em seguida, sentou-se na cama e puxou Viviani, que se acomodou ao seu lado. Cuidadosa, perguntou amável: — Ei, Vivi, o que aconteceu?

— Eu contei uma coisa para o Rogério e me arrependi — falava cabisbaixa. — Ele ficou irritado comigo, insatisfeito e nós discutimos. Fiquei chateada... Foi a primeira vez que brigamos. Por favor, Flávia, eu não quero tocar nesse assunto novamente, pelo menos agora.

— Tudo bem. Eu entendo — disse a outra, puxando-a para um abraço. Depois avisou: — Vivi, nós estamos passando por um período tenso e bem difícil. Talvez por isso eu seja capaz de entender qualquer coisa. Se precisar de meus ouvidos...

Viviani sorriu, mas havia algo triste em seu olhar doce e nada comentou, somente a abraçou forte.

* * *

Rogério ficou morando na chácara por algum tempo. Havia algo de prediletismo na afetividade de Nicolle que não o deixava sozinho.

Ele admirava ver que a mãe havia acolhido Gorete, Kátia e Romilda, enquanto que Nicolle apreciava sua atenção e observação.

Rogério, em conversa com Nicolle, quis saber tudo sobre sua vida e sua família. Não demorou muito e ele a aconselhou que contasse toda a verdade para a família que morava na Itália, pois ele estava interessado em conhecer seus tios e primos, além do lugar onde ela e os irmãos moraram, ver os vinhedos e os trabalhos ali realizados.

Ele sabia que Viviani ficaria algum tempo em São Paulo, pois estava de férias. Sua intenção era ir para a Itália e ficar lá por algum tempo a fim de não ver mais Viviani, até chegar o tempo de definitivamente ir para a Suíça.

Eliana Machado Coelho/Schellida

Acreditava que longe dela aqueles sentimentos fortes perderiam a intensidade. Ele e Viviani ficaram amigos rápido demais, sem antes se acostumarem com a idéia e se conscientizarem de que eram meios-irmãos, deixando que algo diferente ressonasse em seus corações carentes.

* * *

Certa manhã, Marcello estava frente à janela olhando o gotejar da chuva na larga vidraça que parecia chorar as lágrimas que ele ocultava.

Viviani o observava há longo tempo. Marcello não parecia o mesmo. Agora, sempre sério, quase sisudo, pouco sorria e não brincava. Percebia-se uma grande transformação em sua personalidade, não só por tudo o que lhe aconteceu, mas também pelos dilemas que enfrentava com a empresa como presidente.

O trabalho roubava-lhe quase todo o tempo, pouco ficava em casa. Praticamente não participou da compra, da decoração e da mudança de apartamento. Não queria ir até a chácara visitar a mãe, a madrinha e os demais.

Vendo-o parado ali por longo tempo, Viviani aproximou-se e falou baixinho:

— Bom dia, Marcello. Tudo bem?

— Bom dia, Vivi — respondeu secamente.

— O que foi? Você está tão diferente... — tornou ela.

— Acho que estou estranhando o apartamento e... — Após refletir, contou: — Estou tendo alguns sonhos que me incomodam.

— O que sonhou? — interessou-se Viviani.

— É algo confuso. Primeiro eu sonhei com uma mulher que chorava muito e... Nunca a vi. No sonho, essa mulher chorando diz que não queria me perder, que preferiria que eu tivesse morrido com ela. Depois eu sonho com a tia Rossiani me pedindo perdão. A tia também chora. Por esses sonhos estarem se repetindo, não sei explicar, mas sinto uma angústia.

— Se eu soubesse como ajudá-lo...

— Você não imagina o que sinto, o que vivo... — desabafou. — Tenho vontade de sumir, de morrer. Às vezes é como se a morte me chamasse, desafiando-me...

UM DIÁRIO NO TEMPO

— Eu sei o que você sente, Marcello. Não é fácil amar alguém tão perto e tão longe. Mas mude os pensamentos. Converse um pouco com o Augusto e faça uma assistência espiritual.

— Você acha que isso resolve o meu caso? — olhou-a, duvidando.

— Talvez não resolva o seu caso, mas pode melhorar os seus pensamentos.

Não dando importância à conversa, Marcello avisou:

— A Renata está grávida, sabia?

— Não. Você contou para a Flávia?

— Não — respondeu de modo singular. — É difícil conviver e aturar a Renata lá na empresa. O ambiente está tão tóxico. — Mudando o assunto, perguntou: — E a Flávia? Não se levantou ainda?

— Eu levei, lá no quarto, um leite e alguns biscoitos que ela gosta. Avisei que o tempo está horrível e que seria melhor que ficasse deitada. Principalmente porque ela trabalhou muito nesses últimos dias.

— Acho que vou ver como ela está — disse melancólico. — Há tempos nós não conversamos.

— Marcello — chamou Viviani num impulso —, estou com vontade de ir até a chácara. Não vou lá há dias e... Por aqui está tudo em ordem, a Flávia está bem e você vai ficar em casa. Pode emprestar o seu carro ou o da Flávia?

— Pegue o da Flávia. Você vai com essa chuva mesmo?

— Vou. Não se preocupe — pediu aproximando-se e beijando-o no rosto. — Obrigada!

Viviani se despediu rapidamente e se foi.

Poucas batidas à porta do quarto e Marcello perguntou:

— Posso entrar?

— Entre! — permitiu Flávia que estava deitada, mas se ajeitou e sentou-se.

Marcello entrou no quarto e a olhou figurando generoso sorriso. Seu coração apertava, doía...

Admirou-a mais do que nunca. Flávia era linda! Esperava um filho seu. No fundo de sua alma, ele não acreditava ainda que fossem irmãos, não conseguia admitir isso. O destino lhe armou um terrível pesadelo com o qual batalhava, como em uma guerra, para ter o controle de seus sentimentos e equilíbrio moral.

Eliana Machado Coelho/Schellida

Sentia vontade de lhe oferecer os mais ternos carinhos, demonstrar todo o seu amor e felicidade pelo filho que iria nascer.

Gostaria de esquecer tudo o que viveram, apagar as experiências mais sublimes, mas os detalhes eram vivos e, quando se aproximava de Flávia, as lembranças brotavam.

— Venha, sente-se aqui — pediu ela com voz suave e sorriso delicado, batendo com a palma da mão sobre a cama.

Marcello, parecendo intimidado, obedeceu submisso e perguntou:

— Como você está?

— Estou bem.

— E o bebê?... — perguntou relutante.

— Está bem — disse sorrindo. Rapidamente alardeou empolgada: — Ah! Ele mexeu! Não tivemos oportunidade de conversar mais à vontade e eu não contei porque queria que fosse o primeiro a saber. Tem que ver! Ele mexeu! Foi tão emocionante!

— Mexeu?! — perguntou com respiração alterada, alargando o sorriso e demonstrando imensa satisfação. — Mexeu mesmo?! E... Como foi?

— Sim! Não foi muito forte... mas foi tão lindo! Tão gostoso de sentir!

Com os olhos marejados, Marcello sentou-se mais próximo, fazendo-lhe um afago no rosto delicado, depois lhe beijou a testa. Com o coração apertado pela inquietação que experimentava, ele comentou ainda sob o efeito de forte emoção:

— Com as meninas aqui direto... Quase não ficamos a sós, e eu não a tenho acompanhado como deveria.

— Eu entendo — respondeu compreensiva. Flávia o encarou, tomou-lhe a mão com cuidado e a colocou sobre o seu ventre pouco avolumado e comentou sorrindo: — Sinta... Eu sei que é isso o que você quer fazer.

Por sobre o tecido da camisola, Marcello acariciou-lhe o ventre que crescia. Flávia o observava atenta e emocionada. Ele pareceu deixar de vê-la e, com lágrimas empossadas nos olhos, agora com as duas mãos, acariciava aquela barriga sentindo como se pudesse afagar o próprio filho.

Talvez sonhasse acordado ao sorrir e chorar. Talvez estivesse vendo, em sua tela mental, a imagem daquela criaturinha, seu filho, que amou desde o primeiro instante que o desejou, oferecendo-lhe a oportunidade de vida.

UM DIÁRIO NO TEMPO

Naquele instante, Marcello ficou extasiado, esqueceu-se de todos os problemas, das preocupações, das contrariedades sofridas. A grandeza de seus sentimentos por aquela doce e indefesa criaturinha era mais importante do que tudo.

Emocionado e cuidadoso, Marcello se curvou, beijou a barriga que afagava com ternura, recostou a face nela ao conversar, quase sussurrando e com modos mimosos, com o filho querido:

— Ei, nenê?! Sabe quem é? — perguntou sorrindo. — Aqui é o papai, viu? *È tuo papa...* — "É teu papai". — Tá tudo bem aí? A *mamma* está te dando todo o conforto, tá? — Flávia riu ao mesmo tempo que chorava emocionada. Marcello, debruçado sobre seu ventre, não conseguia ver as lágrimas enredada por certa angústia. Sem perceber, ele continuava: — Deve tá quentinho aí, não é? Olha, se estiver faltando alguma coisa, você reclama, viu? Reclama mesmo! — sussurrava com jeito engraçado. — Bate aí nas paredes, mexe e remexe, chuta... Faça de tudo para a mamãe saber que tá faltando algo. Olha, nenê, o papai te ama muito, viu? Eu sei que não conversamos até agora, mas foi por causa daquelas suas tias chatas e do seu tio também. Mas eu vou dar um jeito nisso, tá bom, nenê? Nós vamos bater um papo todo dia, daí você me conta tudo, tá bom? Até mais! E... olha, o *papa* te ama muito. Lembre-se disso, viu? Eu te amo! — desfechou com um beijo demorado e carinhoso seguido de um afago.

Marcello sorria deslumbrado, rendendo culto aos seus sentimentos verdadeiros para com o filho que tanto desejava.

Emocionada, Flávia ainda sorria e chorava. Ao se erguer, ele anuviou o sorriso e preocupou-se:

— O que foi? — perguntou, tocando-lhe com carinho ao aparar as lágrimas. — Você está bem?

— Estou. Não foi nada.

— Como, não foi nada?! — quis saber, afagando-a e tirando-lhe os cabelos de sua face.

— Sou emotiva. Só isso. E adorei ver você conversando com nosso bebê.

Dividido entre o medo e o desejo, Marcello não resistiu e a abraçou. Abraçou-a forte como há muito tempo não fazia. Agasalhando-a ao peito eles lutavam contra as lembranças e os sentimentos. Agora, quebrada a muralha dos segredos, os sonhos de amor se transformaram em pesadelos

Eliana Machado Coelho/Schellida

angustiantes sob as ruínas das revelações, castigando-os com as piores das experiências, que lhes cortavam a alma como lâmina afiada.

Afastando-a, mas mantendo-a ainda nos braços, Marcello procurou ver seu rosto.

Encarando-a, ele precisou lutar bravamente com o terrível desejo e tormento por tê-la tão perto e querer beijá-la como no passado, sentir os seus lábios mornos e o calor de seu afago carinhoso.

Recordações e forte intento não lhes faltavam.

Marcello e Flávia eram levados ao extremo de provações para as quais não tinham respostas.

Espíritos amigos, de elevada estirpe, acompanhavam-nos, assim como também espíritos familiares, mas em estado de difícil entendimento, observavam e influenciavam-nos. Os esclarecidos sustentavam-lhes, os sem entendimento desesperavam-se criando um manto opaco com suas vibrações.

Contra a vontade, sem deixar que Flávia percebesse seu íntimo desespero pelo desejo constante de querer que tudo entre eles fosse de outra forma, Marcello a afagava, dizendo com fraternal ternura:

— Desculpe-me. Eu disse que cuidaria de você e do nosso filho. Que iria ampará-la, porém não fiz como vocês merecem e precisam. — Flávia ajeitou-se sustentando um silêncio amargo e ele completou: — O trabalho lá na empresa está me tomando todo o tempo, mas isso vai mudar. Demorei muito para me decidir e...

— Marcello, você é o presidente daquela empresa. Eu e o Rogério passamos para você as nossas cotas de acionistas, não é...

— Espere um pouco, Flávia — interrompeu-a educado. Falando baixo e devagar refletia a cada palavra: — Nos últimos meses eu precisei tomar decisões extremas para o crescimento da empresa, porém para isso foi necessário o uso do poder que tenho, que é contrário à opinião de muitos ali dentro. Não pude deixar de notar o sentimento de aversão contra o que fiz e até contra mim como pessoa. É como se a maioria me repudiasse. Por isso precisei demitir alguns, movimentar outros de suas funções... Você não faz idéia de como isso foi e está sendo desgastante. Até minha vida particular recebeu a culpa pelas minhas séries de tomadas de decisão. Então eu parei e pensei muito. Para que eu estou fazendo tudo isso aqui?

— Por que o seu pai lhe devia tudo aquilo. Por que você foi o menos favorecido por causa das arbitrariedades que ele fez e nossa mãe precisou fugir por medo dele que já havia roubado dela eu e o Rogério.

— Ele não deve nada a mim. Ele deve à própria consciência. Flávia, como se não bastasse tudo o que vivemos e viveremos, como se não fosse suficiente termos de aceitar os fatos impostos pelo destino, a preocupação com a educação de nosso filho... Eu me pergunto: por que preciso sofrer mais ali naquela maldita empresa? Estou esgotado. Nos olhares de muitos vejo a inveja, a maledicência, a curiosidade pela minha vida particular e, para ser sincero, não agüento mais.

— O que você quer dizer com isso? — ela perguntou ponderadamente.

— Eu quero vender as ações para a Renata, ou para quem quiser. Deixar a presidência daquela empresa e ter sossego, viver em paz. Não preciso me destruir, desgastar-me tanto. Quero ter tempo para mim, para você e nosso filho. Pretendo administrar melhor as nossas vidas. Estaremos juntos com a resignação necessária para nos conscientizarmos de nossas posições, obrigações, deveres e direitos perante as nossas vidas. Unidos com decência, moral e amor fraterno. — Flávia permanecia em silêncio, porém atenta. E Marcello falou: — Não será fácil esquecer o passado nem lutar contra os desejos que resultam de um amor verdadeiro, mas nós vamos fazê-lo em nome do amor que sentimos por esse filho que Deus nos confiou. Com o tempo, eu creio que as coisas vão se harmonizar. Se essa é a nossa prova, passaremos por ela com dignidade e respeito aos desígnios de Deus. Mas não precisamos enfrentar tudo isso sob as energias negativas e inferiores daqueles que não nos querem bem.

— Na verdade — ela comentou —, eu não sei como conseguiu voltar àquela empresa. Você possui mais força interior do que eu imaginava. Admiro-o muito. Quando o bebê nascer, depois de algum tempo, eu quero voltar a trabalhar, mas não lá, lógico!

— Nós temos algumas economias aplicadas e, se somadas à venda das ações, teremos um valor considerável. É mais que suficiente para nossos planos. — Sorrindo, ele perguntou: — Lembra-se?!

— A reciclagem de vidros! — exclamou alegremente.

— Ótima memória, Flávia! Podemos começar a nos debruçarmos novamente naquele projeto que iniciamos e teremos uma empresa bem es-

Eliana Machado Coelho/Schellida

truturada para reciclagem de vidros! — Sem esperar, avisou: — Flávia, nós precisamos e queremos viver bem e com certo conforto, não precisamos ser milionários estressados e gananciosos! Esse tipo de empresa atende à necessidade atual na redução financeira significativa de custos às grandes organizações. Sem mencionar a diminuição do lixo nas cidades, nos aterros sanitários, reduzindo os custos energéticos de matérias-primas extraídas da natureza, deixando de agredir tão ofensivamente o nosso mundo, que grita por socorro.

Como administrador — falava ele empolgado —, posso afirmar que a viabilidade desse projeto, em termos de capital inicial investido, terá retorno em poucos meses. O resto será lucro! A coleta seletiva do vidro tem grande importância, não só para a não-agressão da Natureza, mas para a educação das pessoas, pois o vidro é cem por cento reciclável. Ele é higiênico, mais conservador para o produto e muito mais. Veja, dez quilos de vidro quebrado, transforma-se em dez quilos de vidro novo!

— Temos todo o projeto! E você pelo jeito o decorou! — admirou-se Flávia. — Temos o investimento e desenvolvimento de toda a sua implantação, custos operacionais, cálculo do prazo de retorno do investimento!... Puxa!

— Nossa idéia, nesse tipo de negócio, surgiu para implantarmos a coleta seletiva de vidro junto à empresa do senhor Douglas. É interessante termos concluído tudo e não apresentarmos à diretoria. Agora eu entendo o motivo...

— Qual foi o motivo, Marcello? Nem lembro por que relutamos e decidimos esperar. Fiquei até chateada, pois havíamos trabalhado tanto nisso.

— É porque esse projeto é nosso, Flávia! Era para nós. Não dizem que "há males que vem para o bem?"

— Entendi — sussurrou sorrindo.

— Veja bem, Flávia, não quero continuar "malhando ferro frio", como dizia meu avô. Preciso respirar, Flávia! Não suporto mais aquela empresa e, a bem da verdade, não precisamos dessa disputa invejosa e mesquinha.

— Eu não tenho perguntado — ela disse —, mas... A Renata deve estar intolerável, não é?

— Intolerável, desagradável, incômoda... Todos esses adjetivos são poucos. Não comentei nada para que você não se torturasse com as minhas queixas.

— Mas eu sofri e me torturei muito com a sua ausência, com a sua distância. Mas agora entendi a razão.

— Desculpe-me, tá? — pediu arrependido. — Tudo vai mudar.

— Se é para o seu bem, Marcello, faça conforme achar melhor. Tem todo o meu apoio. Confio em você — afirmou, tomando-lhe a mão entre as suas, oferecendo doce sorriso.

Seus olhos se encontraram e suas almas se uniram por alguns minutos. A força de seus sentimentos e certa euforia eram silenciadas em seus corações que se desejavam. Entretanto o ideal legítimo de moral e dignidade vigorou por respeito e força de vontade do livre-arbítrio.

Interrompendo aquele momento, Marcello considerou:

— Fique tranqüila e cuide do nosso bebê, tá?

— Pode deixar! — respondeu ela sorrindo alegre. — O que você acha que é, menino ou menina?

— Menino — respondeu de imediato. — É um menino.

— Como pode ter tanta convicção? E se for uma menina?

— Ela será muito amada! Meu amor por ela não será diferente. Mas é um menino. Eu sonhei com ele!

— Farei novamente a ultra-sonografia. Talvez já dê para saber o que é — disse de forma doce.

— Ah... Não queira saber — falou com dengo. Mas, respirou fundo e se corrigiu: — Perdoe-me. Você tem todo o direito de querer saber o sexo. Se for sua vontade, pergunte ao médico. Mas eu acho que o mais gostoso é a surpresa, a expectativa! Mesmo com o sonho que tive, tenho uma pontinha de dúvida. E essa pontinha é só a ponta de um *iceberg*, ou seja, aquela ponta da massa de gelo que flutua à deriva nos mares árticos e é só uma lasquinha de toda montanha de gelo que está debaixo d'água. Já imaginou o tamanho da minha dúvida?! — sorriu.

— Sabe que você tem razão! — animou-se satisfeita. — Eu não vou querer saber não! — Breves segundos em que sorriu com desejo de esperança e perguntou com jeitinho: — Você gostaria de ir ao médico comigo? É pré-natal... Consulta de rotina...

— Você me deixa ir mesmo?! — exclamou com a alma saciada.

— Nós adoraríamos que você fosse, Marcello!

Eliana Machado Coelho/Schellida

— E a Viviani? Ela não irá com você? Acho que não ficarei à vontade com a presença dela, entende?

— Sem dúvida. Fique tranqüilo. Eu vou falar com ela e dizer que você vai me acompanhar e ela não precisará ir. Temos de ser sinceros. Às vezes, a presença tão constante deles me incomoda também. Vejo você sério, preocupado e quero saber o que está acontecendo e eles me inibem. Entendo que estão aqui por preocupação, mas estão me sufocando.

— A mim também. — Logo ele lembrou: — Falando neles, eu emprestei seu carro para a Viviani para ela ir até a chácara. Eu a senti tão estranha.

— Ela nos esconde algo, Marcello. Aliás, ela e o Rogério têm alguma espécie de segredo. Eles viviam sempre juntos, ficaram atrás de apartamento para nós, ajudaram a planejar os móveis e cuidaram de tudo até a mudança. Mas eu os encontrei discutindo aqui, ele estava bem nervoso, e ela chorando. Cansei de perguntar, mas nenhum dos dois fala nada. Desde quando nos mudamos e a Vivi entrou de férias ela ficou aqui, e o Rogério não veio um só dia nos visitar, só telefona para o meu celular.

— Flávia — argumentou desconfiado —, o Rogério está de viagem marcada para a Itália e até convenceu minha mãe... Digo, nossa mãe a ir com ele. Ele me disse que quer ficar lá por um tempo e depois ir para a Suíça.

— O que tem demais nisso? — perguntou ela com simplicidade.

— É que... — Marcello ficou sério e assustado.

— O que é, Marcello?! — quis saber preocupada.

— Não! Não! É absurdo demais!!!

— Fale! Não me deixe agoniada!

— Flávia, por que o Rogério está fugindo da Viviani? Por que só telefona para mim lá na empresa? Por que só liga para o seu celular em vez de ligar para o telefone do apartamento? Para não ser atendido por ela?

— Nos últimos dias ela estava triste, muito diferente... Mas... Marcello!!! — quase Flávia gritou apavorada. — Será que você está pensando o mesmo que eu?!!!

Marcello sentiu-se gelar, encarou-a com olhos arregalados, perplexo pela idéia que surgiu em suas mentes.

— A dona Nicolle morrerá, se isso for verdade! — disse Flávia assustada.

— Ela tem uma predileção pelo Rogério, isso é nítido. Eu não me importo com isso. Até porque ele foi tirado dela e...

— E você não? — interrogou, fazendo-a pensar.

— Sim. Mas... Marcello, não quero acreditar que haja um outro tipo de sentimento entre os dois. Deus não daria tanta tristeza a uma mãe, a uma família ao mesmo tempo! — Entristecida, comentou: — Sabe... quando a... ...a nossa mãe me conheceu, ela me rejeitou pela complexidade do nosso compromisso. Piorou quando ela soube que eu estava grávida de você. Naquele dia — Flávia engoliu seco e contou: —, quando fiquei sozinha para contar a ela que eu esperava um bebê que era seu, por mais que eu justificasse que nós ignorávamos ser irmãos, ela se desesperou e disse que eu fui muito fácil, fui vulgar e... Aquilo doeu muito. Como se já não fosse o suficiente eu estar desesperada, ela ainda me ofendeu tanto!

— Por que não me contou isso? — perguntou controlado.

— Não tivemos oportunidade de conversar. Mas eu sabia que ficaríamos juntos para assumir a responsabilidade por esse filho. Só isso me importava. Então ignorei o que ela disse. Com os dias, apesar de não ser favorável a nossa decisão, ela me tratou melhor. Só que ela acredita que pecamos e continuamos a pecar. Que não nos redimimos. Isso fez do Rogério o seu eleito.

— Minha mãe sempre teve predileção pela Cíntia e pela Viviani. Eu sentia uma grande diferença no tratamento. Essa atitude dela não me surpreende. Para as outras pessoas, o ideal seria eu acomodar você e o bebê em algum lugar, afastar-me de vocês, mas dar provisões e deixá-los com fartura em todos os sentidos. Sumir, ausentar-me e dizer que cumpri com a minha obrigação. Mas a minha obrigação não é só material. Não sabíamos que éramos irmãos e se tudo isso é uma prova, seremos parceiros nessa jornada, elevando a moral e o espírito acima dos desejos carnais. Juntos, apesar das dificuldades, cuidaremos e educaremos nosso filho. Passarei as noites em claro junto com você por causa dele, procurarei ajudá-la no que precisar. Cuidaremos da saúde dele, vamos acompanhar seu crescimento, desenvolvimento físico, mental e espiritual, conversaremos muito e jamais vamos mentir para ele. Isso é ser pai e mãe. Deixe que os outros pensem o que quiserem. Faremos do nosso jeito.

— Marcello, mas se o Rogério e a Viviani estiverem apaixonados, a dona Nicolle morre!

— Não sei o que dizer. Talvez nós estejamos enganados. Eles também podem se enganar e... Mas se for verdade, não sei o que fazer. Minha mãe

Eliana Machado Coelho/Schellida

é capaz de achar que eu sou o demônio que trouxe tanta desgraça para a família. Ela não pára a fim de refletir, de aceitar as idéias novas ou rejeitar algumas colocações. Nunca se esforçou para se instruir, você viu que ela quase não se alfabetizou. Não podemos dizer que isso foi falta de oportunidade não! Não posso ficar me curvando para atender a tudo o que a dona Nicolle deseja.

— É por isso que também quer se despojar do que o amarra naquela empresa, não é?

— Só quero cuidar e me preocupar com a nossa vida. Não seremos egoístas, mas ficar aflito pela vida dos outros que não nos ouve, não me traz lucro algum. Além disso, não confio nas tendências governamentais de hoje. Assim como no passado, o país pode passar por períodos difíceis por culpa de inescrupulosos vigaristas e aproveitadores que enganam o povo com menos entendimento e cultura. Eu sei, e você sabe, que é preciso muito estudo, perseverança em aperfeiçoamentos e atualizações educacionais na área universitária para sermos bons no que fazemos.

Teses de doutorados provam e comprovam a ignorância da maioria dos universitários graduados hoje em diversas universidades de todo o país. Nós sabemos pela história do mundo, e como o Rogério lembrou, que quando se quer dominar um grupo de pessoas, um povo, uma nação é necessário que os deixe na ignorância a fim de enganá-los, criando justificativas fraudulentas para delitos graves, não punindo os responsáveis do alto escalão e da elite política que são guarnecidos pelas Leis que eles mesmo criaram. Quando um povo entrega o poder nas mãos de alguém que não se graduou, não se esforçou para ter conhecimento, é o início de uma grande tragédia política. A falta de estudo deveria ser motivo de vergonha para um cidadão, para um povo, para uma nação. Assinar o nome não significa ser alfabetizado. Para tudo na vida é preciso empenho no conhecimento, no estudo, no saber a fim de não ser ignorante ao que acontece a sua volta. Foi isso que colaborou para minha mãe agir como agiu comigo.

— Não a culpe, Marcello. Parece que hoje em dia não ter estudo é motivo de orgulho. O povo é levado a distrações fanáticas impostas pela mídia: futebol, novelas, as polêmicas que dão ibope na TV pelo nu, homossexualismo, a disputa pela marca da cerveja, o carnaval e tantas outras coisas que tiram a atenção do que acontece no país. A mídia deve receber muito por trazer tanta distração. O povo tem que parar e pensar: "O que eu lucro, para minha vida pessoal, quando perco meu precioso tempo olhando isso?" Mas discutem e brigam por times de futebol, por grupos de carnaval e muitas outras futilidades. Poderiam usar esse tempo para estudarem, atualizarem-se, terem uma profissão, saberem o que se passa no governo, o que fazem com o seu dinheiro, o que estão fazendo os políticos eleitos que são funcionários do povo que lhes paga através de tantos impostos arrecadados. O nosso país ocupa um dos primeiros lugares em cobrança de impostos, é o que mais arrecada nas compras de remédios, roupas, alimentos, bebidas e tudo mais. Todo mundo paga imposto e não sabe disso. No entanto veja a precariedade na área da saúde e da educação!

— Não se exalte, Flávia — sorriu ao pedir. — Você nem gosta de política.

— Não gosto de discutir, mas não sou ignorante para não acompanhar.

— Está bem. — Sorriu dizendo: — Mas não vamos desperdiçar nosso precioso tempo reclamando daqueles que não valorizam a si mesmos, não se esclarecem e perdem tempo com futilidades. Vamos pôr em prática o nosso projeto!

Flávia gargalhou gostoso como há muito ele não via, depois disse:

— Você tem toda razão!

— Então primeiro vou me desligar dos problemas de que não preciso, depois vou agir. Mas agora, vamos almoçar, certo?

— Nem sei o que temos para o almoço! Nossa! Fiquei na cama até agora?! — surpreendeu-se ela consultando o relógio.

— Nada disso! Vamos almoçar fora! Vou me arrumar e logo saímos, tá?!

Disse levantando-se e deixando-a só.

Marcello sentia-se diferente de quando entrou naquele quarto. Experimentava uma leveza em seu coração que não sabia explicar. Estava repleto de esperanças e novas idéias.

Flávia, de certa forma, sustentou-o na tomada de decisões para objetivos melhores.

Mas o que não sabiam é que espíritos amigos os envolviam com bênçãos salutares e revigorantes pelo padrão moral em que se posicionaram.

36

Compromiso moral

Compromisso moral

O tempo chuvoso não impediu que uma harmonia envolvesse Marcello e Flávia. Apesar das dificuldades, das revelações abaladoras dos últimos tempos, naquele dia algo passou a ficar diferente entre eles.

Marcello, bem cavalheiro, abriu a porta do carro para que ela se acomodasse e contornando o veículo ocupou o lugar no banco do motorista, mas antes de saírem ele a observou elogiando:

— Você está muito bonita. — Corrigindo-se, tornou: — Perdoe-me, você sempre foi muito bonita, mas agora está mais linda do que nunca — falou com generosidade espontânea.

— Obrigada — agradeceu encabulada.

Olhando-a ainda melhor, ele sorriu ao reparar que Flávia ainda usava a aliança de noivado que ele colocou em sua mão direita, pois, assim como ele, ela nunca teve coragem de tirá-la. Pegando-lhe a mão, ele falou em tom descontraído:

— Ei, moça. Acho que a sua aliança está na mão errada — disse tirando-lhe com delicadeza a aliança e colocando-a na mão esquerda. Em seguida, estendendo-lhe a mão e falou: — Toma, faça o mesmo.

Flávia agiu mecanicamente. Mas, assim que trocou a aliança da mão de Marcello, perguntou quase assustada:

— Marcello, isso não está certo, está?

UM DIÁRIO NO TEMPO

— É só um símbolo, Flávia. Um símbolo de compromisso moral e espiritual. Não se trata de nenhum símbolo de relação física ou carnal...

— Apesar de um amor proibido, ele não deixa de existir em meu coração, em minha alma... Sempre estarei ao seu lado e do nosso filho — disse, mostrando-se segura.

— Apesar desse amor verdadeiro e impossível, prometo jamais desrespeitá-la. Caminharemos juntos se essa é nossa prova, teremos dignidade e acataremos os desígnios de Deus, nos amando e nos respeitando, educando e cuidando do nosso filho. — Ela sorriu, e ele avisou: — Vamos! Estou morrendo de fome e o bebê também!

No restaurante riam e conversavam descontraidamente. Havia tempo que Marcello não se sentia tão bem, não sorria tanto ou ficava tão à vontade. Até que, sem que esperassem, um vulto se aproximou da mesa onde estavam e foram interrompidos:

— Olá Flávia! Olá Marcello — disse a voz suave de Renata, mas repleta de intenções cruéis. — Ora que surpresa, meus irmãos, encontrá-los aqui! Falo isso para não dizer: que susto experimento ao vê-los assim!... Puxa! Essa é uma visão bizarra! — exclamava sussurrando ao curvar-se um pouco. E completou ao vê-los mudos: — Pensei que você, minha irmã, não fosse deixar nascer essa abominação que espera. Pelo tamanho da sua barriga vejo que está bem adiantada ou... Você já fez o ultra-som para saber quais as anomalias que essa criatura tem?

Marcello levantou-se num gesto abrupto, bem nervoso, quando Paulo entrou diante de Renata e falou, inibindo-o:

— Não faça nada, meu caro! A Renata está grávida e muito sensível. Tem seus direitos — murmurou para não chamar a atenção.

— Sumam daqui, agora! — tornou Marcello no mesmo tom.

O casal se afastou. Marcello, transtornado e ofegante, sentou-se novamente acompanhando-os com o olhar. Mas quando se voltou para Flávia, reparou que ela não parecia bem. Estava pálida, com o cotovelo apoiado sobre a mesa e uma das mãos sustentando a cabeça baixa, escondendo parcialmente o rosto.

— Flávia — chamou-a baixinho, pegando em seu braço. — Flávia, você está bem?

— Vamos embora?... — sussurrou.

611

Eliana Machado Coelho/Schellida

— Claro! — ele aceitou de imediato, pedindo a conta.

Pondo-se em pé, Marcello acercou-se de Flávia para que se levantasse. Sem se importar, preocupado com ela, sobrepôs um braço em seu ombro, amparando-a firme contra si.

Flávia deixou-se conduzir. Estava nervosa, sem cor e bem trêmula.

A espera pelo carro, que seria trazido pelo manobrista, parecia eterna.

Marcello ficou a sua frente, segurou-a com uma mão na cintura e passou a outra em seu rosto acariciando-a ao dizer:

— Você está bem?

— Estou nervosa — murmurou.

— Desculpe-me trazê-la aqui. Jamais poderia imaginar que...

— Eu sei — afirmou olhando-o. — Não se preocupe com isso. Foi muito bom ter saído um pouco de casa e...

O veículo chegou naquele momento e a conversa interrompida. Depois de ajudá-la a sentar-se no carro, Marcello se acomodou, olhou-a e perguntou:

— Você está sentindo alguma coisa?

— Não. Só fiquei nervosa, com vergonha...

— Não vamos deixar que uma opinião inferior diminua a nossa. Vamos sair e passear um pouco.

— Aonde vamos?

Ele sorriu e avisou:

— Vamos dar uma volta e passear um pouco, certo?

— Certo — sorriu algo constrangida. Comentando a seguir: — Gostaria de esquecer o que aconteceu.

— Esqueceremos.

— Você não me contou que ela estava grávida.

— De que isso seria útil? — Mudando o assunto propositadamente, Marcello comentou: — Sabe... antes de vender as ações para o nosso projeto — olhou-a sorrindo —, penso em passar a parte das ações do Rogério para a Kátia, pois assim ela continuaria participando mais dos lucros. Com isso ela pode estudar, montar seu negócio, investir... Não acha?

Marcello falava convicto, tentando distraí-la. Seu coração apertava, ainda não se conformava com toda aquela realidade que precisava se forçar a viver.

UM DIÁRIO NO TEMPO

* * *

Na chácara em Mogi das Cruzes, Viviani observou que nada havia mudado. Chovia muito e, bem depois do almoço, retirou-se para a varanda em companhia de Rogério, dobrando os cuidados para que sua conversa não fosse ouvida.

Um ar pesado de angústia e dúvidas os circundava. Rogério estava estranho, quase não falava, mas seus suspiros exalavam certa tristeza enredada de dor nos pensamentos aflitivos. Ele não queria admitir que admirou Viviani ao primeiro olhar. Foi algo como uma paixão, quando, em meio a tantas surpresas, conheceram-se.

Não pôde deixar de admitir que se assustou ao saber que eram meios-irmãos. A princípio não deu importância acreditando que seriam sentimentos de afinidade e afeição entre irmãos, como era o caso dele com Flávia.

Porém, em pouco tempo, percebeu que a admirava muito e, em pensamentos chegou a desejá-la como mulher, entrando em silencioso desespero.

Um medo eufórico o dominou quando Viviani se declarou e avisou, categórica, que sabia de seus sentimentos por ela.

Rogério se lembrou das palavras de Gorete que indiretamente o preveniu que ele sofreria o mesmo que Marcello. Não acreditaria em tudo o que estaria acontecendo e por isso fugiria. Por essa razão ele, praticamente, fugiu para a chácara e já estava com tudo programado para ir à Itália.

Viviani, sabendo da viagem, gostaria de que conversassem antes, pois imaginava que Rogério não retornaria mais ao Brasil e iria direto para a Suíça onde estava com emprego garantido.

Era comum todos verem Viviani e Rogério conversando por muito tempo, mas a tarde já acabava, a claridade se esgotava e a chuva parecia mais forte ainda.

Sem perceber, a voz firme de Rogério aumentava de volume, até que se expressou:

— Estou desesperado também! O que quer que eu faça, Viviani?!

Aproximando-se da janela sorrateiramente, Nicolle espiou sem ser vista e continuou a observar intrigada com o que ouvia.

— Viviani, preste atenção — pediu Rogério sem perceber que estava sob a mira de sua mãe —, os problemas e a angústia em que vivem o Marcello

613

Eliana Machado Coelho/Schellida

e a Flávia já nos servem de exemplo! Eu preciso ir para me afastar desses sentimentos. É necessário que eu me distancie de você, pois... Não sei se mesmo sabendo que somos irmãos terei a força do Marcello para suportar...

— Eu sei! Sinto o mesmo! Mas não conseguirei viver sem você! Não sei o que sou capaz de fazer! Eu te amo, Rogério!

— Eu também te amo, Viviani! — admitiu em firme desespero. Esfregando o rosto com as mãos, procurando se controlar. Em seguida, implorou: — Por Deus... não me force! Já pensei em fazer uma loucura por causa disso. Agora entendo por que o Marcello tentou pular do oitavo andar daquele prédio, quando eu o impedi. Isso não pode ser verdade! Parece carma de família!

Viviani chorava e, sem que esperassem, Nicolle apareceu à porta. Estava apavorada e pálida. Atordoada, correu em direção a eles.

Viviani e Rogério se entreolharam, desconfiando de que a mãe os escutou em algum momento, pois sua feição desfigurada e suas mãos trêmulas denunciavam um assombro, um transtorno imensurável.

Resistindo ao domínio da perplexidade, enfrentando o medo de ouvir novamente o que não desejaria, bem próxima deles Nicolle questionou com voz oscilante:

— Quero que repitam o que acabaram de dizer.

— Mãe, espere... — tentou argumentar Viviani.

— Cale a boca e só responda o que eu quero saber! — exigiu num grito. Rogério tomou a frente, procurando contornar a situação.

— Existem experiências e sentimentos em nossas vidas que são difíceis de explicar e...

Firme como sempre, Nicolle arrancou veemência da alma e afirmou severa diante da decepção, esbravejando:

— Não tentem me enganar!!! Eu ouvi! Escutei bem ela dizer que te ama, Rogério!!! E você respondeu que também!!! O que está acontecendo aqui?!!! Querem me matar?!!! Uma faca cravada em meu coração, doeria menos!!! — Berrou inconformada. — Já não basta o que a Flávia e o Marcello fizeram?!!!

— E a culpa foi sua, mãe! — Viviani a enfrentou no mesmo tom. Rogério tentou segurá-la, mas Viviani esquivou-se tornando a reagir: — Eu sempre ouvi o Marcello implorar e até brigar para saber, no mínimo, o nome do pai dele e a senhora negou! A senhora foi egoísta! Negou a verdade ao meu irmão e a nós também! Sem dúvida ele reconheceria o nome do pai, quando encontrou o senhor Douglas e estaria preparado para ver a Flávia como irmã e não como uma mulher! Enquanto nós, eu e a Cíntia, também estaríamos prontas para conhecer um irmão e uma irmã que tínhamos. Mas não! A senhora com o seu orgulho e o seu egoísmo não nos deu essa chance!!!

— Foi aquele maldito desgraçado quem fez isso tudo!

— Ah!!! Não foi só ele não! — tornou Viviani ofensiva.

— Cale a boca! Não sabe o que está falando. Minha vida só pertence a mim!!!

— Então eu posso dizer o mesmo! Seus filhos não têm satisfações a te dar!!!

Num gesto rápido e bruto, Nicolle espalmou violentamente o rosto de Viviani que cambaleou com a força do tapa recebido. Com a mão no rosto que queimava, ergueu-se lentamente, encarou a mãe com olhar frio e semblante sério que diferia de sua feição generosa e respeitosa.

Rogério ficou petrificado. Quis amparar Viviani, mas educadamente ela rejeitou.

Respirando fundo, tirando a mão da face rubra e frente à Nicolle que sisuda ostentava austeridade e permanecia firme, Viviani falou em baixo volume de voz, segura de si, mas resistente no tom forte que impressionava, afirmando sem titubear:

— Vejamos se realmente deseja saber a verdade, se está preparada para ela. Quero que saiba que meu intuito, a princípio, foi de poupá-la de mais sofrimento. Porém a cada dia percebo que a senhora continua tão egoísta a ponto de não se preocupar se suas atitudes ou palavras vão nos ferir ou não — Nicolle a encarava. Viviani convicta, revelou a queima roupa: — Eu e o Rogério nos apaixonamos no exato minuto que nós nos conhecemos. Nem sabíamos que éramos meios-irmãos. Algo confundiu nossos pensamentos, quando a notícia estourou como uma bomba devastadora aqui dentro desta casa e vem nos matando aos poucos. Pensamos que tudo ficaria sereno, que nossos pensamentos mudariam, mas não. Tudo ganhou força irresistível que arde, queima... E o Rogério quer fugir para não enfrentar o que sente por mim. Quanto a mim, só tenho a dizer que o amo e o quero perto de mim!

Eliana Machado Coelho/Schellida

Não é um caso semelhante ao do Marcello e da Flávia que são irmãos legítimos! Eu e o Rogério somos meios-irmãos! E eu quero que ele fique comigo.

— *Dio Santo!* O demônio entrou em você!!! — exclamou Nicolle.

— Não, mãe! A senhora nunca deve ter amado. Se amou alguém, com certeza foi o senhor Douglas! Depois de planejar e desejar tanto o sofrimento dele, não está mais feliz, não está mais satisfeita por ele ter morrido por tudo o que a senhora causou! Pela desgraça que conseguiu fazer na vida do Marcello e da Flávia, pelo que fez aquele homem sofrer até não suportar e morrer! Tive certeza de que amou aquele homem, quando a vi com o Rogério, a imagem e semelhança do senhor Douglas! O seu único e grande amor! Agora entendo por que nunca nos deu amor, mãe. Dava atenção e cuidados para mim e para a Cíntia, mas era incapaz de nos amar de verdade. Ao Marcello então... coitado! Nem isso teve da sua parte. Talvez ele não se pareça tanto com o pai... Ou será que ele tem outro pai?!

Enérgica, completamente revoltada, Nicolle estapeou Viviani várias vezes até Rogério conseguir segurá-la. Em meio aos gemidos do choro desesperado, Nicolle caiu de joelhos e aos gritos lamentou:

— Nunca tive outro homem além daquele desgraçado e do seu pai!...

— Tem certeza?! — tornou Viviani sem trégua. — Casou-se com meu pai para não ficar falada, não foi?!

— Pare de provocar, Viviani — pediu Rogério. — Já chega!

— Não! Não chega! Você não sabe o que vivemos, o que experimentamos quando temos uma mãe distante, egoísta, que viveu uma vida inteira à procura de seus dois filhos e querendo se vingar do homem que ela amou, mas a deixou pela esposa!!! Foi isso o que aconteceu! O Marcello foi quem mais sofreu por causa desse seu orgulho, da sua hipocrisia! Ele foi criado pelos nossos avós e pela tia Rossiani. Tenho certeza de que a senhora ficou satisfeita quando meu pai morreu e por isso aceitou vir correndo para o Brasil à procura do homem que sempre amou e nunca esqueceu!

— Saia da minha frente!!! Você está louca, Viviani! Louca! Louca! Deveria ser internada!!! — gritava Nicolle com imensa fúria e olhos inchados pelo choro. — Eu a odeio!!! Esta noite deveria ser a última da sua vida! Você quer estragar a harmonia que encontrei junto do meu filho! Se quer saber, ficar viúva do Leonardo foi um alívio. Quis ficar com ele, quis ter filhos dele para

UM DIÁRIO NO TEMPO

prendê-lo!!! Mas não sabia que naquela maternidade, quando você nasceu, eu estava dando à luz a um demônio para carregar até o fim da minha vida!!!

A essa altura dos acontecimentos, Irene, Olga, Cíntia e Kátia assistiam a tudo pela janela e porta. Gorete, observada por Romilda que estava em prece, andava calmamente pela sala e, com lágrimas nos olhos, murmurou:

— É o começo das dores da Nicolle. Pobre Nicolle. Tanto fez que hoje recebe em parcelas as dores que provocou de uma vez só no passado. Pobre Nicolle. É o começo. Nunca saberá onde está a filha de verdade e chorará por saber da morte do filho.

Olga voltou-se e ficou alerta às palavras de Gorete. Prestou atenção a cada uma delas, mas a discussão ficou acalorada entre Nicolle e Viviani, chamando-lhe a atenção.

Nicolle falava tudo o que poderia agredir e Viviani, não suportando, virou as costas e mesmo sob a chuva forte e a escuridão, saiu correndo sem rumo. Só se podia vê-la quando algum relâmpago iluminava o lugar.

Irene e as demais se aproximaram, quando Rogério, sem pensar, largou Nicolle aos prantos e correu atrás de Viviani, gritando seu nome.

Levada para dentro de casa, Nicolle se desesperava como se sofresse uma dor insuportável.

Gorete encarando-a com olhar estranho, parecendo piedoso, avisou novamente:

— Pobre Nicolle. O que fez com os seus talentos? Teve beleza, inteligência, pensamentos rápidos, sempre foi atraente, voz bonita e eloqüente... beleza... idéias de conquista e domínio de todas as situações. Bela Nicolle, que tinha tanta garra e força... tanta força! Agora tudo passou, tudo passa e passará... Mas as conseqüências do que fez repercute na consciência. E já que não usou seus preciosos talentos, desperdiçando-os todos, só experimentará o remorso.

— Mande ela se calar!!! — gritou Nicolle.

— Eu não sou louca. Acredite em mim. Aproxime-se daqueles que te foram confiados aos cuidados, Nicolle. Nada é por acaso. Nós tentamos mudar o destino, mas Deus tem tudo anotado. Deus corrige tudo!!! — Gorete se calou esperando que Nicolle se acalmasse.

Os relâmpagos fortes reluziam cortantes e rebeldes seguidos de trovoadas. O céu parecia esbravejar.

Eliana Machado Coelho/Schellida

A custo Rogério alcançou Viviani próxima do carro. Encharcados e em prantos, abraçaram-se por alguns instantes. Ela chorava muito, não havia como consolá-la.

— Vivi, por favor, vamos voltar. Não pode ir embora desse jeito!

— Você ouviu o que ela falou! — gritava. — Não quero voltar! Não vou voltar. Darei sossego a vocês!

— Viviani!...

Ela escapou-lhe do abraço e entrou no carro, ligando-o e tentando manobrá-lo com dificuldade pela lama no chão do lugar.

— Viviani não!!! Não vá!!!

Rogério ficou gritando, mas ela não atendeu aos seus pedidos e foi embora.

Voltando para casa, ele estava desolado. Nicolle correu em sua direção e, antes que dissesse alguma coisa, o filho pediu ponderado:

— Por favor, ame a todos nós igualmente — virando-se ele foi para o quarto.

Olga tentou falar com Rogério, mas não conseguiu. Irene consolava Nicolle que não parava de chorar.

Até que mais uma vez, Gorete se aproximou, sentou-se ao lado de Nicolle e revelou:

— Nicolle, não cometa o mesmo erro que eu — falava parecendo lúcida. — Sabe... eu nunca amei meus filhos de forma igual. Por isso estou sozinha e enlouqueci. Sou perturbada por que não assumi uma postura racional e me deixei levar por pensamentos que não eram meus, eram de espíritos ruins, verdadeiramente demônios — Nicolle, Irene, Cíntia e Kátia ficaram atentas.

Olga correu até o quarto de Rogério e vendo-o tirar a camisa molhada, chamou-o:

— Corra até a sala agora! Escute o que a Gorete está falando!

Ele ficou desconfiado, mas aceitou o convite.

— ...então minha sogra queria exibição de mediunidade, queria resultados de previsões e eu, usando até nome de espíritos famosos, dava conselhos a políticos, pessoas influentes e sempre tínhamos a melhor solução, o melhor *status* para tudo. Mas eu odiava a dona Vitória. Achava que ela ordenava e mandava na minha vida e mudava o meu destino. Sendo assim, eu queria matá-la. Matar a ela e ao meu sogro — contava Gorete com muita naturalidade. — Daí que a Flávia chegou de repente e eu também não aceitava aquela menina chorona e que vivia doente. Quis matá-la. Ah!... Como eu quis matar a Flávia! E tentei, tentei várias vezes! Mas não conseguia, tinha que parecer algo natural e eu não tive oportunidade. Até o Rogério me impediu de fazer isso. E olha que ele era bem pequeno.

Então como eu contei no princípio — parte que Olga perdeu de ouvir, pois foi em busca de Rogério que, agora, nem piscava —, nós tínhamos um grupo e nos reuníamos em um lugar no fundo daquela casa que era para os nossos rituais. Rituais até de sacrifícios...! — dizia com ênfase. — Eu tive um filho que se chamava Igor. Ele era o mais velho de todos. Depois foi que tive a Renata e me confundiram dizendo que o Rogério era gêmeo dela, mas lá no fundo eu sabia que ele não era meu filho. Por essa razão não ligava muito para ele. Depois o Douglas e a dona Vitória trouxeram a Flávia, que eu rejeitei muito. Eu estava grávida do Douglas Júnior. Por fim o Douglas apareceu com a Kátia bem pequena.

Mas antes da Kátia chegar, os meus filhos eram pequenos e bem levados. Nunca vou esquecer. Eu cheguei ao quarto e a Flávia dormia. Então peguei o travesseiro e fui sufocá-la. Ela deveria morrer! Quando segurei o travesseiro no rostinho dela, o Rogério abriu a porta do quarto correndo e gritou: "Mãe, vem correndo que a Renata e o Júnior vão cortar o Igor!" Eu corri atrás do Rogério e ele me levou ao lugar onde tínhamos os nossos rituais. O meu Igor estava deitado na pia de sacrifícios e o pescoço dele já estava cortado. Um corte fundo e que sangrava muito. A Renata segurava uma adaga que havia tirado da mão do irmão. Ela e o Júnior estavam ensangüentados. Peguei o Igor no colo e o levei correndo para a cozinha e comecei a gritar.

Ajoelhei no chão, quando ele parou de se mexer e olhei para a Renata que estava assustada.

Os empregados chegaram e chamaram o médico, mas não puderam fazer mais nada.

O Igor tinha oito anos, a Renata sete, o Júnior cinco. Esses eram os meus filhos de verdade.

A Renata contou que estavam brincando igual nos viu fazer nas reuniões e segurou o Igor para o Junior fazer aquilo, quando... — Gorete se deteve por momentos. Depois falou: — Daí eu gritei os nomes de que quem deve-

Eliana Machado Coelho/Schellida

ria morrer, pois por causa dos desgraçados dos seus avós aquilo tudo aconteceu... Por deixarem que, naquela casa, fizessem culto ao que não prestava. Os empregados afoitos chamaram a polícia, mas o Douglas, e o seu pai, como eram muito influentes, resolveram tudo, dizendo que o menino caiu com a faca na mão. Tudo não havia passado de um acidente.

Quando o meu menino Igor morreu, eu fiquei arrasada, louca. Qual mãe não ficaria? Foi um castigo porque eu tentava matar a Flávia.

Hoje eu sei que o meu Igor morreu daquele jeito porque era um espírito sem instrução. Ele, antes de nascer, fazia parte das entidades daquele grupo que exigiam sacrifícios... — Parou por alguns segundos, depois continuou: — Igor e Renata eram rivais, sempre foram, desde muito tempo na espiritualidade, exigiam assassinatos cruéis em nome daquela seita, rituais satânicos que acreditávamos cegamente. Como eu já disse, eu só gerei demônios! Eles vieram como irmãos para se harmonizarem, para gostar um do outro... Isso não aconteceu porque a Renata tem uma moral mais baixa do que ele, e desde pequena se comprazia em fazer o mal, atormentar ou prejudicar. Enquanto o Igor precisava sofrer o mesmo que praticou em vida e exigia quando estava na espiritualidade.

Na época eu não entendia. Fiquei revoltada. Meus sogros haviam planejado a morte dos meus pais e agora, por causa daquelas malditas reuniões, meu filho mais velho havia morrido.

Então, revoltada como eu estava, disse para Renata que não queria os avós deles vivos, que eles atrapalhavam que ela e o irmão fossem mais ricos e tivessem mais poder. Acho que ela guardou isso. E quando a Renata e o Júnior estavam mais velhos, eles foram passar alguns dias na fazenda da região de Juquitiba com os avós. As crianças forjaram uma brincadeira com uma arma possante, uma espingarda e, enquanto os avós dormiam, entraram no quarto e atiraram neles.

A Renata foi esperta e correu. O Júnior, que era menor, levou toda a culpa, por isso o pai o rejeitou e vendeu aquela maldita fazenda que emendou com o sítio que foi do seu pai, Nicolle. Acho que o Rogério nem se lembra disso — falou olhando-o assombrado. — Mas os meus sogros não me deixaram em paz por todos esses anos... a não ser nos últimos meses...

O meu marido acabou com aquelas reuniões vendo que eu não estava em condições normais e me proibiu de sair de casa para que eu não desa-

620

bafasse com ninguém. Ele chegou a me bater quando falei com ele sobre o assunto, pois ele não queria escândalo. Eu vivi assombrada.

A Renata dizia que tinha pesadelos e me batia. Batia na cara por que era minha culpa. Fui eu quem a mandei fazer aquilo. Por isso ela procurou o Espiritismo, para deixar de ter pesadelos. Para que os filhos não ficassem traumatizados, o Douglas diz que eles morreram de problemas cardíacos... Ah! Chegou a dizer que morreram por vítimas de ladrões. Mas já faz muito tempo e todo mundo esqueceu.

Passei a viver com os meus fantasmas dias e noites.

O Douglas, bem depois, quis testar o Júnior e mandou-o matar um namoradinho da Flávia, chamado Marcelo. O Júnior fez tudo conforme o pai pediu apesar de ser um rapazinho. O Douglas deu um dinheiro para ele sumir, mas o Júnior apareceu depois de um bom tempo. Vivi com espíritos maus e cruéis, vivos e mortos, dias e noites.

Só tive sossego quando vim para cá. Além de ser um lugar tranqüilo, os meus sogros vão renascer. É sim! É verdade! A Renata terá filhos gêmeos, e eles nascerão dela, pois sempre foram loucos por dinheiro e terão que continuar aproveitando tudo o que eles conseguiram às custas de falcatruas, de influências, de se corromperem. Além disso, ela tem que lhes dar a vida que tirou.

Sabe, Nicolle, aqueles que eu rejeitei foram melhores do que os filhos que coloquei no mundo. Cuidaram de mim e cuidam até hoje.

Respire, dê um tempo e vá visitar sua filha Flávia e o Marcello. Cuide da Viviani, pois assim estará fazendo o que Deus designou. Cuide bem da Viviani, entendeu? Ah... quando as verdades brotarem junto com as videiras que crescem e frutificam, nascerá com as mais belas uvas a harmonia. Você levará um grande susto, mas entenderá e será mais feliz, apesar das dúvidas, do vazio que sentirá com a ausência que um dia provocou.

— Do que você está falando? — perguntou Nicolle assustada.

— Da verdade, Nicolle! Da verdade de que você sempre desconfiou, mas não teve coragem de falar. Assim como eu nunca tive coragem de dizer a verdade de toda a minha dor, do meu sofrimento. Eu fui covarde e fugi, isolei-me do mundo na minha loucura, no meu remorso. Não faça o mesmo, Nicolle.

Nicolle a olhou fixamente como se entendesse aquela mensagem de alguma forma. A pergunta de Rogério a tirou de profundos pensamentos, quando ele virou e questionou:

Eliana Machado Coelho/Schellida

— A senhora sabe do que ela está falando, não sabe?

— ...não... Acho que não... — titubeou Nicolle.

Rogério a olhou firme. Agora tinha a confirmação das acusações feitas por Viviani e Marcello. Nicolle era egoísta, sempre escondia as verdades ou as dúvidas.

* * *

No apartamento de Marcello, ele estava calmo e cobria Flávia que já havia se deitado. Arrumando as cobertas comentou:

— Vou deixar a porta aberta e qualquer coisa você me chama, tá?

— Estou preocupada com a Viviani. Ela não chegou até agora. Não acha que deveríamos telefonar para o celular dela ou para a chácara?

Marcello ficou pensativo olhando os clarões dos relâmpagos que rasgavam o céu e decidiu:

— Não, Flávia. Vamos mostrar que não precisamos de babás? — sorriu.

— Sabemos como nos cuidar sozinhos. Você tem a mim e eu a você.

— Será que foi por causa da chuva que ela não voltou? — tornou preocupada.

— Provavelmente. E talvez estejam sem telefone devido esse temporal. O sinal do celular pode estar ruim...

— É verdade — concordou ela satisfazendo-se.

— Agora veja se dorme e deixe o bebê dormir, viu? — brincou sorrindo. Beijando-lhe a testa, afagou-lhe suavemente o ventre ao dizer sussurrando:

— Boa noite, nenê!

Levantando-se, olhou para ela sorrindo constantemente e falou antes de apagar a luz:

— Boa noite, Flávia.

— Boa noite — respondeu ela.

Marcello se virou imediatamente e foi para o seu quarto, não deixando que ela visse as lágrimas compridas que corriam em seu rosto.

Flávia, como em muitas outras noites, virou-se de lado e chorou, chorou muito, abafando o rosto para que ele não a ouvisse.

622

37

Amor impossível

Era madrugada quando Flávia acordou com um barulho. Parecia ouvir a voz de alguém. Levantando, agasalhou-se, pois sentiu frio e ficou temerosa pelos relâmpagos seguidos de trovoadas. Caminhando para próximo do quarto de Marcello, a porta estava aberta e o viu revirando-se de um lado para outro, debatendo-se em sonho. Aproximando, sentou-se na cama e o chamou:

— Marcello. Marcello, acorda!

Flávia precisou sacudi-lo, até ele gritar, sentando-se rápido:

— Não! Não!...

— Marcello, calma. Foi só um sonho.

Ele parecia extremamente aflito e assustado ao vê-la. Num impulso ela o abraçou, e ele afirmou:

— Tive um pesadelo... — Afastando-se, esfregando o rosto revelou: — Passei a ter esses pesadelos que... — Olhando-a não sabia o que dizer. Queria abraçá-la, beijá-la, mas não como irmã. Seus pesadelos eram tenebrosos, sempre desejava morrer, algo o convidava para o suicídio devido ao amor impossível. Pensando um pouco, decidiu não contar nada a ela.

Por um dos fortes trovões, Flávia se aproximou e recostou-se em seu ombro admitindo:

— Estou com medo.

Sem alternativa ele a abraçou e pediu com carinho:

— Calma. Não fique assim. É só uma chuva forte.

Flávia agarrou-se nele e disse com voz chorosa:

— Não é isso. Não é só isso.

Afagando-a, Marcello perguntou calmo:

— O que é, então?

— Eu também tenho sonhos. Tenho pesadelos e isso me dá muito medo.

— Do quê? — perguntou temeroso.

— Do bebê... — chorou.

— Oh, Flávia... Medo do quê? — argumentou generoso.

— Você ouviu o que a Renata disse hoje? — não o deixando responder, completou: — E se ele não for normal? E se tiver problemas por sermos irmãos?...

— Não terá! Ele é normal! — afirmou convicto, mas com o coração apertado. — Olhe para mim, Flávia — pediu com jeitinho. — A Renata quis ferir você e conseguiu. Não fique assim. Confie em Deus. Faça como eu, reze e reze muito, pois não pode deixar que esses pensamentos a abalem ou a levem à loucura por algo que não aconteceu. Se for a vontade de Deus, nós respeitaremos. Mas Ele não faria isso conosco. Eu estou confiante.

Outro relâmpago e Flávia se encolheu sobre a cama, por cima das cobertas que ele usava.

Marcello se levantou, pegou um edredom e a cobriu perguntando:

— Esse travesseiro está bom?

— O que está fazendo? — tornou ela sentida.

— Cobrindo você. Sei que está com medo e quer dormir aqui, não quer? — Ela sinalizou que sim ao balançar a cabeça e secando as lágrimas. Vendo-a encolhida, falou piedoso forçando-se ao sorriso: — Faça de conta que sou o Rogério — brincou. — Dormirei sob a coberta que você está deitada. Fique tranqüila. Pense no bebê. — Marcello deitou-se ao seu lado se cobriu e Flávia, amedrontada, recostou-se nele, que lhe fez um leve carinho no rosto ao propor: — Agora veja se dorme.

Ela ficou calada, quieta até adormecer. Olhando-a, Marcello deixou que as lágrimas silenciosas corressem pelos cantos de seus olhos. Não queria tratá-la daquela forma. Não era isso o que sentia.

O dia clareava quando Flávia acordou com o toque do telefone. Olhando para o lado, não viu Marcello que havia se levantado bem mais cedo. Chegando à sala, ela o ouviu dizer:

— Estou indo para aí, agora!

— O que foi, Marcello?

— Flávia — disse, aproximando-se temeroso —, a Viviani está bem, mas está internada, pois sofreu um acidente.

— Acidente?! — assustou-se.

— Disseram que não foi grave, mas querem alguém da família no hospital. Você fica aqui e...

— Não! Eu vou com você!

Ele ficou pensativo, não poderia deixar Flávia sozinha, ela estava abalada, temia por algo.

— Então vamos — decidiu Marcello. — Arrume-se rápido e coma alguma coisa antes de sairmos.

* * *

No hospital Marcello recebeu a notícia de que Viviani estava sob efeitos de medicamentos que a induziam ao sono. Havia batido com o carro e fraturou uma perna e um braço. Sofreu várias escoriações, inclusive no rosto, pois não estava usando o sinto de segurança. Embora precisasse permanecer em observação, Viviani não corria risco de morte. Estavam aguardando o resultado de um exame de tomografia.

Preocupado, Marcello pegou o telefone e ligou para a chácara. Falou com Olga e explicou toda a situação. Forneceu o endereço de onde estavam, pois Rogério conhecia aquele hospital.

O quanto antes Rogério trouxe Nicolle, Kátia e Cíntia. Eles estavam desesperados para ver Viviani. Nicolle, em prantos, abraçou-se à Flávia lamentando o ocorrido e culpando-se pelo que aconteceu. Flávia não conseguia entender nada. Discreto, Marcello pediu à Cíntia que a afastasse de Flávia que não podia se sensibilizar ainda mais.

Eliana Machado Coelho/Schellida

— Mãe, calma — pediu Cíntia. — A Vivi está bem. Ficou muito machucada, mas está bem. Não fique assim! Olhe o estado da Flávia, mãe!

— Perdoe-me, filha — pediu Nicolle.

— Tudo bem. Não fique assim. A Viviani vai ficar boa — afirmou Flávia com delicadeza, abraçando-a.

Enquanto Cíntia e Nicolle entraram no quarto para ver Viviani, Rogério chamou Marcello em particular e contou-lhe detalhadamente tudo o que aconteceu na noite anterior. Marcello ficou atordoado, incrédulo com o que ouvia, e logo o outro desfechou:

— Não sou como você, Marcello. Quando te falei que, se estivesse em seu lugar, eu fugiria com ela para bem longe, eu me referi a nos amarmos sem sabermos que éramos irmãos. Meu caso com a Vivi é bem diferente. Estou indo para a Itália.

— Eu não sei o que dizer, Rogério. Talvez seja melhor encarar a situação — murmurou Marcello, inconformado.

— Seja flexível com a mãe. E... — titubeou constrangido. — Sabe... eu gostaria de ficar alguns segundos com a Viviani sem que elas estejam por perto.

— A Viviani está sedada, não vão conseguir conversar — avisou Marcello.

— Por isso mesmo. Só quero me despedir.

Ao retornarem para o andar onde era o quarto em que Viviani estava, Nicolle e as moças não se encontravam.

Rogério olhou para Marcello e entrou sozinho no quarto. Mesmo sabendo que o outro podia vê-lo através do vidro, Rogério falou algumas coisas para Viviani, que dormia, e, ao terminar, em lágrimas, ele se curvou, beijou-lhe suavemente os lábios e se retirou.

Chorando, Rogério abraçou Marcello com força. Somente eles poderiam entender a gravidade de seus sentimentos, se bem que Marcello tinha algo mais com que se preocupar: o filho que estava a caminho.

— Estou indo — avisou Rogério.

— O quê?

— Cuide delas, Marcello. Não vou me despedir. Quero ganhar tempo para não ouvir perguntas. Vou para o sítio fazer minhas malas e pegar o primeiro avião que for para a Itália.

— Rogério...

— Marcello, por favor. Não tente me impedir. Os tios me esperam lá na Itália e não vão estranhar a minha surpresa. Bem... acho que ninguém daqui é louco para ligar e contar tudo isso que aconteceu, não é?

— Vá, meu amigo! — disse Marcello com olhos marejados. — Cuidarei delas.

— Você é mais forte do que eu, Marcello! — disse abraçando-o com força. — Você vai conseguir!

— Deus te guie, Rogério.

— Obrigado.

* * *

Rogério se foi.

Marcello observava Viviani através do vidro do quarto, quando a mão suave de Flávia repousou em seu ombro.

— Procurávamos por você. Onde está o Rogério?

Olhando para Nicolle, Cíntia e Kátia, Marcello avisou:

— O Rogério decidiu voltar para a chácara. Vocês ficarão lá em casa até o médico ter um parecer mais preciso.

— Como assim?! — perguntou Nicolle.

— Conversamos e... — Marcello dissimulou para Rogério ganhar tempo e ir embora. Por isso comentou: — O Rogério não quis ficar aqui no hospital. Veja, a Viviani está sedada. Ela não corre risco. Vamos para o meu apartamento comer alguma coisa? O hospital tem nosso telefone e ligarão, caso precise.

Quando percebeu que Nicolle reagiria, Flávia, com seu jeitinho meigo, lembrou sorrindo:

— Ah! A senhora não conhece o apartamento novo, não é? Puxa! Gostaria tanto que fosse lá! Vai gostar! Ele é bem grande e... — disse enlaçando o braço de Nicolle. — Precisamos almoçar, estou com fome. Venha conosco, mãe, por favor...

Nicolle lembrou-se dos conselhos de Gorete e se deixou levar.

Localizado em uma área bem valorizada, realmente o apartamento de Marcello era bem grande e requintado, moderno, bem decorado e com vários quartos, além do seu tão estimado escritório.

Ao chegarem, Nicolle entrou reparando em cada detalhe.

Eliana Machado Coelho/Schellida

— Ah! Mãe, eu falei que a sala era enorme, lembra?! — disse Cíntia para empolgar Nicolle. — Veja tem até lareira nesta sala!

Como se invadissem a residência Cíntia e Kátia, com um jeito extrovertido repleto de graça e vivacidade, foram mostrando tudo.

— Aqui é a sala de jantar! Fui eu quem ajudou a escolher esses móveis — avisou Kátia. — Não são lindos?! — falou querendo receber elogios.

— Ah, mãe, vem cá! Essa é a suíte da Flávia — enfatizou Cíntia. Nicolle entrou desconfiada e reparou que a cama de casal ainda estava desarrumada e com as roupas jogadas como se Flávia houvesse se trocado às pressas.

— Desculpem pela bagunça. É que me vesti correndo, quando o Marcello recebeu o telefonema — avisou Flávia que espiava perto da porta.

— É muito bonito — disse Nicolle suspirando fundo. — O quarto é belo mesmo!

Sem trégua, Cíntia disse ao correr para um ambiente ainda vazio:

— Aqui ao lado é o quarto do bebê. Ainda não está decorado. Mas nós vamos cuidar disso, não é Kátia?!

— Sem demora! Estou olhando revistas que mostram disposições de formas e cores para quartos de bebês. Tem cada coisa linda! Depois eu mostro! Vocês vão adorar — declarou Kátia. Em seguida, lembrou: — Venha ver, mãe, o quarto...

Elas pararam, olharam para Kátia que se constrangeu. Nicolle sorriu, aproximando-se afagou o rosto de Kátia dizendo em tom carinhoso:

— Vamos filha, fale, ãh! Não se importe com os outros. Pode me chamar de mãe, de *mamma* se quiser!

— Desculpe-me, mas é que me empolguei... Todo mundo aqui está chamando a senhora de mãe e...

— Então a chame também, Kátia — incentivou Cíntia ansiosa.

— Vamos, menina! — riu Nicolle de um jeito que há muito não se via. — O que ia me chamar para ver, ãh?!

— Mãe — tornou Kátia sorridente, puxando-a pela mão —, venha ver a suíte do Marcello. Fui eu que ajudei a escolher os móveis planejados. São mais ou menos iguais aos da Flávia!

Nicolle se surpreendeu. Ficou confusa por um instante ao ver a cama de casal da suíte de Marcello que também estava desarrumada. Pensando rápido, lembrou-se de que Viviani não havia dormido ali no apartamento naquela noite. Então Marcello e Flávia realmente não faltaram com a verdade quando diziam que viviam como irmãos, mas ela não acreditou.

Nicolle suspirou fundo, olhou para Kátia, a moça que admirava como filha, abraçou-a para disfarçar as emoções e disse:

— Muito bonito! Você tem bom gosto.

— Venha ver o escritório e o nosso quarto! — chamou Cíntia com alegria.

Marcello e Flávia se entreolharam e sorriram como se um adivinhasse o pensamento do outro sobre a surpresa de Nicolle.

— Vamos pedir o almoço, Marcello? — sugeriu Flávia.

— Sim, vamos. Veja com elas o que vão querer.

Após a refeição, Marcello olhava a chuva pela larga janela da sala, enquanto deixava os pensamentos perdidos.

Aproximando-se dele, Nicolle se fez ver ao comentar:

— É uma casa muito bonita! Nunca vi nada igual. Você conseguiu chegar onde queria, meu filho. Conquistou sua independência através da sua capacidade. Está de parabéns, Marcello!

— Obrigado — agradeceu em tom baixo e sem animação. — É verdade, conquistei minha independência e consegui chegar onde queria. De certa forma, eu diria que posso fazer o que eu quiser! Hoje tenho dinheiro e poder, mas... Apesar de todo esse requinte que a senhora vê aqui, saiba que não consegui a minha felicidade. Eu trocaria tudo isso para ter de volta a paz na minha consciência, a paz quando durmo, a pessoa que eu gosto ao meu lado... Planejar meu futuro e dos meus filhos... ...ter uma mulher.

Nicolle tocou-lhe o ombro, esfregando-o ao dizer:

— Perdoe-me, filho. Perdoe-me por não acreditar que tem honra, dignidade e ampara a Flávia como sua irmã. Pensei mil coisas... Sou antiquada e incapaz de imaginar que alguém tivesse tanta moral como vocês. Agora eu entendo que quer dar todo esse conforto para ela e a criança para compensar a dor na sua consciência. Perdoe-me por tudo, Marcello.

— Não a culpo. Nem eu pensei que fôssemos capazes de suportar. Sabe, mãe, tive muitas namoradas. Eram moças que possuíam alguns atributos especiais. Eram geralmente bonitas, inteligentes, educadas, finas, muito espertas e desligadas de compromissos sérios, o que chamam de descoladas. Acho que a senhora entende o que quero dizer — comentava sem encará-la. — Apesar de tudo isso, nunca me apaixonei por qualquer uma delas.

Eliana Machado Coelho/Schellida

Quando vi a Flávia pela primeira vez... Quando começamos a trabalhar juntos, então... Ficamos mais de um ano trabalhando lado a lado sem que ela deixasse qualquer oportunidade para eu me aproximar e me declarar. Depois, ao descobrirmos que estávamos apaixonados, tudo aconteceu de modo fervoroso, bem rápido. Tanto que eu não perdi tempo e marquei até a data do nosso casamento. Acho que Deus me colocou uma grande, uma enorme prova, por... Bem... a senhora vai entender melhor se eu disser que foi uma espécie de castigo que eu tive e tenho de enfrentar. Acredito que essa provação aconteceu para eu ter consciência de algo muito importante que o Augusto me falou: "O amor é livre, mas o sexo é compromissado". Decidi assumir meu compromisso de responsabilidade e respeito com a Flávia e nosso filho. Precisei ser mais frio e engolir meus sentimentos, mudando até a minha personalidade e me tornando mais indiferente com as coisas, mas no fundo... Como tudo isso é doloroso... De que me adianta todo poder, todo dinheiro se... — Breve pausa e Marcello suspirou fundo, depois continuou: — E antes que me pergunte por que estamos com a aliança na mão esquerda... eu explico. Fizemos isso para nos lembrarmos do compromisso de dignidade, pudor, respeito que assumimos conosco e com nosso filho. É uma espécie de símbolo de caráter moral para recordarmos de uma promessa, de uma dívida com a nossa consciência. Esta aliança está longe de representar algo social ou físico.

— Não vou julgá-lo, Marcello. Você não sabe o que eu passo desde ontem.

— Imagino — tornou ele tranqüilo, olhando pela janela e sem encará-la.

— Como?!

— O Rogério me contou. Ele contou exatamente tudo. Até sobre o que a dona Gorete falou. Mas algo enigmático ficou na consciência dele — disse virando-se. Olhando-a como se invadisse sua alma, Marcello perguntou: — O que mais a senhora nos esconde, mãe?

Os olhos de Nicolle ficaram marejados, quando falou quase chorando:

— Não podemos conversar assim...

— Quer conversar, mãe? — Ela não disse nada, e ele chamou: — Vamos até o escritório? — Ponderado, colocando a mão em seu ombro ao conduzi--la, entraram no escritório. Marcello fechou a porta para terem privacidade. Avisando em seguida: — Pode falar aqui. Ninguém vai nos incomodar.

Nicolle chorou por algum tempo e Marcello paciente e algo esmorecido, exausto, aguardou até que ela disse:

— Eu me casei com o Leonardo porque parecia ser o melhor a fazer naquela época. Não ficaria com tanta vergonha pela vida que levei aqui no Brasil. Contei para ele sobre você, Marcello. Disse que havia sido enganada por um homem irresponsável, mentiroso e casado. Falei sobre seus irmãos. Revelei que tinha esperanças de voltar para o Brasil e... rever meus filhos. Mas achei que isso seria impossível! — Nicolle chorou mais um pouco e ao seu lado Marcello que, vez e outra, passava-lhe a mão nas costas a fim de confortá-la. Mesmo temerosa, ela continuou com lágrimas correndo-lhe na face: — Sabe... Tenho vergonha de te contar sobre isso... Mas tenho de dizer... eu nunca gostei do Leonardo. Era um homem bom, gentil, educado e acho que ele me amava de verdade, Mas... mas... era horrível!...

— O quê? O que era horrível?

— É horrível dormir com um homem que não se gosta, que não se quer, que não se sente nada por ele!... — falou firme, parecendo revoltada em meio ao choro. — Preferia ser amante do Douglas, mas nunca a esposa do Leonardo! Essa é a verdade!

Marcello suspirou fundo sem saber o que dizer e manteve-se calmo. Imaginou como tudo aquilo havia sido difícil, mas tinha que deixá-la falar.

— Eu fiquei grávida do Leonardo e odiei isso. Queria perder a criança. Eu não queria ter um filho de um homem que eu não gostava! Mas eu precisava ter aquele filho para garantir nosso casamento. Você entende?! — perguntava em desespero. — Não queria, mas eu tive a criança. Sofri muito naquele parto, muito mesmo...

— Então nasceu a Viviani — interrompeu Marcello para adiantar a conversa, porém se surpreendeu com a resposta.

— Não sei!...

— Como não sabe, mãe?!

— Não sei!!! Dei à luz no hospital, não foi em casa como das outras vezes. Passei muito mal e vi que tive uma menina. Elas me mostraram a menina, mas...

— Mas o quê?! — perguntava Marcello sem conseguir deixar de se alterar.

Eliana Machado Coelho/Schellida

— Quando lembro... Acho que a menininha que me mostraram era diferente da Viviani que trouxeram depois. Mas eu não sei! Juro por Deus que eu não sei!!! — suplicava chorando.

— Mãe! Quer dizer que?...

— Não!... — implorou, jogando-se de joelhos ao chão. Marcello não conseguia falar. Abaixou-se ao seu lado, segurou-a e a fez olhar para ele. Nicolle o encarou e confessou: — Por tudo o que eu sentia pelo Leonardo... Deus me perdoe, mas para mim tanto fazia! Eu não gostava dele! Sofri naquele parto como nunca e por isso tanto fazia se a primeira menina que vi era diferente da segunda que trouxeram. Com o tempo fiquei me corroendo pelo remorso e pela dúvida. E acho que era essa a dúvida que a Gorete disse que eu tinha.

— Deixe-me entender isso direito — pediu Marcello, contendo o nervosismo. — A senhora quer dizer que a Viviani pode não ser sua filha?!

— Não sei!... — Nicolle só chorava. Perguntando em desespero: — Como vou saber?!

— Mas ela se parece com a senhora, com a Cíntia...

— Parece! Isso é o que me deixa tranqüila. A Viviani se parece comigo.

— Mas isso pode ser coincidência. Existem pessoas sem qualquer parentesco e que se parecem. Mãe, e se ela foi trocada no hospital?... Por que não disse isso ao Rogério e a ela?! Por que tanto segredo, mãe?! — falou de modo como se lamentasse. — Eles poderiam e podem cometer uma loucura por causa dos sentimentos que têm um pelo outro! Eu quase fiz isso! Eu tentei morrer, a senhora sabia? A Viviani deve ter batido com o carro de propósito!!! Fora isso, nunca vi o Rogério tão arrasado como hoje! Veja, o Rogério está indo para a Itália. Vai saber o que ele pretende ou o que está pensando!!!

— Mas o que eu poderia fazer?! Como vou provar se ela é minha filha ou não? Você não sabe, Marcello, como isso me corroeu por todos esses anos!

— Mãe, existem exames que podem confirmar a maternidade ou a paternidade de alguém, hoje em dia. Isso não é nada difícil.

— *Io non* entendo disso, Marcello!!! E se eu falasse da minha dúvida para os dois, eles poderiam se encher de esperança e... E depois se fosse provado que são irmãos?! Ãh?! Eu tenho medo, meu filho!

— Medo do quê? — perguntou suplicando em voz baixa.

632

— Medo dela não ser minha filha. Vou querer saber onde está a minha *bambina*!!! O que será que está passando agora com ela? Como vou conviver com isso?!

Marcello se levantou e a ajudou a se sentar. Sem mágoa, mas tentando alertá-la de tantas mentiras, mistérios e omissões, ele falou:

— Vai conviver, assim como eu convivo com os meus remorsos. Somos capazes, mãe.

Nicolle não disse mais nada. Marcello caminhou pelo escritório, parecendo nervoso e muito preocupado.

Pegando o telefone, ligou para a chácara. Olga avisou que Rogério havia passado por lá, pegou algumas roupas e foi embora sem dizer nada. Comentou ainda que ele estava bem estranho e não quis conversar, somente deu notícias sobre o estado de Viviani. Em seguida, Marcello tentou ligar para o celular de Rogério e não conseguiu, estava desligado. Extremamente apreensivo, ele foi para a sala e pediu:

— Fiquem com a mãe. Mas, por favor, ela está sofrendo muito, por isso não perguntem nada.

— Aonde você vai, Marcello? — quis saber Flávia preocupada.

— Atrás do Rogério. Vou tentar alcançá-lo no aeroporto. Depois conversamos — disse saindo às pressas.

Tarde demais. Rogério teve sorte e embarcou em um vôo cujo lugar parecia reservar-se para ele.

Retornando para o apartamento, Marcello telefonou para a Itália avisando sobre a viagem de Rogério, mas pediu ao tio que, assim que o irmão aparecesse lá, telefonassem urgente para ele. Marco concordou e quis saber a razão.

Marcello contou sobre o acidente de Viviani como se Rogério não soubesse. Marcello ofereceu essa desculpa para servir de aviso a fim de que o outro telefonasse, pois ficaria preocupado.

* * *

Sem comentar sobre o que Nicolle contou ou o que lhe preocupava, Marcello pegou todas e as levou para o hospital onde Viviani já estava consciente.

Nicolle só chorava e a filha mal podia falar, estava tonta e sentindo muita dor. O médico avisou que Viviani ainda ficaria por mais três dias no hospital e, inconformada com todo o ocorrido, Nicolle permaneceu ao seu lado, afagando-a e pedindo desculpas.

Marcello estava calado. Flávia parecia ler seus pensamentos. Sabia que ele se preocupava com algo sobre Rogério, mas entendeu que não era o momento de falarem a respeito.

Decidido, ele levou Kátia e Cíntia para a chácara e contou que Rogério tinha viajado para a Itália, que eles conversaram muito, mas não entrou em detalhes. Elas ficaram apreensivas, pois sabiam de tudo o que havia ocorrido no dia anterior.

Enquanto conversavam, Gorete se aproximou de Flávia e pediu:

— Você não quer me chamar de mãe também?

— Claro! — afirmou meiga. — Jamais deixarei de chamá-la de mamãe. A senhora sempre foi e será minha mãe. Sou privilegiada por ter duas — brincou rindo ao abraçá-la.

Flávia chorou emocionada e ficou com os olhos marejados e sem saber o que fazer. Afastando-se do abraço, Gorete avisou:

— Você será muito feliz, filha! Muito mesmo! Terá um filho lindo, grande e perfeito. Terá mais filhos e todos serão maravilhosos, com trabalhos importantes. Mas esse, em especial, é um astro reluzente e muito importante. Você e o seu marido terão uma tarefa especial, muito útil.

— Não estou entendendo — falou Flávia. — Não sou casada e nunca me casarei.

— Você é quem pensa. Junto com seu marido irá trabalhar para levar a luz do conhecimento do bem para outras pessoas. Tudo o que sofre agora servirá de experiência para entenderem o que os outros precisam como conhecimento. Além disso, vocês darão trabalho, dignidade e esperança para muita gente. Os seus projetos serão abençoados porque vocês são honestos, assim como serão os seus filhos! Os seus quatro filhos! Três meninos e uma menina.

Flávia ficou calada, não sabia o que dizer.

Olga vendo que Marcello estava atento à conversa entre Flávia e Gorete, comentou bem baixo:

Um diário no tempo

— Ela está falando coisas que, às vezes, não fazem sentido, mas têm fundo de verdade e são difíceis de compreender.

— Minha mãe falou comigo sobre isso. O Rogério também me contou tudo — Marcello ficou pensativo e pediu: — Olga, estou desesperado atrás do Rogério. Se ele telefonar, peça que ligue o quanto antes para mim, por favor!

— Claro! Pode deixar.

Aproximando-se de Flávia, Marcello sinalizou para que fossem e ela disse:

— Mamãe Gorete — sorriu com doçura —, agora preciso ir.

— Eu sei. Ele está preocupado e não vive sem você.

Beijando, despediram-se. Assim fizeram com as demais e foram embora.

Durante o trajeto de volta, Marcello estava tenso, muito preocupado e queria esconder tudo de Flávia. Quando ela perguntou o motivo, ele tentou disfarçar colocando a culpa no acidente de sua irmã, mas Flávia sentia que algo estava errado e saberia esperar.

Antes de irem para o apartamento, eles decidiram passar no hospital para pegarem sua mãe. Ao chegaram, Nicolle disse que passaria a noite por lá, pois ainda estava aturdida com tudo o que aconteceu. Gostaria de ficar perto de Viviani a fim de não deixá-la sozinha e poder confortar seu coração diante do sofrimento. Nitidamente a jovem estava bem abatida, com seus sentimentos confusos e frustrados por um amor impossível. Nicolle sentia seu peito apertar pelos arrependimentos e não ficaria distante da filha já tão machucada, física e sentimentalmente.

Diante do exposto, Marcello e Flávia respeitaram a vontade da mãe e dirigiram-se para o apartamento, pois Flávia necessitava de repouso devido ao seu estado.

* * *

Naquela noite Marcello e Flávia ficaram insones mesmo depois de um banho relaxante. Ela estava apreensiva e nervosa, mas não o deixava perceber. Não sustentando inúmeros sentimentos e idéias, Flávia não conseguiu ficar em seu quarto e correu para junto de Marcello. Ela sentia medo, precisava de seu contato, sentir seu toque.

Eliana Machado Coelho/Schellida

Aninhada sobre a cama de Marcello, como na noite anterior, ficou em silêncio enquanto ele afagava seus cabelos com olhar perdido e pensamentos distantes.

Quando o dia começou a clarear, pensando que ela estivesse dormindo, Marcello levantou-se vagarosamente para não acordá-la e decidiu se arrumar.

Barbeou-se, tomou outro banho demorado e, ao chegar ao quarto, deparou-se com ela em pé, parada, quase imóvel.

— Nossa, Flávia. Que susto! Pensei que estivesse deitada. — Olhando-a bem viu suas lágrimas e perguntou de imediato: — O que foi? Está sentindo alguma coisa?!

— Não vou ao médico!... — disse com voz chorosa.

— O quê?! Não estou entendendo.

— Hoje é o dia da consulta, eu não vou.

— Flávia...

— Por favor, Marcello. Não me force.

Ele suspirou fundo e abraçou-a. Sentia-se esgotado, não desejaria ter nada mais para resolver. Refletindo um pouco, comentou:

— Olha, eu tenho uma coisa importantíssima para hoje.

— Então eu não vou ao médico — decidiu ela, praticamente tremendo.

—Veremos isso depois.

— Mas...

— Flávia, escute — interrompeu-a educado. — O Rogério e a Viviani estão com um problema muito sério, porém eu acho que posso resolver. Tenho muita coisa para hoje, tem também a empresa e a situação com o seguro do seu carro e... Você deveria ter ficado lá na chácara.

— Não. Não gosto mais de lá.

Marcello entendeu que ela estava sensível, então pediu:

— Tudo bem. Arrume um café para nós e... Eu vou ao hospital, você quer vir comigo?

— Não — respondeu rápida e chorosa.

— Tudo bem — tornou a suspirar. — Depois eu passo aqui para ver como você está.

Flávia concordou e Marcello se foi.

38

Um diário no tempo

Assim que chegou ao hospital, Marcello estava decidido. Procurou por um médico e detalhou toda a situação que os abalava. Após justificar seu pedido, ouviu:

— Desde que ela concorde... Tudo bem. Sem problemas — avisou o médico.

Entrando no quarto onde Viviani se encontrava, Marcello foi recebido por sua mãe que, sentada ao lado do leito da filha, levantou-se correndo para abraçá-lo. Ele correspondeu ao cumprimento e falou calmo, porém firme:

— Mãe, eu preciso que assine esses papéis. São autorizações para a senhora fazer exames de sangue que podem ajudar a Viviani.

— Mas é lógico! — aceitou sem questionar e sem ler, pois Nicolle não tinha uma leitura ágil.

O material para exame foi colhido e rotulado na mesma hora. Marcello, que se apresentou como responsável pela irmã internada, assinou outra documentação e o mesmo foi feito.

Feito isso, Marcello insistiu em levar Nicolle para seu apartamento para que descansasse um pouco, mas ela recusou.

Saindo dali extenuado, lembrou-se de sua promessa à Flávia e foi ver como ela estava.

Ao chegar, surpreendeu-se por vê-la com olhos vermelhos:

Eliana Machado Coelho/Schellida

— O que foi, Flávia? — Abraçando-o, ela chorou copiosamente. — Ei... Já disse que não vamos esconder nada um do outro — lembrou, esforçando-se ao máximo para ser educado e generoso, tratando-a com compreensão e carinho. — Por que está chorando?

Sem que ele esperasse, ela desabafou rapidamente falando em meio ao choro:

— Nosso filho terá problemas! Ele não será perfeito!

— Ei, Flávia! Pare com isso, por favor — pedia bondoso, levando-a para o sofá a fim de que se sentassem, mas no íntimo estava entediado.

— Não... Não é verdade — Flávia lamentava em pranto.

Marcello a abraçou por longo tempo enquanto ouvia seus desesperos e medos. A narração comovente de Flávia ficou impressa em sua mente deserta das demais preocupações. Imagens sombrias e medonhas, que ela passava, estavam se infiltrando em seus pensamentos.

Sem que percebesse, ele fechou os olhos e entrou em prece contínua. Não dizia uma única palavra.

Flávia, muito suscetível, capaz de receber impressões, foi se acalmando lentamente.

Aninhando-a nos braços, ele afagou-lhe os cabelos, o rosto e secou suas lágrimas várias vezes só fixando-lhe o olhar mornamente piedoso, sem dizer nada.

Marcello experimentava em seu íntimo algo como que familiar parecendo implorar por sua morte. Era como um pensamento inquietante, visitante e insistente, que pedia para ele se atirar daquele andar e agora levar Flávia consigo. Tais idéias macabras eram como carrascos torturadores que ocupavam sua alma, como refúgio, e traziam-lhe as lembranças do que já fizeram.

Ele não podia ver, mas o espírito de uma mulher chorava estendido aos seus pés. Apesar dos anos, ela não aceitava separar-se dele. Seu estado era deplorável, incrivelmente sofrido e desesperador. Acompanhava-o vez e outra. Sabia que Marcello vivia aflito e atormentado, e ela não queria que ele padecesse daquela forma, por essa razão implorava sua morte acreditando que, ao lado dela, não haveria mais tanta dor.

Ao lado do casal, o espírito Douglas declinava em grave estado de perturbação torturando-se pelo que aconteceu, pelos seus atos no passado em que foi responsável por tamanha desgraça em toda a sua família. Extravasando emoções desesperadoras, ele era capaz de passar à Flávia e ao Marcello todas as vibrações de medo e verdadeiras idéias de terror que os abalavam. Perturbado e sendo um espírito ignorante, ele não aceitava que os irmãos tivessem aquele filho.

Mas a ligação espiritual de Marcello com amigos de altas esferas se reforçou através de suas preces verdadeiras. E foram esses espíritos queridos e bondosos que intercederam, isolando-os das influências dos espíritos sem instrução que tanto os tentavam. Isso aconteceu pela oração sincera, repleta de fé inabalável e constante harmonia interior. Marcello se equilibrou novamente, tomando decisões próprias.

Algum tempo se passou e ele perguntou bem calmo ao vê-la quieta, mas encolhida segurando-o firme:

— Você sente-se melhor agora?

— Acho que sim — murmurou com a voz rouca pelo choro. — Mas tenho medo.

— Eu sei. Eu te compreendo, Flávia. Mas não é fugindo dos nossos medos que vamos nos livrar deles. Temos de enfrentá-los e superá-los. — Ela ficou atenta e Marcello afirmou: — Flávia, preste atenção. O que terá de ser, já é hoje!

— Mas...

— Escute-me. Preste bem atenção — tornou extremamente calmo —, nós dois podemos acabar com essa agonia de uma vez por todas.

— Como assim? — questionou preocupada, olhando-o sem piscar.

— A que horas é a consulta médica? — quis saber ele bem sério.

— Às duas da tarde. Mas...

— Eu não vou trabalhar hoje — disse interrompendo-a brandamente, mas sem hesitar. — Não tenho cabeça para nada. Vou telefonar para a Anete, avisar o que aconteceu com a Viviani e nós dois iremos ao médico.

— Não... — chorou, desfigurando o rosto antes sereno.

— Ah, nós vamos, sim — falava sem se alterar, porém convicto e muito sério. — Eu nunca exigi nada de você. Mas a consulta ao médico nós iremos fazer hoje sem falta. — Quando a viu agitada, argumentou: — Flávia, você não pode ficar sofrendo desse jeito hoje, amanhã, depois e depois!... Até quando isso vai durar? Seja mais madura! Vamos acabar com todo esse sofrimento agora! Hoje! — Ela chorava, e Marcello a incentivou levantando-

Eliana Machado Coelho/Schellida

-se e ajudando-a a se erguer: — Vamos lá! Tome um banho, arrume-se e... Fique linda, tá? — pediu com mais brandura e sorrindo para não agredi--la. — Quero você linda hoje! Lembre-se de que o nosso filho está fazendo quatro meses de gestação!

Flávia forçou o sorriso entre as lágrimas e aceitou o proposto.

Marcello a esperou com paciência. Apesar de tudo, o amor que sentia por ela e pelo filho não se gastou diante de tantos conflitos interiores. Seu respeito e fidelidade por eles eram verdadeiros. Ele estava firme e disposto a levar seus propósitos adiante, nada o abalaria.

* * *

No consultório médico, depois de muita tensão, o médico esclarecia:

— Vejam! O bebê é bem grande, saudável — conversava o senhor enquanto observavam a ultra-sonografia que permitia que vissem detalhes perfeitos com nitidez do filho tão querido. — Aqui as duas mãozinhas que estão mexendo... Olhem! — admirou-se o médico brincando. — Já está malcriado, pois virou as costas pra vocês! Agora... está virando novamente...

Flávia só chorava.

— Oh, mamãe — brincou Marcello, com lágrimas correndo em seu rosto, cochichando-lhe ao ouvido —, dá para parar de me chacoalhar? Com esse choro você está me balançando e eu não vou sair bem nas imagens...

— Que ótimo! — exclamou o médico. — Como podem ver o bebê é saudável, perfeito e bem grande para as dezesseis semanas de gestação.

— Ele é perfeito, doutor? — ela perguntou chorosa, querendo ouvir novamente.

— Totalmente. Dá até para ver que se parece com o papai! — brincou o médico.

Marcello não suportou e chorou alto ao mesmo tempo que sorria, escondendo o rosto, abraçando Flávia. Ele estava com a alma saciada de emoções sublimes.

— Estou vendo que no momento do nascimento não vou só escutar o choro do nenê, não é? — tornou o médico com o mesmo humor. — Podem parar de chorar ou vão espantar as outras pacientes. — Depois, avisou: — Aqui está a gravação da ultra-sonografia — disse entregando a Marcello que

UM DIÁRIO NO TEMPO

a pegou com todo o cuidado. — Podem assistir novamente e chorar mais em casa, mas que seja de alegria!

— O senhor não sabe como estamos felizes, doutor — falou Marcello.

— A propósito, papai — quis saber o médico —, por que tanta apreensão de vocês dois?

— Desculpe-nos — pediu Marcello educado e emocionado, explicando —, mas nós queremos muito esse filho e... Bem... a Flávia só havia feito uma ultra-sonografia no início da gestação. Muitas coisas aconteceram, tivemos problemas de família e, no meio disso tudo, ela decidiu trocar de médico como o senhor sabe. Então prestes a fazer novamente o mesmo exame, acho que a Flávia ficou insegura. Nos últimos dias andou tendo sonhos em que acreditou que o bebê tivesse anomalias e... Acho que acabei me convencendo também e...

— Entendo! Todos têm essas preocupações. Isso é normal. Mas conseguiram ver que estava tudo perfeito, vocês viram os dedinhos das mãos, dos pés, mexia-se bem e até virou de costas com o maior pouco caso — riu. — Só faltou fazer tchau.

Flávia, ainda emocionada, não dizia nada.

Por constrangimento, ela havia mudado de obstetra, pois ao outro médico ela contou que descobriram que eram irmãos. Arrependida, ela não queria ir à nova consulta, mas foi convencida por Viviani e Rogério. Para esse novo obstetra, Flávia omitiu todas as revelações.

Tirando-a das reflexões, o médico alertou:

— Só está um pouco acima do peso, dona Flávia. A senhora me disse que pesava bem menos antes da gravidez, era um peso perfeito. Engordou mais de cinco quilos em quatro meses.

— Eu?!

— Ou a senhora ou o bebê! Um dos dois está com peso acima — sorriu. — Mas vamos dar um jeitinho nisso, não é?

Marcello a abraçou e beijou-lhe a testa suspirando fundo. Aliviado, sorriu para ela.

* * *

Eliana Machado Coelho/Schellida

Ao chegarem ao apartamento, Marcello correu para a sala, ligou a televisão e foram juntos, novamente, assistir à gravação da ultra-sonografia. O que fizeram várias e várias vezes.

Ele não conseguia tirar o largo sorriso do rosto, e Flávia estava inebriada de satisfação. Nada apagaria a alegria que sentiam no fundo de suas almas naquele momento.

Até que Marcello não suportou e falou orgulhoso:

— É verdade! Ele se parece comigo!

— Marcello... É tão pequeno! Além do mais, nós pedimos para não saber o que era, como pode dizer: ele?!

— Posso ser vaidoso, mas não sou cego! — riu. — E aquilo ali! É mais uma perninha, é?! — mostrou ao parar a gravação e deliciou-se com uma longa, gostosa e radiante gargalhada, parecendo lançar um brilho que reluziu no ambiente. Encarando-a firme, invadiu-lhe a alma ao afirmar em baixo tom de voz: — Estou muito feliz! Sinto-me afortunado! — Abraçando-a forte, aparando uma lágrima que lhe correu no delicado rosto, ele ainda falou: — Amo o nosso filho e adoro você. Apesar de tudo, obrigado, Flávia. Posso dizer que estou realizado.

— Só não é mais realizado por sermos irmãos — encorajou-se afirmando em meio ao sorriso delicado e pouco triste.

— Mas eu tenho você ao meu lado! Ao lado do nosso filho e é isso o que importa! O nosso compromisso moral e espiritual para tudo.

— É sim — disse beijando-lhe o rosto com carinho. — Você tem toda a razão.

* * *

Com o passar dos dias, Viviani recebeu alta do hospital e Nicolle fez questão de que fosse levada para a chácara, queria cuidar da filha.

A jovem ficou confusa, estava abalada, mas entendeu o arrependimento de sua mãe. Um brilho, antes encantador, apagou-se dos lindos olhos de Viviani que passou a ficar perdida em seus próprios pensamentos.

Marcello percebeu que Nicolle não se deu conta dos papéis que assinou e do seu sangue colhido no hospital, pois não perguntou nada a respeito. Viviani não se lembrava. Assim, ele ficou calado e aguardando.

Sua maior preocupação era pelo fato de Rogério não dar notícias. Já havia se passado tempo mais do que suficiente para que chegasse ao vinhedo na Itália, para onde avisou que iria.

Diariamente Marcello telefonava para os tios querendo notícias, mas não sabiam de nada e ficavam cada dia mais preocupados, pois semanas já haviam se passado.

Enquanto isso, Marcello cuidava de vender suas ações na empresa e deixar a presidência. Renata e Paulo não puderam se sentir mais realizados. Kátia recusou sua participação nas cotas como acionista e pediu para Marcello vender o que lhe pertencia.

Renata e Paulo não tinham o suficiente para comprar todas as ações oferecidas, afinal não esperavam por aquela tomada súbita de decisão, uma mudança radical. Mas eles conseguiram comprar setenta por cento do montante que foi colocado à venda.

Com a abertura do testamento do senhor Douglas, confirmou-se que as ações estavam partilhadas conforme ele havia detalhado em vida e Marcello poderia fazer com elas o que quisesse. Para surpresa de Flávia, que já era procuradora de Gorete, continuava com o mesmo encargo e ainda com o direito às propriedades que a família possuía e aos investimentos que existiam em nome de Douglas e da esposa.

Numa pequena reunião, Flávia, Marcello e Kátia decidiram não ter mais qualquer vínculo com Renata, Douglas Júnior e Paulo. Decididamente eles queriam fazer de tudo para se verem livres deles. Por essa razão, Flávia concedeu a um advogado de confiança da família a venda dos bens e a partilha entre os irmãos e Gorete, herdeiros legítimos de tudo o que pertenceu ao senhor Douglas.

Tudo corria amigavelmente e eles não se viam já por um bom tempo, tendo em vista que o advogado cuidava de tudo. Entretanto um encontro acidental confrontou Renata e Flávia no escritório do bacharel medianeiro entre eles.

Renata já sabia que estava grávida de gêmeos e orgulhosa por se tratar de um casal.

Flávia sentia-se timidamente constrangida pela posição em que Renata se colocou, ridicularizando-a com deboches e discriminações chocantes, ultrajando-a, mas sempre com seu estilo educado. Torturava e agredia-a com

Eliana Machado Coelho/Schellida

palavreado polido quando se referia às anomalias do filho, que nasceria do relacionamento entre dois irmãos.

Chegando ao apartamento, Flávia estava extremamente chateada. Olhando para Marcello, que se encontrava ao telefone, não o incomodou tendo em vista o assunto tratar-se de negócios.

Indo para seu quarto, tomou um banho e decidiu se deitar. Sentia-se cansada, com o coração opresso e os pensamentos fervorosos.

Flávia trazia no rosto pálido um olhar perdido e triste, não conteve as lágrimas compridas que teimaram em cair. Apertava o travesseiro contra o peito tentando sufocar os sentimentos que lhe incomodavam, imersa em seus pensamentos nem percebeu quando Marcello, empolgado pela conversa que teve, entrou no quarto e, ao vê-la, deteve o ânimo. Aproximando e sentando-se ao seu lado, perguntou:

— O que foi, Flávia?

— Estou exausta... e resolvi deitar.

— Flávia, não é só isso — insistiu procurando ficar calmo.

— Eu encontrei com a Renata e...

— Droga! Eu sabia! — reagiu num impulso. Puxando-a para si, pediu brandamente: — Vem cá... Não faz isso não. Não chore, pense no bebê, na sua pressão...

Flávia deixou-se abraçar, recostou em seu peito e ficou quieta, mas com reflexões frenéticas.

Marcello a embalou por minutos e afagou-lhe a barriga, um pouco mais avolumada, falando de um jeito que ela gostava de ouvir:

— Viu, nenê? Sua mamãe é teimosa mesmo! Eu disse para ela ficar em casa, mas não! — murmurava com mimos. — Ela teimou que iria sozinha. Vai acostumando, viu?!

Flávia sorriu. Adorava aqueles carinhos e o jeito engraçado de Marcello entoar a voz.

— Eu não sou teimosa — disse mais tranqüila. — É que encontrei com a Renata no escritório do advogado. Ela disse coisas...

— Esquece, Flávia — pediu ele sorrindo. — Tenho notícias melhores. Se tudo der certo a nossa empresa será inaugurada na próxima semana. Já estamos contratando funcionários especializados.

— Eu iria cuidar disso! — reclamou.

UM DIÁRIO NO TEMPO

— Assim?! — perguntou rápido e sem querer magoá-la.

— Está me achando incompetente por causa da barriga?! Por que eu engordei?!

— Não... — tornou constrangido.

— Já sei! — disse afastando-se do abraço. — Todas as outras estão lindas e maravilhosas! Até a Kátia! Você já reparou como ela mudou? Como está elegante, charmosa e feliz? Quero que ela continue desse jeito, e até melhor. Ela conseguiu isso a custa da força de vontade, entretanto eu não posso fazer regime!

— Você está linda, Flávia! Acredite!

— Não minta! — quase chorava. — Estou inchada, gorda e... Não me reconheço...

— Não diga isso. Agora você está me ofendendo.

— Por quê?

— Porque eu tenho muito bom gosto e acho que você está linda! É verdade, acredite em mim... — pediu com mimo. — A cada dia eu te admiro mais. Sabia? E não deixei que cuidasse disso porque queria poupá-la, meu... — Marcello se deteve na palavra: amor, como se a engolisse. Tentando disfarçar, afirmou: — Você está ótima! Não quero que se canse. Precisa cuidar do seu bebê.

Sensível, Flávia parecia procurar qualquer motivo para ficar ressentida e observou:

— Antes você dizia: "nosso bebê..." — falou com olhos marejados.

— Sim! Você tem que cuidar do meu bebê! Do nosso bebê! Está bem?! — exclamou sorrindo e bem humorado para não contrariá-la. Assim que a viu mais feliz, disse: — Ah! Tenho uma notícia! Aliás, duas!

— Quais? — perguntou, deixando-se ficar novamente em seus braços.

— Minha madrinha Irene está felicíssima! A Sofia, que está noiva do Milton e a Olga, que está noiva do Augusto, decidiram se casar no mesmo dia e já marcaram até a data. Já pensou que legal!

— Que ótimo! — Alegrou-se Flávia num suspiro. Calando um desejo, falou: — Tomara que sejam muito felizes!

— Também espero — tornou ele, sentindo o mesmo que ela.

Nesse instante o telefone tocou e Marcello avisou:

— Sente-se aqui e descanse, vou atender.

Eliana Machado Coelho/Schellida

Era o tio Marco que ligou da Itália e colocou Rogério para falar com Marcello.

— Rogério?!

— Fala, Marcello!

— Estou desesperado atrás de você, cara! Por que não ligou esse celular? Por que sumiu por tanto tempo?!

— Eu precisava ficar um pouco sozinho e...

— Escute, Rogério. Nós precisamos conversar. Tenho muitas novidades!

— Sabe, Marcello, adorei esse lugar! Olha que conheço vários lugares no mundo, mas esse!... Cara! Não sei como foi deixar tudo isso aqui!

— Ah! Eu sei! Foi para encontrar você, seu idiota! Escuta, Rogério, preciso que volte ao Brasil imediatamente.

— Marcello, você sabe que eu não vou... Olha, já sei que a Vivi está bem. Os tios me contaram. Estou adorando meus primos e primas... Sabe que penso até em desistir da Suíça e ficar por aqui?

— Rogério, leve a sério o que estou falando! Precisamos conversar pessoalmente! — enervou-se Marcello.

— Então venha para cá! A Flávia vai adorar.

— Não é uma viagem boa para ela no momento. Se não fosse por ela, eu iria.

— O que ela tem?! — preocupou-se Rogério.

— Nada sério. Engordou um pouco — sussurrou rindo ao falar —, está enorme! Não diga que eu contei! — gargalhou Marcello.

— Impossível imaginá-la assim! É verdade?!

— *Ma che*!!! Lógico que é verdade!!! — exclamou Marcello, brincando alegre. — Ela está no quinto mês, mas parece que está de sete e esperando gêmeos!

— São gêmeos?! — assustou-se Rogério, entendendo errado.

— Não, seu burro! Ela está no quinto mês, mas parece que está grávida de sete meses e parece esperar gêmeos! Eu disse: parece! Ela está tão linda, Rogério. Você tem que vê-la...

— Marcello...

— Por favor, Rogério! Não posso deixá-la agora para ir viajar, além disso estou com a empresa de reciclagem praticamente montada e pronta para

UM DIÁRIO NO TEMPO

inaugurar — explicou Marcello com entonação de súplica na voz. — Preciso falar com você, meu amigo, é sério.

— Posso pensar? — pediu Rogério.

— Não pense, meu irmão. Venha! Não podemos conversar por telefone.

— Marcello, dê-me alguns dias, tá?

— Ligue-me sempre! Promete?

— Está bem, eu ligo... Mas eu adorei isso aqui — Rogério voltou a repetir admirado. — Você nem imagina o que o Tio Marco fez. Mas acho que ainda posso melhorar mais. Tenho tantas idéias e olha que estou aqui só um dia! É uma Estância Hoteleira maravilhosa! E podemos ampliar ainda mais! Há lugares ótimos para as estações de esqui. Precisaremos de investimentos para apropriar o lugar, entretanto nada tão absurdo. Essas terras são imensas! Além disso, o vinhedo dá um toque todo especial para os turistas e...

— Rogério, por favor. Você poderá voltar depois e morar aí, se quiser! Venha para o Brasil o quanto antes.

— Por que tanto desespero?

— Já disse, não posso falar por telefone. É um assunto delicado, sério e muito importante.

— Está bem. Apenas deixe-me aproveitar um pouco mais.

Marcello aceitou e desligou depois de conversarem um pouco mais.

Rogério ficou muito pensativo. Algo o inquietava, mas não gostaria de rever Viviani, em quem não conseguia deixar de pensar um minuto.

— Conversaram? — perguntou um primo que acabava de entrar na sala.

— Olá! Eu o conheço?... — perguntou Rogério, que já havia sido apresentado a muita gente e estava atrapalhado.

— Soube que estava conversando com o Marcello no Brasil. Por isso não entrei antes — disse o moço, conversando no idioma italiano. — Eu sou Salvattore! Seu primo!!! Ãh!!!

— Prazer!!! Eu não sabia que tinha tantos primos! — disse Rogério, cumprimentando-o com alegre cortesia e falando também no mesmo idioma.

Sussurrando e rindo, o rapaz falou da própria mãe com molecagem:

— Acho que a dona Danielle e o senhor Marco não conheceram televisão! Somos nove! — Gargalhavam com prazer, quando o moço gritou: — Ai!!! Ai!!! *Mamma, mia!!!* Isso dói!!!

647

Eliana Machado Coelho/Schellida

— Safado!!! Como fala assim de sua própria *mamma*?!!! — gritou Danielle no idioma italiano com todo aquele típico e gostoso drama. — Fora!!! Vamos!!! Estou mandando!!! — Olhando para Rogério, que segurava o riso, Danielle mudou o tom agressivo para um jeito exagerado e mimoso: — Mas que belo é o meu sobrinho!!! — disse, beijando-o várias vezes. — Não vejo a hora de conhecer a sua irmã, a Flávia! Mas por que ela não veio?

— Bem, tia, ela e o Marcello estão resolvendo alguns projetos para abrirem uma empresa. Eles têm que cuidar de vender algumas coisas deixadas pelo nosso pai, como eu já contei. A Gorete, que nos criou como se fosse nossa mãe, não está bem. Ela tem um certo desequilíbrio psicológico.

— Mas por quê?!!! — assustou-se Danielle.

— Desde quando o nosso meio-irmão mais velho morreu em um acidente doméstico.

— Pobre coitada!!! Não lhe tiro a razão!

— Sabe, tia, nossas vidas viraram de cabeça para baixo quando descobrimos que tínhamos meios-irmãos, outra mãe e... Nem sei explicar... Fiquei feliz por conseguir vir para cá. O Marcello me contou muito sobre vocês e... Para dizer a verdade, eu ficava com a maior inveja — confessava rindo. — Lamento não ter vindo antes, não conhecer nossa avó, a tia Rossiani... O Marcello me falou tanto dela.

— Então ficará no quarto que foi da Rossiani! — avisou alegre. — Sabe, Rogério, às vezes, é como se eu sentisse a Rossiani ali. Parece que sinto o seu perfume, a sua presença... Quer usar aquele quarto?!

— Lógico!

— Vamos! Venha — disse animada, arrastando-o pela mão. — Veja se gosta do quarto!

Ao entrarem no grande quarto, Rogério sentiu algo que não sabia explicar.

Realmente parecia que alguém, na espiritualidade, estava ali naquele momento.

— Era esse o quarto?! — perguntou inebriado olhando cada detalhe.

— Sim! Era esse. Ela e a Nicolle, sua *mamma*, dormiram aqui por algum tempo até a Nicolle se casar. Depois ele ficou sendo só da Rossiani. Nunca mais ninguém o usou nem mexeu nele. Está do jeito que ela o deixou. Não tivemos coragem de tocar em nada. Somente eu entro aqui uma vez ou ou-

UM DIÁRIO NO TEMPO

tra para matar a saudade. Você será o primeiro a usá-lo desde quando ela se foi. — Fez breves segundos de pausa em que ficou pensativa e comentou: — Engraçado, sempre pensei que o Marcello viria aqui para nos visitar e seria o primeiro a querer ocupar esse quarto. Ele ficará com inveja de você! — riu. — Amanhã eu peço para alguém vir aqui e limpá-lo. Ah!!! Se não quiser ficar aqui, temos outros quartos vazios!!!

— Faço questão deste!!! O Marcello me contou que a tia Rossiani gostava de escrever, que tinha vários cadernos, espécie de diários.

— Nossa! E como tinha. Rossiani escrevia muito — disse enquanto abria as janelas. — Ela guardava tudo dentro desse baú — disse apontando.

Rogério se aproximou e perguntou inquieto:

— Estão todos aí?!

— Não! Lógico que não. — Danielle deu um suspiro e contou: — No dia em que sua *nonna* morreu, a Rossiani me fez um pedido. Fez-me prometer que no dia em que ela morresse, eu colocaria fogo em todos os seus cadernos. Eu não poderia imaginar que quando voltássemos do enterro de nossa *mamma*... — Danielle deteve-se e quase chorou.

Rogério a abraçou com ternura, pedindo:

— Perdoe-me, tia. Não tive a intenção de fazê-la chorar.

— Não tem problema. Choro porque gosto da minha irmã. E em respeito ao que me pediu — voltou a detalhar com simpatia emotiva —, assim que voltei do enterro dela, peguei essa caixa e chorando, queimei na lareira desse quarto folha por folha, caderno por caderno sem ler nada. *Niente*!!! — "Nada!!!", exclamou. — Fosse o que fosse que Rossiani escreveu ali, não queria que alguém soubesse, ela guardou com ela, minha consciência está tranqüila.

— A vista é linda, tia! — comentou Rogério mudando o assunto e aproximando-se da janela. — Adorei esse lugar!

— O seu tio já me falou que você gostou!... — riu com segundas intenções. — Ah! Vai gostar mais ainda quando fizermos a colheita!!! Ver os frutos maduros!!!.. É chegada a época de vindimar! É lindo, belíssimo! E ainda faremos a pisa! Hoje em dia fica cheio de gente que agenda bem antes para participar, sabia?

— E será que eu posso?!!! — perguntou entusiasmado.

649

Eliana Machado Coelho/Schellida

— Mas é claro, meu sobrinho! Afinal uma parte disso aqui é seu! — declarou, abraçando-o com incrível satisfação e alegria.

* * *

Os casamentos de Olga e Augusto, Sofia e Milton aconteceram conforme o programado.

Irene não ficou satisfeita quando Olga decidiu morar com o marido na capital, mas a filha a visitava todos os finais de semana, assim como os outros filhos.

Morando na chácara, Sofia continuaria, como o marido, a cuidar das estufas de flores, pois os negócios cresceram quando Kátia fez investimentos e abriu um novo ramo na área de decorações e paisagismos.

Cíntia havia deixado de lecionar e passou a se interessar por paisagismo devido à empolgação e animação de Kátia.

Nicolle estava feliz com o curso que os negócios tomavam, apenas Viviani a preocupava. A jovem se calava mais a cada dia. Ela perdia o viço e o brilho do entusiasmo pelas coisas, pela vida. Viviani podia enumerar as angústias e as desilusões que sentia. Essas preocupações eram passadas para Marcello e Flávia, porém pouco eles podiam fazer. Eles conversavam com ela, porém Viviani não reagia.

* * *

O tempo assim foi passando. Marcello realizou seu sonho e montou sua empresa. Apesar de atarefado com a colocação em prática dos projetos, ele sempre conversava por telefone com Rogério, que ainda estava na Itália, e tentava convencê-lo a voltar o quanto antes.

Flávia interessava-se pelos assuntos administrativos e ficou muito feliz quando Anete aceitou ir trabalhar na empresa de reciclagem como secretária.

Elas de davam muito bem, e era com Anete que Flávia desabafava sobre os pensamentos e lembranças cruéis que causticavam sua alma.

Anete sabia ouvir e a tratava com incrível generosidade, sabendo entender o que Flávia sentia e sofria.

650

Grávida e bem sensível por causa de tantos acontecimentos relâmpagos em sua vida, Flávia conseguia falar com Anete sobre a falta que sentia dos carinhos de Marcello. Recebia-os agora, mas eram bem diferentes. Sentia-se carente, com um ferimento profundo em seu coração. Viu seus sonhos de moça serem transformados em um pesadelo. Um pesadelo que ela sabia seria interminável, pois um filho foi a única coisa que lhe restou do amor impossível e cruel o qual teria Marcello perto, mas completamente longe.

Anete sabia entender, e Marcello percebendo que aquela amizade fazia bem a Flávia, não se importou e até pedia à secretária que ouvisse o seu desabafo, mesmo se não pudesse ou não tivesse o que aconselhar.

Certo dia, quando conversavam, Flávia tocou no nome de Renata falando sobre o quanto a irmã havia tentado magoá-la. Com simplicidade, Anete comentou:

— Eu soube que os filhos da Renata já nasceram.

— Já?! Mas ela ficou grávida depois de mim, assim que se casou com o Paulo! Eu estou de sete meses! — estranhou Flávia.

— Talvez ela tenha ficado grávida junto ou antes de você, não acha?! Só que escondeu e por serem gêmeos... É normal gêmeos nascerem antes do tempo, aos sete ou oito meses de gestação. Só que aconteceu algo muito triste — comentou Anete.

— O que foi? — preocupou-se Flávia, olhando-a sem piscar.

— Puxa! Eu não deveria ter falado — lamentou a secretária. — Mas foi o seguinte: eu soube que a Renata começou a sentir algo, mas não deu importância. Depois, quando resolveu ir para o hospital aconteceu alguma complicação durante o parto. Os gêmeos nasceram de cesariana. Demorou muito e isso prejudicou as crianças, que sofreram com a falta de oxigênio no cérebro, provocando danos mentais e físicos irreversíveis.

— Coitada da Renata! — entristeceu-se Flávia. — Eu não sabia... — Algum tempo depois do silêncio, comentou: — Eu e o Marcello só soubemos, pelo Augusto, que a Renata e o Paulo deixaram de freqüentar a Casa Espírita onde ela era presidente e isso foi devido a descoberta de desvios... O Augusto nos convidou para freqüentarmos lá e nós estamos gostando. Para dizer a verdade, o Espiritismo me ajuda muito a suportar o que vivo hoje. Mas lá ninguém comentou nada sobre o nascimento dos bebês.

— Desculpe. Pensei que você soubesse.

Eliana Machado Coelho/Schellida

— Não. Eu não sabia. Fiquei chateada, mas nem posso pensar em visitá-la e ser solidária, a Renata não me receberia — lamentou Flávia com seu coração bondoso.

Conforme revelou Gorete, Renata passava pela harmonização. Ela, que havia tirado a vida de seus avós, deu-lhes novamente a oportunidade da reencarnação. Entretanto pelo egoísmo, ganância, orgulho e vaidade, eles retornaram com anomalias que sofreriam como expiação por tudo o que fizeram. Essa experiência não se tratava de um castigo de Deus, mas sim da cobrança da própria consciência que os atraia para o reparo e o reconhecimento pela falta de bom senso, pelas fraudulências, pelas corrupções que cometeram, pelas barbaridades e fanatismos praticados em nome de uma seita e muito mais. A ambição os trouxe novamente na mesma família, para a mesma casa e no mesmo nível social luxuoso, afortunado e requintado a fim de usufruírem tudo o que conquistaram, porém com gastos na saúde extraordinariamente prejudicada, paralíticos para apreciarem bem o que sempre desejaram e gostaram. Além disso, Renata como mãe, sentia-se perplexa. Não acreditava em tudo o que acontecia a sua volta e se recusava a cuidar dos filhos que lhes foram confiados. Ela, como Gorete, passou a ter crises nervosas precisando de medicamentos que a acalmassem. Lembrava-se do que havia falado para Flávia e do quanto a humilhou. Tudo se tornava um verdadeiro pesadelo para ela e Paulo.

Renata ficou ainda mais perturbada quando soube que seu irmão Douglas Júnior, que levava uma vida voltada para o erro e com o seu apoio, fazia uso de drogas, envolvia-se com companhias de baixo padrão moral. Com tudo isso, exposto às mais degradantes experiências, Júnior se tornou soropositivo, portador do HIV, e, por não procurar nem querer seguir um tratamento adequado, revoltou-se. Decidiu que contaminaria muitos com o vírus do qual era portador, mas logo seria afetado pelas conseqüências da AIDS e ficaria dependente de pessoas que cuidariam dele.

O espírito Douglas, que acompanhou alguns acontecimentos da família, não conseguia mais passar seus abalos e tormentos através das vibrações para Flávia e Marcello, que se fortaleciam mais a cada dia. O espírito Douglas vagava em estado de perturbação na luxuosa residência onde sempre morou, agora casa de Renata, Paulo e dos pequenos filhos. Viveria consumido por transtornos em seus pensamentos tumultuados, enredados de arrependimento e isso duraria o tempo que fosse preciso, até que se entregasse às preces sentidas e profundo arrependimento, pedindo socorro a Deus.

* * *

Certa manhã em que o sol derramava seu dourado pela janela do apartamento de Marcello, quando menos esperava, Flávia reparou:

— Você está animado, Marcello! O que aconteceu? — perguntou desconfiada, sentando-se.

— Acabei de receber uma ligação! O Rogério vai voltar! — quase gritou.

— Nossa! Que legal!!!

Com modos marotos, intrigou-a:

— Eu tenho um segredo engasgado há meses. Quase não agüento, mas aquele maldito idiota parecia que nunca ia voltar!

— O que é?!

— É segredo, Flávia!

— Ah... Marcello... — falou com jeito manhoso e brincando. — Estou começando a ter desejos de revelações de segredos, sabia?

— Está bem... — disse com modos alegres — O que eu não faço pelo nosso bebê?!

Ansioso, Marcello contou tudo para Flávia que quase não acreditou. Porém esperariam pela chegada de Rogério.

* * *

Dias depois, Marcello e Flávia recebiam Rogério que acabava de retornar da Itália. Abraçaram-se e se beijaram, matando a saudade que os consumia.

Flávia estava agitada, ansiosa, enquanto eles conversavam muito, colocando alguns assuntos em dia.

Rogério também parecia inquieto com alguma coisa. Como se quisesse muito dizer algo que o incomodava, mas Marcello não parava de falar. Colocou-o a par de como Viviani estava se comportando, o que deixou Rogério sentindo um grande remorso, algo que nunca o abandonou em cada alvorecer, desde o dia em que partiu.

Eliana Machado Coelho/Schellida

— Que sina é essa que acompanha esta família, meu Deus? — lamentou Rogério. — As coisas aconteceram enganando a todos nós!

Foi nesse exato momento que a campainha tocou.

— Eu atendo — avisou Flávia, levantando-se.

Por um instante passou pelos pensamentos de Rogério que, para subir direto sem ser anunciado, deveria ser alguém conhecido.

Conforme o combinado, Cíntia trouxe Nicolle e Viviani no momento exato.

Rogério pareceu não apreciar a surpresa, mas com notável estima abraçou Cíntia e Nicolle fortemente, beijando-as em seguida. Ao olhar para Viviani percebeu que ela fazia um esforço descomunal a fim de segurar as lágrimas que brotavam. Reparou sua feição muito abatida, o corpo magro e contraído, as mãos finas de uma brancura pálida quase transparente e a fragilidade quase doentia. Aproximando-se, abraçou-a por algum tempo e sentiu que não parecia mais aquela moça firme, segura e alegre que já esteve em seus braços.

Nenhuma palavra.

Flávia pediu para que se acomodassem enquanto Marcello quis saber:

— E a Kátia, não quis vir?

— Ela estava com clientes. O casal quer refazer todo um jardim de um sítio. É um ótimo serviço! — justificou Cíntia.

Ao ouvir a pergunta, Rogério logo deduziu que aquele encontro havia sido combinado. Não entendendo o intuito de Marcello, ele não demorou a questionar:

— É alguma reunião de família da qual não fui avisado?

— Na verdade é sim, meu irmão — respondeu Flávia na vez de Marcello.

— Precisamos conversar e esclarecer algumas coisas entre nós. É algo muito importante que não pode mais ser adiado — assegurou Marcello muito sério.

Olhando para todos ali reunidos, Rogério informou:

— Esse encontro foi providencial. Eu gostaria que nos reuníssemos, mas não pensei que fosse tão rápido, pois também tenho coisas muito importantes para dizer e apresentar. Entretanto não esperava fazê-lo agora, quando praticamente acabei de chegar da Itália.

Um diário no tempo

— Assim que o trouxemos para cá, Rogério, ligamos para a Cíntia pedindo que ela trouxesse a mãe e a Viviani. Não podemos mais esperar — falou Flávia, olhando para Marcello como se lhe passasse a palavra.

Cíntia estava com olhos ávidos, Nicolle apreensiva por estranhar tudo aquilo e Viviani, recostada no braço do sofá permaneceu com olhar perdido e sem energia, sem o vigor de antes.

— O assunto é sério — anunciou Marcello com certa tranqüilidade. — Mas eu precisava de todos presentes, principalmente Rogério. Adiei tanto essa reunião por causa de sua demora para voltar da Itália, daqueles vinhedos, que... Bem... Somos uma família e eu acredito que não pode haver mais segredos, vergonha ou qualquer outra coisa que omita a verdade, pois foi isso o que nos prejudicou até hoje. — Vendo que Nicolle abaixou a cabeça, olhou para ela e pediu: — Desculpe-me, mãe, mas, preciso contar tudo o que me revelou sobre o Leonardo e a filha que teve na Itália.

Nicolle, com olhos marejados, abaixou a cabeça e ouviu Marcello repetir cada palavra do que lhe contou sobre a possibilidade de Viviani não ser sua filha. Enquanto ele avançava na narração, os olhos tristes de Viviani ganhavam expressão e Rogério sentia o coração acelerado, parecendo querer saltar de seu peito. Terminando, Marcello falou:

— Então, mãe, eu não suportei tudo aquilo e, quando Viviani estava internada, pedi que a senhora assinasse aquela permissão e deixassem colher seu sangue para que fosse feito um exame de DNA. Fizeram o mesmo exame na Viviani, mas ela estava atordoada e nem se lembra disso. Desculpe-me, Rogério e Viviani, mas eu não poderia dar uma notícia dessas por telefone.

— Por favor, fale de uma vez — implorou Viviani com a voz mais fraca que já se ouviu.

— Está bem — suspirou Marcello, declarando firme: — Viviani, você foi trocada no hospital. Aqui estão os exames. Você não é filha da dona Nicolle e, conseqüentemente, não é irmã do Rogério.

Rápido, não contendo o choro, Rogério correu para junto de Viviani. Ajoelhou-se à sua frente e se abraçaram forte. Entre lágrimas, soluços e risos. Eles se tocavam como se não acreditassem naquela notícia. Afastando-lhe os cabelos do rosto fino, enfraquecido, Rogério se penalizou ao olhar fixo para Viviani e a beijou várias vezes sem se importar com os demais. Ela não parecia ter força física para se levantar e comemorar com vigor, mas

Eliana Machado Coelho/Schellida

seu largo e lindo sorriso, seus olhos brilhantes e vivos exibiam sua felicidade. Sentando-se ao seu lado, Rogério a envolveu num abraço, escondendo-a em seu peito e beijava-lhe a cabeça e o rosto com freqüência. Nenhum deles conseguia parar de chorar e de se tocar, incrédulos.

Cíntia correu para junto de Marcello e tomou-lhe os exames das mãos para vê-los melhor.

Lágrimas compridas corriam incessantes dos olhos de Nicolle, que permaneceu de cabeça baixa o tempo todo. Estava pensativa, arrependida de tanta omissão. Uma dor varava-lhe a alma com uma preocupação que nunca mais teria fim: a filha verdadeira com a qual não se importou, que não quis procurar, onde estaria? Remoeria os remorsos imaginando como ela estaria e qual sorte o destino havia lhe preparado, se estivesse sob os seus cuidados seria diferente.

Mesmo sem saber, Nicolle saboreava a dor por suas práticas num passado distante, em outra reencarnação. Trocou e furtou filhos de pessoas desconhecidas em troca de alguns numerários, não se importando com o destino dos pequeninos nem com o desespero infindável dos pais. Em outra experiência reencarnatória, quando teve a oportunidade de corrigir suas faltas, não se importou e acomodou-se. Agora viveria grande e silencioso sofrimento por ignorar o destino da filha legítima, imaginando que ela poderia viver os piores tormentos por seu descaso, por sua omissão. Mas uma coisa Nicolle passaria a fazer: amar, respeitar, cuidar igual e atenciosamente dos filhos de coração como se fossem seus. Como era o caso de Kátia e Viviani, percebendo que não fazia diferença terem ou não o mesmo sangue.

Comovida com o desalento da mãe, Flávia, emocionada e com um choro contido pela alegria, aproximou-se e a afagou por algum tempo. Até que Viviani se levantou, aproximou-se de Nicolle e, ajoelhada a sua frente, falou docemente:

— Desculpe-me, mãe... — lágrimas rolaram no rosto de ambas. — Perdoe-me por tudo o que já fiz. Por me maltratar tanto, chegando a esse estado, como uma forma de puni-la. Mas eu não queria mais viver... Não havia motivo para isso — chorou muito e Rogério ficou ao seu lado, afagando-a com forte sentimento.

— Perdoe-me, você, filha. Vocês não são irmãos de sangue nem de nome e têm as minhas bênçãos. Desculpe por eu ser tão ignorante, por não ter conhecimento, por ter vergonha e medo de falar a verdade.

— Não se castigue ou se torture por isso, mãe — falou Rogério emocionado e em tom bondoso. — Obrigado por ter revelado tudo agora. Isso foi o principal. Podemos sempre recomeçar e viver melhor.

Os três se abraçaram e não foi possível conter as lágrimas e o choro copioso.

Cíntia abraçava-se a Marcello, que também se emocionava.

Algum tempo depois, Rogério levantou-se, abraçou-o e agradeceu. Secando as lágrimas, ele comentou:

— E eu que retornei só pensando em contar o que me aconteceu e apresentar o que encontrei... — Rogério engoliu a emoção e detendo as lágrimas, avisou: — Estou preocupado com a Flávia... — sorriu.

— Comigo?!

— É — tornou sem demora. Respirando fundo admitiu: — Gente, não esperava por isso. Pensei que eu fosse surpreendê-los, mas... sou eu quem estou atordoado. Porém o que tenho não é menos importante. Eu viajei pela Itália por algum tempo antes de ir para o vale dos vinhedos na região de Asti para conhecer nossos tios, primos e o lugar. Depois de tudo o que aconteceu aqui, eu queria fugir, esquecer, mas não conseguia. Como eu desejava, fui em busca de minhas raízes, conhecer um pouco da minha família verdadeira. Eles me receberam com euforia, parecia que me conheciam de longa data. Fizeram com que eu ligasse para o Marcello, que me implorava para voltar. Eu relutei, não queria e o enrolava... — riu. — Até que algo muito sério veio parar em minhas mãos. — Tomando fôlego, Rogério pediu: — Esperem um minuto só, por favor. — Um suspense causou interesse e ansiedade, até que ele retornou com um caderno entre as mãos quase oscilante. Olhando para a irmã, solicitou educado: — Cíntia, minha querida, eu marquei algumas páginas aqui e gostaria que você emprestasse sua voz a fim de ler essas páginas para nós.

Sem entender aquela proposta, ela se levantou calma, tomou nas mãos um caderno decorado com um belo desenho de uma folha verde de parreira sob um cacho de uvas maduras gotejadas suavemente e contornadas com

Eliana Machado Coelho/Schellida

delicadas vergônteas encaracoladas que ofereciam alegria tênue à representação das formas na superfície da capa.

Abrindo o caderno com extremo cuidado na página marcada, Cíntia olhou para o lugar apontado e leu entoando a voz como se vivesse a história:

"O inverno está rigoroso. Não pensei que fôssemos enfrentar tamanho frio ao chegarmos à Itália. A viagem foi longa e muito difícil. Passamos dias intermináveis no porão sujo, úmido, escuro e mal-cheiroso daquele navio. Era tão escuro que eu não pude escrever. Nossas roupas estavam imundas e sentíamos como se estivéssemos infectadas. Apesar de tudo que Irene preparou para a viagem, passamos fome e muito frio. Por sorte Marcello mamava. Todos os panos feitos de fraldas se acabaram em poucos dias. Meu queridinho quase não tinha mais o que vestir. Não podíamos deixá--lo molhado, estava muito frio, por isso usamos até os nossos vestidos. No pequeno baú e a única mala que nos sobrou havia uma muda de roupa que não nos servia para nada e os meus cadernos. Meus tesouros. Se não fosse a ajuda de estranhos, jamais chegaríamos aos vinhedos.

Nicolle me parece doente. Muito doente. Sei que está triste por todos não saberem ainda que Marcello é o seu filho e que ela é mãe solteira. Isso arrasará a nossa família. Por eu ter chegado com meu pequeno sobrinho abrigado em meu peito e sob as minhas vestes, pensaram que ele era meu filho. Receberam-nos com muita alegria, mas eu pressentia um furor ao imaginar qual seria a reação de nosso pai tão severo e tão conservador. Temo pela minha irmã mais querida, ela não tem mais leite e enfraquece."

A trégua na leitura foi oferecida pelo fato do encerramento daquele episódio. Cíntia, pela breve pausa, circunvagou o olhar pela sala e surpreendendo-se com a atenção de todos voltada para ela. Mas logo retornou ao que fazia, narrando com emoção, como se vivesse aquilo tudo, como se recebesse um abraço de quem escreveu.

"Jamais vi nosso pai tão agressivo, ofensivo e quase violento. Nenhuma tempestade rugiu mais do que ele ao saber que o pequeno Marcello era filho de minha irmã. Enfrentei-o. Em vão. Aquela notícia deixou o nosso pai insano. Ele ofendeu Nicolle com os piores nomes. Revidei, mas de nada adiantou. Ele não sabia sentir amor. Ordenou que minha irmã partisse dali com o filho. Era uma manhã fria, extremamente fria e a chuva não deixava enxergar qualquer caminho. Decidi que eu não a abandonaria e como se

UM DIÁRIO NO TEMPO

fosse um grandioso ato de misericórdia, de indulgência, nosso pai avisou que poderíamos ficar no velho casebre que se desmontava no fundo do vale, longe de tudo, longe das vinhas, da casa dos empregados e de sua grandiosa moradia. Por não ter alternativas, precisei aceitar e engolir engasgada aquelas palavras cruéis e mais gélidas do que a neve. Nossa irmã Danielle e nossa mãe tomaram providências urgentes para melhorar o casebre sem que nosso pai soubesse. E foi enfrentando a dura tempestade e o frio que deixamos aquela grande casa e partimos com o pequeno Marcello embrulhado em panos para aceitar a única esmola oferecida.

Desde que chegamos não tive tempo de escrever. E eu só queria escrever, é algo que me domina, conforta meu coração como um desabafo. Penso muito em meu Tomás. Choro escondida, pois fico imaginando como ele deve ter sofrido, como foi torturado até a morte, talvez. Mas um acalento emerge em meu coração despedaçado e algo me conforta. Então penso que ele me abraça para que não me torture ainda mais. Vez ou outra, tenho a impressão de que vou encontrá-lo e sonho em voltar para o Brasil"

Cíntia interrompeu a leitura, pois Rogério apontou-lhe outro trecho.

"Hoje Nicolle delira. Tem febre muito alta. Estaria ali a minha missão? Cuidar dela e do meu querido sobrinho?

Mas com o quê? Só nos mandaram suprimentos e leite para o Marcello.

Pobre Marcello. Desde o alvorecer ele me arranca os resquícios do sono. Sentei-me na cadeira e tentei dar-lhe o leite, mas ele não quis. Recusa. Queima em febre igual à mãe. Não sei o que faço para meu Marcellinho não chorar mais"

Breve parada na leitura indicando que a escrevente deixou de narrar. Cíntia estava emocionada. Todos estavam. Sabiam tratar-se de um dos diários de Rossiani. Um de seus tesouros que não foi queimado. Com delicadeza, Cíntia virou a folha embaçada pelo tempo. O papel parecia ter-se molhado, provavelmente, por lágrimas. A escrita firme seguia agora trêmula, mas as palavras eram poderosas e a jovem as narrava com incrível emoção, como se vivenciasse a cena:

"Agora é madrugada e estou em desespero! As chamas da lamparina me deixam ver que os olhos de Nicolle estão com um brilho estranho enquanto o choro de Marcello é insistente, não pára, mas diminui o volume a cada

659

Eliana Machado Coelho/Schellida

momento. Sem saber o que fazer por eles, lembrei de dona Josefina e peguei a medalhinha que ela deu para Marcello e comecei a rezar como nunca.

Deus! O que eu faço?! Minha mãe não responde aos meus bilhetes. Mandaram remédios, mas de nada servem.

Nicolle delira o tempo todo e chama pelos filhos, não pára de gritar seus nomes. Ela não escuta o choro de Marcello, mas chama por ele e diz que o Douglas não pode levá-lo. Nicolle implora por ter os filhos! O quanto é triste o meu esforço para nada."

Nova pausa em que Cíntia olhou para todos sem entender onde aquilo terminaria ou para que serviria, mas prosseguiu:

"Deus!!! Meu Santo Deus!!! O que eu fiz?!!! Eu já estava decidida a levar o Marcello para minha mãe assim que o tempo melhorasse. Mas o meu querido chorou e chorou até ficar quietinho e respirando fraco. Entrei em desespero, meu Deus! Enrolei-o em panos e manta e saí calcando a neve perto do lago congelado. Por algumas vezes eu conversei com ele para que esperasse, suportasse um pouco mais até chegarmos à casa de sua avó. Ela cuidaria dele. Minha mãe saberia o que fazer.

Deus! A neblina estava densa. Densa como eu nunca vi. Senti uma vaga tristeza, algo que me rasgava o coração, coisa que não sei explicar. O Marcello estava envolto em panos e manta sob a minha roupa grossa. Percebi algo estranho e o tirei debaixo de meu casaco. Revirei os panos, toquei em Marcello e ele estava quietinho, completamente quieto, com os olhos fechados e a boquinha um pouco aberta. Deus! Meu sobrinho Marcello estava frio e não respirava.

Gritei e Gritei! Meu Deus...! Como eu gritei desesperada. Lembrei novamente da medalha que estava com ele, peguei-a e orei muito, mas não fui atendida. De que adiantaram as minhas preces, Senhor?! O meu querido Marcello estava sem vida!"

Os olhos negros de Nicolle se arregalaram. O silêncio foi fúnebre e, mesmo assim, com lágrimas nos olhos e na voz uma oscilação, Cíntia continuou lendo mais rápido, passando mais emoção a todos:

"Com as minhas mãos magras e frias tentei sacudi-lo com a intenção de trazê-lo à vida, mas não! O Senhor Deus não me devolveu o Marcello!!!

O que eu faria? O que eu poderia fazer? A Nicolle, minha amada e querida irmã Nicolle, morreria!

Então fiquei desorientada, caminhei sem rumo, sem saber para onde ir, o que fazer e o porquê fazia aquilo.

Oh! Deus! Eu sentia raiva de meu pai. Uma raiva quente que me deu energia para caminhar mesmo sem saber o que fazer.

Saí dos limites dos vinhedos, das terras de meu maldoso pai. Foi por culpa dele que tudo aquilo estava acontecendo.

O frio cortava minha pele, adormecia meu rosto e machucava a minha boca já ferida, mas eu não sentia. Segurava o Marcello junto ao peito e ainda tinha esperanças.

Eu chorava desesperada. Pensei naquele maldito regime do governo militar que mudou as nossas vidas, tirou os nossos direitos, roubou-nos tudo. Foi por culpa da desgraçada República Militar que o poder era restrito a uma classe exclusiva que tinha até o direito de matar. Por conseqüência dos infelizes oposicionistas, que não agiam com respeito, os militares perseguiram o meu marido e ele desapareceu... Por causa do irresponsável, egoísta, ganancioso e perverso do Douglas que eu e minha irmã ficamos naquelas condições e precisamos fugir daquele país.

Deus! O que eu fiz terá perdão?!

Eu estava extremamente arrebatada, carregando no colo o meu sobrinho sem vida, quando avistei uma carroça com um homem, todo agasalhado, conduzindo dois cavalos.

Ele estava em meu caminho, não sei... Chegando perto, eu o vi com olhos de quem tinha chorado, enquanto eu estava em lágrimas e já sem forças.

Na carroça não havia quase nada, mas algo estava coberto e dali eu escutava um choro ardido de criança, tão forte que doía a alma. O homem sério parou perto e me perguntou: 'A senhora está perdida?' Eu respondi que estava, pois meu sobrinho querido, que me havia sido confiado, tinha morrido antes de eu socorrê-lo. Contei que minha irmã estava muito doente e que ela já havia perdido outros dois filhos. Falei chorando que ela morreria ao saber que o filhinho estava morto.

O choro continuou por todo o tempo e o homem barbudo e agasalhado não disse nada. Ele desceu, amarrou as rédeas e caminhou até atrás da carroça. Num gesto rápido, ele levantou um pano que escondia o corpo de uma mulher que parecia dormir um sono em sonhos. Assustei-me ao ver uma

Eliana Machado Coelho/Schellida

criancinha chorando ao lado dela. Era um menino, um menino tão pequeno quanto o meu querido sobrinho Marcello.

Tirando-o do lado da mulher morta, o homem o pegou de qualquer jeito e avisou com modos rudes para disfarçar sua dor: 'Tente salvar este aqui e me dê esse outro que está morto. Ela queria morrer com o filho.' Eu perguntei quem era aquela mulher. Perguntei, pegando o menino no colo, pois ele pegou a criancinha de qualquer jeito, sem agasalhá-lo e empurrou para meu braço. Então ele respondeu: 'É minha irmã. Ficou mãe solteira. Teve pneumonia e não agüentou. Não sei o que faço com o menino, não tenho como cuidar dele e se ele ficar comigo, certamente morrerá. Pegue logo, mulher! Deixe esse outro aqui com ela. Não agüento mais esse choro!'

Meu Pai do Céu! Eu relutei em entregar o Marcello. Fiquei estatelada quando ele tirou o corpinho de meu sobrinho de meus braços, tirou a manta e os panos de flanela que o enrolavam e me devolveu.

O homem não me olhou. Colocou o corpinho de meu sobrinho na carroça ao lado da mulher, cobriu-os novamente e sem se importar comigo ou com o menininho, que chorava em meus braços, o homem subiu na carroça e prosseguiu na mesma marcha.

Fiquei em desespero, Deus!!! Olhei e vi que o menininho se parecia com o Marcello e até gritava igual! Peguei novamente as mantilhas e o enrolei todo. Coloquei-o sob o meu casaco sem me importar com seu choro insistente.

Quando olhei a minha volta, não vi uma única alma. Até o homem havia sumido.

Lembrei-me da medalha que por acaso ficou em minhas mãos e orei novamente. Fiz uma oração bem rápida.

Foi aí que percebi que não sabia onde eu estava. Não reconhecia o caminho. Tomada de um impulso, escolhi uma direção e corri. Corri até ver os vinhedos.

Algum anjo parece que me guiou na direção certa. A criancinha chorava gritos ardidos, parecia ser de frio, fome e muitas outras necessidades.

Avistei a casa de alguns empregados, e depois a casa de meus pais, e foi para lá que eu corri mais ainda. Não sei onde encontrei forças, pois estava exaurida.

Minha mãe me recebeu e eu contei que a Nicolle estava muito doente, que talvez não resistisse.

Deus! Oh, meu Deus! Eu disse que o Marcellinho iria morrer se continuasse doente e com febre sob o teto daquele casebre.

Ela prontamente o pegou de meus braços com todo o seu amor. Minha mãe chorava ao olhar para a criancinha. Ela me olhou fundo e prometeu ajudar.

Voltei aqui para o casebre a passos vagarosos, pensei que encontraria Nicolle morta. Mas não. Ela delirava e delirava... Santo Deus!!! O que eu fiz?! O que eu fiz?!"

Rogério interferiu provocando nova pausa em que se podia confirmar que todos choravam silenciosamente. Apontando um novo lugar para ser lido, Cíntia continuou depois de deixá-lo virar algumas folhas. A jovem também não se continha e suas lágrimas caiam sobre as folhas, mesmo assim continuou:

"Dias se passaram depois que o médico veio ver a Nicolle a pedido de nossa mãe. Minha irmã se recuperou bem.

Hoje eu andei muito. Fui a toda parte. O que fiz naquele dia não me sai da lembrança. Não consigo esquecer o momento em que vi aquele homem cobrindo o corpinho de meu sobrinho ao lado da mulher, e o menininho, mal agasalhado, chorando em meus braços.

Que castigo cruel, não esquecer uma cena onde agi tão mal! Mas eu lembrei da minha irmã Nicolle. Penso que não seria bom eu contar toda a verdade, pois Nicolle morreria. Já tinha ficado sem dois filhos e, por eu não ter como cuidar do outro, ele morreu. Eu fui mentirosa, hipócrita quando entreguei um outro menino para minha mãe cuidar como se ele fosse o seu neto.

Depois que cheguei da caminhada, pensei em contar para Nicolle que dormia por causa dos remédios. Mas quando ela abriu os olhos, parecendo que ainda delirava, e perguntava pelo Marcello, eu não tive coragem."

— Leia aqui, Cíntia, por favor — pediu Rogério em baixo tom, apontando.

"Semanas... E, sem que eu esperasse, nossa mãe chegou aqui no casebre com o Marcello lindo e robusto, esperto como nenhum da sua idade.

Chorei. Temi que Nicolle não o reconhecesse como filho, mas lembrei que o navio era escuro, que minha irmã adoeceu assim que chegamos, e Marcello já estava com três meses.

Eliana Machado Coelho/Schellida

Meus temores acabaram quando Nicolle, sorridente, pegou-o como o filho querido. Brincou com ele e o admirou. Admirou como cresceu e a nossa mãe estava satisfeita por ter sido ela quem havia cuidado dele tão bem."

— Chega, Cíntia. Já basta.

Olhando à procura de Marcello, todos o viram de joelhos chorando debruçado no colo de Nicolle, que também estava em prantos. Eles permaneceram assim por longo tempo.

Flávia chorava em silêncio enquanto Cíntia foi para junto de Viviani e se abraçaram.

Rogério, não contendo as lágrimas, revelou:

— Esse diário começa um pouco antes de nossa mãe e a tia Rossiani deixarem o Brasil. O relato segue até quando a tia Rossiani já estava morando na casa dos pais com a mãe e o Marcello. Finaliza no momento em que a tia fica sabendo que o nosso avô vai presentear o Marcello com um pônei, mas promete guardar segredo. Depois disso as folhas estão em branco como se ela o tivesse perdido. Eu soube que a tia Danielle queimou todos os diários da tia Rossiani. Fiquei chateado, gostaria de conhecer um pouco dela através de sua escrita, mas não pude. Por tudo o que aconteceu aqui entre eu e a Viviani, decidi ficar ali no vinhedo por um tempo. Depois me animei, resolvi desistir do emprego na Suíça e levar os projetos de melhorar aquela estância e aumentar os negócios. Aconteceu que uma noite, pensando em tudo isso, eu não conseguia dormir. — Sorriu ao comentar: — O colchão não é muito bom, já está velho... Levantei, resolvi mexer nele e na cama para ver se melhorava. Para minha surpresa, eu encontrei esse caderno embaixo do colchão como se alguém o tivesse escondido, provavelmente a própria tia Rossiani tenha feito isso e se esquecido dele. Parece que ele se perdeu dos outros que eram guardados no baú. Vou deixá-lo aqui para você, Marcello. Acho que ele te pertence, pois é a sua história. Leia-o, quando puder.

Nicolle chorava. Sua consciência doía ainda mais. Ela chegou a desconfiar que Marcello era diferente. Tornou-se um moço bonito, mas não se parecia nem com ela nem com Douglas, apesar dos fortes traços italianos.

O que ninguém sabia é que o filho de Nicolle, que nasceu no Brasil morreu na Itália, renasceria em breve. Flávia estava grávida e aquela alma repleta de amor, bondade e perseverança nasceria como filho dela e de Mar-

UM DIÁRIO NO TEMPO

cello. Tratava-se de um espírito de considerável elevação, que foi voluntário para nascer como filho de Nicolle e Douglas, passar por experiências que não precisaria enfrentar, mas, em nome do amor e a fim de ajudar a fazer cumprir os desígnios de Deus, entregou-se àquela prova. Em breve nasceria e, com a ajuda dos pais que tinha, ele se fortaleceria mais para cumprir um elevado trabalho.

Marcello e Flávia, assim como Rogério e Viviani, não se lembravam e nem poderiam. Mas eram amigos de longas e inúmeras etapas evolutivas. Suas provas, nessa experiência de vida, foram por não terem, num passado bem distante, preservado a boa conduta moral e respeito cabível entre irmãos. Agora, pela postura assumida, pela resignação e misericórdia Divina, tudo foi revelado, pois não precisariam sofrer mais.

Deixando Nicolle sob o afeto de Rogério, Marcello correu para junto de Flávia, abraçou-a e escondeu o rosto em seu ombro sem dizer nada.

Pela primeira vez Marcello não tinha palavras nem argumentos. O abraço de Flávia era o seu refúgio.

Mesmo depois de longo tempo, todos ainda estavam confusos. Rogério, incrivelmente saciado pelas descobertas, sorriu e comentou:

— Mãe, Viviani e Cíntia, acho que precisamos ir embora. Aliás, estou só imaginando como vamos explicar tudo isso aos nossos parentes lá na Itália! Será uma confusão!!!... — riu gostoso. Abraçando, Viviani que ficou em pé, ele disse sorrindo: — Preciso cuidar dessa moça aqui! Veja se essa é a garota pela qual me apaixonei?! — beijou-a rapidamente. — Além do mais, acho que esses dois têm muito que conversar.

— Eu não sei o que dizer, Marcello — murmurou Nicolle que parecia ter envelhecido alguns anos naquelas poucas horas. — Perdoe-me...

— ...filho — completou ele. — Não vou deixar de ser seu filho, mas... — sorriu — Mas não sendo irmão da Flávia, não posso dizer que não estou muito feliz com essa descoberta. Perdoe-me, mãe.

— Você ainda tem aquela medalhinha? — quis saber a senhora emotiva.

— Sim. Eu o uso sempre — respondeu Marcello emocionado.

Nicolle chorou, abraçou-o novamente e Flávia se juntou a eles. Sem conseguir falar nada, Nicolle se virou e acompanhou os demais depois de se despedirem. Mas Rogério ainda sugeriu:

Eliana Machado Coelho/Schellida

— Bem... chega de emoções por hoje! Precisamos organizar nossas vidas e curtir as alegrias — e beijando Flávia e Marcello no rosto, Rogério se foi com a mãe, a irmã e sua querida Viviani.

Marcello e Flávia voltaram para a sala. Eles não sabiam o que dizer e não tiravam o sorriso do rosto.

Ele a contemplava com olhar morno, com uma alegria indefinível, com todo amor de sua alma. Como de hábito, ela se sentiu constrangida e perguntou:

— O que foi?

— Nada — respondeu com jeito alegre, represando o desejo de correr para abraçá-la.

— Vou tomar um banho — avisou Flávia sorrindo de um jeito maroto, como se nada tivesse acontecido. — Estou precisando. Foi tanta emoção, tanta coisa...

— Está tudo bem? — perguntou Marcello de modo brando.

— Sim. Está — ela respondeu, retirando-se para a sua suíte.

Marcello ficou por segundos refletindo, mas decidiu fazer o mesmo que ela.

Depois de um banho, ele procurou por Flávia e ainda ouviu o chuveiro ligado. Voltando para o seu quarto, deitou-se e fechou os olhos por algum tempo, sorrindo sem perceber.

Sentiu um torpor ao qual se entregou e começou a fazer uma prece, uma verdadeira e profunda prece. Agradeceu a Deus por tudo o que acontecia, pedia que Nicolle tivesse o coração confortado e não se angustiasse com as descobertas ou com preocupações. Ele, fervorosamente, agradeceu ao Pai da Vida por ter lhe dado forças a fim de que não cometesse qualquer loucura, como o suicídio, e por Flávia não pensar em abortar o filho que esperavam. Havia tanto para agradecer que Marcello se emocionou e chorou parecendo ouvir cada palavra que Cíntia lia. A voz de Cíntia era parecida com a de sua tia Rossiani.

Nesse momento ele lembrou-se de Rossiani e murmurou baixinho:

— Tia. Eu a amo. Oh... querida tia, a senhora não pode pensar que me tirou a oportunidade de uma outra vida, que me roubou a identidade. A senhora fez o que tinha de ser feito, pois na verdade salvou minha vida, me situou em um bom e novo caminho. Deus colocou aquele homem na sua direção para que me salvasse! Sabia? Como isso foi bom para mim! Todo desespero foi para testar a minha moral e, graças a Deus, eu descobri que tenho caráter e integridade. Tudo foi para a minha evolução, para o meu crescimento... E o seu sobrinho verdadeiro talvez escolhesse aquela provação, sei lá... Mas quando for preciso, esse menino nascerá e será abençoado por ter me dado a oportunidade que era dele. Peço a Deus que o abençoe muito — dizia de todo coração sem saber que falava do próprio filho. Em seguida, tornou: — Tia, apesar de todo o alvoroço, de todo o tormento e tudo mais que aconteceu, a senhora me deu a oportunidade de conhecer a mulher da minha vida! O amor da minha vida! Não só isso como deixou registrado tudo o que fez para que nós pudéssemos ser felizes de verdade. Eu acredito que foi por Providência Divina que a senhora esqueceu esse diário embaixo daquele colchão... Eu sei que a senhora também tem um grande amor, o tio Tomás. Então, tia... Obrigado — disse com lágrimas em meio ao sorriso. — Siga com ele e sejam felizes como merecem, não se torture pelo que fez.

Marcello sentiu algo indefinido como um abraço.

Naquele momento, na espiritualidade, Rossiani realmente o abraçava e se sensibilizava com as palavras ditas. Havia tempo que o espírito Rossiani se esforçava para que a verdade fosse descoberta. Não suportava na consciência o peso da decisão que tomou ao trocar as crianças. Entretanto, naquele momento, algo a libertava daquele encargo. Sem que esperasse, o espírito Rossiani olhou para o lado e viu o espírito Tomás, o seu único e grande amor que havia desaparecido. Quando encarnado Tomás havia sido preso, torturado e morto cuja execução sumária foi feita por homens inescrupulosos que se julgavam todos poderosos por serem militares, mas eram indignos do uniforme e do juramento que fizeram para defender o povo desta Pátria. Contudo, encarnados eles poderiam, e podem, acreditar que têm o domínio absoluto do poder, mas as Leis de Deus são justas e imutáveis, e cada um experimentará o que fez sofrer. Tomás não necessitava passar por tal prova, mas o livre-arbítrio de seres humanos cruéis, imperou. Entretanto Tomás, resignado, sabia que os sofrimentos deste mundo são passageiros. Como aprendemos em *O Livro dos Espíritos* o homem de bem pode ser vítima e sucumbir junto com os perversos, ou seja, aqueles que necessitam passar por uma dura prova por força das circunstâncias, sejam elas os flage-

Eliana Machado Coelho/Schellida

los, as calamidades ou as guerras. Entretanto essas vítimas terão uma larga compensação em uma outra existência, se souberem suportar tudo perdoando e sem reclamar. E isso, Tomás conseguiu fazer.

Por amor e afinidade o espírito Tomás sempre acompanhava Rossiani, mas ela não conseguia vê-lo pelo fato de se prender ao remorso do que cometeu no passado negando a Marcello toda verdade e causando-lhe tanto sofrimento. Sem que ela soubesse, Tomás e outros amigos espirituais procuraram guiar alguém para que encontrasse o diário que se perdeu no tempo. Agora, com tudo esclarecido, o espírito Rossiani sentia-se feliz pelos acontecimentos e pelo encontro com o espírito Tomás a quem verdadeiramente amava muito.

Marcello não via, mas experimentava uma sensação agradável e reconfortante.

Lembrando-se da mulher, que sempre via chorando em seus sonhos, ele deduziu que poderia ser sua mãe biológica e também orou por ela sussurrando sem perceber:

— Estou tão feliz. Amo a vida, amo minha mulher e meu filho... Desejo que siga com fé e verdadeiro amor a Deus. Não é o momento de me ter ao seu lado. Ainda vamos nos encontrar, mas agora, aceite o auxílio de Deus. Ore a esse Pai Bom e Justo que ele a receberá.

Imediatas luzes cristalinas puderam ser vistas pelo espírito daquela mulher que compreendeu o que Marcello mais desejava e socorristas da espiritualidade se fizeram presentes. Ela aceitou o convite para segui-los a fim de aprendizado.

Marcello sentia uma leveza impressionante, seu belo rosto ganhou luz com seu sorriso, com tanta felicidade. Agora estava realizado. Tinha tudo o que sempre quis e prometeu que seria servidor em tarefas de esclarecimento a outras pessoas. Então fazia seus planos, queria tornar a se aproximar de Flávia como quando a conheceu, conquistando-a e fazendo-a feliz.

Já estava arrumado e planejava levá-la para jantar assim que ela estivesse pronta, mas, nesse instante, ele escutou seu nome sendo chamado num grito.

Correu até o quarto de Flávia. Ela estava sentada na cama com a respiração ofegante enquanto segurava o ventre.

— O que foi, Flávia?!

— Marcello, me ajuda... — implorou como gemendo. — Estou sentido dores.

— Flávia! Pelo amor de Deus! Você mal acabou de entrar no sétimo mês. Segura um pouco mais... — falou atrapalhado e confuso.

— Coooomo?!!! — ela gritou estridente e nervosa devido às dores, trazendo-o para a realidade.

— Tá! Tudo bem... Eu vou ajudar você... — disse, tentando fazê-la levantar.

— Marcello — falou respirando fundo entre os dentes cerrados —, preste atenção, você não vai me tirar daqui enquanto essa dor não passar. Agora, ligue para o médico!!! A dor deve passar e depois você pega a minha bolsa, a do bebê e me leva para o carro. Entendeu?!!! — perguntou enervada.

Nunca a tinha visto gritar, parecendo enfurecida, como naquele momento. Rapidamente Marcello fez o que era preciso e a levou para o hospital.

Algum tempo depois, junto ao médico que a examinou e fez uma ultra-sonografia, eles foram avisados:

— Foi um alarme falso, dona Flávia — sorriu o obstetra.

— Mas como?! Eu estava morrendo de dores — disse envergonhada.

— Ora, filha! Isso é a coisa mais comum. O bebê é grande, deve ter se virado e... A propósito, a senhora passou nervoso ou ficou emocionada? — quis saber o médico.

— Ah! Ficou! Ficou sim! — exclamou Marcello rapidamente, sorrindo para ela com olhar vingativo no sorriso maroto.

— Marcello! — Flávia arregalou os olhos, pensando que ele contaria toda a verdade.

— Aconteceu o seguinte, doutor — falou Marcello com olhar cínico —, o irmão dela chegou hoje da Itália e vai se casar com a minha irmã! A família está na maior alegria.

— Ah, então foi isso!

— Com certeza, doutor — afirmou Marcello. Olhando-a com modos de molecagem, falou: — Viu?! Eu disse para você não se emocionar tanto! Mas você ficou eufórica, só faltou pular!

Flávia o fuzilava com o olhar, mas não dizia nada.

* * *

Já no apartamento, ela reclamava:

Eliana Machado Coelho/Schellida

— Ai! Que vergonha, Marcello! Eu com aquele alarme falso e você falando tudo aquilo com a maior cara-de-pau!

— Isso foi para me vingar por você ter me tratado aos gritos. Puxa! Eu fiquei atarantado! Além do mais, o que gostaria que eu dissesse ao médico?! — perguntou com riso e ironia. — Que nós vamos nos casar, pois descobrimos que não somos irmãos?!

— Nós vamos nos casar?! — perguntou dengosa.

Marcello a tomou nos braços com carinho, abraçou-a com amor e beijou seus lábios ao responder:

— Se o bebê deixar, casaremos o quanto antes!

— Marcello, como vamos explicar que não somos irmãos?

— Você mudou sua filiação? — Ele mesmo respondeu: — Não! Nem eu a minha! Ãh! Vamos deixar como está. Não se preocupe com isso. Nada mais importa. — Flávia respirou fundo e ia se sentar quando ele propôs: — Vamos dormir? Você deve estar cansada e por isso tem o direito de escolher em que quarto.

— Marcello, o seu filho está de sete meses aqui dentro e...!

— Nem brinque! Não pensei nada disso! Não quero levar outro susto daquele. — Mais carinhoso, declarou: — Só quero ficar colado em você, te abraçar, acariciar o nosso bebê... Quero te beijar como sempre desejei... — quando ela iria dizer algo, abraçou-a, calou-a com um beijo.

* * *

Rogério decidiu que depois que Viviani se recuperasse, eles se casariam e iriam morar na Itália, e ela concordou. Ele estava fascinado e com muitos planos.

Alguns dias e chegou a data do casamento entre Marcello e Flávia. Ela, com uma linda e grande barriga, sentia-se envergonhada, mas para ele era o dia mais feliz de sua vida.

Por ser em dia de semana, não havia muitos casamentos, porém Flávia estava impaciente, achando que demorava demais.

Nicolle sentia-se orgulhosa enquanto Kátia, Cíntia e Viviani estavam bem animadas, assim como Rogério.

Após casados, Flávia suspirou aliviada ao saírem do cartório. Ainda estavam reunidos, pois haviam programado um almoço, então ela pôde dizer:

UM DIÁRIO NO TEMPO

— Gente, me perdoem pelo almoço que prometemos. Acho que... não vai dar...

— Como assim?! — perguntou Marcello sem entender.

— Meu amor — disse com sorriso morno ao olhar para o marido —, perdoe-me, mas daria para você me levar ao hospital o quanto antes? — Fez breve pausa. Ao vê-lo surpreso, e olhando-a de forma indefinida, perguntou: — Acho que estou falando com você direitinho, não estou, meu bem? Marcello ficou petrificado sem saber o que dizer.

— Flávia! Tudo bem? — perguntou Rogério assustado.

— Não! — exclamou sem querer parecer nervosa, mas falando rápido. — Não está nada bem. Eu não agüento mais sorrir e acho bom o Marcello se apressar!!! — enervou-se. — Ou esse filho vai nascer aqui mesmo! Eu não agüento mais!!! — Virando-se para Nicolle, perguntou aflita: — Mãe, é assim mesmo?!!!

— Calma, filha! Eu vou ficar com você — avisou Nicolle começando a chorar.

— Vamos, Flávia — pediu Marcello apavorado, conduzindo-a com enorme cuidado até o carro. — Vai dar tudo certo, meu amor. Fique tranqüila. Eu te amo muito, viu? — praticamente sussurrava o marido.

No dia em que se casaram, Marcello e Flávia receberam como presente e com imenso amor, o filho Allan.

Realmente aquele dia era o mais feliz de suas vidas.

Marcello estava radiante de emoção e alegria, acariciando Flávia, beijando-a com imenso amor. Não acreditava ao olhar para o filho que era amamentado. Como pai afetuoso e prestativo, acompanhava e ajudava em tudo o que podia, conforme havia prometido a ela.

Assim que se lembrou, Marcello tirou a medalhinha de seu pescoço e deixou-a para que fosse usada, a princípio, na roupinha do filho. Algo que representava uma homenagem à dona Josefina e também a tia Rossiani por tudo o que leu em seu diário. Mas, na verdade, a medalhinha retornava ao seu verdadeiro dono, o menininho que dona Josefina abençoou e desejava muita proteção.

Schellida

Leia os romances de Schellida!
Emoção e ensinamento em cada página!
Psicografia de Eliana Machado Coelho

CORAÇÕES SEM DESTINO – Amor ou ilusão? Rubens, Humberto e Lívia tiveram que descobrir a resposta por intermédio de resgates sofridos, mas felizes ao final.

O BRILHO DA VERDADE – Samara viveu meio século no Umbral passando por experiências terríveis. Esgotada, e depois de muito estudo, Samara acredita-se preparada para reencarnar.

UM DIÁRIO NO TEMPO – A ditadura militar não manchou apenas a História do Brasil. Ela interferiu no destino de corações apaixonados.

DESPERTAR PARA A VIDA – Um acidente acontece e Márcia passa a ser envolvida pelo espírito Jonas, um desafeto que inicia um processo de obsessão contra ela.

O DIREITO DE SER FELIZ – Fernando e Regina apaixonam-se. Ele, de família rica. Ela, de classe média, jovem sensível e espírita. Mas o destino começa a pregar suas peças...

SEM REGRAS PARA AMAR – Gilda é uma mulher rica, casada com o empresário Adalberto. Arrogante, prepotente e orgulhosa, sempre consegue o que quer graças ao poder de sua posição social. Mas a vida dá muitas voltas.

UM MOTIVO PARA VIVER – O drama de Raquel começa aos nove anos, quando então passou a sofrer os assédios de Ladislau, um homem sem escrúpulos, mas dissimulado e gozando de boa reputação na cidade.

O RETORNO – Uma história de amor começa em 1888, na Inglaterra. Mas é no Brasil atual que esse sentimento puro irá se concretizar para a harmonização de todos aqueles que necessitam resgatar suas dívidas.

FORÇA PARA RECOMEÇAR – Sérgio e Débora se conhecem e nasce um grande amor entre eles. Mas encarnados e obsessores desaprovam essa união.

LIÇÕES QUE A VIDA OFERECE – Rafael é um jovem engenheiro e possui dois irmãos: Caio e Jorge. Filhos do milionário Paulo, dono de uma grande construtora, e de dona Augusta, os três sofrem de um mesmo mal: a indiferença e o descaso dos pais, apesar da riqueza e da vida abastada.

PONTE DAS LEMBRANÇAS – Ricos, felizes e desfrutando de alta posição social, duas grandes amigas, Belinda e Maria Cândida, reencontram-se e revigoram a amizade que parecia perdida no tempo.

MAIS FORTE DO QUE NUNCA – A vida ensina uma família a ser mais tolerante com a diversidade.

MOVIDA PELA AMBIÇÃO – Vitória deixou para trás um grande amor e foi em busca da fortuna. O que realmente importa na vida? O que é a verdadeira felicidade?

MINHA IMAGEM – Diogo e Felipe são irmãos gêmeos. Iguais em tudo. Até na disputa pelo amor de Vanessa. Quem vai vencer essa batalha de fortes sentimentos?